U0098558

新世紀法學叢書

民法編(1)

民法總則(下)

邱聰智

學歷／國家法學博士（國立臺灣大學推薦）
　　　國立臺灣大學法學碩士、法學士
　　　日本東京大學大學院研究
　　　美國柏克萊加州大學研究
　　　美國西雅圖華盛頓大學研究

經歷／法官、執業律師
　　　輔仁大學法律學系教授
　　　輔仁大學法律學系主任暨所長
　　　臺灣省法規會主任委員
　　　臺北市法規會主任委員
　　　中華民國證券暨期貨發展基金會董事長

現職／考試院考試委員
　　　輔仁大學法律學系兼任教授

三民書局

國家圖書館出版品預行編目資料

民法總則／邱聰智著.－－初版一刷.－－臺北市: 三
民, 2011
　　冊；　公分.－－(新世紀法學叢書)

　　ISBN 978－957－14－4175－7　(上冊:平裝)
　　ISBN 978－957－14－5480－1　(下冊:平裝)
　　1.民法總則

584.1　　　　　　　　　　　　　　100005228

©　民法總則(下)

著 作 人	邱聰智
責任編輯	沈家君
美術設計	李唯綸
發 行 人	劉振強
著作財產權人	三民書局股份有限公司
發 行 所	三民書局股份有限公司
	地址　臺北市復興北路386號
	電話　(02)25006600
	郵撥帳號　0009998－5
門 市 部	(復北店)臺北市復興北路386號
	(重南店)臺北市重慶南路一段61號
出版日期	初版一刷　2011年6月
編　　號	S 585340

行政院新聞局登記證局版臺業字第○二○○號

有著作權・不准侵害

ISBN　978－957－14－5480－1　　(下冊：平裝)

http://www.sanmin.com.tw　三民網路書店
※本書如有缺頁、破損或裝訂錯誤，請寄回本公司更換。

也算導讀——下冊代序

　　要特別感謝三民書局劉董事長振強先生，沒有他執著法律文化事業，甘願跳脫銷書求利的商場考量，這本幾近揮別傳統釋義體例的教科書，勢必無法以幾近專論的面貌問世。只是，因為個人工作關係，本書下冊的撰寫修校，歷時六年以上，總是甚感抱歉。

　　完整融貫民法本編與其他各編的體系連結、適度描繪民法本編的法律總則性格、精準體認民法總則學理實務的發展潮流，為本書之三大目標。以此為基礎，靈活運用法律解釋學方法，走入、躍出、再折回民法本編，希望寫出一本讓入門者可以初步領略體會，同時也讓有志精研民法的博士班研究生可以深度攻錯吟味的民法總則，是個人寫作上的志願。雖然，在過程上，筆者無時不諄諄提醒自己，理應竭盡所能，以讀者的需要及感受為基點，力求深入淺出。然而，囿於學養，深知成果有限，以致本書篇幅既大、艱澀難解之處亦多。因而，近似導讀的提出，顯得意義非凡。尤其，對於剛踏入法律世界研習民法總則的法律學子來說，研讀本書的方法或步驟，如果有正確的篩選排列，不僅可以如同一彎在手，不斷提升研習效果，其逐日累積，當可跨越藩籬，以致堂奧。本此，爰啜數點，以示盡力，並代序文：

1.六法隨手

　　民法本編的具體課題，觸角經常深入民法其他各編、乃至其他法律學門，其間盤根錯節者，所在多有。研習之時，如能六法全書隨侍在側，以供隨時查閱相關條項、立法理由、乃至判解函示，必能循序漸進、增益研習效能。

2.概念省察

　　法律概念的定義說明，是否確具嚴謹學術意義，固然答案相對。不過，在法學初階教育，概念界定，仍是普遍而重要。本書循下列二個方向省察

概念，希望成果可以更見正確：

　(1)藉精準的體系工程，闡述概念與類型間的相互關連，深耕原則、例外的複線多元，以期趨近最大可能的嚴謹意義。

　(2)以體系為架橋，藉演繹由概念探尋類型，再依歸納由類型回味概念，力求定義說明的周延與明確。

3. 案例簡析

　　法律解釋學為實用（應用）規範之學；民法總則解釋學亦然。法律概念的探析，法律體系的構築，其目的終究是要從規範的層面，處理人間的權益糾紛。案例解析，不僅是印證理解問題的至要法門，更是快速提昇研習效果的最佳藥帖。比例增加案例簡析，亦為本書下冊特色之一。期盼莘莘學子，確能多作推敲揣摩。

4. 分段研習

　　本書各章的關鍵概念，雖均基本而重要，但卻經緯萬端、錯綜複雜，對初學者而言，了解頗為不易；末章結論，綜匯萬法，歸源民法本編，同是不易駕馭馳騁。建議入門學子，初期集中時間於意義課題（包括重點歸納）及制度精義；至於關鍵概念與萬法歸宗（第十章結論），應可留待各部門領域研習之後，再行深入體會。課堂講解，循此程序漸進，可能亦是較佳方案。

5. 善待法律原則

　　法律原則的重要性，果真有甚法律具體條項，則其重鎮當在民法本編。在這個認知上，致力尋訪法律原則，用心構築原則之法，亦為本書下冊重要成果之一。深盼筆者善待原則之法的衷心與盡心，尚能拋磚引玉，引致迴響，為民法本編的法律原則，開拓穩健的發展坦途。

6. 回歸法律原則

　　靈活運用回歸法律原則的後位法律解釋方法，亦為本書下冊另一特色。於此，作者之期許有三。一為彌補類推適用的不足、防止其濫用，同時還以回歸法律原則應有的空間及定位；二為灌注法律原則以可能的具體內容，協力原則之法的建設；三為配合回歸法理（法理＝法律原則）的觀點，融

整源頭活水的法源理論，同時嘗試法學方法論與法律規範論二者，在終局點——民法第一條法理上的接軌可能。是耶非耶，至盼讀者慎思明辨，有以正之。

下冊初稿，原為一千餘頁，三度刪裁，減為目前成書的六百餘頁。六年多來，三民書局以其專業團隊、稱職而卓越，總是超人的耐心等待，無比耐煩的一再校訂，令筆者深為感動，謹此申致由衷的敬佩。法源資訊股份有限公司吳董事長紹興先生、胡編審芳瑜小姐，以堅忍的毅力及過人的愛心，整理雜亂無序的手寫原稿，初成出版體裁，勞瘁不堪，居功厥偉，感念之餘，也要特別表達衷心謝意。國立政治大學地政系張助理教授鈺光先生、輔仁大學法律系博士班徐偉超先生，終校全文（偉超棣並代為編製判解索引），考試院林怡萱小姐協助蒐集資料，同是辛勞備至，亦此一併誌謝。

邱　聰　智
民國百年端午佳節
於臺北市內溝溪畔

重要凡例說明

一、寫作順序

本書原則上依法典規定順次分章，因規定內容多寡，各章略有參差，但引註仍維持整章序列之方式。

二、章節標題

本書分上下二冊。體裁格式依次而為章、節、一、㈠、1、⑴、a、ⓐ。

三、法規之引用

㈠於本文引用時，具名法規名稱，並依國字簡體引述條項，但中間為十、百、千者予以省略。例如：民法第一〇〇一條、刑法第一〇條第二項、民事訴訟法第三九七條、公司法第二條第一項第四款。

㈡於圖表、實例解說或附註相關說明，以阿拉伯數字表示條文號數，其未註明名稱者，係指民法條文而言。例如：

　1. §148，係指民法第一四八條而言。

　2.公司法 §25，係指公司法第二五條而言。

㈢法規中，項、款之引用略為：

　1.項為羅馬符號（事例：§3Ⅱ，指民法第三條第二項）

　2.款為阿拉伯符號加圓圈（事例：公司法 §315 ⑦：指公司法第三一五條第一項第七款）。

四、判解函示之引用

㈠司法院解釋及最高法院之引用，維持原來年度之用法；涉及數字部分，仍省去十、百、千等字號，但其以民國十年為開頭者，以一表示。例如：

　1.司法院一九年院字第二四七號解釋。

2.司法院三六年院解字第三四四五號解釋。

3.司法院大法官五〇年釋字第九三號解釋（關於大法官之解釋，不考慮制度變動，一律以司法院大法官解釋稱之）。

4.最高法院二八年上字第一〇七號判例。

5.最高法院七四年臺上字第七〇三號判例。

6.最高法院八〇年臺上字第二二八四號判決。

㈡機關（主要為司法院、法務部及改制前之司法行政部）函示，不標列函示年月日。例如：

1.司法行政部六八函民字第五九九一號函。

2.法務部七二法律字第一四二一一號函。

3.司法院四六臺函參字第一七四八號函。

4.司法院八〇祕臺廳㈠字第一一九一號函。

五、著作之引用

㈠民法總則，德日等國著述極稱豐富。考量國內學理著述之累積，已有相當成果，而其系統整理歸納尚少。因之，關於主要參考書目之臚列，暫以本國著作為範圍，略以表達敝帚自珍，並表示對本土法學開拓之敬仰。

㈡主要教科書：主要教科書之引用，原則上依姓氏筆畫，由簡而繁；其姓氏筆畫相同者，原則上依出版先後定之，其順序請參考書末附錄之主要參考書目。

㈢其他著作

1.書籍之引用

作者姓名，《書名》（版數），出版人，出版年度，頁數。

2.專論之引用

作者姓名，〈專論題目名稱〉，《出版期刊名稱》，出版年度，頁數。

3.出版年度之引用，原則上以西曆表示。年數、頁數部分，其為中文、日文者以國字簡體表示（如　二〇〇〇，第五九頁）；其為西文者，以阿拉伯數字表示（如　1996，P.12）。

4.多次引用同一著作時，自第二次引用時，以簡略格式，僅以作者，前揭書名及頁數以對，以免無謂重複（格式略為：作者姓名，前揭《書名》，頁數）。

教科書因考量重複引用之必要，僅以作者姓氏（或姓名）及頁數二者引註（詳如書末附錄之主要參考書目所列）。

六、間接引用

本書因文獻摘錄，間接引用法規、判解、函示之名稱、條項、數號或字號者，維持原來文獻之引用方式，不作任何改變。

總　目

民法總則（下）

目　次

第六章　法律行為㈡：各論

第七章　期日及期間

第八章 消滅時效

第九章　權利之行使

第十章　結論：萬法歸宗

第六章　法律行為㈡：各論

第一節　綜合說明

本節說明民法本章既為法律行為總論，亦為法律行為各論之雙重意義。

一、法律行為各論之意義

㈠概念說明

法律行為各論之意義，可以分為下列二個層次說明：

1.總論意義的民法本章

法律行為之構成，係採類型模式，其意義即等於單獨行為、契約及共同行為三者之總合。單獨行為、契約或共同行為之個別類型及其制度內容，除極其少數偶而出現於民法總則者外，絕大多數均出現在民法其餘各編或其他民事特別法❶。相對的，有關單獨行為、契約及共同行為之成立及生效之共同事項，則由民法本章 (§71～§118) 匯總成之。二者相互對照，可以認為，民法債編以下關於各單獨行為、契約或共同行為類型之規定，規範原理上是為法律行為之各論；相對的，民法本章，是為法律行為之總論。

2.各論意義的民法本章

無論從規定形式而言，或是從法律行為之成立生效理論來說，民法本章第二節行為能力 (§74) 以下之規定，卻又具有法律行為各論之意義。蓋從法典體裁觀之，在單一編章節次內，如其章節款目之首，定有通則者，即為通稱之總論；相對的，通則以下之章節款目，是為所謂之各論。民法總則本章，第一節 (§71～§74) 既曰通則，規範意義上當為法律行為之總論；反之，其第二節行為能力 (§75～§118) 以下之規定，即為法律行為之各論。

---

❶ 民法總則編之法律行為類型（各論）如：
　⑴單獨行為：退社 (§54)、捐助 (§60)、承認 (§79)、撤回 (§82、§91、§107)、撤銷 (§88、§92)、財團設立 (§61)。
　⑵共同行為：社團設立 (§47)、總會決議 (§52、§53)。

在法律行為之成立生效理論上，法律行為成立之共通要件、亦即所謂之總論有三，是為當事人、標的、意思表示三者；法律行為生效之共通要件（亦即總論），亦有三項，即當事人有行為能力、標的妥適及意思表示健全三者是。至於有關諸如行為能力有無、意思表示是否健全、乃至其他成立生效相關事項之具體內容，應為法律行為制度上之各論，得稱之要件意義之各論，此等正是民法本章第二節行為能力以下規定之課題；本章以下所稱之法律行為各論，如未特別指明者，即指此一層面而言。

3.本書之見解

就研習民法總則而言，民法本章所具有的以上二種不同角度之意義，均應同時把握、綜合觀察。茲即基此歸納為下列四點：

(1)有關法律行為意義、類型、成立或生效等之共通事項（總論），係學理歸納民法本章各節規定所得之結論，非謂民法上確有專章、節、款、目或專條直接加以規定。

(2)類型意義之各論表徵於民法其他各編，法典形式上係外在於民法總則，足認其為外涉之法律行為各論；反之，要件意義之各論，在法典形式上，係在民法本章之內，得認其為內在的法律行為各論。

(3)民法本章第一節，雖是題曰通則。不過，通觀通則乙節四條 (§71～§74)，除民法第七三條為要式行為之規定外，其餘三者均為法律行為標的妥適之規定。要式行為之規定，尚難謂可適用於所有法律行為；標的妥適為有關法律行為生效之規範，亦非行為能力以下各節共通事項之規定，其定位與行為能力、意思表示以下各節之屬性，尚無不同，並不具有統合其以下節次之意義，自非總論之總論❷。

(4)民法本章各節，分別為法律行為標的妥適與否、行為能力有無、乃至意思表示是否健全等事項之具體規定，對應於法律行為成立生效之一般說明而言，意義上自是屬於所謂之各論；此亦即本章所指之各論。

㈡規定要點

---

❷　本書前章，將通則乙款各條 (§71～§74)，列入法律行為總論說明，係便宜作法，並非強調其本質上為總論之總論。

　　依民法本章各節體現之法律行為各論，法律行為之標的，因配合法典形式考量，於前章法律行為總論已有說明（上冊，第五六九頁～第六三四頁），爰不重複。因之，爰以其後節次為範圍，分別歸納其要點如下表：

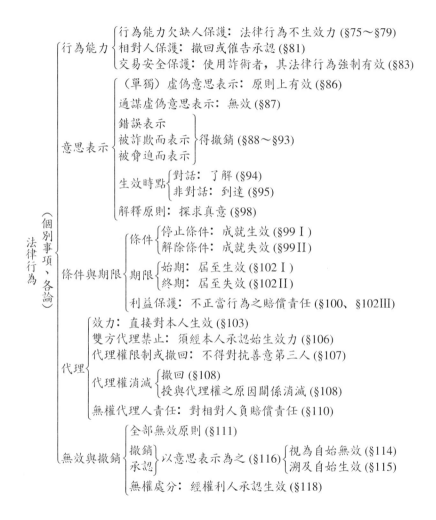

二、本章之重要構想

㈠本章之體例調整

　　民法本章規定之事項繁多，而且其間各節之內容，亦多豐富，為期凸顯主題，把握重點，本章之寫作體例及章節構成，爰略作調整。爰相應依

法典順次，作為本章設定節次之依據。

　　不過，重點歸納、關鍵概念、制度精義分節之體例運用，於本章亦非完全捨棄，而是將其改為各節分項之概念工具，於各節之中分項說明重點歸納等，故其原來之體例構想，於本章仍具相當意義。此外，行為能力以下各節之規定重點，本節前段已有歸納圖表，本章以下各節爰僅分為關鍵概念、制度精義二項，作為敘明工具。

㈡本章之寫作方法

1.法律行為之互涉關係

(1)法律行為之內在互涉

　　鑑於民法本章之規定，實是民法本編之重心，制度內容既稱豐富，規範互涉更是複雜，而且是多方面而又多角度的。因為，民法本章各節之間，不僅彼此關係錯綜複雜，即其與民法本編其他各章之間，亦是關係密切。蓋以人之乙章（民法本編第二章），其規範意義，實為法律行為之主體；物之乙章，實為法律行為客體之標的物。至於，期日期間、消滅時效及權利之行使等章，與民法本章亦是多有關聯存在。例如，法律行為附有期間者，為交易上所常有，於此案例，其期間之計算，即須依期日期間乙章 (§119～§124) 之規定定之；又者，消滅時效乙章 (§125～§147) 中之承認 (§129 I ②)、契約 (§144 II)，其本身即係法律行為之類型❸，足證該章規定，與本章之法律行為成立生效，仍多有關連。

　　法律行為之此一互涉關係，係表徵於民法本章乃至民法本編，性質上為民法總則之內部關聯，爰以內在互涉稱之。按吾人生活上各種權利之取得、義務之負擔，其絕大多數均係源自各種類型之法律行為，亦即法律行為實為法律事實之重鎮，無論從規範意義、或是從社會功能來說，民法本章應係民法本編之核心樞紐。相對於民法全編，堪稱譬若北辰而眾星拱之。

(2)法律行為之外在互涉

　　法律行為之密切互涉關係，尚表現在其與民法其他各編規定之間。此

---

❸　此之承認，性質上為單獨行為之一種。此外，民法第一二九條第二項所規定之事項，性質上均為訴訟法律行為。

之互涉關係，其對象領域存在於民法本編之外，爰以外在互涉稱之，以示與內在互涉互為區隔。

就外在互涉而言，其課題可描述為：其領域有關法律行為（類型及其內容）之規定，規範性質為各論；相對的，民法本章各節之規定，規範性質上乃係（各該）法律行為（類型）之總論。法律行為之大本營，是為契約；因之其外涉關係最密切、亦最繁雜者，自是首推契約。茲即以契約為例，簡要說明其互涉關係之重點於下：

①契約之成立

民法第一五三條第一項規定：「當事人互相表示意思一致者，無論其為明示或默示，契約即為成立。」此稱相對人、意思表示云者，其規範所在，係在民法本編、尤其是民法本章。易言之，民法債編關於契約之成立，雖亦定有專款及條項（§153〜§166 之 1），惟就契約成立之規範整體而言，民法債編該等條項，僅是部分規範而已。如未深入觀察體會其與民法本章、乃至民法本編之互涉關連，勢必無從了解契約如何成立，無從歸納得出契約之整體成立要件。

契約成立之規範依據，形式上本可區分為二。其一規定於上述之該等契約條項，其二規定於民法本章乃至民法本編其他章節。契約也者，法律行為之延伸也，民法債編關於契約成立之規定（§153〜§166 之 1），性質上為法律行為成立規定之延伸。體認此等有機結合之關係脈絡，應是法律行為法學，同時也是契約法學上極其重要的思考方法之一。

②契約之生效

民法債編債之通則乙章，另有契約效力之有關規定（§246〜§270）。不過，如用心觀察其間所有條項，顯然可以肯定，對於契約之生效要件為何？該等條項完全付諸闕如；然而，我們絕對不能認為契約沒有生效要件。然則，論定其答案如何？其規定何在？即非回溯民法本章之規定不可❹。

---

❹　從規範整體之意義觀察，民法本章係法律行為生效之相關規定，因此，契約生效之得適用民法本章者，其語意之射程，並非僅止於抽象意義之生效要件，而是民法本章各節、乃至所有條文規定之全部。

在契約法學、法律行為法學、乃至民法學上，所以會有如上脈絡關連，根本緣由即在於，民法本章關於法律行為生效要件之規定，於各種法律行為均係同有適用；契約既係、亦僅係法律行為類型之一，規範原理上自須一體適用法律行為生效（民法本章）之相關規定。領會此等涵攝銜結之關係脈絡，亦是法律行為法學上之重要思考方法❺。

　2.本書之因應

　　針對以上的特色，本書擬加強下列二項敘述方法，以便有助民法本章各項課題之了解：

　⑴一體成型、謹守分際

　　①一體成型

　　在法典形式上，法律行為雖然存有總論（通則）、各論（分則）之概念區分，而且異其編章而零散分隔；然而，此係立法技術運用之結果，非謂法律行為之構成實情如此，研習上更不宜僅以此一認知而認為已足。

　　法律行為雖採類型存在模式（制度上依類型而個別存在），但在日常生活上，乃係選擇特定類型之法律行為而完成交易。所謂互涉關係，其更精確之意義，即為法律行為係以類型而一體成型。在此角度上，面對法律行為之制度，吾人尚須作如下三點考量：

　　a.民法本章是各種法律行為類型之先遣部隊，而且是其中共同適用之抽象概括部分。

　　b.法律行為之具體事項，在於各該類型，此等類型所在之規定，與民法本章規定為之融貫整合，（類型意義之）法律行為於焉（一體）形成。例如，以遺贈來說，民法繼承編關於遺贈成立生效之規定（§1186～§1208），必須與民法本章融貫整合，遺贈也者，於焉、亦始告為之成立。契約之成立生效，這樣的觀察了解，更為深切而重要。

---

❺　契約因採取類型構成方式，其成立及效力上，另有所謂之契約總論存在，因此，從一體成型之了解而言，應採如下思考方式：
　　契約各論（如債編各論之買賣、租賃、保證）→契約總論（債編通則）→法律行為總論（民法本章）

c.類型意義之法律行為，其個別章節之規定，如與民法本章之相關規定互為抵觸者，類型之規定是為特別法，應優先適用類型方面之有關規定。例如，於上述之遺贈，民法繼承編遺贈章節有關其成立或生效之上述條文❻，法律解釋上自應優先適用❼。

②謹守分際

在法律行為制度上，民法本章既然僅是法律行為構成上之概括抽象部分，因之，在研習上，適度體檢其規範互涉、甚而使用民法本章以外之法律行為類型作為分析說明之依據，固是難以避免。不過，有關個別法律行為類型或其相關制度內容之援用，必須力求謙抑，以免深奧難解、體制紛亂，抑且反客為主、本末倒置，更使篇幅無謂膨脹。因此，就其實際課題之涉及，仍盡量以考量制度完整而有其必要之觀察者為限。

⑵強化實務、釐清制度

①增加實例、幫助理解

簡易案例之解析，不僅可以增進對於法律概念與現實生活關係之深度

---

❻　遺贈之成立，其規定與民法本章不同者，主要者略有如下：
　　⑴一般法律行為之行為能力為二十歲 (§12、§13 II)；反之，遺贈之行為能力（遺囑能力），為十六歲 (§1186)。
　　⑵一般法律行為之成立，無須一定方式（§73 反對解釋）；反之，遺贈之成立，必須符合一定之方式，而且是相當嚴正的方式（§1189～§1197——基本規定為 §1189）。
　　遺贈之生效，與一般法律行為之不同者，主要略有如下：
　　⑴一般法律行為，一經成立即告生效；反之，遺贈成立後，須待遺贈人（立遺囑人）死亡，遺贈始告生效 (§1199、§1201)。
　　⑵一般法律行為，於成立後並無撤回之可言；反之，遺贈成立後，得因遺贈人意思或遺贈（內容）抵觸而撤回 (§1219～§1222)。
❼　在法律之解釋適用理論上，於此情形，民法繼承編關於遺贈之規定，其與民法本章之關係，於其規定相互牴觸部分，遺贈之規定是為特別法，民法本章則為普通法，所以適用遺贈之規定，係本於特別法優先於普通法之法律適用原則而來。

了解，復可幫助吾人正確使用法律概念及運用法律制度，因此，適時配合簡易案例，以期增進理解，研習上顯有必要。本章以下各節，爰適度增加簡易實例說明之分量；而且，多於各節之首，先舉事例以期醒目。

②完整論述、釐清制度關係

在規範構成上，民法本章雖然僅具部分規範之意義。不過，其中部分節次，如代理、無效及撤銷等，或因其規範體系本較零散、或因時移勢遷而不盡完整；爰於此等事項，就其制度全面進行完整體察，並先舉二例以為佐證：

a.代　理

代理，必須兼括法定代理及無權代理，始稱制度完整。然而，民法本章代理乙節 (§103～§110)，關於法定代理及無權代理二者，幾乎僅是聊備一格、甚而竟是隻字俱無；民法本章之此等殘缺，於整體理解代理制度，誠有窒礙。為此，本章於代理乙節，爰基於整體考量而同時論及法定代理及無權代理❽。

b.無效及撤銷

無效及撤銷二者之原因，繁多而零散存在於民法各編（包括民法本章），擴大視野而觀察並歸納此共通事項，研習上誠是必要而且重要。再者，法律行為前責任理論之崛起及其相關制度之次第建立，已係現代法律行為法學重大課題之一❾，其論證之缺如，無疑為無效及撤銷學問課題之重大忽略，亦為法律行為制度上之本質缺失。

---

❽ 關於無權代理，例多規定於民法債編通則債之發生乙節之內 (§167～171)；關於法定代理，其主要規範散見於民法親屬編及民法繼承編（重要條文如 §1003、§1086、§1098、§1113）。於代理之研習，如不適度體察各該相關規定，完整代理制度之了解，殆無可能。

❾ 依傳統見解，當事人並無法律行為前責任之問題。現代法律行為法學則採反對論點，認為於法律行為成立前，當事人苟有相當重度之過失者，對於相對人仍負損害賠償責任，是為所謂之法律行為前責任或締結過失責任。

第二節　行為能力

一、關鍵概念

行為能力乙節（以下簡稱民法本節）最為重要、亦最具關鍵意義之概念，應屬行為能力一詞。不過，本書上冊已就其列為關鍵概念說明（上冊，第一六六頁～第一八五頁），於此爰選定下列三者以對：

$$關鍵概念（行為能力）\begin{cases} 法定代理人 \\ 不生效力 \\ 強制有效 \end{cases}$$

㈠法定代理人

1.前置作業

⑴案例舉隅

甲年方六歲，為就學之便，平日與祖父乙共同生活（甲之祖母早已逝世）。某日，甲之父母 A、B 同乘機車穿越馬路時，因行經該處之卡車司機丙快速硬闖紅燈，將 A、B 連車帶人一起撞倒，A、B 當場因之人亡車毀；丙卻逃之夭夭。處理 A、B 後事之後，甲擬訴請丙賠償其所受損害，應如何起訴？

⑵選定依據

民法本節既乏行為能力存否之條項，亦未直接規定行為能力人所為之法律行為為有效；相反的，乃是規定行為能力欠缺人所為之法律行為，須經其法定代理人之補助（法律）行為，始得、亦即得有效。足見，從民法本節之規定內容言之，法定代理人一詞，確居關鍵地位。民法本節計有條文十一 (§75～§85)，其間出現法定代理人者，竟達九條，即為最佳佐證❿，

---

❿　此之九條，依序分別為：§76～§81、§83～§85（亦即民法本節諸條，其未出現

爰列其以為關鍵概念。

2.概念說明

法定代理人之概念說明，擬分為下列四項。

$$
\text{法定代理人}\atop(\text{關鍵概念})
\left\{
\begin{array}{l}
\text{法定代理人之意義說明}\\
\text{法定代理人之存在狀況}\\
\text{法定代理人之規範功能}\\
\text{法定代理人之內部關係}
\end{array}
\right.
$$

⑴法定代理人之意義說明

①法定代理人之定義

稱法定代理人者，意指依法律規定而得為、亦應為他人（通常為行為能力欠缺人）代理人之人也；其因而發生之代理形態，是為法定代理。

民法第一○八六條規定：「父母為其未成年子女之法定代理人」，為日常生活上法定代理人之最淺顯事項。父母為無行為能力之未成年子女利益，而以其子女名義處分該子女之財產者，即是相當普遍的法定代理事例。以前述案例而言，六歲之甲為無行為能力人，生前之 A、B 即為當時甲之法定代理人，人之權利能力終於死亡 (§6)，A、B 於死亡之時喪失法定代理人之資格。

基上所述，就法定代理人之概念意義，尚可補充說明如下：

a.法定代理人須依法律規定定之。

b.法定代理人通常須為具有一定身分之人；此之所稱身分，通常須一定親等內之親屬或家屬 (§1094 I、§1111、§1003)；不過，於遇有特殊情況時法院得選（改）定社會福利機構等為法定代理人 (§1094 III)⑪。按與未成年人同居之祖父母，為僅次於父母順位之法定代理

法定代理人之名詞者，不過 §75、§82 而已）。

⑪ 特殊情況之內容為：「未能依第一項之順序定其監護人時，法院得依未成年子女、四親等內之親屬、檢察官、主管機關或其他利害關係人之聲請，為未成年子女之最佳利益，就其三親等旁系血親尊親屬、主管機關、社會福利機構或其

人 (§1094 I ①)；因此，A、B 死亡之時，乙即成為甲之法定代理人。

②法定代理之範圍

代理也者，係指代理人之代理行為（以本人名義所為之行為），直接對於本人生效之制度 ❷。法定代理為代理形態之一，法定代理人之代理行為，自亦對於行為能力欠缺人生效。不過，代理係財產法上之制度，代理行為之範圍，應以財產行為為限（包括負擔行為及處分行為）；法定代理之形態，亦應作同一解釋 ❸。至於身分行為，則除法律有特別規定得為行使者外，尚非為代理人所得代理 ❹。此於法定代理亦然。

代理係基於行為能力之角度，而擴張或補充法律行為之規範設計，其適用領域本應僅以法律行為為限，非屬法律行為之法律事實，無論其為事實行為、違法行為或自然事實，均無代理之適用，得因該等行為或事實直接對於行為能力欠缺人發生效力；不過，關於準法律行為，一般以為，代理亦得類推適用 ❺。凡此，於法定代理，其結論亦同 ❻。於公法上有無適用，不無討論餘地 ❼。再者，訴訟法上規定，須能獨立以法律行為負義務

他適當之人選定為監護人。」(§1094III)

❷　參照，民法第一〇三條規定：「代理人於代理權限內，以本人名義所為之意思表示，直接對本人發生效力。前項規定，於應向本人為意思表示，而向其代理人為之者，準用之。」

❸　參照，司法行政部六四臺函民字第〇三二八二號函：「查無行為能力制度，係以防止無行為能力人之財產散失為目的，僅對財產上之行為有其適用。至於身分上之行為，禁治產人於回復常態有意思能力時，仍得為之。」

❹　代表見解參照最高法院二九年上字第一九〇四號判例：「不許代理者，不因本人之承認而生效力。兩願離婚為不許代理之法律行為，其由無代理權人為之者，本人縱為承認，亦不因之而生效力。」

❺　感情表示得否類推適用於代理，學理上持否定論點者，頗為有力。

❻　民法本章代理乙節之規定 (§103～§110)，原則上於意定代理及法定代理均有適用。(參照該節立法理由：「謹按關於代理之本質，各國立法例亦不一致。……本法則以法定代理、意定代理共通適用之條文，概括規定於總則編中，而以僅闕意定代理各條，規定於債權編委任章內焉。」)

者，始有訴訟能力❶；所謂獨立以法律行為負義務云者，係以於民法上具有（完全）行為能力而言❶。因之，法定代理於訴訟法上亦有適用，惟其限制似較實體法上為強❷。上述案例之甲，既然僅有六歲，法律上是為無行為能力人 (§13 I)，於民事訴訟法上無訴訟能力，不能獨立以甲自己之名義起訴，應由與甲同居（共同生活）之祖父乙為法定代理人，代理甲起訴（於起訴狀內之當事人欄記明甲為原告、法定代理人為乙），始稱合法。

(2)法定代理人之存在狀況

①身分財產法制

代理雖為財產法之制度，一般之代理（意定代理）❷，且被誤會為債之發生原因，而被規定於民法債編❷。不過，民法關於法定代理人之確定、乃至法定代理之發生，其規範源自於、亦多存在於身分法核心之民法親屬編❷。此之情況，恰似以身分法體現財產法之需要，爰以身分財產法制稱

---

❶ 實務似採否定見解（參照，法務部七三法律字第一四三一八號函：「臺灣省特定營業管理規則……屬於行政法之範疇，與民法第八十五條第一項（來函誤寫為第八十四條）係為限制行為能力人在特定範圍內取得行為能力之規定，兩者規律對象不同，本件似應依上述規則辦理。」）

❶ 參照，民事訴訟法第四五條規定：「能獨立以法律行為負義務者，有訴訟能力。」

❶ 參照，最高法院二九年上字第二八○號判例：「滿七歲以上之未成年人，除法律別有規定外，僅有限制行為能力，依民法……之規定，不能獨立以法律行為負義務，自無訴訟能力。」

❷ 參照，司法院八四廳民㈠字第一三三四一號函：「無訴訟能力者應由法定代理人代為或代受訴訟行為，而直接對當事人發生效力……雖民法第七十七條但書規定……無庸得法定代理人之允許，惟此僅生實體法上行為有效之效力而已，不得以此認為限制行為能力人具有訴訟能力之依據。」

❷ 法典或學理所稱之代理，一般係指意定代理而言。

❷ 參照，民法債編通則乙章第一節債之發生第二款代理權授與 (§167～§171)。

❷ 民事訴訟上，關於法人之代表人，亦以法定代理人稱之。主要實務依據如下：
　⑴民事訴訟法第四七條立法理由：「無訴訟能力之人，不得自為訴訟行為，故由其法定代理人（例如未成年者之監護人）為之，法人亦不得自為訴訟行為，故由其代表機關（例如股份公司之董事）為之，法定代理人與代表機關，合

之。

　　②半直接性設計

　　法定代理人與行為能力欠缺人（本人）之間，原則上固然以一定身分
關係為基礎。不過，此之呈現，尚不完全直接。蓋以稱之法定代理人者，
除以父母作為表明一定身分之依據 (§1086) 外，其他條文之規定，係採監護
人為法定代理人之模式 (§1098 I)。易言之，因監護之規定，其監護人與行
為能力欠缺人之間，原則上須具有一定之身分關係 (§1094 I、§1111 I)，
二者綜合觀察，乃間接獲致法定代理人以身分為基礎之結論，爰以半直接
性稱之。

　　法定代理人制度之間接性，尚可從其與民法本章代理乙節（以下簡稱
代理乙節）之互涉關係說明。緣以代理乙節所謂之代理或代理人者，一般
係指意定代理而言；反之，於民法本節，雖然題曰行為能力，其實卻以法
定代理人貫通，使法定代理人反而成為民法本節之內在核心概念及制度樞
紐。因此，如謂法定代理為較間接性或半隱藏性之制度設計，應屬可行。

　　③複線多元之制度形式

　　法定代理人之制度，主要為行為能力欠缺之補充，惟從制度整體而言，
則其適用範圍尚不以此為限；蓋以夫妻間關於日常家務之代理 (§1003)，其
規範性質亦屬法定代理也 ❷❹。

　　再者，關於行為能力欠缺人之法定代理人，民法親屬編分別就未成年
人及受監護宣告人加以規定，而其產生方式頗為複線而多元 ❷❺，因其已涉
親屬編之具體事項，爰不深度敘述。

　　　　稱之曰法律上代理人。」

　　(2)司法院三四年院解字第二九三六號解釋：「法人之代表人在民法上固非所謂
　　　　法定代理人，在民事訴訟法上則視作法定代理人，適用關於法定代理人之規
　　　　定。」

❷❹　少年事件處理法上之「現在保護少年之人」，並非法定代理人（參照，司法院
　　八三廳刑㈠字第七〇七七號函）。

❷❺　法定代理人確定之複線多元，略可歸納如下：

(3)法定代理人之規範功能

行為能力也者，為一個人在社會上，得獨立以自己名義成立法律行為，使之生效，並因而享受權利、負擔義務（責任）之法律上地位。有此地位，其人即可自由與他人從事交易行為，經濟自由秩序於焉形成，社會福利因之大可增進，此即通稱之私法自治（原則）。相對於此，行為能力欠缺人，因其利害判斷能力不足，不可任其獨自成立有效之法律行為，法定代理則是增補行為能力之法律機制，使行為能力欠缺人藉以從事交易、成立有效之法律行為。因此，學理及實務以為，法定代理制度乃是私法自治之補充**㉖**。

(4)法定代理人之內部關係

法定代理人內部關係之主要課題有二。其一為法定代理人與本人之間，是否具有一定之原因法律關係；其二為法定代理人對於本人所得主張或應負擔之權利義務。前者涉及深奧而複雜，擬併於代理乙節說明；後者，於民法親屬編設有具體規定，涉及瑣細，為親屬法之探討課題，且與私法自治（行為能力）補充尚無直接關係，爰不具體論敘，但歸納法定代理人之要點如下表：

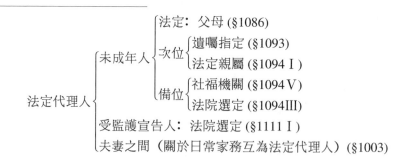

法定代理人
- 未成年人
  - 法定：父母 (§1086)
  - 次位
    - 遺囑指定 (§1093)
    - 法定親屬 (§1094Ⅰ)
  - 備位
    - 社福機關 (§1094Ⅴ)
    - 法院選定 (§1094Ⅲ)
- 受監護宣告人：法院選定 (§1111Ⅰ)
- 夫妻之間（關於日常家務互為法定代理人）(§1003)

㉖ 參照，民法本章第五節（代理）立法理由：「凡行為能力不完全者，為保護其利益計，須藉他人補充其能力之欠缺。又因疾病或其他原因，事實上不得親自為法律行為者，許依他人而為行為能力事實上之擴張。」（按此段說明，前者係指法定代理，後者則指意定代理）

```
                      ┌定義說明：依法律規定而為他人之代理人
            ┌意義說明┤
            │        │        ┌財產法律行為
            │        └適用範圍┤
            │                 └訴訟法律行為
            │        ┌身分財產法制┌法定代理人原則上須具一定身分
            │        │            └身分行為原則上不能代理
   法    ┌存在狀況┤半直接性設計：以監護（人）表徵法定代理（人）
   定    │        │              ┌未成年人：父母、指定、法定、選定
   代  ┤│        └複線多元化形成┤受監護宣告人：法定、選定
   理    │                        └夫妻（於日常家務互為代理）
   人    │        ┌原因關係：併於代理乙節說明
            └內部關係┤
                      └權利義務：親屬法課題，不予敘述
```

㈡不生效力

1.前置作業

(1)案例舉隅

甲年十八歲，喜好優遊四方。某日，為報名參加世界名勝一季遊，竟將其祖父生前贈送於甲之名貴跑車，出售於車商丁，雙方並約定於次日同時交車付款。訂約當晚，甲之父母（乙、丙）聞悉此事，至為不悅，聯袂對丁表示甲未成年，渠等不能苟同甲出售跑車之行為。丁卻置之不理，仍請求甲依約交車。

(2)選定依據

學理上或以為，於法律行為理論上，法律行為成立之概念，已無存在必要，強調法律行為成立與生效之儼然區隔，亦無意義❷。此一論點，於債權行為或可適應無虞，但就完整闡發意思自由原則、乃至兼及物權行為、身分行為而言，誠恐仍有不足。蓋就意思自由言之，當事人本得依約定，以條件或期限使業已成立之法律行為，暫不生效（§99Ⅰ、§102Ⅰ）。反之，於我國民法現制，物權行為之成立與生效，可說幾乎處於涇渭分別之狀態；身分行為亦頗見成立與生效區隔之條項。因此，法律行為成立與生效之概念區隔、乃至其學術工程之營建，於現階段之民法（學）仍屬相當重要。

---

❷　參照，陳自強前揭《契約之成立與生效》，第四二○頁～第四二二頁。

在法律行為成立與生效之區隔上，最見突出意義者，首推「不生效力」之概念。限制行為能力人所定之契約，其中心答案是為不生效力，對於不生效力之整體制度試為歸納說明，於法律行為效力制度之完整了解，信必有所助益。

2.概念說明

不生效力之概念說明，擬分為下列四者：

$$
\text{不生效力}\atop(\text{關鍵概念}) \left\{ \begin{array}{l} \text{意義說明} \\ \text{存在狀況} \\ \text{規範功能} \\ \text{周邊問題} \end{array} \right.
$$

⑴不生效力之意義說明

①不生效力之定義

不生效力云者，意指當事人所成立之法律行為（類型），其法律上效果雖非有效、但亦非無效之情形；換言之，其法律行為是否生效（有效），係處於尚不確定之狀態，並因後續情事之發生，使其確定有效或無效。例如，於上述案例，甲年十八，為限制行為能力人。甲出售跑車，丁同意買受，甲丁成立買賣 (§345 I)。買賣為契約類型之一，因此甲丁之間，亦係成立契約 (§153 I)。民法第七九條規定：「限制行為能力人未得法定代理人之允許，所訂立之契約，須經法定代理人之承認，始生效力。」足見，甲丁關於本案跑車所定之買賣（契約），即為於法不生效力。

在社會一般用語上，無效與不生效力或常混為一談。然而，在法律及法律學上，無效係自始當然確定無效，而且也不可能因後續情事發生轉為有效，故而不生效力與無效二者，乃是截然有別的異質概念。

頗多學理將不生效力稱為效力未定，實務見解亦然❷。不過，鑑於得

---

❷ 參照，最高法院八五年臺上字第九六三號判例：「無代理權人以代理人之名義所為之法律行為，係效力未定之法律行為，固得經本人承認而對於本人發生效力。」

為撤銷之法律行為，屬性上亦得列入效力未定之概念範疇，為免無謂爭議，稱之不生效力似較允當。

②不生效力之類型可能

不生效力，主要表徵在須經同意（特別是須待承認）之法律行為；不過，侷限於此，難免有以偏概全之疑義，對於融貫了解不生效力之制度整體，恐亦不足。如是，較為廣度立場之不生效力概念，尚得區分為如下二類型：

$$不生效力\begin{cases}主觀型之不生效力\\客觀型之不生效力\end{cases}$$

a.主觀型之不生效力

法律行為於成立後，須經他人（通常為法定代理人）同意之法律行為以為補助者，是為主觀型之不生效力。蓋以他人之行為，終究存在人之主觀抉擇也。於此情形，他人之補助行為，法律條文上，多以須經承認 (§79、§118) 或應得同意 (§974、§981、§1049) 一類之用語稱之。多數情形似為，於財產行為部分，稱為待承認，於身分行為部分，稱為應得同意。不過，身分法上應經同意之行為而未經同意者，其法律效果並非不生效力（多數為無效或得撤銷），吾人尚不能以其用語相近而誤解其意。

法律行為之不生效力，源於當事人之意思者，亦係屬於此一類型，其主要制度模式為附停止條件及附始期二者 (§99 I 、§102 I)。

b.客觀型之不生效力

法律行為成立後，尚需履行一定行為，其法律行為始告生效者，是為客觀型之不生效力。民法第七五八條規定：「不動產物權，依法律行為而取得設定、喪失、及變更者，非經登記，不生效力。」第七六一條第一項前段規定：「動產物權之讓與，非將動產交付，不生效力。」足見，物權行為雖因意思表示成立，而且符合民法本章所定之法律行為生效要件，物權行為仍僅成立而處於不生效力之狀態，堪認物權行為受有雙重不生效力之限制。

此即於物權行為，縱使依法完成上述之交付或登記，如其行為人之一方或雙方為限制行為能力人時，則其法律行為效力之狀態，仍屬不生效力。如是，以前舉案例而言，其結論略可歸納如下：

    ⓐ甲丁所訂立之買賣（債權行為、契約），因甲為限制行為能力人，於法不生效力。

    ⓑ甲雖已交車（移轉跑車所有權之法律行為係物權行為），因甲為限制行為能力人，於法不生效力。

    ⓒ甲之父母為甲之法定代理人(§1086)，如果承認甲丁之買賣，本案之買賣行為固然即為有效(§79)，但是關於跑車之所有權移轉行為（物權行為），如其尚未完成交付則不生效力(§761)

    ⓓ丁因買車，於法須支付價金(§345、§367)，惟丁並未交付；因之，此部分之（物權）行為，於法亦是不生效力。

綜觀以上所述，歸納其重點如下表：

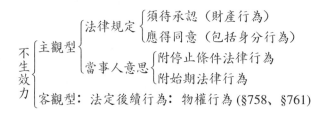

⑵不生效力之存在狀況

①須待承認之類型

法律行為成立後，須經承認，其法律行為始生效力之重要事例如下：

a.限制行為能力人所訂立之契約(§79)。

b.無權利人所為之處分行為（通稱無權處分）(§118 I)。

c.無代理權人所為之法律行為(§170 I)。

d.試驗買賣(§384、§386)❷。

e.發行指示證券❸或簽發匯票❹。(§711 I)

---

❷ 試驗買賣(§384～§387)，非經試驗並承認，不生效力。

②須續行行為之類型

a.不動產物權行為，非經登記，不生效力 (§758)。

b.動產物權行為，非經交付，不生效力 (§761)。

c.動產質權之設定，因交付而生效力 (§885 I)。

d.無記名證券之設定質權，因交付證券而生效力；記名證券之設定質權，並應經背書而為之 (§908)。

e.票據權利之移轉或設定質權，亦因其是否記名而分別依交付或背書發生效力（票據法 §30、§32、§124、§144）。公司股票之移轉或設定質權，其情形亦然（公司法 §164）❷。

③源自當事人意思之類型

主要事例為附停止條件及附始期二種情形 (§100 I、§102 I)。

(3)不生效力之規範功能

①不生效力之法律定位

　　法律行為是否生效之內部構成，分為有效、效力未定及無效三類。有效者，確定有效之謂；無效者，確定無效之謂；效力未定者，生效與否並不確定、或縱有效但得因當事人意思（撤銷）使之無效之謂。因之，依本書觀點，效力未定尚可分為得撤銷及不生效力二者。足見，三元之次，尚有如下表之類型區分：

$$
\text{效力內容} \atop (\text{法律行為})
\left\{
\begin{array}{l}
\text{確定有效：有效} \\
\left.
\begin{array}{l}
\text{有效但得加以撤銷} \\
\text{不生效力}
\end{array}
\right\} \text{效力未定} \\
\text{確定無效：無效}
\end{array}
\right.
$$

---

❸　非經被指示人向領取人承擔，不生效力 (§711 I)。

❸　非經付款人承兌，不生效力（票據法 §43、§52 I）。

❸　公開發行公司所發行之有價證券（主要為股票），如經交由證券集中保管事業保管者，其移轉或設定質權得以帳簿劃撥方式取代交付（證券交易法 §43 II、III），是為特例。

②不生效力之遊移

不生效力本身，並非規範目的所在，而是制度上之暫定狀態或短暫過程。換言之，吾人於法律上創設不生效力之制度，其目的並不在於持續維護一旦發生之不生效力狀態，而是期待其盡速消滅。因此，不生效力通常同時附有效力轉換之規定，使其因後續情事之變動，分別情況而轉換為有效或無效（如§80～§82）。

a.轉換為有效

不生效力之法律行為，於法律所定後續行為或補助行為發生時，轉換為有效。

待承認之法律行為，民法相關法條，雖或規定：「須經承認，始生效力」（§79、§118），或規定：「非經承認，不生效力」（§170 I），用語不盡一致，惟其意義均是同指一經承認，法律行為於法即為（確定）有效（「視為承認」，解釋上亦同）。

民法第一一五條規定：「經承認之法律行為，如無特別訂定，溯及為法律行為時發生效力。」是以一經承認，隨即溯及法律行為成立之時生效（自始確定有效）。因此，本案之甲，其出售跑車於丁之法律行為（契約），如經乙丙（父母、法定代理人）於其後承認者，該買賣即溯自甲丁訂立買賣之時（買賣成立時）（確定）有效。

b.轉換為無效

不生效力，亦可能轉換無效。二者係選擇性之存在，無並存可能，其轉換為有效者，即不可能再轉換為無效；反之，其轉換為無效者，亦不可能轉換為有效。

待承認之法律行為，如經得為承認之人拒絕者，其法律行為即為（確定）無效。拒絕，一般固指不同意之意思表示（法律行為、單獨行為）而言；但得為承認之人一定之沈默（不為確答者），法律亦多規定為「視為拒絕」，同有轉換為無效之適用（§80、§170 I、§386）。

案例甲之法定代理人、亦即甲之父母乙丙，於獲悉甲出售跑車於丁之當晚，聯袂向丁表示，其二人不能苟同未成年人甲之售車行為。乙丙顯係

基於不同意買賣跑車之效果意思而為表示，並因之成立拒絕承認之法律行為（因其無待相對人同意即得成立，故為單獨行為）。因此，甲丁買賣跑車之法律行為（契約），於乙丙對丁表示不能苟同之時，即告溯及行為伊始而確定無效。

　　③不生效力之積極意義

　　a.法律行為有效原則

　　有效與無效乃是對立之概念，也是反向對應之法律制度設計。不過，由於無效之機制，消極意味過重，如於法律上僅僅貫徹有效與無效二種對立機制，於法律秩序之維護、乃至當事人權益之保護，或恐時有窒礙。為彌除其可能發生之瑕疵，法律行為制度爰有不生效力及撤銷之機制，以為調和；二者之中，不生效力尤見積極意義。

　　原來，在各種市場上參與交易之人，大多均是正常成熟之士，參與交易之人亦多半本乎誠信、守法安分，這不僅正是吾人膽敢勇於從事各式各樣交易活動之原由，更是自由市場秩序井然確立、並不斷擴建發展之依據。反之，如果現實不是如此，實難想像大家敢於稀鬆平常從事日常交易，市場秩序亦永無寧日、更難有福利創造提升之可能。本此心理底層之法律原理預設，透視法律行為制度，吾人顯然可以肯定，人們乃係基於法律行為將會有效之預期下，參與各行各業所提供之交易機會。事實上，正由於絕大多數從事交易之人，均能中規中矩，絕大多數之法律行為，亦多如參與人之期許而為有效，為所謂之法律行為有效原則。

　　無效也者，因其法律關係無從發生，不僅當事人預期之權益為之落空，而且經常會為此損失不貲；如此雙重損失，豈是吾人本願、亦豈是吾人所能負擔。足見，有效與無效二者，在制度形式上雖然對立，但就規範功能言之，則二者顯有天壤之別。此即有效為吾人之所欲，為制度基本原理，更為民法之真正重鎮；反之，無效為人們之所惡，僅是民法本章之不得已存在，應是必要之惡而已。相對於法律行為有效原則，即是法律行為無效謙抑原則。

　　b.法制形式之反向設計

就一位初學者而言，對於以上說法，恐怕會感到相當困惑。蓋以如果吾人從法律形式觀之，民法本章相關條文，其絕大多數均係有關無效（及撤銷與不生效力）之規定。易言之，如果將民法本章之所有法條瀏覽一遍，即可發現其間幾乎全是關於標的不妥適（以無效為主）、行為能力欠缺（以無效或不生效力為主）及意思表示不健全（以無效及撤銷為主）之條項。反之，其直接正面規定法律行為有效之條文，反而少見；如此之制度形式，很容易使初學者不易體會法律行為有效原則之真正立法定制本意。

其實，民法本章節之此一反向設計，其間用意恰如刑法，雖其規定犯罪，但其規範意旨絕非認為犯罪行為為人之常情，更不認其為社會常態。民法債編規定重點之侵權行為 (§184～§198) 及債務不履行 (§220～§233)，其規範形式亦係反向設計，旨在印證正當生活為社會常態，反映人們不致動輒侵害他人權利，而且多會履行債務。足見，民法本章節之反向設計是法制形式之常態，值得法律初學者深切體會。

正因法律行為有效，始為法律原則所在，法律自然無須多費唇舌，以免法律形式上無謂重複。反之，無效及其相近之特例，其援用必須慎重，因此詳細而具體之規定，反而顯得必要而且重要。不生效力之制度設計，可以使法律行為免於無效，並於尊重當事人意願之基礎上，藉法定補助行為之協力使之有效，不僅可以更實質充分體現意思自由原則，同時妥善保護弱勢之法律行為當事人，而且，也可增益法律行為有效原則之實現。

(4)不生效力之周邊問題

不生效力之周邊事項主要有二：一為應得同意與不生效力之關係；另一為行政核准與不生效力之關係。前者因配合其相關規定 (§117)，擬於無效及撤銷乙節說明；於此爰僅舉後者以對，以顯行政介入法律行為之啄痕。

①民法事例

法律行為為私法制度，且為私法領域中最為精粹之部分。本於（公）法不入私門之原理，法律行為之成立生效，照理不應輕易由行政行為介入。誠然，於大多數情形，公私二個法律領域，亦能各分畛域、互不侵犯，行政行為之介入法律行為，亦在盡情排除之列。不過，特殊情形，仍可發現

部分特例。例如，法人之設立，性質上本為法律行為，但於法須經向主管機關登記 (§30)，甚而於登記前須經主管機關許可 (§46、§59)【此二處之主管機關，在意義上尚有不同❸】。正因此之規定，法人之成立係指設立登記（行政行為）完成之時，至於設立法人之發起人（社團）或捐助人（財團）所為之設立行為（法律行為）本身，於成立法人而言，尚無決定性意義。

法律行為生效方面，行政行為之介入，顯然更為普遍。蓋以不動產物權行為之生效，依法均須經（地政主管機關）登記也；來日，民法第一六六條之一規定施行，不動產債權行為之生效，頗多亦將依賴於登記❸。結婚、兩願離婚應經戶政機關登記 (§982、§1050)，收養、終止收養，或應經法院認可 (§1079Ⅳ、§1080Ⅴ)，始告正式生效，亦係法律行為須借助國家機關行為以待生效之新型事例❸。

②民事特別法事例

民事特別法上亦偶有規定，法律行為須經主管機關核准始生效力。於此類型，私人間之法律行為，在法律上僅具成立意義，其生效則有待行政行為之後續補充（通常為主管機關之核准）。而且，主管機關對於是否讓法律行為生效，（至少在理論上）有完全之實質審查權及主動決定力。如是，所謂私法自治、乃至法律行為自由，似乎已遭嚴重架空，甚而名存實亡；因此，對於此類規定，適度約束行政行為（核准）之運作於合理妥善之範圍，實是重要課題。茲舉數例以為參考：

a.有價證券上市或終止上市❸

---

❸　參照，本書上冊，第二七九頁～第二八〇頁。

❸　民法第一六六條之一之施行日期，依民法債編施行法（第三六條第二項）規定，須由行政院會同司法院另行訂定。截至目前，行政院尚未會同司法院訂定施行日期，故民法該條尚未生效。民法債編修正公布後，已十餘年，獨獨民法該條尚未施行，實是奇特無比。

❸　參照，民法第一〇七九條第四項：「收養子女應聲請法院認可。」第一〇八〇條第五項：「養父母死亡後，養子女不能維持生活而無謀生能力者，得聲請法院許可，終止收養關係。」

❸　公司辦理公開發行有價證券（通常為股票及公司債券）者，是為公開發行公司；

證券交易法第一四一條規定:「證券交易所應與上市有價證券之公司訂立有價證券上市契約……並應申報主管機關核准。」

證券交易法第一四四條規定:「證券交易所得……報經主管機關核准,終止有價證券上市。」

證券交易法第一四五條規定:「於證券交易所上市之有價證券……申請終止上市……應經主管機關核准。」

b.有價證券上櫃或終止上櫃 ❸

依證券商營業處所買賣有價證券管理辦法(以下簡稱櫃檯買賣管理辦法)之規定 ❸,有價證券之上櫃或終止上櫃,亦有如上市或終止上市,須經主管機關核准,始告生效(同辦法 §9、§10) ❸。

c.期貨交易契約 ❹

期貨交易法第一〇條第一項規定:「期貨交易契約非經主管機關核准,不得在期貨交易所交易。但涉及新臺幣與外幣間兌換之貨幣期貨交易契約,主管機關於核准時,應先會商中央銀行同意。」

公開發行公司符合一定條件,得申請證券交易所審准後,以其有價證券於證券交易所提供之集中交易市場進行競價買賣,是為所謂之上市。

❸ 公開發行公司符合一定條件者,向財團法人中華民國證券櫃檯買賣中心(以下簡稱櫃買中心)申請審准後,以其有價證券於櫃買中心電腦連線之證券商營業處所所專設之櫃檯進行競價買賣者,是為所謂之上櫃。

❸ 在我國發行證券交易法制上,上市證券之買賣及其主要事項,係直接規定於證券交易法(中心條文:同法 §138～§160);反之,上櫃證券之買賣,係授權規定於「櫃檯買賣管理辦法」,證券交易法上尚無直接規定。

❸ 參照,櫃檯買賣管理辦法第九條:「證券櫃檯買賣中心……與其發行人訂立證券商營業處所買賣有價證券契約,除申請登錄者外,應先報經本會核准後始得許可為櫃檯買賣。前項申請登錄之契約,由證券櫃檯買賣中心報本會備查。」第一〇條:「有價證券櫃檯買賣之終止,除申請登錄者外,應……報請本會核准。前項申請登錄有價證券買賣之終止,由證券櫃檯買賣中心報本會備查。」

❹ 依我國現制,期貨交易契約之主要類型有四,即:期貨契約、選擇權契約、期貨選擇權契約及槓桿保證金契約;主要條文依據為期貨交易法第二條。

d.特殊目的公司股東之股份轉讓行為

依金融資產證券化條例規定，以經營資產證券化業務為目的之股份有限公司，其股東之股份轉讓或公司章程之變更，須經主管機關之核准或許可，始生效力（同條例 §60、§95）❹。

綜上所述，爰歸納不生效力之要點如下表，以助了解：

{不生效力}

- 意義說明
  - 定義說明：法律行為是否生效處於不確定狀態，並因後續事項發生而（確定）生效（有效）或無效
  - 類型可能
    - 主觀型
      - 待承認（包括得同意）之法律行為
      - 附停止條件或附始期之法律行為
    - 客觀型
      - 須繼續完成一定行為（如物權行為之交付或登記）
      - 如有能力欠缺，仍須經同意或承認
- 存在狀況
  - 待承認
    - 限制行為能力人所訂契約 (§79)
    - 無權處分 (§118)
    - 無權代理 (§170)
  - 物權部分
    - 動產物權行為完成交付 (§761)
    - 不動產物權行為完成登記 (§758)
- 規範功能
  - 法律定位：（非為有效、亦非無效之）效力未定
  - 效果遊移
    - 轉換為有效：經同意或承認
    - 轉換為無效：經不為同意或拒絕承認
  - 積極意義
    - 促進法律行為有效原則之體現
    - 反面形式之制度設計
- 周邊問題
  - 應得同意之射程：應得同意之規定（非為不生效力）
    - 無效（未成年人離婚：§1049）❷
    - 得撤銷（未成年人結婚：§989）
  - 行政介入法律行為：生效須經主管機關核准（證券交易法 §141）

(三)強制有效

---

❹　參照，金融資產證券化條例第六〇條：「股東除經主管機關核准外，不得將股份轉讓於他人。」第九五條：「特殊目的公司之章程變更，應經主管機關許可。」

❷　參照，司法院二五年院字第一五四三號解釋：「未成年之夫妻自行離婚，民法第一零四九條既定明應得法定代理人之同意……對於違反該條……自應依同法第七十一條所定，認為無效。」（同旨最高法院二七年上字第一〇六四號判例）

1.前置作業

(1)實例舉隅

年紀十八、尚未結婚之甲，但生理早熟，極似業已成年之人。加以，甲自幼隨同父母乙丙在菜市場兜售雞鴨魚肉，已熟稔經商技巧及經驗。某日，甲因發現飆駛重型機車，極為拉風，渴望擁有，但因乙丙以安全為由，強力反對，甲爰起意自行購置。為此，甲乃將其身分證上出生之年分，變更為年滿二十（甲之變造技術一流，已至肉眼無從辨識），再持向開設機車行之丁購買重型機車。丁因見甲貌已成年，而且價格談判技巧純熟，加以身分證上確已顯示甲已成年，爰不疑有他，出售機車於甲。數日後，事為乙丙知悉，雙雙以甲為未成年人為由，向丁主張機車買賣無效。

(2)選定依據

民法第八三條規定：「限制行為能力人用詐術使人信其為有行為能力人或已得法定代理人之允許者，其法律行為為有效。」通稱其為強制有效之法律行為，簡稱為強制有效。

原來，行為能力欠缺人成立法律行為者，僅於少數特例始能得以有效。強制有效也者，不過此等特例之一；而且，在規範射程上，亦僅止於民法本節而已。以此特例列入關鍵概念，豈非捨本逐末？誠然，如果單純以概念涉及之廣度及深度來說，此一疑慮絕非無的放矢。蓋以法定代理人及不生效力二者之概念功能，不僅於民法本節，堪稱舉足輕重、意義非凡，其制度構成亦多涉及民法各編；反之，強制有效也者，卻僅存於民法第八三條（以下稱民法本條）規定，其規範射程之廣度，亦未涉及民法各編之規定，以之與法定代理人或是不生效力二者並列，難免過度抬舉之疑。

本節所以選定其為關鍵概念，緣以法律行為有效，關係交易安全，以與並非有效相互對應，規範意義上本屬相當重要；此外，於法律行為有效之事例中，強制有效實是最具突出地位，而且，如採取廣義作法，則民法本節有關法律行為有效之規定，亦得全數納入強制有效之範疇。以其作為法律行為有效之代表事例，就說明民法本節之同時兼顧交易安全，誠有指標意義。再者，選定其與法定代理人及不生效力二者並列，復可充分把握

斯三者在行為能力制度上之有機關連及環環相扣，亦是意義非凡。

　2.概念說明

　　關於強制有效，為期聚焦，並免滋生無謂爭議，本書僅以民法本條為敘述範圍，並分其要點為下列三項說明：

$$強制有效\begin{cases}強制有效之成立\\強制有效之效果\\強制有效之周邊\end{cases}$$

　⑴強制有效之成立

　　依民法本條規定，所謂強制有效，其成立要件可分為：①限制行為能力人為法律行為；②限制行為能力人使用詐術；③限制行為能力人使人信為有行為能力或已得法定代理人允許三者。

　　①限制行為能力人為法律行為

　　行為能力欠缺人雖可分之為二，一為無行為能力人、另一為限制行為能力人。不過，吾人如個別觀察民法本節各條規定，卻可明顯發現，各個條文均僅呈現個別意義，其間或是僅為限制行為能力人之規定，或是僅為無行為能力人之規定；尚乏兼容無行為能力人及限制行為能力人規定之條文。民法本條既明定其主體為限制行為能力人，解釋其適用範圍，自是排除無行為能力人。

　　②限制行為能力人使用詐術

　　限制行為能力人之法律行為所以強制有效，係因限制行為能力人於成立法律行為之際，使用詐術。所謂成立之際，並不限於法律行為成立當時，只要於訂定法律行為之磋商過程中，曾有使用詐術，而且法律行為亦因之成立者，即為已足。法律行為，無論其為單獨行為、或為契約、或為共同行為，均是同有適用❸。

　　所謂使用詐術，係指運用一定欺罔之方法，對於交易相對人掩飾尚未

成年之事實而言。日常生活上，常見之詐術手段，為戶口名簿或戶籍謄本或身分證之偽造或變造(特別是出生年月之偽、變造)；其方法則為此等(偽、變造)文件之出示於相對人❹。但不以積極提出一定策略為限❺。

③限制行為能力人使人信其有行為能力或已得允許

限制行為能力人成立法律行為者，本來非為有效。民法本條所以強制有效，係著眼於相對人之保護；因此，須相對人因詐術而產生信賴、且無過失。易言之，縱使限制行為能力人使用詐術，但其相對人並未因之相信其有行為能力或已得法定代理人允許者，法律行為仍回歸原則而為無效或不生效力。再者，相對人對於產生信賴（相信有行為能力或已得允許），須屬善意且無過失❻。

本案之甲年紀十八，尚未結婚，法律上為限制行為能力人。甲向丁購買機車，丁同意出售，甲丁之間就該輛機車係成立買賣 (§345)。買賣為契約類型之一，契約又為法律行為類型之一；因此，甲丁就該機車，係成立契約 (§153)、亦是成立法律行為。茲甲變造身分證上之出生年分，憑以使人相信其為成年之人，於洽商買賣機車（訂立法律行為）之時，復將變造過後之身分證出示於丁，核其情事，即為使用詐術。再者，甲貌與成年人無異，又富商場歷練，即使未曾變造出生年月，亦足以使人誤信其已成年；甲變造身分證之技巧，既已精湛高超，非為一般人所能辨識，則丁於察看之後，未克發現變造情事，乃是人之常情，難認為丁有過失。因此，本案甲購買機車之行為 (訂立買賣、契約、法律行為)，應適用強制有效之規定。

---

❹ 參照，民法第八三條立法理由：「限制行為能力人用詐術使人信其為有行為能力人者，例如欲使人信其為成年人，將戶籍簿之偽造抄本，出示於相對人，因與之為交易時，則限制行為能力人，已無保護之必要，故直認其法律行為為有效。又用詐術使人信其已得法定代理人之允許者，例如偽造法定代理人允許處分財產之書信，出示於相對人，因與之為買賣時亦然。」

❺ 少數見解認為，詐術應以出於積極策略者為限（請參照，陳著，第二一一頁）。

❻ 參照，黃立著，第二〇九頁；奧國民法第二四八條但書（限制行為人不負損害賠償責任──未見明定法律行為為有效）。

(2)強制有效之效果

①通說立場

限制行為能力人訂立法律行為，符合強制有效之要件者，其法律行為有效。蓋以限制行為能力人既能使用詐術，達到使人難以發現而陷於誤信，足認其心智確已相當成熟，法律上實無特別保護必要，爰基於交易安全考量，規定其法律行為為有效❹。無論限制行為能力人本人或其法定代理人，均不得再對於相對人主張不生效力，更無因拒絕承認而告無效之適用。例如，於本案實例，既有強制有效之適用，無論甲或其法定代理人乙丙，均不得以其未經乙丙同意（允許或承認），而主張本件買賣（契約、法律行為）無效，乙丙之主張無效為無理由（於法無據）。

法律行為強制有效者，係就制度整體定之，對於相對人而言，亦同受有效之規範；因此，相對人亦無復催告權 (§80) 或撤回權 (§82) 之可言。例如，本案之丁，因強制有效之適用，對於乙丙自亦不得撤回，如其行使催告權者，於法亦無意義。

不過，強制有效也者，規範原理上，僅是行為能力制度之一環，非謂其可以排除標的妥適或意思表示健全之適用。換言之，民法第八三條規定之用語，雖然特別直接稱為「法律行為為有效」，然而，論定法律行為是否生效，仍應就標的妥適等作整體觀照，是其規範意義，仍與鄰近條文所謂之「有行為能力」，殆無不同。

②少數見解

強制有效固為比較法之通例❹。我國學理及實務，絕大多數亦持肯定立場❹。不過，學說上持懷疑論點者，亦非無有。其見解以為，限制行為能力人縱會使用詐術，但仍難免童心未泯，爭強好勝，如因使用詐術即讓法律行為有效，並因民法本條為特別規定而排除暴利行為 (§74) 之適用，其

---

❹　立法說明，同❹。

❹　主要立法例略如：法民 §1310，日民 §20，義民 §1426。

❹　參照，最高法院四七年臺上字第一二六五號判決（偽報年齡，使人誤信為已成年），同年第一七六三號判決（偽刻法代印章使人誤信亦得法代允許）。

結果有時反而讓相對人坐收暴利,對於限制行為能力人而言,殊屬不平❺⓪。例如,本案之甲,於雞鴨魚肉之買賣,雖是富有經驗,但於重型機車之交易,卻是一無所知,仍是難免輕率或無經驗。如本案交易過程中,甲因缺乏此方面認識而支付高價,或丁提高價格而甲卻不會殺價,以致價金偏高甚多,丁即可依民法本條規定,坐享不合理之高額利益,其間確有未盡允妥。

淺見以為,暴利行為在法典形式上,雖然規定於法律行為通則乙節(§71~§74),但其規範意旨所在,則係法律行為標的妥適與否之一環。標的妥適、行為能力及意思表示健全三者,均為法律行為之生效要件,彼等於法律行為效力制度上,各自獨立分工、彼此對等相應,本係同位之法律規範,其間不生特別法排斥或優先普通法適用之問題,故暴利行為並不因民法本條之規定而排除適用。如是,本案如有發生上述價格偏離情事者,限制行為能力人甲或其法定代理人乙丙,仍得援用暴利行為之規定(§74),向丁主張撤銷甲丁間就該機車所訂立之買賣(契約、法律行為),或主張減輕其給付(價金之支付)。少數見解之質疑,恐是多慮。

(3)強制有效之周邊

①強制有效之鄰右

強制有效之鄰右者,係指雖為限制行為能力人,但其法律行為得為有效之其他規定;以民法本節而言,即為第八四條及第八五條。

有關強制有效之鄰右,亦可以及於民事特別法關於視為有行為能力之規定;蓋以視為有行為能力者,行為能力欠缺人所訂立之法律行為,亦如強制有效之得為有效也。行為能力欠缺人使用郵政或電信之行為(上冊,第一七八頁~第一七九頁),即為重要事例❺❶。

②強制有效之規範接合

---

❺⓪ 參照,黃立著,第二〇九頁~第二一〇頁。

❺❶ 二者在適用主體之範圍,尚有不同。此即:利用郵電行為,其適用對象包括無行為能力人及限制行為能力人二者;反之,民法本條僅以限制行為能力人為適用對象。

　　限制行為能力人所訂立之法律行為為強制有效者，如其於使用詐術之餘，更有詐欺情事者，則除其法律行為強制有效之外，其相對人得以被詐欺而主張撤銷 (§92)，如相對人因而受有損害者，並得根據侵權行為，對於限制行為能力人請求損害賠償 (§184)。

二、制度精義

　　行為能力之制度精義，擬分為下列四項說明：

$$
制度精義 \atop (行為能力) \left\{ \begin{array}{l} 行為能力之規範功能 \\ 無行為能力人之利益保護 \\ 限制行為能力人法律行為之非為有效 \\ 限制行為能力人法律行為之為有效 \end{array} \right.
$$

(一)行為能力之規範功能

1.形式觀察

　　行為能力之規範功能有二。一為行為能力欠缺人利益之維護，另一為交易安全之保障。

　　(1)行為能力欠缺人利益之保護

　　借用無效及不生效力之規定，主要立法目的在於維護無行為能力人及限制行為能力人之利益，茲引述民法本節立法理由三者以為佐證：

　　①民法第七五條立法理由

　　「無行為能力人所為之行為使之無效者，蓋為保護無行為能力人之利益也。至若雖非無行為能力之人，而其所為之意思表示，係在無意識或精神錯亂中（例如睡夢中、泥醉中、疾病昏沈中、偶發的精神病人在心神喪失中皆是。）者，其效力與無行為能力人之行為，並無區別，故亦當然無效也。」

　　②民法第七八條立法理由

　　「單獨行為者，即由一方之意思表示而成立之行為也……要皆有損於行為人。限制行為能力人智識尚未充分發達，其所為之單獨行為，自應使

其得法定代理人之允許，方為有效，始足以保護其利益。」

③民法第七九條立法理由

「法律對於限制行為能力人之利益，常思所以保護之。故規定限制行為能力人與他人訂立契約時，須得法定代理人之允許，否則所訂契約，應為無效，蓋以契約一經訂立……，仍須經法定代理人事後承認，始生效力，方足以保護限制行為能力人之利益。」

法律行為有效原則係交易當事人能力相當時之利益保護制度；反之，非為有效則係能力顯不相當之利益保護制度。前者在於同時對等保護當事人，後者在於加強保護行為能力欠缺人。二者之立論基點及規範目的，迥然不同；因之，其間不僅並無自相矛盾，甚至反而是相輔相成。緣以私法自治、乃至意思自由之真諦，並非在於高度突出個人意思決定之獨斷獨行、自由自主，其更為重要、亦更具積極規範意義者，無寧在於意思形成之自律自制以及行為決斷之自我承受；相對於此之法律行為自由、乃至契約自由，亦是二者相提並論、一氣呵成。此一法律原理，其表徵於法律行為制度者，即為行為人義務履行及責任負擔，而此體現，實有賴於法律行為之生效，藉以落實意思自由、闡發私法自治，並期促進經濟發展。

然而，法律行為有效也者，理應植基於交易當事人能力之對等；此之能力，其核心即為行為能力。因之，於個別交易上，其當事人之行為能力顯不對等者，如仍固執法律行為有效原則，對於行為能力欠缺人勢必極不公平，不僅苛不能之人擔負責任，亦且反而背離法律行為自由之真諦。因之，交易當事人中，如其中一方為行為能力欠缺人時，必須斟酌其間不平等之實情，跳脫本於形式平等原理之法律行為自由原則，另行尋求可以回復實質平等之法律機制。法律行為非為有效，可以使行為能力欠缺人免去其能力所不宜之負擔，無論就行為能力欠缺人之利益保護、乃至公平正義理念之體現而言，均較法律行為有效原則妥切得多。

(2)交易安全之保障

行為能力欠缺人、特別是無行為能力人所訂立之法律行為非為有效，固為行為能力制度上極重要、亦極突出之機制；惟就制度整體觀之，並非

唯一。蓋以限制行為能力人為法律行為之時，如其等同已有行為能力，於法仍應有效，前述之強制有效，不過其中要例之一。足見，此等法律行為有效，本亦相輔相成、彼此聚合，並與上述非為有效之聚落並行不悖，共同善盡相對人利益及交易安全之保障❷。

2.綜合體認

體察民法本節之整體規範意旨，其更為重要者，無寧在於以上兩項規範存在之有機聯結及一體運用關係。有關於此，尚可分為原則例外關係及選擇適用關係二者說明：

①原則例外關係

民法本節條次，總共條文十一 (§75～§85)，其前面八條，基本上為行為能力欠缺人利益之保護；其後三條為交易安全之保障。不過，從法律上之邏輯關係言之，斯二者非為平行雙軌之存在，而係意識上具有主從意味之原則例外關係，前者係制度原則，後者則係特例。

②選擇適用關係

從法律適用而言，民法本節之兩項規範功能，實際上亦同時表徵為制度化之選用關係。換言之，在法律適用上，斯二者係對立選擇關係，其屬於前者之案例，往往就無後者之適用，反之亦然。因此，於行為能力欠缺人之實際案例，考量其究應適用前者抑或是後者，堪稱甚為重要。

(二)無行為能力人之利益保護

1.前置作業

(1)案例舉隅

受監護宣告人甲某日回復常態，想起昔日情人鍾愛名錶，亟思贈其名錶，以期重敘舊情；爰持其積蓄數十萬元，隻身前往乙之鐘錶店，以時價向乙購買名錶（設其時價為二十萬元）。乙見甲年歲非小，精神正常，其狀況與常人無異，爰予出售；復因甲精於殺價，最後終於以偏低於一般價格

---

❷　參照，民法第八五條（允許獨立營業）之修正理由：「為維護交易之安全及保障善意第三人起見，於第二項增設但書，明定『允許』之撤銷或限制，不得對抗善意第三人。」

之十八萬九千元出售於甲。雙方於成交談妥後隨即交貨付款。不久甲又告心神喪失；甲之監護人丙查知上情，遂向乙主張該名錶之買賣無效，乙應返還前收之十八萬九千元。

(2)重點課題

無行為能力人之利益保護，歸納為如下三項重點課題：

①法律行為無效（以下簡稱行為無效）

②代為法律行為

③制度之周邊

2.制度內容

(1)行為無效

①規定要旨

民法第七五條前段規定：「無行為能力人之意思表示，無效。」此之意思表示，究其真義，實指法律行為而言，民法本條之更恰當意義應為：「無行為能力人之法律行為，無效。」實務立場亦然❺。所謂之無行為能力人也者，包括受監護宣告人及未滿七歲之未成年人，民法本條之立法理由，亦有明確宣示❺。

民法本條何以迴避更為顯眼之法律行為之用語，反而使用較為間接字眼之意思表示，立法理由並未言及。淺見以為，立法用意可能有二。其一或在強調意思表示角色之重要性。蓋以意思表示既是法律行為成立生效上最為重要、亦最為核心之部分，意思表示無效者，其法律行為必為無效而絕不可能使之有效也；反之，其法律行為有效者，無論如何，亦必須以意

---

❺ 參照，最高法院二一年上字第二一六一號判例：「依民法第十五條，第七十五條之規定，禁治產人所定之契約固屬無效。」最高法院四〇年臺上字第一五六三號判例：「協議分割公同共有之遺產，為法律行為之一種，須有行為能力者始得為之。無行為能力人，未由法定代理人為之代理，與夫限制行為能力人未得法定代理人之允許而參與協議者，前者之意思表示無效，後者之意思表示非經法定代理人之承認不生效力。」

❺ 民法第七五條立法理由，僅泛稱之行為，究其真意，係指法律行為而言。

思表示有效為前提，以意思表示稱之，恰好可以凸顯此一重心所在之精義。而且，法律行為生效要件之中，亦唯有意思表示有無效與否之概念區隔，於民法本條使用意思表示之概念，亦可使其與法律行為制度之接合，表現得更為透徹。其二或為行為能力規範功能之凸顯。蓋以行為能力之實質認定，相對於意思表示，行為能力之判斷必須同時兼具形式要件，尚非僅憑意思能力，即可認定法律行為生效。例如，受監護宣告人於回復常態之時，其精神狀態（意思能力）可能與一般正常成年之人無異，但仍是無行為能力人，其成立之法律行為，於法仍屬無效；同理，五、六歲之小孩，或因天賦異稟或及早學有專長，而具有某程度之意思能力，吾人仍不得認定其為限制行為能力人。

②適用領域

從民法本條規定，固然足以肯定，其適用範圍限於法律行為；事實行為尚無適用；不過，於準法律行為，仍應類推適用。

一般以為，行為能力僅係財產法之制度，於純身分法、特別是身分（法律）行為之部分，尚無適用。學理及實務於身分法上，爰曾特別突出意思能力之概念，以資取代行為能力❺。淺見亦以為，於純粹身分行為之成立、變動或履行，解釋上亦以具有意思能力即已足，無須類推適用法律行為之規定。

③案例初義

前述案例（以下稱本案）之甲既為無行為能力之受監護宣告人 (§15)，即屬民法本條之無行為能力人。本案之甲於訂立買賣之法律行為（為意思表示）之際，雖是處在回復常態之時，而且因甲精於殺價，其買價尚較行為能力人更為有利，但其買賣仍因民法本條規定而無效。

甲支付十八萬九千元於乙，為移轉所有權之物權行為；物權行為亦為財產行為，其生效有行為能力之適用。茲甲既是無行為能力人，則其支付金錢之法律行為（物權行為），因適用民法本條之規定而於法無效。

於本案，當事人間所成立之法律行為，尚有乙交付名錶（於甲）之行

---

❺ 同❸。

為。此一行為亦為物權行為，且係獨立於以上兩個法律行為之外；物權行為為廣義之契約，其成立須經當事人以意思表示為之，並應經雙方之合意，其生效亦以當事人有行為能力為要件。甲為無行為能力人，不能受意思表示，而應由其法定代理人代受意思表示。本案乙所為移轉所有權之意思表示及交付名錶，既係向無行為能力人甲為之，而未由其法定代理人丙代受意思表示，則乙交付名錶之物權行為，於法亦屬無效。

(2)代為法律行為

①基本意旨

無行為能力人不能成立有效之法律行為，旨在保護其利益，固是毫無疑義；然而，無行為能力人時而亦有訂立法律行為之必要及需要。為濟其窮，民法第七六條規定：「無行為能力人由法定代理人代為意思表示，並代受意思表示❺❻。」蓋以法定代理人者，為無行為能力人之父母或監護人，無論於法律上、情感上或事理上，均最能為無行為能力人之利益著想之故。

稱代理者，代理人以本人名義所為之行為能力，直接對於本人發生效力 (§103)；依此，法定代理人以無行為能力人名義所為之法律行為，直接對於無行為能力人發生效力。如是，無行為能力人即可假借法定代理人之手，如同行為能力人訂立有效之法律行為❺❼。例如本案，如甲係由監護人丙代為訂立名錶之買賣，或代受乙支付之價款，則該等法律行為，即視之為無行為能力人之法律行為，並均可對於甲生效。

②相關問題

---

❺❻ 參照，民法第七六條立法理由：「無行為能力人之意思表示，概屬無效。然則無行為能力人竟不能為有效之意思表示，其不便孰甚，法律為救濟此缺點起見，特有法定代理人之設置。即無行為能力人凡欲對於他人為有效之意思表示，不可不由法定代理人代為之，他人欲對於無行為能力人為有效之意思表示，亦不可不由法定代理人代受之……，所以保護無行為能力人之利益者也。」

❺❼ 參照，司法院司法業務研究會第三期民事法律問題重點結論：「父母（法定代理人）以未滿七歲之未成年子女之名義購買之不動產，其立約當事人為未成年之子女與第三人，父母僅居於法定代理人地位，不發生雙方代理之問題，其不動產買賣契約應屬有效。」（收於《民事法律問題研究彙編》第三輯，第一頁）

在法律用語上，民法本條亦援用意思表示之概念，而非直接使用法律行為；至其理由與前揭相關說明並無不同，爰不重複。此外，其適用領域原則上以財產行為為限，其理由亦與前述者同，亦不重複。

法定代理人為無行為能力人代為或代受意思表示者，以處分其財產為主；而且非為無行為能力人之利益不得為之（§1088、§1101、§1113）。此等條文，係為保護無行為能力人利益之強行規定，法定代理人苟有違反，即屬違反強行規定，其法律行為無效（§71本文）；至於是否為無行為能力人之利益，應就個案具體情事客觀判斷之❺❽。

(3)制度之周邊

①無行為能力之例外

前述無行為能力人利用郵政、電信之行為，視為有行為能力之規定，即是少有之例外規定。按郵政、電信之利用行為，均係公開提供公共服務之社會典型行為；於此等交易行為，責求提供人逐一審查利用服務之人是否具有行為能力，無異強人所難，而且徒增無謂浪費及諸多不便，兼亦有礙社會發展。因此，上述規定，於其他相似之公共服務提供行為，是否亦得類推適用，實是饒富討論意義。

持否定論點者以為，上述規定係偶而少有之例外，本於例外禁止類推之一般原理，應認其規定不得類推適用於其他法無明文之行為類型。反之，持肯定論點者以為，鑑於此類社會典型交易行為之快速發展及廣泛應用，如仍固守傳統之無行為能力思考窠臼，勢必長使法律規定與社會實況脫節，因此，適度肯定得以類推適用，實值必要❺❾。以上二說，以後者較能符應社會需要；淺見且以為，如能呼應社會現況及未來發展，推衍新型法律原則，以為法律適用之依據（建構法律原則而回歸適用之），其作法當更見正

---

❺❽　參照，最高法院五三年第一次民、刑庭總會會議決議：「父母以其未成年子女之名義承擔債務及以其未成年子女之財產提供擔保，若非為子女利益……除其子女於成年後，自願承認外，不能對其子女生效。」

❺❾　肯定見解，參照，王著，第三三八頁～第三三九頁；洪著，第二七一頁～第二七二頁；曾著，第一六五頁～第一六六頁。

面意義，其法（律解釋）學方法論，或亦更為精緻❻。

此外，現代社會因幼教普及、傳媒無遠弗屆，幼童時期即深受智能培育及交易經驗陶冶。五六歲之學童，其具有一定意思能力者，與七八歲之未成年人（限制行為能力人）不相上下，其因年齡身分而應為或實際所為之法律行為、乃至純獲法律上利益之法律行為，亦是相去無幾。在限制行為能力人方面，關於此類法律行為，得依民法第七七條但書規定，使之有效；然而，於無行為能力人部分，卻無相應規定，淺見以為，肯定得以類推適用之見解較符無行為能力人利益之保護，亦較契合社會現況❻。

②無行為能力之規範接合（案例再探）

無行為能力人所訂立之法律行為，雖屬無效；惟於當事人間，可能已依該表見法律行為而為利益交換，雙方且因而發生權益變動。例如本案之甲支付價款於乙、乙交付名錶於甲即是，對於此等權益變動如何調整，即屬判定法律行為無效後必須面對之重要課題。是故，無行為能力之制度，亦有極為重要之下列規範接合問題。

a. 甲支付金錢（價款）於乙，其物權行為既係無效，乙即不因受領行為而取得該十八萬九千元之所有權；不過，該筆金錢於乙取得占有後，通常即會與乙之其他金錢混合而隨之不能識別。按金錢者，動產也，金錢之混合，法律上即為動產之混合，依民法第八一三條規定，乙取得其（該筆金錢之）所有權。不過，甲得以乙不當得利，請求乙返還同額金錢之償金 (§816)。

b. 乙交付名錶於甲，其物權（移轉名錶所有權）行為既亦無效，甲亦無法取得該名錶之所有權；乙自得以所有人之地位，請求甲返還該錶❻。

---

❻ 關於回歸法律原則之相關說明，請參照本書上冊，第四〇頁～第四一頁。

❻ 否定見解，參照，施著，第二二〇頁。（但同時認為立法政策應改弦更張，以符社會生活實情。）

❻ 如採純獲利益法律行為之規定 (§77 但書)，於無行為能力人亦得類推適用之見解，則甲受領名錶之物權行為得因純獲利益而為有效，但因無法律上原因而成

　　c.甲為無行為能力人，須由其法定代理人丙代為或（及）代受意思表示；因此，應由丙以甲之名義為請求。同理，乙之對甲為請求，亦應向丙為之，但應陳明本人為甲。

(三)限制行為能力人法律行為之非為有效

1.前置作業

(1)案例舉隅

　　甲、乙均為未婚二八佳人，自幼同窗，情逾手足。難能可貴者，二人均有歌唱天才，經常搭擋演練、合唱演出，而且因之名振校園。某日，二人同獲國外一流音樂學院邀請接受短期免費訓練。乙因家境清寒，無力籌措高額旅費，準備放棄。甲爰將其祖母生前贈與於甲之鑽戒出售，並以所得之價款三萬元借與於乙，二人終於共遂所願。半年之後，事為甲之父母丁戊發現，向購買鑽戒之丙珠寶店請求返還鑽戒，並請求乙返還三萬元。

(2)重點課題

　　民法本節關於限制行為能力人之條文有九 (§77～§85)，其效力可能為無效、不生效力或例外有效，條文既多，內容亦顯繁雜。其中，無效、不生效力二者，旨在保護限制行為能力人之利益，並合而構成非為有效之制度原則。析其重點課題，有下列三項：

　　民法本節非為有效之規定，殆可歸納為下列三項重點課題：

①法定代理人之同意權。

②法律行為效力之游移。

③相對人特定裁量權之賦與。

2.制度內容

(1)法定代理人之同意權

①一般說明

　　民法第七七條本文規定：「限制行為能力人為意思表示及受意思表示，應得法定代理人之允許。」足見，限制行為能力人尚非不得自行訂立法律行為，只是於訂立前，應經法定代理人允許而已❻。允許者，事前予以同意

───────────
　　立不當得利，乙得依不當得利請求甲返還。

之謂。允許非為限制行為能力人法律行為之一部分，而係使其法律行為發生（完全）效力之補助行為，無須踐行一定方式，即使限制行為能力人所為者係要式行為時亦然❻。此外，更無簽名或到場之必要❻。

限制行為能力人所為之法律行為，如其為契約者，尚得因承認而生效力（§79）。承認者，事後予以同意之謂。既然，法定代理人之補助行為，事前同意（允許）或事後同意（承認）均屬可行，則合併二者而以同意稱之，應更為允妥，本書爰以同意權稱之❻。

限制行為能力人與無行為能力人，雖均因行為能力欠缺，於其參與社會生活之時，固均必須借助法定代理人以為補充。但無行為能力人須由法定代理人代為或代受意思表示，不能自行訂立法律行為；反之，限制行為能力人得自行訂立法律行為，而且僅以獲得法定代理人同意，即為已足❻，二者補充之形態尚有不同❻。

---

❻ 參照，最高法院八〇年臺上字第一七八一號判決：「已具限制行為能力之子女，如得法定代理人之允許或承認，而自行處分其特有財產，應為法之所許。」

❻ 參照，最高法院三二年上字第三二七六號判例：「法定代理人之允許，非限制行為能力人所為法律行為之一部。不過為使其法律行為發生完全效力之法律上條件而已，此項允許，……雖限制行為能力人所為法律行為為要式行為時，亦無須踐行同一之方式。」

❻ 參照，最高法院三二年上字第三〇四三號判例：「限制行為能力人為意思表示及受意思表示，……以得法定代理人之允許為已足。無使法定代理人到場，並於契約內簽名之必要。」

❻ 學理上或以補充權稱之，其思考模式如下表：

$$\text{同意權（法定代理人）：補充權} \begin{cases} \text{允許權} \\ \text{承認權} \end{cases}$$

❻ 參照，法務部七八法律決字第一四一八一號函：「未成年股東應如何行使表決權，……似應適用民法意思表示之規定；亦即應按該未成年股東為無行為能力人或限制行為能力人，分別依民法第七十六條規定由法定代理人代為行使，或依同法第七十七條規定其行使應得法定代理人之允許。」

②允許之性質

允許為有相對人之單獨行為，由法定代理人向限制行為能力人或其擬對之為法律行為之相對人，以意思表示為之 (§117)。一般以為，法定代理人於限制行為能力人成立法律行為之前，得將其已為之允許撤回❻❾；不過，允許乃獨立於限制行為能力人所為法律行為以外之另一法律行為，其是否有效、乃至得否撤銷，均依允許行為本身而定。

允許之對象，固得包括單獨行為、契約及共同行為，但以財產行為為範圍；身分行為，除有特別規定者外，原則上無須法定代理人之允許。允許，須就特定法律行為或一定種類或目的之法律行為而為之。後者，例如允許隨團旅遊，則其允許之範圍，即應包括訂購機票、船票、租用車輛、住宿旅館、以及購買食物及必要日常生活物品等實施旅遊所必要之各項法律行為。未設範圍限制之概括允許，形同允許權之拋棄，有違保護限制行為能力人利益之基本原理，於法尚非有效。

民法其他各條所定之允許，原則上意義均同。本段以上所述，於各該規定，自亦同有適用。以後遇有允許規定時，爰不重複說明。

③相關事項

民法本條用語，仍與其前二條呼應一致，直稱意思表示而非為法律行為；其意思表示云者，係意指法律行為，其情形仍與前述者同。

法定代理人之同意權，在適用上仍有一定限度、甚至於可說僅是原則。蓋以依民法本條但書規定，限制行為能力人所訂立之法律行為，如係純獲法律上利益，或依其年齡及身分係為日常生活所必需者，則無待法定代理人之允許，即得例外生效（有效）。

---

❻❽　有力見解以為，同意權（補充權）之規定，並無礙於法定代理權之行使；換言之，法定代理人不行使補充權，但以限制行為人名義代為或代受法律行為者，亦無不可。

❻❾　學理上或以為，允許之意思表示（法律行為、單獨行為）業已生效，其廢止乃係撤銷而非撤回（參照王伯琦著，第一〇四頁；李模著，第一五八頁～第一五九頁）。

(2)法律行為效力之游移

限制行為能力人所訂立之法律行為，可能因法律行為類型之不同，而異其效力，亦可能因法定代理人同意與否，而效力殊異，復可因相對人是否撤回，以致結果互異。為描述其制度上可能潛在之不確定狀態，爰以游移名之，並析其事項如下：

①單獨行為無效

單獨行為者，因當事人一方之意思表示即告成立之法律行為也。通常，單獨行為要皆有損行為人之利益，如使之有效，顯然不足以保護限制行為能力人，故民法第七八條規定：「限制行為能力人未得法定代理人之允許，所為之單獨行為，無效。」例如，拋棄繼承，性質上為單獨行為 **❼**，如其未得法定代理人允許，於法即為無效 **❼**。

依民法本條規定，此之單獨行為得為有效者，僅以允許為限，不生承認而使有效之問題。法定代理人之為允許，如其涉及限制行為能力人財產之處分時，應恪守「非為其利益不得為之」之（強制）規定；否則，縱經法定代理人之允許，限制行為能力人之該項法律行為，於法亦屬無效（允許違反強行規定無效，限制行為能力人之單獨行為，則因未得法定代理人允許無效） **❼**。

於前述設例（以下稱本案），未婚之甲乙、年方十六（二八佳人者，其年紀為十六，而非為二十有八也），均係限制行為能力人，其間成立之法律行為，或為買賣（甲出售鑽戒於丙），或為消費借貸（甲貸借三萬元於乙——§474）。斯二者均屬契約，無民法本條單獨行為無效之適用。

---

❼ 拋棄繼承為要式行為，須以書面向法院為之，其核心規定為民法第一一七四條。

❼ 參照，最高法院六九年臺上字第二○四一號判例：「限制行為能力人，其拋棄繼承倘未得其法定代理人之允許，依民法第七十八條規定，應屬無效。」

❼ 參照，司法院五四臺函民字第三八三四號函：「繼承權之拋棄為單獨行為……，亦屬處分行為，從而對於限制行為能力人所為繼承之拋棄，而行使允許權，在實務上被認為法定代理人之處分行為……除非為其利益，法定代理人不得依同法第七十八條之規定行使其允許權，如允許之在法律上亦屬無效。」

②契約不生效力

民法第七九條規定：「限制行為能力人未得法定代理人之允許，所訂立之契約，須經法定代理人之承認，始生效力。」稱之「承認始生效力」者，意即於法不生效力，但一經法定代理人承認，則告有效。

限制行為能力人未經允許而訂立契約者，所以採不生效力之機制，蓋以限制行為能力人已有一定之意思能力，相應之意思尊重，有其積極意義之一面。而且，契約所生權利義務，多數情形均是互有報償，對於限制行為能力人而言，或非絕對不利，保留承認空間而使之有效（並藉拒絕承認使之無效），於限制行為能力人利益之保護，正可更見周詳妥善。再者，限制行為能力人日成月長，逐漸成年，因其自行訂約而依承認與否調理其效力，對其能力之培養，亦係正面有益之機會教育，恰可藉此增長閱歷、提升智能，以備成年之需。不生效力較之無效，其更具有積極功能者於此。民法本條立法理由，認為未經允許之契約無效❼❸，恐有誤解。

承認、或拒絕承認，亦均為有相對人之法律行為，其法律事實上之性質，與上述之允許相同；前段有關允許性質及行使之說明，於此亦得援用(§117)❼❹。再者，因承認有溯及效力，故限制行為能力人自行訂立之契約，一經其法定代理人承認者，於承認生效（承認之通知達到相對人或為相對人了解）時，溯及契約成立之時生效(§115)。拒絕承認而使之無效者，亦是一經法定代理人拒絕承認，溯及契約成立時確定無效。

如限制行為能力人有行為能力之時，予以承認，應已補正無法定代理人之補充；故民法第八一條第一項規定：「限制行為能力人於限制原因消滅後，承認其所訂立之契約者，其承認與法定代理人之承認，有同一效力。」❼❺

---

❼❸　參照，本書第三四頁所引敘之相關部分。

❼❹　參照，最高法院六九年臺上字第一七三一號判決：「民法第八十一條第一項所謂承認，係有相對人之單獨行為，應由限制行為能力人於限制原因消滅後，以意思表示向其相對人為之。」

❼❺　參照民法第八一條立法理由中段：「限制行為能力人，在限制行為能力人所訂立之契約，當時未經法定代理人承認，而於限制行為能力之原因消滅後，經本

限制原因消滅云者，係意指成年或雖未成年但已結婚而言❼；所謂同一效力者，意即其法律行為亦因之得為有效。不過，法律行為一旦無效者，不因事後追認而使之起死回生，因而，如其已經法定代理人拒絕承認者，即不應再由本人於成年之後以承認而使之有效，故其適用僅以未經法定代理人拒絕承認者為其適用範圍。

本案之甲，其出售鑽戒於丙，係與丙成立買賣；貸與三萬元（金錢）於乙，因其並未約定返還原物，金錢之所有權於交付於乙之時隨同移轉於乙，乙將來只要返還同額金錢（三萬元）即為已可，故甲乙之間係成立消費借貸 (§474 I)。買賣、消費借貸二者，均屬契約，甲既是自行訂約而未得法定代理人丁戊之允許（丁戊為甲之父母，父母為未成年人之法定代理人），於法自是不生效力 (§79)。丁戊於知悉上情後，雙雙向丙請求返還鑽戒、向乙請求返還金錢，其請求均同時兼有拒絕承認之效果意思，同時成立拒絕承認之意思表示（法律行為、單獨行為），而且，拒絕承認之效力，亦於還鑽戒或還錢之請求達到丙、乙或經其了解時發生 (§94、§95)。如是，於此之買賣或消費借貸，均因法定代理人之拒絕承認，溯及出售鑽戒之時或支付三萬元之時無效 (§115)。

本案當事人間所成立之法律行為，尚有下列三者：

a.甲交付鑽戒於丙之所有權移轉行為（物權行為）；

b.甲支付三萬元於乙之所有權移轉行為（物權行為）；

c.丙支付三萬元於甲之所有權移轉行為（物權行為）。

限制行為能力人所為契約，事先未得法定代理人允許者，於法不生效力；其事後經法定代理人拒絕承認者，溯及法律行為成立時無效。此之規定，於物權行為（廣義契約）亦有適用。是以，以上 a、b 二項物權行為，原亦不生效力，但於丁戊向乙丙為請求時，溯及交（支）付時無效。是以，

人自己承認者，應與法定代理人之承認有同一之效力，蓋以其此時已具有完全之行為能力也。」

❼ 同上立法理由前段：「限制行為能力人，如因達於成年而變為有行為能力，或雖未達於成年，因已經結婚而變為有行為能力，即所謂限制原因消滅者也。」

甲仍為鑽戒所有人，丁戊基於法定代理人身分，代理甲請求（以甲名義）丙返還，於法應屬有據。丁戊亦得請求乙返還三萬元，至其理由，則與無行為能力人乙項所舉案例之相關敘述雷同 (§813、§816)。至於甲受領丙三萬元之部分，對甲而言，係純法律上利益之行為，於法有效 (§77 但書)，但因其原因行為之買賣無效，甲受領三萬元，係無法律上原因而受利益，丙得基於不當得利 (§179)，對甲有返還請求權。

③共同行為之法律適用

限制行為能力人所成立共同行為之效力如何？民法本節並未如單獨行為或契約之有明文，應類推適用契約之規定，實務立場亦然❼。例如，本案之甲，如係自行與他人共同成立社團，因類推適用契約之規定，其效果亦是不生效力。

⑶相對人特定裁量權之賦與

法律關係之不確定，不僅當事人進退失據，法律秩序亦難井然成形；立法定制，允宜盡量避免。苟有不能避免者，亦應有其救濟途徑，使其不確定狀態盡早得以消失，以維當事人權益。限制行為能力人自行訂立契約者，其契約不生效力，於限制行為能力人固有優厚保護，但其法定代理人如果長久不為承認或拒絕承認，則其間之法律關係，勢必長期陷於不安不定之窘境，對於交易相對人而言，無寧極不公平。為力求保護之兩全及利益之均衡❼，民法爰於不生效力之外，賦與相對人發動確定法律關係之二項機制，一為催告權、另一為撤回權；因其行使與否但由相對人裁量決定，故以特定裁量權稱之。

①相對人之催告權

---

❼　參照，法務部七八法律決字第一四一八一號函：「未成年股東之表決權，應按其係無行為能力人或限制行為能力人，分別由其父母共同代為行使或得父母共同允許之方式處理。」(未具體說明究係適用或類推適用，方法論上不無瑕疵。)

❼　參照，民法第八〇條立法理由：「本條認相對人有承認催告權，使相對人得免其義務。……蓋一方顧及契約相對人之利益，一方仍所以保護限制行為能力人也。」

　　民法第八○條規定：「前條契約相對人，得定一個月以上期限，催告法定代理人，確答是否承認。於前項期限內，法定代理人不為確答者，視為拒絕承認。」是為相對人之撤回權。依此，相對人於法定代理人為承認或拒絕承認之前，得對於法定代理人為催告。催告也者，性質上為意思通知（準法律行為類型之一，類推適用意思表示之有關規定）。催告應表明請求確答是否承認之意思，並於達到法定代理人之時或經法定代理人了解之時生效（§94、§95）。此之催告，關於確答是否承認，須給與一個月以上之期限，以便法定代理人得有充分之斟酌期間；如其所定期限未及一個月者，宜解釋為催告無效，尚不因期限之到來而自動補正❼❾。此稱一個月者，以三十日計算（§123Ⅱ），且自催告生效翌日起算（§120Ⅱ）；又者，稱以上者，包括本數在內❽⓿。因之，如所定期限恰為三十日者，於法仍屬有效（本段有關期限計算之說明，為一般通例，以後相同事例，不再重複）。

　　催告，一般係向法定代理人為之；不過，法定代理人於為承認或拒絕承認前，其限制行為能力人如已成為行為能力人者，法定代理人之代理權（承認權或拒絕承認權）消滅，該相對人應對於行為人為催告（§81）❽❶。

　　相對人為催告者，法定代理人或原為限制行為能力人之人，應於催告生效後之所定期限內確答之，並依其為承認或拒絕承認而定其究為有效或無效。但其仍不為確答者，視為拒絕承認（§80Ⅱ）。視為者，不得推翻之法律上擬制也。至於法定代理人等久未出面交涉，相對人尚不得主張法定代理人等已承認❽❷。此外，於共同行為，則得類推適用。

---

❼❾　實務立場之變動等相關說明，參照拙著《新訂民法債編通則（上）》，第三○四頁；《新訂民法債編通則（下）》，第一六六頁～第一六八頁。

❽⓿　參照，刑法第一○條第一項：「稱以上、以下、以內者，俱連本數或本刑計算。」

❽❶　參照，民法第八一條立法理由後段：「限制行為能力之原因消滅後，……契約相對人，亦有定期催告之權，令其確答是否承認。若逾限不為確答，亦視為拒絕承認，與催告法定代理人之情形相同。」

❽❷　參照，最高法院二一年上字第二一○八號判例：「限制行為能力人未得法定代理人之允許所訂立契約，……相對人未為此項催告者，自不能以法定代理人未即時向相對人交涉或登報聲明，即謂法定代理人業已承認。」

②相對人之撤回權

民法第八二條規定：「限制行為能力人所訂立之契約，未經承認前，相對人得撤回之。但訂立契約時，知其未得有允許者，不在此限。」是為相對人之撤回權。相對於催告權，撤回權係一限制性之權利。緣以關於催告權，只要是相對人，無論其為善意或惡意，均屬有之；反之，撤回權則僅以善意相對人為限，惡意（即明知未得允許）之相對人，並無撤回權（§82 但書）❸。

撤回云者，對於尚未生效之意思表示，阻止其發生效力之機制（§95 Ⅰ但書）。同理，所謂撤回契約（法律行為）者，即是對於尚未生效之契約（法律行為），阻止其發生效力之制度。撤回也者，性質上亦為有相對人之單獨行為，由當事人以意思表示向相對人為之❹。撤回權之行使應由契約之相對人，向法定代理人為之 (§96)；如其限制行為能力人已成為行為能力人者，則應向其人為之。

撤回，須於承認或拒絕承認之前為之。蓋以一旦承認，其契約已告生效，自無撤回權存在之可言。反之，其經拒絕承認者，契約已是無效，亦無復撤回之可能❺。不過，並不以未曾行使催告權為必要，亦即即使已為催告者，於不違反誠實信用原則 (§148) 之下，仍得撤回。至於，於訂立契約時，明知限制行為能力人未得法定代理人允許者，於法已無兼顧其保護之必要，故明文排除其撤回權❻。又者，於共同行為，亦得類推適用。

---

❸　參照，民法第八二條立法理由：「於限制行為能力中所訂立之契約，……在未經承認以前，契約相對人如不願契約之成立，亦可將契約撤回。惟於訂約之初，明知限制行為能力人未得法定代理人之允許，而猶故意與之訂約者，則不許撤回。」

❹　宜解釋為，除法律有特別規定者外，類推適用撤銷上相類規定之民法第一一六條。

❺　（相對人）撤回之意思表示與（法定代理人或本人之）承認同時到達者，本於法律行為有效原則及限制行為人利益保護優先原則，宜解釋為承認有效（亦即撤回不生效力）。

❻　同❸

㈣限制行為能力人法律行為之為有效

1. 前置作業

(1)案例舉隅

鰥居之王一年近七十，獨資經營機車買賣業務；幼子王三，年華十八（未婚），自幼隨父用心學藝，相關財務業務，均已相當熟稔。王一因念自己年事已高，體弱多病，理應適時交棒；某日，於與王三幾度懇談之後，將事業全面交與王三經營（負責人亦變更為王三）。王三接掌之後亟思突破業績，不久擬訂促銷方案，以進貨價格出售機車，並於一週內出售十部機車於李四。數日後王一聞悉其事，認為王三仍待歷練，爰對王三撤銷上述之經營權利，並請求李四返還機車。

(2)重點課題

鼓勵限制行為能力人積極參與社會生活，亦是視同有行為能力之例外規範的重要考量之一；民法本節立法理由，堪為佐證❽。蓋以無效、不生效力或撤銷等機制，其規範無寧偏於消極；等同有行為能力之規定，卻可發揮一培養限制行為能力人社會智能之功能，而更見正面意義。

視同有行為能力者，得歸納如下六項：

①純獲利益之法律行為（§77但書）；

②日常生活必需之法律行為（§77但書）；

③強制有效之法律行為(§82)；

④經允許之處分行為(§84)；

⑤允許獨立營業之法律行為(§85)；

⑥使用郵政、電信之法律行為。

強制有效及使用郵電之行為前已述及，爰不重複。

2. 制度內容

---

❽　主要依據，民法第八四條立法理由：「限制行為能力人，達於相當之年齡，則當應其智能，使隨意得為法律行為，以增長其經驗。故法定代理人對於特定財產允許其處分時，則限制行為能力人，對於此特定之財產，即有處分之能力，而其處分行為，即可發生法律上之效力。」

(1)純獲利益之法律行為

①純獲利益之意義

依民法第七七條但書規定，限制行為能力人所為之法律行為，於法律上如係純獲利益者，即可如行為能力人而為之，無庸法定代理人之允許，亦無待承認，只要其標的妥適、而且意思表示健全，其法律行為即為有效，不生法定代理人允許或承認之問題。

利益也者，原指經濟上利益而言，亦即增加行為人之財產總額而言，包括積極利益及消極利益（前者如權利之取得或擴張即是，後者如債務之減免即是）。反之，民法本條所謂之利益，解釋上並不以經濟上利益為限。純獲利益云者，亦非總體評價獲有利益即為已足；限制行為能力人雖獲有利益，但如同時負有義務者，即非屬純獲利益；縱使扣除義務負擔後，仍有相當利益者亦然。因此，解釋純獲利益，大都舉單純取得權利及單純豁免義務為例❽❽。其常見之交易上事例為撤銷贈與、允受單純之贈與、消滅時效抗辯之援用；但訴訟上行為並無適用❽❾。

是否純獲利益，應以法律行為本身而定，其因實現權利而有公法上之金錢負擔或須履行一定程序者，不宜遽以否定其於法律上為純獲利益。實務以為，領受遺族撫慰金，因須履行一定之法律程序，非屬純獲利益之行為❾⓿，其見解不無商榷餘地。至於受贈其上設定擔保物權（特別是設定抵押權）之物品，以肯定其為純獲利益為宜❾❶。但借用他人財物或為消費寄

---

❽❽　參照，民法第七七條立法理由後段：「單純的獲得法律上之利益者，如單得權利、單免義務之行為。」

❽❾　參照，司法院八四廳民㈠字第一三三四一號函：「限制行為能力人純獲法律上之利益所為意思表示或受意思表示，無庸得法定代理人之允許，惟此僅生實體上行為有效之效力而已，不得以此認為限制行為能力人具有訴訟能力之依據。」

❾⓿　參照，法務部八二法律字第〇八八二八號函：「按支領月退休金之教師亡故所給與之撫慰金，係依法律規定對於遺族所為之給付，性質上屬於公法上特定目的之給付……與民法第七十七條但書所稱純獲法律上利益，係指於同一行為中，限制行為能力人單純享有法律上利益而不負擔任何法律上義務者有別。故如其遺族未成年子女，應由其法定代理人請領。」

託之受寄人，因限制行為能力人負有返還義務，仍非屬純獲利益之法律行為 ❷。不過，是否純獲利益，應就負擔行為與處分行為分別加以判斷。例如，限制行為能力人出售財物於他人者，其間成立之買賣（契約、法律行為）及限制行為能力人交付財物（移轉財物所有權）之物權行為，固均非屬純獲利益之法律行為，非經法定代理人之允許或承認，於法不生效力；但其受領價款（買受人支付並移轉金錢所有權）之物權行為，對於為出賣人之限制行為能力人而言，並未因之受有法律上之不利益，解釋其為純獲利益之法律行為，似較可採 ❸。

②中性行為與純獲利益

法律行為雖未使限制行為能力人獲得利益，但亦未使其受有法律上之不利益者，是為所謂之中性行為。限制行為能力人為代理行為，即是著例。民法第一○四條規定：「代理人所為或所受意思表示之效力，不因其為限制行為能力人而受影響。」足認限制行為能力人為代理人時，其所為之代理行為，於法有效。蓋以代理行為之效力，直接及於本人，就法律行為所生權利義務本身而言，尚與代理人無關，對該限制行為能力人尚無不利益可言，解釋中性行為有純獲利益之適用，應可肯定 ❹。

(2)日常生活必需之法律行為

①一般說明

---

❾❶ 參照，王著，第三五五頁；黃立著，第二○○頁。

❾❷ 參照，法務部七八法律字第二七三一號函：「銀行開設非支票存款之一般存款戶，性質上屬於消費寄託契約行為，……仍係雙務契約。故限制行為能力人向銀行開設非支票存款之一般存款戶，並非純獲法律之利益，無同法第七十七條但書之適用。」

❾❸ 因相對人（債務人）基於履行債務而為物權移轉之行為，對限制行為能力人而言，是否為純獲利益之行為，學理上立場之對立略有如下：

　1.肯定說（純獲利益說）：王著，第三五四頁。

　2.否定說（非純獲利益說）：黃立著，第二○一頁。

❾❹ 參照，民法第一○四條立法理由：「代理人所為、所受之意思表示，其效力及於本人，而不及於代理人……故限制行為能力人，亦得代理他人，為法律行為。」

　　各個人依其年齡及身分，於日常生活上常需進行一定之法律行為。於此情形，如仍必須事先獲得法定代理人之允許或於事後取得承認，不僅法定代理人不勝其煩，於限制行為能力人智能之自主提升、個性之自由發展，均會反有阻礙。因此，民法第七七條但書將日常生活所必需之法律行為，與純獲利益之法律行為同列為無庸法定代理人允許。

　　有關於此之適用，必須於年齡及身分二者共同判斷，確為日常生活所必需者為限。雖為年齡及身分所需，但非屬日常生活所必需者，固無適用；反之，雖為日常生活所需，但非為年齡及身分所需者，亦無適用。是否符合要件，應依社會客觀標準而個別認定之❾❺；不過，現代社會教育發達、個人智能陶冶甚早，再加上人格自由理念之高度闡揚，於此部分採取從寬認定之態度，恐有必要。例如，國小學生購買課用書籍紙筆、國中學生於一般餐廳舉辦獲獎餐會、高中學生舉辦畢業舞會、（未成年）大學生辦理國內學習之旅等均是；但購置轎車、出國遊學則否。

　　行為能力制度也好，法定代理人允許也好，其適用對象原則上既係限於財產行為，日常生活所需亦應為相同之解釋❾❻。因此，限制行為人所為之非財產上行為，其得為有效之範圍，尚不以日常生活所需者為限❾❼，非婚生子女之認領即係著例。

---

❾❺　參照，法務七九法律字第一五一一二號函：「限制行為能力人之行為是否為民法第七十七條但書規定之『依其年齡及身分，日常生活所必需者』，應依社會客觀之標準個別認定之（參看施啟揚先生著，《民法總則》，第二二八頁），尚難一概而論。」

❾❻　參照，梅著，第七一頁；曾著，第一六〇頁；黃立著，第二〇二頁。

❾❼　主要事例，略述如下：

　⑴民事訴訟法第五七〇條：「未成年之夫或妻，就婚姻無效或確認婚姻不成立之訴，亦有訴訟能力。」

　⑵民事訴訟法第五八四條：「前條之訴（按即收養關係事件各種訴訟），養子女雖不能獨立以法律行為負義務者，亦有訴訟能力。」

　⑶民事訴訟法第六一二條第一項：「撤銷監護宣告之訴，受監護宣告人有訴訟能力。」

②周邊課題

依其年齡及身分，於日常生活上必需進行一定之法律行為者，無論於行為能力人、限制行為能力人或無行為能力人，均屬有之；但民法本節卻僅於限制行為能力人設有明文。此無他，蓋以行為能力人既已有行為能力，其法律行為有效，本即無須區分其是否為日常生活上必需；反之，無行為能力人既無行為能力，其法律行為均為無效，於法當亦不具區隔之必要。

但於無行為能力人之部分，衡量依其年齡及身分，於日常生活上所必需之法律行為，類皆平常小額，影響有限，如其行為時已有意思能力，肯定其得類推適用上述規定，其觀點或較平實（得類推適用之範圍，須以具有意思能力者為限，而非所有無行為能力人均得援用）。

(3)經允許之處分行為

①允許處分之意義

民法第八四條規定：「法定代理人允許限制行為能力人處分之財產，限制行為能力人，就該財產有處分之能力。」此稱允許，與其他條文所定者同❽；茲稱財產，意指具有經濟價值之物，不動產、動產、有價證券、占有、無體財產權、乃至債權均是，亦與其他條項所定者同。處分云者，亦與其他規定者同，意指發生、變更或消滅權利之行為，其中尤以權利之讓與（移轉）為常見。有處分之能力者，得直接以處分能力稱之，其法律上之效果則如同行為能力人所為之處分而得以有效。雖然，民法本條於此僅就處分能力而為規定，惟基於體系解釋，應認其相關之負擔行為，亦在適用範圍之內。蓋以喪失權利之後階段目的行為，既得自主為之，則其僅負擔義務而未直接變動權利之前階段行為，如果反而不能自主為之，不僅民法本條規定之意義大為失色，法律上之評價亦是輕重失據。

允許處分之對象，應限於特定財產，如特定之物或一定數額之金錢是；廣泛財產或巨額金錢處分之概括允許，有違限制行為能力人利益維護之原

---

❽　參照，最高法院四八年臺上字第六六一號判例：「民法第八十四條所謂法定代理人之允許，……應對於限制行為能力人，或與之為法律行為之相對人為之，始生效力。」

則，應非可採❾❾。允許之目的，須意在供為自由處分；因之，如其允許之目的，僅在供為使用收益者，則尚無民法本條之適用。例如，法定代理人購置車輛、衣服，交與限制行為能力人使用，自不得依民法本條規定加以處分。

　　②允許處分之效度

　　民法本條之適用，是否應與第七七條但書之規定相互配合，以純獲利益或之日常生活必需之法律行為為限，學理上或持肯定論點❿❿。淺見以為，此之二者，係本於不同考量而定，如採肯定論點，則民法本條豈非等於無謂之重複條項，當以否定見解為妥。允許之效度，應以允許意旨本身定之；如其延伸而有實質意義之變動者，尚不宜認其為允許效力所及。例如，限制行為能力人以允許處分之零用錢一百元，購買樂透獎券，不料竟然中得頭獎一百萬元，則原來允許處分財產之效力，即不及於該一百萬元，如中獎之限制行為能力人以該獎金購買汽車，仍須適用民法第七七條本文及第七九條規定而不生效力。同理，如限制行為能力人將經允許而得自行處分之零用錢二千元作為定金，以分期付款買賣購入價格五萬元之機車，亦不屬於得以自行處分之效力範圍，該項買賣（負擔行為）及相關處分行為（限制行為能力人支付金錢之所有權移轉行為），仍屬不生效力（§77 本文、§79）❿❶。

　　允許為法定代理人執行監護事務之一環，為保護限制行為能力人之利益，在限制行為能力人就該財產為法律行為之前，法定代理人得撤銷其允

---

❾❾　參照，民法第八四條立法理由：「法定代理人對於特定財產允許其（按指限制行為能力人）處分時，則限制行為能力人，對於此等特定之財產，即有處分之能力，而其處分行為，即可發生法律上之效力。」

❿❿　參照，黃立著，第二〇二頁。

❿❶　是否屬於允許處分之財產，解釋上仍須斟酌個案具體情況而定。例如，中獎金額尚小（如僅中得小獎三、二千元），或以多年累積之零用錢購買較有價值之物（如大學生以多年儲得零用金五萬元購買舊車代步），應認為仍有允許處分財產之適用。

許。

　　⑷允許獨立營業之法律行為

　　①獨立營業允許之意義

　　民法第八五條規定：「法定代理人允許限制行為能力人獨立營業者，限制行為能力人，關於其營業，有行為能力。限制行為能力人，就其營業有不勝任之情形時，法定代理人得將其允許撤銷或限制之。但不得對抗善意第三人。」是為自行獨立營業之規定，應以智能經驗已達足以獨立營業者為範圍**⑩**；否則，即難謂係為限制行為能力人之利益而為允許。蓋以從事營業，經營人勢將訂立諸多法律行為，不僅其涉及之金額事先難以估計，而且無可避免的必然要面臨無限之業務及財務經營風險，稍有不慎，難免賠累不堪。商場如戰場，處處陷阱、時時殺機，凡事必須步步為營、穩紮穩打，更須眼明手快、立即因應對策、明快處理危機；凡此，本非限制行為能力人智能所堪負荷。是以法定代理人為此允許，允宜慎重其事，而且應盡量以風險較小之零細事業為範圍。法定代理人就其允許，得為限制；此之限制不僅得限於一定性質之行為（如不得為不動產交易行為或簽發票據），得限制其不得為一定金額以上之交易行為，亦得限制其僅得於事務之一部或一定之分號（店）經營，復得限制其於一定地域或場所經營。不過，為兼顧交易安全，除有公示者外，其限制不得對抗善意第三人（包括交易相對人）**⑩**。

　　營業不限於獨資、合夥或法人**⑩**；亦不以營利事業為限。只要繼續或

---

⑩　參照，民法第八五條立法理由前段：「限制行為能力人之智識，如已發達，足以營業，則法定代理人應許其獨立營業。此時關於其營業，視為有完全能力，是欲使其由營業而生之諸種行為，均得靈敏為之。」

⑩　依商業登記法規定，法定代理人之允許，於向主管機關申請登記時，應附送同意書（同法第一〇條第一項），是允許限制之公示，似可透過「於同意書載明，並將其事由辦理登記」之方式，以兼顧限制行為能力人之利益及交易之安全。

⑩　參照，司法院六四臺函民字第一〇六五四號函：「限制行為能力人經法定代理人允許獨立營業者，不論以獨資或以合夥請求登記為商業之負責人均可准許。」

反覆執行同一或相類行為或活動，在客觀（一般人之認知）上以之為業者即是，既無須以營利為目的，更無庸達於恃以維生之程度 ⑩。

獨立營業者，意即於允許範圍內得自主獨立經營該事業，其因經營該事業而訂立之法律行為，無論其為單獨行為、契約或（及）共同行為，均如同行為能力人而得以有效，不生法定代理人逐一個別承認之問題 ⑩；即使就其經營該事業涉訟者，該限制行為能力人得獨立為原告、被告（起訴或應訴）或為其他一切訴訟上之行為 ⑩。不過，法律明定限制行為能力人不得擔任之職位（如不得為股份有限公司之董事——公司法 §192），仍不因法定代理人為獨立營業之允許而解免 ⑩。

②獨立營業允許之限制撤銷

限制行為能力人不能勝任業務經營，於允許後發現者，事所常有，遇此情形，法定代理人得將其允許為一定之限制或為撤銷 (§85 II)，以維限制行為能力人利益之保護。此種限制，其意義與上段所述者同；撤銷得為一

---

⑩ 參照，消費者保護委員會臺八七消保法字第○○四一二號函：「凡以提供商品或服務為營業之人，不論其為公司、團體或個人，亦不論其營業於行政上是否曾經合法登記或許可經營，只要是營業之人，均為企業經營者。至所稱『營業』，依本法施行細則第二條規定，不以營利為目的者為限。」

⑩ 參照，司法行政部四六臺函參字第五六二三號函：「法定代理人允許限制行為能力人獨立營業者，關於其營業有行為能力……此項允許，……具有概括性，則限制行為能力因營業與第三人所訂立之契約，自毋須逐一經法定代理人之承認，應無疑義。又法定代理人依法僅能撤銷其允許或限制之……，當不影響於允許之撤銷或限制以前，限制行為能力人因營業與第三人所訂契約之效力。」

⑩ 參照，最高法院六四年第五次民庭庭推總會會議決議：「依照民法第八十五條第一項規定：『法定代理人允許限制行為能力人獨立營業者，限制行為能力人，關於其營業，有行為能力。』……即屬民事訴訟法第四十五條所稱能獨立以法律行為負義務之人，故就其營業有關之訴訟事件，有訴訟能力。」

⑩ 依公司法規定,限制行為能力人不能擔任之職務,尚有股份有限公司發起人(公司法 §128 II)、股份有限公司監察人（公司法 §216IV），解釋上同有適用。其為有限公司董事、無限公司執業股東或其他公司相類職位者，本於回歸法律原則，亦應作相同之解釋（不得擔任）。

部或全部。限制或撤銷，均屬有相對人之單獨行為，由法定代理人向限制行為能力人或與其為法律行為之相對人為之。

　　一般之撤銷，具有溯及既往之效力 (§114)；然而，採此論點，於交易安全窒礙甚鉅，故民法本條立法理由特別陳明，限制行為能力人於此之前已為之法律行為，不因其後之限制或撤銷而歸於無效❿。易言之，此之限制或撤銷，並無溯及效力；而且，也不得對抗善意第三人，以示交易安全之確實兼顧。善意者，不知情之謂 (此為一般用法，除遇有特殊情形者外，不再重複說明)；第三人者，包括與相對人訂立法律行為之相對人及其他有法律上利害關係之人。

3.案例解說

　(1)選定依據

　　限制行為能力人為法律行為時，等同為有行為能力者，其規定固有數例，本案所涉及者，僅係獨立營業之部分。所以選定此例，其主要考量有二：其一為，限於篇幅，難以兼及各項規定；其二為，獨立營業之制度內容最為豐富，涉及層面亦最廣泛，關於限制行為能力人利益維護與交易安全之兼顧考量，亦最尖銳對立而必要。以之為例，恰好最能認行為能力制度之內涵、真諦及精髓。

　(2)案例之簡析

　①王一基於交棒考量，將機車業務全面交與王三經營，負責人亦變更為王三，自是允許王三獨立營業。

　②王三未婚而年十八，為限制行為人，鰥居之父親王一為其唯一之法定代理人 (§1086)，茲其允許王三獨立營業，王三關於其營業為有行為能力 (§85Ⅰ)，是其出售機車十部於李四之法律行為，無論其為負擔行為之買賣(契約)，或是處分行為之機車所有權讓與(物權行為)，

---

❿　參照，民法第八五條立法理由後段：「若允許之後，發見有不勝任之情形時，則法定代理人得將允許撤銷或限制之，以示完全之保護。惟在撤銷或限制以前所已為之行為，則係視為有能力人之行為，不能因其後之撤銷或限制而歸於無效也。」

均是有效。

③王三跟隨父親王一用心學藝多年，財務業務已告熟稔，足認其智能
經驗足以獨立營業，王一所為之允許，尚無不妥。

④王一為允許後，如發現王三就其營業有不勝任之情形，固得撤銷其
允許(§85 II本文)，但其撤銷並不影響此前所為法律行為之效力(§85
立法理由)。易言之，王三與李四所為前述機車交易之法律行為，不
受允許撤銷之影響。再者，相對於撤銷之允許，李四為善意第三人，
其與王三所為法律行為，亦非撤銷效力之所及（§85 II但書）。

⑤王一之撤銷允許，是否於法有據，尚難一概而論。蓋以以進貨價格
作為經營之促銷方案者，並非截然無有；如其前手供應商有業績獎
金或折讓或較長期附款期日者，亦非絕無利潤可圖。因之，以進貨
價格出售之促銷案是否為不能勝任營業，尚須視其間之各種經營環
境及條件而審慎客觀認定。不過，無論其答案為肯否，李四與王三
之上述法律行為效力，均是不受影響。

第三節　意思表示

民法本章第三節（以下簡稱民法本節）意思表示，堪稱法律行為制度
之中核，亦最為抽象難解，勉力克服其艱難，則民法總則思之過半也。

一、關鍵概念

㈠序　說

民法本節之關鍵概念，原可歸約為下列三群：

$$
\text{關鍵概念}\atop\text{（意思表示）}
\begin{cases}
1.\text{意思表示，意思表示瑕疵（不健全）}\\
2.\text{虛偽意思表示、錯誤、詐欺、脅迫}\\
3.\text{無效、撤銷、撤回、公示送達}
\end{cases}
$$

以上三者之 1.，本書上冊法律行為乙章已有論及（上冊，第五二九頁～第五四九頁、第五六八頁～第五六九頁）。2. 之部分，為民法本節之重要內容，擬於次項制度精義中說明。3. 之無效及撤銷二者，為民法本章第六節之核心，宜待該節一併論敘。因之，本項論述者僅剩撤回及公示送達二者。此乃作者體例處理之特殊結果，非謂民法本節之關鍵概念，本質上僅此二者而已。

㈡撤　回

1.前置作業

(1)案例舉隅

甲因急需飛機零件一批，爰書妥品名、廠牌、規格、數量及價格，致函 A 公司表明購買，該書函經郵差於八月一日中午送抵 A 公司；不料，恰因 A 公司全體員工休假三天，並出遊香港（休假期間設為八月一日至八月三日）。郵差不得已，將信件投入 A 公司信箱。翌日甲聞悉 A 公司價格偏高、信用不佳，爰亦急書「無意購買飛機零件，前日購物書函廢去不算」之信件一紙，委請快遞公司盡速送抵 A 公司，八月三日中午信件送抵 A 公司，快遞公司亦因 A 公司無人洽公，將信件投入 A 公司信箱。

(2)選定依據

就權利義務的變動來說，撤回是個比較弱勢的概念，在現實交易上，適用也較少見。不過，撤回仍是一個有待深入探察之法律概念，不僅民法各編多有出現，有時甚至法律雖無規定，但學理仍多有討論（例如，於財團之捐助，著述上常見捐助行為撤回之論述⑩）。正因撤回之出現於民法各編，意義不盡一致，關於撤回之性質為何？法律上如何行使？其行使後之法律效果如何？法多僅以撤回一語帶過。撤回之類型體察尚有必要。因此，融匯而為一體觀察，當有助其面貌之進一步廓清。

鑑於撤回為法律行為類型之一，其課題源頭在於意思表示，爰亦選為本節關鍵概念，並進行體系研析。

2.概念說明

---

⑩　參照，本書上冊，第三七一頁～第三七四頁。

撤回之概念說明，分為下列四者：

$$撤\ 回\ （概念說明） \begin{cases} 撤回之意義 \\ 撤回之類型 \\ 撤回之生效 \\ 撤回之周邊 \end{cases}$$

⑴撤回之意義

撤回者，對於業已成立、但未生效之意思表示或法律行為，預先阻止其發生效力（生效）之單獨行為也❶。其概念內容及法律屬性，略可說明如下：

①撤回為意思表示

撤回以防止法律效力之發生為目的，其行為人之表示須具有此一效果意思，是以撤回為意思表示，民法本節有關意思表示之規定 (§86～§98)，於撤回亦有適用。其中最主要者為對話之撤回，以相對人了解時生效，非對話之撤回，以撤回之通知達到相對人生效 (§94、§95)，撤回之意思表示有被詐欺或脅迫者，撤回人亦得撤銷其撤回之意思表示 (§92)。

②撤回為單獨行為

撤回，因撤回人為撤回之意思表示而成立，無待相對人為任何表示或行為，故撤回為單獨行為。在此角度上，有關法律行為成立、生效之規定，於撤回亦有適用。例如，為撤回之人須有行為能力，如限制行為能力人為撤回者，須經法定代理人允許，違反者撤回無效 (§77、§78)；如係因被詐欺而為撤回者，得予以撤銷（§92Ⅰ本文）。

③撤回為有相對人之單獨行為

撤回，原則為有相對人之單獨行為，故撤回人所為之意思表示應向相對人為之。此之相對人，通常係指他方當事人；例如，撤回要約應向要約之相對人為之 (§162)。撤回，原則上為不要式行為，無庸履行一定之方式，

---

❶ 關於撤回之論述，一般均以意思表示之撤回為範圍，尚與本書所採廣義立場略有不同。

即使其本來成立之意思表示或法律行為為要式行為者亦然；但法律另有規定者，依其規定。例如，遺囑之撤回，尚非為有相對人之行為，但須履行一定之方式 (§1219～§1222)。

④撤回旨在阻止意思表示或法律行為效力之發生

撤回之標的，為業已成立但未生效之意思表示或法律行為，前者如撤回要約或承諾是 (§162、§163)；後者如撤回遺囑是 (§1219～§1222)。在權利義務關係上，意思表示或法律行為，通常情形乃是一個不斷朝向生效過程的動態概念，撤回即是阻止此一動態過程之機制。換言之，尚未生效之意思表示或法律行為，只要意思表示或法律行為成立，通常情形即會朝向生效的方向進行。撤回，乃是預先阻止其發生效力之概念；因此，撤回與撤銷之概念，迥然有別❶❷。惟就阻止生效而言，撤回具有下列二重意義：

a.原來可能生效之意思表示或法律行為，因撤回而確定不生其效力❶❸。

b.撤回之消滅效果僅及於效力層面，非謂意思表示或法律行為本身因撤回而失其存在。

(2)撤回之類型

①撤回之類型區隔

綜觀民法相關規定，撤回可分為下列二種類型：

$$撤回（類型）\begin{cases}意思表示之撤回\\法律行為之撤回\end{cases}$$

a.意思表示之撤回

撤回之對象僅為意思表示者，是為意思表示之撤回，民法規定之典型

---

❶❷　參照，民法遺囑撤回乙節（民法第五編第三章第五節）修正理由：「遺囑……第五節所定係指於尚未發生效力之遺囑，預先阻止其生效之『撤回』而言，與一般所謂『撤銷』，係使業已發生效力之法律行為，溯及的失其效力者有所不同。爰將『撤銷』修正為『撤回』。」

❶❸　參照，民法第九五條立法理由（中段）：「若撤回之通知，與表意之通知，同時或先時達到於相對人，其意思表示，當然不生效力。」

主要有要約之撤回 (§162) 及承諾之撤回 (§163) 二者。此蓋要約 (§154) 或承諾 (§159)，固均為與表明訂約意旨之意思表示，但憑其中任何一者，均不可能使法律行為成立。換言之，要約或承諾，均僅止於法律行為成立前意思表示之層面，其本身尚不轉化為法律行為，故稱之意思表示撤回之類型。

　　b.法律行為之撤回

　　撤回之對象為業已成立之法律行為，而法律亦正面從撤回該等法律行為類型之角度作為規定之依據者，是為法律行為之撤回。

　　關於法律行為之撤回，民法上有具體規定者為前述遺囑之撤回。此蓋遺囑為無相對人之要式單獨行為，於遺囑成立前而為撤回者，概難想像；又遺囑以遺囑人死亡時為停止條件而生效 (§1199)，如遺囑人於死亡前有意阻止其遺囑生效或變動其遺囑內容者，法律無加以禁止之理，故民法就其撤回詳予規定，以為適用依據，並示其制度特色所在。

　　捐助行為云者，原則上因捐助行為（要式、無償、諾成之無相對人單獨負擔行為）本身成立而生效，於此時點之前，撤回之適用空間頗難想像；但捐助行為生效後，其法人尚未成立，於此之前，是否可准許捐助人撤回，理論上似應採肯定論點，國內學理通說立場亦然。是以財團設立前對生效後捐助行為之撤回，亦是另一特殊類型之法律行為撤回類型（上冊，第三七一頁～第三七四頁）。

　　②撤回對象之釐清

　　法律行為有三大要素，即當事人、標的及意思表示三者是。三者中僅意思表示有生效與否之問題；至於當事人、標的，乃至當事人之行為能力及標的妥適四者，純為事實存否之問題，無涉生效與否。足認撤回之對象為意思表示，且與行為能力、標的妥適等無關。

　　不過，於法律行為撤回之類型，其規範意義究係僅止於撤回法律行為？亦係連同意思表示本身亦一併撤回？見解上或可見仁見智。淺見以為，一旦法律行為成立，而法律又承認其可撤回者，解釋上以阻止其法律行為生效即為已足，殊不必認為非連同意思表示亦一併消滅。蓋以謂其阻止法律行為生效，即為已足；而且，可免淪為撤銷意思表示之疑慮。予以類型觀

察，其形態略有如下：

$$撤回對象 \begin{cases} 意思表示撤回類型：意思表示 \\ 法律行為撤回類型：法律行為（不及於意思表示） \end{cases}$$

撤回對象之課題，仍有下列四者尚待澄清：

a.民法本節撤回之規定(§91 但書)，僅於意思表示撤回類型有其適用；法律行為撤回類型，係適用各該特殊類型之規定，民法本節之規定，適用餘地似甚有限。

b.意思表示之撤回，理論上於所有意思表示均得適用，係普遍性機制；反之，法律行為之撤回係特殊性機制，須於法律有特別明定時，始有適用（具有顯著意義者，不過遺囑撤回一例而已）。

c.捐助行為之撤回，係學理之產物，其間契合撤回意義者，係從財團設立之角度著眼（亦即財團尚未成立而阻止其成立）；從捐助行為本身而言，則其實質與撤銷並無不同，實務上爰以撤銷稱之[114]。

d.撤回，究應僅限於意思表示之撤回，抑應及於法律行為之撤回，理論上或可爭議。不過，從我國民法史來看，其軌跡似是從單一的意思表示撤回之單軌制，走向意思表示、法律行為同有撤回適用之雙軌類型體制，遺囑之撤回原稱遺囑之撤銷，即是明證[115]。

(3)撤回之生效

撤回之生效，得分為一般生效要件及特殊生效要件觀察之。

①一般生效要件

撤回既為有相對人之單獨行為，故有關意思表示之生效規定，於撤回亦有適用。

②特殊生效要件

本於法律行為有效原則，意思表示一旦生效，於法不宜由當事人任意

---

[114] 民法第一草案相關規定，即採此一立場（主要條文依據為草案 §147、§148）。

[115] 參照，民國七四年修正前民法繼承編第三章第五節節名及第一二一九條～第一二二二條。

撤回，以免窒礙交易之安全維護與正常發展，故本書採意思表示拘束性（不可撤回性）之論點❶。因此，意思表示之撤回應以意思表示尚未發生效力為前提，以符預先阻止效力發生之意旨，故民法第九五條第一項但書規定，撤回之通知，同時或先於原表意之意思表示到達者，撤回之意思表示生效而阻止原意思表示生效。換言之，撤回適用空間非常有限，不僅必須在原意思表示生效前為之，而且也須先於或與原意思表示同時到達。錯過此一時刻，意思表示無復撤回之可言；而且，如原意思表示為對話意思表示者，須於相對人了解前撤回之意思表示到達者，撤回始得生效。

　　其撤回之對象為法律行為者，則應依各該法律特別規定或內容定之。例如，遺囑於遺囑人死亡之前均得撤回，財團設立於主管機關許可前得為撤回，相對人於限制行為能力人之法定代理人承認前得撤回契約 (§82)。

　　⑷撤回之周邊

　　①撤回之適用範圍

　　依民法第九五條規定，撤回僅於意思表示有其適用。不過，準法律行為諸類型，其生效與否既類推適用意思表示之規定，則關於撤回，解釋上得類推適用（因撤回之通知先時或同時到達而生撤回之效力）。

　　②撤回與撤銷

　　撤回為預先阻止意思表示或法律行為生效之機制；撤銷為破廢業已生效之法律行為（使之自始無效）之機制。二者之意義及法律制度上之功能，截然不同。（深度比較，擬待撤銷章節一併說明）。

　3.案例解說

　　⑴甲致函 A 公司表明購買飛機零件，顯有取得其所有權之效果意思，亦顯有移轉價金所有權（支付價金）之效果意思。換言之，甲係基於（移轉財產權及支付價金之）效果意思而為表示，其表明購買即係意在成立買賣（契約、法律行為）之意思表示，致函則為意思表示之通知。

　　⑵甲購買信函，表明品名、廠牌、規格、數量及價格，業已具體指明（買賣）意思表示之內容，A 公司得憑以成立（買賣）契約，是甲是項信

---

❶　參照，本書上冊，第五四七頁～第五四八頁。

函所為表明，即係買賣之要約（意思表示）。信函非為直接對話溝通，性質上為非對話要約（意思表示），須信函（通知）到達於 A 公司之時，要約始生效力。

(3)非對話意思表示所稱之到達，係指意思表示進到相對人之支配範圍，並使相對人處於隨時可了解其內容之客觀狀態而言❶。公司信箱，於假期而員工停班之時，客觀上無從隨時了解；因此，本件甲之（買賣）要約（意思表示），雖於八月一日中午投入信箱，於其時刻尚不能認為到達，須待八月四日（一般公司）上班之時，始告到達而生要約之效力。

(4)甲急書「無意購買飛機零件，前日購物書函廢去不算」之信件於 A 公司，意在阻止購買飛機零件之原買賣要約（意思表示）生效，此即一般所稱之撤回；該信件即為撤回之通知。雖然，該信件於八月三日中午始送抵該 A 公司（投入公司信箱），形式上較原買賣要約之八月一日為晚；惟無論該原買賣要約或撤回信件，於法既均不能認定於投入信箱之時到達，自不生八月一日先於八月三日之問題，自不能以撤回通知於八月三日送達之事實，作為否定撤回不生效力之依據。

(5)本於前述關於到達意義之說明，本件撤回之信件所表徵之撤回意思表示，亦應認為係八月四日上班之時到達而生效力。如是，則原買賣要約之意思表示與撤回之意思表示，二者乃係同時到達，亦即買賣要約及其撤回，均於八月四日上班之時生效，同時原買賣要約亦告消滅（確定不生法律上效力）。

㈢公示送達

1.前置作業

(1)案例舉隅

甲出售 A 車於乙，訂約次日，甲駕駛 A 車出遊時不慎翻車燃燬（甲幸而及時逃出）。數日後為乙查悉，乙爰即函知於甲解除本件買賣。不料，該件解除買賣之信函，竟因甲遷移不明而遭退回。乙於向戶籍機關查證後，得悉甲確是遷出原址，但未辦理遷入手續；經四處查詢，無從知悉甲究遷

❶ 參照，最高法院五四年臺上字第九五二號、五八年臺上字第七一五號判例。

居何處，乙如何而可使其解除買賣之意思表示發生效力？

(2)選定依據

意思表示之達到，須經由一定之傳遞方式；此之傳遞，是為通知；其相應於訴訟程序上之名詞，稱之送達❶❽。

於特殊情形，表意之通知或因法律規定而不能向相對人本人為之，或因事實上不能達到相對人，或因表意人發出通知後喪失能力。有此情形，為應交易需要，其相應而彌補調整之機制，尚與意思表示或其通知之常態有別，本書爰以特則稱之。

通知之特則，嚴格言之，固不以公示送達為限；惟相對於其他特則，公示送達並非通知實際達到但視為達到，擬制意義上最為凸顯；而且其尚須借助相當特殊之訴訟程序❶❾，並非單純之私法體制。斟酌其別具特色，爰選為綜論通知特則之依據。

2.概念說明

公示送達之概念說明，分為下列四者：

$$
\text{公示送達}\atop\text{（概念說明）}\left\{\begin{array}{l}\text{通知之特則}\\\text{公示送達之適用}\\\text{公示送達之成立}\\\text{公示送達之程序}\end{array}\right.
$$

(1)通知之特則

民法本節通知之特則，有下列三者：

①通知不因能力喪失而受影響

---

❶❽　參照，民事訴訟法送達乙節（第一編第四章第二節 §123 以下）立法理由：「送達，乃當事人或審判衙門依法定方式，向訴訟關係人（如當事人、證人、鑑定人等）交付書狀之謂也。」

❶❾　公示送達，於民事訴訟法、刑事訴訟法及行政訴訟法固均定有明文（民事訴訟法 §148～§153，刑事訴訟法 §59、§60、§62，行政訴訟法 §81～§83）。不過，此稱公示送達，民法第九七條明定其依民事訴訟法規定；因之，敘述上爰僅以其相關規定為範圍。

　　表意人於發出意思表示之通知後，發生死亡或喪失行為能力情事者，其意思表示是否繼續存在，並因達到相對人而生效力？從貫徹權利能力或行為能力之制度本意，否定論似較合理，但以保護交易安全觀之，則肯定論為較妥當。民法第九五條第二項明定:「表意人於發出通知後死亡或喪失行為能力或其行為能力受限制者，其意思表示，不因之失其效力。」足見係以交易安全之保護為考量重點而採肯定見解 ⑳，亦與比較法上之通例若合符節 ㉑。

　　所謂意思表示不失效力，係指表意人之法律上地位由其繼承人繼承或由其法定代理人代理，並續為處理而言。例如，表意人為買賣要約（意思表示）之通知後死亡者，相對人得對其繼承人承諾而使買賣成立生效。死亡、行為能力云者，與其他條文、特別是民法第六條所稱死亡，第一二條第三項、第一六條所稱行為能力作同一解釋；至於行為能力受限制，通常係指為有行為能力而受輔助宣告 (§15 之 1) 或經撤銷之情形（如 §85 II）㉒（例如，經允許獨立經營事業之限制行為能力人，於發出要約之通知後雖經其法定代理人撤銷獨立營業之允許，該項意思表示仍得於通知達到後發生效力；從而，其相對人仍得對該要約為承諾，並使其契約為之成立生效）。然而，其當事人資格於交易上認為重要者，應依目的限縮解釋而排除其適用。

　　②向法定代理人通知
　　a.基本規定
　　無行為能力人應由或應向法定代理人為之意思表示 (§76)；因此，表意

---

⑳　參照，民法第九五條立法理由後段:「表意人於發出通知後，死亡或失其行為能力……如使無效，則相對人易蒙不測之損害。」

㉑　重要事例如德民 §130 II、日民 §90 II。

㉒　少數學理見解以為，「我國民法並無準禁治產制度，民法本條第二項『其行為能力受到限制』之規定，本係贅語。」（王著，第三六九頁；梅著，第七五頁）不過，此之論點，恐因民法增訂輔助宣告制度（§15 之 1、§15 之 2），而失其論據，並此敘明。

人意思表示之通知，須達到相對人之法定代理人始生效力。限制行為能力人，心智未臻完熟，為保護其利益，仍應使由法定代理人協助補充，故民法第九六條規定：「向無行為能力人或限制行為能力人為意思表示者，以其通知達到其法定代理人時，發生效力。」因之，如其僅向能力欠缺人為通知，縱使通知達到相對人本人，其意思表示仍不發生效力❷❸。

　　b.適用範圍之研析

　　民法本條為整體意思表示理論之一環，解釋民法本條之適用範圍，應配合意思表示制度之整體、特別是印證行為能力之有關規定。基此，有關民法本條之適用，宜採限縮解釋，僅於能力欠缺人所為法律行為非為有效之情形始有適用；也因此，於下列情形，表意人仍應向能力欠缺人為通知，並於通知達到其本人時生效：

　　　　ⓐ法律特別規定，無行為能力人或限制行為人所訂立之法律行為視
　　　　　為有行為能力之交易類型。

　　　　ⓑ民法第七七條所定純獲利益或依其年齡身分所必要而得直接生效
　　　　　之法律行為。

　　　　ⓒ限制行為能力人所為之強制有效行為 (§83) 或其他視為有行為能
　　　　　力之法律行為 (§84、§85)。

　　c.第九六條之去留

　　誠然，單純從意思表示之通知來說，為保護行為能力欠缺人之利益，類似民法本條之規定確有必要，或難否認。然而，從意思表示乃至法律行為制度之總體規定來體察，這種割裂式的理解，其理由是否堅強，不無商榷餘地。淺見以為，基於下列三點理由，民法本條不僅似無必要，而且其存在恐與制度整體不能契合：

　　　　ⓐ就無行為能力之規定而言

　　　　　無行為能力人應由其法定代理人為或受意思表示，通知為意思表
　　　　　示之形態或其延伸，須達到法定代理人而生其效力，無寧為當然

---

❷❸　解釋民法第九六條，尚不能依文義或立法理由，侷限其適用於非對話之意思表示。易言之，如認民法本條確有規範意義，則於對話意思表示亦有適用。

　　結論，民法本條應無重複規定必要。

ⓑ就限制行為能力之規定而言

　　依民法第七八條以下規定之文義觀之，限制行為能力人並非不能成立法律行為，而是其所為之法律行為無效（單獨行為）或不生效力（契約、共同行為）。基此規定，足認限制行為能力人得自為意思表示或受意思表示，並因意思表示之生效而成立法律行為❶❷❹。誠然，民法本條或旨在強調行為能力欠缺人利益之保護❶❷❺，惟就限制行為能力人而言，規定法律行為無效或不生效力，於彼等利益之保護，已無窒礙，殊無必要再進而強調須向法定代理人為意思表示之通知；否則，不僅民法第七七條以下之規定失其規範意義，法律行為制度整體的融貫性，亦將面臨重大挑戰。

ⓒ就行為能力之規定而言

　　無行為能力或限制行為能力，於其例外規定而得使其法律行為有效之交易類型，不在民法本條適用範圍，過度強調其廣泛適用，並無必要。

③公示送達作為通知達到（擬制通知達到）

　　表意人意思表示之通知，因相對人住居所不得而知(通常為遷移不明)，以致無從達到者，時而有之。為使表意人得以積極使其通知生效，法律不能無救濟之道。例如，表意人之意思表示，係意在行使撤銷權或解除權時，其生效須以撤銷或解除之通知達到相對人為要件，如相對人住居所無從得知，依民法原定之通知機制，解除或撤銷等權利即無從行使。足見，無論從通知、意思表示之生效、法律秩序之安定、乃至權利保護之落實來說，補以擬制通知達到之機制，殆屬無可避免。

---

❶❷❹　民法既已於第七八條、第七九條規定限制行為能力人得成立法律行為，則民法第七七條規定意思表示應經允許，是否必要，似不無商榷餘地。

❶❷❺　參照，民法第九六條立法理由：「相對人為無行為能力人，或限制行為能力人……須其通知，達到於法定代理人時，始生效力。蓋以保護無行為能力人，或限制行為能力人之利益也。」

　　在訴訟程序上，與通知恰相近似之用語，是為所謂之送達；送達而有處所不明以致無從實現者，程序法上定有公示送達以為補充之機制。此項機制如援用為意思表示通知達到之補充，不僅可以求其適用之便利，而且經由法院以嚴謹程序介入、並採公告生效之方式，制度上具有高度公信力，亦得確保當事人間利益之兩平，故民法第九七條規定：「表意人非因自己之過失，不知相對人之姓名、居所者，得依民事訴訟法公示送達之規定，以公示送達為意思表示之通知。」

　　揆諸民法本條文義，公示送達之適用對象，係意思表示之通知達到，而非意思表示本身，故本段特別標明「公示送達作為通知達到」，以顯制度真義。立法理由卻稱依公示送達而為意思表示或意思表示之通知❿，遣詞用字之精準確度或有不足。再者，通知經以公示送達為之者，實際上並未達到相對人，通知生效係出於法律擬制⓫，為精確表達其制度意旨，爰以擬制通知達到稱之。

　　⑵公示送達之適用

　　①公示送達之原意

　　公示送達，從民法通知之角度言之，其意義如下：

　　「公示送達者，將本應到達之通知，經法院依一定程式公示一定期間後，使其發生與實際交付應受通知人同一效力之通知方法也。」其要點如下：

　　a.公示送達為通知方法之一種，其法律上效力，與一般之通知同。

　　b.公示送達為一程序，由法院依一定程式為之；通常須由當事人聲請，並由法院以裁定為之（民事訴訟法 §149）。

　　c.公示送達於將本應到達之通知公告一定期間後發生效力（民事訴訟

---

❿　參照，民法第九七條立法理由：「表意人不知相對人之姓名及居所，……應使其依公示送達之方法，而為意思表示。至公示送達之程序，……為意思表示之通知。」

⓫　參照，最高法院二六年滬抗字第五八號判例：「公示送達，無論應受送達人已否知悉，及何時知悉，均於民事訴訟法第一百五十二條所定發生效力之日，視為已有送達。」

法§151、§152)。

d.公示送達依公告而生效力，不問實際是否到達於應受通知人，性質上為擬制到達。

②民法上之意義

民法上之擬制通知，係借用公示送達之方法及程序，使其發生通知達到之效力，規範意義上尚非民事訴訟上公示送達制度之全面援用，亦非其制度整體之挪移。因之，從民法上借用之範圍，重新審視公示送達於民法上之意義如下：

「公示送達者，將意思表示之通知，經法院依公示送達所定程序及公告期間公告後，使其發生通知達到之擬制通知方法也。」

(3)公示送達之成立

公示送達為擬制通知，其運用須力持慎重周延，以免相對人遭受意外損害，成立爰有下列二項限制：

①表意人不知相對人之姓名、居所

以公示送達作為通知，須限於表意人不知相對人姓名、居所者，始有適用。居所，應從廣義而包括住所、居所及處所而言；亦即只要表意人知悉相對人住所、居所或處所之一，即無公示送達之適用。對於法人之通知，則須法人本身及其法定代理人之姓名、居所均屬不能確知者，始有適用❷。不知，係指不能確知而言，亦即相對人本有或報有姓名、居所，但嗣後查無此人、或無此居所、或該居所無此人等情事之一而言。如其本即不知姓名，或沒有居所而竟無從查悉者，應解為相對人並不存在，尚無公示送達之適用。

②須表意人非因過失而不知其情

對於相對人姓名、居所之不能確知，須表意人非有過失。如其不能確知，係由於表意人之過失者，其危險應由表意人自己承擔，不能依公示送達而為通知。例如，甲借貸巨款於乙後，竟因抽菸不慎，燒燬借據上乙之

---

❷ 實務見解似乎以為只要不知法人或其法定代理人姓名、居所者，即得聲請公示送達（參照，司法院七五廳民㈠字第一四〇五號函），立場顯較寬緩。

住址，則甲須自己設法查尋乙之住居，其催討乙還錢之各項通知，尚不能以公示送達為之。

表意人於相對人確實之姓名、居所，有盡相當探查之義務，須已盡相當之方法探查後，相對人之姓名、居所仍不能確知者，始得依公示送達作為通知達到之手段。已盡相當探查之事實，由表意人負舉證責任，並由法院就個案具體客觀判斷之❿。

⑷公示送達之程序

公示送達係程序性之概念，須履踐並經過一定之程序；是所謂「依民事訴訟法公示送達之規定」云者，其重心意義指公示送達之下列程序而言：

①表意人聲請

由表意人具明理由，以書狀向管轄法院（非訟事件法 §66）提出聲請。

②法院裁定

公示送達之准否，由法院以裁定為之；適用民事訴訟法有關裁定之規定（§234～§239）。

③通知之公告

公示送達，應由法院書記官保管應送達之文書，而於法院之公告處黏貼公告，曉示應受送達人應隨時向其領取。但應送達者如係通知書，應將該通知書黏貼於公告處。除前項規定外，法院應命將文書之繕本、影本或節本，登載於公報或新聞紙，或用其他方法通知或公告之（民事訴訟法§151）。依此，通知之公示送達，應將表意人之通知隨同法院之裁定而為公告，並須同時履踐下列二者，始生到達之效力：

a.將通知黏貼於法院牌示處，並曉示相對人得隨時領取。

b.將通知繕本或節本登載於公報或新聞紙等❿。

---

❿　參照，最高法院八二年臺上字第二七二號判例：「『應為送達之處所不明者』，係指已用相當之方法探查，仍不知其應為送達之處所者而言。其『不明』之事實，應由聲請公示送達之人負舉證之責任，而由法院依具體事實判斷之。」

❿　參照，最高法院七五年臺抗字第一八三號判例：「關於公示送達之方法，依民事訴訟法第一百五十一條規定，除應由法院書記官保管應送達之文書，而於法

④公告期間之屆至

公示送達之生效，於經黏貼公告處及登載新聞紙等起，經二十日發生效力；二者之時日不同者，以較後公告方法之時日為準。公告屆期生效，須嚴守程序、靜待時日屆至；反之，遵循程序、時日到來，於法自動生效，不問相對人是否、乃至何時知悉。

3.案例解說

(1)甲出售 A 車於乙，甲乙間係成立買賣（契約、法律行為），並告同時生效。甲為出賣人，亦為移轉 A 車財產權（所有權）之債務人；反之，乙為買受人，亦為移轉 A 車財產權（所有權）之債權人。

(2)出賣人甲自 A 車買賣成立生效時起，就 A 車負有善良管理人之注意義務；苟有違反，於法即為有過失，對買受人乙須負債務不履行之責任（§220Ⅰ）。茲甲於 A 車出售後數日，駕駛 A 車出遊，其駕車出遊之行為於法固無不合，但甲不慎翻車，以致 A 車燒燬，即是法律上通稱之過失，對乙應負不履行責任。

(3)A 車燒燬，甲再無交付 A 車（移轉 A 車所有權）於乙之可能；此一狀態，法律上稱之給付不能。因其由於甲之過失所致，法律評價上即係可歸責於債務人甲之事由以致給付不能 (§226)，乙對於甲得主張解除 A 車之買賣 (§256)；乙之此項權利，通稱之解除權。

(4)解除權人，須經行使解除權，始生解除契約之效力；解除權之行使，須由解除權人向他方當事人（債務人）以意思表示為之 (§258Ⅰ)，並因意思表示達到而生解除效力 (§95Ⅰ本文)，故解除為有相對人之單獨行為 ⓭。以本案而言，乙欲解除買賣（契約），自須向甲為解除之意思表示，並於意

院之牌示處黏貼公告，曉示應受送達人，應隨時向其領取外，法院並應命將文書之繕本或節本登載於公報或新聞紙，或用其他方法通知或公告之。兩者必須兼備，苟缺其一，即不生公示送達之效力。」

⓭ 參照，最高法院三二年上字第二一八〇號判例：「契約解除權之行使，僅須有解除權之一方，以意思表示向他方為之，其於訴狀為此意思表示者，於訴狀送達他方時發生效力。」

思表示之通知達到甲之時發生解除之效力。

　　⑸乙為解除之信函（通知），因甲遷移不明而遭退回；乙嗣即向戶籍機關查證，復多方查詢，卻無從獲悉甲究係遷居何處，乙對此之不知並無任何過失。故乙得依民法第九七條及民事訴訟法之相關規定，向法院聲請以公示送達之方式，作為解除通知到達之方法。

　　⑹以公示送達作為通知到達之方法，性質上為擬制到達，不問該通知實際上是否到達或是否為相對人所悉，表意人只要遵循民事訴訟法所定程序聲請，並經法院依法裁定、公告，則於公告期限屆滿之時，其通知即屬到達而發生應有效力。是乙所為解除買賣之通知，於依公示送達程序公告屆滿二十日之時發生解除之效力（民事訴訟法 §152 前段）。

　　⑺以公示送達作為通知到達之方法，於準法律行為之各類型，亦均得類推適用；交易上常見之事例，可推支付租金之催告（意思通知）❶❸❷。

二、制度精義

　　本節之制度精義，分為下列三項說明（意思表示解釋 (§98)，因涉及方法論之深層，移列於結論乙章）：

$$
\begin{matrix}
制度精義 \\
（意思表示）
\end{matrix}
\begin{cases}
虛偽意思表示 \\
錯誤意思表示 \\
意思表示不自由
\end{cases}
$$

㈠虛偽意思表示

　　1.前置作業

---

❶❸❷　參照，最高法院四一年臺上字第四九〇號判例：「支付租金之催告，屬於意思通知之性質，其效力之發生，應準用同法關於意思表示之規定，如催告人非因有自己之過失不知相對人之居所者，僅得準用同法第九十七條，依民事訴訟法公示送達之規定，向該管法院聲請以公示送達為催告之通知，始生催告之效力。……僅將催告啟事標貼已被查封無人居住之某商號門首，自無催告效力之可言。」

(1)案例舉隅

甲負債累累,明知山窮水盡時日不遠,爰商同知悉其情之摯友乙,將甲所有之 A 地及其上房屋(以下合稱 A 房地),依時價新臺幣(下同)六百萬元之價格,以買賣名義出售於乙;嗣甲依約將 A 房地所有權移轉登記於乙,乙依約將六百萬元款分批匯寄於甲後,再由甲領出而交還於乙,雙方並約定雨過天晴後,再由乙返還 A 房地於甲。嗣乙將 A 房地以七百萬元出售於不知情之丙,依約辦理登記及交付 A 房地於丙,得款後逃之夭夭;甲之債權銀行丁聞悉上情,訴請確認 A 房地為甲所有。

(2)選定依據

表意人原無成立(某一特定)法律行為(類型)之效果意思,但形式上卻表示其效果意思(亦即為意思表示)者,是為虛偽意思表示。虛偽意思表示,或僅存在於表意人一方,或同時存在於當事人(表意人與相對人)雙方;前者簡稱之虛偽表示,後者通稱之通謀虛偽表示。

基於交易安全考量,虛偽意思表示之法律效果,民法本節斟酌其形態不一而分別規定(虛偽表示:§86,通謀虛偽表示:§87)。二者中之通謀虛偽表示,不僅其法律效果時而涉及交易上之第三人,而且影響到新舊法律秩序之優後取捨,在虛偽意思表示制度上有其代表性意義,爰選定其為案例類型依據,以便完整窺解虛偽意思表示制度之全貌。

2.虛偽意思表示之意義

(1)意思表示之再出發

①意思表示之基核

關於意思表示之成立要素,本書雖依通說而分為效果意思、表示意思及表示行為三者;不過,茲三者中,表示意思係效果意思與表示行為之架橋,在交易過程上之獨立意義較不明顯。因此,學理大都偏重效果意思及表示行為二者之對立論述,本段以下立場亦同。在此角度下,所謂意思表示即是,將效果意思表示於外部(通常為相對人)之行為。意思表示制度之可貴,在於本諸效果意思,使其發生表意人原所預期之法律上效果,意思自由或法律行為自由的核心意義即在於此。私法自治原則之精義,厥為

法律行自由原則；因此，意思自由原則既是私法自治之中核，也是其源頭。

　　然而，效果意思本為個人內心之意欲，非外人而可了然，懸為法律制度，必須藉諸表示行為作為涵結外在世界、特別是交易相對人之架橋。在意思表示之規範塑成上，二者實相為表裏，並以互成一體之形態，遊走於法律行為成立生效之世界。易言之，效果意思係表示行為之源頭，欠缺效果意思，表示行為即乏存在意義；反之，表示行為為效果意思之外化，欠缺表示行為，效果意思尚難自行生效。例如，甲急需現金，期盼友人乙願以五百萬元向其買受 A 屋，甲為此前往乙家，但於見乙之時，不好意思開口，竟於閒話家常後離去，甲雖有效果意思，但因缺乏表示行為，其間並無意思表示之成立。

　　②意思表示之基理

　　法律制度上，所以依憑各個人之意思表示，自由自主成立契約等法律行為類型，並確定契約之內容。蓋以假定各個人，不僅精神層次上可以重然諾，心理層次上更會精於利害判斷及抉擇，以故多能被期待、被信賴為：能精準依效果意思而為表示行為。這不但是私法自治，乃至法律行為自由之真諦，更是意思表示（效果意思與表示行為表裏如一）的制度設計基礎。

　　誠然，各個人從事交易行為，多能本於利害精算及意思自律，以表裏如一之意思表示呈現於市場上之交易平臺。意思表示必須自由而一致，始稱意思表示健全，亦始能通向法律行為生效。民法本節意思表示不健全（不一致或不自由）所以詳為規定，其正面規範意義，即在襯托意思表示自由而一致之制度必要性。

　　⑵意思表示之特例

　　①特例之類型

　　意思與表示對立而又協同，相對竟而合一。交易上，成立法律行為之人，亦大都均能以（效果）意思為體、把握表示（行為）為用，吸納效果意思在表示之中而實現規範上之預設。不過，效果意思與表示行為之一致，不僅有賴表意人之認知，並於交易過程中善盡必要之注意，否則難免意思表示不一致之偶然發生。此外，意思自由有時且會遭致惡用或抑制。前者

如表意人故意使其意思與表示不一致即是；後者如使表意人在不盡自由之情境下為意思表示即是。其相應用語，是為錯誤（偶然不一致），虛偽意思表示（故意不一致），被詐欺或被脅迫（意思表示不自由）。

意思表示，基於表意人所表示之效果意思而發生效力，因於意思而生，依乎意思而成；相對於此，不一致或不自由情事，僅係特例而已，絕非時常可見，更非交易實情之重鎮。不過，基於效果意思賦與表示行為以法律效果，乃法律自明之理，無待明文；因此，民法本節所見者，盡是特例之有關規定。

在意思自由之原則下，意思表示必須自由而又一致，始得稱之健全或無瑕疵。因之，意思表示之特例，於焉稱之意思表示不健全或意思表示瑕疵。其事例如下：

意思表示之特例
⇩
意思表示不健全

意思表示不一致（類型）
  故意不一致：虛偽意思表示 (§86、§87)
  偶然不一致：錯誤 (§88～§91)

意思表示不自由（類型）
  被詐欺而為意思表示
  被脅迫而為意思表示 (§92、§93)

②特例之效力猶豫

意思表示有不健全之情事時，固是足以撼動意思表示之生效、甚而影響法律行為之生效。只是，此之撼動，其內容主要係表徵效力猶豫、而非意思表示或法律行為動輒無效（重點之歸納，請參照本書上冊，第五六八頁～第五六九頁）。

法律行為生效要件之標的不妥適、行為能力欠缺或意思表示不健全，固均有效力猶豫之制度設計，但三者之中，則以意思表示不健全，表現得最具彈性、亦最兼顧交易安全之考量。其可具體而言者有三：

　　a.依違於尊崇意思自主及保護交易安全之間，或以有效為原則 (§86)，或以無效為基礎 (§87)，或以得撤銷為制度 (§88～§93)，既不曲意偏袒意思自由，亦不過度傾向交易安全❸。

b.於虛偽意思表示，原則上側重保護交易安全❸，打破表示（行為）必須與（效果）意思一致之預設，使表意人因其意思自由之濫用而成為法律上責任之主體。

c.表意人因意思自由濫用，以致意思表示歸於無效者，除其自主決定私法秩序之權利遭受剝奪之外，並對相對人因而所受損害負賠償責任 (§91)。

⑶虛偽意思表示之成立

①定義說明

虛偽意思表示者，意指表意人明知其內心所意欲的並非某種法律行為類型之法律效果，卻違背其真意而為該等法律行為效果意思之表示行為。例如，甲與乙為友人，某日乙為環島旅行一周，商請甲將甲所有 A 休旅車出租於乙，甲因 A 休旅車經常備而不用，正想出租而收取零用金支用，但因念與乙為舊識，不好意思直言出租，而對乙說：「就借你用幾天吧」。甲所為出借之表示，即是虛偽意思表示；蓋以甲內心之真意係在出租 (§421)，但其表示行為卻是出借 (§464)。就出租而言，甲未為表示行為，其出租之意思表示尚未成立；反之，就出借而言，甲內心之真意並無出借之效果意思，故為虛偽意思表示，簡稱之為虛偽表示，亦有稱之意思欠缺表示、非真意表示或意思表示本身的瑕疵者。

②成立要件

虛偽表示之成立要件有下列三者：

a.須有意思表示表見存在

虛偽表示，須有意思表示之表見存在。例如上例之甲，無出借之效果

---

❸ 學理上或以為，民法有關意思表示不健全之法律解釋或法律漏洞補充，應本於意思自由及交易安全兼顧之法律政策，致力於調和表意人的意思自主原則與相對人之信賴保護（參照，王著，第三八〇頁～第三八二頁），其論點誠屬中肯。

❹ 參照，民法第八七條立法理由：「謹按表意人與相對人通謀而為意思表示者，……此無效，不得與善意第三人對抗，以保護善意第三人之利益。」（第九二條立法理由同）

意思，其出借之表示行為即屬表見存在之虛偽表示。

　　b.須表示與真意不一致

　　虛偽表示，須表意人所為之表示（行為）與其內心所欲真正發生之效果意思不符。例如，於上例之甲雖為出借之表示，但其內心所想發生之法律效果，本是出租，亦即甲之本意雖在成立租賃 (§421)，但其表示行卻是在於成立使用借貸 (§464)。因其側重在於其本意為何之體察，故學理實務或以真意與表示不一致稱之。

　　c.不一致須出於故意

　　意思表示之不一致，民法本節係採類型制度模式；虛偽表示相對之類型，即是錯誤。二者之區別標準在於：其不一致出自表意人之故意者，是為虛偽意思表示；其為表意人所不知者，是為錯誤。

　　故意，原有直接故意與間接故意之分 ❶❸❺。前者意指行為人明知並有意使其發生之心理狀態（刑法 §13 I）；後者意指行為人雖非明知，但其發生不違背行為人本意之心理狀態（刑法 §13 II）❶❸❻。凡此，侵權行為法上，固得全部援用 ❶❸❼；但揆諸民法第八七條及第八八條規定意旨，非明知之意思表示不一致，不宜納入虛偽意思表示之範疇。換言之，於此宜採限縮解釋，以明知或直接故意為其適用範圍 ❶❸❽。

　　3.虛偽意思表示之類型

　　虛偽表示，或出於表意人一方、或出於表意人與相對人通謀為之。前

----

❶❸❺　參照，刑法第一三條立法理由（後段）：「關於故意之解釋，……於本條第一項規定直接之故意，第二項規定間接之故意。」

❶❸❻　參照，最高法院二二年上字第四二二九號判例：「刑法關於犯罪之故意，係採希望主義，不但直接故意……即間接故意，亦須犯人對於構成犯罪之事實預見其發生，且其發生不違背犯人本意始成立。」

❶❸❼　侵權行為以過失責任為原則，只要行為人有過失，其歸責事由即告成立，無待故意之必須存在，自亦無須論究其係出於何種故意。

❶❸❽　參照，最高法院五一年臺上字第二一五號判例：「通謀虛偽表示，指表意人與相對人相互明知為非真意之表示而言，故表意人之相對人不僅須知表意人非真意，並須就表意人非真意之表示相與為非真意之合意，始為相當。」

者，影響相對人之認知及判斷；後者，於相對人之認知及判斷固無影響，其保護對象無寧在於當事人以外之第三人。其類型區分略有如下：

$$\text{虛偽表示}\begin{cases}\text{出於表意人一方：單獨虛偽表示 (§86)}\\\text{出於雙方謀議：通謀虛偽表示 (§87)}\end{cases}$$

⑴單獨虛偽表示

①單獨虛偽表示之意義

表意人自知其無真意（效果意思），卻仍故意對相對人為意思表示者，是為單獨虛偽表示。意思表示也者，藉表示行為彰顯效果意思，二者本應形影不離，彼此依隨，但虛偽表示之表意人卻逸離此一制度設計，對於表示行為本有（某種法律行為所定法律效果）之一定效果意思，內心卻有保留，故學理實務或另以心中保留或真意保留稱之。

表示行為在彰顯效果意思，表意人須有意受所為（意思）表示之拘束。反之，於單獨虛偽表示，表意人卻是無意受其表示所拘束。例如上例之甲，雖為出借之表示，但甲之內心藏有不受使用借貸（無償借用）拘束之意思，民法第八六條爰有「表意人無欲為其意思表示所拘束之意而為意思表示」等語。

民法第八六條上述用語，旨在凸顯意思表示應屬一致而受拘束之規範深層精義；不過用語頗為艱澀，致初學者不易體會。研習之時，苟能前後條文對照，依其文脈關係把握虛偽表示之制度整體，參酌民法第八七條規定來詮釋第八六條，當可了解第八六條所謂「無欲為其意思表示所拘束之意而為意思表示」，即係第八七條所稱之「虛偽意思表示」，正因為民法第八七條有「虛偽意思表示」之用語（概念），民法第八六條之真義始克臻於明晰；同時，因為有民法第八七條規定，意思表示自主決定，因而具有法律效果，並因而負擔法律責任的完整規範意義，在民法上才能充分顯現❸。

②單獨虛偽表示之射程

---

❸　意思自由原則，於民法上同時表徵為積極意義的自律規範體制，即是藉民法第八六條規定而體現。

單獨虛偽表示也者，顧名思義，乃表意人單方所為之虛偽表示；其通常情形，表意人固多僅為單一之人。不過，其適用射程並不以此為限。例如，解除雖為單獨行為 (§258 I)，但解除權人有數人時（例如，ABC 一起賣車後，因買受人拒付價金而均有解約權），如其多數人偶然或共同為虛偽表示，仍是適用單獨虛偽表示，但與通謀虛偽表示無關；本欲成立契約或共同行為，而於表意人一方有多數單獨虛偽表示存在、甚至雙方當事人均有單獨虛偽表示者，仍是分別適用單獨虛偽表示，但與通謀虛偽表示無關 ⑭ 。

(2)通謀虛偽表示

①通謀虛偽表示之成立

通謀虛偽表示者，謂表意人與相對人並無成立某特定法律行為之效果意思，卻共同謀議而為該法律行為類型所需的表示行為，亦有簡稱之為虛偽表示者。例如，前甲乙為逃避債權人追償，共謀虛作買賣，即是通謀虛偽表示之常例 ⑭ 。

通謀虛偽表示，必須成立於表意人與相對人之間；如其表意人多數而共謀為虛偽表示者，規範上仍非通謀虛偽表示，僅屬共同式之單獨虛偽表示。通謀虛偽表示，須表意人與相對人有共同謀議、並有意使彼此之虛偽表示相與結合（相互故意），始克成立 ⑭ 。按法律行為以合意為內涵者，固以契約為主，但於共同行為類型亦同有適用 ⑭ 。交易上常見之案例典型除

---

⑭ 參照，最高法院五〇年臺上字第四二一號判例：「通謀虛偽意思表示，係指表意人與相對人雙方故意為不符真意之表示而言，若僅一方無欲為其意思表示所拘束之意而表示與真意不符之意思者，即難指為通謀而為虛偽意思表示。」

⑭ 參照，最高法院二七年臺上字第三一九五號判例：「假裝買賣係由雙方通謀所為之虛偽意思表示，依民法第八十七條第一項之規定當然無效。」

⑭ 參照，最高法院六二年臺上字第三一六號判例：「所謂通謀為虛偽意思表示，乃指表意人與相對人互相故意為非真意之表示而言，故相對人不僅須知表意人非真意，並須就表意人非真意之表示相與為非真意之合意，始為相當。」

⑭ 參照，最高法院五七年臺上字第二五五七號判例：「在合同行為之當事人間，不妨成立通謀虛偽之意思表示，……始能防止債務人假託設立各種社團，而避

上述之假買賣外，即是為脫免債權人追債（特別是法院強制執行）而假離婚❶、或設定假抵押❶。

②通謀虛偽表示之形態

通謀虛偽意思表示，亦有單純或非單純形態之分。前者意指表意人與相對人單純而共同為虛偽意思表示者而言，成立假買賣或設定假抵押均是，堪稱通謀虛偽表示之常態。反之，表意人與相對人所以通謀虛偽表示，旨在以虛偽表示掩飾其他類型法律行為者，則為非單純之通謀虛偽表示。後者尚有其他類型之法律行為潛藏於通謀虛偽表示之中，爰以隱藏行為名之（§87Ⅱ）。例如，長兄擬將其舊車贈與於么弟，但恐其他手足抱怨，爰通謀而偽作買賣，以杜不平之口即是。蓋以於此案例，雙方均無買賣之效果意思，其間所為出賣、買入之意思表示，乃至因而成立之買賣（契約、法律行為），均屬通謀虛偽表示；反之，贈與則係隱藏於虛偽買賣（表示）下之隱藏行為。

4.虛偽意思表示之效力

意思表示之表示行為，必須以效果意思為基礎，一個沒有效果意思之表示行為，應是不具意思表示之意義，更無依表示行為而獨立生效之理。然而，意思表示之相對人通常卻只能憑藉表示行為，作為溝通了解之客體，如貫徹虛偽表示無效，對於相對人之保護難免不周，以致有害交易安全。因此，如何兼顧意思自由及交易安全，依違於有效無效之間而求其適中合理，乃虛偽表示立法政策上之主要考量。語其重點為：⑴單純虛偽表示原則有效；⑵通謀虛偽表示內部無效；⑶交易安全優位。

⑴單獨虛偽表示原則有效

單獨虛偽表示之效力如何，本有意思主義及表示主義之爭論。前者，

免財產之扣押。」

❶ 參照，法務部七一法律字第一三六八五號函：「夫妻雙方通謀而為假離婚之意思表示，……無效。」

❶ 參照，司法院七四廳民㈠字第五五七號函：「虛偽設定抵押權，乃雙方通謀而為虛偽意思表示，……其設定抵押權契約當然無效。」

尊崇效果意思，認為單獨虛偽表示應屬無效，寓有固守契約自由原則之深意；後者，側重表示行為，認為單獨虛偽表示有效，寓有維護交易安全之意義。比較法多採折衷主義，於單獨虛偽表示，以有效為原則，但相對人明知其為意思表示者，仍例外使其無效 ❶⁴⁶，以為自由與安全之兼顧，我國民法亦然。

民法第八六條規定：「表意人無欲為其意思表示所拘束之意，而為意思表示者，其意思表示，不因之無效。但其情形為相對人所明知者，不在此限。」不因之無效者，意指有效而言 ❶⁴⁷；不在此限者，意指因之無效而言。亦即原則上係採表示主義，其單獨虛偽表示為有效，但例外則採意思主義，其單獨虛偽表示無效；例外之適用對象，則以相對人明知其係單獨虛偽表示者為限。明知與否，應斟酌交易習慣及個案具體情況而定，但由主張無效者，就虛偽表示及相對人明知二項事實，負舉證責任 ❶⁴⁸。

(2)通謀虛偽表示內部無效

①單純通謀虛偽表示

通謀虛偽表示，相對人不僅明知他方為虛偽之意思表示，而且與之共同謀議，本於法律不保護惡意之原則，自無使之有效之理；故民法第八七條第一項本文規定：「表意人與相對人通謀而為虛偽意思表示者，其意思表示無效。」前舉案例之甲，為脫免債務而與知情之摯友乙商議後偽作買賣，於甲、乙之任一方，雖各有出賣、買受之表示，但甲無出賣之效果意思、乙無買受之效果意思，甲乙二人所為均屬虛偽意思表示，甲出賣、乙買受之二項意思表示，均是通謀虛偽意思表示而無效；甲乙間之買賣自亦因之無效。

---

❶⁴⁶　重要立法例略有如下：德民 §116；日民 §93；瑞債 §18；韓民 §107。

❶⁴⁷　參照，民法第八六條立法理由：「意思表示之相對人，明知表意人無受其拘束之意者，應使無效外，其表意人雖無欲為其意思表示所拘束之意……其意思表示仍為有效，蓋為維持交易之安全也。」

❶⁴⁸　參照，最高法院四八年臺上字第二九號判例：「第三人主張表意人與相對人通謀而為虛偽意思表示者，該第三人應負舉證之責。」

　　通謀虛偽意思表示，於契約及共同行為均有適用；後者，較常見之事例，如偽作股東會決議或董事會決議即是。單獨行為，如其為無相對人者，固無適用；但於有相對人之單獨行為，解釋上仍有其適用❶❹❾。惟此所稱法律行為，有力學理以為，係指財產行為（包括債權行為及物權行為）而言。例如上述假買賣案例，其於甲乙之間，所謂無效果意思也者，並非僅止於無出賣及無買受之（效果）意思而已，甲乙間關於移轉所有權之意思表示（物權行為），亦係通謀虛偽表示（實無移轉之效果意思）而無效。不過，如其為純粹身分行為而絕對尊重當事人意思者，應無適用❶❺⁰。

　　②隱藏行為之通謀虛偽表示

　　通謀虛偽表示而隱藏有他項法律行為之效果意思者，於該項虛偽之表示固屬無效。不過，經掩飾而當事人意在成立之他項法律行為類型，依民法第八七條第二項適用關於該項法律行為之規定。適用規定云者，意指該項法律行為成立生效之規定而言。例如，為實現贈與而偽作買賣，買賣固因通謀虛偽表示而無效（§87Ⅰ本文），但贈與之意思表示、受贈之意思表示、乃至其因而成立之贈與（契約、法律行為），於法仍為有效❶❺¹。隱藏行為存在之事實，應由當事人負舉證責任❶❺²；至其有效之主觀範圍，以當事人為限，並無及於第三人之效力❶❺³。

---

❶❹❾　學理見解，參照，王著，第三八六頁；洪著，第三七四頁；施著，第二四七頁。實務見解，參照，最高法院五七年臺上字第二五五七號判例：「民法第八十七條第一項規定，……於有相對人之單獨行為、契約等皆得適用，及於合同行為，有時亦得適用。」

❶❺⁰　參照，洪著，第三七五頁；黃立著，第二七三頁；劉著，第一九七頁。

❶❺¹　參照，民法第八七條立法理由（後段）：「虛偽之意思表示，……被其隱藏之法律行為，並不因隱藏而無效。例如甲實以土地贈與乙，而與乙通謀，作成買賣之契約，此際仍應適用關於贈與的法律行為之規定。」

❶❺²　參照，最高法院八五年臺上字第二一一號判決：「主張隱藏有他項法律行為之人，自應就利己之事實，負舉證責任。」

❶❺³　參照，最高法院五〇年臺上字第二六七五號判例：「虛偽意思表示隱藏他項法律行為者，適用關於該項法律行為之規定，係指為虛偽意思表示之當事人間，

　　隱藏行為之成立生效，仍應依該他項法律行為之規定定之。因之，如通謀虛偽表示所成立之法律行為為不要式或不要物行為，而隱藏之法律行為為要式行為或要物行為者，該他項法律行為類型，仍須具備方式或交付始能成立生效。不過，利用法院為強制執行法之拍賣行為，尚無通謀虛偽表示之適用❹。

　　③通謀虛偽表示與信託行為

　　當事人為達成一定之經濟目的（通常為財產的管理或債權之擔保），作成超過其目的所需法律關係之法律行為類型，通稱之信託行為。例如，A 為向 B 借款一百萬元，B 要求 A 應將 A 所有之 X 屋所有權移轉登記於 B，以為該筆一百萬元借款之擔保，該項所有權移轉之行為，即屬信託行為，因其以擔保為目的，故亦稱擔保信託或信託的讓與擔保❺。

　　信託之法律行為類型規範內容頗為複雜、且為民法所未規定。不過，如上例所述，A 將 X 屋移轉所有權登記於 B，其效果意思本是意在擔保，恰似以所有權移轉隱藏抵押❻，其構成之形態與隱藏行為頗為神似。因之，民法總則文獻，於通謀虛偽表示（特別是隱藏行為）部分，通常均有信託行為之簡要說明。

　　信託行為，因其經濟上目的的不同，尚可分為兩型。一為以財產管理為目的而為財產權移轉之信託行為類型，通稱之管理信託；另一即為上述以債權擔保為目的之擔保信託。管理信託，本於法律行為自由原則，於法

　　　隱藏有他項真實之法律行為而言，其所隱藏之行為當無及於他人之效力。」

❹　參照，最高法院六七年臺上字第一四〇二號判例：「以債權人身分聲請法院拍賣因無人應買承受⋯⋯由法院介於其間⋯⋯當無與李某通謀而為虛偽意思表示之可言。」

❺　參照，最高法院七四年臺上字第二七二號判決：「信託的讓與擔保（即擔保信託）與民法第八十七條第二項所謂虛偽意思表示隱藏他項法律行為者不同⋯⋯債權人與債務人有關擔保信託之約定，乃均出於真正之效果意思而為表示，其內容應就契約之內容全部決之。」

❻　為擔保債務而提供不動產作為擔保者，通常係設定抵押權（§860 以下），既不移轉所有權登記，亦不移轉占有。

得為有效成立，學理及實務向來均持肯定論點**❼**，並因信託法於制定施行 (1996) 而取得成文法上之定位**❽**。擔保信託，迄未完成立法，但學理及實務均著眼於社會需要之考量，肯定其於法有效**❾**；不過，關於信託關係存在之事實，應由主張存在之人負舉證責任**❿**。

(3)交易安全優位

①基本規定

通謀虛偽表示於當事人間固屬無效，但第三人因信賴其虛偽表示而為交易上行為者，事所常有。例如，前舉例之丙，因不知其情而信賴系爭 A 房地為乙所有而買受之，丙之利益應受保障，否則交易安全將難以確保，故民法第八七條第一項但書明定，表意人與相對人不得以虛偽通謀意思表示之無效，對抗善意第三人。善意者，意指對於通謀虛偽表示並不知情而言**⓫**；第三人者，指當事人及其概括繼受（承）人以外之人而言。不得對抗云者，意指第三人得主張其因而成立之法律行為（類型）為有效而言；

---

❼ 參照，最高法院六六年臺再字第四二號判決：「所謂信託行為，係指委託人授與受託人超過經濟目的之權利，而僅許可其於經濟目的範圍內行使權利之法律行為而言。」

❽ 信託法雖名為信託，但其真義僅止於管理信託，解讀其為管理信託法，始稱允妥。

❾ 參照，最高法院八四年臺上字第二五三號判決：「擔保信託……係指債務人為擔保其債務，將擔保物所有權移轉與債權人，而使債權人在不超過擔保之目的範圍內，取得擔保物所有權，債權清償後，該擔保物即應返還於債務人；債務不履行時，債權人得將擔保物變賣或估價而就該價金受清償者而言。」

❿ 參照，最高法院八二年臺上字第一八四六號判決：「被上訴人既否認兩造就系爭車輛有信託關係存在，自應由上訴人就有此信託關係存在之事實負舉證責任。」

⓫ 參照，最高法院七三年臺上字第三八五八號判決：「表意人與相對人通謀而為虛偽意思表示者，其意思表示無效。但不得以其無效，對抗善意第三人……所謂善意第三人，係指該第三人……不知該意思表示為虛偽，而又與該虛偽表示之當事人就虛偽表示所發生之結果發生法律關係者而言。」

例如前例之丙，得主張其與乙之買賣所為房地受領及所有權移轉登記之物權行為，於法均屬有效❶。因之，甲之債權銀行丁，以甲乙就系爭房地所為之假買賣，係通謀虛偽表示而無效，請求法院確認 A 房地仍為甲所有，於法即無理由。債權讓與本無善意受讓 (§801、§948) 或信賴登記 (土地法 §43) 之適用，受讓債權之第三人權利即有賴民法本條項但書規定而受保障❶。

②制度檢討

為保護交易安全，於法律上明定不得抗對善意第三人者，是否可以使無效之法律行為因而有效？其適用是否僅以通謀虛偽表示為範圍？乃至此類規定有無必要？理論上均不無討論餘地：

a.不得對抗之規範上意義

民法本條項但書所稱之不得對抗善意第三人，通說固多認為第三人得主張該通謀虛偽表示於法有效。然而，無效者，既係自始當然無效，何以第三人反而可以對之主張有效，理論上似難融貫。淺見以為，所謂不得對抗也者，係指第三人所為意思表示及所成立之法律行為於法有效，為通謀虛偽表示之當事人爰不得執其無效事由窒礙第三人應受保護之法律上利益。例如，於前舉自乙買受 A 房地之丙，其買賣契約與移轉 A 房地所有權所為之意思表示及其因而成立之債權行為、物權行為，不因甲乙通謀虛偽意思表示而受任何影響，甲乙對丙亦不能主張其為無效。

其實，乙丙間之意思表示、買賣（債權行為）及所有權移轉（物權行為）所以有效，係本於意思表示及法律行為生效之理論而來。特別是所有權移轉部分，係基於善意受讓或信賴登記（§801，土地法 §43）之規定，即使民法本條項並無但書規定，丙之權利仍受保障。因之，民法本條項但書於物之交易行為，並無創設或強化保護功能之意義。不過，無體財產權之讓與，尚無善意受讓之適用，得因民法本條項但書規定，而得獲有等同善意受讓或信賴登記之保護。民法本節其他不得對抗善意第三人諸規定（其

---

❶ 參照，王著，第三八八頁；史著，第三四九頁；李著，第二六二頁；洪著，第三七四頁；施著，第二四八頁；黃立著，第二七五頁。

❶ 參照，王著，第三八八頁。

他如 §92 II），亦應作同一解釋。

　　b.單獨虛偽表示與交易安全

　　單獨虛偽表示如為相對人所明知者，其意思表示及因而成立之法律行為亦屬無效。於此情形，善意第三人是否亦如通謀虛偽表示之同有不得對抗善意第三人之適用？通說以為，本於平等原則，應認其係法律漏洞，得類推適用通謀虛偽表示（§87 I 但書）之規定**❿**，實務見解亦然**❻**。

　　按意思表示不健全以致無效者，並非僅以虛偽意思表示為限，其因錯誤、被詐欺或被脅迫而被撤銷者，亦是溯及自始無效（§114 I）。於此等案例，亦同有不得對抗善意第三人適用之問題（§92 II）；而且，於錯誤或被脅迫之案例，亦不能完全否定其適用餘地。足見，善意第三人利益之保護，乃是其間重要而共通之事項；相應於此，不得對抗善意第三人亦應為其間共通適用之法律原則。民法，卻僅就通謀虛偽表示及被詐欺之撤銷而為規定，其餘部分則付之闕如，其制度整體顯有重大欠缺，而非僅為具體而微事項之漏洞，應以回歸法律原則之方法作為法律解釋之依據。

　　c.規範競合與立法政策

　　不得對抗善意第三人之規定，於物之交易行為，與善意受讓或信賴登記顯有規範競合之情形。例如，前舉乙丙就 A 房地所為買賣，依信賴登記（善意受讓）之規定，丙權利之保護，較之民法本條但書規定，實更直接而確實。如是，善意受讓之規定究係民法本條但書之註解？或係民法本條但書之特別法？抑或二者係併存競合之選擇關係？理論上不無爭議。但以後者之見解為較可採。

　　然而，如此之規範重複，法律政策上果否必要？不能謂無探索餘地。學理或認為，正本清源之道，宜於債權讓與等相關領域，明定類似善意受

---

❿　參照，王著，第三八四頁；李著。第二六〇頁；洪著，第三六九頁；胡著，第二六四頁；施著，第二四六頁。

❻　參照，最高法院五三年臺上字第一三四三號判決：「單獨之虛偽表示，基於民法第八十六條但書規定而無效時，為保護交易安全外，尤應類推適用民法第八十七條第一項但書規定，認其無效不得對抗善意第三人。」

讓等之規定，以為適用依據；至於民法本節有關不得對抗善意第三人之規定，可一體刪除❻。從維護制度完整而井然有序，體系清晰而避免疑義，其論點確有正面意義。

綜上所述，爰歸納虛偽意思表示之要點如下表：

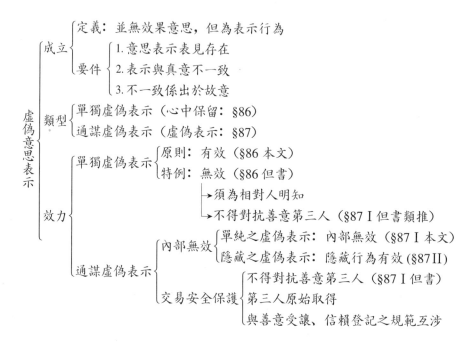

(二)錯誤意思表示

意思表示有錯誤者，是為錯誤之意思表示，簡稱之為錯誤。為與虛偽意思表示等語相互對應，爰以錯誤意思表示為名，並分為下列四項說明：

錯誤 {
錯誤之意義
錯誤之類型
錯誤之效力
錯誤之周邊
}

1.錯誤之意義

錯誤之意義，擬分為下列三項說明：

$$錯誤\begin{cases}案例舉隅\\定義說明\\成立要件\end{cases}$$

⑴案例舉隅

①案例事實

文學家甲，某日於乙書局書架上發現新到 "Law's Empire"（法律帝國，R. Dworkin 著，1986）一冊，誤以為係言情小說，當即購買（設價金為新臺幣三千元）。返家後窗前展讀，始知係非其所能理解之法理學論著，爰以錯誤為由，對乙主張撤銷買賣，並請求乙返還三千元；乙當即以甲之主張及請求為無理由而拒絕。

②選定依據

表意人所為之表示行為，與其效果意思之不一致，係出於無意識或無認知之狀態而出現者，法典用語及民法學理稱之錯誤。

就外延而言，錯誤須為法律行為內容相關之錯誤，原則上必須與動機明確區隔[167]；其次，就內涵而言，錯誤又有多重類型區分，其存在形態非若虛偽意思表示或被詐欺、被脅迫單純；即使為錯誤核心類型之意思表示內容錯誤，尚有多項子類型存在[168]。如何釐清其間明確之分際，堪稱至為重要，但亦至為困難。不過，將法理學論著的法律帝國，誤認為言情小說

---

[167] 參照，最高法院四三年臺上字第五七〇號判例：「民法第八十八條第一項所謂之意思表示錯誤，表意人得撤銷之者，以其錯誤係關於意思表示之內容為限。」

[168] 參照，民法第八八條立法理由：「凡關於意思表示內容之錯誤，（關於當事人標的物及法律行為種類之錯誤）及於交易上認為重要，而當事人之資格或物之性質有錯誤等，（如信用交易之買主支付能力或房屋賃貸契約之房屋性質）若表意人知其事情即不為其意思表示者，均當然謂之錯誤。至表意人雖提示有一定內容之意思，惟不欲為其內容之表示，且可認表意人若知其事情則不為其意思表示者亦然（如表意人誤信為有真正之內容而署名於其書件者）。」

之法律帝國，係內容錯誤中標的物錯誤的類型，為錯誤研習之重心，爰列為案例解說之依據，以期有助相關概念及問題之釐清。只是釐清環繞於錯誤中之各項問題，是民法總則上一個異常艱難的法學工程，成果恐仍相當有限。

(2)定義說明

①概念初義

錯誤者，係意指表意人所為之意思表示，疏而不知，致其效果意思與表示行為並不一致而言。例如，丙水果行想向丁水果商買梨一百個，但於致丁之要約函件中，竟因一時疏忽而誤植為「茲願賣李一百斤，敬請惠予同意」等語 ❶⑥⑨。丁恰巧賣完李子，當即以電報並附上丙之書函影本，表明同意依丙所示買入李子一百斤；丙獲信之後至感惶惑。此一事例，即是錯誤，蓋以於此案例，丙內心之效果意思是「買梨一百個」，但其表示行為係「賣李一百斤」，彼此並不一致，而丙係出於匆忙疏忽，於此之不一致並無意識或認知也 ❶⑦⓪。

錯誤與虛偽意思表示，原則上固是涇渭分明，截然不同。制度設計上，二者亦係各分畛域，互別苗頭。不過，於偶爾特例，亦有可能出現二者同時併存之情形；例如於前例之丙，如意欲「買梨一百個」，卻故意表示意在賣李一百個，但於書寫時，仍因疏忽而寫成「賣李一百斤」。此例關於一百斤之部分，仍宜認為成立錯誤，其意思表示係分別成立虛偽意思表示（買梨←→賣李）及錯誤（一百個←→一百斤）。

---

❶⑥⑨　個之簡字為「个」，民間日常交易上有書為「亇」者，其字形與「斤」極為相近；因之，此類意思表示之錯誤，現實上可能存在，並非僅止於想像或杜撰。

❶⑦⓪　分析本例之錯誤形態分布如下表：

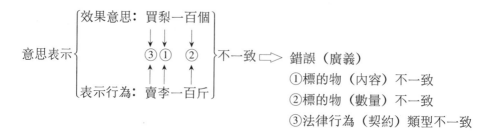

②規範意義

意思表示構成上所謂不一致者，其更精確的說法應是，表示行為所表徵之效果意思，與表意人內心真正的效果意思，其間並不一致。換言之，意思表示之不一致也者，最終仍是回歸意思自由原則，將其還原於效果意思之層面，並以效果意思之不一致作為終局判斷標準。表徵之效果意思也者，係指交易上一般客觀所得、亦所應（唯得且應）之效果意思。例如，上述根據「賣李一百斤」之函件，其相對人之丁、乃至任何參與交易之善意相對人，均會（得而且應）認為丙之效果意思係「賣李一百斤」，但不會憑空幻想為或臆測到丙之本意為「買梨一百個」。

⑶成立要件

錯誤之成立要件，可分為下列三項：

$$
錯誤（成立）\begin{cases} 表意人有效果意思 \\ 表示行為表徵之效果意思與表意人之真意不一致 \\ 不一致係出於表意人之無意識 \end{cases}
$$

①表意人有效果意思

錯誤須表意人內心有效果意思，並為表示行為；不料，卻於表示行為出了差錯，以致其原有效果意思未經表示於表示行為。因此，錯誤必有真意存在，只是真意途中夭折而已。例如，前述買梨之例，丙有真意（效果意思）本為「買梨一百個」，其意思表示本有成立買賣（買梨）之本意。

②表示行為表徵之效果意思與表意人真意不一致

錯誤須表意人之表示行為所表徵之效果意思，與表意人內心之真意（原有之效果意思）不一致。

表示行為，本以有表示意識為前提；無表示意識之行為，非為表示行為，無成立意思表示之可言。例如，於路旁發現友人路過而舉手招呼，雖計程車路過誤其有意搭乘，即不能認其招呼為搭乘之表示行為，亦不能認為成立意思表示，更無成立錯誤之可言。

表意人之表示行為，因為意思表示之緣由發生錯誤者，係動機之錯誤，

原則上非屬上錯誤之範疇。例如，誤認手錶遺失而再購買手錶，充其量僅係動機錯誤，並無此稱錯誤之適用。

③其不一致係出於無意識

無意識者，係指對於表示行為所表徵之效果意思，並無認知而言。有無認知，以表示行為生效、亦即為相對人所了解（對話之意思表示）或到達相對人（非對話意思表示）之時點為準 (§94、§95)。例如，於前述事例，甲對於表示行為及其所表徵之「賣李一百斤」的效果意思，於函件到達之時如無認知，即是成立錯誤。

錯誤，以不一致係出於無意識即為已足 ❶。不過，錯誤之法律效果為得撤銷，但表意人於錯誤有過失者，並無撤銷權 (§88 I)。足見，如兼括效果文章而綜合觀察，宜認為無意識並無過失，錯誤始告成立 ❷。

2.錯誤之類型

錯誤之類型如下表：

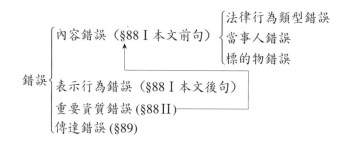

(1)內容錯誤

表意人於意思表示內容之認知，與表示行為客觀表徵之內容為不一致者，是為意思表示內容之錯誤，亦稱表示內容錯誤（簡稱內容錯誤）。其類型尚可區分如下：

❶ 參照，王著，第三九七頁～第四〇九頁；李模著，第一八六頁～第一九三頁；黃立著，第二七七頁～第二九二頁；施著，第二四九頁～第二五二頁。

❷ 參照，史著，第三五八頁；洪著，第三八三頁。

$$內容錯誤\begin{cases}法律行為類型同一性錯誤\\當事人同一性錯誤\\標的物同一性錯誤\end{cases}$$

①法律行為類型同一性錯誤

法律行為類型同一性錯誤者，意指表意人依意思表示所欲成立之法律行為類型發生錯誤者而言。易言之，亦即表意人內心本欲成立 A 法律行為類型，但其表示行為之內容卻為欲成立 B 法律行為類型，即是法律行為類型同一性錯誤；或稱之法律行為種類錯誤或法律行為性質錯誤。例如，子本意係要將 A 車出租於丑，但丑內心卻誤以為成立使用借貸（效果意思為使用借貸）而予以同意，即是所謂法律行為類型錯誤。法律行為類型係由法律行為、乃至意思表示之要素所決定及確定；要素也者，無從由當事人來選定、異動、增減或排除，制度設計上亦無從變動或調整，應是各種錯誤類型中最穩定之部分。

②當事人同一性之錯誤

當事人同一性之錯誤者，亦稱當事人本身錯誤，意指表意人依意思表示所欲相與成立法律行為之當事人發生錯誤者而言。易言之，亦即內心本欲對甲為意思表示，但其表示行為之對象卻是乙，即是當事人同一性錯誤。例如，A 年幼曾迭受鄰右 B 之資助，感念甚深，三十年後，誤認 C 為 B 而贈與華屋一棟即是。

當事人同一性之錯誤，表現於注重當事人本身的交易型態[173]。基於意思自由原則之體認，其論定於下列三點具有重要意義：

　　a.當事人同一性錯誤，係當事人本身認知上之錯誤，其成立亦不以當事人資格為斷，只要係向特定人為意思表示者，即有適用。因此，他與重要資質錯誤 (§88 II)，係不同之概念。

---

[173] 勞務契約，諸如僱傭 (§482)、委任 (§528)、寄託 (§589) 等，以當事人信任關係（注重當事人資格）為基礎，其當事人同一性的錯誤，即是意思表示內容的錯誤；他如租賃 (§421)、使用借貸 (§463) 之商品契約，情形亦然。

b.表意人向不特定人為意思表示者，因其業已不復注重當事人其人為誰，無當事人同一性錯誤之適用。

c.交易性質上表現為向不特定人為交易者，無當事人同一性錯誤。例如，現實之現物買賣，並無當事人同一性錯誤之適用；反之，信用買賣或期貨買賣則有適用。

③標的物同一性錯誤

標的物同一性錯誤者，亦稱標的物本身錯誤，意指表意人對於意欲成為交易對象之法律行為標的物發生錯誤者而言。易言之，即表意人內心本欲交易 A 標的物，但其表示行為之交易對象卻是 B 標的物，即是標的物同一性之錯誤。例如，甲意欲購買賽馬名駒玉麒麟，卻將「裕麒麟」誤以為「玉麒麟」而要約買受。

基於意思自由原則，其關於標的物之價格、數量等法律行為要素，或價值、效用、乃至履行期、履行地等法律行為因素，須經表意人以意思表示加入考量者，始已成為意思表示之要點而為意思表示內容之一部分，其錯誤乃成立標的物同一性之錯誤。而且，論定錯誤是否成立，會因此等因素，在該交易上是否重要而遊移，並異其結論。例如，不動產境界之錯誤，於不動產買賣為內容錯誤；但於不動產租賃或借用非是；物之價格，在一般交易行為，非經意思表示加入為意思表示內容者，不生標的物錯誤之問題，但在擔保物權之設定上，價格之錯誤，卻屬標的物同一性錯誤。同理，給付特定物或為特定行為之債，標的物本身繫於該特定物或特定行為，錯誤顯然較易成立。反之，於種類之債或金錢之債，除非種類錯誤，否則尚無標的物本身錯誤之適用。其交易對象為無體財產權者，如無體財產之權利有同一性之錯誤者，亦同在適用之列❿。

(2)表示行為錯誤

①表示行為錯誤之意義

表示行為錯誤者，意指表意人主觀上並無效果意思，而且在無正當認識之情形下為表示行為而言。例如，意欲支付計程車車資新臺幣一百元，

---

❿　參照，施著，第二五一頁。

卻誤取千元大鈔為百元紙鈔而支付，即是表示行為錯誤。蓋以表意人表示行為主觀上並無支付千元之效果意思，而且不知其外觀形式業已構成支付千元之意思表示。

　　表示行為錯誤之規定方式，民法本節係採反面假定語法；其用語是為「表意人若知其事情即不為意思表示」等語 (§88 I)。假定語法迂迴亦不易了解，實務上或以「正當認識之不存在」稱之❶，或凸顯其係「表示方法之錯誤」，較為淺顯易懂，並較易與內容錯誤明確區隔❶。

　　表示行為錯誤，對於表意人之意思表示而言，其結果亦是表示行為與效果意思不一致。例如，誤取千元大鈔支付車資，其表意人之真意（效果意思）本係（以百元鈔）支付百元車資，但其表示行為所表徵之效果意思，卻是支付千元大鈔，其間自是意思與表示並不一致，其情事與內容錯誤尚無本質上之不同，故民法就二者等同視之，併於同一條項而同列規定。區分其為不同類型，主要係著眼於概念之澄清及杜免適用上爭議，並順應法典上之規定體例。

　　②與內容錯誤之辨別

　　表示行為錯誤與內容錯誤之區隔辨正，於下列三者應具重要意義：

　　a.表示行為為單純之欠缺正當認識，其常見之類型為誤言、誤寫或誤取等，前述「賣李一百斤」之誤植即是其例；反之，內容錯誤非僅

---

❶　參照，最高法院八三年臺上字第二九六〇號判決：「錯誤與不知二者在觀念上有別，不知謂正當認識之全不存在，而錯誤則不特無正當認識，且有積極的謬誤之認識；但全無正當認識之不知，如表意人知其事情即不為意思表示者，其效力與錯誤同，均得為意思表示撤銷之原因，……被上訴人因誤信政府更正前土地公告現值，而就買賣標的物即系爭土地之價格為錯誤之意思表示，係屬民法第八十八條第一項本文上段意思表示內容之錯誤，並非同條項本文下段表示行為之錯誤。」

❶　參照，最高法院八一年臺上字第三二二號判決：「民法第八十八條所定『表意人若知其情事，即不為意思表示』，係指表意人雖知表示行為之客觀意義，但於行為時，誤用其表示方法之謂。亦即表示方法有所錯誤，以致與其內心之效果意思不一致，如欲寫千公斤，誤為千台斤是。」

為單純之欠缺正當認識，而係欠缺認識進而導致積極的錯誤認識。
例如，對於玉麒麟欠缺正當認識，且進而誤認「裕麒麟」為「玉麒麟」即是。

　　b.於表示行為錯誤，其表意人係使用其本所不欲使用之方法而為表示；反之，於內容錯誤，其表意人係使用其本來所欲使用之方法而為表示。

　　c.表示行為錯誤，係表示方法有所錯誤；反之，於內容錯誤，其表示方法並無錯誤，但卻誤解其表示內容所致。

⑶重要資質錯誤

①定義說明

　　表意人所為之意思表示，於交易上認為重要的當事人資格或標的物性質發生錯誤者，是為重要資質之錯誤。人之資格也者，指人之性別、年齡、性格、教育、職業、信仰、身分、聲望、信用、專長、技能、支付能力（資力）、乃至前科有無、健康狀態等與人有關之一切性狀情事，無論其為肉體的、生理的、心理的或精神的性狀、亦無論其為法律的或事實的關係，均屬包含在內。標的物性質者，亦稱物之性質，指標的物之品質、效用、價值、來歷、新舊、大小、顏色、硬軟度、收益能力等一切性狀情事，但物之價格不包括在其中❼；如其為種類之債者，尚包括物之種類，如其為土地者，尚包括公共負擔有無（如是否為公共巷道、公園預定地或其他地役關係）、得否建築、乃至國家法令有無限制、禁止融通等。易言之，無論自然的事實的或法律上的因素，對於物之品質、價值或效用足以影響者，均

---

❼　資質錯誤云者,係本書意圖兼括當事人資格錯誤及物之性質錯誤所嘗試使用之概念，為助澄清，爰予表解如下：

　　　　　　　　　　當事人資格錯誤：誤認公司富有資力及信用而貸與巨款，
　　資質錯誤　　　　　　　　　　　　　實則該公司已遭掏空。
　　　　　　　　　　物之性質錯誤：誤認建地可以建築而高價買受，實則該地
　　　　　　　　　　　　　　　　　　位於嚴重的斷層帶，根本無法建樓。

包含於物之性質的概念內。凡此有關當事人或標的物性狀之錯誤，即屬所謂的資質錯誤。

　　資質錯誤存在之可能範圍，極其廣泛，其外延可能幾至完全開放、開口有限。如謂所有之資質錯誤，均得納為意思表示上之錯誤處理，法律關係之安定恐將流為空話，交易安全亦難維持，因此，限於重要之資質錯誤，始為錯誤，無寧為法律秩序安定，正義穩定實現之必然結論。

　　②成立要件

　　重要資質錯誤之成立要件為下列二者：

　　a.資質發生錯誤

　　資質錯誤者，通常只要當事人資格或物之性質有一錯誤者即可。不過，其各為複數存在、或同時發生錯誤、乃至均有複數存在者，亦無不可；而且，複數因素發生錯誤者，其質量累積於重要與否之判斷，具有正面意義。

　　b.錯誤之情事重要

　　資質之錯誤，須經判斷為「在交易上認為重要者」始有錯誤之適用。反之，如其於交易上非屬重要者，尚不得認有錯誤之適用。何為重要？須綜合斟酌法律行為類型之性質及內容、交易型態之特色，締結法律行為之目的、交易習慣及周圍情事等具體因素，個別客觀判斷之。例如，在現實交易，當事人之信用及資力之錯誤，並非重要錯誤；反之，在信用交易，則其錯誤即為重要錯誤。同理，在名品店以昂貴價格購置物品，關於真品之錯誤，係屬重要；反之，在黃昏市場以廉價購買舊貨，其非為真品之錯誤，即屬非為重要。其他相類情形，尚可舉例於下：

　　ⓐ受僱人有傷殘或智能障礙者，為重要資格錯誤；但因車禍一時受傷住院或婦女懷孕，尚非重要之資格錯誤。

　　ⓑ相對人欠缺專業或科技能力者，於一般法律行為，其錯誤非為重要資格錯誤；反之，以專業或科技能力為基礎之法律行為，則係重要資格錯誤。

　　ⓒ於一般之財產法律行為，該物何時出廠或出自何人之手，其錯誤非重要性質錯誤；反之，於古玩或古畫之法律行為，則該物為何

時代出品或出自那位名家之手，其錯誤多為重要性質錯誤。

③類型分布

a.重要資格錯誤

　　ⓐ資格是否錯誤及其錯誤是否重大，依客觀情事認定，與表意人有無認識乃至認識可能無關。

　　ⓑ資格錯誤之成立，以非經表意人納入為意思表示對象者為限；蓋以資格，如經納入意思表示，其錯誤已屬內容錯誤之課題❶❼❽。

　　ⓒ資格錯誤所稱之當事人，係採廣義，包括相對人及表意人自己資格之錯誤，亦包括在內❶❼❾。例如，不知自己先天患有疾病不能從事焊接工作，但於受僱（訂立僱傭契約）後發現，亦是當事人資格之錯誤。

b.重要性質錯誤

　　ⓐ錯誤是否成立依客觀情事判斷，且須未經納入為意思表示之因素，其情形有如上述之資格錯誤。

　　ⓑ物應從寬解釋，包括集合物、企業、債權及其他無體財產權等作為交易客體之物，且不限於特定之物。

④制度屬性

重要資質錯誤之屬性，得歸納為下列二者說明：

$$重要資質錯誤（屬性）\begin{cases} 事實層面：動機錯誤 \\ 規範層面：擬制（內容）錯誤 \end{cases}$$

a.動機錯誤

在交易上，任何人為（一定之）意思表示，關於當事人的性格及交易客體（物）之性質，常有許多考量，也常干擾其意思表示的決定過程。例如，預測兩岸情勢即將緩和，房地價格將會大漲而投資不動產，或考量石油價格高居不下，經濟將會萎縮，股市亦會下跌而出手放空❶❽⓿均是。

---

❶❼❽　參照，李著，第二六六頁；洪著，第三八六頁；胡著，第二六九頁。

❶❼❾　參照，史著，第三六七頁；黃立著，第八二一頁。

這類因素於個案之意思形成上，如何淘汰篩選，表現因人而異，如其非經法律明定為法律行為要素，亦未經當事人擇定為意思表示因素而加以表示者，即不構成意思表示之內容。於此階段，學理及實務多以動機稱之；是以，此等非為意思表示內容、但於意思表示形式過程上發生一定作用之因素如發生錯誤，一般稱之動機錯誤。

b.擬制（內容）錯誤

從事實層面言，資質錯誤固僅為動機錯誤。不過，重要的資質錯誤，如仍僅依其事實層面論斷為動機錯誤，於表意人利益之保護或有不周，而且，交易上認為重要之資質，通常多經吸納為意思表示之要素，謂其仍然僅是動機錯誤，亦恐不符意思表示成立生效理論。足見，民法第八八條第二項規定：「當事人之資格或物之性質，若交易上認為重要者，其錯誤，視為意思表示內容之錯誤。」等語，不僅具有由動機錯誤躍升為內容錯誤之意義，同時亦寓有杜免爭議（究為動機錯誤或內容錯誤）之用心❶。因其稱之視為，且其擬制所在為意思表示之內容，爰以擬制（內容）錯誤名之。

重要資質錯誤，學理或實務多將其解釋為：以動機錯誤視為內容錯誤。淺見以為，重要資質錯誤作為內容錯誤，其存在形態與一般之內容錯誤仍是不盡相同。蓋以重要資質錯誤，係同一性以外人物或事物上具體性狀之不一致，它原本並不屬於內容同一性錯誤的範疇❷。

茲依以上所述，試就動機錯誤、資質錯誤與內容錯誤之區隔表解如下：

---

❶　出手放空係證券集中交易市場上的用語，意指實際並未持有（特定）有價證券，卻於交易市場上先行賣出，而後伺機購買回補之交易形態。

❷　民法第八八條立法理由，認為重要資質錯誤，與意思表示內容錯誤，均當然謂之錯誤。

❸　依本書見解，重要資質錯誤，民法第八八條第二項規定既將其視為（狹義）內容錯誤的一種類型（廣義錯誤之一環），似無庸強調其本屬動機錯誤之範疇。

資　質　錯　誤		（意思表示）內容錯誤
一般資質錯誤	重要資質錯誤	內容同一性錯誤
動機錯誤	視為內容錯誤	（狹義）內容錯誤

（廣義）內容錯誤

內容錯誤 { （狹義）內容錯誤：法律行為、當事人或標的物本身之錯誤 (§88 I)
　　　　　 { 重要資質錯誤：當事人資格或標的物性質之錯誤 (§88 II)

⑷傳達錯誤

①傳達錯誤之意義

意思表示，因傳達人或傳達機關傳達不實所致之錯誤，是為傳達錯誤。例如，以電報方式為要約，電信局發出電報時，誤將單位價格每斤五十元誤為每個五十元，即是傳達錯誤，簡稱誤傳。依民法第八九條規定，意思表示有誤傳之情事者，比照適用錯誤 (§88) 之規定，故一般亦列其為錯誤類型之一。以其與表意人自己之陷於錯誤，尚無差異也[183]。

誤傳之為錯誤類型，民法本節亦採擬制之形態。法律上擬制之形態，其最常見者為視為、推定二者；民法本條，則捨此二者，但採取「比照」之用語，立法體例顯較特殊。

②傳達錯誤之成立

誤傳之成立要件為下列三者：

誤　傳
（成立要件）
{ 出於傳達之行為
{ 有傳達不實之事實
{ 傳達不實非出於故意

a.出於傳達之行為

傳達者，就一定之信息、語詞或符號，藉一定之媒介，恰如其實傳或

---

[183] 參照，民法第八九條立法理由：「表意人因使用人、電報局、及其他傳達機關，而表示其意思時，因而傳達不實，致其所為之意思表示錯誤者，此與表意人自己陷於錯誤者無異。」

傳遞於相對人之行為也。傳達通常均有授受之主體，其為傳達之人，通稱為使者，得由自然人、法人或機關、團體為之，故民法本條爰有傳達人及傳達機關之並用。相對的，委託使者以為傳達之人，得稱之委託人。不過，並不以成立委任關係 (§528) 者為限。

傳達須為單獨傳遞信息之行為，故基於代表或代理所為之行為，尚無適用。再者，傳達須有積極之傳遞或傳述行為，其受寄信息而由相對人前往領取者，尚非傳達。

b.有傳達不實之行為

誤傳，須為傳達之人所為之表示行為，與表意人（委託人）之真意發生不一致。是以稱誤傳者，不僅委託人之意思表示本身並無不一致之情事，傳達人對於委託人之意思表示亦無誤解，但卻因傳達之表示行為所表徵之效果意思，與委託人之真意並不一致。例如，甲意在購買 A 屋，傳達人於傳述時卻口誤為 B 屋。反之，如甲意在購買 A 屋，於表示時自己卻口誤為 B 屋，嗣其使者亦傳述為 B 屋，則其間縱有錯誤，尚與誤傳無關。

c.傳達不實非出於故意

誤傳以非出於故意者為限，至於傳達人有無過失、乃至相對人是否知悉其為誤傳，則非所問。而且，其錯誤之種類，究為民法第八八條錯誤類型之何者，亦在所不問。誤傳也者，本質上係錯誤（無意識不一致）範疇之概念，於故意而為傳達不實之情事，尚不適用，故其用語似較傳達不實更為淺顯明確。蓋以故意而傳達不實者，涉及表意人意思之變更，其風險不能歸由表意人承擔。例如，傳達人丙明知甲之意思表示係向乙購買 A 地，卻故意向乙傳達為甲意在購買 B 地，無誤傳之適用。

③傳達錯誤之規範意義

依民法第八九條規定，誤傳係比照錯誤撤銷 (§88) 之規定。此稱比照，應指法律效果之適用而言，但與事實之擬制無關，故非為法律事實之推定或視為，亦非一般所稱之準用。蓋以稱準用者，係指性質上相同或相類部分者之適用，其性質不相同或不相類者，則排除適用；反之，於誤傳之情形，並不發生部分適用、部分不適用之結果。

誤傳狀態並非單一，而是因其情形亦發生如同廣義內容錯誤之類型分布，其法律適用亦須依不同類型而作異化處理。只是，法律適用依附於錯誤而不另作獨立規定❶❽❹，其圖示略有如下❶❽❺：

$$
\boxed{傳達不實}\ (誤傳)(§89)\genfrac{}{}{0pt}{}{類}{型}\begin{cases} 傳達之內容錯誤（§88\text{ I }前）\begin{cases} 法律行為類型同一性錯誤 \\ 當事人本身同一性錯誤 \\ 標的物本身同一性錯誤 \end{cases} \\ 傳達之表示行為錯誤（§88\text{ I }後） \\ 傳達之重要資質錯誤（§88\text{II}） \end{cases}
$$

3.錯誤之效力

民法第八八條規定：「意思表示之內容有錯誤，或表意人若知其事情即不為意思表示者，表意人得將其意思表示撤銷之。但以其錯誤或不知事情，

---

❶❽❹ 解釋民法本條，其更正確意義應是：傳達不實，亦採類型構成模式，其存在形態有如錯誤之各種類型（§88）。因此，比照之規範意義有二，一為類型存在之全面比照，其二為法律效果之全面比照。

❶❽❺ 綜合歸納本段所述，錯誤之整體類型構成，略可歸納圖示如下：

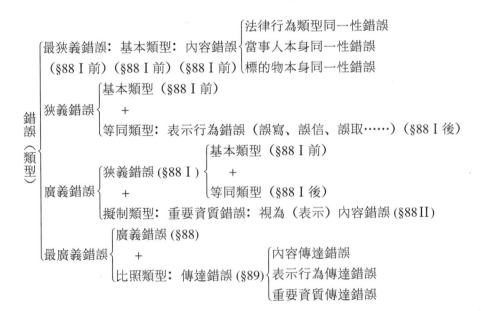

非由表意人自己之過失者為限。」又民法第八九條規定：「意思表示，因傳達人或傳達機關傳達不實者，得比照前條之規定撤銷之。」由是，錯誤之法律效果得歸納為下列重點：

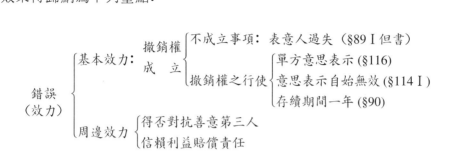

⑴撤銷權之成立

①共通適用事項

意思表示發生錯誤者，無論係前述哪一類型，其意思表示、乃至因而成立之法律行為，於法仍屬有效（生效）；不過，表意人取得撤銷權，得依法予以撤銷而已。而且，表意人撤銷權之取得，並不以單純之錯誤成立即為已足，尚須表意人對於錯誤之發生為無過失。足見，錯誤雖亦為意思表示不健全重要類型之一，只是其直接撼動或廢去意思表示效力之功能，尚屬薄弱。其尚須補充說明者有二：

　a.一體適用

錯誤之子類型，雖是相當繁瑣，民法本節為此亦分二條三項加以分別規定（§88、§89）。不過，此之規定，僅於概念區隔及成立要件互有參差，至其法律效果則無分軒輊，而均取得撤銷權，乃至不得對抗意第三人及信賴利益賠償（§91）之情形亦然。因此，錯誤係同一之法律效果（撤銷權等），而一體適用於各種類型。

　b.事項重要

錯誤之成立，是否以事屬重要為限，依民法本節之規定，僅於資質錯誤有之（§88II）。不過，從意思表示原理觀之，此一規定毋寧為整體制度之例示。緣以法律行為類型、當事人或標的物任何一者之本身必須同一，不

僅於交易上重要，即於制度設計上亦視之為當然重要。欠缺正當認識之所謂不知事情，其對象所在亦指法律行為類型、當事人或標的物之同一而言，足徵表示行為錯誤之成立，亦以本質重要者為其內含。反之，資質錯誤，事涉繁瑣，法條爰明定其以重要者為限，以定制度內容之明確界限，並維護交易之安全。因此，此之明文，應認為係為契合錯誤整體制度而不得不有之立法技術，解釋上尚無「明示其一、排斥其他」之規範意義。

誤傳情形亦然。蓋以誤傳也者，亦須區分其為內容誤傳、表示行為誤傳及重要資質誤傳三個子類型，並分別（全面）比照相應錯誤類型來適用；足見，其成立亦應以重要事項為依歸，重要資質錯誤之規定，不過制度原理之體現而已 **⑱⑥**。

②表意人無過失

a.過失之定性

依民法第八八條第一項但書規定，表意人因錯誤而得撤銷者，須表意人於錯誤之發生並無過失，否則表意人即無撤銷權之可言。此一規定僅於民法本條項但書有之；不過，應體系解釋其為所有錯誤類型均有適用之共通事項。再者，此稱過失，並不以表意人本身之過失為限，其因受僱人（使用人）過失所致之錯誤，亦屬所謂表意人過失之範疇，同有不得撤銷之適用 **⑱⑦**。

b.過失之意義

---

⑱⑥ 錯誤與事項重要之互涉關連略如下表：

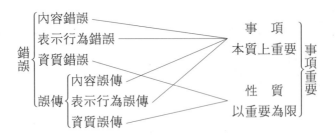

⑱⑦ 參照，最高法院八三年臺上字一三三號判決：「上訴人之使用人……之過失，應視為上訴人之過失，要不因本件投標單係……代填而解免上訴人之過失責任。……自不得撤銷其投標（報價、出價）之意思表示。」

　　表意人於錯誤之發生，如交易習慣或倫理上應注意防免，竟未防免而發生錯誤者，即是為有過失❽。

　　過失之成立標準本有下列三種類型存在：

$$過失\begin{cases}重大過失：違反一般人之普通注意，以致錯誤發生\\具體過失：違反與處理自己事務之注意，以致錯誤發生\\抽象過失：違反善良管理人注意，以致錯誤發生❽\end{cases}$$

　　民法本條項所稱過失，國內學理有採重大過失者❽，有宗具體過失者❽，但抽象過失說仍為通說❽。實務立場似偏於具體過失說❽。重大過失說，偏於表意人利益之維護，但於交易安全卻有重大窒礙，且與法律用語之慣例不符❽；反之，抽象過失於交易安全之保護固稱周全，但於表意人利益之維護較為不足。具體過失說較能同時兼顧意思自由（表意人利益

---

❽　過失者，本是意指義務人對於違反義務事實之防止或避免，應注意、能注意而未注意之心理狀態。民法本條項之表意人過失，並非權利義務關係上固有意義之義務人；因此，此之過失與侵權行為、債務不履行上所謂之過失（特別是§184、§220），意義內含尚非一致。但與與有過失之過失（§217）相近。

❽　參照，最高法院四二年臺上字第八六五號判例：「過失，以其欠缺注意之程度為標準，可分為抽象的過失、具體的過失，及重大過失三種。應盡善良管理人之注意（即依交易上一般觀念，認為有相當知識經驗及誠意之人應盡之注意）而欠缺者，為抽象的過失，應與處理自己事務為同一注意而欠缺者，為具體的過失，顯然欠缺普通人之注意者，為重大過失。」

❽　參照，王伯琦著，第一六二頁；劉著，第二六二頁。

❽　參照，何著，第一四五頁；黃著，第一六三頁；鄭著，第二五五頁。

❽　參照，王著，第四一〇頁；史著，第三六九頁；李模著，第一九〇頁；洪著，第三八五頁；胡著，第二七四頁；施著，第二五三頁～第二五四頁；黃立著，第二九四頁～第二九六頁。

❽　參照，最高法院六二年臺上字第一四〇號判決（同旨臺灣高等法院花蓮分院八四年法律問題座談會結論）。

❽　我國民法用語，其行為人僅就重大過失負責者，通常均是特別明定（如§175、§237、§410），故法律未明定其為重大過失責任者，解釋上不宜限縮之。

維護）與交易安全（相對人利益保護），比較上較為可採。

　　以甲向乙購買 Law's Empire 之例來說，言情小說與法理論辯相去甚遠，而且其屬性上為標的同一性之錯誤，自有錯誤之適用。書名雖為 Law's Empire，但其是否為言情小說，瀏覽序言、目次或首頁，為一般購書之人加以普通之注意即可發現，從而亦可防止其錯誤之發生。足見，衡諸甲購書時之情境及反應，足認其將 Law's Empire 誤認為言情小說而加以購買，難謂為無過失；因此，甲對於本件之錯誤，得否通過「非由表意人自己之過失」的檢驗，誠有疑義，甲主張撤銷本件買賣，於法難謂有據，其請求乙返還三千元亦難謂為有理由。

　　⑵撤銷權之行使

　　關於錯誤之撤銷權行使，得歸納為下列三項重點說明：

$$
撤銷權 \\ （行使） \begin{cases} 行使之方法：撤銷意思表示：§116 \\ 行使之效果：意思表示自始無效：§114\ \text{I} \\ 行使之期間：表示後一年：§91 \end{cases}
$$

　　①撤銷權之行使方法

　　表意人因錯誤而取得撤銷權者，須經行使該撤銷權，始生撤銷之效力。表意人如何行使撤銷權，民法本節固無明文；但應回歸其制度總體上之共通規定(民法本章第六節)，並以其作為適用之依據(錯誤以外之撤銷亦然)。依其規定，撤銷權之行使，應以意思表示向相對人為之 (§116)。例如前述之甲，如其結論為甲無過失而有撤銷權者，甲之主張撤銷，即須以意思表示向乙為之。至於其他具體事項，擬待撤銷乙節另段說明。

　　②撤銷權之行使效果

　　a.視為自始無效

　　意思表示經撤銷者，其效力如何？民法本節亦無直接明文；不過，民法第一一四條規定之：「法律行為經撤銷者，視為自始無效。」乃是共通規定，因此，意思表示經撤銷者，其意思表示視為自始無效。如其業已成立法律行為者，撤銷所生效力射程，使法律行為視為自始無效，二者之不同

如下表：

$$撤銷 \begin{cases} 單純意思表示：意思表示視為自始無效 \\ \\ 成立法律行為 \begin{cases} 意思表示視為自始無效 \\ + \\ 法律行為視為自始無效 \end{cases} \end{cases}$$

　　b.權益調整

　　意思表示因錯誤而經撤銷者，如其僅止於意思表示之階段，因當事人間通常並不發生權利義務，除意思表示無效外，原則上尚無權利義務關係之調整。反之，如當事人已因該意思表示而成立法律行為者，則除意思表示及法律行為無效之外，難免時而發生權利義務及利益變動調整之複雜課題。其間可得歸納說明者如下：

　　ⓐ債權行為上之錯誤

　　　　表意人發生錯誤之情事，為債權行為上之意思表示者，撤銷之效力射程，應視有無給付而定。如其尚未給付者，撤銷僅具債權之效力，表意人免於給付之義務，相對人亦免於對待給付之義務。反之，如其已為給付者，僅該債權行為隨其意思表示之撤銷而無效；至於物權行為上之意思表示，並非撤銷之對象，撤銷之效力不及於該物權行為，當事人僅得依不當得利請求返還❶⁹⁵。

　　ⓑ物權行為上之錯誤

　　　　錯誤發生於物權上之意思表示者，如經撤銷，則該意思表示及其因而成立之物權行為，均視為自始無效，表意人得請求塗銷權利登記，並基於所有物返還請求權請求相對人返還❶⁹⁶。

---

❶⁹⁵　關於利益請求返還之範圍，淺見以為，應適用回復原狀 (§113、§259)，而非現存利益 (§182 I)，詳請參照拙著《新訂民法債編通則（上）》，第一一三頁～第一三五頁。

❶⁹⁶　參照，法務部八〇法律字第〇〇三〇二號函：「有撤銷權之人已合法撤銷其意思表示，自得由權利人及義務人依土地登記規則……及其他相關規定會同申請塗銷登記。」

③撤銷權之行使期間

依民法第九○條規定，錯誤之撤銷權，自意思表示後，經過一年而消滅 ⓐ。

一年期間之計算，應以錯誤之意思表示生效之日起算，於屆滿一年之日以前，行使撤銷權之意思表示業經達到相對人或經相對人了解 (§94、§95) ⓑ。因此，錯誤之表意人，雖於一年內發出撤銷之意思表示，但其達到已逾一年者，撤銷權為之喪失 ⓒ，於法不生撤銷之效力。一年之期間，於民法其他領域之錯誤撤銷，亦同有適用；和解撤銷即是其例 ⓓ。

(3)周邊效力

錯誤之周邊效力，分為下列二者：

$$錯誤（周邊效力） \begin{cases} 不得對抗善意第三人 \\ 信賴利益賠償責任 \end{cases}$$

①不得對抗善意第三人

錯誤之撤銷得否對抗善意第三人，民法本節並未如通謀虛偽表示之定有明文 (§87 I 但)；惟解釋上宜採同一立場，認為通謀虛偽表示關於不得對抗善意第三人之規定，於此亦得類推適用。

②信賴利益賠償責任

錯誤是否存在，相對人或第三人通常難以查知，許錯誤以撤銷，對於

ⓐ 參照，民法第九○條立法理由：「意思表示之撤銷權，如許永久存續，是使相對人及其他利害關係人之權義狀態，永不確定。故本條特設撤銷權行使之期限，是使以保護利害關係人之利益。」

ⓑ 參照，最高法院五二年臺上字第一二七八號判例：「撤銷意思表示之除斥期間，自應以意思表示發生效力之時起算。」

ⓒ 參照，最高法院八三年臺上字第二三八三號判決：「錯誤之意思表示，在未撤銷前仍為有效，且其撤銷權須自意思表示一年內行使之，逾期即行消滅。」

ⓓ 參照，同上號判決：「和解不得以錯誤為理由撤銷之，但當事人之一方，對於他方當事人之資格或對於重要之爭點有錯誤而為和解者，不在此限……則民法第九十條關於以錯誤為原因，行使撤銷權除斥期間之規定，於此當有其適用。」

確信其意思表示本屬無誤而為有效之相對人或第三人，無寧為意外打擊，對於信其有效之相對人或第三人利益之維護，亦有不周，為使錯誤之撤銷兼顧意思自由與交易安全、權衡當事人雙方利益之公平，民法爰於第九一條規定：「依第八十八條及第八十九條之規定撤銷意思表示時，表意人對於信其意思表示為有效而受損害之相對人或第三人，應負賠償責任。但其撤銷之原因，受害人明知或可得而知者，不在此限。」❷⓪❶不過此之賠償之範圍，以信賴利益的損害為限，一般爰以信賴利益賠償責任名之❷⓪❷。

　　a.成立要件

　　因錯誤撤銷所生之賠償，其成立要件略有如下：

　　ⓐ表意人因錯誤而撤銷意思表示

　　　　表意人有錯誤而未撤銷其意思表示，其意思表示，乃至因而成立之法律行為，依當事人預期而為有效，此與一般情形無異，不生損害賠償之問題。

　　ⓑ他人因此受有損害

　　　　損害賠償，須受害人實際受有損害，始告成立，斯即通稱之無損害即無賠償。民法本條之損害賠償須信賴利益受有損害，賠償請求權始克成立。信賴利益之損害，通常係指授受意思表示（訂約）所支費用、準備履行所生費用及喪失訂約機會等。

　　　　他人者，包括相對人及第三人。第三人者，意指非為意思表示之相對人、但因表意人撤銷錯誤而受有損害之人。第三人之受有損害者，通常適用於無相對人之意思表示。例如，法學家甲欲拋棄(§764) 言情小說之 Law's Empire（假設確有此書）❷⓪❸，卻誤將法

---

❷⓪❶　參照，民法第九一條立法理由：「錯誤及傳達不實之意思表示，均得為撤銷之原因。然……無論其撤銷之原因若何，斷不能因此而損害善意之第三者，故應使其賠償因撤銷而生之損害，以昭平允。」

❷⓪❷　信賴利益賠償（責任）之相對應名詞為履行利益賠償（責任），二者之意義詮釋及區隔，擬於論述損害賠償概念時處理之（參照本書第二四九頁以下）。

❷⓪❸　依民法第七六四條規定，物權（通常為動產物權）因拋棄而消滅，法律上即因

理論著之 Law's Empire 拋棄，乙發現加以占有（無主物先占）而取得所有權[204]，嗣甲對乙以錯誤主張撤銷，對乙因而所受信賴利益損害，甲應負賠償責任。

ⓒ受害人對於錯誤非為明知或可得而知

受害人因錯誤撤銷而得請求損害賠償者，法律設有嚴格限制，以期雙方利益之保護庶得均衡。受害人對於錯誤之存在，為明知或可得而知者，依民法本條但書規定而無賠償請求權。

明知者，情同故意；可得而知者，如予注意當可得知，意因疏於注意而不知，情同過失。因此，解釋上亦可認為，受害人對於錯誤為有故意或過失者，表意人無損害賠償責任[205]。

b.規範意義

表意人因錯誤撤銷而應負之信賴利益賠償責任，晚近學理上或將其列為締約過失責任或締結法律行為過失責任類型之一。不過，相對於彼，民法本條，仍有其獨立而特別之意義。蓋以一般之締約過失責任或締結法律行為過失責任，係締結之一方當事人為有過失；反之，錯誤之表意人必須自己無過失始負信賴賠償責任（如有過失，即無撤銷權）。足見，如以締結過失視之，當屬特殊類型；稱之締結錯誤責任，用語或更貼切[206]。

4.錯誤之周邊

錯誤之周邊有下列三項：

$$錯誤之周邊 \begin{cases} 錯誤與法律解釋適用 \\ 錯誤與動機錯誤之分合 \\ 錯誤之鄰右 \end{cases}$$

此成為無主物。

[204] 參照，民法第八〇二條規定：「以所有之意思，占有無主之動產者，……取得其所有權。」

[205] 參照，民法第九一條立法理由（後段）：「受損害人之所明知，或本可得而知，……是出於自己之故意或過失，即令受有損害，表意人亦不負賠償之責任。」

[206] 綜合歸納如下表：

(1)錯誤與法律解釋適用

錯誤與法律解釋適用之關係，可歸納為下列三個要點，即：①解釋先行原則；②有害表意人利益原則；③財產行為適用原則。

①解釋先行原則

意思表示有無錯誤，本質上係法律解釋之問題；解釋之基準，在於有無違反表意人之真意。如其結果為無害真意者，即無錯誤之適用，是為解釋先行原則，亦得稱之為無害真意優先適用原則 ❼。例如，甲意欲向乙承租 A 屋，致函於乙，表示願依乙所示承租房屋，不料，甲卻將 A 屋誤書為 B 屋。乙明知甲係誤書（真意乃係 A 屋），乙爰致電於甲，承諾願將 A 屋出租於甲。於此情形，依解釋先行原則，應認甲之錯誤業經補正而無復錯誤，甲乙關於 A 屋之租賃為之成立生效（甲無錯誤撤銷權之可言）。同理，當事人意思表示等已（口頭）一致，而其後有誤寫、誤述或簽名錯誤者，亦無錯誤可言。

②有害表意人利益原則

錯誤之適用，必須有害表意人之利益。因之，縱使錯誤事實上存在，但致無害表意人利益者，表意人之撤銷權亦因之排除；是為「無害表意人利益，撤銷權排除」之原則。語其主要形態有二：

a.錯誤之結果有利於表意人

表意人之意思表示雖有錯誤，但其交易結果（通常為其因而成立之法

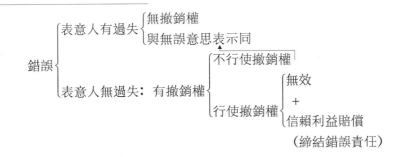

❼　參照，王著，第三九八頁～第三九九頁；陳自強，〈意思表示錯誤的基本問題〉，《政大法學評論》，第五二期，第三三一頁。

律行為）有利於表意人者，表意人無撤銷權。例如，甲欲以一千二百萬元出售 A 地，對乙要約，不料，卻將價金誤寫為一千三百萬元，乙接到甲之要約函後，當即承諾願以一千三百萬元買受 A 地。於此情形，甲乙即以 A 地一千三百萬元成立買賣，並因而生效，甲不能以其係錯誤而主張撤銷其要約（意思表示）。

b.相對人接受表意人之真意

表意人之意思表示雖有錯誤，但相對人願意接受表意人之真意，並依其真意相應為意思表示者，表意人之撤銷權亦為之排除適用。例如，前述出售 A 地之例，如甲將價金誤書為一千一百萬元，乙於知情之後，願意以一千二百萬元（甲之真意）為承諾者，甲乙關於 A 地之買賣，仍以一千二百萬元成立生效，甲不能以其意思表示錯誤而主張撤銷。

③財產行為適用原則

錯誤，應解為僅於財產行為上之意思表示有其適用；不過，於財產上之準法律行為，得類推適用。但純粹身分行為，如結婚、離婚、認領、收養等之錯誤，尚無民法本節之適用[208]。

(2)錯誤與動機錯誤之分合

錯誤與動機錯誤之分合，本節於重要資質錯誤已有敘述，茲再補充下列二者：

①錯誤與動機錯誤之區隔

動機錯誤非為錯誤，二者應予嚴格區別，學理及實務，均多有強調[209]。惟二者區分界線如何？有時並非明確。

動機錯誤通常固與資質有關，但並不以資質錯誤為限。其因事實之誤認，以致發生動機之錯誤者，亦常有之。例如，誤以機票遺失而再行購票，

---

[208] 身分財產行為，如夫妻財產制契約的訂立、變更、終止，繼承之拋棄，遺贈之拋棄，解釋上仍有錯誤之適用。

[209] 參照，最高法院五一年臺上字第三三一一號判例：「民法第八十八條之規定，係指意思表示之內容或表示行為有錯誤者而言，與為意思表示之動機有錯誤之情形有別。」

誤以友人生日而購買蛋糕，雖非與資質直接有關，但於交易上，此類錯誤亦屬動機錯誤，不生得為撤銷之問題。

②雙方動機錯誤

動機錯誤，於法律行為當事人雙方，均存有者，是為雙方動機錯誤。例如，甲誤以為其所有 A 地，禁建即將解除，爰以高價求售，適乙亦誤以為 A 地禁建即將解除，高價予以買受，甲、乙各自所為之意思表示，乃至其因而成立之法律行為即是。

雙方動機錯誤，仍屬動機錯誤，不能依錯誤而主張撤銷。不過，其風險，應由雙方表意人共同承擔，並依誠實信用原則 (§148 II)，調整雙方之權利義務及其內容。

⑶錯誤之鄰右

①法律效果錯誤

表意人對於其意思表示所生的法律效果，內心有所誤解者，是為法律效果錯誤。

法律效果錯誤，非當然為內容錯誤，但亦非盡為動機錯誤。一般以為，應分下列二種形態而異其法律適用：

a.該法律效果為意思表示所直接發生者

表意人所誤解之法律效果，為該意思表示所屬法律行為類型效力本身直接有關者，關於其錯誤亦為內容錯誤。例如，誤解使用借貸為有償而貸借物品供人使用，得以其為錯誤而加以撤銷，但法律另有規定者，依其規定，如甲以為和解後，關於和解上未主張之權利並未拋棄，即是法律效果錯誤。由於民法對於和解錯誤之撤銷，原則上加以禁止 (§738)❹，是以甲不得主張撤銷。

b.該法律效果非意思表示所直接發生者

表意人所誤解之法律效果，並非基於意思表示直接發生，而係源自法律規定本身者，關於其錯誤即非為內容錯誤(僅得歸類於動機錯誤)。例如，

---

❹　參照，民法第七三八條立法理由：「凡事一經和解，即使有於當事人一方有不利之情形，亦不得以錯誤為理由而撤銷之。」

出租人誤以為其房屋出租並無安居之瑕疵擔保責任 (§424)，雖亦是法律效果錯誤，但不得據以主張撤銷。

②意思表示不合意

意思表示不合意者，係指契約雙方當事人所為之意思表示，彼此不相合致（一致）而言。例如，乙意在成立買賣，以出賣之意思表示向甲要約；甲卻誤以為乙意在出租，而以承租之意思表示，向乙為承諾即是。於此情形，甲、乙所各為之意思表示本身，於各自之（效果）意思與表示（行為）均無不一致情事，就甲、乙分別加以觀察，無論甲或乙之意思表示，均無虛偽意思表示（故意不一致）或錯誤（非故意不一致）可言。

意思表示不合意者，雖其各自之意思表示本身並無不一致，但兩個（以上）意思表示之間互殊，無法成立契約或共同行為。反之，錯誤也者，係單一意思表示內部間之判斷上問題，亦即僅就表意人所為意思表示本身加以觀察，其效果意思與表示行為（客觀所表徵之效果意思）卻不一致。因此，儘管用語非常相近（有時甚或混用），但無論其成立態樣或法律效果，均是迥然有別。茲試予表解如下，以期有助了解：

意思表示不一致：效果意思→不一致←表示行為
（虛偽表示、錯誤）

意思表示不合意 {
效果意思→一致←表示行為＝意思表示
⇩
不一致
⇧
效果意思→一致←表示行為＝意思表示
}

㈢意思表示不自由

意思表示不自由，擬分為下列事項說明：

1.前提作業

　(1)案例舉隅

　　甲明知其收藏之唐伯虎字畫係膺品，但幾可亂真，難以鑑定。某日，甲竟向同好乙，謊稱該字畫確係真跡，唯因事業不順，願以五百萬元割愛，乙信以為真，爰予購買。越三年適有大陸唐寅字畫鑑定專家來臺，乙委其鑑定，始知字畫非真，甲亦坦承。乙不甘受騙，當即要脅甲除留下字畫於乙外，尚須退還價款並賠償乙五百萬元；否則即行提出刑事告訴。甲深恐身繫囹圄，勉予同意而如數支付。數月後，甲因肝癌入院，自知不久人世，且又急需支付鉅額醫療費用，爰以受脅迫為由，對乙主張撤銷支付一千萬元之意思表示，並請求乙返還。

　(2)選定依據

　　意思表示為私法自由原則上最精華之體現，亦意思自由在民法上之化身。在意思表示之成立生效過程上，其初始源頭之意思，理應確保表意人確係本於自由意思；否則，所謂意思自由原則，乃至私法自治原則，勢將流於有名無實。因之，表意人遭受外力強制以致處於不能抗拒或其他完全喪失自由意志之狀態者，其所為之意思表示即為無效。此之無效，在法律行為成立生效理論上，無寧為當然之理而無明文❷❶。

---

❷❶　於此情形，意思表示雖是形式上有之，但規範意義上並不存在，亦得認其為「意思表示不存在」或其意思表示根本並未（不）成立。

表意人為意思表示，其意思之形成處於不自由者，常見之狀態乃係自由受有重大影響、但並未達於完全喪失自由意志，對表意人施以詐欺或脅迫，為其最常見之類型，故民法本節規定，表意人被詐欺或被脅迫者，得撤銷其所為之意思表示 (§92、§93)，俾充分體認意思自由原則，並保護表意人利益 ❷ 。

詐欺與脅迫二者相較，脅迫情節或較嚴重，民法本節亦有較為特殊之考量。因之，爰以脅迫為案例舉隅之依據，以資凸顯相關課題。

2.概念說明

(1)定義說明

表意人的意思決定因受他人不當干擾，以致非自發而為意思表示者，是為意思表示不自由，交易上常見者為來自於他人之詐欺或脅迫，有此情事，表意人之意思與表示雖無不一致，但非出於自由意志，則效果意思之形成及表示即非屬健全，民法本節爰特別規定其效力之調整機制，以維意思自由原則，並保護表意人應有之利益。

綜合觀察法典形式及意思表示成立生效理論，關於意思表示不自由之課題，應同時把握下列三者以為研習依據：

①意思不自由係學理名詞，為被詐欺及被脅迫而為意思表示之統稱。因之，應分別其不同類型而加以觀察。

②就意思表示整體原理而言，意思表示不自由之形態，尚不以此之二者為限。

③意思表示不自由，不僅於內涵上有詐欺與脅迫分合之問題，在外延上亦涉及交易安全、締結過失、乃至侵權行為競合之關係。爰歸納其要點如下，以供參考：

---

❷ 參照，民法第九二條立法理由前段：「意思表示，所以生法律上之效力，應以其意思之自由為限。若表意人受詐欺或受脅迫，而表示其意思，並非出於自由，則其意思表示，使得撤銷之，以保護表意人之利益。」

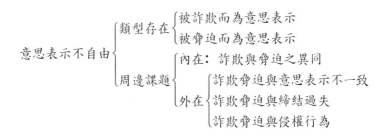

(2)成立要件

①被詐欺之意思表示

a.詐欺之意義

ⓐ一般說明

詐欺者，意欲使人陷於錯誤，對於非為真實之事實表示其為真實之行為也❷⓭。前述之甲，明知字畫為贗品（非為真跡），竟向乙謊稱其為真跡，即是交易上常見之詐欺事例。詐欺非以虛構情節為限，變造或隱匿實情亦是；所謂陷於錯誤，非以本無錯誤為限，其錯誤繼續維持或為之加深者，亦屬陷於錯誤。至於表意人有無過失，在所不問。

詐欺上所謂錯誤，係採廣義，其語意尚較前述意思表示不一致上所稱之錯誤為廣。蓋以無論為內容錯誤或動機錯誤，亦不問其於交易上是否重要，更不問是否於刑法上成立詐欺犯罪（刑法§339）❷⓮。不過，交易習慣容許之誇張飾詞，如其未逾越常情者，尚無詐欺可言，例如，賣瓜者說瓜甜，賣茶者話茶香，媒婆說男生才貌雙全、女生德容兼備，除非瓜酸茶澀或貌殘德缺異於常態

---

❷⓭　參照，最高法院一八年上字第三七一號判例：「民事法上所謂詐欺云者，係謂欲相對人陷於錯誤，故意示以不實之事，令其因錯誤而為意思表示。」

❷⓮　參照，最高法院八三年臺上字第六三四號判決：「民法上所謂因被詐欺而為意思表示之『詐欺』，與刑法上所定詐欺取財罪之『詐欺』，並不相同，……被告詐欺罪嫌，縱經檢察官認為罪嫌不足，處分不起訴，於民事上並不當然表示原告未因被詐欺而為意思表示。」

甚多，否則尚無詐欺可言。

ⓑ緘默與詐欺

出於緘默，雖亦得成立詐欺者，但不因緘默之事實存在而告已足。例如，收受聘禮後故延婚期，迫使相對人同意退婚，雖意在得財，仍不成立詐欺❹。但違反告知義務而隱匿實情之緘默，仍成立詐欺（稱之消極詐欺）。

違反告知義務，並不以法律規定者為限，其於契約上或交易習慣上認為有告知義務而違反（保持緘默而不告知）者亦然❹。不過，法律上義務，應包括誠實信用原則上衍生之告知義務，換言之，依據誠實信用原則，對表意人於交易上提出之詢問，相對人負有說明義務，如無涉及隱私情事而有隱匿事實，於法仍是構成詐欺❹。

b.詐欺之成立要件

詐欺之成立要件，分為下列四項：

ⓐ詐欺人須有詐欺行為。

ⓑ詐欺人須有意思能力，但不以有行為能力為必要。蓋以限制行為能力人有詐欺情事者，其法律行為為強制有效也 (§83)。

ⓒ詐欺人須有詐欺之故意。故意包括使人陷於錯誤、並因而依其而為意思表示二層之認知，但不以被詐欺人受有財產上之損害為必要。

ⓓ表意人陷於錯誤而為意思表示，與詐欺行為有因果關係。惟此之因果關係，以被害人主觀上存有即為已足，無須客觀上有相當因

---

❹ 參照，最高法院五六年臺上字第三三八〇號判例：「收受聘禮後故延婚期，迫使相對人同意退婚，雖志在得財，但不得謂為詐欺。」

❹ 參照，最高法院三三年臺上字第八八四號判例：「詐欺，雖不以積極之欺罔行為為限，然單純之緘默，除在法律上、契約上或交易之習慣上就某事項負有告知之義務者外，其緘默並無違法性，即與本條項之所謂詐欺不合。」

❹ 參照，史著，第三八三頁；洪著，第四〇二頁。

果關係存在。至於被詐欺人（被害人）於錯誤之發生有無過失，亦在所不問。惟成立要件相關事實之存在，應由主張被詐欺之人負舉證責任❷❶❽。

②被脅迫之意思表示

a.脅迫之意義

脅迫者，為使他人發生恐懼而為意思表示，故意而不當預告將來加以危害之行為也。前述之乙因發現甲詐欺，以甲如不留下字畫、退還價款並賠償五百萬元，即行提出刑事告訴，其本身亦係以將來危害之事告知於甲，如乙所受損害顯然未及五百萬元者，多數見解仍認其為脅迫之行為❷❶❾。

脅迫之成立，同時涉及事實層面與價值判斷層面。

ⓐ事實層面

從事實層面來說，危害預告之事實苟屬存在，其脅迫即告成立，不問其方法為行動、姿態、書面或口頭，亦不問其行動為殺害、毆打、恐嚇、洩露秘密或拘捕。危害是否重大？乃至是否為人格法益或具有財產價值？均所不問。其利用被脅迫人之感情，使其意志陷於恐懼而為意思表示者亦同。例如，對於父母告以如不同意其與女友結婚，自己將自宮斷後或自殺殉情，父母因而心生恐懼而予以同意者，仍屬脅迫；反之，其未心生畏懼者，則無脅迫可言❷❷⓪。

危害之預告，不必由脅迫人所引起，亦不以社會現實確可實現者

---

❷❶❽　參照，最高法院四四年臺上字第七五號判例：「主張被詐欺而為表示之當事人，應就此項事實負舉證之責任。」

❷❶❾　學理或持較為緩和觀點，認為要求較高賠償額作為提出告訴之訴求，仍不成立脅迫（參照，施著，第二六一頁）。

❷❷⓪　參照，最高法院五五年臺上字第一〇一六號判決：「受脅迫而為意思表示者，必須一方以其惡意加害之意思通知他方，使他方發生恐怖而為意思表示始足當之。本件被上訴人……於協商和解時，縱有咬舌昏倒情事，亦與表示加害他方之情形有間。」

為範圍。例如，神棍對於村野無知少女，告以「如不獻身，神明將禍延全家」，致對方心生畏懼者，自屬成立脅迫。再者，脅迫係由第三人為之者，不論被脅迫之相對人是否善意（知情），尚無礙於脅迫之成立。

ⓑ價值判斷層面

脅迫之成立，須因其手段或目的亦屬不法。例如，以「如不贈送百萬於余，即將你的婚外情散布公眾」，即係手段不法而成立脅迫。再者，如以「若不共同經營私娼館，即告發你販賣毒品之罪行」，則係目的不法而成立脅迫。非不法之危害，並無脅迫之可言❷❶，以告發犯罪之案例最為常見。例如，丙駕駛不慎撞毀丁車，丁威脅丙說：「如不賠償所受損害，即向警方告發傷害罪」，即無成立脅迫之可言；同理，於所舉案例，如乙係對甲威脅：「如不同意解除字畫買賣，返還五百萬元，並賠償（乙）實際所受損害」，亦無成立脅迫之餘地❷❷。

易言之，以告發犯罪迫相對人就範，如其目的係在回復告發人應有之利益或所受損害或損失之彌補，則其目的與手段之間具有正當之內在關聯性，雖有一定之脅迫事實，但不成立脅迫。反之，如其目的逾越應償付之債務、利益回復或損害填補者，或假償債等之名義而索求更高或更大利益者，即因手段失衡或因目的假象而不具正當之內在關聯，仍是構成不法而成立脅迫。正當與否，

---

❷❶ 參照，最高法院八七年臺上字第二一七三號判決：「解僱上訴人之決議，乃屬該會之職權行使……，將上開決議告知上訴人，並就其申請退職與提交被上訴人總公司人評會議處之結果，為上訴人分析其利弊得失，供其自行研判，並非不法之危害，即無脅迫可言。」

❷❷ 參照，最高法院五四年臺上字第二九五五號判決：「被脅迫而為意思表示，……此項脅迫必以不法之危害為限，系爭和解契約，縱係因蔡某向立監兩院等機關纏繞不休而被迫簽訂，但僅向立監兩院陳述或警察機關告發，尚難認為不法之脅迫。」（同旨大理院四年上字第二四一七號判例）

依個案客觀具體情況，綜合斟酌實施脅迫者所失利益與其所欲實現之利益是否相當、以及其手段是否過當或違反公序良俗而定[223]。因之，脅迫事實存在而欲免於不法之判斷者，不僅須其目的或手段均無不法，而且手段與目的之內在關聯，亦須正當而不失平衡[224]。主張被脅迫之人對於脅迫不法，尚無舉證責任[225]。

b.脅迫之成立要件

被脅迫而為意思表示之成立要件，亦可區分為下列四項：

ⓐ脅迫人須有脅迫之行為（包括脅迫之事實及脅迫之不法二者）。

ⓑ脅迫人須有意思能力。

ⓒ脅迫人須有脅迫之故意。故意具有雙層意義：其一為脅迫人有使相對人心生恐怖之故意，其二為脅迫人對於相對人因恐怖而為(一定)意思表示亦有故意。

ⓓ表意人須因心生恐懼而迎合脅迫人意思為（一定）意思表示，亦即表意人因恐懼所為意思表示與脅迫之間，具有（如詐欺成立上所述之）因果關係。

3.法律效果

意思表示不自由之法律效果，民法本節原則上統合被詐欺、被脅迫二者而一體規定；爰亦依此體例加以說明：

⑴撤銷權及其行使

表意人因被詐欺或被脅迫而為意思表示者，其意思自主性尚未達於完

---

[223] 參照，大理院四年上字第一七三九號判例：「威脅行為，係自由行使權利人以正當方法行之者，不在強脅之列；反之，行使權利人威脅義務人，實出過當，或則不法，或違反善良風俗時，以應准撤銷之強脅論。」

[224] 參照，最高法院九三年臺上字第一八一〇號判決：「按民法第九十二條所指之脅迫，需為不法之脅迫，包括手段不法、目的不法及手段與目的失其平衡，而其目的在於取得不當之利益者，始足當之。」

[225] 關於脅迫之不法，究應由脅迫人對其無不法負舉證責任？抑或以其本身為法律問題（價值判斷），應由法院認定而無涉舉證責任？是個尚待深論之證據法學課題。

全喪失之程度，故民法本節僅賦與被詐欺或被脅迫之人以撤銷權，而非其意思表示無效。換言之，法律效果有如錯誤，其意思表示，乃至因而成立之法律行為，仍屬有效❷❷⑥；不過，被詐欺之人或被脅迫之人取得撤銷權（§92 I 本文）；如撤銷其意思表示者，該意思表示、乃至因而成立之法律行為，視為溯及自始而無效 (§114 I)。至其相關事項，與錯誤撤銷所述者同❷❷⑦。

①第三人行為

詐欺或脅迫，通常係由表意人之相對人向表意人而為之；但由第三人向表意人為之，而與交易之相對人無涉者，亦偶爾可見。例如，A 駕車撞死 B，B 之配偶 D 軟弱無能，B 之兄弟 C 代為出面與 A 周旋，憤而持刀向 A 揚言，如不加倍賠償損害，即行殺害 A 全家，致 A 心生畏懼而加倍賠償 D。其 C 之行為仍屬脅迫，A 亦係受脅迫而為意思表示（和解：§736），為維護意思自由原則，不問 D 是否知情（善意），A 對 D 均得主張撤銷該項和解❷❷⑧。

詐欺係由第三人對表意人所為之者，表意人唯於相對人對於第三人為詐欺之行為，係屬明知或可得而知者，始得對相對人主張撤銷。所謂明知或可得而知也者，其意義殆與錯誤之相關規定者同（§91 但）。

---

❷❷⑥ 參照，最高法院三七年上字第五九九二號判例：「被上訴人……縱其簽押之動機係受上訴人之脅迫，然此項終止租賃契約之意思表示，在未依法撤銷前尚非當然無效。」（同旨最高法院六〇年臺上字第五八四號判例）

❷❷⑦ (1)行使方法：參照，最高法院五八年臺上字第一九三八號判例：「因被脅迫而為之……撤銷權，祇須當事人以意思表示為之，並不須任何方式，上訴人既於第二審上訴理由狀中表示撤銷之意思……不能謂上訴人尚未行使撤銷權。」

(2)行使對象：參照，最高法院八三年臺上字第五四五號判決：「因被脅迫……撤銷權之行使，如相對人確定者，須以意思表示向相對人為之，始能使被脅迫而為之意思表示溯及既往失其效力。」

❷❷⑧ 參照，民法第九二條立法理由：「意思表示因被脅迫所致者，則不問其脅迫，屬於何人，亦不問相對人之是否惡意，均得撤銷。」

本條項所稱第三人，解釋上宜作體系限縮，認為尚不包括相對人之代理人、使用人或其他輔助人；蓋以此等人員所為即係相對人本人之行為也。

②權利存續期間

表意人因被詐欺或被脅迫而得撤銷其意思表示者，亦有權利存續期間。依民法第九三條規定，撤銷應於發見詐欺或脅迫終止後，一年內為之，而且，自意思表示後，經過十年者，不得撤銷。其理由亦係旨在保護交易安全❷❷❾。所謂意思表示後也者，解釋上亦應指意思表示生效之時而言。惟實務以為，表意人因被脅迫而為意思表示完成時（生效時），脅迫行為即為終止❷❸❿；如是，期間十年之規定，於脅迫似無適用餘地。其餘內容，與錯誤撤銷之期間雷同。

(2)效力射程

①內部效力

於當事人之間，是為所謂之內部關係，撤銷之效力範圍應視表意人所完成意思表示之性質而定，其情形如下：

ａ.表意人僅完成意思表示者

撤銷之效力僅及於意思表示；經撤銷之意思表示視為自始無效（§114Ⅰ）。

ｂ.表意人完成債權行為者

表意人已完成債權行為者，經撤銷之意思表示及其據以成立之債權行為，均視為自始無效；對於已為之給付，表意人得依(給付)不當得利（§179），請求相對人返還。

---

❷❷❾　參照，民法第九三條立法理由：「因詐欺或脅迫而為意思表示者，雖許其撤銷，然不加以限制，則權利狀態永不確定。故本條規定表意人行使撤銷權，應於發見詐欺或脅迫行為終止後，一年內為之，逾限不許撤銷。……蓋以期交易之安全也。」

❷❸❿　參照，最高法院八〇年臺上字第一二七〇號判決：「因被脅迫而為意思表示者，……所謂脅迫終止，係指表意人因脅迫而為意思表示完成時，脅迫行為即為終止。」

c.表意人完成物權行為者

表意人已完成物權行為者，表意人所為之債權上意思表示、其所據以成立之債權行為、所為之物權上意思表示及其所據以成立之物權行為，均告消滅且視為自始無效；對於業已完成物權行為之給付，表意人得基於物上請求權 (§767)，請求相對人返還。

②外部效力

a.一般說明

被詐欺或被脅迫而為意思表示，如其完成物權行為，相對人並將其所得之物權讓與第三人時，表意人之撤銷之效力是否及於第三人之問題，是為所謂之外部效力。

民法第九二條第二項規定：「被詐欺而為之意思表示，其撤銷不得以之對抗善意第三人。」依乎文義解釋，其結論似有如下：

$$撤銷\begin{cases}因被詐欺而撤銷：不得對抗善意第三人\\因被脅迫而撤銷：得對抗善意第三人\end{cases}$$

b.個人淺見

肯定基於被脅迫而為意思表示之撤銷，其效力即可及於第三人並得基於物上請求權請求第三人返還。難免破壞善意受讓 (§948、§801、§886) 及信賴登記（土地法 §43）之法律原則，對交易安全恐是重大危害。學理爰多主張，第三人基於善意受讓或信賴登記所取得之（物權性）權利，尚不因撤銷而受影響，縱使因被脅迫而為撤銷者，亦不例外**[231]**。淺見韙之，並以個人於虛偽意思表示所述之下列要點回應：

ⓐ意思表示之撤銷，不得對抗善意第三人，係一法律原則；於被詐欺或被脅迫，自應有其適用。

ⓑ不得對抗善意第三人之法律原則，主要表徵即係善意受讓及信賴

---

[231] 參照，王著，第四三○頁～第四三一頁；史著，第三九五頁；李模著，第一九九頁；洪著，第四○九頁（早期實務見解，請參照大理院四年上字第一八○九號判例）。

登記；民法本節本無重複規定必要，就立法政策來說，其相關條
項原以刪除為宜；如不刪除，應認其僅係善意受讓等之重複，解
釋上無凌駕其上之法律效果。

ⓒ對待不得對抗善意第三人法律原則，民法本節表現得不夠認真。
它既未統一概括規定，亦未全面個別規定，而係例示規定。基此
體例，吾人須併採下列二種立場。一為根據此等例示規定，構成
法律原則；二為，對於例示規定所未及之事項，納入法律原則一
體適用，其間並不發生（未經規定者）結論不同之情事。

ⓓ因被詐欺或被脅迫而為之撤銷，均是不得對抗善意第三人，依善
意受讓等加以論證即可，民法本條項並無必要，如予刪除，應較
允妥，無謂疑義亦可杜免。

ⓔ準物權行為如有保護必要，基於善意受讓等，訴諸回歸法律原則
之法學方法，以求解套，應是可以嘗試。立法政策上，於相關部
分（特別是債權讓與準占有部分❷❸❷）加以明定，應較妥善。

(3)周邊效力

撤銷的周邊效力，分為下列二項說明：

$$撤銷（周邊效力）\begin{cases}締結法律行為過失責任\\侵權行為責任\end{cases}$$

①締結法律行為過失責任

　　表意人因被詐欺或被脅迫而撤銷其意思表示，以致意思表示及據以成
立之法律行為無效者，對於相對人得否主張締結法律行為過失責任（簡稱
締結過失）？並據以請求損害賠償？或以為，表意人對於相對人，於此情形，
均得主張侵權行為之損害賠償，其利益之保護優於締結過失責任，理論上
尚無認其成立之必要❷❸❸。不過，其深入論述，業已涉入民法第一一四條第

---

❷❸❷　準占有請參照民法第九六六條：「財產權，不因物之占有而成立者，行使其財
　　產權之人，為準占有人。」（民法債編之重要規定，請參照民法第三一〇條第二
　　款）

二項規範功能之有無，擬併於該項說明之。

②侵權行為責任

a.一般說明

表意人被詐欺或被脅迫而為意思表示者，通常情形，其人格權（意思自由＝自由權＝人格權）及財產權，均同被侵害而受有損害。例如，於案例舉隅之乙，因被甲詐欺，不僅人格權（意思自由）被侵害，而受有損害（因發現被詐欺而精神痛苦），其財產權並且亦被侵害（支付五百萬元），而受有損害（五百萬元與贗品真實價格間之差距）。同理，甲因被乙脅迫，亦係人格權（意思自由）及財產權（加倍償付之五百萬元）受有侵害及損害。乙對甲成立侵權行為，對甲因而所受損害應負賠償責任 (§184)。

b.撤銷與侵權行為之競合

表意人侵權行為損害賠償請求權之請求，是否以行使撤銷權而使意思表示無效者為前提，實務曾持肯定論點❷❸❹。然而，如此見解不僅有曲護違法之虞，對於權利競合之體認亦有混淆。實務嗣後改採否定論點，認為無須以撤銷意思表示為前提❷❸❺；其立場自較可採。同理，表意人於撤銷權存續期間 (§93) 及侵權行為時效消滅 (§197Ⅰ) 後，仍得以被詐欺或被脅迫為理由，拒絕履行其基於意思表示所應為之給付 (§198)。

撤銷權與侵權行為損害賠償請求權之間，對於表意人而言，係二種性質不同的保護途徑，二者為並存之關係，而非狹義的權利結合或請求權競合的概念。同理，締結過失所生之損害賠償請求權，其與侵權行為損害賠

---

❷❸❸ 參照，王著，第四三九頁；王伯琦著，第一七○頁。

❷❸❹ 參照，最高法院六三年第二次民事庭庭推總會決議：「因受詐欺而為之買賣，在經依法撤銷前，……不能主張買受人成立侵權行為而對之請求損害賠償或依不當得利之法則而對之請求返還所受之利益。」

❷❸❺ 參照，最高法院六七年第十三次民事庭庭推總會決議：「本院六十三年度第二次民庭庭推總會議議案（二）之決議，旨在闡明侵權行為以實際受有損害為其成立要件。非謂類此事件，在經依法撤銷前，當事人縱已受有實際損害，亦不得依侵權行為法則請求損害賠償。」

償請求權之關係，亦應作相同解釋。

4.周邊課題

詐欺、脅迫之周邊課題，分為下列要點：

$$
\begin{array}{l}
\text{周邊課題} \\
\text{（詐欺、脅迫）}
\end{array}
\left\{
\begin{array}{l}
\text{內部課題}
\left\{
\begin{array}{l}
\text{詐欺與脅迫之比較} \\
\text{脅迫與意思自由之喪失}
\end{array}
\right. \\
\text{外部課題}
\left\{
\begin{array}{l}
\text{詐欺脅迫之適用範圍} \\
\text{其他意思表示之不自由}
\end{array}
\right.
\end{array}
\right.
$$

(1)內部課題

①詐欺與脅迫之比較

詐欺與脅迫，同為意思表示不自由之類型，法律效果均為表意人取得撤銷權，有關撤銷權之行使及存續期間，二者亦一併規定。惟二者仍有如下差異：

　　a.脅迫侵害意思自由之情節較為嚴重，民法對於表意人設有下列二項較為周全之保護：

　　　ⓐ詐欺由第三人所為者，以相對人明知或可得而知其情事時，表意人始得撤銷；反之，脅迫由第三人所為時，不問相對人是否明知或可得而知其情事，表意人均得撤銷。

　　　ⓑ詐欺之撤銷不得對抗善意第三人；反之，脅迫之撤銷得對抗善意第三人（淺見尚有保留）。

　　b.被詐欺撤銷權之一年存續期間，自發現詐欺時起算；被脅迫撤銷權之一年存續期間，自脅迫終止時起算。

　　c.詐欺以使人陷於錯誤為目的,法律適用上或與錯誤發生競合關係❷❸❻；反之，脅迫以使人心生畏懼為手段，極易同時成立刑法上之剝奪行動自由罪（刑法 §302）、強制罪（刑法 §304）❷❸❼或恐嚇罪（刑法 §305）

---

❷❸❻　參照，洪著，第四○二頁（淺見以為，究以選擇何者為宜，由撤銷權人考量決定；而且，其中一者因除斥期間屆至而消滅者,尚不影響他者之存在及行使）。

❷❸❼　參照，刑法第三○四條立法理由：「暫行律第三百五十八條補箋謂本條所揭之

等類型。

②脅迫與意思自由喪失

脅迫之用語，民刑法上均屬有之，唯其意義不盡相同。二者相互對照，殆可認為，刑法係採狹義，民法則從廣義。其具體區隔，略有如下：

脅迫 {
狹義：刑法：與強暴、恐嚇並行對立之概念，其範圍為非屬於前二者之加害他人之行為 ❷❸❽

廣義：民法：包括強暴、恐嚇乃至實際傷害之概念，其範圍為廣及前二者以外其他加害他人之行為
}

在民法上，脅迫須以被脅迫人未因此喪失意思自由之程度者為限。易言之，被脅迫人如因被脅迫以至於不能抗拒之狀態，則其意思自由喪失，處於此一狀態而為意思表示者，係無意識之意思表示，於法無效（§75 後段），無待撤銷。例如，槍抵後腦或刀抵前胸而被迫為意思表示，被脅迫人已是意思自由喪失，其因而所為意思表示及其成立之法律行為（如被迫簽約），即係無意識中所為意思表示而無效，無民法脅迫規定之適用，民法學理多以強制稱之。不過，此之用法，僅於民法上可稱正確，非謂其他法律領域，亦復如是 ❷❸❾。

(2)外部課題

①詐欺脅迫之適用範圍

a.民法本節被詐欺或被脅迫之規定，僅以財產行為為適用範圍；至於純粹身分行為，應依身分法之相關規定，定其適用依據 ❷❹⓿。

行為，在學說上名曰強制罪。」

❷❸❽ 參照，刑法第三〇五條立法理由：「原案第三百五十七條，用脅迫字樣，按脅迫指有所挾而強制之謂，……故於本條改為恐嚇二字，使有區別。」

❷❸❾ 刑法上所稱強制，只要以強暴、脅迫等手段妨害他人權義行使或履行者，即屬之，非謂須以為達於不能抗拒之狀態為內涵（刑法第三〇四條通稱為強制罪）。同一名詞，在不同法律領域，其意義竟有重大殊異，研習上頗值注意。

❷❹⓿ 民法第九九七條：「因被詐欺或被脅迫而結婚者，得於發見詐欺或脅迫終止後，六個月內向法院請求撤銷之。」（諸如婚約、兩願離婚、收養、收養之合意終止

　　b.準法律行為，仍得類推適用民法本節被詐欺或被脅迫之規定。

②其他意思表示之不自由

a.其他意思表示不自由類型之存在

　　意思表示不自由，民法本節唯就意思表示被詐欺或被脅迫二者而規定。然而，在社會現實上，是否僅以此二形態為限，卻是一個可以探討的課題。例如，以藥劑、催眠術或其他非強暴、脅迫或恐嚇性之監控手段干擾他人意思（未達於無意識狀態），而使其為意思表示者，如何適用法律即是❹。

　　其實，在現代實質民法上，對於未達到強暴脅迫程度，但顯有重大不當干擾表意人意思自由（意思決定自主）之情事，賦與類同撤銷之法律效果者，亦已逐漸發展（例如，對於消費者為騷擾或其他令人厭煩之勸誘，以致消費者為免不勝其煩而輕易為意思表示者，賦與其表意人以撤銷權）；我國消保法上，對於消費者為足以妨害其意思決定完整自主的郵購買賣或訪問買賣❷，賦與其表意人得於收受商品後七日內解除契約❸，亦是其例。只是，民法本為形式上表現不見顯著，其法律效果亦非必即為撤銷而已。

b.其他意思表示不自由類型之法律適用

　　在法律解釋上，其尚可採行之途徑，或可歸納為下列三種立場：

　　ⓐ法律放任說

　　　　其他類型屬法律放任行為，本於私法自治原則，應認其意思表示及其成立之法律行為，於法均是有效，尚無得為撤銷之適用。

　　ⓑ法律漏洞說

　　　　民法本節於意思表示不自由，所以僅就詐欺或脅迫加以規定，係

等純粹身分行為，如有被詐欺或被脅迫者，係類推適用民法第九九七條，而非直接適用民法第九二條、第九三條之規定。）

❹　主要之條文依據略有如下：刑法 §221 I、§224、§231 之 1 I、§328 I。

❷　關於郵購買賣及訪問買賣之定義，請參照消保法 §2 ⑩、⑪。

❸　參照，消保法第一九條第一項：「郵購買賣或訪問買賣之消費者，對所收受之商品不願買受時，得於收受商品後七日內，退回商品或以書面通知企業經營者解除買賣契約。」

因考量斯二者為交易上最常見之重要類型，爰明文以為制度適用依據。宜認為僅係例示規定，其他態樣則為法律漏洞。本於同類事物一體處理之平等原理，應認為其他意思表示不自由，得類推適用被詐欺或被脅迫之規定。

ⓒ法律概括說

民法本節關於詐欺脅迫之規定，已可兼括意思表示不自由之所有態樣，其間既無漏洞，亦無放任可言。蓋以如上所述之施以藥劑或催眠術或其他方法，可因其態樣分別歸附於詐欺或脅迫，其他意思表示不自由之態樣並不存在。

以上三種立場，類推適用（法律漏洞）說為較可採❷❹❹。但如其法律另有規定者（如前述之得撤銷或得解除事例），則從其規定❷❹❺。

第四節　條件及期限

條件及期限乙節，基本上係其二者規定之聚合，論述關鍵概念，無異等於綜觀民法本節整體制度內容，爰不序列，但分為下列二項說明：

$$條件及期限\begin{cases}綜合說明\\制度精義（條件、期限）\end{cases}$$

---

❷❹❹　參照，史著，第三八〇頁～第三八一頁。

❷❹❺　廣義意思表示不自由之存在態樣如下：

概念	意思表示不自由							
類型	強制 （不能抗拒）	脅迫 （心生畏懼）				詐欺 （陷於錯誤）	（不勝煩擾……）		
		強暴	（刑法）脅迫	恐嚇	其他		騷擾	登門勸誘	……
效果	無效	得撤銷					明文規定	未明文規定	
							依規定	類推適用	

一、綜合說明

綜合說明乙項，擬分為下列二者：

$$綜合說明\ (條件及期限)\begin{cases}規範意義\\制度要點\end{cases}$$

(一)規範意義

條件及期限之規範意義，歸納為下列二項：

$$規範意義\ (條件、期限)\begin{cases}法律行為之附款\\法律行為效力之附款\end{cases}$$

1.法律行為之附款

(1)定義說明

條件、期限係確定法律行為效力之二大附款類型。欲正確了解何為條件、期限，須先行認識何為附款。

①附款之概念說明

附款者，法律行為附隨條款之簡稱[246]，亦即依當事人之意思，對於未來之期待附加於意思表示，並使其成為法律行為一部之約款。其意義可析述如下：

a.依當事人意思表示而附加於法律行為之約款。

b.因當事人意思而成為意思表示（法律行為）內容之約款[247]。

---

[246] 參照，民法本節立法理由：「條件者，當事人隨意將法律行為效力之發生或消滅，使繫諸客觀上不確定的未來事實成否之附隨條款是也。……期限者，當事人隨意將法律行為效力之發生或消滅，使繫諸確定的未來事實屆至之附隨條款是也。」

[247] 當事人依其意思表示所附加於法律行為之一切條款，是為約款；其中，使約款成為法律行為內容（效力生滅）者，是為條件或期限，通稱之為狹義附款。其互涉關係如下：

c.附款者，非該意思表示或法律行為效力變動所不可或缺，但本於私法自治原則或意思自由原則，因當事人之約定而成為意思表示（法律行為）之內容。

②附款之概念範圍

附款之概念範圍，殆可分為下列三種立場：

$$
\begin{cases}
狹義 & \begin{cases} 定義：關於法律行為效力之生滅附加於意思表示之約款 \\ 事例：約款＝條件＋期限 \end{cases} \\
廣義 & \begin{cases} 定義：關於法律行為效力及其相對義務附加於意思表示之約款 \\ 事例：約款＝條件＋期限＋負擔 \end{cases} \\
最廣義 & \begin{cases} 定義：依當事人意思表示而附加於法律行為之（一切）約款 \\ 事例：約款＝附款＝條件＋期限＋負擔＋其他約款 \end{cases}
\end{cases}
$$

約款，民法設有一般規定者，僅為條件及期限二者；立場上似採狹義說為妥。不過，負擔也者，於無償行為之適用亦是相當普遍，民法各種之債贈與乙節爰有相關條項（§412～§414）；學理論述上多兼及負擔，本書亦然。

(2)條件、期限之存在依據

條件、期限，本非法律行為成立、生效之要素，惟因當事人意思之納入，並經意思表示程序而成為意思表示、乃至其所成立法律行為之內容。按法律行為之成立生效、乃至其內容為何？本係依乎法律規定而直接發生，條件、期限，則本乎當事人之意思而使本可生效或消滅之法律行為效力為

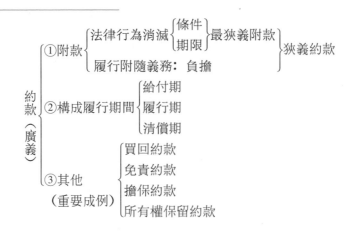

之受有影響，堪稱其為意定的法律行為效力不完全事由。

在法律行為成立、生效之制度預設上，條件、期限不僅不能脫離法律行為而獨立；相反的，而是因特別約定（非常態）而附隨於法律行為始有存在可能。為凸顯此一制度意義，其更精確之描述應是：法律行為附條件或法律行為附期限，即是附有條件之法律行為或附有期限之法律行為。

⑶條件、期限之存在形式

條件、期限之存在形式，分為下列二者說明：

①共通法則

條件、期限之適用對象，包括債權行為及物權行為，同時亦可兼及部分身分行為，具有共通適用法則之地位，故民法本章列為獨立節次 (§99～§102)。

②類型模式

條件、期限為不同之附款類型，其意義及效力內容均有不同，民法本節各條亦就二者分別加以規定。二者事實上是涇渭分明的不同制度類型，應本於類型存在之制度原義，分別加以觀察。

2.法律行為效力之附款

條件、期限之為法律行為效力附款，分為下列三個層面說明：

$$
\text{法律行為效力附款} \atop \text{（條件、期限）}
\left\{
\begin{array}{l}
\text{生效、消滅之附款} \\
\text{效力限制之附款} \\
\text{效力時點限制之附款}
\end{array}
\right.
$$

⑴法律行為生效、消滅之附款

①意義說明

約款之功能（作用），直接影響法律行為本身之生效或消滅者，是為法律行為效力附款，條件、期限為是。在此角度上，條件、期限與負擔即有迥然殊異。蓋以法律行為附負擔者，該所附之負擔通常並不直接使該法律行為效力為之發生或消滅；例如，附負擔之贈與，義務人如不實現負擔，其相對人等得請求強制執行或撤銷贈與 (§412)，但非直接而使該贈與（法

律行為、意思表示）無效❷❹❽。

②類型存在

法律行為效力之發生或消滅，為截然不同層次之課題；條件、期限之情形亦然。條件，其影響法律行為效力之發生者，為停止條件；反之，其影響法律行為效力之消滅者，是為解除條件。同理，期限，其影響法律行為效力之發生者，是為始期；反之，其影響法律行為效力之消滅者，是為終期。其類型模式略如下表：

$$
\text{附款→效力附款}
\begin{cases}
\text{條件}
\begin{cases}
\text{法律行為生效：停止條件（§99 I）} \\
\text{法律行為失效：解除條件（§99 II）}
\end{cases} \\
\text{期限}
\begin{cases}
\text{法律行為生效：始期（§102 I）} \\
\text{法律行為失效：終期（§102 II）}
\end{cases}
\end{cases}
$$

③研習態度

附款、乃至約款用語本身，均係類型構成下之集合名詞，即條件或期限，亦具類型化之意義。因此，研習民法本節，更應趨近停止條件、解除條件，以及始期終期等類型所在，才算得上是直搗巢穴❷❹❾。

(2)法律行為效力限制之附款

在法律行為成立生效理論上，法律行為之成立與生效，其概念及要件雖是儼然有別，但在制度預設上，生效對於成立，通常恰似如影隨形。也就是說，除法律另有規定或當事人另有約定外，法律行為一經成立，即告同時生效，二者之關係有如同時塑成。然而，法律行為附有條件、期限者，其法律行為效力之發生或消滅，即因當事人之該等意思而受有一定之限制，其依法本應發生效力者因之暫不發生，其依法本不消滅效力之法律行為因

---

❷❹❽ 參照，最高法院三二年上字第二五七五號判例：「所謂附有負擔之贈與，係指贈與契約附有約款，使受贈人負擔應為一定給付之債務者而言。……受贈與人，於贈與人已為給付後不履行其負擔時，贈與人始得依民法第四百十二條第一項之規定撤銷贈與。」

❷❹❾ 民法本節以「條件及期限」稱之，而非使用「條件期限」之字眼，自是寓有類型區隔之用意。

之（提前）失其效力，故稱之為法律行為效力限制之附款。其延緩法律行為效力之發生者，為停止條件或始期；其導致法律行為效力之消滅者，為解除條件或終期。

⑶法律行為效力時點限制之附款

條件、期限之共通特色，在於限制法律行為效力（生效或消滅）之時點，此為二者之最重要特徵所在。爰亦分為下列二者說明：

①條件、期限均以未來事實作為論定效力之依據

條件、期限二者，均以未來事實作為論定法律行為效力生滅之依據。以將來客觀不確定之事實是否發生，作為限制效力生滅之依據者，是為條件；以將來必至之客觀確定事實到來，作為限制效力生滅之依據，是為期限。二者限制之依據，均是未來之客觀上事實，尚無不同❷。條件所繫乎者，在客觀上並不確定，概念用語爰以成就與否稱之。相對於此，期限所繫乎者，在客觀上乃是確定，概念上爰以屆至與否名之❷。

②條件、期限均僅限制效力之時點

a.形式上意義

法律行為各種附款中，其以將來事實發生之時點，來限制法律行為生效或消滅之時點者，即是條件、期限；反之，其非為效力時點限制之附款，即非條件、期限。其類型構成殆可區分如下表：

附款：效力附款 → 效力時點附款 → 繫於未來客觀不確定事實：條件（成就與否並不確定）
- 成就效力發生：停止條件（§99Ⅰ）
- 成就效力消滅：解除條件（§99Ⅱ）

繫於未來客觀確定事實：期限（屆至本身顯已確定）
- 屆至效力發生：始期（§102Ⅰ）
- 屆至效力消滅：終期（§102Ⅱ）

❷　參照，最高法院八五年臺上字第一二○二號判決：「期限係當事人約定以將來確定事實之到來，決定其法律行為效力發生或消滅之一種附款，與條件乃當事人約定以將來客觀上不確定事實之成就與否,決定其法律行為效力發生或消滅之附款，並不相同。」

❷　條件成就之用語略為：§99、§101。
　　期限屆至之用語略為：§102Ⅰ、Ⅱ。

b.規範上意義

條件、期限等法律行為附款，所以為法律制度之一環，堪認意思自由原則、法律行為自由原則或私法自治原則之充分體現。蓋以一般人為意思表示而據以成立法律行為之時，除基於對於當前現狀之認識外，有時對於未來發展難免亦有諸多預期或憧憬，如其未來之發展結果與當事人預期不符，強令當事人依現狀而履行義務，不僅有悖事理人情，恐亦使人殫於成立法律行為，反而影響私法秩序之穩健發展。足見，依循當事人意思，設定合理分配未來危險之法律制度，以符應人性需要，並促進交易之穩健發展，亦是卓有積極意義。

交易之當事人，於有需要之時，通常雖會將未來可能之事實發展，納入法律行為上效力宜否變動之考量，本於私法自治原則，由當事人藉意思表示而設定法律行為之附款，使從事交易之當事人之雙方，於充分體認危險之合理分配後而妥為因應，自是較為合理允當。因此，條件、期限不僅是私法自治原則等之貫徹，更是人性需要之體現，寓有促進經濟穩健發展、彌補法定形式不足，並兼顧實質平等實現等深意。

(二)制度要點

1.民法本節之制度內容

民法本節可歸納為下列制度重點：

(1)基本效力

①條件部分

a.停止條件成就時，法律行為生效 (§99 I)。

b.解除條件成就時，法律行為失效 (§99 II)。

②期限部分

a.始期屆至時，法律行為生效 (§102 I)。

b.終期屆至時，法律行為失效 (§102 II)。

(2)利益保護

①期待權保護

於成就或屆至前，損害因成就或屆至應得之利益者，對他方負賠償責

任 (§100、§102III)。

②成就與否之擬制

阻止成就者，視為條件已成就；促使成就者，視為條件不成就 (§101)。

2.民法整體之制度要點

從法律行為附款之制度整體來說，條件、期限僅是附款之一環而已；不過，因此二者較為重要，交易上之適用頗為常見，民法本編爰設一般規定，以為共通適用之依據。至於其他法律行為附款，則因具體而微，附隨於其他各編而酌情個別規定。其中，擬似條件及負擔二者最具討論意義。

二、制度精義

(一)條　件

關於條件，歸納為下列事項敘明：

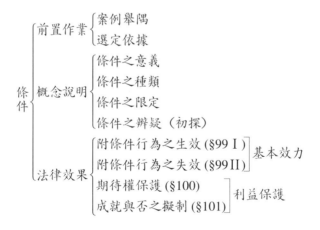

1.前置作業

(1)案例舉隅

乙之子甲，自幼聰穎勵學，某大學法律學系畢業後準備司法官特考，更是夙興夜寐，廢寢忘食。奈因考運不濟，五度應考，均以數分之差而難償金榜題名心願。二〇〇五年春，乙為示激勵，爰對甲曰：「吾兒如司法官特考及格，即贈與 A 型 BMW 名車乙輛」。甲素來最愛 BMW 廠牌轎車，聞

言後加倍用心研習、審慎應考。同年冬季，司法官特考放榜，甲果然二次榜示金榜題名。

(2)選定依據

司法官特考能否及格，對於應考人來說，係將來之不確定事實，而且客觀上非為應考人個人主觀意願所能決定，以之作為法律行為之生效要件，即是通稱之停止條件，該法律行為即是附（停止）條件之法律行為❷。無償贈與他人財物，經他人同意允受者，成立贈與 (§406)，性質上為契約類型之一，亦法律行為類型之一。足見，以考試及格與否，作為贈送及格者財物之要件者，即為附停止條件之贈與（契約），從民法總則之角度來說，即是附停止條件之法律行為。

司法官特考及格，為多數法律學子之重要目標，亦是極其嚴峻之試煉，以此作為案例研習對象，足以倍覺感同身受，間亦增益研習效果。BMW 名車，是無比貴重之禮物（財物），以為停止條件，激勵意義極大，援為設例依據，亦可強化認知。尤其司法官特考，先後有筆試、口試及訓練等階段，及格之定義止於那一階段，有時難免滋生疑義❸。以之為例，對於判斷條件成就，應深具意義。

2.概念說明

(1)條件之意義

①定義說明

條件者，意指依當事人之意思表示，使法律行為效力之發生或消滅，繫於客觀上不確定未來事實成否之附款也❹。例如，於本例，乙以意思表

---

❷ 參照，最高法院七七年臺上字第二二○七號判決：「法律行為之附停止條件，係指該法律行為效力之發生，繫於客觀的不確定的將來之事實。」

❸ 司法官特考及格，一般係指先後通過筆試（一試）及口試（二試），合計其成績而告及格者而言（二試榜示錄取，即為考試及格）。法律意義上，則指經二次榜示錄取之人員，於司法官訓練所接受為期二年之嚴格訓練，並經考試及格者而言。

❹ 參照，最高法院八五年臺上字第一二六三號判決：「所謂條件，係當事人以將

示，將考試及格列為限制贈與（贈車）契約（法律行為）之生效要件，本
於意思自由原則，此之限制附加於法有效，並因此構成意思表示內容之一
部分。語其構成，如下列二表：

$$考試及格贈車\begin{cases}贈車\begin{cases}贈與之意思表示\\受贈之意思表示\end{cases}意思表示之一部\\考試及格：附款\rightarrow附條件：意思表示之一部\end{cases}附條件之意思表示❷❺❺$$

$$考試及格贈車\begin{cases}贈車：意思表示之法定內容\\考試及格\begin{cases}附附款\\\downarrow\\附條件\\\downarrow\\附停止條件\end{cases}意思表示之意定內容\end{cases}\begin{cases}附停止條件之贈與：民法債編各論\\附停止條件之契約：民法債編通則\\附停止條件之法律行為：民法本節\end{cases}$$

　　條件並非僅在強調，法律行為效力之發生或消滅繫於將來之客觀不確
定事實。其更重要而可展現其精確意義者，乃是其未來事實成否，亦經意
思表示而成為法律行為之一部分，並與法定之意思表示內容結合，成為附
條件之法律行為。語其形貌如下：
　　一般法律行為：

$$贈與 A 車\begin{cases}贈與 A 車之意思表示\\受贈 A 車之意思表示\end{cases}意思表示之整體$$

　　附條件法律行為：

$$\begin{matrix}考試及格\\贈與 A 車\end{matrix}\begin{cases}贈與\begin{cases}贈與 A 車之意思表示\\受贈 A 車之意思表示\end{cases}法定內容\\考試及格條件表示：附隨意定內容\end{cases}意思表示之整體$$

　　來客觀上不確定事實之成就或不成就，決定法律行為效力之發生或消滅之附
　　款，須出於當事人明示或默示之約定。」
❷❺❺　就規範意義言，附款係附隨於意思表示，並與之融結為單一之意思表示。因之，
　　認附款係獨立於意思表示外另一意思表示的論點，為本書所不採。

②內涵釋析

a.條件為限制法律行為效力發生或繼續之附款（附隨於意思表示）。限制效力發生者為停止條件，限制效力繼續者為解除條件。

b.條件因客觀不確定未來事實之發生與否，左右法律原定而固有的法律行為效力。因此，客觀業已確定之過去或現在事實或確定必然發生或不發生之未來事實，均非得為條件。不過，在自然法則上雖是必然發生之事實，但依吾人之智識經驗，係屬不能確定預知者，仍得作為條件。例如，風雲變色、雷雨交加，固是自然法則，但天有不測風雲，何時颱風暴雨，仍是難得確知。因之，以三日後刮東南風或颱風轉向作為條件，於法仍無不可。

c.條件因附隨於意思表示而構成法律行為內容之一部，正因其構成法律行為之一部分，因此必須意思與表示並具；如當事人雖有意思，但未為表示者，尚不成為條件；不過，表示不以明示為限，默示亦無不可（§153Ⅰ）。例如，應考學子之甲，加倍用心學習，審慎應考，由其言行反應，當可認為默示允受，條件亦因之成立❻。

(2)條件之種類

①停止條件

條件，意在停止法律行為效力之發生者，是為停止條件。例如，上述考試及格贈車之例，因設定考試及格為條件，以致依法本即得以生效之贈與，於贈與成立時尚不生效，即是停止條件。足見，如其未來事實確定不發生者，則該法律行為即永無生效之可言❼。例如上例之乙，於甲未及格即因車禍不幸謝世，則本件業已成立之贈與為之無效❽。足見，停止條件

---

❻ 同❹

❼ 參照，最高法院二二年上字第一一三○號判例：「買賣契約附有停止條件者，於條件成就時，始生效力，若條件已屬不能成就，則該項契約自無法律上效力之可言。」

❽ 實務於此，或未明確表達其為無效，似有未盡周延之憾。（參照最高法院四四年臺上字第五四一號判例：「兩造就系爭工款所為之和解契約，既附有須經上

之較完整精確定義，殆可描述為：

「停止條件者，意指法律行為之當事人，依其意思表示，使法律行為效力之發生，繫於客觀上不確定發生之未來事實成就之附款而言。❷❺❾」

②解除條件

條件，意在解消法律行為效力之繼續存在者，是為解除條件。例如，丙贈與 A 屋於丁，約定如丙於三年內車禍受傷住院，贈與為之消滅，即是解除條件。蓋對任何人而言，未來歲月確否會因車禍而受傷住院，經驗法則上仍是不可事先確定，交易上以之為效力消滅論定之依據者，仍是成立解除條件，如果未來條件成就，法律行為之效力為之消滅，不再繼續有效。是以，其較為完整之精確之定義，殆可描述如下：

「解除條件者，意指法律行為之當事人，依其意思表示，使法律行為效力之消滅，繫於客觀上不確定發生之未來事實成就之附款而言。」

解除條件之認定，實務或持較為寬緩之觀點，以為於下列案例仍是法律行為附有解除條件：

a.基地租賃契約，若附有「如地主需要隨時可以拆除還地」之約定者，該約定即應解為解除條件❷❻⓪。

b.房屋租賃契約同時訂有「出租人客觀上確需自住得為收回」之約定者，其約定是為解除條件❷❻❶。

訴人之上級官署核准之停止條件，則其上級官署未予核准，即難謂非其條件不成就，⋯⋯自屬未生效力。」（機關核准，是否確為條件，不無討論空間。）

❷❺❾　實務或以為，未來事實發生與否之客觀上不確定性，似無強調必要。（參照最高法院四〇年臺上字第一六八二號判例：「債務人約定，以其將來可取得某特定不動產所有權，為因供擔保設定抵押權之條件，即屬民法第九十九條第一項所謂附停止條件之法律行為，⋯⋯在債務人取得某特定不動產所有權之前，所附停止條件尚未成就，其⋯⋯法律行為，亦未發生效力。」）

❷❻⓪　參照，最高法院四〇年臺上字第一六三六號判例：「租用基地建築房屋之契約⋯⋯上訴人與某甲所訂如業主需要隨時可拆還基地之特約，自應解為附有解除條件。」

❷❻❶　參照，最高法院四八年臺上字第二二八號判例：「租賃契約定有⋯⋯以出租人

(3)條件之限定

①限定之事由

法律行為得附條件，固為民法本節所明定，但亦偶有例外之禁止規定，抵銷不得附條件之條項，即是著例 (§335 II)❷。揆其形態，可歸納為下列三者：

a.法律寓有確保該等法律行為之效力確定發生，始符交易安全保障之意旨者，不得附以條件。常見之事例，如票據行為及法人設立行為等❸。

b.法律行為附以條件有背公序良俗者，基於維護公益之理由，其法律行為不得附以條件，如結婚、離婚、收養、終止收養、認領、婚生子女之否認或認領之否認等，如許其附條件，實是有乖人性而違背良俗，故均不得附以條件❹。

c.法律行為之本身，旨在終結不確定狀態之法律關係而使之確定，以維法律秩序安定並符交易安全者，其法律行為類型即不得附以條件。形成權行使之法律行為，即是不得附以條件；除上述之抵銷外，他如撤銷、解除、終止、承認、買回等，均應作同一解釋❺。蓋以形

確需自住為收回之解除條件者，必於條件成就時，始得終止租約。」(同旨最高法院五○年臺上字第一七六一號判例)

❷ 參照，民法第三三五條第二項：「前項（按即抵銷）意思表示附有條件或期限者，無效。」

❸ 關於法人設立不得附條件之論析，請參照，史著，第四三二頁。
關於票據行為之不得附條件，舉其重要條項略有如下：1. 發票：§24 I ⑤、§120 ④、§125 I ⑤。2. 背書：§36 後段、§124、§144。3. 承兌：§47 II（數字為票據法條數）。

❹ 實務曾以為，身分行為仍不妨附隨條件（參照，司法院二四年院字第一三五七號解釋：「關於夫妻協議離婚契約，并無不適用附條件法律行為之規定，……如果其離婚條件，確載明某乙須賠償財禮一百元與某甲收領始能離異字樣，自應於其條件成就後，發生離婚效力。」），惟其論點曾頗為學理所質疑。

❺ 一般以為，不得附條件，係以私益（相對人利益）之保護為主，如相對人對於

成權行使之法律行為，如許其附以條件，法律關係勢將處於更不確定之狀態，而且對相對人極為也 ❷❻❻。理論上或可進而以為，抵銷權行使不得附條件之規定，係形成權不得附條件的一般法律原則之顯現，本於回歸法律原則，其他形成權之行使自亦不得附以條件。

②限定違反之效力

不得附條件之法律行為，如當事人附以條件者，其效力究係法律行為為之無效，抑或僅止於條件無效，法律規定並非甚為明確。不過，揆之抵銷條項有關規定及其所載之立法理由，宜解釋為法律行為（抵銷）無效，尚非僅止於所附之條件無效而已 ❷❻❼。蓋以條件，既經意思表示而納入為法律行為內容之一部分，判定其有效與否，原則上即應就法律行為整體而為觀察，解釋其法律行為無效，立場自較允妥。不過，如法律另有規定者，依其規定 ❷❻❽。

(4)條件之辨疑（初探）

法律行為之當事人，運用意思自由原則，動輒以條件之名，依意思表示對其法律行為附加附款，此等所謂條件，是否盡可還原於民法本節規定，自有檢視必要。再者，民法各編，乃至實質民法之規定，將法律行為之效力繫於一定之事實者，亦所在多有。此等規定，是否盡可納入條件說明，如其不能納入條件之概念範疇者，其與條件之關係如何？乃至有無關係？均是頗有疑義且為相當重要之學術課題。爰分為以下二項以作澄清：

條件之附加予以同意者，仍可得為有效（參照，史著，第四三三頁；李模著，第二二四頁；洪著，第四一九頁）。

❷❻❻　參照，民法第三三五條立法理由（後段）：「按抵銷制度之設，原為節省清償之手續，於經濟上頗為有益，故必為單純之意思表示，不得附以條件及期限，其意思表示，附條件及期限者，應視為無效。」

❷❻❼　參照，史著，第四三三頁；李模著，第二二一頁；洪著，第四一九頁；施著，第二七〇頁；黃異著，第三六〇頁。

❷❻❽　參照，票據法第三六條後段：「（就匯票）背書附記條件者，其條件視為無記載。」（本票、支票亦同有適用。參照，票據法§124、§144）。

$$條件之辨疑\begin{cases}任意條件（擬似條件）\\假象條件（非條件）\end{cases}$$

①任意條件（擬似條件）

a.一般說明

法律行為之當事人，依其意思表示而使其法律行為效力之生滅，繫於當事人一方或第三人之意思決定者，其所附之附款，是為任意條件，亦稱隨意條件或擬似條件。例如，A 對 B 言：「君與 C 女結婚，余贈君以甲屋」即是。當事人或第三人之意思決定者，係主觀而無從臆測之心理狀態。與客觀不確定事實，本屬不能相容，故比較法上或明定其部分類型無效（法律行為為之無效）❷❻❾。不過，當事人一方或第三人之意思決定，對法律行為之他方當事人而言，仍屬客觀偶然之未來事實，其發生亦具不確定性，以其約定之條件（附款）作為決定法律效力生滅之依據，並不當然違反公序良俗，亦非必有害於相對人之利益。本於意思自由原則，認為附有此等不違反而又無害之附款，其法律行為（含所附條件）得為有效，並因其屬性而分別適用停止條件或解除條件之規定。鑑於「主觀任意條件非為條件」常為學理多所強調，為示概念區別，爰另以擬似條件或準條件稱之。

主觀任意條件之得為條件者，亦可由民法相關規定佐證，試驗買賣之經明定為（特種）買賣類型之一（§384 以下），即是著例。蓋以，試驗買賣也者，乃是買賣雙方約定，以買受人之承認標的物為停止條件之買賣型態，其約定之為有效，不僅法有明定 (§384)，相關之立法理由，且特別說明其為附停止條件之契約（法律行為）❷❼❰。而且於租賃 (§421) 等有償契約亦有準用 (§347)❷❼❶。此外，如指示證券或匯票之證券（票據）債務，其確

---

❷❻❾ 參照，日本民法第一三四條：「附停止條件之法律行為，若其條件繫於債務人之意思者，無效。」

❷❼❰ 參照，民法第三八四條立法理由：「試驗買賣者，關於買賣之標的物，以買受人承認為條件之買賣也。……為停止條件附之契約。」

❷❼❶ 參照，民法第三四七條立法理由：「有償契約中，以買賣契約最為重要，故於買賣設完全之規定，而準用於其他有償契約，以節繁雜。」

定發生繫乎被指示人或付款人之承擔 (§710 I) 或承兌（票據法 §42 以下），性質上亦具任意（停止）條件之性質❷。雙務契約之給付遲延，情形亦相類似，學理實務有「以事實審言詞辯論終結前發動同時履行抗辯權為解除條件之給付遲延」之說法，即可佐證❸。行政機關之核准、許可等得為條件之說法，亦是適例❹。

　　b.任意條件之類型

　　任意條件，因決定主體之單複與否，尚可區分其為狹義任意條件及混合條件二者。

　　　ⓐ狹義任意條件

　　　法律行為之當事人，依其意思表示而使其法律行為效力之生滅，繫乎當事人一方或第三人之意思而為決定者，是為狹義任意條件。

　　　ⓑ混合條件

　　　法律行為之當事人，依其意思表示而使其法律行為效力之生滅，繫乎當事人及第三人之共同意思予以決定者，是為混合條件。語其構成如下表：

混合條件 ｛停止條件形態：君如與 C 女結婚，贈君 A 車。
　　　　　｛解除條件形態：贈君 A 車，但君如與 C 女離婚，應
　　　　　　　　　　　　　返還 A 車於余。

❷　在指示證券（匯票亦屬指示證券）是否承擔或承兌，任由付款人依其自由意願決定。如其付款人拒絕承擔或承兌者，付款人並無證券上之給付義務；反之，則應依其承擔或承兌負給付義務（承擔或承兌之法律行為生效）。此之情形，恰與停止條件型之任意條件神似，爰認其具有（停止）條件之性質。

❸　參照，拙著前揭《新訂民法債編通則（下）》，第四三頁～第四四頁；孫森焱，前揭《民法債編總論》，第三九四頁～第三九五頁（實務參照，最高法院五〇年臺上字第一五五〇號判例）。

❹　參照，最高法院八二年臺上字第六六二號判決：「關於變更設計追加預算部分，既以須經被上訴人之上級或審計機關之同意為停止條件，……審計機關就模板、混凝土部分，復未同意備查，是該停止條件並未成就，從而上述……變更設計及追加預算部分，亦即不生效力。」

c.任意條件之效力

任意條件，原則上仍是有效，並得因其屬性分別適用停止條件或解除條件之規定 ❷。例如，贈君 A 屋，君不願居住時還我（任意解除條件，其決定權在於法律行為生效前之債權人）或贈君 A 屋，余需用時得隨時取回（任意停止條件，其決定權在於法律行為生效前之債務人），於法屬有效。不過，如謂「余願意時，贈君 A 車」，因其所附條件於法律上實無意義，對相對人（法律行為生效後之債權人）亦無實益，於法難認有效。實務見解似亦相同 ❷。惟認於此情形，其法律行為尚不成立者，亦頗有力 ❷。

②假象條件

法律行為之當事人，依其意思表示而使其法律行為效力之生滅，繫於非為客觀上不確定發生之事實者，其附款即不能以條件觀之，惟在當事人之認識上仍有條件之虛名，故以假象條件稱之，或稱不真正條件或假裝條件或表見條件。至其類型構成，尚可簡要敘明於下：

a.法定條件

法律行為之當事人，誤把法律所定某種法律行為類型所應有之法定生效或失效要件，依意思表示將其列為法律行為附款者，是為法定條件。例如，於耕地租賃，當事人以條款載明：如耕地因天災歉收，承租人得請求減免租金。此項附款雖係以客觀不確定發生之未來事實果否發生（成就），作為法律行為效力（減免租金）發生與否之依據，純就外觀屬性來說，應屬停止條件，得認其係附有停止條件之法律行為（租賃）。

然而，耕地租賃，如因天災而欠收者，承租人得請求減免租金，法有

---

❷ 參照，最高法院二九年上字第一二四九號判例：「買賣貨物之契約，訂定買受人應將定金以外之貨款儘本月底交付，到期不交，契約即告失效者，係以到期不交貨款為其契約之解除條件，此項解除條件成就時，買賣契約失其效力。」

❷ 參照，最高法院五五年臺上字第二一四號判決：「停止條件……僅繫於債務人片面之意思，故附此條件之……法律行為無效。」

❷ 參照，史著，第四二九頁；洪著，第四一六頁（史著立場於不成立或無效之間，似非盡為一致）。

明文 ❷ (天災云者，法律意義上即是不可抗力重要形態之一)。耕地租約當事人縱無類此附款存在，法律上之效力亦是當然如此。足見，把法定要件誤為條件者，其所為附款之意思表示，在法律上並無意義，對於其所成立之法律行為而言，等於並無條件存在，亦無影響該法律行為效力之作用 ❷，爰以假象條件名之。

　　b.既成條件

　　法律行為之當事人，以過去時點業已確定發生之事實為條件者，此項附款是為既成條件，亦稱已成條件。由於條件之成立，須以客觀不確定發生之未來事實為內容，既成條件顯與此要件不能相容，堪稱是空有條件之名，但實際上並無條件存在 ❷。

　　既成條件雖是空有其名，但其法律行為之效力，並非如法定條件之僅係視條件為不存在。實務即曾以為，既成條件如係解除條件，應認該法律行為為之無效，而非僅為條件無效或不存在 ❷。其較具體之形態，有如下表：

$$
既成條件
\begin{cases}
條件業已確定成就
\begin{cases}
停止條件：無條件（法律行為有效）\\
解除條件：法律行為無效
\end{cases}\\
條件業已確定不成就
\begin{cases}
停止條件：法律行為無效\\
解除條件：無條件（法律行為有效）❷
\end{cases}
\end{cases}
$$

---

❷　主要條項如：民法 §435、§457。

❷　參照，最高法院四〇年臺上字第二二九號判決：「契約上附有法定條件者，為假裝條件，即與無條件同，故租約內所載，如屋主有取回之日，預早一個月通知等字樣，即與……法定條件無異，殊難認為附有解除條件之特約。」

❷　參照，最高法院六八年臺上字第二八六一號判例：「法律行為成立時，其成就與否業已確定之條件即所謂既成條件，……雖其有條件之外形，但並無其實質之條件存在，故縱令當事人於法律行為時，不知其成否已經確定，亦非民法第九十九條所謂條件。」（同旨最高法院八三年臺上字第一七四〇號判決）

❷　同上判例：「我民法關於既成條件雖未設明文規定，然依據法理，條件之成就於法律行為成立時已確定者，該條件若係解除條件，則應認法律行為為無效。」

c.不能條件

法律行為之當事人，以客觀上不能發生之事實，作為附款之內容者，其附款是為不能條件。例如，甲乙約定，如唐寅再世，贈君以此幅唐寅真跡即是；蓋以唐寅再世者，人間世界，無其可能。惟不能也者，並不以現在將來均屬絕無可能者為限，如以當事人預料所及之時限，其事項為人力所不能實現者為條件亦是。例如，甲於古稀壽誕之日，心曠神怡，顧乙笑曰：「余如有若彭祖，八百壽誕之日，贈君陽明山菁山路本人所有占地千坪之向陽 A 棟別墅。」以人類現有科技，數十年內勢難延人陽壽以至八百餘歲，其甲、乙之約定，即屬不能條件（亦即其贈與為附不能條件之贈與或法律行為）。

不能條件，根本無成就可能，故一般亦以假象條件目之。因此，以不能發生之事實為停止條件者，條件根本無成就可言，其法律行為無效❷。反之，以之為解除條件者，條件無從成就而失效，一般認其解除條件不存在❷。外國法上之規定，亦得作為佐證❷。

d.不法條件

法律行為之當事人，以違反強行規定或公序良俗之事項，作為條件者，其附款是為不法條件，例如，戊時受庚之欺凌，憤而情商於辛曰：「君如願殺庚，即贈君新臺幣百萬元」，辛亦欣然同意；此之約定即是附不法條件之

---

❷ 參照，日本民法第一三一條：「條件於法律行為時業已成就者，如該條件為停止條件時，其法律行為是為無條件；如為解除條件時，（其法律行為）無效。條件之不成就，於法律行為之時已確定者，如該條件為停止條件時，其法律行為無效；如為解除條件時，是為無條件。」

❷ 參照，最高法院八五年臺上字第一二〇二號判決：「附有停止條件之法律行為，……該條件如自始不能成就者，即應解為其法律行為無法律上效力之可言。」

❷ 參照，最高法院五二年臺上字第二八六號判決：「非告訴乃論罪，依法不能撤回告訴，以此為和解契約之解除條件，自係解除條件為不能。……應解為其法律行為為無條件。」

❷ 參照，日本民法 §133：「附不能停止條件之法律行為無效。附不能解除條件之法律行為視為無條件。」

法律行為（契約）。一般亦視其為假象條件之一。不過，由於法律行為有不法條件者，該法律行為因之亦受違法之評價，應認其法律行為本身亦係違反強行規定或公序良俗而無效。比較民法上，或設有明文❷⓼⓺；我國民法雖未直接規定，但法律行為附不法條件者，應適用民法第七一條或第七二條規定而使法律行為無效，不僅為學理通說❷⓼⓻，實務見解亦然❷⓼⓼。

　　法律行為而附有假象條件者，頗多情形會導致法律行為為之無效（非僅為單純的條件不存在）。爰歸納如下附表，以供參考：

```
            ┌ 法定條件：條件不存在，法律行為依法定要件而有效
            │                    ┌ 停止條件：條件不存在（法律行為有效）
            │         ┌ 條件確定成就┤
 假          │         │           └ 解除條件：法律行為無效
 象    ┤ 既成條件┤
 條          │         │           ┌ 停止條件：法律行為無效
 件          │         └ 條件確定不成就┤
            │                    └ 解除條件：條件不存在（法律行為有效）
            │         ┌ 停止條件：法律行為無效
            ├ 不能條件┤
            │         └ 解除條件：條件不存在（法律行為有效）
            └ 不法條件：條件不存在、法律行為無效 (§71、§72)
```

3.法律效果

　　條件法律效果之主要課題有五。即：⑴附條件行為之生效；⑵附（解除）條件行為之失效；⑶期待權保護；⑷成就與否之擬制；⑸周邊課題。

　　⑴附條件行為之生效

---

❷⓼⓺　參照，日本民法 §132：「附不法條件之法律行為，無效；以不為不法行為為條件者亦同。」

❷⓼⓻　參照，王著，第四五七頁～第四五八頁；王伯琦著，第一七九頁～第一八〇頁；史著，第四三五頁～第四三六頁；李著，第二八五頁；胡著，第三二四頁；洪著，第四一七頁；施著，第二六八頁～第二六九頁；黃著，第四三三頁；黃立著，第三五三頁。

❷⓼⓼　參照，最高法院六五年臺上字第二四三六號判例：「誘使同居，而將系爭土地之所有權移轉登記與被上訴人，復約定一旦終止同居關係，仍須將地返還，以資箝制，而達其久佔私慾，是其約定自係有背善良風俗，依民法第七十二條規定應屬無效。」（本判例未指明其係不法條件，不無美中不足。）

①附解除條件行為之生效

法律行為附有解除條件者，究於何時生效，民法本節雖無明文，民法第九九條第二項規定：「附解除條件之法律行為，於條件成就時，失其效力。」本於體系解釋，應認為：法律行為縱然附有解除條件，仍依其法定生效要件而定其生效（包括時點），不受解除條件之影響。例如，子對丑曰：「贈君 A 車，但他日如因車禍致余之 B 車撞毀者，君應返還 A 車於余」，於此附解除條件之法律行為（贈與契約），其效力之發生，與未附有條件之法律行為（贈與契約）無異，仍依民法第四〇六條規定，於贈與成立時發生效力。

②附停止條件行為之生效

依民法第九九條第一項規定，其精確語意應是：附停止條件之法律行為，因條件成就始生、亦即生效力。

條件成就也者，意指作為條件內容之不確定未來事實，為之確定發生者而言。例如，案例舉隅所稱之甲，如果司法官特考為之及格，即是條件成就。然則，所謂司法官考試及格，分有筆試及格、口試及格及司法官訓練所結業及格三個階段。如取得任用資格並獲分發任官，則須待司法官訓練結業及格，始是確定及格。本件案例之乙所稱之司法官特考及格，究何所指？解釋上應探究當事人（即乙）之真意而定（§98）；如其真意不明者，應以社會一般之認知作為認定標準。本件事例，乙之真意為何並無可考，自應斟酌社會一般認知而以榜示錄取作為認定依據。蓋以司法官訓練所之階段，因訓練不及格而遭淘汰者，事例甚少。社會之一般認知爰多以為，所謂司法官特考及格云者，如未特別指明其用意者，應係指口試及格而經榜示錄取而言。如是，本件之甲既經筆試口試順利及格而榮登金榜，自得認其條件業已成就，贈與（契約、法律行為）亦告生效。

不過，此之生效並無創設意義，亦即並無超越法定要件而獨立生效之理。換言之，雖該法律行為所附停止條件業已成就，但該法律行為本身之法定要件如有不符規定者，仍應依該等規定而定其法律效果，也就是說，民法本條項應建立在法定條件均合乎法律規定者，才有適用。

　　所謂於成就時生效也者，係意指自成就之時起向後發生效力，不能溯及既往、更無溯及自始生效之意義。例如上述考試及格之例，甲乙間附停止條件之贈與（契約、法律行為），雖於乙語示贈與，甲同意受贈之時成立，但因其附有停止條件，須待甲經口試及格榜示錄取之時起始告生效，並無溯及效果可言❷。不過，此非強行規定；若當事人是以特約約定其效力溯及成立時或延後於其他時點生效者，其約定仍屬有效 (§99III)❷。

　　③附停止條件行為之不生效力

　　附停止條件之法律行為，於條件成就前，並非無效。蓋以無效之法律行為，除規定其可以轉換為有效之其他法律行為者 (§112) 外，尚無使其反轉為有效之途徑。足見，如將條件成就前之附停止條件法律行為解釋為無效，顯然有背法律行為效力制度之基本原理。

　　法律行為成立而不生效力者，得因法律所定之事後補充而發生效力❷。附停止條件之法律行為，於效力本身雖非有效，但法律賦與內容相當豐富之期待權 (§100、§101)，視之無效，亦與民法本節立法定制之本意，難以契合。因之，附停止條件之法律行為，於條件成就（或不成就）之前，係屬不生效力（效力未定）而非無效。實務上立場似亦偏向於此，惟其用語或有未盡明確❷。

　　④附停止條件行為之無效

　　附停止條件之法律行為，如條件確定不發生者，是條件確定不成就，

---

❷　參照，民法第九九條立法理由（前段）：「法律行為附有停止條件者，必須於條件成就後發生效力。附有解除條件者，必須於條件成就後失其效力，期合於當事人之意思也。」

❷　同上立法理由（後段）：「條件成就之效果，應否溯及既往，即應否追溯於法律行為成立之時，此際應依當事人之特約定之。」

❷　主要有下列三群：

　　(1)限制行為能力人所為法律行為 (§79、§81)。

　　(2)無權處分行為 (§118)。

　　(3)無權代理行為 (§170)。

❷　同 ❷

其法律行為（自始）無效（非謂僅自不成就時起無效）。例如，前述考試及格案例之甲，於再次參加司法官特考之前或口試及格榜示錄取之前，竟因車禍不幸猝死，其停止條件確定為不成就，甲乙間之贈與因之（自始）無效。實務見解亦然，惟其語意亦是未盡明確❷❸。

由上所述，足見附停止條件法律行為之效力，殆可歸納如下：

$$
停止條件\begin{cases}
不成就：法律行為（自始）無效 \\
成就前：法律行為不生效力 \\
成就：法律行為（自成就時起向後）生效
\end{cases}
$$

⑵附（解除）條件行為之失效

①成就之意義

解除條件上所稱之成就，殆與停止條件所指者相同，爰不重複。

一般租賃（例如車輛之租賃），當事人約定每月十五日支付租金，屆期不為支付，租賃契約當然失其效力者，實務認為係以屆期不付租金為解除條件。因之，如承租人於當月十五日未付租金，即係解除條件成就❷❹。

②失其效力之意涵

附解除條件之條件成就者，該附解除條件之法律行為自條件成就時起向後消滅（無溯及效力）；民法第九九條第二項爰以失其效力稱之。於考量當事人意思及杜絕無謂爭議來說，均具正面意義❷❺。至其具體事項有四：

a.當然失效

法律行為因解除條件成就者，於成就之時當然失效，無待當事人之主

---

❷❸　主要事例如下：

　⑴最高法院二二年上字第一一三〇號判例（同❷❺❼）。

　⑵最高法院四四年臺上字第五四一號判例（同❷❺❽）。

　⑶最高法院八二年臺上字第六六二號判例（同❷❼❹）。

❷❹　參照，最高法院二九年上字第二〇一八號判例（文字與本文所述雷同，爰不具引內容）。

❷❺　同❷❽❾。

張，亦無行使解除權之可言❷，更與撤銷、解除等須待意思表示者不同。

　　b.任意規定

　　解除條件成就，法律行為自後失效，惟其規範性質，亦非強行規定，當事人如依其特約而另定效力消滅之時點，使法律行為溯及自始或延後消滅者，於法亦屬有效 (§99Ⅲ)❷。而且，此之特約具有物權之效力❷。

　　c.不得對抗善意受讓之第三人

　　附解除條件之法律行為，如為物權行為者，仍生物權失效之效果；不過，善意受讓或信賴登記之第三人亦受保護。

　　d.條件不成就

　　附解除條件之法律行為，如其條件確定不成就者，其條件不存在，法律行為因之繼續有效。

　　(3)期待權保護

　　①綜合說明

　　以法律行為創設法律關係，須待法律行為生效，當事人間之權利義務，始告正式發生，並開始獲有嚴正之權利保護。附條件之法律行為，法律關係並不確定，其因條件成就而可取得之相對權利，尚在未定之天。貫徹唯權利存在始為保護之傳統思考，附條件法律行為當事人，於條件成就前之可能利益，即難獲有嚴正之保護。

　　誠然，就附條件之法律行為來說，於條件成就前，當事人業已獲有可能取得或保有此等權利之法律上地位，如果不準於法律上權利加以保護，不僅對於權利不夠尊重，條件規範設計之本意及制度功能亦將蕩然，故民法第一〇〇條規定：「附條件之法律行為當事人，於條件成否未定前，若有

---

❷　參照，最高法院六〇年臺上字第四〇〇一號判例：「契約附有解除條件，則條件成就時，契約當然失其效力，無待於當事人解除權之行使。」

❷　此之時點，不得約定其失效溯及於法律行為成立以前之時點（有此約定者，溯及法律行為成立之時效）。

❷　參照，王著，第四六三頁；王伯琦著，第一八二頁；史著，第四五〇頁；李著，第二九一頁；洪著，第四二八頁；施著，第二七三頁；黃著，第四四一頁。

損害相對人因條件成就所應得利益之行為者，負賠償損害之責任。」 ❷⁹⁹ 民法本條立法理由，且將侵害此一法律上地位，視為不法行為，堪稱極佳註解 ❸⁰⁰。

條件成就前之當事人地位，本係一種將來可得之利益，將「因條件成就取得權利」之法律上地位權利化，對當事人來說，仍是一種未來始可實現之權利，一般爰稱之期待權；實務立場亦然 ❸⁰¹。

②成立上之課題

民法本條所定之損害賠償責任，其成立須合致下列四項要件，即：a. 損害之發生；b. 條件事後成就；c. 義務違反且可歸責；d. 義務違反與損害間有相當因果關係。

a.損害之發生

損害賠償之成立，須實際上有損害之發生；於附條件之法律行為，係指當事人一方，於條件成否未定前，對相對人因條件成就所應得之利益造成損害而言。至其行為為事實行為或法律行為，均無不可；毀損因條件成就時應得之標的物或處分其權利者，係其著例。例如，甲語之於乙曰：「君如於一年內攻上喜馬拉雅山峰頂，贈君以此 A 車」，乙欣然應允，嗣即加緊訓練；不出半年，乙果然喜馬拉雅山攻頂成功。不料，於乙出發登山前日，甲卻因駕車不慎肇事撞毀 A 車，甲對不能交付 A 車於乙所致於乙之損害應負損害賠償責任。

b.條件事後成就

---

❷⁹⁹ 參照，民法第一〇〇條立法理由（前段）：「附停止條件法律行為，其當事人之一造，於條件成就前，有因條件之成就，當然取得本來權利之權利，則他造有尊重此權利之義務。又為附解除條件法律行為，某當事人之一造，雖直取得本來之權利，然對於他造因條件成就所取得本來權利之權利，有尊重之義務，即他造有此種權利。」

❸⁰⁰ 同上立法理由（後段）：「附條件義務人，不得害及附條件權利人之利益，若害之，則為不法行為，須任損害賠償之責。」（此稱不法行為，應係意指侵權行為。）

❸⁰¹ 參照，最高法院六九年臺上字第三九八六號判例：「於條件成否未定前，若有損害相對人因條件成就所應得利益之行為者，負損害賠償責任，……此種期待權之侵害，其賠償責任亦須俟條件成就時，方始發生。」

　　附條件之法律行為，應得利益之確定，唯在成就之後，始告有之❸❷。同理，損害之發生，亦須待條件成就之時，始能確定。因之，當事人之侵害行為即使發生在前，相對人仍須待條件成就時起，始得請求賠償❸❸。反之，當事人雖有侵害相對人可得利益之行為，但其條件不成就者，相對人仍無損害發生，自無請求賠償之可言。例如前述事例，如乙終未攻頂成功，甲即無庸負賠償責任。不過，成就也者，應採廣義，包括視為條件成就之情事 (§101 I)。

　　c.須有義務違反且可歸責

　　損害賠償之成立，須有義務之違反而且行為人有可歸責之事由。於附條件之法律行為，因本條規定，足認當事人對於他方可應得之利益（可能取得權利之期待權），負有不得侵害之義務，負有義務之一方當事人，因其行為以致相對人受有損害者，義務違反即告成立。義務及其違反之有無，僅存在於當事人本身；因之，對於第三人所致於相對人之損害，義務人不負賠償責任。

　　歸責也者，一般係指過失而言，亦即義務人原則上僅就故意或過失負其責任 (§220 I)❸❹。蓋以將未來可得權利之法律上地位（利益），提升為權利（期待權），充其量應係準於權利加以保護，解釋本法本條，應認並無創設過失責任之意旨❸❺。

　　法律行為生效前法律地位之期待權化，無異同時意味著其準於法律行為生效而為保護，自得認為民法本條之規範意旨，亦在宣示其準於債權債

---

❸❷　同上註所引判例：「附條件之法律行為，如其條件以後確定不成就，即根本無所謂因條件成就之利益。」

❸❸　此為附條件期待權保護與一般權利保護不同之處。早期實務見解請參照大理院四年上字第九三五號判例。

❸❹　民法第二二〇條係過失責任主義之宣示，債務人非有過失，原則上不負責任。為凸顯其規範意義，爰特別強調僅就過失（包括故意）負其責任。

❸❺　參照，王著，第四六六頁；洪著，第四二七頁（以說明其成立侵權行為而適用民法第一八四條，即等於表明適用過失責任）。

務關係而加以對待；所謂損害賠償責任，規範性質上亦具債務不履行所生損害賠償責任之意義。從而，當事人違反民法本條時，同時成立侵權行為及債務不履行，並依請求權競合之論點，由相對人選擇或併一適用❸。

d.相當因果關係

所謂相當因果關係，意指相對人所受損害，係因當事人為侵害應得利益之行為所造成，損害如與侵害應得利益之行為無因果關係存在者，當事人亦無賠償責任❸。

③效力上課題

民法本條損害賠償責任之適用，回歸損害賠償之債的一般規定(§213～§218之1)。

a.履行利益之損害賠償

如上所述，民法本條之損害賠償，性質上既係債務不履行責任，則其損害賠償之範圍，應是履行利益之損害賠償，而非以信賴利益之損害為賠償範圍❸。

b.侵權行為之適用

應得利益既因民法本條規定而權利化 (期待權)，自係民法第一八四條所稱之權利，第三人如因故意或過失加以侵害者，期待權人就其所受損害得本於侵權行為 (§184 I 前) 請求賠償❸。不過，期待權之確定存在既須待條件成就，則依侵權行為請求損害賠償亦須待條件成就時起，始得為之。

(4)成就與否之擬制

---

❸ 民法本條既具有期待利益權利化之意旨，同時亦寓有將法律行為（契約）前責任提升為法律行為（契約）責任之意義。因此，除侵權行為成立外，同時亦存在債務（契約）不履行責任成立之課題。

❸ 相當因果關係為損害賠償上固有之課題，涉入繁難，其論述爰予從略。

❸ 關於債務不履行（特別是契約不履行）之損害賠償，為履行利益之損害賠償乙節，參照最高法院五五年臺上字第一一八八號、第二七二七號判例。

❸ 民法本條僅係期待利益之權利化條款，因其規定而得準於權利而受保護，非謂其係對於權利附加之保護規定。因此，尚無民法第一八四條第二項之適用。

附條件之法律行為，當事人是否取得或繼續保有其權利，端視條件之成就與否而定，足見，禁止不當妨礙條件成否甚為重要，故民法第一〇一條規定：「因條件成就而受不利益之當事人，如以不正當行為阻其條件之成就者，視為條件已成就。因條件成就而受利益之當事人，如以不正當行為促其條件之成就者，視為條件不成就。」

①條件成就之擬制

對於以不正當行為阻止條件之成就者，於法律上視為其條件成就，是為條件成就之擬制。例如，於前述登山之例，甲因恐懼乙攻頂成功，竟於乙出發登山前夕，駕車撞傷乙之雙腿，乙為之不良於行，無力攻頂，即得視為乙攻頂成功（條件成就），贈車行為生效，乙仍得請求甲依約（贈與）交付 A 車。

條件成就之擬制須符合下列要件：

a.條件之成就與否尚未確定

如條件業已成就或不成就者，法律關係業已確定，於法即無擬制之可言。至於其為停止條件或解除條件，尚非所問。但假象條件非為條件，應無適用。

b.有阻止條件成就之行為

阻止行為，不問積極行為（作為）或消極行為（不作為）❸⓿，只要具有妨害條件成就之作用即為已足，無庸證明阻止行為為導致條件不成就之原因。不過，行為人能證明其條件本即無從成就者，縱有阻止行為，仍無擬制條件成就之適用。例如，於前例，如甲能證明，乙本已罹患重度肝癌，根本無力登山，則甲撞傷乙之行為，尚不視為條件成就。

c.出於因成就而受有不利益之當事人行為

擬制條件成就，須為阻止行為之主體，係因條件成就而受有不利益之

---

❸⓿　參照，最高法院四六年臺上字第六五六號判決：「上訴人……諉稱手續繁瑣致未辦理繼承登記，此種以不正當消極行為阻止其停止條件之成就，依民法第一百零一條第一項之規定，應視為條件業已成就，被上訴人從而請求上訴人受領餘價，辦理所有權移轉登記，即無不當。」

當事人。例如上述之甲條件成就（因乙之攻頂成功），甲須交付 A 車，是為受有不利益之當事人，故其駕車撞傷乙，即是因條件成就而受有不利益之當事人行為。反之，如其為第三人或非受有不利益之當事人，其阻止條件成就之行為，於法無擬制條件之適用❸。

d.阻止行為須不正當

阻止條件者，須為不正當行為，始有擬制條件成就之適用❸。不正當者，只要遲不履行義務或無正當理由即為已足，無庸達於違反強行規定或違背公序良俗❸。只是，既稱其為不正當，解釋上應以故意行為為限，過失行為或有不得已事由者，尚無適用❸。

②條件不成就之擬制

對於不正當行為促成條件之成就者，於法律上視為其條件之不成就，是為條件不成就之擬制。例如，前述登山贈車事例之乙，於登山途中，竟租用直升機將其載至峰頂，即是以不正當行為促成條件之成就，依法（§101 II）即視為條件不成就（未攻頂成功）。從而，其法律行為（贈與）因停止條件（視為）不成就而確定無效，乙對甲無請求交付 A 車之權利。

---

❸ 學理多認其適用，不以法律行為之當事人為限（參照，王伯琦著，第一八〇頁；史著，第四三九頁；洪著，第四二一頁；胡著，第三一三頁；黃著，第四四七頁）。

❸ 參照，最高法院五五年臺上字第四四四號判決：「附解除條件之法律行為，必於條件成就或因條件成就而受不利益之當事人，以不正當行為而阻其條件之成就時，始能發生失效之效果。」

❸ 參照，最高法院六九年臺上字第七一三號判決：「上訴人竟遲不辦理換領所有權狀，顯係以不正當之行為，阻止該條件之成就，依民法第一百零一條第一項規定，視為條件已成就，應認上訴人辦理系爭土地所有權移轉登記之義務業已屆至。」

❸ 參照，最高法院六七年臺上字第七七〇號判例：「民法第一百零一條第二項所定：『因條件成就而受利益之當事人，如以不正當行為，促其條件之成就者，視為條件不成就』，所謂促其條件之成就，必須有促其條件成就之故意行為，始足當之，若僅與有過失，不在該條適用之列。」

條件不成就之擬制與條件擬制成就二者，係規範意旨雷同、制度形式相近，但制度方向互異之孿生機制❸。其頗為相近者如下：

　a.條件之成就與否尚未確定

　b.有促使條件成就之行為

促使行為也者，只要客觀上對於條件不成就具有助益作用者即是❸，相對人無庸證明促使行為與條件不成就有因果關係；不過，當事人如能證明其促使行為與條件成就確無因果關係者，亦得免於條件不成就之擬制。

　c.須出於因成就受有利益之當事人行為

所謂受有利益者，係指因條件成就而取得權利或繼續保持原有權利之人。例如上例之甲，因考試及格將取得 A 車之相關權利是。

　d.促使行為須不正當。

(5)周邊課題

條件效力之周邊課題，分就下列二者簡單說明：

$$周邊課題（條件之效力）\begin{cases}（給付）不當得利\\條件與負擔\end{cases}$$

① （給付）不當得利

當事人若基於附條件之法律行為而為給付，但其後法律關係確定並不發生或確定消滅者，則其給付喪失法律上原因，於當事人間發生不當得利之關係 (§179)。因其是基於給付行為而生，故特別標明給付不當得利之字眼，以示其特色。

　a.停止條件不成就

A 公司向 B 政府機關承包堤岸工程，施工途中雙方同意變更設計追加預算，但約定須待上級機關審核通過，才算正式確定。由於颱風季節將至，工程必須趕工，A 公司不待上級機關同意即行施工，並於颱風來臨前完工。

---

❸　參照，民法第一○一條立法理由：「條件視為已成就。……條件視為不成就。如此然後可以保護相對人之利益，而禁止不正當之行為也。」

❸　常見事例，如考試作弊倖圖及格，燒毀保險標的物意圖詐領保險金等是。

不料，追加預算工程未為上級機關同意，未經審核即遭退回。

依實務見解，本件追加預算工程，係以上級機關同意為停止條件之法律行為。如是，其因審核退回而告不成就，其法律行為為之無效。B 機關因工程施作而受有利益，A 公司就其施作工程而受損害，A 公司得本於（給付）不當得利，請求 B 機關於受益之範圍內返還其利益❸。

　　b.解除條件成就

甲贈與 A 車於年將四十之子乙，亦依約交車於乙，惟雙方約定：過年之前乙應結婚，否則贈與失效，乙應返還 A 車於甲。不料，屆期乙仍未結婚，但拒不返還 A 車於甲。

約定年內不結婚當事人雙方之贈與失效者，其附款是為附解除條件；屆期未結婚，是為解除條件成就，贈與契約於過年之時起失效。由於本例附解除條件者僅係贈與契約本身而已，並未及於 A 車所有權之移轉，應認乙之拒絕返還 A 車，對甲成立不當得利。實務見解，亦多認為解除條件成就者，當事人間之返還義務，係依不當得利之規定請求❸。不過，當事人同時約明附停止條件者及於物權行為，則其權利人仍得基於物上請求權請求返還。

　　②條件與負擔

　　分為下列三項說明：

　　a.負擔之意義

負擔者，法律行為之當事人，依其意思表示使相對人負擔該法律行為法定以外（額外）義務之附款也。例如，甲贈與 A 地於乙，雙方並約定：乙應於每年清明為甲之先祖掃墓，此之附款即是負擔。因本例所成立者為贈與，故通稱之為「附負擔之贈與」，民法贈與乙節即設有規定（§412～

---

❸　淺見以為，於此既係意指給付不當得利，則其返還利益之範圍，應適用回復原狀之相關規定（§113、§259），而非現存利益（§182 I；附解除條件失效之情形亦然）。

❸　參照，最高法院七四年臺上字第一三五四號判決：「附解除條件之契約，於條件成就而失其效力時，當事人間之償還義務，則依不當得利之規定。」

§414)。

　b.條件與負擔之比較

　條件與負擔之不同者如下：

　　ⓐ條件以法律行為效力生滅為內容，但與權利義務內容之增擴減縮
　　　無關；反之，負擔以義務之額外附加為內容，但與法律行為本身
　　　之生滅無關。

　　ⓑ條件以成就與否作為效力生滅之準據；反之，負擔一經成立，於
　　　法即有履行之義務，並無成就與否之問題❸❶❾。

　　ⓒ條件在論定效力生滅，並不直接關乎履行；負擔則為義務履行之
　　　對象，相對人有請求履行之權利 (§412)。

　c.條件與負擔之游移

　條件與負擔之區隔，有時頗感困擾。例如聘金究屬負擔抑或（解除）
條件，困擾學理實務多時，即是著例：

　　ⓐ婚約之聘金為附負擔之贈與：以履行婚約為負擔，拒不履行婚約
　　　（即結婚）時，付聘金之一方得撤銷贈與，請求返還聘金❸❷⓪。

　　ⓑ婚約之聘金為附（解除）條件之贈與：以不履行婚約為（解除）
　　　條件之贈與，拒不履行婚約時解除條件成就，贈與失效，付聘金
　　　當事人得本於不當得利請求返還❸❷❶。

　　ⓒ二者並存說：ⓐ、ⓑ二者均屬言之有據，得而並存❸❷❷。

---

❸❶❾　參照，最高法院八四年臺上字第四八二號判決：「查附條件之贈與與附負擔之
　　　贈與，並不相同，……附負擔之贈與，乃使受贈人負擔應為一定給付之債務，
　　　必受贈人，於贈與人已為給付後不履行其負擔時，贈與人始得依民法第四百十
　　　二條第一項之規定撤銷贈與。」

❸❷⓪　參照，最高法院四七年臺上字第一四六九號判決：「婚約之聘金，係負有負擔
　　　之贈與。」

❸❷❶　參照，最高法院四七年臺上字第九一七號判決：「凡訂立婚約而授受聘金禮物
　　　……係……以婚約解除或違反為解除條件之贈與。」

❸❷❷　參照，最高法院五五年第二次民刑庭總會決議：「為訂立婚約所付之聘金，實
　　　係附有負擔之贈與，抑為附有解除條件之贈與。本院……判例見解不同，……。

ⓓ法定義務說: 依法律明文規定返還義務，迴避以上立場之爭議。當前實務立場宗此 ❸。

法定義務說，雖然暫時掩蓋這類爭議，並依民法增訂，斷然地廢止ⓐⓑ立場之有關判例。然而，這樣的作法，對於正式解決問題，並無實益。因為，如果我們要問法定義務之理論依據為何? 相同爭論仍要再現。因之，依法律行為（意思表示）解釋方法，於具體個案探求當事人真意，個別論定其附款究為負擔或條件，或較允妥 ❹。

㈡期　限

期限，分為下列事項說明:

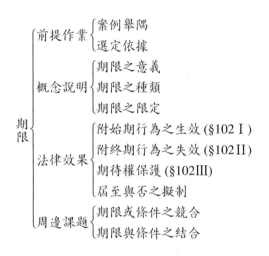

1.前提作業

⑴案例舉隅

甲於阿里山上有幾近腐朽之老舊木造房屋一棟（設為 A 屋），依其屋況，尚可勉強居住五年，二〇〇〇年元旦適有民俗藝匠乙路過發現，極為

議決: 兩判例並存。」

❸ 參照，民法第九七九條之一:「因訂定婚約而為贈與者，婚約無效、解除或撤銷時，當事人之一方，得請求他方返還贈與物。」

❹ 民法第九七九條之一立法理由固稱「增設本條，以免解釋上之紛擾」，惟關於其理論依據，似未碰觸。

喜愛，爰情商於甲出租於乙，甲終亦同意，惟雙方知悉老屋堪用年日無多，於租賃契約同時約定：租至 A 屋腐朽不堪使用之日。乙遷入後不久，不斷加強修繕，甚而砌牆加柱，以致 A 屋煥然一新，雖逾二十年亦不至倒塌，二〇〇五年春，甲因認 A 屋已至不堪使用，準備商請乙遷出時，始知 A 屋經乙改頭換面，業已脫胎換骨，堅固無虞，惟甲認為乙以不正當行為阻止期限屆至，租約期滿失效，請求乙應遷出 A 屋並交還於甲。

⑵選定依據

租賃契約定有一定之租賃期限者，關於其期限之約定，性質上係附終期之期限。期限，通常固均定有一定時日而表現為確定期限，但其所定時日並不確定，但亦一定到來者，是為不確定期限❸㉕。附不確定期限之法律行為，較為特殊，亦易引起概念認定之困擾，選定其以為解說依據，於研討期限來說，自是頗具積極意義。

2.概念說明

⑴期限之意義

①定義說明

期限者，意指依當事人之意思表示，使法律行為效力之發生或消滅，繫於客觀上將來確定事實到來之附款❸㉖。例如，其出租人與承租人約定，租賃期間自二〇〇〇年元旦日起三年；該租期三年之約定，即是期限。期限，原則上無時間長短之問題，但甚為長遠，以至於難認其意思可以實現者，是為不能期限，如約定千年後贈君 A 屋或贈君 A 屋千年後失效即是。

作為附款，而且以將來客觀事實作為論定法律行為之效力，係期限與條件之所同；惟條件係以不確定會發生之事實為論定依據；期限則以確定會發生之事實為論定依據，是為二者之殊異。

---

❸㉕　參照，最高法院四七年臺上字第一六三五號判例：「租約既載明出租之房屋至反攻大陸時為止，雖係以不確定之期間為終止契約之時期，亦不失為定有期限之租賃關係。」

❸㉖　參照，最高法院九二年臺上字第二四六一號判決：「按期限係當事人約定以將來確定事實之到來，決定其法律行為效力發生或消滅之一種附款。」

②內涵釋析

以未來客觀事實之發生作為法律行為之附款時，其中必有一定之期限；但附款上如有時間之因素，而其終局論定仍為不確定發生之事實者，則此附款性質上仍屬條件而非期限。例如，約定「如今年內完成再登上喜馬拉雅山峰頂之壯舉」，因攻頂喜馬拉雅為客觀上不確定發生之事實，故其性質上仍非附期限，而是附條件之法律行為❸。不確定期限，因到來時日不能確定，容易被誤為條件；惟其與條件仍有本質上之不同。例如，本件屋塌之日云者，雖其時點何在難以確定，但任何房屋，必定有自然屋塌之日，以其為附款，自是期限而非條件。

期限分為下列二種：

附期限 ┤ 附確定期限：屆至時點直接明確（如自今日起五年）
　　　　└ 附不確定期限：屆至時點不明確，但一定發生（如迄橋樑斷裂日止）

(2)期限之種類

期限因其究係論定法律行為效力之發生或消滅，得區分其類型為附始期及附終期❸。前者猶如附停止條件，因其期限屆至而法律行為生效；反之，後者猶如解除條件，因其期限屆至而法律行為失效。試予對照有如下表：

附款 ┤ 使法律行為生效：停止條件（§99 I）、始期（§102 I）
　　　└ 使法律行為失效：解除條件（§99 II）、終期（§102 II）

①始　期

期限，意在限定法律行為效力之發生者，是為始期。例如，甲乙約定租賃自本年端午節起算，於自端午節起算即是始期。如是，甲乙間之租賃，

❸ 本件法律行為之附款，其時日之限制，具有條件之意義，似得謂為附期限及附條件並存之法律行為。

❸ 參照，民法第一〇二條立法理由：「期限分為始期及終期兩種。法律行為附有始期者，於期限屆至時發生效力。其附有終期者，於期限屆滿時失其效力。」

雖自訂約之日成立，但卻須等至端午起才開始生效；於此之前，應仍是不生效力。其較為完整的定義如下：

「始期者，意指法律行為之當事人，依其意思表示，使法律行為效力之發生，繫於客觀上確定發生之未來事實之附款而言。」

②終　期

期限，意在限定法律效力之消滅者，是為終期。例如，於同是租屋之例，如當事人約定租賃租至本年年終者，年終之日即是終期。其較為完整的終期定義如下：

「終期者，意指法律行為之當事人，依其意思表示，使法律行為效力之消滅，繫於客觀上確定發生之未來事實之附款也。」

⑶期限之限定

①限定之事由

法律行為不得附以期限之附款者，其情形亦有下列三者：

a.法律寓有確保該法律行為之效力確定發生者。

b.法律行為附以期限有背公序良俗者。

c.法律行為之本身在確定法律關係，附期限有違關係確定之意旨者。

②限定違反之效果

違反不得附期限之結果，原則上為法律行為無效而非僅期限無效❽，其情形大體有如條件。

3.法律效果

⑴附始期行為之生效

①效力內涵

依民法第一○二條第一項規定，附始期之法律行為，於期限屆至時，其法律行為發生效力。易言之，依法律規定，法律行為於成立時原則上即應生效，惟因當事人附有始期之附款者，其法律行為尚不發生效力，而須始期屆止時始正式發生法律上效果。此之情形，恰似附停止條件之成就。

---

❽　參照，史著，第四三五頁；洪著，第四三三頁（但法律另有規定者，依其特別規定，如 §380、§449、§823 II、§1165 是）。

附始期之法律行為，於期限屆至前為不生效力，期限屆至時之生效，亦無溯及既往之效力。

②非任意規定

期限為確定發生之未來事實，無不屆至而使之確定無效的機制，此為始期與停止條件最大不同之處。此外，期限不得如條件之以特約而使其效力發生之時點溯及提前或往後遞延，以免違背期限之本質。有此特約者，無民法第九九條第三項之準用，該特約無效❸❸⓪。

(2)附終期法律行為之失效

依民法第一○二條第一項規定，附終期之法律行為，於期限屆至時，其法律行為失其效力。如前述租賃租期五年或租至房屋倒塌者，該租賃於五年期滿或房屋倒塌時失效即是。

失去效力，係往後生效而無溯及效力，為當然無效而無待意思表示。不過，附終期之法律行為，關於失效之時點，當事人亦不得以特約使其異於屆滿之日，違反者該特約亦為無效。

(3)期待權保護

附始期法律行為之當事人，享有未來可期待實現之權利之法律上地位，其明確性有甚於附停止條件者。蓋以停止條件也者，尚有不成就之可能，但期限一定屆至，權利享有之地位業已確定，不過時日未至一時暫不享有而已。反之，除終期法律行為之相對人，其於終期屆滿後所得享有權利之地位，亦較附解除條件成就之相對人更為明確而強化。足見，附期限之法律行為之期待權，較諸附條件之法律行為，實更有強力保護之必要，故民法第一○二條第三項明定，關於附條件法律行為當事人期待權之保護，於附期限法律行為準用之。從而，附期限法律行為之當事人，於期限屆至或屆滿前如有損害相對人所應得利益之行為者，對於相對人所受損害即應負損害賠償責任❸❸①。

---

❸❸⓪　參照，史著，第四五九頁；洪著，第四三四頁；劉著，第二三七頁。

❸❸①　參照，民法第一○二條立法理由（後段）：「期限未至之時，損害相對人因期限屆至所應得之利益者，應負賠償損害之責任，此與條件成就前之損害賠償同。

(4)屆至與否之擬制

因期限屆至（滿）而受利益或不利益之當事人，如以不正當行為阻止或促成期限之屆至（滿）者，得否類推適用條件成就與否之規定 (§101)，不無討論餘地。由於期限係必然屆至（發生）之事實，視為屆至（滿）與否，是否有其意義，或易引起疑義。不過，在不確定期限，例如，前述舉隅之 A 屋租賃事例，乙不斷砌牆添柱，使本應腐朽倒塌之 A 屋為之堅固異常，長年不致倒塌，即是以不當行為阻止期限之屆止，如不類推適用條件擬制 (§101)，使 A 屋租賃期限屆止（滿）於客觀常態下房屋應倒之時，於權利保護及交易安全之維護，均有重大窒礙❸❸。實務見解似乎亦然❸❸。如是，以前述案例來說，A 屋之堪用不塌期限，客觀上既是只能勉強維持五年，其乙加以改頭換面，以致屆期不塌，因類推適用民法第一〇一條規定，其期限於二〇〇五年元旦屆至而失效，乙之繼續使用 A 屋係無權占有，也是不當得利❸❹；因此甲請求乙遷出 A 屋並交還於甲為有理由。

4.周邊課題

周邊課題，有下列二項：

(1)期限或條件之競合

法律行為，於期限同時附有始期及終期者，稱之期限之競合；同理，於條件，同時而附有停止條件及解除條件者，是為條件之競合。

期限，同時存有始期及終期者，法律並無禁止必要，日常交易上頗為常見（例如，甲乙約定：「本房屋租期自二〇〇五年元旦時起五年。」）。於此情形，二〇〇五年元旦為始期，五年屆滿之日為終期，分別情形適用之。

故準用第一百條之規定。」

❸❷　參照，王著，第四六九頁；史著，第四五八頁；黃立著，第三七一頁。

❸❸　參照，最高法院八七年臺上字第一二〇五號判例：「當事人預期不確定事實之發生，以該事實發生時為債務之清償期者，倘債務人以不正當行為阻止該事實之發生，類推適用民法第一百零一條第一項規定，應視為清償期已屆至。」

❸❹　此之不當得利，亦是給付不當得利，返還範圍為回復原狀 (§113、§259)，而非現存利益。

在附條件之法律行為上，同一可能發生之不確定未來事實，同為停止條件及解除條件者，概難想像，恐亦不可能。但所附條件為多數，其間有停止條件，亦有解除條件者，則交易上並非無有，法律上亦無必須禁止之理。例如，甲將 A 車無償供乙使用，並與乙約定：如今年律師考試及格，A 車贈汝，如未及格則須即時返還 A 車於我，即係以考試及格為贈與（契約、法律行為）之停止條件，並以考試不及格作為使用借貸之解除條件。同理，同一事件，同時附有多數停止條件或解除條件者，亦非無有。再如，丙語其子丁曰：「吾兒今年如高考律師及格，贈與 B 車；如司法官特考及格，贈與 C 屋。」即是附不同之停止條件，應個別視其條件是否成就而分別適用之。

(2)期限與條件之結合

法律行為同時附有期限及條件者，偶亦有之。如其效力生滅係以不確定事實為終局準據者，條件成就與否，對當事人權益之變動更具意義。同時以期限及條件互為結合，則應認為既附有期限又附有條件。例如：約定房屋租賃為五年（附期限），但承租人如於租期屆滿前結婚者租賃關係消滅，即是附有期限（終期）又附有條件（解除），分別適用條件及期限之相關規定。

第五節　代　理

代理乙節分為下列三項說明：

$$
代理\begin{cases}代理的意義及課題\\關鍵概念\\制度精義\end{cases}
$$

一、代理的意義及課題

代理涉及代理人、被代理人（以下原則上稱之本人）與相對人間的三

角多元關係；再加上，民法代理乙節（以下稱民法本節）之規定，僅係整體代理制度的一部分或其重心，不跨出民法本節，難以綜觀代理之完整面貌及內容。綜合彙整代理的意義及課題，爰歸納為以下四者：

$$
代理\\（意義及課題）
\begin{cases}
代理的意義\\
代理的功能\\
代理的制度構成\\
代理的適用範圍
\end{cases}
$$

㈠代理的意義

於代理的意義，擬就下列三個基本課題說明之：

$$
代理的意義
\begin{cases}
代理基本概念初探\\
代理關係的芻議\\
代理行為概念再訪
\end{cases}
$$

1.代理基本概念初探

代理制度上最重要的基本概念為代理人、代理權及代理行為三者。

⑴代理行為

代理行為也者，意指代理人基於代理權，以本人名義所為而其效力直接及於本人之法律行為，或簡稱代理[335]。析其概念內涵如下：

①代理行為，係代理人所為之法律行為。因之，非代理人所為之法律行為，或代理人所為者非為法律行為，均非代理行為。例如，代理人如果駕駛本人所有的 A 車，不慎肇事撞壞，因為撞壞車並非法律行為，無代理行為可言。

②代理行為係基於代理權所為之法律行為。基於代理權云者，須在代

---

[335] 參照，民法第一〇三條立法理由：「代理者，例如甲以乙之名義，向丙為意思表示，又甲以乙之名義，親受丙之意思表示者，其效力直接及於乙是也。……代理人於代理權限內，以本人名義所為之意思表示，直接對於本人發生效力。至凡應向本人表示意思，而向其代理人為之者亦同。」

理權限之範圍內。無代理權人或代理人踰越代理權所為之法律行為，均非代理行為。

③代理行為，係以本人名義所為之法律行為。代理人為法律行為非以本人名義為之者，仍非代理行為❸。不過，以本人名義為之非限於明示，即係默示者，亦無不可❸。例如，代理人為本人向銀行借貸金錢（消費借貸契約、法律行為），並未署名為代理人，但其借貸金錢係為本人計算，貸得之後指定貸款銀行將款項匯入本人帳戶者，仍得認為係以本人名義為之而成立代理行為（通稱隱名代理❸），但法律規定代理須以顯名為之者，依其規定。

(2)代理人

代理人者，為本人為法律行為之代理權人。其概念內涵如下：

①代理人，須基於代理權為之，無代理權人縱有宣稱為他人為法律行為，仍非為代理人。

②代理人須為為本人而為法律行為之人。代理人之概念，係依個別法律行為之成立而為判斷，代理權人如未為法律行為，尚非代理人❸。

---

❸ 參照，最高法院七二年臺上字第二一一五號判決：「受任人本於委任人所授與之代理權，以委任人名義與他人為法律行為時，固直接對委任人發生效力。若受任人以自己或第三人之名義與他人為法律行為，則對於委任人不生效力。其委任人與法律行為之他造當事人間，自不發生何等法律關係。」

❸ 參照，最高法院六四年臺上字第三八五號判決：「所謂以本人名義，『即表示欲將所為意思表示或所受意思表示之效果，直接歸屬於本人之意思。』苟依一切具體情事可認為『有此意思』，仍應使其所為意思表示或所受意思表示之效果，直接歸屬於本人。」

❸ 隱名代理之成立，須相對人對於代理人有代理權乙節為明知或可得而知：
　(1)早期實務見解：參照，大理院五年上字第五七九號判例；晚近實務見解，請參照，最高法院八一年臺上字第一六五號、八二年臺上字第六七二號判決。
　(2)主要學理見解：參照，王著，第四八三頁；洪著，第四七二頁；施著，第二八二頁；黃立著，第三八八頁～第三八九頁。

❸ 民法各條（包括本章第二節）所稱之法定代理人，通常即係泛指有（法定）代

(3)代理權

代理權者，得以本人名義為本人為法律行為之權能也。原來，任何人之法律行為，本應由其自己為之，非他人所得任意干涉，亦非他人所可借用名義而為之。代理權係調整此一基本預設之權能，語其概念內涵如下：

①代理權究為權利之權或權能之權？通說採權能說❸❸。按諸權利也者，係享有一定利益為內容；然而，任何人而有代理權時，於法律上僅有得為代理行為之地位或資格，其人並未享有一定之法律上利益，也不會因代理權而得為請求或為負擔，更不會因行使代理權而取得利益或負擔義務，足見代理權之所謂權者，尚非為類似債權、物權或請求權、支配權等民法一般所稱之權利。

②一個人如對他人有代理權者，即得基於代理權為該他人而為法律行為，並對該他人發生效力；反之，任何之人如無代理權，即不得為他人而為法律行為。足見，對本人而言，代理權人具有一定特殊之法律上地位或資格，憑此資格而有一定之法律上之效能（權能或權限），稱之代理權限或代理權能，或更明晰。

③代理權旨在判定得否為他人為法律行為，此之他人，在代理的相關法律關係上是為本人。為本人為法律行為者，須以本人名義為之，至於代理人名義之表明，尚非絕對必要❸。

2.代理關係的芻議

在代理概念上，代理行為、代理人及代理權三者，係互為基礎而且又

理權之人，非謂其必限於為各該法律行為之（法定）代理人。

❸　參照，最高法院七三年臺上字第二五四七號判決：「代理行為，代理人非以本人之名義為之者，不得成立。」

❸　參照，王著，第四八一頁；史著，第四七六頁；李模著，第二四六頁～第二四七頁；洪著，第四五〇頁；施著，第二九三頁～第二九四頁。

❸　參照，最高法院五三年臺上字第三六六六號判決：「代理人於代理權限內，以本人名義所為之意思表示，直接對本人發生效力，……以示以本人名義及為代理之事實即已足，從而代理人未以代理人名義蓋章，對其代理行為之成立不生影響。」

是環環相扣，試舉實例一則以助了解。

(1)事　例

　　受監護宣告人甲，臥病於 A 醫院多年，累積應繳醫療費用達數百萬元，因無力繳納而面臨退院之窘境；甲之監護人乙在情非得已之下，將甲僅存之 B 屋，以甲之名義出售於丙，並移轉 B 屋所有權登記於丙，嗣將所得價款，盡數償還醫療費用。

(2)說　明

① 受監護宣告人無行為能力 (§15)，依法應置監護人 (§1110)，該監護人即其法定代理人 (§1113、§1098 I)。足見，乙係甲之法定代理（權）人，亦屬民法本節所稱之代理權人；相應的，甲是為所謂之本人。

② 代理權人，在代理權之範圍內，得以本人名義為法律行為。按監護人為受監護人的利益，得對於受監護人之財產為處分 (§1113 I、§1101)，並得按受監護人之財產狀況，護養治療其身體 (§1112 I)。茲受監護宣告人甲住院多年，積欠鉅額醫療費用，非出售甲之財產償還，甲即將面臨退院之困境，其監護人乙出售甲所有之 B 屋，屬護養治療所必要之範圍，足認乙之出售 B 屋於丙，符合所謂基於代理權之意旨，於法並無不合。

③ 房屋出售，係成立買賣 (§345 I)，為最常見而典型之法律行為（契約）；移轉房屋所有權之約定，係成立該物權移轉之法律行為，於書面完成時該項物權之法律行為成立 (§760)。乙即是各該法律行為之代理人，甲則相應而為本人。

④ 代理行為之效力，直接對本人生效；所謂直接對本人生效，係指該法律行為即是本人之法律行為。因此，買賣及移權之出賣人仍為甲而非為乙。

⑤ 乙受領房屋價款之行為，具有效果意思，甲亦係成立代理行為。

⑥ 乙對 A 醫院為甲清償醫療費用之行為，具有效果意思（消滅債務之效果意思），在法律意義上，乙對甲亦係成立代理行為；同理，以上①～④之敘述，於此亦得援用。

(3)法律關係之整理

根據上述說明，試整理歸納甲乙丙間之法律關係如下：

3.代理行為概念再訪

代理行為雖由代理人所為；不過，從法律規範上的意義來講，代理行為卻是本人之法律行為。例如上述賣屋之買賣及移權，形式雖由乙出面與丙訂定，但在法律意義上，該買賣等並非乙之法律行為，而是甲之法律行為。其基本而重要的課題，就是「代理人所為之法律行為＝本人之法律行為」與否的探討，茲分為下列三項剖析：

$$
代理行為\begin{cases} 規範意義：本人行為 \\ 意涵所在：代為意思表示 \\ 適用形態：授受意思表示 \end{cases}
$$

(1)本人行為（規範意義）

①本人行為

代理行為究竟僅係效力歸屬本人?抑或其行為本身亦成為本人之行為?效力歸屬說（非本人行為說）為通說❸❹❸。惟本書採本人行為說。

誠然，代理人代本人為法律行為者，民法第一〇三條文雖僅稱之「直接對本人發生效力」，而未直言代理之行為為本人之行為。不過，由於代理人為代理行為，只要係以本人名義為之即為已足，代理人縱未具名代理，亦不影響代理行為效力之發生❸❹❹；而且，民法本條並非僅以效力及於本人來表述，而是強調「直接對本人生效」。直接者，具有雙重意義，其一為強調本人為法律行為之當事人，其二為排除代理人為法律行為之當事人，足認唯本人為代理行為之當事人，代理人僅係成立法律行為之媒介，尚非該法律行為之當事人，其代理行為所生的權利義務，亦（唯）由本人取得承

---

❸❹❸　參照，王著，第四八五頁；史著，第四六三頁；李模著，第二四五頁；洪著，第四四一頁；黃立著，第三七六頁～第三七七頁。

❸❹❹　顯名代理、隱名代理之判準，在於是否明確表明本人，尚與代理人是否具名無關。

擔，但與代理人無關，故代理行為係本人之法律行為（且絕非代理人之行為）。以上述 B 屋買賣來說，B 屋雖由乙出面出售，但其買賣之出賣人或 B 屋所有權之讓與人，均是甲而非為乙。

②交易實例

在交易實例上，判定一個行為是否為代理行為，主要係是否以本人名義為之。以本人名義為之者，以表明為本人而為法律行為之意旨即可，非謂必須本人之簽名或蓋章。舉其簡要格式略有如下：

```
出賣人    甲
代理人    乙      茲為 B 屋買賣，雙方（甲、丙方）議定條件如下：
買受人    丙


標的物：B 屋
價金：○百萬元
其他約定事項（略）


出賣人    甲（通常由乙填寫，但未簽章）
代理人    乙（簽章）
買受人    丙（簽章）


○○年○○月○○日
```

(2)代為意思表示（意涵所在）

代理為法律行為之真正意涵所在，係在於代為意思表示。例如，於上述之例，甲有意成立法律行為，但自己未為意思表示，而係由乙基於代理權代理甲為出賣之要約（意思表示）或承諾（意思表示）。民法相關條項，既多指明意思表示 (§103～§105)；立法理由之說明，亦然[345]。

代理人所以代為意思表示，目的係在成立法律行為，並因法律行為的生效而為本人取得權利、負擔義務。因此，從法律行為層面定義代理之概念，應是更為直接而明顯[346]，但同時指明其意涵所在為意思表示，也是較

---

[345] 同[335]。

[346] 參照，民法 §106、§110、§167、§168、§170、§171（按代理行為之用語，係出

為中肯合理的作法。

(3)授受意思表示

①事實狀況

行為，分為作為及不作為兩種形態；代理行為所稱之行為亦然。從意思表示來說，可區分為代為意思表示（積極代理）及代受意思表示（消極代理）二者❸。

　a.代為意思表示

代理權人基於代理權，主動向第三人為意思表示者，是為代為意思表示，法典稱之所為意思表示(§103 I、§104)。如前例之乙，如主動向丙為出售 B 屋之要約（意思表示），即是代為意思表示；其後乙以所得之價款，向 A 醫院清償甲之負債（醫療費用），亦屬代為意思表示。一般稱之主動代理或積極代理；同理，上述 B 屋之買賣，如係依據甲之要約（丙為承諾），則其代理行為之形態，亦是主動代理。

　b.代受意思表示

與代為意思表示相對者，是為代受意思表示，亦即代理權人基於代理權，被動受領第三人對本人所為之意思表示。於意思表示生效時，代理權人成為代理人，第三人成為相對人。如前述乙之由丙受領 B 屋價金，即是代受意思表示；同理，如 B 屋之買賣，其過程係由丙先行向乙為要約，乙係受領要約後而為承諾，其受領要約亦係代受意思表示。法典稱之所受意思表示(§104)，是為被動代理或消極代理。

②規範意義

民法第一〇三條規定：「代理人於代理權限內，以本人名義所為之意思表示，直接對本人發生效力。前項規定，於應向本人為意思表示，而向其代理人為之者，準用之。」足見，授受意思表示或積（消）極代理之分類，

_____

現於債編通則「代理權之授與」乙款，而非民法本節)。

❸ 積極代理與消極代理之間，類型意義既不顯著，法律適用亦難儼然區隔，法律政策上，以不同條項分別獨立規定似無必要，民法第一〇三條第二項，當可刪除。

在法典上亦有相當依據，並得認為代理係以主動代理（代為意思表示）為基本類型（主類型），被動代理（代受意思表示）為延伸類型（次類型）**❸**。

㈡代理的功能

1.一般說明

代理的功能得分為以下二個面向說明：

$$
代理（功能）\begin{cases} 私法自治之補充 \\ 私法自治之擴充 \end{cases}
$$

⑴私法自治之補充

私法自治原則，在於賦與各個人以其自由之意志參與社會、進行交易，並以此為基礎，形成自由活潑而穩健發展的交易秩序。然而，在現實上，並非所有之人均有成熟而完全的自由意志狀態，未成年人及受監護宣告人即是。如何使未成年人及受監護宣告人，在安全體制下從事交易，成立有效法律行為，不僅相當重要，亦是確有必要，惟有如此，權利能力之制度設計，才能顯現積極而實質之意義。法定代理人制度，即是補充此一社會生活需求下的產物，其社會功能何其重大，由此可以想見。

⑵私法自治之擴充

在現代專業分工的社會，任何人之時間、精力及知能，均極有限，從事交易活動，如果須要事必躬親，其結果必定是心力勞瘁，卻少有成果。資本與勞力高度結合的大型或超級大型企業之建立及發展，更無可能存在。反之，如果一個人可以假手他人，代其從事交易活動，不但該他人可以為本人而盡情發揮，本人既可以享有其成而不斷壯大，並可有餘力專注自己之所專及所愛，不斷提升自我、盡情揮灑，在其事業領域對社會作更大貢獻。假手他人而完成本為自我交易上的制度規範，其最具積極功能之制度，即是（意定）代理。

在現代社會，藉代理而擴充一個人生活領域者，幾乎已到無遠弗屆的

---

❸ 類型區分，僅於概念形式有其意義，制度上並未嚴予區隔，亦無適用分際不同之問題。

狀態。它更可使一個人，在經貿領域裏有如千手觀音，同時經營或從事各種不同性質的事業及活動。一個年營業額高達千億美元的公司（法人、人），須靠成百上千的代理人，以為運籌帷幄，決戰千里，絕對是成敗的重要關鍵。學者嘗言，代理制度的發達，與近代企業所有者與經營者的分離、財產歸屬與財產管理的分化，具有密切的關係，誠可肯定❸。

2.存在形態

代理功能分之為二，係透過類型化的設計，藉由不同型態的代理類型分別實現的。精確理解代理，亦應本於類型觀察而為分別把握。爰試予歸納重點如下：

$$代理（功能）\begin{cases}法定代理：私法自治之補充：行為能力 (§76～§85)\\意定代理：私法自治之擴充：代理權授與 (§167～§171)❸\end{cases}$$

㈢代理的制度構成

代理之制度構成，爰分為下列三項說明：

$$代理（制度構成）\begin{cases}制度聚落\\制度全貌\\本書構想\end{cases}$$

1.制度聚落

⑴制度聚落的實態

代理的規定聚落，並非民法本節始而有之，更不以民法本節為限。因為，早在行為能力乙節 (§75～§85)，就有規範內容相當豐富的代理制度，只是其類型為「法定代理（人）」而非一般（意定）代理。此外，其他各編，尚有①代理權之授與 (§167～§171)、②監護 (§1091～§1113) 二項代理聚落。

---

❸ 參照，王著，第四七二頁。

❸ 參照，民法本節立法理由：「凡行為能力不完全者，為保護其利益計，須藉他人補充其能力之欠缺。又因疾病或其他原因，事實上不得親自為法律行為者，許依他人而為行為能力事實上之擴張。」

彙整觀之，略可表解如下：

$$
代理（制度聚落）
\begin{cases}
行為能力 (§75～§85) \\
代理 (§103～§110) \\
代理權之授與 (§167～§171) \\
監護 (§1091～§1113 之 1)
\end{cases}
$$

行為能力 (§75～§85)、代理 (§103～§110) ← 民法總則編 ❸❺❶

代理權之授與 (§167～§171) ← 民法債編通則章

監護 (§1091～§1113 之 1) ← 民法親屬編

(2)制度聚落的規範內容

以上四個制度聚落規範之要點略有如下：

①行為能力

a.無行為能力人意思表示之代為 (§76)。

b.限制行為能力人意思表示之補充 (§77、§79)。

c.限制行為能力人代理（補充）之排除 (§83～§85)。

②代　理

a.代理行為之效力 (§103)。

b.代理人之資格 (§104)。

c.代理行為瑕疵之認定 (§105)。

d.自己代理及雙方代理之禁止 (§106)。

e.代理權限制及撤回之對外效力 (§107)。

f.代理之消滅 (§108、§109)。

g.無權代理之對外效力 (§110)。

③代理權之授與

a.代理權授與之方法 (§167)。

b.共同代理之原則 (§168)。

c.表見代理 (§169)。

---

❸❺❶　代理用語之出現，並不限於此等聚落。例如，在行為能力章節之前，有民法第五二條第三項、第四項，於債編，尚有第一八七條、第二二四條、第五三一條等。於親屬編，則有第九七四條、第九八一條、第九八四條、第九九〇條、第一〇〇三條、第一〇〇六條、第一〇四九條等。

　　d.狹義無權代理之內部效力 (§170、§171)。

④監　護

　　a.受監護人之法定代理人 (§1098、§1113Ⅰ)。

　　b.法定代理人設置之必要性 (§1091、§1110)。

　　c.法定代理人之確定 (§1086、§1093、§1094、§1111)。

　　d.法定代理人之資格 (§1096、§1113Ⅰ)。

　　e.法定代理人權限之限制 (§1101、§1102、§1112Ⅰ)。

2.制度全貌

　　代理制度，既然分成不同聚落規定，而且散見於民法各編，表徵各為不同之規範內容，則觀察其完整制度，殆可分為下列二者說明：

$$代理（制度全貌）\begin{cases}制度聚落之歸類\\制度體系之構成\end{cases}$$

⑴制度聚落之歸類

　　就代理制度分別設有具體條項，使其區分在民法上卓有類型存在之意義者，首推法定代理與意定代理二者。事實上，民法本節以外之代理聚落，大體分屬於上述二者；相對的，民法本節，則大體可以視為二者共通事項之規定（近於一般所謂之通則）。從制度之互涉及角色定位言之，四個制度聚落之規範意義，殆可歸納如下二表：

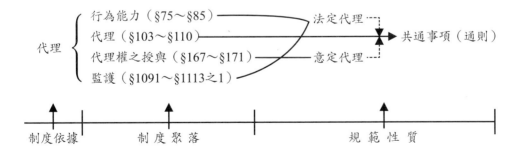

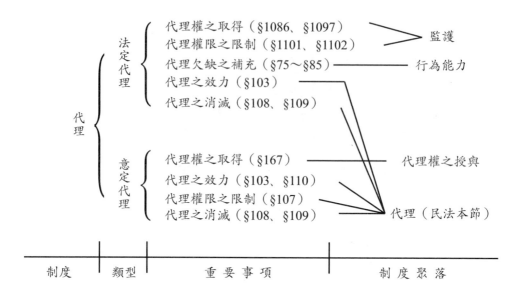

⑵制度體系之構成

代理制度體系之構成，擬分為下列三項說明：

$$代理（制度體系）\begin{cases}通則與各論\\核心與周邊\\重整與體系\end{cases}$$

①通則與各論

　　法律制度之構成，有總（通）則與各論之分，其體例尚可分為顯形模式與隱形模式二者。前者，意指法典於該法律制度，並明定有通則者而言，是為常態；後者，意指法典體例上雖無通則節次，但可以從制度之互涉關係歸納出通則及各論之依存者而言。茲試予舉例於下：

$$
\begin{array}{l}
\text{法律制度體例} \\
\text{（通則與各論）}
\end{array}
\left\{
\begin{array}{l}
\text{顯形模式}
\left\{
\begin{array}{l}
\text{法人（通則：§25～§44；各論：§45 以下）} \\
\text{買賣（通則：§345～§347；各論：§348 以下）} \\
\text{所有權（通則：§765～§772；各論：§773 以下）} \\
\text{夫妻財產制（通則：§1004～§1015；各論：§1016以下）} \\
\text{遺囑（通則：§1086～§1488；各論：§1089 以下）}
\end{array}
\right. \\
\text{隱形模式}
\left\{
\begin{array}{l}
\text{契約（通則：§153～§166 之 1＋§245 之 1～§270；各論：} \\
\qquad \text{§345 以下）❸❺❷} \\
\text{特種買賣（通則：§345～§378；各論：§384 以下）❸❺❸}
\end{array}
\right.
\end{array}
\right.
$$

代理，雖是散落民法各編，且無通則一類之用語。然而，此等聚落，既可分門別類或歸屬於法定代理、意定代理或共通事項，則謂其間自亦存有通則與各論之關係。法定代理與意定代理儼然有別，於法律上是個別規定之個別存在形式，均為一般所稱之各論；反之，民法代理本節所定之各條項，原則上於法定代理及意定代理，均得共通適用，是為一般所稱之通則。如是，當可歸類為隱形模式之通則形態❸❺❹，並論定其完整構成如下：

---

❸❺❷　民法上並無（契約）通則之名稱，亦無契約各論之用語，惟就實質內容而言，民法債編通則乙章所出現二個款次之契約，即是契約之通則；反之，民法各種之債乙節之規定內容，則殆為各種契約類型，故以契約各論名之。

❸❺❸　契約通則，債之通則 (§199～§245 ＋ §271～§344) 亦為買賣之通則，就制度上之規範意義而言，二者自亦屬於特種買賣之通則。如是，規範構造上之體例互涉略如下表：

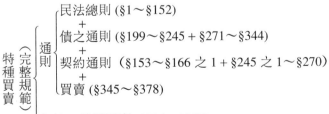

$$
\begin{array}{l}
\text{特種買賣} \\
\text{（完整規範）}
\end{array}
\left\{
\begin{array}{l}
\text{通則}
\left\{
\begin{array}{l}
\text{民法總則 (§1～§152)} \\
\quad ＋ \\
\text{債之通則 (§199～§245＋§271～§344)} \\
\quad ＋ \\
\text{契約通則（§153～§166 之 1＋§245 之 1～§270）} \\
\quad ＋ \\
\text{買賣 (§345～§378)}
\end{array}
\right. \\
\text{各論：特種買賣 (§384～§397)}
\end{array}
\right.
$$

❸❺❹　參照民法本節立法理由：「本法則以法定代理、意定代理共通適用之條文，概括規定於總則編中。」

$$
代理
\begin{cases}
通則（代理：民法本節：§103～§110） \\
各論
\begin{cases}
法定代理
\begin{cases}
成立（監護：§1091～§1113 之 1） \\
效力（行為能力：§76～§85）
\end{cases} \\
意定代理：成立、效力（§167～§171）
\end{cases}
\end{cases}
$$

②核心與周邊

代理，係指基於代理權而為之法律行為；因之，代理之內容理應以此為限。然而，無代理權之人而竟冒用他人名義成立法律行為之無權代理，現實交易上偶爾可見。無權代理並非代理之一環，多數國家民法因斟酌其與代理毗鄰而居，爰多附予規定❸❺❺，我國民法亦然。

無權代理終究僅是代理的周邊制度；故以下之區隔仍有實益：

$$
代理
\begin{cases}
核心：（有權）代理
\begin{cases}
通則（§103～§109、§108） \\
各論（監護、行為能力）
\end{cases} \\
周邊：無權代理（§110、§169～§171）
\end{cases}
$$

③重整與體系

代理權之授與，為代理制度上甚為重要的一環，但非為債之發生原因，

---

❸❺❺ 茲舉代表立法例三者以為佐證：

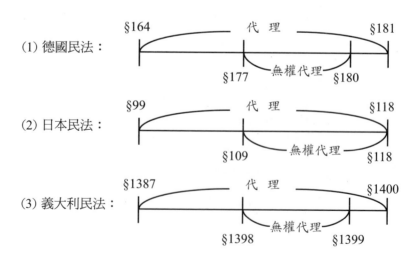

(1) 德國民法： §164 代 理 §181 §177 無權代理 §180

(2) 日本民法： §99 代 理 §118 §109 無權代理 §118

(3) 義大利民法： §1387 代 理 §1400 §1398 無權代理 §1399

民法卻規定其於債編通則中，與契約、侵權行為等並列為獨立的債之發生原因款項 (§167〜§171)。此種立法體例，不僅混淆債法之體系，亦嚴重割裂代理的制度構成。本於制度整體考量，將代理權之授與乙款，依其規範性質分別移列於民法本節相關條項，予以併同觀察理解，實有必要。民法債編修正研議之時，即曾出現頗多與此觀點相同之修正建議❸❺❻。國內民法總則之著作，長期以來，亦大多宗此立場❸❺❼。至其重整作業如下：

　　ⓐ授權表示 (§167)

　　　　意定代理之成立，民法本節諸條原則上均有適用；而且，代理權授與乙款中之其他條文移回民法本節後，授權表示條項將失所附麗，便宜移於民法本節規定，似較可行。

　　ⓑ共同代理 (§168)

　　　　共同代理為代理之共通事項，本應規定於民法本節。

　　ⓒ無權代理 (§169〜§171)

　　　　無權代理的主要課題有二，一為無權代理人與本人間之關係，其二為相對人與無權代理人間之關係，民法本節僅就後者而為規定 (§110)，無寧為重大缺漏。前者所在之第一六九條〜第一七一條，移回民法本節，恰可進行無縫接軌。

　b.體系構成

以民法本節為基礎而構建較嚴謹之代理制度體系略如下表❸❺❽：

---

❸❺❻　參照，司法行政部，《民法債編修正意見彙編》，一九七六，第一五頁以下。

❸❺❼　參照，王著，第五〇一頁以下；史著，第四八九頁以下；李模著，第二六八頁以下；洪著，第四七九頁以下；施著，第三〇三頁以下（著墨頗深，深具啟發意義——同書第二八九頁）；梅著，第一〇三頁；黃立著，第四〇〇頁以下。

❸❺❽　國內著述，最具參考價值者，請參照，王著，第五一〇頁（特別是所附圖表）。

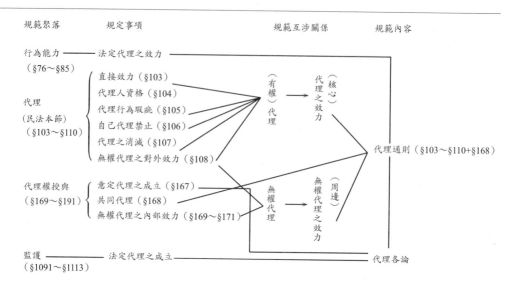

3.本書構想

民法本節所稱之代理，意義上既為代理通則，則其欠缺共同代理及無權代理內部效力之條項，顯然是一項嚴重的遺漏，研習時理應回歸制度總體考量，納入二者，再予重新理解如下：

代理＝民法本節（代理通則）＋民法債編通則代理權之授與乙款

　　＝（§103～§110）＋（§168～§171）

　　＝代理通則＋無權代理

　　＝[（§103～§109）＋§168]＋[（§169～§171）＋§110]

本於正本清源，勾劃代理通則完整內容之構想，本節爰將代理權授與表示之規定（§167）、共同代理（§168）、無權代理的內部效力（§169～§171）諸規定，併於民法本節相關條項論述。不過，僅以體系構成所必要者為範圍。

㈣代理的適用範圍

代理之適用範圍，分為下列二者：

代理（適用範圍）{法律事實層面：法律行為（非法律行為原則並無適用）
　　　　　　　　 法律行為層面：財產行為（身分行為原則並無適用）

1.法律事實層面

從法律事實層面來說，唯法律行為得為代理之標的。法律行為以外之行為，無論其為事實行為或違法行為，因其無關意思表示，而且其效力均由法律規定而直接發生，本為借道代理之可言，故並無代理之適用。前者之著例如占有（§740 以下）、無主物先占（§802）、遺失物拾得（§803）、添附（§811～§816）等均是**❸**；後者，如侵權行為是**❸**。事實行為（特別如輔助占有——§942）**❸**，亦無代理之適用。此外，代理權人因實行代理行為而成立侵權行為，以致本人應負損害賠償責任者，僅係本於內部關係而負僱用人責任 (§188)**❸**，非謂其係基於代理而負責。

準法律行為，有無代理之（類推）適用，學理立場不盡相同**❸**。按代理行為後法律關係之遂行（權利之請求或義務之履行），常須為一定之準法律行為；例如，代理人代本人成立買賣後，催告相對人履行債務 (§229 II)、或相對人給付之物有瑕疵而對其為通知 (§356 I)，即係事所常有。此之催告通知，即是準法律行為，認準法律行為不得類推適用代理之規定，恐有

---

❸ 參照，最高法院五五年臺上字第一○五四號判例：「代理僅限於意思表示範圍以內，不得為意思表示以外之行為，故不法行為及事實行為不僅不得成立代理，且亦不得成立表見代理。」

❸ 參照，最高法院八○年臺上字第二三四○號判決：「侵權行為為違法行為，不發生意思表示發生效力之問題，無適用代理規定之餘地。故代理人所為侵權行為之法律上效果，非得依代理之法則解為對於本人發生效力。」

❸ 基於特定從屬關係，受他人指示，而為該他人管領其物（動產或不動產）者，對該他人而言，是為輔助占有人 (§942)，受僱人為僱用人或學徒為師傅管領（占有）其物者，是為著例。於法律上，其物之占有人為僱用人或師傅，而非事實上為占有之受僱人或學徒。

❸ 參照，最高法院六九年臺上字第七五五號判決（總經理侵權，公司應負民法第一八八條之僱用人責任）。

❸ 學理多數採肯定（得為類推適用）見解，參照，王著，第四七四頁；史著，第四六一頁；施著，第二八二頁（李模著，第二三三頁；洪著，第四三六頁採限制肯定說——感情表示不得類推適用）。

窒礙交易秩序之穩健發展，是肯定說似較可採，實務立場亦然❸❹。

2.法律行為層面

代理行為之適用範圍，及於債權行為及物權行為（包括準物權行為及無體財產行為），此固無異論❸❺，亦民法本節立法之主要考量依據。不過，法律行為而得為代理者，一般以為應以財產上法律行為（財產行為）為限，蓋以民法本節各條，多稱代為或代受意思表示，身分行為則常被排除於意思表示概念之外❸❻。

身分行為，非為代理適用之對象，其以代理行為為之者，於法無效，亦為實務多所強調❸❼，如兄弟姊妹間代理結婚者，其結婚無效即是。不過，法律另有規定者，依其規定。例如，認領❸❽、收養❸❾、終止收養❼⓿得由法

❸❹ 參照，最高法院八八年臺上字第一二九九號判決：「觀念通知（或稱觀念表示）之準法律行為，亦在代理人得代理之範疇……直接對本人生效。」

❸❺ 參照，最高法院二三年上字第一九一〇號判例：「公同共有人中之一人，已經其他公同共有人授與處分公同共有物之代理權者，則由其人以公同共有人全體之名義所為之處分行為，仍不能謂為無效。」

❸❻ 身分財產行為，有力見解以為，原則上仍不宜由第三人代其決定效果意思，除例外應由或許由法定代理人為之者，並無意定代理之適用。

❸❼ 參照，最高法院三三年上字第四〇三三號判例：「婚約應由男女當事人自行訂定，民法第九百七十二條定有明文，其由父母代為訂定者，當然無效。」（同旨最高法院二三年上字第一九九九號、第二五三七號，二九年上字第六一八號、第一一九三號，三三年上字第一七二三號判例）

❸❽ 參照，民法第一〇六七條第一項：「非婚生子女或其生母或其他法定代理人，得向生父提起認領之訴。」

❸❾ 參照，民法第一〇七六條之二：「被收養者未滿七歲時，應由其法定代理人代為並代受意思表示。滿七歲以上之未成年人被收養時，應得其法定代理人之同意。被收養者之父母已依前二項規定以法定代理人之身分代為並代受意思表示或為同意時，得免依前條規定為同意。」

❼⓿ 參照，民法第一〇八〇條第五項、第六項：「養子女未滿七歲者，其終止收養關係之意思表示，由收養終止後為其法定代理人之人為之。養子女為滿七歲以上之未成年人者，其終止收養關係，應得收養終止後為其法定代理人之人之同

定代理人為之。實務或持較為寬緩立場，認為於離婚之例，如其本人已有意思決定，再推由他人代為辦理相關手續者，仍可以其係本人之傳達機關而生效力❸❼❶；收養情形亦然❸❼❷。

二、關鍵概念

㈠意定代理

關於意定代理，擬分為下列四項說明：

$$
意定代理 \begin{cases} 前提作業 \\ 意定代理之意義 \\ 授權表示之特性 \\ 意定代理之效力、限制與消滅 \end{cases}
$$

1.前提作業

⑴案例舉隅

長年旅居國外之甲，擬出售其所有座落於臺北市某地段之 A 屋，爰書立代理授權書一紙郵寄於其認識之土地代書乙，請其代售並辦理一切後續手續。乙收信閱讀後將該授權書妥為保存於書櫃內公文夾中，但越一年均未曾代理甲出售 A 屋，甲氣憤不過，爰以乙不履行為代理行為之義務，請求乙賠償損害。

⑵選定依據

代理，雖有意定代理及法定代理之分，惟二者相較，仍以意定代理更具積極功能。兩者，民法本節諸條之中，代理人能力 (§104)、代理權之限

意。」

❸❼❶ 參照，最高法院二九年上字第一六〇六號判例：「兩願離婚，固為不許代理之法律行為，惟夫或妻自行決定離婚之意思，而以他人為其意思之表示機關，則與以他人為代理人使之決定法律行為之效果意思者不同，自非法所不許。」

❸❼❷ 參照，司法行政部六三民字第〇三九八〇號函：「查收養子女，固為不許代理之法律行為，惟收養人自行決定收養之意思，而委任他人代訂收養契約書，則與以他人為代理人使之決定收養之意思者不同，尚非法所不許。」

制撤回 (§107) 及消滅 (§108、§109) 等條，有力學說以為僅於意定代理有其適用 **373**。果真如此，不僅民法本節半數條項非屬代理通則，抑且涉及代理制度體系之重新構成。此等問題之釐清，於代理制度之解釋適用，誠屬重要，爰列其以為關鍵概念。

代理權之取得，源自本人授與者，是為意定代理。於此情形，授權行為之性質如何？相對人於何時取得代理權？其授權人（本人）與相對人（代理權人）間，是否因授權行為而發生債之關係？後者之答案如為否定，則本人與代理權人之間債之關係如何發生？凡此種種，於意定代理上均是相當重要，但也容易引起混淆，以其作為案例基礎試為說明，於意定代理、乃至代理制度整體之研習，均屬深具意義，爰選定為敘明依據。至共論述要點如下表：

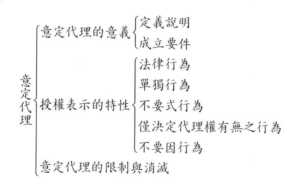

2.意定代理的意義

⑴定義說明

①概念芻議

源於本人授與代理權之意思表示而成立之代理權，是為意定代理，亦稱任意代理。例如，乙對甲本無代為出售 A 屋（買賣、契約、法律行為）之權限（資格），茲因甲對乙為授與代理出售 A 屋之（意思）表示，乙對甲因而取得為 A 屋買賣之代理權，即是意定代理。足見，意定代理者，乃意定代理權之簡稱，非指意定代理行為而言。

---

373 參照，王著，第四九二頁。

　　意定代理之成立，通常固由本人向將成為代理權人之人為授權；不過，一個人有意授與代理權於他人者，其目的通常係為了成立法律行為；例如，前例之甲，其所以授與代理權於乙，其目的通常係為了處分其在國內之財產（A屋）。如甲業已知悉第三人（設為丙）有意洽購A屋，對丙表明授與代理權於乙，請丙與乙接洽購買A屋之事，於法律上，甲乙仍成立意定代理關係（乙取得意定代理權）。民法第一六七條所謂授與應向代理人或向代理人對之為法律行為之第三人為之，其意旨即在於此❸❼❹。

$$\text{授權行為}\begin{cases}\text{授與代理人} \text{----------------內部授權}\\ \text{授與代理人為代理行為之第三人 -----外部授權}\end{cases}\hspace{-0.5em}\Bigg\rangle\text{成立意定代理}$$

②與法定代理之區隔

　　與意定代理相對之用語，法定代理，意指非出於本人意思而由法律規定成立之代理形態也。

　　法定代理成立上所稱之法定，只要非出於本人意思者即可，非謂其絕對與意思無關。蓋以法定代理之成立，間亦有出諸法院選定或改定（§1094 II、III），甚或本於法定代理人之授權者（§1092）。無論法院之選定、改定或法定代理人之授權，在法律事實之屬性上，亦均是意思表示（前者為法院之意思表示，後者為法定代理人之意思表示）。因之，學理於後者，爰有「意定的法定代理」之用語，以示其成立上之特色；如是，其出自於法院之選定或改定者，庶可相對稱之「裁定的法定代理」。其形態得為歸納如下：

$$\text{法定代理（成立）}\begin{cases}\text{法院直接明定（§1003、§1086、§1098）————原例}\\ \text{法院裁定（§1094 II、III：裁定的法定代理）}\\ \text{法定代理人授權（§1092：意定的法定代理）}\end{cases}\hspace{-1em}\Bigg\rangle\text{特例}$$

(2)成立要件

---

❸❼❹　參照，民法第一六七條立法理由（後段）：「代理權之授與，對於與代理人為行為之第三人為意思表示，即使之發生效力，亦無弊害，且轉有利於交易也。」

意定代理之成立要件為如下三者：

$$意定代理（成立要件）\begin{cases}本人有授與代理權之意思\\本人為授與代理權之意思表示\\授與代理權之意思表示生效\end{cases}$$

①本人有授與代理權之意思

意定代理係基於本人之授權行為，故本人應有授權之意思，從外觀上有表示授權之行為而實無其意思者，並不成立意定代理。授權意思，係指使被授權者得以本人名義而對本人生效之效果意思。若無效果意思而徒有表示授權者，充其量亦僅成立表見代理（§169）（屬性上仍屬無權代理），尚與意定代理無關。

②須本人為授與代理權之意思表示

意定代理須基於授與代理權之效果意思，而以意思表示為之，簡稱授權表示。稱之意思表示者，彰顯其屬性為法律行為，故為授權之本人應有行為能力，且其意思表示須為健全；否則，其授權表示（法律行為）即有瑕疵，分別適用行為能力欠缺、意思表示不健全之規定[375]。

授權表示，無待書面，無須方式，更無庸出示或交付授權書[376]；而且，明示默示均無不可[377]。但法律另有規定者，依其規定。例如，如委任他人處分不動產而同時授與代理權者，其代理權之授與即須以文字為之（§531）[378]。以前述案例而言，甲所為授權表示之範圍，包括 A 屋買賣之訂

---

[375] 授權僅有外觀而乏效果意思者，並非授權行為，一般稱之表示授權，與授權表示不容混淆。

[376] 參照，最高法院三九年臺上字第一一九〇號判例：「民法第五百三十一條所定之授權文字，乃委任人與受任人間契約上應行具備之形式，並非受任人必須交付他造當事人之書證。」

[377] 參照，最高法院七三年臺上字第一七二七號判決：「代理權之授與並不以明示為限，如依表意人之舉動或其他情事足以間接推知其有授權之意思者，即生效力。」

[378] 參照，民法第五三一條修正理由（後段）：「增列『其授與代理權者，代理權之

定及所有權移轉行為之登記。土地及房屋（土地上定著物），均屬於不動產（§66 I），而不動產所有權移轉之法律行為（物權行為），其訂立須以書面為之（§760），故其代理權之授與亦應以書面為之（§531）。故本件之甲，如未書立代理授權書而為授權，則乙尚無法取得代理權。

③須授與代理權之意思表示生效

意定代理之被授權人，須待授權之意思表示生效時，始取得代理權。故其係以對話方式而授與代理權者，於授權之意思表示為被授權人了解之時生效；如其係非對話方式而授與代理權者，於授權之意思表示到達被授權人之時生效。而且，只要授權表示生效，被授權人即同時取得代理權，無待被授權人同意或承諾。以前述案例言之，書面郵寄之授權表示，性質上屬於非對話之意思表示，於授權書到達於乙之時生效，乙亦同時取得（代理甲出售 A 屋及辦理所有權移轉手續之）意定代理權，即使乙收信閱讀後將其束之高閣，亦無礙於其為意定代理權人地位之存在。

3.授權表示之特性

授權表示之特性為下列五點：

⑴法律行為

授權表示一經成立生效，發生被授權人取得意定代理權之法律效果；因之，從法律事實之層面言，授權表示為法律行為。

①授權表示既為法律行為，有關法律行為成立生效要件之規定，於授權表示均有適用。例如，授權他人代理買入嗎啡毒品者，即因法律行為（之標的）違反公序良俗而無效（§72）；授權人為無行為能力人者，其所為之授權表示無效（§75 前段）。

②民法本節乃至代理權之授與乙款各條所稱之意思表示，究其真意應指法律行為而言，研讀時均得代之以法律行為。

③民法第一六七條理應解讀為授與代理權之法律行為，並得簡稱其為授權行為❸❼❾，並得圖示如下：

授與亦同。』使處理本條委任事務時……如授與處理權及代理權者，則二者之授與，均應以文字為之，以示慎重，並杜爭議。」

授權表示＝授與代理權之意思表示＝授與代理權之法律行為＝授權行為

(2)單獨行為

我國民法仿襲德、瑞民法規定❸❽⓿，授權行為，只要意思表示生效（到達或經了解），即告成立生效，無待授權人同意或承認。因之，授權行為係單獨行為，若其限制行為能力人未得法定代理人之允許而為授權行為者，於法無效 (§78)；惟其授與應向被授權人、或與授權人為法律行為之第三人為之，故為有相對人之單獨行為❸❽❶

(3)不要式行為

授權行為原則上無庸一定方式，故原則上為不要式行為❸❽❷。惟法律特別規定應以方式為之者，仍須履行法定方式，其授權行為始告成立，亦始有生效可能。例如，前述之甲，如僅以電話為授權之表示，其授權行為因違反民法第五三一條後段規定，授權行為難謂成立，乙無取得意定代理權之可言❸❽❸。

(4)僅決定代理權有無之行為

授權行為生效，被授權人得為代理之代理權範圍，依授權行為所據效果意思之內容而定。不過，代理權人並不因而負有為代理行為之義務，更不生遲延履行而應負損害賠償之問題 (§231)。因之，授權行為並非債之發生原因❸❽❹，為避免概念混淆，強調授權行為僅係決定代理權能有無之行為，

---

❸❼❾ 參照，最高法院三七年上字第八八一六號判例：「借據內印章及作押房契既均屬真正，……自應推定為本人授權行為。」

❸❽⓿ 主要規定依據為德國民法第七一條、瑞士債各法第三三條。

❸❽❶ 參照，民法第一六七條立法理由（前段）：「授與意定代理權之行為，是有相對人之單獨行為，非委任，亦非他種契約也。」

❸❽❷ 參照，最高法院四四年臺上字第一二九〇號判決：「代理權之授與因本人之意思表示而生效力，無須一定之方式。」

❸❽❸ 授權表示原則須以書面為之之民法上其他重要規定，尚有下列二者：
(1)經理人代理不動產之買賣或設定負擔 (§554 II、III)。
(2)代辦商代理票據行為、消費借貸或訴訟 (§558 III)。

確具正面意義。

意定代理之本人，所以授與代理權於被授權人，通常恆有一定之目的，為此目的之達成，是為代理權之授與的緣由，並基於目的關連而與被授權人發生一定之法律關係。例如，於前述事例，甲所以授與乙以出售 A 屋及辦理後續手續之代理權，其目的即在完成 A 屋之出售及其後之 A 屋所有權移轉。此等行為之進行，本為甲之事務，本於私法自治之原則，理應由甲自行處理，尚不因甲之授與乙以代理權而受影響；不過，依本件案例而言，甲為授權之際，同時顯有委任乙處理其事務之意思，乙如同意，即係允為處理，甲乙之間於法成立委任契約 (§528)，本於委任甲乙間爰有權義關係及債務不履行責任，並在此層面上，得為債務履行之請求。

從交易過程觀之，這種授權行為與委任契約伴同而生者，乃是常態，研習代理，對其二者如影隨形之關係，理應清晰理解與把握，從其混然一體之社會事實中，進行法律概念之明確區隔分離。

本於處理事務這個層面所成立之法律關係（通常係為委任），係授與代理權之所由來，一般以基礎法律關係名之，民法稱之為「代理權所由授與之法律關係」(§108)。以本案為例，論其二者之存在互涉如下：

效果意思 $\begin{cases} 授與代理權：單獨行為（授權行為生效，乙取得意定代理權）\\ 委託處理事務：契約〔乙為承諾（允為處理）生效之時，委任成立生效，乙有處理事務之權義〕\end{cases}$

⑸不要因行為

關於授權行為為不要因行為之屬性，有二個事項必須先行說明：其一為此稱要因不要因者，係指授權行為相對於基礎法律關係之是否要因而言；其二為肯定不要因行為，係作者意見之偏向，非謂其為制度之必然或學理

---

❸❽❹ 參照，拙著，《新訂民法債編通則（上）》，第一八頁～第一九頁、第二一頁～第二二頁、第二八頁～第二九頁；拙著，〈論我國民法債總構造上之非債總成分〉，拙著《民法研究（一）》，輔仁法學叢書，一九八六，第二五頁以下（原載《司法官訓練所三十周年論文集》）〕

之一致見解。

授權行為究為要因行為？抑或為不要因行為？學理上頗有爭議。偏於要因行為說者認為，授權行為效力之存否，與其基礎法律關係不可分離，如其基礎法律關係（例如前例之委任）不成立、無效、不生效力或被撤銷時，授權行為亦無獨立生效之理❸❺。民法立法政策，似亦偏於要因說，不僅於民法明定：「代理權之消滅，依其所由授與之法律關係定之」(§108Ⅰ)，於立法理由更明確表示要因行為之立場❸❻。

然則，要因行為說不僅架空民法第一〇四條規定而不利於未成年人利益之維護，對交易安全之促進亦恐有窒礙。愚見爰認為不要因行為較可採❸❼。至於民法第一〇八條第一項，則視之為不要因性原則之例外規定。

4.意定代理之效力、限制與消滅

意定代理之解說，理應有其效力內容、乃至限制與消滅等課題之探討。國內著述於此，亦大多採此立場。不過，民法本節有關效力條項或限制、消滅條項之規定，於法定代理亦有適用，併於代理通則而一體論析，應較可行。回歸其為代理通則之原貌，列於制度精義說明，並於意定代理之探討，刻意省略此一部分，庶可避免無謂之重複，呈現代理制度整體。

(二)無權代理

無權代理，擬分為下列四項說明：

$$
無權代理 \begin{cases} 前提作業 \\ 無權代理之意義 \\ 無權代理之成立 \\ 無權代理之效力 \end{cases}
$$

---

❸❺ 參照，史著，第四七八頁；洪著，第四五四頁；胡著，第三四八頁；黃著，第四八四頁～第四八五頁；鄭著，第三〇九頁。

❸❻ 參照，民法第一〇八條立法理由（前段）：「授與代理權之法律行為，……本法……作為要因行為，如代理權授與原因之法律關係存續，代理權亦因而存續，授與原因之法律關係消滅，代理權亦因而消滅。」

❸❼ 參照，王著，第四九八頁；李模著，第一二五頁；施著，第二九七頁；梅著，第一〇三頁。

1.前提作業

(1)案例舉隅

A 因出國接洽生意，將其所有空白支票一紙及簽發該支票用之印章一枚，交其友人 B 妥為保管，並囑付 B 不得簽發，B 當即應允。A 出國後，B 因年關將屆，其（B 之）債權人 C 催討貨款甚急，並以如不清償即停止供貨相脅，B 爰將 A 之空白支票予以填妥金額（設與貨款同額而為新臺幣一百萬元），蓋妥印章及填寫發票年月日、付款年月日，於 C 前來催討時，交付支票於不知其情之 C，以為清償貨款之用。支票到期，C 爰持票請求付款，返國之 A 以其並未授權於 B 簽發支票，拒絕付款。

(2)選定依據

無權代理，嚴格來說，並非代理之概念所可包攝。不過，在法典形式上，無權代理多便宜附帶於代理節次內規定，學理上亦多於代理篇章內論述無權代理，實務甚或以為，無權代理亦為代理形態之一 ❸❸❸，再斟酌無權代理所涉事項，尚稱複雜，且影響私權秩序甚巨，爰列為關鍵概念，以為整體觀察。

無權代理之成立、類型及內部效力等課題，雖未見之於民法本節，而規定於民法債編。不過，在規範性質上，它不僅與民法本節關於無權代理之對外效力 (§110)，結合成為無權代理制度之整體；而且，民法債編關於無權代理諸條項，無論是表見代理 (§169) 或狹義無權代理 (§170、§171) 之規定，於法定代理亦應有適用 ❸❸❹，將其選定為關鍵概念，亦可表徵其尚具通則之屬性。

無權代理，尚有表見代理與狹義無權代理二種類型之區分 ❸❹❶，惟二者

---

❸❸❸　參照，司法院七一廳民㈠字第〇〇〇九號函：「按無權代理亦為代理之一種，須無代理權人，以他人之代理人名義，與相對人為法律行為，始足當之。」

❸❸❹　實務認為表見代理於法定代理尚無適用（參照，最高法院七九年臺上字第二〇一二號判例：「表見代理之規定，惟意定代理始有適用，若代表或法定代理則無適用該規定餘地。」）

❸❹❶　參照，最高法院六二年臺上字第七八二號判例：「表見代理乃原無代理權，但

相較，表見代理之構成及效力，均較特殊，適用上較易引起疑義，果能深入理解，於無權代理制度之拿捏，或更具正面意義，爰選定其為實例依據，以期有助無權代理精義之體認。

不過，無權代理內部效力之規定，法典形式上畢竟屬於民法債編通則，為免失焦，其敘述爰盡量以足以敘明制度整體之程度為範圍。

2.無權代理之意義

於無權代理之意義，分為下列二項：

$$無權代理（意義）\begin{cases}定義說明\\類型存在\begin{cases}表見代理\\（狹義）無權代理\end{cases}\end{cases}$$

(1)定義說明

①抽象敘述

無權代理者，無權代理行為之簡稱，意指行為人無代理權，但以本人名義而為法律行為者而言。其成立要件為下列三者：

　a.行為人為法律行為

　b.行為人以本人名義為法律行為

　c.行為人欠缺代理權

就代理之人於宣稱以本人名義而為法律行為乙節，代理（行為）與無權代理（行為）二者原無不同；只是，行為人並無代理權，致與代理必須嚴為區隔。例如，前例之 B，並無代理 A（以 A 之名義）簽發支票之資格（權限），B 於空白支票上填妥金額、蓋妥（A 之）印章、填寫發票年月日及付款年月日，即係簽發支票之行為，而簽發支票係法律行為（通說認係單獨行為），故 B 所為，對 A、C 而言即係無權代理（之行為）。

②成立態樣

衡諸人格自由或私法自治，任何人如無法律規定〔法定或本人授權（意

表面上足令人信為有代理權，故法律使本人負一定之責任，倘確有授與代理權之事實，即非表見代理，自無該條之適用。」

定）〕，對他人為無代理權，苟有利用他人名義而為法律行為，縱使其動機係出於善意，甚或其結果有利該他人，於法律上仍因欠缺代理權而為無權代理。

無權代理，通常固係出於未經取得代理權而冒用他人名義之形態。不過，超越代理權限而為代理之情形，亦是無權代理。例如，授與之代理權為簽發支票，如代理權人竟在授權人取得之客戶支票加以背書（背書為法律行為、單獨行為）**❸❾❶**，此之背書仍是無權代理。

無權代理之態樣，計有下列四項：

a.未經授與代理權（法定授權或意定授權）而為法律行為。

b.授權行為無效或被撤銷後而為法律行為。

c.逾越代理權之範圍而為法律行為**❸❾❷**。

d.代理權消滅（包括撤回）後而為法律行為。

⑵類型存在

①研習態度

無權代理，可分為表現代理及狹義無權代理兩大類型。在研習上應並採如下三種態度：

a.表見代理與狹義無權代理為相互排斥之不同類型，其成立之表見代理者，即非狹義無權代理；反之，其成立狹義無權代理者，即不適用表見代理。

b.狹義無權代理者，固無表見代理之適用；不過於表見代理，如其相對人不主張適用表見代理者，仍應適用狹義無權代理，二者尚非楚河漢界，亦非毫無連結（選擇適用）之可能。

---

❸❾❶　參照，民法指示證券乙節立法理由（後段）：「至關於此制度（按即指示證券制度）之性質，……有謂應為契約者，有謂應為一方行為者，本法則不認其為契約。」

❸❾❷　參照，最高法院二三年上字第三八八八號判例：「無代理權人，不僅指代理權全不存在者而言，有代理權而逾越其範圍者，亦包含在內。故代理人逾越代理權所為之法律行為，非經本人承認，對於本人不生效力。」

c.在無權代理之判斷上，宜優先思考有無表見代理之適用；其無表見代理之適用者，始論定其適用狹義無權代理。因此，未經授與代理權等四種事由，均應先論定其有無表見代理之適用，非謂有此四者之一，即係直接適用狹義無權代理。

②類型態樣

a.表見代理

表見代理者，指行為人雖無代理權，但本人所為之外觀事實足以使人誤信其有代理權，相對人因而主張適用代理之無權代理類型。例如，前例之 A，雖未授與 B 以簽發支票之權限（代理權），但 A 將空白支票及簽發支票之印章交付 B（本人所為之外觀事實），足以使 C 相信 A 授與代理權於 B，B 之簽發支票雖是無權代理，但 C 得因其外觀事實，對 A 主張成立表見代理❸。

b.狹義無權代理

狹義無權代理者，意指無權代理而無表見代理適用之情形而言。例如，於前述之例，A 僅將印章交 B 保管，不料 B 竟竊取 A 之空白支票加以填寫後交付於 C，係成立狹義無權代理❹，無表見代理之適用。

3.無權代理之成立

⑴表見代理之成立

表見代理之成立要件為下列四項：

$$
表見代理（成立要件）\begin{cases} 行為人以本人名義為無權代理行為 \\ 本人所為外觀上足以使人誤信為有代理權 \\ 相對人對於誤信為無過失 \\ 相對人主張本人負代理責任 \end{cases}
$$

---

❸ 參照，最高法院四四年臺上字第一四二八號判例：「上訴人之印章與支票簿常交與某甲保管，自足使第三人信其曾以代理權授與該某甲，……自應負授權人之責任。」（同旨最高法院五六年臺上字第二一五六號判例）

❹ 參照，最高法院五二年臺上字第一八六七號判決：「盜用印章，偽造票據，均為犯罪行為，並非代理行為，無表見代理之可言。」

①行為人以本人名義為無權代理行為

②本人所為外觀上足以使人信為有代理權（表見事實之存在）

表見代理之核心概念在於表見事實之存在。表見事實者，因外觀事實而使交易相對人客觀上足以信賴其為真實之情事也。在意思自由原則之下，法律制度設計，固應尊重各個人之（效果）意思，不宜輕易以外觀事實作為依據。不過，在交易實際過程上，本人之意思存諸於心，常非交易之相對人所可了然或查悉，於必要情形，以外觀事實作為制度之補充、依表見事實而賦與法律效果者，亦常有之。虛偽意思表示，原則上本諸外觀而使其有效（§86本文），僅是其中著例而已。表見代理亦是此等外觀責任原理之產物，他如表見讓與 (§298)❸❾❺、表見合夥人責任 ❸❾❻、表見出名營業人責任 (§705) ❸❾❼、乃至表見股東責任（公司法 §62） ❸❾❽，均其著名之芳鄰。

表見是否成立？亦即外觀事實是否足以信賴？應綜合交易情事客觀認定之，以身分證及印章、印章及支票簿、或印章及空白支票同時交付他人保管，保管人如因之以本人名義而為法律行為，即得認為足以使人信賴有代理權存在而得成立表見代理；但僅交付印章於他人，是否成立表見代理 ❸❾❾，不無探究餘地 ❹⓿⓿。

---

❸❾❺ 參照，最高法院民法第二九八條立法理由：「債權之讓與人，若已將讓與之事，通知債務人，其債權之讓與雖不成立，或其讓與無效，債務人亦得以其對抗受讓人之事由對抗讓與人，蓋其讓與不成立或無效，債務人無從知之，應保護其利益也。」（同旨最高法院五六年臺上字第二一五六號判例）

❸❾❻ 參照，最高法院一九年上字第九七三號判例：「非合夥股東而有可以令人信其為股東之行為者，對於不知情之第三者，應與股東負同一之責任。」

❸❾❼ 表見出名營業人（或稱擬制出名營業人）之範圍包括下列三者：
　⑴參與隱名合夥事業之執行，
　⑵參與（隱名合夥事業）執行之表決，
　⑶知他人表示其參與（隱名合夥事業之）執行而不否認 (§705)。

❸❾❽ 參照，公司法第六二條：「非股東而有可以令人信其為股東之行為者，對於善意第三人，應負與股東同一之責任。」

❸❾❾ 實務曾經以為，將本人印章交付他人保管，即係成立表示授權而應負授權人責

a.表示授權

民法第一六九條規定:「由自己之行為表示以代理權授與他人,或知他人表示為其代理人而不為反對之表示者,對於第三人應負授權人之責任。但第三人明知其無代理權或可得而知者,不在此限。」足見,表示授權復可區分為二個下位概念:

表示授權 { 積極表示授權:以自己之行為表示以代理權授與他人(狹義表示授權)
消極表示授權:明知他人表示為其代理人而不為反對之表示(容忍表示授權)

表示授權,無授與代理權之(效果)意思,但有其表示之外觀,其法律事實上之性質係事實通知(準法律行為類型之一),而類推適用意思表示之規定。至於不法行為或事實行為,無關事實通知,均不得成立表見代理❹❶。

b.代理權之限制或撤回

民法第一○七條規定:「代理權之限制及撤回,不得以之對抗善意第三人。但第三人因過失而不知其事實者,不在此限。」蓋以代理權如經限制,其踰越代理權而為法律行為者,即屬無權代理;同理,代理權經撤回者,代理權人之代理權消滅,苟有續行而為法律行為,亦係成立無權代理。然而,如果單純適用狹義無權代理,不僅相對人之利益難有固妥保護,間亦影響交易安全,故民法本條規定使其效果不能對抗第三人❹❷。不過,僭稱代理人所為之法律行為,性質上仍屬無權代理,亦即不會因為不得對抗而

任(參照,最高法院五二年臺上字第三一二四號判決),似有失之過嚴。

❹❶❶ 參照,最高法院七○年臺上字第六五七號判例:「將自己印章交付他人,……倘持有印章之該他人,除受託辦理之特定事項外,其他以本人名義所為之任何法律行為,均須由本人負表見代理之授權人責任,未免過苛。」

❹❶❶ 同 ❸❺❾。

❹❶❷ 參照,民法第一○七條立法理由(後段):「代理權之受有限制及被撤回與否,第三人固無由知之,若許其得以對抗,是使善意第三人常蒙不測之損害也。……不得以其代理權之限制及撤回為對抗之理由。蓋為保護善意第三人之利益計也。」

轉為（有權）代理，惟其因外觀事實上足以使人信賴其有代理權，故一般認為係成立表見代理❹03，實務見解亦然❹04；但法律另有規定者，依其規定❹05。

c.代理權消滅而未釐清消滅事宜

代理權消滅而未釐清消滅事宜者，足以使人誤信原代理權人仍有代理權，故亦有表見代理之適用。不過，代理權之經撤回者，亦係代理權消滅事由之一；因此，此之所稱代理權消滅云者，應指撤回以外所生之消滅。

民法第一○九條規定：「代理權消滅或撤回時，代理人須將授權書交還於授權者，不得留置。」授與代理權之人苟未及時索回代理權授權書者，即係未釐清消滅事宜，於占有授權書而為無權代理時，足以使人誤信為有代理權，對交易之第三人爰亦負表見代理之責任。同理，如代理權之授與，係向為交易之第三人為之者，於代理權消滅時未向第三人為通知者，亦仍有表見代理之適用。

d.其他表見事實

本諸外觀責任理論，應認表見代理之成立，尚非以此三者為限，實務立場亦然❹06。例如，前述簽發支票之例，A 交付印章及空白支票於 B，意

---

❹03　參照，司法院七七廳民㈡字第一○四六號函：「民法第一百零七條……所謂不得以之對抗善意第三人，係指本人或代理人不得以代理權限制或撤回之事實，對抗善意第三人，主張其代理行為無效而言。至第三人……既得主張代理行為為有效（成為表見代理），亦得主張其為無權代理。」

❹04　實務上或採反對見解，認其尚與表見代理有別（參照，最高法院七○年臺上字第三五一五號判例：「表見代理云者，原係指代理人雖無代理權，而有可使人信其有代理權之情形而言，與民法第一百零七條所定代理權之限制及撤回之情形無關。」）。

❹05　依票據法第一○條第二項之規定，代理人逾越權限，而以代理人名義簽名於票據者，就逾越權限部分，應自負責任，解釋上即無適用民法第一○七條可言（參照，最高法院五○年臺上字第一○○○號判例）。

❹06　參照，最高法院八五年臺上字第四一七號判決：「表見代理，本質上仍屬無權代理，祇因客觀上有表見之事實，足使第三人信其有代理權，為維護交易之安全，法律乃規定本人應負授權人之責任。」

在保管，且明確禁止 B 以 A 名義簽付支票；衡此情節，實難認 A 原有表示授權之情事。解釋 A 應負表見代理責任，與其謂係源自表示授權，誠不如實務之直接謂其係出於表見事實也 ❹。足見，如果以為表見代理之成立僅以民法第一六九條規定為限，恐有過甚其辭。

③相對人對於誤信為無過失

依民法第一〇七條但書定有明文，對照第一六九條但書之規定，足認表見代理之成立，除相對人誤信其間有代理權外，尚須其誤信為無過失。所謂明知無代理權者，是為通稱之故意；所稱可得而知者，即是通稱之過失，相對人有此情事，於法即無保護必要，爰回歸適用狹義無權代理 ❹。但法律有特別規定者，從其規定。例如，經理權之限制不得對抗善意第三人之規定（§557、公司法 §36），其中關於代理權之適用，即應作如是之解釋 ❹。

④相對人主張本人負代理責任

表見代理之成立，須經相對人主張適用。蓋以表見代理者，本質上仍為無權代理，法律所以另定本人應負責任，係為保護交易相對人利益而設 ❹，如交易相對人無意主張保護者，法律尚無強加利益於相對人之必

---

❹ 最高法院於其相關判決，常將表示授權與表見事實混合使用，足以使人誤以為表見事實＝表示授權（參照，最高法院六〇年臺上字第二一三〇號判例：「由自己之行為表示以代理權授與他人者，對於第三人應負授權人之責任，必須本人有表見之事實，足使第三人信該他人有代理權之情形存在，且須第三人基此表見之事實，主張本人應負授權人之責任，若第三人不為此項主張，法院不得逕將法律上之效果，歸屬於第三人。」）

❹ 參照，民法第一六九條立法理由（後段）：「第三人明知他人無代理權，或依其情形，可得而知，而猶與他人為法律行為者，則係出於第三人之故意或過失，本人自不負授權人之責。」（同旨最高法院八五年臺上字第七六〇號判決）

❹ 經理權也者，同時具有代理權（對外效力）及處理權（對內效力），爰特別指明適用者係在於代理權之部分，藉以增進概念釐清之訓練。

❹ 參照，民法第一六九條立法理由（前段）：「本人由自己之行為，表示以代理權授與他人，或他人妄稱為本人之代理人，已為本人所明知，而仍不為反對之表

要 ⓼；本人，非為民法本條保護對象，不得主動主張適用表見代理。反之，主張與否係由相對人自由決定，法院不得本於職權適用之，亦不得勸諭或促使相對人主張之 ⓽。

表見事實之存在，以代理行為時為判斷標準，如行為時無其情事者，尚不因其後有相類情事而成立表見代理 ⓭。行為時之表見事實存在，應由主張適用表見代理之相對人負舉證責任 ⓮。

⑵狹義無權代理

狹義無權代理之成立要件，為如下二者：

示者，則對於第三人均應負授權人之責任。……否則第三人將蒙不測之損害也。」

❶ 基於實務見解，表見代理之類型構成如下表：

❷ 參照，最高法院五二年臺上字第一七一九號判例：「由自己之行為表示以代理權授與他人者，對於第三人應負授權人之責任……必須該第三人……主張表見代理行為，應對本人發生效力，非得由法院任意為當事人主張其效果。」（同旨最高法院六〇年臺上字第二一三〇號判例）

❸ 參照，最高法院九五年臺上字第二六一八號判決：「判斷本人是否有使第三人信為以代理權授與他人之行為，自應以他人以本人之名義與第三人為代理『行為時』已表見之事實決之，嗣後之事實，並非第三人信賴之基礎，自不得作為判斷之依據。」

❹ 參照，最高法院六八年臺上字第一〇八一號判例：「所謂知他人表示為其代理人而不為反對之表示者，以本人實際知其事實為前提，其主張本人知此事實者，應負舉證之責。」

$$\text{狹義無權代理（成立要件）}\begin{cases}\text{以本人名義為無權代理行為}\\\text{無表見代理之適用}\end{cases}$$

①以本人名義為無權代理之行為

此前已說明，茲不重複。

②無表見代理之適用

無權代理，如適用表見代理者，即無（狹義）無權代理之適用。語其互涉關係，如下：

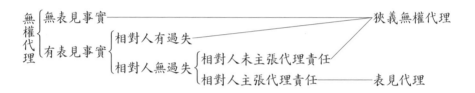

4.無權代理之效力

(1)一般說明

無權代理之關係主體為無權代理人、本人及他人（相對人）三者。為正本清源，論述無權代理之效力，應分別就此三者加以觀察，爰基此分為下列三項說明：

$$\text{無權代理}\atop\text{（效力）}\begin{cases}\text{本人與相對人間之效力}\\\text{無權代理人與相對人間之效力}\\\text{本人與無權代理人間之效力}\end{cases}$$

從主體關係區分，印證無權代理關係之重點，得歸納如下表：

$$\text{無權代理}\atop\text{（效力）}\begin{cases}\text{本人與相對人}\begin{cases}\text{表見代理：授權人責任(§169)}\\\text{狹義無權代理}\begin{cases}\text{本人：承認權、拒絕承認權(§170)}\\\text{相對人：催告權、撤回權(§170Ⅱ、§171)}\end{cases}\end{cases}\\\text{無權代理人與相對人：無權代理人賠償責任(§110)}\\\text{本人與無權代理人}\begin{cases}\text{代理部分：無關係}\\\text{基礎部分：侵權行為或債務不履行}\end{cases}\end{cases}$$

⑵本人與相對人間之效力

①表見代理

表見代理效力上之特徵，在於本人對於相對人負授權人之責任，亦意即雖非有權代理，但本人對於相對人，仍應負與代理之本人同一之給付責任而言；是以，授權人責任是履行責任，但非損害賠償責任❹，與基於代理所生之給付義務仍屬同質等價，故相對人主張適用表見代理者，如相對人基於原因關係而有相對義務者，對該義務仍負履行義務，其為雙務契約者，仍有同時履行抗辯及危險負擔 (§264～§267) 等之適用❹。再者，表見代理本係無權代理，如其相對人依無權代理之例行使權利者，解釋上並無禁止之理❹。

學理通說認為，表見代理於法定代理並無適用❹。不過，法定代理亦有源自授權（法定代理人委託或法院裁定）者，其間亦有類似撤回或限制之機制 (§1092、§1094 II、§1106)。於此等情形，如均否定表見代理之適用，恐有窒礙交易安全，法律漏洞亦無以補救，愚見爰以為，表見代理於法定代理，難謂絕無適用；只是其適用之形態侷限於類似授權或有撤回限制之界域。

②狹義無權代理

---

❹　參照，最高法院四四年臺上字第一四二四號判例：「本人有使第三人信以為以代理權授與他人之行為而與之交易，即應使本人負其責任。……係指履行責任而言，並非損害賠償責任，故本人有無過失在所不問。」

❹　參照，最高法院六九年臺上字第三八一號判決：「民法第一百六十九條所謂表示以代理權授與他人之行為，對於被上訴人應負授權人之責任，亦即應依合約負買受人給付價金之義務。」

❹　依無權代理之例行使權利，主要指相對人依法主張催告權 (§170) 或撤回權 (§171) 者而言。至於狹義無權代理與表見代理之規範競合，宜解釋為選擇關係 (§208～§212)，由相對人以意思表示擇定其一而適用（主張之時即生選擇之效力）。

❹　參照，王著，第四九二頁；史著，第四九四頁、第四九六頁；李著，第四八六頁；洪著，第四八三頁；施著，第三〇三頁。

　　　　a.本人之承認權、拒絕承認權

　　民法第一七〇條第一項規定:「無代理權人以代理人之名義所為之法律行為，非經本人承認，對於本人不生效力。」足見，狹義之無權代理行為對於本人而言，於法不生效力，但非無效。蓋以本人如願承認該法律行為，自任為權利義務人而予以承認，對於本人仍生效力**[419]**。

　　承認為以補授代理權為效果意思之意思表示(明示,默示均無不可)**[420]**，性質上屬有相對人之單獨行為，由本人向無權代理人或相對人為之。承認之結果使效力未定之法律行為確定發生效力，具有創設（發生）權利義務之作用，故承認權被認為屬形成權。拒絕承認，使不生效力之法律行為因之確定無效，性質上亦為形成權，以上有關承認之說明，於拒絕承認自亦得為援用。

　　承認有溯及自始之效力，故狹義無權代理而經承認者，其效果等同於自始成立（有權）代理行為，如其為處分行為者，則處分標的之原物及孳息，均溯自處分時起歸由受讓人取得。不過，於承認前相對人尚不得行使權利，消滅時效無從起算，因之，關於消滅時效之進行，宜自承認時起算（§128 前段）。同理，拒絕承認既亦有溯及自始之效力，故狹義無權代理經拒絕承認者，無權代理行為自始即是確定無效，本人嗣後即無再為承認之可言**[421]**。惟承認、拒絕承認僅係效力層面之課題，於無權代理行為之本質並無影響，故於承認，不會成為（有權）代理行為**[422]**，於拒絕承認亦不會成為無權代理人

---

[419]　參照，民法第一七〇條立法理由（前段）:「無代理權……經本人追認，則對於本人發生效力，藉以保護其利益，即於相對人之利益亦無損。」

[420]　參照，最高法院八五年臺上字第三一二七號判決:「承認係對於已經存在之法律行為補正授權行為之欠缺，並非事後授與代理權，故無權代理行為，經本人承認而補正欠缺者，與曾授與代理權之有權代理，本質上仍有不同。」

[421]　參照，最高法院八五年臺上字第九六三號判例:「無代理權人以代理人之名義所為之法律行為，係效力未定之法律行為，……本人如已為拒絕承認，該無權代理行為即確定的對本人不生效力，縱本人事後再為承認，亦不能使該無權代理行為對於本人發生效力。」

[422]　同**[420]**。

之行為❹❷❸。本來不許代理之行為，不因承認而使之生效❹❷❹。

　　b.相對人之催告權、撤回權

　　於狹義之無權代理，賦以本人以承認權、拒絕承認權，於本人利益之保護固稱妥適，但本人對於承認猶疑不決者，不僅嚴重妨害相對人之權益，間亦誘使法律秩序陷於不安定之狀態。為維雙方權益保護之平衡，民法爰相應賦與相對人以催告權及撤回權❹❷❺。

　　ⓐ相對人催告權

　　　　民法第一七〇條第二項規定：「法律行為之相對人，得定相當期限，催告本人確答是否承認，如本人逾期未為確答者，視為拒絕承認。」是為通稱之相對人催告權。催告應向本人為之，性質上為意思通知（準法律行為），類推適用意思表示（法律行為）之規定。相對人為催告者，如本人逾期未為確答，民法本條項明定其視為拒絕，法律關係因而可以盡早確定，於相對人亦屬有利❹❷❻。視為拒絕承認者，其法律效果與拒絕承認相同，故本人亦無再為承認之權利。催告，須就是否確答訂定相當期限，其未定期限或所定期限不相當者，催告不生效力，不因期限遞延而告補正❹❷❼。至於相當與否，應依行為性質及交易習慣客觀酌定之❹❷❽。

❹❷❸　參照，最高法院六九年臺上字第三三一一號判例：「無代理權人以本人名義所為法律行為，……並不因本人之否認，而使原法律行為之主體發生變更，成為該無代理權人之行為。」（同旨最高法院八五年臺上字第三〇三七號判決）

❹❷❹　參照，最高法院二九年上字第一九〇四號判例：「不許代理者，不因本人之承認而生效力。兩願離婚為不許代理之法律行為，其由無代理權人為之者，本人縱為承認，亦不因之而生效力。」

❹❷❺　同❹❶❾。

❹❷❻　參照，同上法條立法理由（後段）：「不確定之法律關係，若永久存續，則有害於相對人之利益，故法律特許相對人有催告權，使得除去不確定之狀態。」

❹❷❼　同❼❾。

❹❷❽　參照，最高法院四九年臺上字第一〇九四號判例：「催告……限，是否相當，應依一般觀念為衡量之標準，不得僅據承租人個人之情事決之，出租人所定之

ⓑ相對人撤回權

無權代理行為，在本人承認或拒絕承認前，如相對人原為善意，且不欲使該行為發生效力者，自得撤回其與無權代理人所為之法律行為，故民法規定：無代理權人所為之法律行為，其相對人於本人未承認前，得撤回之，是為相對人之撤回權 (§171)。但相對人為法律行為時，明知其無代理權者，不在此限。

與催告權對照，撤回權有下列二項特色：其一為撤回權係消極性權利，其結果使狹義無權代理行為消滅，相對於此，催告權係在促動本人行使權利，較具積極意義；其二為撤回權之存在相對有限，以相對人於法律行為時不知行為人無代理權（善意）為成立要件，反之，催告權則不問相對人是否善意均得主張。

撤回，係以阻止狹義無權代理行為發生效力為效果意思之意思表示，須向本人為之，故性質上亦屬有相對人之單獨行為。一經撤回，狹義無權代理之行為，自始確定無效。撤回權亦僅得於承認前為之，如本人業已承認，相對人即無復撤回之可言。反之，撤回一經生效，狹義無權代理行為（確定）無效，本人亦不得再為承認。不過，相對人為催告者，不影響其撤回權之行使，於本人承認前仍得主張撤回❷❷❾。

綜上所述，本人與相對人間關於無權代理之效力得歸納如下表：

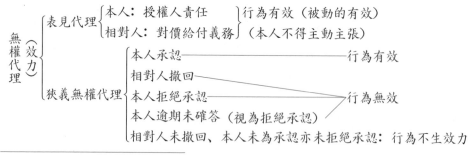

期限……以一般觀念衡之，其期限尚非過短者，仍應認為相當。」

❷❷❾　參照，民法第一七一條立法理由（中段）：「本人追認後，其法律行為為有效，此時無許相對人撤回之理。」

⑶無權代理人與相對人間之效力

無權代理，無論其為表見代理或狹義無權代理，亦無論其為本人承認或拒絕承認，乃至相對人為催告或撤回，對於相對人難免發生較代理行為或一般法律行為為多之額外損害，如其相對人為善意（不知其為無權代理）者，自無使其承擔損害之理，故民法第一一〇條規定：「無代理權人，以他人之代理人名義所為之法律行為，對於善意之相對人，負損害賠償之責。」以維相對人利益，並符公平原則❹❸⓪。

①賠償責任之成立

無權代理人對相對人既負損害賠償責任，則有關損害賠償之成立要件，如損害之發生、相當因果關係及歸責事由之存在，於此亦有適用。於此，爰僅配合民法本條，就較為特殊之損害發生及歸責事由加以說明。

　a.損害之發生

於無權代理行為，相對人所受損害，其形態通常略有如下：

　　ⓐ表見代理：相對人因主張適用表見代理而支出之必要費用。

　　ⓑ狹義無權代理因本人承認而有效：相對人因等待承認而受之損害，如其為催告者，連同因而支出之必要費用。

　　ⓒ狹義無權代理因相對人撤回而無效：無權代理行為無效而受之損害及因撤回而支出之必要費用。

　　ⓓ狹義無權代理因本人拒絕承認（包括視為拒絕承認）而無效：無權代理行為無效而受之損害，如其為催告者，連同其因稽延所受損害及催告所支出之必要費用。

　b.無權代理人之無過失

損害賠償之債，一般雖係過失責任 (§220、§184)，但無權代理人對相對人應負無過失責任，只要是相對人因無權代理行為所受之損害，不問無權代理人有無故意或過失，均應對相對人負損害賠償責任❹❸①，故或認其性

---

❹❸⓪　參照，民法第一一〇條立法理由：「本無代理權之人，而以他人之代理人名義，與相對人為法律行為時，……若善意之相對人因此而受有損害者，無權代理人並應負賠償之責，藉以保護善意相對人之利益。」

質為法定擔保責任者❹。

　　c.相對人之為善意

　　相對人得對無權代理人請求損害賠償者，須其自己屬於善意，亦即於無權代理行為成立時，對於無權代理乙節並不知情；而且，只要善意即為已可，至於有無過失，在所不問❹。

　　②適用範圍

　　國內學說大多以為，相對人撤回無權代理行為者，理無保護必要，應無民法本條適用❹。然而，相對人既須善意始得請求賠償，而其撤回者必受有（較一般法律行為所應負擔之）額外支出的損害，如謂撤回不得請求賠償，無異強令相對人憚於行使撤回權而忍受法律之不確定狀態，如此見解恐非適宜。同理，於無權代理，即使本人經催告後承認，相對人仍有因催告支出或時間遲誤而生之損害；於表見代理，其相對人亦會因主張適用表見代理而有額外支出之損害。此等損害，本不屬於交易成本之範圍，強令善意之相對人承擔，亦恐有違公平原理，故其適用範圍應廣及無權代理之各個形態，而非僅限於本人拒絕承認。

　　③賠償責任之範圍

　　有關民法本條之賠償範圍，解釋上應適用民法損害賠償之規定；因之，完全賠償 (§216)、過失相抵 (§217)、損益相抵（§216 之 1）等條項，均不排除適用。學理通說以為，此之賠償責任不以信賴利益之損害為限，即履

---

❹　參照，最高法院五六年臺上字第三〇五號判例：「無權代理人之責任，係直接基於民法之規定而發生之特別責任，並不以無權代理人有故意或過失為其要件，係屬於所謂原因責任、結果責任或無過失責任之一種，而非基於侵權行為之損害賠償。」

❹　學理或認為應負損害賠償責任之無權代理人，須有（完全）行為能力之人（參照，史著，第五〇三頁；洪著，第五〇五頁）。

❹　參照，同❹判例：「上訴人既未能證明被上訴人知悉其無代理權，則雖被上訴人因過失而不知上訴人無代理權，上訴人仍應負其責任。」

❹　參照，王著，第五〇四頁；史著，第五〇二頁～第五〇三頁；李模著，第二七二頁；洪著，第五〇五頁；施著，第三八〇頁。

行利益之損害亦應賠償❹。實務立場亦然，但強調不得超過履行利益之範圍❹。晚近有力學說一方面明確肯定履行利益說，但認為如無權代理人亦不知其無代理權者，其賠償範圍應僅限於信賴利益的損害賠償❹。斟酌以上相關說明，淺見以為，以下思考模式或更周妥：

$$無權代理\begin{cases}行為無效本身所受損害\begin{cases}原則：無權代理人非善意：履行利益損害賠償\\特例：無權代理人善意：信賴利益損害賠償\end{cases}\\+\\遲誤及額外支出所受損害：信賴利益損害賠償\end{cases}$$

④消滅時效

民法本條之損害賠償，係出於特別規定，並非基於侵權行為而生，應適用一般消滅時效（十五年期間之規定），實務立場亦然❹，其較為具體之制度內容，略有如下：

a.無權代理行為無效本身之賠償：

ⓐ無權代理行為成立之法律關係為一般給付者：十五年 (§125)。

ⓑ無權代理行為成立之法律關係為租金等之定期給付者：五年 (§126)。

ⓒ無權代理行為成立之法律關係為商事金錢給付者：二年 (§127)。

b.主張表見代理、催告或撤回所生額外支出之賠償：二年（回歸 §245 之 1 II、§247 III 之法律原則）❹。

---

❹ 參照，王著，第五〇五頁；史著，第五〇四頁；李著，第三三〇頁；胡著，第三六六頁；洪著，第五〇六頁；黃著，第四九二頁。

❹ 參照，最高法院八五年臺上字第二〇七二號判決：「無權代理人之責任，……相對人……請求損害賠償，不得超過相對人因契約有效所得利益之程度。」（同旨最高法院九〇年臺上字第一九二三號判決）

❹ 參照，王著，第五〇五頁；洪著，第五〇六頁。

❹ 參照，最高法院五六年臺上字第三〇五號判例：「（無權代理人責任）是項請求權之消滅時效，在民法既無特別規定，則以民法第一百二十五條第一項所定十五年期間內應得行使，要無民法第一百九十七條第一項短期時效之適用。」

❹ 參照，民法第二四五條之一立法理由：「締約過失責任……，為保障締約前雙

c.因等待承認或其他遲誤所生之損害：同上 b.。

愚見所以持如上觀點，蓋以為，民法本條本係學理所謂締結過失之類型，亦其特別規定。其中，於 a. 之部分，係因無權代理行為涉及法律行為本身，為保護相對人，故其消滅時效，準於法律行為適用給付義務之消滅時效。其 b. c. 之部分，因非涉法律行為本身，故仍維持適用締結過失損害賠償之消滅時效（回歸 §245 之 1 II、§247 III 所表徵締結過失責任消滅時效之法律原則）。

⑷本人與無權代理人間之效力

①代理權有無與基礎關係

代理權之有無，僅在決定無權代理行為之效力是否及於本人，於本人與代理權人之間，並無基於代理而發生權利義務關係之情事，此在無權代理情形亦然。不過，於本人與代理或無權代理人之間，事實上常因一定基礎法律關係而為代理或無權代理，並常因此基礎關係而發生法律關係。

從代理權有無與基礎關係之互涉關連，觀察本人與無權代理人間之效力，於以下三者頗值注意：

　a.本人與代理人間之基礎關係，於意定代理通常是委任或僱傭；而且，其非為僱傭者，宜認其得由委任所統攝❹❹⓿。學理或有認為，在交易上尚有僅有代理行為但無基礎關係之可能存在。惟以代理人為代理行為時，其另一層面即在處理本人事務，謂其間無基礎關係存在，實難想像。

　b.於無權代理，行為人為無權代理行為時，對本人可能造成損害，通常難謂非得預知，其為善意而無過失者堪稱少見，如其致生損害於本人者，通常難免損害責任。行為人如因而獲有利益者，並有不當得利之適用，前述簽發空頭支票而取得票款之事例即是。

　c.代理人或無權代理人，與本人發生一定法律效果者，係本諸基礎關

　　方當事人，爰……規定『前項損害賠償請求權，因二年間不行使而消滅。』」（民法第二四七條立法理由後段意旨同）

❹❹⓿　立法例或將代理規定於委任章節內（我國民法研定初期亦然），當可佐證。

係，亦依基礎關係而為調整，與代理權或代理行為本身無關。

②效力之內容

本人與代理人或無權代理人間所生效力之內容，依其基礎關係而定，惟此已是債法上之固有課題，說明爰予從略。

三、制度精義

制度精義，分為下列六項說明：

$$
\text{代理}\atop(\text{制度精義})
\left\{
\begin{array}{l}
\text{前提作業} \\
\text{代理之類型與鄰右} \\
\text{代理人之資格 (§104)} \\
\text{代理行為之瑕疵 (§105)} \\
\text{自己代理等之禁止 (§106)} \\
\text{代理權之消滅 (§108、§109)}
\end{array}
\right.
$$

㈠前提作業

1.案例舉隅

張君發現劉君收藏名畫江山萬里圖，亟思擁有，幾經查訪，獲知友人李女與劉君交情匪淺。當即洽請李女代其出面（以張君名義）洽購，李女欣然應允，幾經努力，劉君終於同意以新臺幣五百萬元出售於張君。不料劉君取得價款後，竟以仿冒之贋品交付於李女，不知其情之李女轉交於張君。張君得畫後，幾經鑑定，發現該畫確非真跡，爰對劉君主張撤銷該筆買賣。

2.選定依據

代理行為形式上係由代理人出面為之，如其間出現有虛偽意思表示、錯誤或被詐欺被脅迫時，究應就代理人決之？抑或應就本人決之？民法就此，於第一〇五條定有明文，就代理效力之論定，此一適用標準亦稱重要，爰予選為案例，以期有助相關規範之窺探。

(二)代理之類型與鄰右

1.代理之類型

代理之重要類型區隔，略可歸納如下：

$$
代理類型
\begin{cases}
①意定代理、法定代理 \\
②有權代理、無權代理 \\
③積極代理、消極代理 \\
④單獨代理、複數代理 \\
⑤本代理、復代理 \\
⑥直接代理、間接代理
\end{cases}
$$

以上類型中關於①、②、③之分類，前已說明，爰僅敘論其餘三者：

(1)單獨代理與複數代理

代理人人數單一者，是為單獨代理；反之，代理人人數為二人以上者，是為複數代理。按代理權依法律規定或當事人授權而得為單一之人或多數之人。其代理權人為複數者，尚非盡為複數代理。複數代理與否，其終局判斷標準，應就個別法律行為而定，其精確之意義，係指代理人為複數而非代理權人為複數。

民法第一六八條：「代理人有數人者，其代理行為應共同為之。但法律另有規定或本人另有意思表示者，不在此限。」共同為代理行為，通稱之共同代理。因其正確意義，係指複數代理權人之全體，稱之全體代理亦無不可。易言之，其代理權有三人者，須三人共同為代理行為，代理人有七人者，須七人共同為代理行為（餘者類推）；否則，即屬無權代理，非經本人或其他共同代理權人之承認，其代理行為不生效力❹。

共同也者，無庸同時為之；其先後完成者，亦無不可，惟以最後之人完成行為之時，作為共同代理成立之判定時點。

共同代理原則之例外，尚可歸納如下：

---

❹ 參照，最高法院二八年上字第一五三二號判例：「合夥之事務約定由合夥人中數人執行者……應由該數人共同為代理行為，若僅由其中一人為之，即屬無權代理行為，非經該數人共同承認，對於合夥不生效力。」

$$代理權人複數＝複數代理 \begin{cases} 原　則：共同代理（全體代理） \\ （§168 本文） \\ 例　外：\begin{cases} 二人代理：商號代理 (§556) ❷❷ \\ 單獨代理：訴訟代理（民訴法 §71 Ⅰ）❸❸ \end{cases} \\ （§168 但書） \end{cases}$$

⑵本代理與復代理

　　代理權，通常係因本人授與而取得，但間亦由代理人輾轉授權而取得者。相互對照，前者為本代理，後者為復代理。

　　本代理，即一般之代理，爰不重述。

　　復代理者，意指代理人（包括法定代理人及意定代理人），以自己名義選任本人之代理人，以行使代理權之全部或一部之授權行為❹❹。因其係由代理權人再為授權，故或稱之次代理，亦有稱之複代理者。惟此易與複數之代理發生混淆，故本書稱之復代理❹❺。於研習上下列四者頗值省思：

　①復代理，亦為本人之代理，吾人尚不能望文生義，以為其係代理人之代理。易言之，復代理僅係代理權取得之形式及時機與本代理有別而已，於法律上復代理人所為之者，亦係代理行為，亦應以本人名義為之，並對本人生效❹❻。

---

❹❷　參照，民法第五五六條立法理由（後段）：「商號所有人授權於數經理人時，祇須經理人中二人簽名，對於商號即生效力，蓋為便利交易起見，亦不必使商號中之數經理人，全體簽名，始為有效。」

❹❸　參照，民事訴訟法第七一條立法理由（前段）：「原告或被告之訴訟代理人，若有二人以上……必須共同代理，則辦事不能敏捷，……而使訴訟難於進行，此各自代理，所以為法律所許也。」

❹❹　日本民法，於復代理設有詳盡規定（日民 §104～§107），頗具參考意義。

❹❺　洪著（第四五九頁～第四六〇頁、第四六三頁～第四六五頁）於復代理之論述，頗為縝詳而具參考價值。

❹❻　參照，法務部八〇法律字第〇八七七二號函：「複代理（即本書之復代理），仍屬代理權授與之一種。解釋上，如經本人同意或另有特別約定，代理人可為本人選任複代理人，而複代理人所為之代理行為直接對本人發生效力。」

②除法律另有規定（如 §1092）或另有約定者外，復代理之授與應得本人之同意。

③復代理以本代理存續為前提，本代理消滅者復代理隨之消滅。

④復代理以本代理為其範圍，逾越者亦成立無權代理❹。

(3)直接代理與間接代理

代理制度上是否確有間接代理之類型,乃至是否確有對比觀察之意義,是個可以討論的課題，並期藉此闡明間接代理之非代理性及無庸特別強調之理由。

①意義探查

直接代理，即一般所指之代理，效力直接對本人發生；間接代理，則指行為人以自己之名義，為本人之計算而為法律行為，待其法律效果發生後再本於內部關係而移轉於本人之制度。二者相互對應，學理爰稱前者為直接代理，後者為間接代理。基此，顯然可以得到以下二項結論：

a.民法本節規定所稱之代理，稱之直接代理並無新義，而且反而容易發生概念上之混淆，並無必要援用。

b.間接代理，實為契約（委任），既非代理，更與代理無關，稱之間接代理，亦容易引起認識上之混淆。

②研習態度

本人委任他人處理事務者，於其彼此之間成立委任契約 (§528)；基於委任契約，本人即得請求受任人移轉其取得之權利於本人（委任人），受任人亦因此負有移轉之義務 (§541)❹，似無特別強調其為間接代理之必要。

反之，為他人處理事務，如授與代理權者，於本人與代理人之間，除

---

❹ 代理權人，經本人同意，將代理權讓與他人，使該他人成為代理權人而自己喪失代理權（人之資格）者，是為代理權移轉（與復代理迥然有別），本於私法自治（法律行為自由）原則而有效。

❹ 參照，民法第五四一條立法理由：「受任人於處理委任事務之際，其所收取之金錢、物品及孳息，……其後均應交付於委任人。若受任人以自己名義取得權利……亦應移轉於委任人，此亦委任性質上當然之不可缺事也。」

成立委任契約外，尚有代理權存在，代理人因處理事務，得以本人名義而為法律行為，其效力直接歸屬本人而無待移轉，斯是代理制度之本意，殊無強調其為直接代理之必要。否則，其說法反而倍感迷惑。實務捨棄間接代理而直接以委任論定，其立場頗值肯定❹❹。

2.代理之鄰右

代理之鄰右，主要有代表（人）、使者（傳達人）及占有輔助人等三者：

⑴代理與代表

①代表之意義

代表者，法人之代表機關為法人而為之行為；代表機關，一般稱之代表人。因之，所謂之代表，宜分從下列三個概念而求其了解：

a.法　人

代表為法人之制度，唯法人有之，與此相對之自然人並無代表之適用。因之，論及代表之意義，首須體察其與法人之相互依存關係。不過，此稱法人係採廣義，具有團體性之非法人團體及政府機關（構）亦有代表之適用；即使合夥亦然❹❺❶。

b.代表權人

代表權人者，意指得以法人名義為行為，因而對外發生效力之法人人員，其行為等於法人之行為；其法律上權能（資格），是為代表權。代表權人為法人而為行為者，即是法人該項行為之代表人；代表權人與代表人之關係，其情形恰似代理權人之於代理人。

代表權人通常為法人之董事（§27 II前段）；公司重整或清算時，其重

---

❹❹　參照，最高法院二二年上字第三二一二號判例：「若受任人以自己或第三人之名義與他人為法律行為，則對於委任人不生效力，其委任人與法律行為之他造當事人間，自不發生何等法律關係。」

❹❺❶　參照，民法第六七九條：「合夥人依約定或決議執行合夥事務者，於執行合夥事務之範圍內，對於第三人，為他合夥人之代表。」但非登記為法人之祭祀公業管理人，實務上不視為代表人（參照，最高法院六九年臺上字第一二九七號判決）。

整人或清算人為代表權人。代表權人有數人者，除法律另有規定或法人章程另有訂定外，各董事均有單獨代表法人之權（§27 II後段）；即使法人設有董事會之組織者亦然 ❹。依公司法規定，經理人就其執行職務之範圍內為公司負責人（公司法 §8）；因之，學理上或將經理人亦列為代表人者，惟此恐有混淆代表與代理概念之虞。

　　c.代表行為

　　代表權人為法人所為之行為，是為代表行為；比照代理行為之說法，亦得簡稱代表。法典所稱代表，通常係指法律關係上之代表，而非代表行為之簡稱。代表行為及於法人一切事務，並不以法律行為為限；因之，法律用語上特別凸顯「就法人一切事務，對外代表法人」（§27 II前段）。

　　②代表與代理

　　代表與代理近似但又儼然有別，爰試予比較如下：

　　a.恰相近似

　　　ⓐ代表權或代理權，均是權能（權限）之權，其行為均是對外發生效力（效力及於本人）。而且，其基礎關係亦多為委任。

　　　ⓑ代表權或代理權之限制，不得對抗善意第三人 (§27 III、§107)。

　　　ⓒ代表，除法律另有規定者外，類推適用代理之規定，無權代表亦有表見代表及狹義無權代表，分別類推適用表見代理 (§169) 或狹義無權代理 (§170、§171)❺。

　　b.儼然有別

　　　ⓐ代表僅於法人有之；代理則法人、自然人均屬有之。

　　　ⓑ代表行為為法人本身之行為，學理實務幾無異論；反之，代理行

---

❹ 法律特別規定，以董事長（或理事長）為法人代表者，則僅該董事長（或理事長）為代表（權）人，其餘董事（或理事）即非為代表（無代表權），是為特例（參照，最高法院六九年臺上字第四〇六五號判決）。

❺ 參照，最高法院七四年臺上字第二〇一四號判例：「代表與代理固不相同，惟關於公司機關之代表行為，解釋上應類推適用關於代理之規定，故無代表權人代表公司所為之法律行為，若經公司承認，即對於公司發生效力。」

為係代理人之行為而非本人行為，其見解為通說所在❹。

ⓒ代表行為不限於法律行為（包括準法律行為），即事實行為或侵權行為，亦均在適用之列❹；反之，代理行為僅限於法律行為始有適用。

ⓓ代表人多數時，原則上為單獨代表（§27Ⅱ後段）；反之，代理人為多數時，原則上為共同（全體）代理（§168）。

c.相通之處

代表之概念，只於實體法上有之，實體法上之所謂代表（人），於程序上係以法定代理（人）視之，且適用法定代理（人）之規定❹。

⑵代理與使者（傳達人）

將本人決定之意思表示傳達於他人，使之發生效力之人，是為使者，亦稱傳達人或傳達機關；其過程是為傳達。送達書信電報，係其淺顯例子。

代理與使者之區別實益如下：

①代理，係基於代理權而為法律行為；使者，僅係單純傳達本人已完成之意思表示，並無自為法律行為之意涵。因之，不許代理之行為（特別是身分行為），尚得藉使者傳達其意思表示❹。

②代理人須具有意思能力，須非為無行為能力人；使者，僅係單純表示工具，無行為能力人亦無不可。

---

❹　參照，最高法院八六年臺上字第一七八二號判決：「『代表』與『代理』之制度，其法律性質及效果均不同：『代表』在法人組織法上不可欠缺，代表與法人係一個權利主體間的關係，代表人所為之行為，不論為法律行為、事實行為或侵權行為，均為法人之行為；『代理』人與本人則係兩個權利主體間之關係，代理人之行為並非本人之行為，僅其效力歸屬於本人，且代理人僅得代為法律行為及準法律行為。」

❹　同上註。

❹　參照，司法院三四年院解字第二九三六號解釋：「法人之代表人，在民法上固非所謂法定代理人，在民事訴訟法上，則視作法定代理人。適用關於法定代理之規定。」

❹　同❸、❸

③代理行為之瑕疵，係就代理人決定 (§105)；傳達瑕疵之有無由本人決之。

(3)代理人與占有輔助人

受他人指示為他人占有動產或不動產之人，是為占有輔助人 (§942)。例如，商店的店員占有其經售之商品、金庫管理員占有其保管之物品，司機占有其駕駛之汽車均是；其法律上之占有人，乃是店主、倉庫營業人或僱主。占有，僅係一種事實，並非法律行為；因之，占有輔助關係，並不成立代理。不過，因代理而同時為占有輔助人者，即是同時兼具代理人及占有輔助人之雙重地位。例如，店員得代理受貨者，則其受貨時同時兼具上述兩種關係主體之資格。

(三)代理人之資格

1.一般說明

(1)基本規定

代理行為之效力，並不及於代理人，亦即代理人並不因代理行為本身而享有權利或負擔義務。因之，如本人願自行承擔其風險，以限制行為能力人為代理人，法無禁止之必要。是以，民法本節第一○四條規定：「代理人所為或所受意思表示之效力，不因其為限制行為能力人而受影響。」不受影響者，意即限制行為能力人得為代理人，其代理行為於法仍直接對本人生效 ❹。

按授與代理權係單獨行為，未經法定代理人允許者，對於限制行為能力人之授權於法無效，該限制行為能力人本亦不能取得代理權 (§78)。相應於彼，民法第一○四條得視之為民法第七八條之特別規定；因之，授與代理權於限制行為能力人者，無庸法定代理人允許仍得而為有效。此外，限制行為能力人並不因授權行為或取得代理權而負擔義務，解釋其為純獲法律上利益之行為而有效 (§77 但書)，亦不失為可行之解釋途徑。

(2)基礎關係

---

❹ 參照，民法第一○四條立法理由：「代理人所為、所受之意思表示，其效力及於本人，而不及於代理人，……故限制行為能力人，亦得代理他人。」

　　代理權之取得，乃至代理權人為法律行為，均難免同時成立基礎關係。例如，以前述授權購買名畫之例，併同其基礎關係觀察，其構成如下：

張君 {
①授與代理權 ――――――――― 得以張君名義成立買賣（授權表示：§167）
　　　　　　　→　李女　←
②委任處理事務 ――――――― 為張君買入名畫〔委任：(§258)：基礎關係〕
}

　　①授權行為有效，亦即縱使李女為限制行為能力人，仍無庸其法定代
　　　理人同意，即得獨立有效。

　　②同上理由，委任亦獨立有效。

　　③李女與劉君就名畫成立之買賣（契約、法律行為）有效。

2.適用上之特例

⑴法定代理有無適用之空間

　　法定代理及於受監護之本人事項的全面，關係本人之生養安置者至深
且鉅，本即不宜由限制行為能力人為之；而且，民法明定，限制行為能力
人不得為監護人，意即不得為法定代理人 (§1096 ①、§1098)；即使父母委
託他人行使監護職務而成為代理人 (§1092)，亦應作同一解釋。是以，通說
以為，限制行為能力人得為代理人之規定，於法定代理無適用餘地❹❺❽。

　　不過，認為現行法制上絕無法定代理人適用之一絲空間，恐會言過其
實。蓋以未成年未婚生子而加以撫育，法律並未排除其父母之為法定代理
人 (§1086)，亦難認其為子女利益所為之代理行為無效或不生效力。足見，
保留本條於法定代理上特例之適用，似較符法律制度原意及社會生活實情
之全面體察。

⑵意定代理之適用有無排除特例

　　公司法第一二八條規定，限制行為能力人不得為（股份有限）公司發
起人。實務以為，限制行為能力人亦不得為發起人之代理人❹❺❾；如是，則

―――――――――――――――

❹❺❽　參照，王著，第四八四頁；史著，第四六九頁；洪著，第四四六頁～第四四七
　　頁、第四四九頁、第四七七頁；施著，第二九八頁。

❹❺❾　參照，法務部七九法律字第一六六二二號函：「依……『無行為能力人或限制

該規定亦間接成為民法本條之特別規定（民法本條排除適用）。保險代理人（保險法 §8）❹，似亦應作用一解釋。是於意定代理，亦有限制行為能力人不得為意定代理人之特例。

㈣代理行為之瑕疵

1.代理行為瑕疵之意義

⑴定義說明

代理行為之瑕疵者，意指代理人所為之法律行為，於其意思表示層面存有不健全之情事者而言，無論表意人係為意思表示或受意思表示，均有適用❹。例如，前述案例之代理人李女，以張君名義與劉君成立名畫買賣，結果劉君給付贗品字畫，李女係因被詐欺而為意思表示，並因而成立法律行為（契約、買賣），即是代理行為或其意思表示為有瑕疵。無論李女於要約時被詐欺或係於承諾或受領標的物時被詐欺均是。而且，瑕疵無論存於代理人或其交易之相對人，亦均同有適用。

⑵適用範圍

①意思欠缺

此稱意思欠缺，意指意思表示不一致而言，包括單獨虛偽意思表示（心中保留），通謀虛偽意思表示，錯誤（包括誤傳）及意思表示不合致等情事。

②被詐欺、被脅迫 (§91)，惟代理人對相對人為強制或受相對人強制者，亦有適用。

③情事之知否

情事之知否有二：

行為能力人不得為發起人』規定之意旨，解釋上該代理人須有行為能力始得充任，俾公司設立行為較能流暢進行並保障第三人交易安全，故民法第一百零四條規定於此應無其適用。」

❹ 依保險法規定，保險代理人非僅為代理人，同時亦是經營業務之人（委任契約之受任人），解釋上應認為限制行為能力人亦不得為之。

❹ 參照，胡著，第三五〇頁（類推適用說：洪著，第四七五頁；李模著，第二四四頁認為於消極代理無其意義）。

　　a.代理人或相對人對於撤銷原因是否明知或可得而知（§91但書）。

　　b.代理人或相對人對於第三人所為是否明知或可得而知（§92Ⅰ但書）。

2.代理行為瑕疵之判斷

⑴判斷標準

　　民法第一○五條規定：「代理人之意思表示，因其意思欠缺、被詐欺、被脅迫，或明知其事情或可得而知其事情，致其效力受影響時，其事實之有無，應就代理人決之。但代理人之代理權係以法律行為授與者，其意思表示，如依照本人所指示之意思而為時，其事實之有無，應就本人決之。」蓋以代理行為，事實上係由代理人所為，至於本人並未實際而為意思表示，故代理行為瑕疵之有無原則上以代理人決之❷；不過，如代理人係依照本人指示而為代理行為者，於交易過程實等同本人自為意思表示，故例外而就本人決之。晚近實務以為，此之規定，於受僱人行為之瑕疵，亦應類推適用❸，惟是否允妥，不無研酌餘地。

　　代理人為複數時，無論共同代理、多數代理或單獨代理，代理行為之瑕疵，應就代理人全體加以觀察，如其中一人有瑕疵者，即有民法本條適用。於復代理之情形，其瑕疵之有無，原則上以復代理人決之。

⑵權利行使

　　代理行為之效力歸屬本人，其權利義務歸由本人享有負擔，故主張瑕疵事實存在而影響法律行為之效力者，應由本人或向本人為之；代理人非為權利義務主體，尚無主張之權利，其相對人亦不得向代理人主張之。因之，代理行為有瑕疵而得主張相關權利時，代理人應基於基礎關係即時通知本人主張權利，其期間之進行，仍自代理人知悉時起算❹。

---

❷　參照，最高法院七七年臺上字第一○九四號判決：「代理人就代理行為所為之意思表示，係代理人獨自為之，……關於代理人意思表示之瑕疵，致其效力受影響時，其事實之有無，應就代理人決之自明。」

❸　參照，最高法院九○年臺上字第四號判決：「使用人係為本人服勞務之人……為本人所為之意思表示，因其意思欠缺、被詐欺、被脅迫或明知其事情，或可得而知其事情，致其效力受影響時，宜類推適用民法第一百零五條規定。」

代理權利瑕疵之規定，於法定代理有無適用之判斷標準如下：

①於原則規定（本文），亦即就代理人決之之事項，於法定代理亦有適
用。

②於例外規定（但書），亦即就本人決之之事項，應認為於法定代理僅
得類推適用。

(五)自己代理等之禁止

於自己代理等之禁止，分為下列三項說明：

$$
自己代理（等）\begin{cases} 禁止之事項 \\ 禁止之例外 \\ 法律效果 \end{cases}
$$

1.自己代理等之禁止事項

代理之禁止事項有二，一為自己代理，二為雙方代理。一般以為，於
意定代理及法定代理，二者均是同有適用 **⑤** 。

(1)自己代理的禁止

自己代理者，係自己代理行為之簡稱，意指代理人為自己與其所代理
之本人為法律行為者而言，或稱自己契約 **⑥** 。例如，於前述購買名畫之例，
如李女早已取得該名畫，竟於為張君代理權人之後，出售該名畫於張君即
是。蓋以李女一方面代理本人（以本人名義）買受名畫，另一方面卻又以
自己之名義出賣該名畫。

自己代理所以加以禁止，旨在避免利益衝突，並兼顧本人利益之維護。

---

④ 參照，最高法院五二年臺上字第六號判例：「當事人知悉和解有無效或得以撤
銷之原因之時期，原不以其和解當時是否到場為據……雖本人未到場而委任代
理人為和解，其知悉與否，按之民法第一百零五條規定，亦當就代理人決之，
當事人不得以其本人未得知而主張從本人知悉之時起算。」

⑤ 參照，最高法院六五年臺上字第八四〇號判例：「民法第一百零六條關於禁止
雙方代理之規定於意定代理及法定代理均有其適用。」

⑥ 自己契約，係從基礎關係之層面言之，是否足以精確表達自己代理，不無研酌
餘地（參照，最高法院五八年臺上字第三二八一號判決）。

緣以代理權人，依其基礎關係，對於本人負有忠實處理事務之義務，如允許其代理本人與自己為法律行為，不僅本質上角色衝突，而且本人利益恐難獲得適切均衡的維護，故原則上不許代理人為之。

(2)雙方代理的禁止

雙方代理者，係雙方代理行為之簡稱，意指代理人既為本人的代理權人，又為相對人（與其交易之第三人）的代理權人，且同時為雙方之間的代理行為者而言，或稱之重復代理。例如，前述之例，如李女除為張君之代理權人外，又為劉君之代理權人，嗣同時代理雙方成立該名畫之買賣，即是雙方代理。

雙方代理之禁止，旨在防範代理人厚此薄彼，以維本人與相對人交易雙方利益之均衡❹。

2.禁止之例外

(1)法律規定

民法第一〇六條規定：「代理人非經本人之許諾，不得為本人與自己之法律行為，亦不得既為第三人之代理人，而為本人與第三人之法律行為。但其法律行為，係專履行債務者，不在此限。」蓋以既經本人許諾，於本人利益之保護，一般已有周全之考量；至於專為履行債務者，並不因此新生權利義務，於當事人利益並無衝突或不均衡之疑慮，故明定為例外而排除禁止之適用❹。

①經本人之許諾

許諾者，允許、承諾（認）之合稱也，得解釋其為同意。此之承諾也者，民法偶有條項明定，足認其意義等同承認 (§195 II、§443 I)。不過，與同意要約的承諾 (§156～§159)，語意截然不同。鑑於許諾之用語，在民法上甚為少見，如能回復一般語言使用慣例之同意，應更允妥。同意（許

---

❹ 參照，民法第一〇六條立法理由（中段）：「得為雙方之代理……則利益衝突，代理人決不能完全盡其職務，自為法律所不許。」

❹ 參照，同上條立法理由（後段）：「但（自己代理或雙方代理）經本人許諾，或其法律行為係專履行債務者，應作為（禁止之）例外，以其無利益衝突之弊也。」

諾）之法律行為，以財產行為為限，身分行為既不得代理，自亦不生因同意而得為自己代理或雙方代理之情事 ❹。

就適用類型而言，意定代理固無疑義，於法定代理，則除有使本人純獲法律上利益之情事 ❼外，應認為尚不適用。蓋以法定代理之成立，係專為保護本人之利益而設，除非意在使本人純獲法律上利益者外，本無因本人同意而使法律行為生效之理，自更不能因其同意而使其法定代理人得為自己代理或雙方代理 ❼。

雙方代理於土地交易頗為常見，律師或土地代理人，經雙方當事人同意，同時為雙方的代理人締結不動產買賣及辦理所有權登記者即是。

②專為履行債務

履行債務也者，意指清償債務，亦即使現時存在之債權債務為之消滅之行為 (§309 I)。專為履行債務，以單純的債務清償行為為限；例如，前述之土地代理人 A，本為出賣人之代理人，於土地買賣契約訂立後，經買受人授權為辦理土地所有權登記之代理人，其後 A 辦理土地所有權移轉登記，即係專為履行債務而為雙方代理，於法不在禁止之列。至於代物清償 (§319)、間接給付（§320 本文）、債務更新（§320 但書）、乃至附有抗辯權債務之清償等，尚不當然適用 ❼。

---

❹ 參照，同上條立法理由（前段）：「代理人許其代理本人，祇以法律行為為限，……然亦非舉一切法律行為均許其代理，如親屬上之法律行為，其性質上不許代理是。」

❼ 父母基於贈與之意思為未成年子女購置不動產或登記為不動產所有人，即為常見事例。

❼ 參照，法務部八三法律決字第二五六〇五號函：「關於禁止自己代理及雙方代理之規定，旨在防止自己或第三人與本人間之利益衝突……於意定代理及法定代理均有其適用……。惟經本人許諾得自己代理或雙方代理之法律行為，以意定代理為限，法定代理不在適用之列。」

❼ 參照，王著，第一九六頁；王伯琦著，第一九六頁；史著，第四八二頁；李著，第三一七頁；李模著，第二六三頁；胡著，第三五五頁；洪著，第四五七頁；施著，第二九三頁。

　　債務也者，於自己代理，係指本人與代理人間之債務，於雙方代理，係指本人與相對人間之債務。至其形態，則意定代理及法定代理均同有適用。

　㈡法律解釋

　　自己代理或雙方代理之法定例外允許事項，固僅以上述二者為限，惟下列二者並無利益衝突，亦無害本人利益，應認民法本條但書仍有適用。

　　①法定代理人對其未成年子女為贈與，又以代理人身分代為允受贈與，其自己代理使未成年子女之本人純獲法律上利益，不在禁止適用之列❹❼❸。

　　②公司發起人授權他發起人代理其訂立章程，如其並無利害之對立，不在禁止適用之列❹❼❹。

　3.法律效果

　⑴適用範圍

　①法定代理之適用

　　民法本條於法定代理之適用，得歸納如下：

```
        ┌ 禁止適用之原則：法定、意定代理同有適用
        │ （§106本文）
  代理 ─┤                      ┌ 經本人許諾：法定代理無適用
        │ 排除禁止適用之特例    ┤ 專為履行債務：同有適用
        └ （§106但書）          └ 其他無利害衝突情事：同有適用
```

---

❹❼❸　參照，法務部八五法律決字第〇八八〇一號函：「於無行為能力人純獲法律上利益之情形，既不發生利害衝突，似宜對民法第一百零六條規定之適用範圍再做目的性限縮，承認『純獲法律上之利益者』亦屬『自己代理』之例外，不必加以禁止。」（同說，王著，第四八九頁～第四五〇頁）

❹❼❹　參照，法務部七九法律字第一六六二二號函：「基於私法自治及民法承認意定代理之觀點……苟彼此間並無利害之對立，一發起人授權他發起人代為訂立章程之行為，應不受民法第一百零六條規定之限制。」

②代表之適用

自己代理或雙方代理，無論禁止及其例外之規定，於代表亦應同有類推適用。例如，一人同時為二家以上股份有限公司之董事長時，原則上不得有自己代表或雙方代表之行為，但經公司同意、專為履行債務或其他無利害衝突情事者，得例外而為之❹。政府機關首長，於私經濟行為亦應作同一解釋❹。

公司法於第五九條規定：「（無限公司）代表公司之股東，如為自己或他人與公司為買賣、借貸或其他法律行為時，不得同時為公司之代表。但向公司清償債務時，不在此限。」❹本於特別法優先於普通法之法律適用原則，應認（無限）公司代表人除清償債務之外，並無其他排除禁止之事由。不過，自己代理、雙方代理之禁止，係專為保護本人利益而設，而非事關公益，解釋公司法，似無須與民法本條採取不同見解，惟公司法主管機關之經濟部，曾嚴禁有限公司代表人為自己代表或雙方代表❹，其立場亦值注意。

---

❹ 參照，最高法院九〇年臺上字第一四五五號判決：「民法第一百零六條前段規定：『代理人，非經本人之許諾，不得為本人與自己之法律行為，亦不得既為第三人之代理人，而為本人與第三人之法律行為』，及公司法第二百二十三條規定：『董事為自己或他人與公司為買賣、借貸或其他法律行為時，由監察人為公司之代表』，係為保護公司（本人）之利益，……倘公司（本人）事前許諾或事後承認，即對公司（本人）發生效力。」

❹ 參照，司法院八六秘臺廳民三字第〇〇〇〇三號函：「機關首長如同時以『其個人』及『機關代表』之資格，而為其自己與機關間之法律行為時，參照民法第一百零六條規定，除該機關另許諾首長得代表機關辦理，或有同條但書所定情形者外，該代表行為即係無權代表行為，非經機關之其他有代表權人予以承認，對該機關不生效力。」

❹ 此於兩合公司代表股東或有限公司董事，亦同有適用（法律條項上稱之準用：公司法 §115、§108IV）。

❹ 參照，經濟部七五商字第四七四八八號函：「有限公司代表公司之董事或董事長，如為自己或他人與公司為不動產所有權移轉登記時，不得同時為公司之代表，且須另定代表公司之人。」

(2)禁止及例外事項之效力

自己代理或雙方代理之禁止，並非出自公益保護之考量，非所謂強行之規定，如有違反尚難認為無效❹，而是無權代理之不生效力，並得因本人事後之承認而生效力 (§170Ⅰ)❹。

經本人同意或專為履行債務等之例外事項，本諸體系解釋，應回歸適用代理效力基本原則規定之民法第一〇三條，於行為時對本人生效或對互為本人之雙方生效。

㈥代理權之消滅

代理權之消滅，分為下列二項說明：

$$代理權（消滅）\begin{cases}代理權消滅之原因\\代理權消滅之效果\end{cases}$$

1.代理權消滅之原因

代理權消滅之原因，是個相當零散在民法本節而待彙整之課題，茲歸納為下列三項說明：

$$代理權消滅（原因）\begin{cases}一般（共通）消滅原因\\意定代理權消滅原因\\法定代理權消滅原因\end{cases}$$

⑴代理權消滅的一般原因

代理權消滅之一般原因如下：

①代理權發生的原因喪失

---

❹　參照，最高法院七九年臺上字第一二九二號判決：「違反禁止雙方代理之規定而為之代理行為，並非當然無效，應解為係無權代理行為，如經本人事後承認，即為有效。」

❹　參照，最高法院八五年臺上字第一〇六號判決：「禁止雙方代理旨在保護本人之利益……非為保護公益所設，自非強行規定，如有違反，其法律行為並非無效，經本人事後承認，仍生效力。」

代理權之發生，原因喪失者，代理權亦為之消滅。不過，於法定代理與意定代理之間，情況殊異。因之，仍須分別觀察。

a.法定代理權原因喪失

法定代理所以發生，係因未成年或受監護宣告。因之，如其業已成年或受監護之宣告為之撤銷者，法定代理人之代理權歸於消滅[481]。

b.意定代理權之基礎關係消滅

意定代理權一般係源自本人之授權。本人為代理權授與時，通常均與代理權人成立以事務處理為內容之契約的基礎關係（委任為其大宗），其基礎關係消滅者，代理權亦為之消滅[482]。

②本人死亡、破產或喪失行為能力

代理以一定身分或人格信用為基礎；因此，本人死亡、破產或喪失行為能力者，代理原則上消滅。不過，於意定代理，如其基礎關係例外可以存續者（如§550但書、§551）者，其代理權亦隨之例外存續[483]。

③代理人死亡、破產或喪失行為能力

代理人死亡、破產或喪失行為能力者，基於同上理由，其代理權原則上亦隨之消滅[484]，但於同上特殊情形亦可例外存續。

④代理權的撤回

---

[481] 參照，最高法院一八年上字第六五七號判例：「守志之婦，惟於其子成年以前，有代子管理家政之權，子既成年，除有其他法律上之理由外，即應由子自行管理，其母無復主張代為管理之餘地。」（此稱管理，語意上包含代理在內。）

[482] 參照，最高法院五一年臺上字第二八一三號判例：「被繼承人生前委任之代理人，依民法第五百五十條之規定，其委任關係，除契約另有訂定，或因委任事務之性質不能消滅者外，自應歸於消滅。」

[483] 參照，最高法院九六年臺上字第六〇〇號判決：「委任關係而授與代理權，如……該委任關係不因委任人死亡而消滅者，其代理權即不因本人死亡而當然消滅。」

[484] 參照，最高法院八九年臺上字第二二二號判決：「代理權僅……法律上地位或資格而已，……本質並非權利，自不得為繼承之標的，而代理權因本人或代理人一方之死亡而歸於消滅。」

　　民法第一〇八條第二項規定：「代理權，得於其所由授與之法律關係存續中撤回之。但依該法律關係之性質不得撤回者，不在此限。」按代理經撤回者，無待基礎關係終了與否，代理權即告消滅。一般以為，代理權之撤回，僅於意定代理有之。不過，源自授權或法院裁定之法定代理，亦有撤回或類似撤回制度（改定）之適用，故本書將其列為一般原因。

　　撤回，意指以阻止代理權繼續存續為（效果）意思之意思表示，應向本人或相對人為之，故性質上為有相對人之單獨行為，原則上得由本人任意為之；凡此，均與意思表示之撤回（§95 I 但書）同。不過，民法本條項之撤回，乃以業已生效之代理權為適用對象，而且不生溯及自始消滅之效力。

　　於經理人、代辦商二者❹，代理權乃其辦理事務不可欠缺之要件，如無代理權者，其經理人、代辦商即無復存在。本此，足認本人（商號）於基礎關係消滅前，即應適用民法本條第二項但書而不得任意撤回代理權❹。

　⑵意定代理權的特別消滅原因

　　意定代理權的特別消滅原因，有下列三者：

　①附有終期或解除條件之代理權授與，代理權於期限屆滿或解除條件
　　成就時消滅。

　②就特定行為之成立而為代理權授與，於代理行為完成（如包括物權
　　行為者，於物權行為履行完畢）時消滅。

　③代理權人拋棄代理權。拋棄為有相對人之單獨行為，由代理人向本
　　人或相對人以意思表示為之。代理權人原則上得隨時拋棄代理權，

---

❹　參照，民法債編第二章（各種之債）第十一節（經理人及代辦商）立法理由：「按稱經理人者，謂有為商號管理事務，及代其簽名之權利之人也。稱代辦商者，謂非經理人而受商號之委託，於一定處所，或一定區域內，以該商號名義辦理其事務之全部或一部之人也。」（按本段之前半段文字，債編修正後之民法第五五三條第一項業已略作調整。）

❹　參照，洪著，第四六七頁（史著，第四八七頁；施著，第三〇二頁認為僅代辦商有適用）。

但法律另有規定或當事人另有約定者，依其規定或約定。

⑶法定代理權的特別消滅原因

法定代理權的特別消滅原因略有如下：

①父母對未成年子女之喪失親權 (§1090)。

②監護人經法院選定或改定 (§1106 I、§1094III、IV)。

③遺產管理人之職務終了 (§1184) 或解任（非訟事件法 §60)。

④破產管理人之撤換（破產法 §85)。

⑤失蹤人財產管理人之改任（非訟事件法 §111)。

2.代理權消滅之效果

代理權消滅之法律效果分為下列三項：

⑴代理權消滅者，代理人不得再為代理行為，如有為之者，即為無權
代理，分別視情形適用表見代理或狹義無權代理。

⑵代理權消滅無溯及效力,於消滅前代理人所為之法律行為不受影響；
即使代理權因撤回而消滅者亦然。

⑶代理權消滅者，代理人須將授權書交還於授權人，不得留置 (§109)。
授權書之返還非代理權消滅之要件，縱未交還，代理權仍歸消滅。
不過，如原代理權人仍執授權書為代理行為時，因其外觀足以信賴
其有代理權，相對人對本人得主張適用表見代理。

第六節　無效撤銷（及不生效力）

民法本節雖題曰無效及撤銷，惟其規定內容，除無效、撤銷之外，尚
及於不生效力之法律適用原則，爰於標題以括號標明之，以符制度全貌。
茲基此角度，彙整歸納其規範意旨如下：

$$\text{無效及撤銷} \begin{cases} \text{重點說明} \begin{cases} \text{從不完全行為之概念切入} \\ \text{法律規範構成之整合} \end{cases} \\ \text{關鍵概念} \begin{cases} \text{法律行為轉換（§112 等）} \\ \text{損害賠償（§113 等）} \end{cases} \\ \text{制度精義} \begin{cases} \text{締結過失責任（§113、§114 II）} \\ \text{效力猶豫機制（§111、§114 I、§115～§117）} \\ \text{無權處分（§118）} \end{cases} \end{cases}$$

一、重點說明

㈠從不完全行為之概念切入

1.概念分析

⑴定義說明

不完全行為也者，係援自德國民法學之概念，其更確切的說法，應是不完全之法律行為的簡稱。

不完全行為，意指效力不完全 (Unwirksamkeit) 之法律行為；亦即法律行為雖已符合法律所定成立要件，但因其法律行為生效要件有瑕疵，致其法律上效果並非有效之現象。例如，成立買賣契約，當事人關於移轉財產權（標的）及價金等雖均已一致而告成立 (§345、§153 I)；但因買賣（契約、法律行為）之標的物係嗎啡，不得供為交易移轉之用，其買賣及移轉嗎啡財產權（所有權）之行為，違反禁止規定❹⑧⑦或公序良俗（§71 本文、§72）而無效，即是法律行為（買賣）成立，但效力不完全之淺顯事例。

⑵意義省察

關於不完全行為意義之省察，須同時把握以下四項意涵：

①效力不完全之形態

不完全行為之效力不完全，因其負面評價程度不同，由重而輕，得依

---

❹⑧⑦ 買賣嗎啡等毒品，其法律行為既是違反禁止規定，亦是違反善良風俗，惟實務均優先論以違反禁止規定（參照，最高法院二〇年臺上字第二〇二號、第二三六號、二九年臺上字第六二六號判例），爰附註於此，以示與實務立場呼應。

序區分為「無效」、「不生效力」及「得撤銷」三個形態或類型。

②效力不完全之重輕

效力不完全形態，其負面評價意義最為重大（嚴重）者為無效，依序為不生效力及得撤銷。蓋以無效也者，本係效力全無。反之，得撤銷者，本係有效，如不撤銷，其完全效力不受任何影響也。至於不生效力，恰巧位於無效與得撤銷之間，隱約形成「無效、不生效力、以至得撤銷」三個逐級階段。

③不完全行為之面貌

不完全行為係整合綜納無效法律行為、不生效力法律行為及得撤銷法律行為之統稱。大體來說，民法本章有關法律行為標的 (§71～§74)、行為能力 (§75～§85) 及意思表示 (§86～§93) 三節規定，乃其大本營。

④不完全行為之對門

不完全行為係（確定）有效法律行為的相對用語。在此角度上，有效的法律行為，爰得相應稱之完全的法律行為，並簡稱其為完全行為。如是，法律行為之完整構成得試予歸納如下：

$$
\text{法律行為}\begin{cases}\text{不完全行為}\begin{cases}\text{無效的法律行為}\\\text{不生效力的法律行為}\\\text{得撤銷的法律行為}\end{cases}\\\text{完全行為：有效的法律行為}\end{cases}
$$

2.適用範圍

法律行為一旦有效，其後經撤銷而為無效者，固仍得納入不完全行為之範疇，但並非所有有效而後成為無效者，均得納入於此。蓋以如下非法律行為瑕疵或不涉及自始無效之事項，似不宜列入不完全行為之範疇：

⑴非法律行為瑕疵

①債權詐害行為之撤銷

債務人為債權詐害行為者，其債權人得聲請法院撤銷 (§244)。此撤銷權之賦與，非基於法律行為本身有無瑕疵而生，且須訴經法院以裁判為之，

不宜列入不完全行為之範疇。

　②契約之解除

　依學理通說及實務見解，契約解除，雖係溯及自始而無效❹，惟其發生事由，與法律行為本身有否瑕疵無關，亦不宜列入不完全行為之概念。

　⑵不溯及自始無效

　①無溯及效力之撤銷

　法律特別規定，撤銷之效力並不溯及自始無效者，法律行為曾經於一定期間完全有效。婚姻之撤銷不溯及既往 (§998)，即是著例。收養之撤銷，似亦應作同一解釋❹。

　②契約之終止

　契約之終止，無溯及既往之效力 (§263)❹，其業已生效之部分不受影響，自更不生不完全行為之問題。離婚 (§1049～§1052)❹、收養終止 (§1080、§1081)❹，均應作同一解釋。

　③附解除條件成就或附終期屆滿

　法律行為附解除條件者，於條件成就時失其效力 (§99Ⅱ)；其附終期者，於期限屆滿時失其效力 (§102Ⅱ)。此非溯及自始無效，自均不能列為不完全行為。

㈡法律規範構成之整合

　不完全行為之規範構成，分為下列三者說明：

---

❹　參照，最高法院二三年上字第三九六八號判例：「契約經解除者，溯及訂約時失其效力，與自始未定約同。」(同旨最高法院四〇年臺上字第一〇二〇號判例)

❹　早期實務以為，結婚與收養子女，同為身分行為，關於撤銷結婚之規定，於收養理應類推適用 (參照，司法院三〇年院字第二二七一號解釋，最高法院三一年上字第二〇九三號、四二年臺上字第三五七號判例)。

❹　參照，同❹判例：「契約之終止，僅使契約嗣後失其效力。」

❹　參照，最高法院二二年上字第四二二號判例：「離婚與撤銷婚姻雖均使已成立之婚姻對於將來失其效力……婚姻成立前業已存在之事由，除合於撤銷婚姻之條件時得請求撤銷外，殊無據以請求離婚之餘地。」

❹　收養終止，既以終止稱之，認其效力不溯及既往，無寧為當然之理。

$$不完全行為\begin{cases} 概念之澄清 \\ 法律政策之考量 \\ 構成重點之歸納 \end{cases}$$

1.概念之澄清

不完全行為與法律行為瑕疵之不同,可為下列二個層面觀察:

(1)法律行為瑕疵非盡為不完全行為

法律行為瑕疵,固多成為不完全行為,但並非完全如此。蓋以無論標的不妥適、行為能力不完全或意思表示不健全,均定有例外而成為完全行為之條項。如違反強行規定例外有效(§71但書);限制行為能力人純獲法律上利益之行為例外有效(§77但書);單獨虛偽意思表示,非為相對人所明知者有效(§86本文),均是完全行為。

(2)不完全行為非盡由於法律行為瑕疵

在法律行為之成立生效上,法律行為並無瑕疵者,亦有可能因法律規定或當事人約定而成為不完全行為。舉其重要事例如下:

①法律規定

動產物權行為,非經交付不生效力(§761),不動產物權行為,非經登記不生效力(§758)。

②當事人約定

a.附停止條件之法律行為,於停止條件成就前不生效力(§99 I)。

b.附始期之法律行為,於期限屆至前不生效力(§102 I)。

2.法律政策之考量

法律行為效力內容之設計,於法律行為有瑕疵時,除無效之外,所以另以不生效力及得撤銷二者以為調適,其立法政策之考量所在主要有三,一為制度之靈活機動,二為權益保護之周延妥善,三為意思自由之充分體現,並以後者為終極目標。

(1)制度之靈活機動

法律行為的效力內容,如僅有有效與無效之區分,勢必導致如下之兩

難窘迫現象：如非視法律行為瑕疵於無物，使其法律行為仍屬有效，即是法律一有瑕疵即使之無效。果真如此，於諸多瑕疵情事之效力選擇，勢必甚感困難。例如，限制行為能力人所訂立之契約，使之無效，對未成年人、法定代理人乃至相對人，均有許多窒礙；反之，如使之有效，則限制行為能力人之保護，其規範意義勢必大打折扣。意思表示錯誤之效力如僅在有效無效二者之間擇一，其困窘亦不亞於上述之例。效力有無擇一的規範體制，過於單純機械，顯然不足以妥適調整。

(2)權益保護之周延妥善

參與社會上之各項交易活動，無不希望法律行為有效，藉此可以享有權利，易換有無。法律行為無效者，當事人交易之希望落空，目的無從實現，積極建設性之意義並不厚實。反之，如果廣泛適用，恐怕反而有礙社會交易安全，對相對人權益之保護確有未周。不生效力或得為撤銷之制度，居於其中，得視權益保護之需要與否，迴轉於有效與無效之間，不僅顯較單純之無效靈活得多，對當事人利益保護之考量，亦更周延而深入。

(3)意思自由之充分體現

權利保護之極致，在於得以兼顧當事人意願，意思自由之真諦，始稱發皇。不生效力或得撤銷者，法律行為究應歸於有效或無效，原則委由當事人斟酌選定,其結果不僅使無效制度干擾意思自由的負面作用盡量減弱，更可提供當事人選擇最為有利的保護途徑。例如，被詐欺而為意思表示者，被詐欺人如認為維持法律行為之效力，對其較為有利，法律殊無背離意思自由尊重而強制使其無效之理。不完全行為效力之多重構造，寓有落實或貫徹私法自治及意思自由原則之深意，實是無可否認。

3.構成重點之歸納

不完全行為之構成重點，有下列三點：

$$
不完全行為（構成重點）\begin{cases} 規範形式特色 \\ 重要區隔方向 \\ 重點歸納圖表 \end{cases}
$$

(1)規範形式特色

在規範形式上，不完全行為除前述之分割零散外，有時尚具多重、間接之特色：

①多重構成

所謂多重構成，係指其制度整體，非僅限於民法本章，而是分由民法不同編章構成者而言。茲舉事例二者為證：

    a.法律行為違反強制規定，仍為有效（§71 但書）之條項，多在其他編章。例如，違反最高約定利率之利息之債（債編），典權期限逾三十年者（物權編），均是仍為有效❹❾❸。

    b.得撤銷之條項，出於非意思表示之瑕疵者，主要亦係規定在民法其他編章。例如，贈與之任意撤銷及受贈人不德行為所生之撤銷（§408Ⅰ、§416～§418：債編）即是。

②間接構成

所謂間接構成，係指不完全行為之規範依據不在民法本編呈現，或甚而於民法典上表徵不盡明確者而言。標的不能無效原則、乃至標的不確定無效原則，係其適例（本書上冊，第五七二頁、第五七六頁～第五七七頁）。

(2)重要區隔方向

不完全行為在效力上不同形態之區隔標準，隱約仍可歸納出如下之大體方向：

①瑕疵事項事關公益之維繫者，原則上使之無效：標的妥適之違反，屬於此一類群。

②瑕疵事項須經補正程序而欠缺其程序者，原則上使之不生效力，並因程序補正而使之有效：限制行為能力人之能力欠缺，屬於此一類群。

③瑕疵事項側重私益保護者，原則上為得撤銷：意思表示之不健全，

---

❹❾❸ 相應之具體規定如下：

    (1)約定利率超過週年百分之二十者，對於超過部分無請求權 (§205)。

    (2)典權期限約定逾三十年者，縮短為三十年 (§912)。

類多屬於此一類群。

⑶重點歸納圖表

以法律行為生效要件之相關規定為基礎 (§75 ～ §93)，試就不完全行為之要點歸納如下表：

不完全行為 原因 類型	生效要件欠缺			
	事　由			效力態樣
	行為能力欠缺	標的不妥適	意思表示瑕疵	
無　效	1.無行為能力人之行為(§75) 2.限制行為能力人未得允許之單獨行為(§78)	1.違反強行法規行為(§71) 2.違反公序良俗行為(§72) 3.標的不能行為(§246)	1.真意保留而相對人惡意(§86但書) 2.通謀虛偽表示(§87)	1.原則：絕對無效，全部無效 2.例外：相對無效，一部無效
得撤銷		暴利行為	1.錯誤、誤傳(§88、§89) 2.被詐欺、被脅迫(§92)	1.在撤銷前於法有效 2.經撤銷視為自始無效(§114Ⅰ)
不生效力	1.限制行為能力人未得允許之契約(§79) 2.無權處分(§118Ⅰ) 3.無權代理(§170) 4.試驗買賣(§384)			1.有效與否猶豫未定 2.經承認有效(§115) 3.經拒絕承認而無效

二、關鍵概念

本節之關鍵概念，選定法律行為轉換及損害賠償二者。

㈠法律行為轉換

法律行為之轉換，分為下列三項說明：

$$
法律行為轉換
\begin{cases}
前提作業 \\
轉換之意義 \\
無效行為之轉換
\end{cases}
$$

1.前提作業

⑴案例舉隅

丁文以辛武為附款人，簽立如下內容之匯票乙紙，交由甘美向辛武請求給付：

匯 票

憑票祈付　甘美小姐優級池上月光米一百公斤。
　　　　　此致
辛武先生

丁文啟

中華民國九十九年十一月一日

⑵選定依據

法律行為之效力或其內容，因法律規定或當事人意思而使之成為有效的法律行為或他種法律行為類型的機制，是為法律行為轉換，其典型為無效法律行為轉換 (§112)。

民法上並無法律行為轉換之用語，惟法律行為轉換之機制，在民法上似是相當廣泛多元。為求醒目，並期整體把握觀察，爰跳脫傳統無效法律行為轉換之思考模式，改以法律行為轉換之概念作為語言分析工具。考量從廣義角度加以觀察，於擴大視野，強化法律思維，更具積極意義，爰列其以為關鍵概念。

　　匯票 ❹❹ 為權利證券化 ❹❺ 重要成果之一，亦為使用甚廣之交易支付手段，惟其以匯票為名，且意在成立匯票債權債務，但不符合法律所定匯票成立生效要件，以致匯票簽發行為無效者，得轉換為民法上之指示證券 (§709)，即是法律行為轉換（特別是無效法律行為之轉換）之淺顯事例 ❹❻，民法第一一二條立法理由亦有明述 ❹❼，爰以為案例舉隅之依據。

2.轉換之意義

(1)概念說明

　　法律行為之轉換者，意指法律行為因法律規定或當事人意思，由某一法律行為類型轉換為另一法律行為類型，或於法律行為有效或無效之間挪移之現象。其成立上之特色如下：

①法律行為類型本身或其效力內容之轉換。例如，當事人原意係在成立簽發匯票之法律行為類型，結果卻是成立簽發指示證券之法律行為類型。

②經法律明定或是依當事人意思而為轉換。依當事人意思也者，係指於個別具體的法律規定下，其當事人保有最終選擇意願而言，非謂當事人得自由任意而為法律行為轉換。

③法律行為轉換雖分布甚廣，但事例並不多，基本上仍是運用有限的制度特例。

④無效法律行為之轉換，於法律行為轉換最具積極意義，其條項亦最

---

❹❹　參照，票據法第二條：「稱匯票者，謂發票人簽發一定之金額，委託付款人於指定之到期日，無條件支付與受款人或執票人之票據。」

❹❺　以有價證券來表彰權利，並藉其行使權利之現象，是為權利證券化；民法之重要事例有倉單 (§615～§618 之 1)、提單 (§625～§630)、指示證券 (§710～§718) 及無記名證券 (§719～§728) 四者。

❹❻　參照，王著，第五二七頁；王伯琦著，第二〇一頁；史著，第五二五頁；李模著，第二八七頁；洪著，第五二一頁；施著，第三一七頁、第三一八頁；梅著，第一〇八頁；黃立著，第四一五頁。

❹❼　參照，民法第一一二條立法理由（後段）：「例如發出票據之行為，雖因法定要件欠缺而無效，若可作為不要因債務之承受契約者，其契約仍為有效也。」

具體明確。

(2)類型分布

法律行為轉換之類型構成，得從下列不同角度觀察：

①類型轉換、效力轉換

法律行為轉換之效果，發生法律行為類型之變動者，是為類型轉換；反之，其法律上效果，僅是同一法律行為類型中效力內容之變動者，是為效力轉換。語其重要事例如下：

a.類型轉換

　ⓐ無效法律行為轉換 (§112)

　　當事人原欲發生效力之法律行為類型無效，而其結果轉為成立其他類型之效力者，是為類型轉換之無效法律行為轉換。例如，前述簽發匯票之案例，當事人原來預期簽發匯票行為類型，但其結果卻是簽發指示證券之行為類型發生效力。他如無效密封遺囑，因具備自書遺囑之方式而以自書遺囑之形態有效者 (§1193) 是。

　ⓑ有效法律行為轉換

　　有效法律行為轉換也者，恰與無效行為轉換相對，亦即指本為有效之法律行為，因一定情事之發生而轉換為自始無效之法律行為者而言。例如，表意人意思表示錯誤，對其有效之法律行為加以撤銷即是。

b.效力轉換

未轉變法律行為類型，而僅係同一類型內效力內容之調整者，是為法律行為效力轉換。例如，租期逾一年之不動產租賃，其未立有字據者，轉換為不定期租賃 (§422)，或如合夥期限屆滿後，合夥人續為合夥事務者，轉換為不定期合夥契約 (§693)[498]均是。

對應觀察，類型轉換得視之為質的轉換；反之，效力轉換則得視為量的轉換。

---

[498]　民法第六九三條於此，稱之視為以不定期繼續合夥契約，學理上通稱之合夥(法定) 更新。

②法定轉換、意定轉換

法律行為轉換，於符合法定要件即為轉換者，是為法定轉換；反之，須由當事人之意思決定始生轉換效果者，是為意定轉換。

法律行為轉換，一般係指法定轉換，如前所述發票行為之轉換為發券行為，定期租賃、合夥之轉換為不定期租賃、合夥❹❾❾，乃至密封遺囑轉換為自書遺囑等例均是。民法本節規定之無效法律行為轉換 (§112) 亦然。不生效力或得為撤銷之法律行為，堪認為意定轉換之大本營。蓋其究係轉為有效或無效，原則上繫乎當事人或關係人之意思也。

法定轉換，因法律規定而直接發生，得目之為當然轉換或直接轉換。反之，意定轉換，須待當事人之意思而定，得視之為間接轉換。

③法律上轉換、解釋上轉換

法律行為轉換，依法律規定而為轉換，無待解釋當事人意思者，是為法律上轉換；反之，是否轉換須經解釋當事人意思者，是為解釋上轉換。民法本節規定之無效法律行為轉換，須經探求當事人有無轉換意思，一般爰將其定位為解釋上轉換❺⓿⓿。

3.無效行為之轉換

⑴轉換之成立

民法第一一二條規定：「無效之法律行為，若具備他法律行為之要件，並因其情形，可認當事人若知其無效，即欲為他法律行為者，其他法律行為，仍為有效。」是為無效法律行為轉換之規定，析其成立要件如下：

①原定之法律行為無效

無效行為之轉換，須原擬成立生效之法律行為無效。無效，並不以自始當然無效為限，其本係不生效力或得撤銷，嗣因拒絕承認或撤銷而致之無效，乃至法律行為不成立者，亦有適用。例如，不符密封遺囑方式之轉換為自書遺囑 (§1193)，即係原定之法律行為類型因欠缺方式尚不成立，而

❹❾❾　租賃之轉換，只要租賃期限屆滿時，出租人不即表示反對承租人之繼續使用租賃物者，即為成立 (§451)；一般稱之租賃默示更新或租賃法定更新。

❺⓿⓿　參照，王著，第五二七頁；史著，第五二一頁；洪著，第五二一頁。

轉換為有效之他種法律行為類型；匯票之轉換為指示證券者亦是。足見，民法本條所稱無效，係為最廣義之用法，語其適用範圍如下表：

$$
\text{無效}\atop{\text{（民法本條）}\atop\text{（最廣義）}}
\begin{cases}
\text{不成立} \\
\text{無效（廣義）}
\begin{cases}
\text{得撤銷者因撤銷而無效} \\
\text{不生效力因撤回或拒絕承認而無效} \\
\text{（自始當然確定）無效（狹義）}
\end{cases}
\end{cases}
$$

②具備其他法律行為之要件

無效行為之轉換，本是由某一無效之特定法律行為類型而轉換為有效的其他特定法律行為類型。足見，本段及民法本章各條所稱法律行為（含原定之法律行為無效、具備其他法律行為之要件等語），其意義係指法律行為類型而言。

法律行為既依類型歸屬而個別存在，無效行為之轉換，亦應循此軌跡，於具備其他法律行為（類型）之要件時，始有轉換可言。此稱要件，包括成立要件及生效要件。換言之，無效之法律行為，必須具備其他法律行為類型成立之要件及生效之要件，始得轉換為有效之該法律行為類型，其範圍則以屬性相類者為限。例如，匯票之於（一般）指示證券，係因匯票性質上亦同屬指示證券（匯票為特殊形態之指示證券）；密封遺囑之於自書遺囑，係因斯二者同屬遺囑。再者，轉換之方向，通常係要件較為複雜者而轉換為要件較單純者。不過，其形態並不以同屬債權行為或物權行為為必要。例如，基地租賃因請求地上權登記而轉換為地上權（§422 之 1），或原來預定設立地上權，雖未經登記而不生地上權之效力，但於法仍發生土地租賃（契約）關係❺⓪①，均是著例。

③當事人意欲成立該他法律行為

無效行為轉換，尚須依其情形，足以認為當事人有意成立該他法律行

❺⓪① 參照，最高法院四三年臺上字第四五四號判例：「租用系爭基地建築房屋，……未……為地上權之登記，亦不過不生地上權之效力而已，究不得以此為影響於租賃契約之成立。」

為類型。亦即，應斟酌當事人進行交易所欲實現之經濟上目的、可推知之利益及其他交易情形客觀認定之。其意義有三：

　　a.以當事人可認知之意思，作為適用認定之依據，寓有尊重當事人意思之用意，並與意思自由原則遙相呼應❺⓿❷，學理上或稱之轉換的效果意思。

　　b.當事人可認知之意思，係意思表示解釋之結果；從而，民法本條寓有解釋優先之規範意義。不過，此之解釋係依客觀標準酌定，除當事人有明示反對成立其他法律行為類型者外，於其客觀要件符合其他法律行為類型時，原則上當可認為，於成立其他行為類型有認知之意思。例如，於簽發匯票之例，原則上可以推認，於匯票無效時有轉換成立指示證券之意思。

　　c.「解釋優先於轉換」之原則，僅於民法本條之一般規定有其適用；其他條文所定之法定轉換，並非當然亦有解釋優先於轉換原則之適用。

　(2)轉換之效果

　　無效行為轉換成立要件，於原定成立之法律行為類型無效時，有效之其他法律行為類型，亦同時而生效。例如，匯票無效而轉換為指示證券之例，匯票簽發完成之際，即是指示證券生效之時。

　　原定成立之法律行為類型為不生效力或得撤銷者，轉換之成立要件，仍須於原定成立之法律行為成立時即已具備。是否轉換，須視嗣後是否拒絕承認或撤銷而定。因此，轉換效力之發生，仍是原定法律行為無效之時。

(二)損害賠償

　1.前提作業

　(1)案例舉隅

---

❺⓿❷　參照，民法第一一二條立法理由（前段）：「法律行為無效時，若其行為，備有他法律行為之要件，且依他法律行為可達同一之目的者，是當事人若知其無效有為他法律行為之意思，此時應使其他之法律行為為有效，藉以副當事人之意思。」

　　甲擬將所有 A 商業大樓一棟出售，於與乙磋商接觸之初，雙方即約定：「本件大樓買賣必須簽訂書面契約書，始算成立；而且，於簽立書面之前，縱有口頭合意，亦不得主張預約成立。」半年後之某日深夜，於經馬拉松式商談後，甲乙終於同意：以現狀交付大樓，房地價金為五十億元，雙方並約定翌日午時正式簽訂書面契約。翌日上午，乙將 A 房地以五十五億出售於丙，但甲屆時拒不簽訂書面契約，乙請求甲交付 A 房地及辦理所有權移轉登記，並以請求甲賠償五億元作為預備聲明。

　　(2)選定依據

　　損害賠償不僅是民事責任的重要類型，也是民法上極其重要而普遍的基本概念。不過，民法有關損害賠償條項，類多個別具體制度類型，難以直接領會其共通事項。因此，彙整歸納，進而釐清損害賠償適用上之共通課題，於民法之研習上頗為重要，亦饒有意義。

　　關於損害賠償適用上之共通課題，於債編通則設有民法第二一三條至第二一八條之一，學理及實務多以其為損害賠償的通則論之。換言之，民法本編各條之損害賠償規定，仍為個別具體類型，論及損害賠償之方法及範圍等事項，亦應一體適用上述條文。不過，完全倚賴債編，會使民法本編損害賠償之制度內容處於完全晦暗不明之狀態，對於研習者而言，恐也不好。多數民法總則文獻，於探討人格權保護 (§18) 時，對於損害賠償之共通基本課題，頗有著墨，其原因當在於此；本書立場亦然 (上冊第二五二頁～第二五四頁)。

　　研讀民法第一八條之時，對於民法整體面貌之認知尚甚有限，深入論析，本有困難。而且，於民法該條闡述損害賠償，難免因偏於侵權行為 (§184) 之角度，以致傾向於財產上損害 (賠償) 與非財產上損害賠償的相關課題。這種論述角度，對於源自法律行為而生之損害賠償課題，或有不盡周延。蓋以源自法律行為層面而生之損害賠償，其更為重要之核心課題，是為信賴利益損害賠償與履行利益損害賠償之關連、區隔與牽扯；此於締結過失責任之領域，表現最為顯著❺⓿❸。甚而可說，如忽略損害賠償概念及其基本

❺⓿❸　關於締結過失與損害賠償之互涉，其發展軌跡大致為：由否定損害賠償到肯定

問題，關於締結過失責任之探討，即難正本清源；基此考量，爰於本節選定損害賠償作為關鍵概念說明，以期有助了解民法各編、乃至整體實質民法有關損害賠償規定之制度內容。

(3)分析角度

損害及財產、非財產損害之說明，本書上冊既有敘述，茲不重複；至於損害賠償成立要件、賠償方法及範圍等，亦請讀者參考債編通則規定（§213～§218 之 3）。因此，本段僅集中於整體體系塑形之必要事項。

2.概念解析

(1)定義說明

①信賴利益損害賠償

法律行為當事人，因信賴法律行為有效所受之損害，是為信賴利益之損害；其相應之賠償，即為信賴利益損害賠償。緣以參與法律行為之締結，必有一定勞費支出、機會喪失或其他法律上不利益發生，當事人所以負擔此等不利益，係因信賴相對人而預期法律行為有效，爰自願將其轉化為交易成本而自行吸收；因此，如法律行為未能有效，當事人預期落空，信賴失據，此等不利益作為交易成本之基礎不復存在，法律評價上回歸為不利益，爰以信賴利益損害稱之。其常見之項目為締結交易行為所生之勞損（如郵電費、差旅費）、喪失其他訂約機會所失之利益或基於信賴契約有效而為給付之費用（如運費）等是 **❺04**。

②履行利益損害賠償

債權人因債務人依債之本旨而履行債務，通常可以獲得一定之利益；此之利益，是為履行利益。履行債務，須以法律行為有效為前提；因之，因法律行為有效可得之利益，多為履行利益。

信賴利益損害賠償再到承認履行利益損害賠償。

❺04　參照，最高法院五一年臺上字第二一〇一號判例：「契約因出賣人以不能之給付為標的而歸無效者，買受人所得請求賠償之範圍，……以因信賴契約有效所受之損害為限，此即所謂消極的契約利益，亦稱之為信賴利益。例如訂約費用、準備履行所需費用或另失訂約機會之損害等是。」

債務人未依債之本旨而履行債務者，即是債務不履行❺，有此情事，債權之履行上利益即難完足獲得，此之未完足部分，是為履行利益之損害；因此，債務不履行所生之損害，通常係指履行利益之損害❻。履行利益係以債務人應為給付之客觀價額為計算標準，惟其依已訂計劃等(§216Ⅱ)預期可得之利益（例如，高價轉買之差價利益），亦包括在履行利益之內，並得因其喪失而請求賠償❼。

(2)用語彙整

以民法總則及債編通則為例，損害賠償用語之存在群落，依條文順次略有如下：

①損害：§28、§35、§91、§100、§165、§174、§175、§176、§177、§182、§184、§186、§187、§188、§190、§191、§191之1、§191之2、§191之3、§197、§213、§215、§216、§218、§218之1、§226、§227、§231、§232、§233、§245之1、§247、§250、§328。

②損害賠償：§18Ⅱ、§19、§110、§113、§148、§149、§150、§151、§184、§187、§188、§189、§190、§192、§193、§197、§213、§216、§218之1、§225、§226、§227之1、§245之1、§247、§260、§268。

③賠償：§28、§35、§91、§100、§149、§165、§174、§176、§177、§182、§184、§186、§187、§188、§191、§191之1、§191之2、§191之3、

---

❺ 關於不履行之事由，民法原則上採給付不能、給付遲延及不完全給付之三分法（參照，民法第二五○條修正理由），並可歸納如下表：

$$
債務不履行
\begin{cases}
過失而給付不能 (§226)\\
過失而給付遲延 (§230)\\
（過失而）不完全給付 (§227)
\end{cases}
$$

❻ 參照，最高法院五一年臺上字第二一○一號判例：「契約……無效者，……因契約履行所得之利益，尚不在得為請求賠償之列。」

❼ 所謂可得預期之利益，須以具有客觀確定性者，始足當之（參照，最高法院九四年臺上字第五二六號判決）。

§194、§195、§214、§215、§216 之 1、§218、§218 之 1、§225、§226、
§227、§231、§232、§233、§245 之 1、§247、§250、§328。

④非財產（上）之損害：§194、§195❺⁰⁸。

⑤慰撫金：§18 II ❺⁰⁹。

⑶概念釐清

①綜合說明

　　從民法上之規定觀之，信賴利益損害賠償、履行利益損害賠償與契約利益損害賠償諸概念，用語尚非明確，也就是說，法典上僅有損害、賠償、損害賠償之用語，在研習時，我們必須從這些用語，分別去判析研定它們歸屬上述三類概念的何者。例如，實務及學理通說認為，民法第二六〇條之損害賠償，其意義即為履行利益損害賠償❺¹⁰。並得表解：

　　損害賠償發生之主要原因有二，一為侵權行為，另一為債務不履行；前者主要表徵為財產、非財產損害賠償之課題；後者之主要表徵，始為信賴利益損害賠償等之課題❺¹¹。

②通說見解

　　關於信賴利益等損害賠償之適用，國內通說大都以為：法律行為上的損害賠償，可分為：⑴履行利益的損害賠償，即因法律行為不履行而受損害的賠償，如因履行買賣契約所得之利益，因債務人不履行而喪失即是。

---

❺⁰⁸　賠償與損害賠償二者用語，似可認為指涉同一內容，賠償也者，無非損害賠償之簡稱。

❺⁰⁹　慰撫金是個極其特殊的用語，除第一八條第二項之外，民法上似乎再無其例（依第一九五條立法理由，足認慰撫金＝非財產損害賠償）。

❺¹⁰　參照，最高法院五五年臺上字第二七二七號判例：「民法第二百六十條規定解除權之行使，不妨礙損害賠償之請求，……因契約消滅所生之損害，並不包括在內，因此該條所規定之損害賠償請求權，係專指因債務不履行之損害賠償而言。」

❺¹¹　本段似有刻意省略契約（法律行為）利益損害、契約（法律行為）利益（損害）賠償之概念。所以如此，主要考量有二，即⑴契約利益損害、賠償一類之概念，在我國損害賠償法上，其體現尚未完熟；⑵避免思考上之複雜及零亂。

⑵信賴利益的損害賠償，即當事人確信法律行為有效，因某種事實之發生致歸於無效而蒙受損害之賠償。至其歸屬之論定如下表：

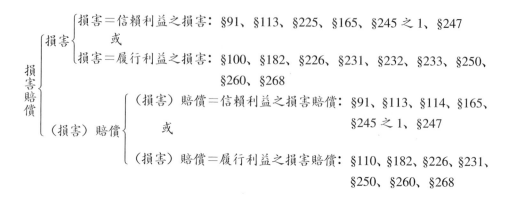

損害賠償

損害
　損害＝信賴利益之損害：§91、§113、§225、§165、§245之1、§247
　　　　或
　損害＝履行利益之損害：§100、§182、§226、§231、§232、§233、§250、§260、§268

（損害）賠償
　（損害）賠償＝信賴利益之損害賠償：§91、§113、§114、§165、§245之1、§247
　　　　或
　（損害）賠償＝履行利益之損害賠償：§110、§182、§226、§231、§250、§260、§268

　　法典上很少出現諸如財產上損害、信賴利益損害、履行利益損害或其相關賠償之概念。面對這樣的法典現實，進行概念釐清工作，下列二項法律思維恐是大數法則：

　　a.法典上所稱的損害、賠償或損害賠償等用語，大部分是意指財產上損害或財產上（損害）賠償。

　　b.因法律行為所生責任有關的損害、賠償或損害賠償等用語，如其為法律行為未克（確定）有效者，依通說係指信賴利益之損害或損害賠償；反之，如其法律行為有效者，則意指履行利益之損害或損害賠償。例如，於民法第一一三條，通說即多解讀為信賴利益的損害及賠償；於民法第二二六條、第二三一條～第二三三條、第二六○條，則解讀為履行利益的損害及賠償。

3.概念探索

⑴概念搜尋

①信賴利益損害賠償

　　締約過失重鎮所在之民法第二四五條之一及第二四七條，均分別定有「對於……因信契約能成立（或為有效）致受損害……負賠償責任」等語。此之「損害」、「賠償」也者，學理及實務爰多認意義即指「信賴利益損害」、

「信賴利益損害賠償」而言。蓋其以為契約（法律行為）不成立或無效，難免使人聯想，其所稱損害即是意指信賴利益之損害。

　　鑑於民法於此二個條文，別出心裁，獨樹一幟，明確使用與其他法條不同的「信（賴）契約（法律行為）成立或有效所受損害」之繁瑣用語。再加上民法此二條文，特別是民法第二四五條之一出現之前，國內實務見解及學理通說，殆多認為締約過失（締結過失）之損害賠償責任，乃是信賴利益損害賠償。因之，認為上述二項條文為信賴利益損害、賠償之重要據點，其見解應可理解。也因此，庶可認為「信賴利益損害」、「信賴利益損害賠償」之用語，在我國民法（典）也有堅強據點，得視之為半直接之法典用語。

　　②履行利益損害賠償

　　履行利益損害、賠償之字眼，其於民法典上表現之曖昧不明程度，較之信賴利益損害、賠償，似更嚴重。蓋以債務不履行責任（法律行為上責任）重鎮所在之民法第二二六條、第二二七條、第二三一條～第二三三條及第二六〇條等，均僅單純使用損害、賠償之用語，除晚近偶爾出現之實務詮釋外 **㊾**，要直接從損害賠償相關規定本身，找到其為履行利益損害、賠償之依據，並不容易，充其量僅能認為，履行利益損害賠償之用語，於我國民法（典）上不像信賴利益損害、賠償那麼呼之欲出，勉強言之，則下列二個條文可以間接對照印證：

　　a.民法第二五〇條：「當事人得約定債務人於債務不履行時，應支付違約金。違約金，除當事人另有訂定外，視為因不履行而生損害之賠償總額。其約定如債務人不於適當時期或不依適當方法履行債務時，即須支付違約金者，債權人除得請求履行債務外，違約金視為因不於適當時期或不依適當方法履行債務所生損害之賠償總額。」

㊾　參照，最高法院九〇年臺上字第一七七九號判決：「契約解除後，……是否仍得請求賠償，各國立法例有採選擇主義、契約利益主義或履行利益賠償主義者，我民法……乃採履行利益賠償主義，認為損害賠償請求權係因債務不履行所發生，屬原債權之變換型態，非因解除權之行使而新發生。」

b.民法第三九七條：「拍賣之買受人，如不按時支付價金者，拍賣人得解除契約，將其物再為拍賣。再行拍賣所得之價金，如少於原拍賣之價金及再行拍賣之費用者，原買受人應負賠償其差額之責任。」

按民法第二五〇條所稱之違約金，規範意義殆等於約定的債務不履行損害賠償（請求違約金，以代損害賠償之請求）。民法本條特別凸顯「於債務不履行時支付」、「因不履行（本身）所生損害、賠償」等用語，其具體內涵即為，債權人本應可得利益的喪失，其實質規範意義，係指履行利益損害；其賠償亦因而是為履行利益之損害賠償。

法律行為相對人，於債務人不履行債務時讓法律行為（以契約為主）為之消滅（以契約解除為主），其因另訂法律行為以資救濟所生之損害（通常為另行訂約支出之費用及價金之差額），係解除契約所新生之損害，原不在履行利益損害、賠償之範疇。然而，依民法第三九七條，如拍賣之買受人不按時支付價金（給付遲延→債務不履行），拍賣人於解除拍賣（買賣→契約→法律行為）後，再行拍賣（契約→法律行為）所支出之費用及價金之差額（損害、履行利益以外之損害），仍得請求賠償。從此特例規定來看，正可印證債務不履行之損害賠償，係意指履行利益損害賠償，乃是制度體系上的一般法律原則 ❺❶❸。

(2)重要概念鄰右

上述二者之最重要鄰右有二。一為契約利益損害、賠償，其二為固有利益損害、賠償。

①契約利益損害、賠償

債權人因債務人有債務不履行而依法解除契約後，為尋求救濟，另與他人訂立契約，常因而受有費用支出及新約差價之損害，一般稱之契約利益之損害；另行拍賣費用及價金差額之損害即是，其因而所為之賠償，是

---

❺❶❸ 參照，最高法院九四年臺上字第九一三號判決：「因契約消滅所生之損害，並不包括在內。因其賠償範圍，仍應依一般損害賠償之法則，即民法第二百十六條定之，本院著有五十五年臺上字第一一八八號、第二七二七號判例可資參照。」

為契約利益之損害賠償。例如，於前例，假設原拍賣金為六萬元，再拍賣價金為五萬元，再拍賣費用為一千元，則契約利益之損害或賠償，即為一萬一千元〔1000 元＋（60000 元－50000 元）＝11000 元〕。

契約利益損害、賠償之概念，雖常與信賴、履行利益損害賠償二者相提並論，亦同是指向法律行為責任之概念類群，但其概念範疇及範圍，僅以契約不履行責任為界限，如改稱之為法律行為利益損害、賠償，其適用可全面指涉所有法律行為責任，或可更為概括周延。

②固有利益損害、賠償

任何人法律上之利益整體，得因交易與否而區分為二大類群，其一為列為交易對象之利益，其次為非列為交易對象之利益。在概念分類上，通稱前者為交易利益，後者為固有利益。例如，甲汽車公司有新款式 A、B、C、D 新車四輛，嗣將 A 車一輛出售（買賣、契約、法律行為）於乙，則 B、C、D 車，固然仍屬甲之固有利益，但 A 車則成為交易利益；相對的，就乙而言，除應支付之價金成為交易利益外，其他所有財產及乙之生命、身體、健康等人格權益，仍均屬乙之固有利益（相同的，甲公司的信譽及其他財產亦為其固有利益）。例如，如 A 車煞車隱有瑕疵，於行駛中偶爾會突然熄火，此等瑕疵本身即係交易利益所生之損害；反之，如 A 車因上述瑕疵，於叉路轉彎時煞車失靈而撞車，乙身體為之受傷，其因而所生損害，即是固有利益損害；其損害賠償，是為固有利益損害賠償。於我國民法而言，此即不完全給付 (§227) 之規範對象，而且，早在民法債編修正之前，即已有之❺❶❹。蓋其條項 (§227 II) 所謂之（不履行）以外之損害、賠償，通稱為固有利益損害、賠償❺❶❺。

---

❺❶❹ 文獻參照，陳瑾昆，前揭《民法通義債編各論》，第二一五頁；實務參照，最高法院八五年臺上字第三一〇九號判決：「出賣人所交付之物之瑕疵；其因可歸責於出賣人之事由所致者，買受人尚非不得依民法第二百二十七條關於不完全給付之規定，請求出賣人賠償損害。」

❺❶❺ 參照，民法第二二七條修正理由：「加害給付，除發生原來債務不履行之損害（按即交易利益之損害）外，更發生超過履行利益之損害，例如出賣人交付病

4.制度發展

(1)綜合說明

在損害賠償制度上，傳統思考模式之重點略可歸納如下：

$$損害賠償\begin{cases}非財產上損害賠償＝精神損害賠償＝撫慰金 \\ 法律行為前責任＝信賴利益損害賠償 \\ 法律行為責任＝履行利益損害賠償\end{cases}$$

以上論點，是否盡符平均正義所衍生的完全賠償原則？乃至對於當事人權益之保護是否周妥？長期以來，在民法學上不斷引起討論，更帶動損害賠償制度之發展及合理化。論其發展軌跡如下：

$$損害賠償\begin{cases}非財產上損害賠償二元化 \\ 法律行為前責任不排除履行利益損害賠償 \\ 法律行為責任不固守履行利益損害賠償\end{cases}$$

(2)非財產損害賠償概念之二元化

①通說見解所在

在我國民法學上，對於損害賠償概念之了解，無論學理通說或實務見解，幾是長期固守下列思考模式：

a.民法各條所稱之損害或損害賠償，原則上並不包含非財產上損害或非財產上損害賠償。

b.民法各條所稱之非財產上損害，係意指精神上痛苦；其所稱之賠償即是慰撫金❺⑯。

上述思考模式，似得稱之損害賠償二元論，並試為表解如下：

雞致買受人之雞群亦感染而死亡，或出賣人未告知機器之特殊使用方法，致買受人因使用方法不當引起機器爆破，傷害買受人之人身或其他財產等是。」

❺⑯　參照，最高法院六二年臺上字第二八〇六號判例：「公司係依法組織之法人，其名譽遭受損害，無精神上痛苦之可言，……自無……請求精神慰藉金之餘地。」(同旨最高法院五一年臺上字第二二三號、六六年臺上字第二七五九號、第三四八四號判例)

$$
損害（廣義）
\begin{cases}
損害（狹義・法典用語）：財產上損害 \\
\quad + \\
非財產損害（法典用語）：精神上痛苦
\end{cases}
$$

$$
賠償損害（廣義）
\begin{cases}
損害賠償或賠償（狹義・法典用語）：財產損害賠償 \\
\quad + \\
慰撫金＝非財產損害賠償
\end{cases}
$$

②理論發展趨勢

　　將非財產損害賠償侷限於慰撫金，在解釋上難免衍生以下二項結論：其一為，非財產損害賠償，僅於特別規定時始有適用 ❺❶❼；其二為，非財產損害賠償之受害人，只能請求賠償相當之金額 (§194、§195)，非若財產損害之得請求完全賠償 ❺❶❽。然而，這樣的思考模式，顯然有違平均正義及其衍生之等價交換理念，而且虛化權利保護之虞，為期彌補，學理上爰有非財產損害賠償二元化之理論出現。其精要略為：非財產損害之概念，尚可細分為二，其一為無形的或固有的非財產損害，另一為精神上痛苦。相應於此，其損害賠償亦可分之為二，其一為固有意義的非財產損害賠償，另一為慰撫金。在損害賠償相關規定上，前者屬於損害、賠償之概念範疇，且有完全賠償適用；後者有待特別規定，且又適用相當賠償。其概念構成，當可重新表解如下：

❺❶❼　參照，最高法院五〇年臺上字第一一一四號判決：「受精神之損害得請求賠償者，法律皆有特別規定……未成年子女被人誘姦，其父……以監督權被侵害為詞，請求給付慰藉金，於法究非有據。」

❺❶❽　參照，最高法院四七年臺上字第一二二一號判決：「關於非財產上之損害，加害人雖亦負賠償責任，但以相當之金額為限。」

　　民法債編修正後之現行民法，有關法律行為責任（債務不履行責任），於法律有特別明定時，債權人亦得請求慰撫金（§227 之 1）。因此，非財產損害、賠償之概念，亦告正式與法律行為責任有關。

　　(3)由信賴利益賠償到履行利益賠償

　　由信賴利益賠償到履行利益賠償的思考模式，基本上是用來說明締結過失責任的發展趨勢。

　　當事人負締結過失之責任者，其相對人僅得請求信賴利益損害賠償，固為國內通說多所強調，早期德國學理及實務見解亦然。不過，如果將所有締結過失之案例類型，侷限於信賴利益損害賠償，有時難免有違公平正義及權益保護。例如，於前所舉，甲於簽訂書面契約前突然故意毀約之案例，如謂乙僅得請求信賴利益損害賠償，其結果不僅對乙之保護顯有嚴重不足，亦是無異縱容甚或暗中鼓勵當事人隨時毀棄事實上已近於成立生效之法律行為。

　　為彌除如上所生的極端不公平現象，針對締結過失，多數國家之學理或實務，爰逐漸以為：締結法律行為（最顯著者為締結契約），通常是個逐趨成熟的過程，其責任內涵，理應隨同法律行為締結之成熟程度，建立由信賴利益損害賠償到履行利益損害賠償之機動體制，亦即法律行為締結熟度較低者，適用信賴利益損害賠償；反之，程度已近完熟者，則理應轉而適用履行利益損害賠償。

---

❺❶❾　損害賠償概念之構成，復可重新歸納如下：

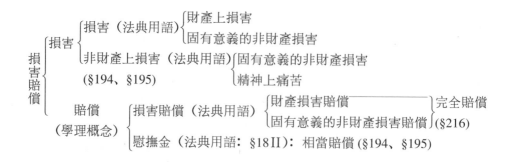

⑷由履行利益賠償到法律行為利益賠償

①通說見解

由履行利益賠償到法律行為利益賠償的思考模式，基本上是用來說明債務不履行責任的發展趨勢。

在我國民法學上，債務人不履行債務者，債權人得亦僅得請求履行利益之損害賠償，其思考模式顯然深受德國民法學影響，但也有超越德國民法學之處。緣以，於法律行為所生之債（特別是契約所生之債），如其債務人不履行債務而債權人廢棄法律行為（特別是解除契約），德國早期通說殆多以為，債權人不得請求（履行利益）損害賠償[520]；反之，於我國民法學上，並不阻礙履行利益損害賠償之請求，不僅立法理由陳述甚明[521]，實務見解亦多持肯定[522]。

②制度發展趨勢

於債務不履行之救濟，超越履行利益損害賠償，進而改採法律行為利益損害賠償，於二十世紀初期之民法即已有之。惟其適用範圍，以契約不履行（即因契約所生債務之債務不履行）為其重鎮，一般多稱之契約利益損害賠償，瑞士債務法即是代表[523]。

我國民法學，因深受德國民法學影響，以致契約利益損害賠償，乃至法律行為利益損害賠償之廣泛肯定，迄今仍是少有發展。一九九九年的民法債編修正，雖偶有出現「賠償因契約解除（或終止）而生之損害」等文句[524]，而且與「賠償因不履行而生之損害」的文句[525]，得以相互明確區隔。

[520] 主要立法依據，參照，修正（二〇〇二年）前德國民法第三二五條、第三二六條。

[521] 參照，民法第二六〇條立法理由：「謹按契約之解除，與損害賠償之請求，有無妨礙，各國立法例，有……請求賠償損害，或解除契約兩者之中任擇其一者，亦有由他方當事人除解除契約外，並得損害請求賠償者……本條特定解除權之行使，於損害賠償請求權並無妨礙，所以袪實際之疑惑也。」

[522] 參照，最高法院五五年臺上字第一一八八號判例：「債權人解除契約時，得併行請求損害賠償。」

[523] 主要條文依據，瑞士債務法第一〇九條第二項、第一九一條第二項。

但該等文句是否意味著改採契約（法律行為）利益損害賠償，立法意旨卻是無跡可循 ❷。因此，如因該等法律修正，進而主張我國民法已有擴大適用契約利益損害賠償之趨勢，恐會失之武斷。不過，於債務不履行固持履行利益損害賠償，其債權人所受損害通常難以獲得完足之彌補，恐是實情，對於平均正義理念或權利保護之闡揚，亦有重大缺憾。也因此，以國際貿易維繫經濟發展之我國，於債務不履行是否仍宜堅守德國民法學之陣營，確是值得我們深思。

5.實例簡析

(1)法律行為尚未成立

本件甲乙原擬就商業大樓成立買賣，買賣為契約類型之一；因此，可以說甲乙意在成立契約，也可以說甲乙意在成立法律行為。

契約，因意思表示一致而成立 (§153Ⅰ)；買賣，只要標的物及價金之意思表示一致，即為成立 (§345)。本件之甲乙，就買賣標的物（A商業大樓）及價金（五十億元）之意思表示，雖是已告一致，但因雙方約定其為要式（書面）行為，書面既未簽訂，其買賣（契約、法律行為）即難謂為成立 (§166)，乙無請求交付A屋（標的物）及移轉A屋所有權之權利。

(2)乙之損害

本件之乙，因甲拒絕簽訂書面契約而可能發生之損害有三：

---

❷ 參照，民法第五○七條第二項：「定作人不於前項期限內為其行為者，承攬人得解除契約，並得請求賠償因契約解除而生之損害。」（同旨第五一一條、五一四條之三第二項、第五一四條之九第一項）

❷ 主要條文為民法第二五○條，他如民法第二三二條、第三五三條、第三五四條、第五○二條亦值參考。

❷ 參照，民法第五○七條立法理由：「承攬人依本條第二項之規定解除契約後，是否尚得請求損害賠償，現行法並無規定。……爰參考德國民法第六百四十二條第一項、本法第五百十一條但書，明定承攬人除得解除契約外，並得請求賠償因契約解除而生之損害。」（德國民法思維保守，其解除契約者連履行利益損害賠償皆不得請求，既稱參照德國民法，似可直接認為民法於此之修正，充其量不過允許履行利益賠償而已——其他條款亦得作如是理解）

　　a.預期取得之 A 商業大樓，無從取得；

　　b.轉賣 A 商業大樓預期可得之差價利益五億元，無從獲得，是為可得
　　利益之喪失 (§216) ❺㉗；

　　c.六個月間商談大樓買賣所支出之費用。

　　以上三者，A 商業大樓為價金五十億元之對待給付，乙未取得 A 商業
大樓，自己亦無庸支付五十億元，其間尚無損害之發生。再者，如果法律
行為成立有效，c. 之勞費係交易成本之一環，乙尚無於履行利益損害之外，
請求信賴利益損害賠償之餘地。

　　(3)通說見解

　　本件之乙，因甲拒不訂立書面契約，勢必無法交樓及移權於丙，其五
億原可取得之差價利益為之喪失，性質上為履行利益之損害。由於通說認
為契約不成立時，尚不得請求履行利益而只得請求信賴利益之損害賠償(此
外，更無請求給付或履行行為之可言)。因之，依通說，本件乙之二項請求
均係於法無據。

　　(4)淺見提示

　　本件 A 房地之買賣，雖因甲乙之要式約定而不成立，但於乙丙之間，
如無要式之約定，即因意思表示業已一致而成立生效 (§345、§153Ⅰ)，乙
對丙負有給付（交屋及移權）之義務 (§199Ⅰ、§348Ⅰ)，乙對丙亦有請求
交付價金五十五億元之權利 (§199Ⅰ、§367)。然而，甲之拒絕簽約，乙即
無從交樓移權（給付）於丙，乙對丙即是民法債編所稱之給付不能；不過，
甲之是項（拒簽買賣書面）行為，非乙丙所得預防或制止，亦非在彼等本
所預期之內，難謂乙丙為可歸責（過失：§220），依民法第二二五條第一項
及第二六六條第一項規定，乙免於交付 A 房地及移轉 A 房地所有權（給付）
之義務於丙，丙亦無庸支付五十五億元於乙❺㉘，結果，乙本來可得的五億

---

❷㉗　參照，最高法院九五年臺上字第一四八一號判決：「依通常情形，可得預期之
　　利益，視為所失利益……上訴人……向被上訴人購買系爭次級品光碟片，依通
　　常情形，可得預期獲有轉售之差額利益，其因被上訴人拒絕供貨，自受有損害。」

❷㉘　參照，民法第二二五條第一項：「因不可歸責於債務人之事由，致給付不能者，

元利益為之喪失。

按乙出售 A 房地於丙，係在甲拒絕簽訂書面契約之前，法律評價上，是個已訂之計畫；因而，該五億元，就乙而言即是依已訂計畫可得預期之利益，為民法第二一六條規定所稱的損害內涵之一。就乙而言，是為所失利益，更是本件交易過程發生之主要損害，結果卻因「締結過失只得請求信賴利益賠償」之見解，否定乙之請求損害賠償，對乙豈非極不公平？亦有間接縱容丙多行不義之虞。

淺見以為，法律行為不成立之締結過失，如其締結行為之過程已達於成熟之階段，且其當事人締結過失之情節重大者，理應依民法第一一三條之規定，肯定履行利益賠償之存在，甚而依據損害賠償概念內之回復原狀（§213 所稱之回復原狀）**㉙**，開放請求履行法律行為所生給付義務之空間。按本件甲乙關於 A 房地之買賣，關於價金、標的物等事項，皆已商妥，其法律行為（契約、買賣）之締結，顯已達於成熟之階段；再者，甲竟於萬事俱備，只欠東風之際，藉形式上之簽章，憑一筆之隔而背棄法律行為之成立，衡其情節顯有違背誠實信用原則，謂其締結過失情節重大，誰曰不宜。足見，乙之請求甲履行給付（交樓及移權）（先位聲明）或賠償五億元（備位聲明），當以認其依法有據為宜**㉚**。

三、制度精義

本項就下列三者說明之：

<hr>

債務人免給付義務。」、民法第二六六條第一項：「因不可歸責於雙方當事人之事由，致一方之給付全部不能者，他方免為對待給付之義務；如僅一部不能者，應按其比例減少對待給付。」（研讀給付不能，此二條項常有如一體成形，宜配合而為對照審酌。）

㉙ 參照，拙著〈回復原狀的規範意義〉，收於劉春堂教授，《民事法學新思維之開展》，元照出版有限公司，二〇〇七，第三二七頁以下。

㉚ 本例解答，同時涉入給付不能及其可否歸責，乃至其因而衍生之法律效果等債之基本重大課題，牽涉層面既廣，程度亦深；對於研習民法總則之學子來說，恐須多所推敲揣摩。

$$制度精義\begin{cases}締結過失責任（重點提示）\\效力猶豫機制\\無權處分\end{cases}$$

㈠締結過失責任（重點提示）

締結過失責任的概念解謎及體系構築，是個涉及事項廣泛蕪雜的法學課題。❸考量其工程之艱深，具體而深入之探析爰以專論移列於第十章結論論定。因此，本段僅簡要就下列二者略作重點提示，以為未來具體討論之預備。

$$締結過失責任\atop（重點提示）\begin{cases}問題的說明\\概念作業\end{cases}$$

1.問題的說明

締結過失也者，係本書用以指涉締結法律行為過失概念之簡稱，因其論定與民法本節第一一三條(本段以下稱民法本條)有無規範功能之課題，息息相關。因之，列於民法本節說明，俾充分印證其與民法本條之密切關連。關於法律行為前責任之課題，國內外文獻，似乎特別強調締約過失（責任）❸；在這樣的主流風潮之下，締結過失（責任）的語詞反而相當陌生。不過，這樣的法學思維，顯然是偏重民法債編而輕於民法本編，不無突出契約而忽視法律行為法之疑慮。縱非捨本逐末，亦恐以偏概全。

誠然，契約為法律行為之重鎮所在，契約責任亦是法律行為責任的重心課題；明乎契約或契約責任，對於法律行為或法律行為責任，大體可以思之過半。不過，無論如何，契約（責任）絕非法律行為（責任）之總體。

---

❸ 締結過失責任，正本清源之道，必須配合民法本節及債編相關規定，進行深度的素材（相關規定）搜尋彙整，探索其間的脈絡關連，運用精深的體系歸納及原則省察方法，構築一個較為融貫完整的責任體制。

❸ 基本而重要之國內文獻，請參照，王澤鑑，〈締約上過失〉，王著，《民法研究（一）》，第七七頁以下；劉春堂，《締約上過失之研究》，臺大博士論文，一九八三。

過度強調凸出契約（責任）而忽略法律行為（責任），對於民法上有關課題之總體融貫或整體把握，即使不致失真，亦恐難以周全。為期構築完整融貫的法律行為前責任體系，個人曾於多年前提出締結過失之概念❸；自認其仍值得推介，爰敢再行援用，並作更深度的研討。

2.概念作業

(1)一般說明

前述敘述使用許多尚未界定的基本概念，即締約過失、締結過失，締約過失責任、締結過失責任，契約責任、法律行為責任，契約前責任、法律行為前責任、無效法律行為責任及表見法律行為責任等。為期消弭不必要的混淆與困惑，爰先就此等概念略作釐清。

(2)概念簡義

①契約責任、法律行為責任

因契約（有效）而生之債務，是為契約之債。契約之債的債務人，因不履行債務應負之責任（債務不履行責任），即是契約責任❸。

相應於彼，其因法律行為（有效）而生之債務，是為法律行為之債。法律行為之債的債務人，因不履行債務應負之責之債務不履行責任，即得稱之法律行為責任。

②締約過失（責任）、締結過失（責任）

締約過失責任，通常係於法律行為為無效或不成立時，始有適用。是以，締約過失也者，意指契約之當事人，對於契約之無效或不成立，於締結上有過失情事，並因而致生損害於相對人之法律事實。其基此而應負之損害賠償責任，即是締約過失責任。

相應於彼，締結過失也者，即是意指法律行為之當事人，對於法律行為之無效或不成立，於締結上有過失情事，並因而致生損害於相對人者，

❸ 參照，拙著〈正視締約法律行為過失法則〉，輔仁大學法學院《首屆兩岸民商法學術研討會成果報告》，二〇〇一，第一三九頁以下。

❸ 因契約而生的債務不履行責任，為債務不履行的重鎮，為凸顯其屬性，或稱之契約不履行責任。契約責任是其略稱。

是為締結法律行為過失。其基此應負之損害賠償責任，是為締結過失責任。

③契約前責任、法律行為前責任

a.概念簡義

契約之當事人，於契約生效或成立前應負之損害賠償責任，是為契約前責任。通常，契約之當事人，對於契約前之行為，除有過失而致生損害於相對人者外，並不負法律上之責任。足見，所謂契約前責任之成立，亦以當事人過失為要件。其概念作業，尚有以下二點值得注意：

ⓐ契約前責任與締約過失責任，雖其名詞殊義，但究其實質意義來說，應是互成相通之概念。

ⓑ契約前責任也者，係意指契約之當事人，於契約無效或不成立有締結上過失，因而應負之損害賠償責任。

法律行為之當事人，於法律行為無效或不成立有締結上過失，因而應負之損害賠償責任，是為締結過失責任。在此基礎上，得認為法律行為前責任與締結過失責任，亦係互成相通之概念。

b.概念統合

法律行為責任（契約責任）與法律行為前責任（契約前責任），本係意涵互殊的概念。不過，隨著法律行為責任的擴張，法律行為前責任似有逐漸被納入之趨勢。基此，法律行為責任因而亦可有如下之廣狹意義之分❺❸❺：

$$
\begin{array}{l}
\text{法律行為責任（廣義）} \\
\text{（契約責任）（廣義）}
\end{array}
\left\{
\begin{array}{l}
\text{（狹義）法律行為責任（契約責任）：債務不履行責任} \\
\qquad\qquad\qquad\qquad\qquad\qquad\text{（契約不履行責任）} \\
\qquad\quad + \\
\text{法律行為前責任（契約前責任）：締結過失責任} \\
\qquad\qquad\qquad\qquad\qquad\qquad\text{（締約過失責任）}
\end{array}
\right.
$$

④無效法律行為責任、表見法律行為責任

a.無效法律行為責任

法律行為無效之當事人，於法律行為之無效有締結上過失，因而應負

---

❺❸❺　廣狹意義之區隔在於：狹義者不包括不成立及因撤銷而無效之情事，廣義者則得兼及之。

之損害賠償責任，是為無效法律行為責任。語其態樣，主要有三：一為自始即是單純無效，二為不生效力而遭拒絕承認，三為有效之法律行為因遭撤銷而無效。典型意義的無效，殆指前者而言，法典用語或法學文獻上所稱之無效，多數情形亦然。不過，廣義用法，則包括不生效力而經拒絕承認所致之無效，民法本條（§113——以下同）所稱之無效，一般即作此解釋。至其更為廣泛之意義，則可含括下列形態：

$$
\text{無效（法律行為）}\begin{cases} \text{ⓐ法律行為不成立} \\ \text{ⓑ法律行為自始單純無效} \\ \text{ⓒ法律行為不生效力卻因拒絕承認而無效} \\ \text{ⓓ法律行為有效但因撤銷而無效} \end{cases}
$$

淺見以為，民法本條所稱之無效法律行為，係另一廣義之用法，如以符號表示，其結論即為：無效(§113)＝ⓐ＋ⓑ＋ⓒ。至其論據主要如下：

ⓐ民法本條旨在概括表徵法律行為前責任(締結法律行為過失責任)之全貌，解釋立場上宜採廣義。

ⓑ法律行為不成立或無效在民法之用法，有時並未完全涇渭分明，不成立有時為無效所涵攝，民法第七三條即可佐證。解釋民法本條所稱無效，涵括法律行為不成立，不僅制度內涵可以更趨周延完整，於邏輯一致性而言，亦無明顯的混淆或矛盾。

ⓒ民法第一一四條，就撤銷無效之形態另有規定，以與民法本條互為體系觀察，自可亦應肯定撤銷形態並不涵括於民法本條範疇之內 ❺❸❻ 。

b.表見法律行為責任

---

❺❸❻ 關於無效 (A) 的內涵，因其廣狹立場之不用，略可歸納表解如下：

$$
A\begin{cases} A＝\text{ⓑ：狹義（典型用法）} \\ A＝\text{ⓑ＋ⓒ：廣義（§113：通說）} \\ A＝\text{ⓐ＋ⓑ＋ⓒ：廣義（§113：本書）} \\ A＝\text{ⓐ＋ⓑ＋ⓒ＋ⓓ：最廣義} \end{cases}
$$

法律行為無效（無論狹義或最廣義）者，於當事人間，通常上均有法律行為締結之表見，當事人主觀上亦多認為法律行為有效存在。法律行為無效者，於當事人之間等同法律行為並不存在；惟就事實過程、社會生活現象，乃至當事人認知來說，法律行為或是曾經表面存在。因之，無效法律行為亦得稱之為表見法律行為❸。

表見法律行為責任者，係當事人因表見法律行為有締結過失而應負之法律上責任；此之責任內容，亦為對於相對人負損害賠償責任。於概念關係上，以下二者值得注意：

　　ⓐ表見法律行為與無效法律行為二者，得視之為意涵等同之法律概念。

　　ⓑ表見法律行為責任、無效法律行為責任、締結過失責任與法律行為前責任四者，亦得視其為意涵同等之法律概念❸。

(3)體制關連

為釐清概念上之意義，於此再作四點補充：

①締結過失之相關概念，堪稱相當繁多，一定程度的區隔及統整工作，為避免混淆困惑之所必要。

②以締結過失，統攝法律行為前責任之諸概念，得歸納如下：

$$無效法律行為＋締結過失＝無效法律行為責任＝表見法律行為責任$$
$$＝法律行為前責任＝締約過失責任$$

---

❸　參照，拙著《新訂民法債編通則》（上），第一二一頁、第一三三頁。

❸　關係圖表略可調整如下：

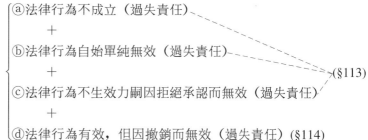

③於締結過失責任，淺見以為，履行利益損害賠償，仍有適用之存在空間。

④無效法律行為，當事人或相對人常會本於表見法律行為而為給付。果有此情，損害賠償之外，尚同時成立（給付）不當得利 (§179)，受領給付之人理應返還利益，並因而負有回復原狀義務 (§113、§114、§244、§259)。如是，締結過失責任的體制關連得歸納如下表：

㈡效力猶豫機制

1.序　說

⑴概念說明

　　法律行為生效之制度，並非單純為有效、無效二元對立之零和模式，亦非法律行為成立之時即告確定之機械體制。其間，或有原已有效，其後卻因後續之補充行為而為之無效者；相反的，其原來並未生效，但其後卻因後續之補充行為而為之有效者。於此等特例，法律行為有效與否，係依

---

❺❸❾　損害賠償須以損害實際發生為要件，回復原狀必須以業已給付為前提。因此，無效之法律行為，如無損害發生，亦未曾給付，縱有過失亦無責任。因此，體制關連之圖表，或可調整如下：

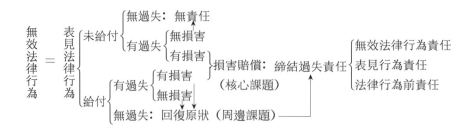

隨後續補充行為之有無而游移，爰以效力猶豫稱之，法律行為不生效力及得撤銷二者，乃其典型。

效力猶豫之原因事實，尚稱多樣而複雜，制度形式上抑且具體散落於民法各編相關條文。有關其共通適用事項，民法不能有概括統一之規定，此為民法本節規定之由來，並得視之為制度上之通例或通則❺⁴⁰。

⑵制度重點

效力猶豫之課題有三。即：無效 (§111、§112)、撤銷 (§114Ⅰ、§116) 及承認 (§115～§117) 三者，並先歸納其重點如下表：

$$
效力猶豫
\begin{cases}
無效 \begin{cases} 全部無效原則 (§111) \\ 無效法律行為轉換 (§112) \end{cases} \\
撤銷 \begin{cases} 自始無效原則 (§114Ⅰ) \\ 以意思表示為之（撤銷權行使）(§116) \end{cases} \\
承認 \begin{cases} 自始有效原則 (§115) \\ 以意思表示為之（承認權行使）(§116、§117) \end{cases}
\end{cases}
$$

2.無　效

無效法律行為轉換，前已論述，茲不重複。因之，本段以論析全部無效原則為主，並分為下列項目說明：

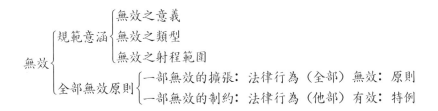

$$
無效
\begin{cases}
規範意涵 \begin{cases} 無效之意義 \\ 無效之類型 \\ 無效之射程範圍 \end{cases} \\
全部無效原則 \begin{cases} 一部無效的擴張：法律行為（全部）無效：原則 \\ 一部無效的制約：法律行為（他部）有效：特例 \end{cases}
\end{cases}
$$

⑴規範意涵

①無效的意義

無效者，意指（某特定類型之）法律行為，因其法律行為生效要件不

---

❺⁴⁰　例如，撤銷須以訴訟為之 (§244) 或撤銷不生溯及自始無效 (§998) 諸規定，相對於民法本節，即屬例外條項。

完備，以致當然、自始而確定不發生（該法律行為之）法律效力（果）而言❺❹❶。

　　a.當然無效

　　當然無效者，意指法律行為因法律規定而（當然）不發生效力而言。因之，無效也者無待任何人（包括當事人——以下同）主張之；而且，除法律別有規定外，任何人均得對任何人主張其為無效，是為絕對無效原則❺❹❷。

　　b.自始無效

　　自始無效者，意指法律行為因法律規定，自始不發生效力而言。不過，於繼續性法律行為，嗣後無效恐有一定存在空間，值得注意。

　　c.確定無效

　　確定無效者，意指法律行為因法律規定而不發生效力者，即確定的、不再回復生效可能而言，即使發生情事變更或當事人為之承認亦然❺❹❸。

　　民法第一六六條之一生效之後，未作成公證書而無效之不動產買賣，嗣後得因登記而轉為有效❺❹❹，學理上或稱之為無效法律行為之治療者❺❹❺。類此規定，是否會在民法法律行為理論上逐漸發展，而使確定無效退化為法律原則❺❹❻，值得注意。

---

❺❹❶　參照，最高法院三二年上字第六七一號判例：「無效之行為在法律行為當時即已確定不生效力，與得撤銷之行為須經撤銷權人之撤銷始失其效力者，顯有不同。」

❺❹❷　參照，大理院二年上字第一〇〇號判例：「無效之法律行為……應不待當事人之聲明即認定其為無效。」

❺❹❸　參照，最高法院七三年臺上字第七一二號判決：「無效之行為，在法律行為時，已確定不生效力，不因事後之情事變更或當事人之行為而回復為有效。」

❺❹❹　參照，民法第一六六條之一修正理由：「當事人間合意訂立之債權契約，雖未經公證，若當事人間已有變動物權之合意，並已向地政機關完成變動之登記者，則已生效力，自不宜因其債權契約未具第一項之公證要件，而否認其效力。」

❺❹❺　參照，王著，第五一五頁（首見於王著，《債法原理》（一），第一〇三頁）。

❺❹❻　法律原則，通常容有例外，例如，全部無效原則容有部分無效之例外，過失責

②無效之類型

無效之類型區分如下：

$$無效（類型）\begin{cases} 全部無效、一部無效 \\ 絕對無效、相對無效 \\ 自始無效、嗣後無效 \end{cases}$$

　　a.全部無效、一部無效

　　法律行為之內容，全部不發生效力者，是為全部無效，反之，僅係其中一部內容不發生效力者，是為一部無效。例如，購買 A 屋一棟，A 屋卻於訂立買賣（契約、法律行為）前失火燒燬，其法律行為因標的不能全部無效（§246 I 本文）；如購屋時約定，出賣人因故意毀損 A 屋不負責任，於法律上該約定之部分無效 (§222)[547]，即是部分無效。

　　法律行為有無效情事者，通常情形均屬全部無效。依民法第一一一條規定，部分無效僅於其他部分於法亦可成立生效者，才有適用。足見，全部無效始是明確度很高的法律原則；反之，一部無效，本係適用空間相當有限的特例體制。而且，法律行為一部無效者，就法律行為本身來說，仍屬有效。例如，上述故意毀損 A 屋之例，僅是縱不負責任部分無效[548]，但買賣（契約、法律行為）仍是有效。

　　b.絕對無效、相對無效

　　法律行為為無效者，任何人均得主張，而且對任何人亦均得主張之，故稱之絕對無效。不過，為保護交易安全，於特殊情形，法律偶爾另有「（當事人）不得以其無效對抗善意第三人」之規定（如 §87 I 但書）；有此規定

　　任原則容有無過失責任之例外即是。

[547]　參照，民法第二二二條立法理由：「對於故意或重大過失所生之責任，則無可免除之理由。若許其預以特約免除行為人將來因故意或重大過失所生之責任，則未免……使相對人蒙非常之損害，其特約應歸無效。」

[548]　約定不負責任無效，以本件為例，其意義等於出賣人就 A 屋之毀損（給付不能）仍應負損害賠償責任 (§226 I)。

者，法律行為雖是無效，但第三人依法取得之權利，不因該等無效而受任何影響，例如，甲乙就 A 車成立假買賣（假契約、假法律行為、通謀虛偽意思表示）後，將 A 車交付（移權）於乙❺❹❾，嗣後乙將 A 車轉售於不知其（假買賣）情事之丙，亦交車（移權）於丙；於此案例，甲乙間之（假）買賣雖屬無效，但丙仍因善意受讓（§801 ＋ §948）而取得 A 車所有權，甲或乙均不得以其（甲乙之）買賣（契約、法律行為）無效對丙為任何主張。因其無效，僅存在於甲乙之間，尚不得對丙為主張，一般爰以相對無效稱之。然而，此之相對無效概念，對於絕對無效本身並無影響，因其行為本身還是自始確定無效，丙（第三人）之取得權利，係本於善意受讓或信賴登記（§759 之 1 II）❺❺⁰之規定，自始直接取得權利，與前手之無效法律行為不生法律上之聯結，稱之相對無效，充其量僅於主觀（當事人範圍）上具有意義。

規範意義的相對無效，係意指該法律行為雖是無效，但其法律行為本身處於得為有效之狀態，當事人一方如主張其為有效者，該法律行為為之有效之情事。相對無效無寧為少有之特例，非待法有特別規定，不應容許之。截至目前為止，民法本身尚少其例；不過，消費者保護法之下列規定，可以顯其趨勢：

ⓐ企業經營者與消費者訂立定型化契約前，應有三十日以內之合理期間，供消費者審閱全部條款內容。違反前項規定者，其條款不構成契約之內容。但消費者得主張該條款仍構成契約之內容。（同法 §11 I、II）

ⓑ定型化契約中之定型化契約條款，全部或一部無效或不構成契約內容之一部者，除去該部分，契約亦可成立者，該契約之其他部分，仍為有效。（同法 §16 本文）❺❺¹

---

❺❹❾　動產買賣，因交付（移轉占有）而移轉所有權 (§761)，二個法律現象同時實現，爰就二者併同說明，惟其現實動作為交物，故移權以括弧註明之。

❺❺⁰　關於土地法第四三條，登記有絕對效力之重要詮釋請參照，司法院二八年院字第一九一九號解釋、最高法院五〇年臺上字第九二九號判例。

ⓒ定型化契約條款因字體、印刷或其他情事，致難以注意其存在或辨識者，該條款不構成契約之內容。但消費者得主張該條款仍構成契約之內容。（同法施行細則§12）

c.自始無效、嗣後無效

法律行為無效者，係自始即不發生效力。法律行為理論上是否有嗣後無效的概念，本來並無討論空間。

一般以為，法律行為成立後生效前出現無效的原因，以致法律行為歸於無效者，是為嗣後無效，舉受遺贈人於遺囑生效（立遺囑人死亡）前死亡，其遺贈不生效力之規定（§1201）為例❷。然而，無效原因後至，僅無效發生時點為之遞延，是否為嗣後無效，不無討論餘地；否則，所有拒絕承認而無效者，均須納入嗣後無效之範疇，其間恐將滋生諸多疑義。

嚴格意義之嗣後無效，係指法律行為成立時，即有無效或得撤銷之原因，但其無效卻於嗣後發生之情事。結婚之撤銷自撤銷時起婚姻為之無效（§998），可為詮釋，至於財產行為則少有其例❸。此外，德國民法學倡導，繼續性法律關係縱有無效或得撤銷之事由，仍得本於該類型行為（通常為契約）的使用事實而有效，但於當事人主張無效或撤銷時，向未來而為無效❹。如是，則嗣後無效之規範意義，將更趨顯著。

③無效之射程範圍

無效也者，僅指法律行為本身而言；法律行為以外有無法律效果發生，尚須視個案具體情況是否符合其他法律效果所定之成立要件而定，非謂其間毫無其他法律效果。例如締結過失責任，係因於當事人有締結上過失，且相對人因而受有損害，絕非直接肇因於無效法律行為本身。因此，關於

---

❺ 關於定型化契約之定義，請參照，民法第二四七條之一立法理由及消費者保護法第二條第七、九款。

❷ 所以舉此為例，係因民法第一二〇一條所稱不生效力，究其實質意義而言，應係無效，而非不生效力。

❸ 附停止條件之法律行為，於條件成就前標的物變為不融通物，得為其例。

❹ 參照，王著，第五一八頁。

法律行為無效之射程，殆可歸納如下表：

$$
\text{法律行為無效}\begin{cases}\text{無其他責任事由：不發生任何法律效果}\\[4pt]\text{有其他責任事由}\begin{cases}\text{法律行為預定效果並不發生}\\[2pt]\text{發生其他法律效果（如損害賠償：§113）}\end{cases}\end{cases}
$$

法律行為以外之其他法律效果，略有如下：

①法律行為無效事項，於法成立侵權行為者，相對人得依侵權行為而請求損害賠償。例如，甲詐欺乙為意思表示，嗣乙撤銷意思表示使之（自始）無效，乙仍得請求甲依侵權行為規定賠償乙所受損害。

②於無效之法律行為，有締結過失者，相對人得請求損害賠償（§113、§114；§245之1、§247）。

③本於無效之法律行為而為給付者，得依（給付）不當得利請求回復原狀（§113）。

④債權行為、物權行為均屬無效，而當事人已為給付者，關於物權部分，有物上請求權；如其標的為所有權者，則基於所有物返還請求權（§767Ⅰ）請求塗銷登記並返還所有物 ❺❺❺。

(2)全部無效原則

①一部無效的擴張

a.概念之由來

民法第一一一條規定：「法律行為之一部分無效者，全部皆為無效。但除去該部分亦可成立者，則其他部分，仍為有效。」通稱之全部無效原則 ❺❺❻。蓋以法律行為係一整體之概念，法律行為的內容所涉及之事項，如有部分為無效者，本於法律行為完整性之要求，應認法律行為全部無效 ❺❺❼。例如，

---

❺❺❺　參照，司法院二〇年院字第五七八號解釋：「強制執行中拍賣之不動產為第三人所有者，其拍賣為無效，所有權人……得提起回復所有權之訴，請求返還。」（同旨最高法院三〇年上字第二二〇三號判例）

❺❺❻　民法制定前之大理院早期即以判例呈現全部無效原則（大理院四年上字第一二一八號判例）。

甲乙丙各斥資新臺幣一百萬元，成立合夥（§667：合夥為契約、亦為法律行為），惟其中乙為受監護宣告人（磋商及成立合夥時，乙回復常態），該合夥（法律行為）雖僅乙一人之意思表示無效（§85本文），但因本條規定，原則上即應認為合夥全部皆為無效。從效力射程來說，似得稱為「一部無效的擴張」。不過，於上案例，如甲丙本即有意二人成立合夥，足認除去乙之參加，甲丙仍願成立合夥者，於法律制度上，如不問情由，一律以全部無效待之，對當事人意思恐亦不夠尊重，且亦嚴重窒礙私法生活秩序之順利形成。因此，依民法本條但書規定，甲丙之成立合夥（法律行為）仍為有效 ❺❺❽，亦即僅乙之部分無效而從合夥之生效中移除而已。以其效力射程言，似得稱之「一部無效的約制」，其完整之規範構成，如下表：

一部無效 ｛原則：法律行為全部無效（§111本文）────────── 一部無效的擴張
　　　　　特例（§111但書）｛要件：無效部分除去法律行為仍可成立
　　　　　　　　　　　　　　　效果 ｛一部無效（無效之部分除去） ｝一部無效的
　　　　　　　　　　　　　　　　　　他部有效（除去無效部分後有效）　約制

　　此之無效包括不生效力所致之無效以及撤銷所致之無效，而非最為狹義之單純自始無效。

　　b.一部無效之意義

　　一部無效，應以法律行為單一性作為判準，亦即須限於實質的單一法律行為之一部分為無效者，始有適用；反之，如其形式上為一個法律行為，但實質上為數個法律行為之結合，則其中某一法律行為之無效，無民法本條之適用 ❺❺❾。例如，甲以一萬元向乙購買數物，其中維他命一罐三百元、

❺❺❼　參照，民法第一一一條立法理由（前段）：「法律行為，係屬一體，一部無效，全部當然無效。」

❺❺❽　同上條立法理由（後段）：「除無效之一部外，而法律行為仍可成立者，則其他部分，仍為有效，如是斯能符當事人之意思也。」

❺❺❾　參照，王著，第五二三頁；史著，第五一七頁～第五一八頁；洪著，第五一八頁～第五一九頁；胡著，第三七二頁；施著，第三一六頁；黃著，第三一〇頁；黃立著，第四一二頁。

嗎啡一小包五千元、腳踏車一臺三千元、巧克力糖一箱一千五百元及牛奶一瓶二百元。甲乙之間係成立數個（依標的而分為五個）法律行為（契約、買賣）；其中之嗎啡為禁止融通之物，不得為買賣之標的物，甲乙間關於嗎啡之法律行為（契約、買賣）因標的不合法（違反 §71）而無效。但不影響甲乙就維他命、腳踏車、巧克力及牛奶等所為生效之其他個別買賣（法律行為）。

同上交易，如甲係以一萬元向乙購買維他命一罐、牛奶一瓶、嗎啡一小包、腳踏車一臺及巧克力糖一箱，但未言明各個標的物價格者，則甲乙間所成立者，係單一之法律行為（契約、買賣），則嗎啡部分之買賣無效，即是一部無效，因其適用全部無效原則，甲乙之整個法律行為（契約、買賣）乃為之全部無效。

c.一部無效之態樣

一部無效之態樣主要有二：

ⓐ內容一部無效

法律行為之內容，由複數之事項而成者，如其中部分之事項無效者，是為內容一部無效。例如，購買汽車及其配備之零件，如其汽車買賣之部分無效，法律行為（契約、買賣）為之全部無效。

ⓑ數量一部無效

法律行為有關之數量，因違反法律規定之許可範圍而無效者，是為數量一部無效。文獻上通常係舉利息超過週年百分之二十之規定 (§205) 為例。不過，民法於此之規定，係超過部分無請求權，而非無效，此例是否盡當，或有可議。

一般以為，法律行為的內容或數量，係依意思表示來呈現及確定。足見，一部無效的內在意義，無異等於意思表示本身之一部無效（法律行為一部無效＝意思表示一部無效）。

d.本書見解

然則，詮解一部無效，是否必須限於如此狹隘之態樣，或以為尚有商榷之處❺⑥，淺見覯之。蓋以法律行為之成立生效，其因素既不以意思表示

為限，法律行為之一部無效，即不宜僅以意思表示作為詮解之唯一對象。前述之甲乙丙合夥之例，如適用一部無效而全部無效原則者，即係源於行為能力欠缺（乙無行為能力），而非意思表示內容或數量事項之無效。再者，當事人因經濟上目的，於現實交易過程上，將形式上為個別獨立存在之法律行為，依意思表示加以結合為實質的單一行為，亦是所在多有。於此事例，應認為亦有全部無效法律原則的適用，甚而可說，這種事例的適用，或許更為重要、亦更值得吾人重視。於前述藉買維他命、咖啡、牛奶之例，如當事人因經濟目的考量而視其為單一法律行為者，亦有民法本條全部無效之適用。否則大廠商一次購買電視機數萬臺，如因其每臺均有明確定價，即認為係數萬個法律行為（契約、買賣），其見解恐將有違法律行為之制度預設，同時亦不符當事人之意思。

　　此之論點，不僅學理頗為有力❺❻❶，亦為實務見解所採❺❻❷，爰基此重新圖解如下表：

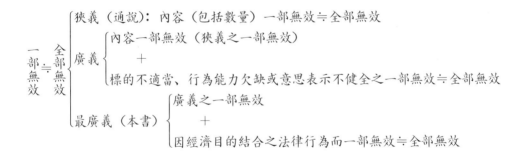

　　②一部無效的約制

---

❺❻⓪　參照，李模著，第二八五頁～第二八六頁。

❺❻❶　參照，李模著，第二八五頁；梅著，第二八六頁。

❺❻❷　參照，司法院三二年院字第二五四九號解釋：「隨有押租契約之租賃契約……耕地出租人不得收取押租，該契約關於押租之部分，自屬無效。至於其他部分仍為有效，應依民法第一百十一條之規定決之，倘依具體情事可認出租人有除去押租部分，亦可成立契約之意思者，其他部分仍為有效。」（同旨最高法院三二年上字第一六八號判例）

　　一部無效的約制，分為下列四項說明：

$$
一部無效的約制
\begin{cases}
存在形態：制度特例 \\
適用範圍：空間廣闊 \\
制度後續：替代機制 \\
終局意義：法律行為（全部）有效
\end{cases}
$$

　　a.存在形態：制度特例

　　法律行為一部無效，究係以一部無效為原則，抑或以全部無效為原則，各國制度不一。雖然，自羅馬法早期，即已建樹一部無效之原則，使法律行為有效之部分，不受無效部分之影響[563]。不過，民法制定當時，則採取德國民法，以全部無效為原則；至於其有效部分仍可不受影響而於法有效者，以除去無效部分，仍可成立時為限[564]。因此，一部無效的約制，係相對於全部無效原則之特例態樣。

　　b.適用範圍：空間廣闊

　　何謂除去無效部分，法律行為仍可成立？宜綜合斟酌法律行為之性質及當事人之意思而定。亦即，如當事人意思上無主觀一體關聯性、或其法律行為所生給付可分，且經斟酌當事人之意思足認其法律行為為具有可分性，始得適用一部無效；實務見解亦然[565]。學理或持較為寬緩立場，認為只要當事人定有「另行協商訂立替代部分無效之有效條款」之約定者，即為已足[566]。

---

[563]　羅馬法諺自古即有所謂：「有效之部分，不因無效部分之存在而受影響 (Utile per inutile non vitatur)。」

[564]　參照，德國民法第一三九條（文字與我國民法第一一一條雷同，爰不具引）。

[565]　參照，最高法院七五年臺上字第一二六一號判例：「民法第一百十一條但書之規定，非謂凡遇給付可分之場合，均有其適用。尚須綜合法律行為全部之旨趣，當事人訂約時之真意、交易之習慣、其他具體情事，並本於誠信原則予以斟酌後，認為使其他部分發生效力，並不違反雙方當事人之目的者，始足當之。」

[566]　學理稱之「替代或救助條款」，不過，法律行為成立生效或其生效後權利義務之重要基本事項，其出現足以影響法律行為之目的者，尚不因替代或救助條款

部分無效，尚因定型化契約的普遍而適用日廣。其間，可推以下二者為代表：

　　ⓐ民法第二四七條之一本文:「依照當事人一方預定用於同類契約之條款而訂定之契約，為左列各款之約定，按其情形顯失公平者，該部分約定無效。」

　　ⓑ消費者保護法第一二條第一項:「定型化契約中之條款違反誠信原則，對消費者顯失公平者，無效。」

　　鑑於法律特別規定的情形頗見存在❺❻❼，並審視定型化契約在現代交易上適用之廣泛普遍，一部無效之約制的特例，其存在空間或適用情形，已是非常普遍，因此，全部無效雖是法律原則，但秉持謙抑緩和之態度對待一部無效之約制，恐有必要❺❻❽。

　　c.制度後續：替代機制

　　法律行為一部無效者，其無效部分之法律效果如何？依民法本條所定文義而作解釋，其結論似甚單純，亦即只要把無效之部分除去、使之空白即可。例如，前述購買多項物品或三人合夥之例，只要把購買嗎啡或無行為能力人排除於合夥即是。

　　以上見解，於詮釋行為能力欠缺、標的不妥適或意思表示不健全所導致之一部無效，其結論或無不妥。不過，如其一部無效是源自數量或程度之限制者，單純之排除，恐非最終結論。例如，買賣雙方約定；出賣人於標的物之毀損滅失，縱有故意亦不負責任。其所導致之無效（違反§222），排除該約定於買賣之適用後，出賣人究應如何負責？解釋上即須綜合斟酌責任標準相關規定之民法第二二〇條。二者互相印證，其結論為：出賣人

　　而適用部分有效之特例。

❺❻❼　民法主要條項如§205、§226Ⅱ、§380、§449、§912（直接規定替代機制，部分無效之規範意義隱而不見）；消保法上之他例，如同法§11之1、§13～§16、同法施行細則§12是。

❺❻❽　公法行為原則上採一部有效原則（行政程序法§112），其全部無效原則適用範圍之限縮，更為明顯（請注意行政契約仍採全部無效原則（行政程序法§143））。

仍應就故意或重大過失之情事負責，但就（輕）過失之情事，無庸負責 ❺❻❾。

　　填補無效內容的替代機制，於特別約定而生的一部無效，須本於誠實信用原則 (§148 II)，斟酌或準照法律相關規定定之；至於法律之特別規定，亦多有賴相關規定以為補充 ❺❼⓪。

　　　d.終局意義：法律行為（全部）有效

　　法律行為一部無效，本諸文義解釋，固可認為係法律行為一部無效、一部有效。不過，純就法律行為本身之有效無效而言，實質上仍是法律行為有效。例如，於前述所舉買賣、合夥一部無效之例，只不過是該法律行為上主觀（當事人）或客觀（法律行為內容）之範圍之調整而已，如就買賣或合夥而言，其法律行為（契約）本身仍是有效。於替代機制之案例，法律行為本身之有效、乃至一部無效之流於有名無實，表現更為顯著，爰於標題上特別標明「（全部）有效」之字眼，以期有助概念之澄清。

　　3.撤　銷

　　撤銷，分為下列要點說明：

$$
撤銷 \begin{cases}
意義 \begin{cases} 定義說明：使法律行為自始消滅之單獨行為 \\ 權源依據：撤銷權（個別規定） \end{cases} \\
方法 \begin{cases} 意思表示：有相對人單獨行為 \\ 相對人：法律行為之相對人 \end{cases} \\
效力 \begin{cases} 核心效力：自始無效 \\ 周邊效力：締結法律行為過失責任 \end{cases} \\
周邊 \begin{cases} 鄰右概念：撤回、解除、聲請法院撤銷 \\ 無效行為與撤銷 \end{cases}
\end{cases}
$$

❺❻❾　參照，最高法院六一年臺再字第六二號判例：「債務人因欠缺善良管理人之注意而發生之輕過失責任，依民法第二百二十二條反面解釋，非不得由當事人依特約予以免除。」

❺❼⓪　例如，定型化契約條款載明：「貨物出門、概不替換。」之文句。嗣後發現貨品有重大瑕疵，該文句即因違反消費者保護法第一二條第一項而無效，消費者得依瑕疵擔保責任主張減價或另行交付等權利 (§359～§360、§364)，或依不完全給付請求補正及賠償 (§227)。

(1)撤銷之意義

①定義說明

a.一般敘述

撤銷者，依法律規定，有撤銷權之法律行為當事人，使業已生效之法律行為溯及自始消滅之意思表示也。

法律行為一旦生效，不宜再輕易使其歸於消滅，是以撤銷須法律明文而個別賦與，且其事例不宜多見。否則，法律行為效力之安定性無以維持，人人勢必因之憚於締結法律行為，交易活動及生活秩序又如何而得穩定及發展。因此，撤銷須於法律有特別規定者，始有存在；而且事例不多。

撤銷者，法律行為撤銷之簡稱；撤銷之客體，得及於負擔行為（債權行為）及處分行為（物權行為）❺。不過，法律行為成立要素中，堪為撤銷之對象者，唯其意思表示而已。因此，精確來說，所謂法律行為撤銷，無論是簡約泛稱法律行為，或究其客體而指明債權行為或物權行為，其核心意義應是意思表示之撤銷 (§88、§89、§92)❺。不過，民法用語，卻是意思表示撤銷及法律行為撤銷 (§85 II、§114、§416、§417；§14 II、§34) 二者併用。❺

b.語意廣狹

民法本節所稱撤銷，尚可分為意思表示瑕疵與否之撤銷，並作如下之廣狹區分：

撤銷 { 狹義：瑕疵意思表示之撤銷 (§88、§89、§92)
廣義：狹義＋非瑕疵意思表示之撤銷 (§85 II、§165、§416、§417；§14 II、§34)

學理多數見解以為，民法本節係專指意思表示瑕疵之撤銷而言，其見解似有討論餘地。淺見以為，民法本節所以凸出意思表示為撤銷對象，主

---

❺ 撤銷之適用對象，主要為債權行為，唯於當事人間，如業已完成物權行為者，則通常是債權行為及物權行為一併撤銷。

❺ 更精確之用語應是瑕疵（不健全）意思表示之撤銷。

❺ 法律行為之撤銷，配合法典用語，宜稱之贈與之撤銷、許可之撤銷等是。

要用意有三：其一為說明此類撤銷之明確原因；其次為配合法律規定章節名稱為意思表示；其三為指明法律行為縱未成立或生效，仍得撤銷意思表示；例如，被詐欺而為要約，得於要約生效後、相對人為承諾前撤銷要約之意思表示。非意思表示瑕疵之撤銷，非待法律行為成立生效，尚無撤銷可言。民法本節，係考量二者而兼括適用，乃以法律行為撤銷而通稱之❼。

瑕疵之意思表示，如於其法律行為生效後撤銷者，其對象究僅止於意思表示？抑或法律行為亦經撤銷？多數見解以為，僅是意思表示之撤銷而已。淺見以為，如果嚴格貫徹形式邏輯，將民法第一一四條之適用對象限於法律行為，則瑕疵意思表示之撤銷，恐難避免類推適用方法之援用。如是，不僅制度漏洞太大，而且與民法本節適用對象以瑕疵意思表示為主之論點，反而背道而馳。反之，如認為法律行為一旦成立或生效，其撤銷對象即為法律行為，至於意思表示之撤銷，唯於法律行為未成立前得有適用，則瑕疵意思表示之效果，得與民法本節關於撤銷之規定相符，不僅無須大量借助類推適用，而且，民法本節與意思表示瑕疵撤銷之接合，可以更為緊密而融整❼。

②權源依據

依法律規定而得主張撤銷之權利，是為撤銷權；撤銷權之賦與，並不直接發生撤銷之效力。換言之，須經主張行使，始生撤銷意思表示或法律行為之效力。撤銷權通常固由法律之個別規定而生，但當事人約定保留撤銷權者，於法亦無不可❼。

---

❼ 民法本節之撤銷，略可圖表如下：

撤銷＝法律行為之撤銷　┌ 瑕疵意思表示之撤銷 (§88、§89、§92)
（節名）（規範內容：§114）└ 個別法律行為類型之撤銷 (§85 II、§416、§417)

❼ 單純意思表示之撤銷，因其法律行為尚未成立或生效，尚不生法律行為視為自始無效之問題。

❼ 參照，最高法院八九年臺上字第二五〇一號判決：「基於私法自治原則，非不得有契約撤銷權之約定，其行使應依撤銷權成立之契約內容及趣旨決定之。」

撤銷之效果，使業已生效之意思表示或法律行為自始消滅，也使該一度生效之法律行為或意思表示所生權利義務關係消滅，是撤銷係為形成權或變動權。其因不能脫離撤銷權人而獨立存在或為讓與，故撤銷權與權利主體具有不可分離之關係。例如，甲被乙詐欺出售 A 車於乙，嗣甲將其對於乙之價金債權讓與於丙，其甲基於被詐欺而對乙所得主張之撤銷權，並不隨同價金債權而讓與於丙。換言之，甲（對乙）之撤銷權，與甲具有不可分離之關係，丙並未因受讓價金債權而取得撤銷權，甲亦未因此而喪失撤銷權，其撤銷權人，仍為買賣（契約、法律行為）當事人之甲而非丙❼。

撤銷權，因撤銷權人主張（行使）而消滅。蓋以撤銷權一經行使，原已生效之法律行為即生消滅，撤銷權存在之目的業已實現，於法自無許其繼續存在之理。再者，撤銷權係破壞已定法律秩序之權利，如其長久存在，當事人間之法律關係勢必長期處於不能確定之狀態，於法律秩序之安定頗有影響，故撤銷權常伴隨一定期間之限制。此之一定存續期間，是為所謂之除斥期間；除斥期間屆滿，撤銷權即告消滅，撤銷權人即再無主張撤銷之可言❽。

撤銷權為私權(私法上權利)，亦得因當事人之拋棄而消滅。此之拋棄，為單獨行為，由撤銷權人以意思表示為之；拋棄無庸一定方式，而且明示、默示均無不可，惟民法用語卻以承認稱之，且與不生效力法律行為之承認，混雜併用 (§116 Ⅰ)，致概念認知，滋生疑義。德國民法稱之追認，以與不生效力法律行為之承認區隔，其用語或較妥當❾。再者，有力學說以為，

---

❼　撤銷權、解除權 (§254～§256)、終止權 (§263)，為具有不可分離關係之權利。

❽　參照，最高法院八五年臺上字第一九四一號判例：「民法第二百四十四條第一項之撤銷訴權，……自債權人知有撤銷原因時起，一年間不行使而消滅。該項法定期間為除斥期間，其時間經過時權利即告消滅。」

❾　參照，德國民法第一四四條：「撤銷權人追認得撤銷之法律行為者，不得再行撤銷；其為追認無須依關於得撤銷法律行為所定之方式。」（在德國民法，撤銷權拋棄稱之 Bestätigung（一般譯為追認）；不生效力之事後同意，稱之 Genehmigung（即通稱之承認），二者同語涇渭互殊，顯可區隔。

於知悉被詐欺後，仍為履行並受領對待給付者，即得認係拋棄撤銷權 ❺❽⓿。

(2)撤銷之方法

①撤銷權之行使

撤銷之方法，意即撤銷權之行使，為撤銷權發生效力之機制。撤銷係由撤銷權人以意思表示向相對人為之 (§116)。足見，撤銷係有相對人之單獨行為，至於其為書面或語詞、明示或默示，均無不可 ❺❽❶。例如，表示願退還價額，不擬出售，即是默示撤銷 ❺❽❷；而且，除法律另有規定者外，無庸以訴訟方式為之 ❺❽❸，只要意思表示為相對人了解或到達相對人時生效 (§94、§95)。

撤銷權人為誰？通常由法律規定之。例如，被詐欺而為意思表示者，其撤銷為表意人 (§92)、贈與（法律行為、契約）之撤銷，為贈與人 (§416) 或贈與人之繼承人 (§417)。不過，撤銷權非為人身權，仍得由代理人為之 (§103) ❺❽❹；如其債務人怠於行使債權人撤銷權時，該債務人之債權人亦得代位行使撤銷權 (§242)。

②撤銷之相對人

撤銷，如其相對人確定者，應向相對人為之，相對人一般係指原法律行為之相對人，德國民法於此，有相當具體明確之規定 ❺❽❺，值得參酌。得

---

❺❽⓿　參照，王著，第五三〇頁。

❺❽❶　參照，最高法院二九年上字第一六三三號判例：「撤銷法律行為之意思表示，法律上並未限定其表示方法，無論其為明示或默示，均可發生效力。」（同旨最高法院三二年上字第一九四二號判例）

❺❽❷　參照，最高法院八二年臺上字第五六四號判決：「被上訴人於發現錯誤，即向上訴人表示願退還已收之價金，不願將非上訴人耕作之土地出售，顯屬撤銷權之行使。」

❺❽❸　參照，最高法院五二年臺上字第八三六號判例：「撤銷權人，欲撤銷其自己之意思表示或他人之法律行為者，除法律規定必須訴經法院為之者外，以意思表示為之已足，勿庸提起形成之訴請求撤銷。」

❺❽❹　參照，大理院三年上字第一三一一號判例：「撤銷權，除本人外，惟法定代理人、承繼人有之。」

撤銷之行為，如原無相對人者，則為基於該法律行為而直接受有利益之人❺❽❻。例如，甲因錯誤而拋棄某物，嗣得對取得該物所有權之人主張撤銷。相對人為多數人者，行使撤銷權應向全體為之，其撤銷權人為多數者亦然，是為撤銷權不可分；實務見解亦同❺❽❼。其法律解釋依據：將解除權行使不可分之規定（§258Ⅱ），解釋為形成權行使不可分原則之體現，再以回歸法律原則之方法適用於撤銷權，據以成立撤銷權行使不可分之命題❺❽❽。

⑶撤銷之效力

①自始無效

民法第一一四條第一項規定：「法律行為撤銷者，視為自始無效。」意指溯及於法律行為成立之時而確定不發生法律行為之效果；視為者，為此擬制而不得推翻之謂。例如，贈與之後，贈與於法生效，嗣因受贈人意圖殺害贈與人而遭贈與人撤銷贈與者，即視為自始不發生贈與之效力。於未成立法律行為而僅撤銷意思表示者，意思表示本身係自始無效❺❽❾。

撤銷而溯及至自始無效之效力，其結果使當事人之間，猶如自始未為法律行為，與無效者並無不同。因之，無效之規定，如全部無效原則（§111）或締結法律行為過失責任（§113），於撤銷亦有適用。換言之，無效也者，

---

❺❽❺　參照，德國民法第一四三條第二項（前段）、第三項：「撤銷之相對人，在契約為他方當事人……單獨行為應向他人為之者，以該他人為撤銷之相對人；法律行為應向他人及機關為之者，雖已向機關為此項行為，仍應以該他人為撤銷之相對人（第三項）。」

❺❽❻　同上條第二項後段、第四項後段：「非相對人取得權利時，撤銷之相對人為因契約直接取得權利之人……在其他單獨行為，撤銷之相對人為該法律行為直接取得法律上利益之人。」

❺❽❼　參照，最高法院八八年臺上字第二二二四號判決：「按契約當事人之一方有數人者，撤銷該契約之意思表示應由其全體或向其全體為之。」

❺❽❽　撤銷權行使上之主觀不可分，應只是一般原則，例外得分別由其一人或對其一人而為行使，並分別於該一人或對該一人而生撤銷之效力。

❺❽❾　撤銷之適用對象，民法第一一四條既明定為法律行為，且無一語及於意思表示，則所謂意思表示視為自始無效，以類推適用之見解為宜。

廣義上亦涵括因撤銷而致之無效。

　②締結過失責任

　　撤銷而至自始無效者，其效力範圍亦僅以法律行為為限，非謂其於法絕不生其他法律效果。例如，撤銷前，當事人如已給付者，仍有利益返還（回復原狀）之適用；如其行為人有締結過失者，亦負締結過失之損害賠償責任。有關於此，因其制度內容與無效者尚無不同，民法爰明定其準用於無效（§113）之規定（§114Ⅱ），茲歸納其內容如下表：

撤銷（§116）
　未為給付
　　僅有意思表示：意思表示自始無效（類推§114Ⅰ）
　　完成債權行為：債權行為自始無效
　已為給付
　　未完成物權行為：回復原狀（利益返還）
　　完成物權行為
　　　物權行為自始無效（§114Ⅰ）
　　　所有物返還（§767Ⅰ）

　　締結過失責任，以當事人（表意人）於法律行為之締結上有過失為成立要件，此與無效並無不同；本書爰依同一立場而以周邊效力稱之，但不重複。

　⑷撤銷之周邊

　①鄰右概念

　a.撤銷與撤回

　　撤銷與撤回，主要均以使意思表示確定不發生法律上效力為目的，但二者於以下二點仍有殊異：

　　　ⓐ撤回以未發生效力之意思表示為對象；撤銷則以已生效力之意思表示為對象。

　　　ⓑ撤回原則上僅以意思表示為對象 ❺❾⓿；撤銷，除意思表示外，尚得及於法律行為、身分法律行為乃至公法行為 ❺❾❶。

---

❺❾⓿ 民法上，將業已成立但未生效之遺囑（法律行為）的阻效行為，改稱撤回（繼承編第五節，§1219～§1222；原稱撤銷），乃係偶有特例，故稱原則上僅以意思表示為對象。

　　b.撤銷與聲請法院撤銷

　　撤銷，須聲請法院，並由法院為之者，是為聲請法院撤銷。依我國民法規定，撤銷須聲請法院為之，其事例主要有：社團社員總會決議之撤銷(§56)、債務人詐害債權行為之撤銷 (§244)、婚姻之撤銷 (§989～§997) 及收養之撤銷（§1079 之 2）等 ❺❾❷。聲請法院之撤銷，須向法院起訴（或稱之為撤銷訴權）❺❾❸，並由法院以判決為之，是為撤銷之訴或撤銷判決。

　　聲請法院撤銷，若法院准予撤銷之判決確定，為撤銷對象之（廣義）法律行為，原則上亦溯及自始而確定不發生法律上效力 ❺❾❹，其效果及效果不發生之過程，與撤銷仍屬雷同，故學理上亦將其納入廣泛意義之撤銷概念範疇觀察。不過，法律或例外規定其效果（無效）不溯及自始無效，如結婚之撤銷不溯及自始無效 (§998) 是。

　　c.撤銷與解除

　　解除者，契約生效後，因債務人債務不履行，債權人據以主張契約無效之意思表示也。就使該法律行為溯及自始無效 ❺❾❺、乃至以意思表示而為主張二節，撤銷與解除頗為神似，但有如下二項主要區隔：

　　　　ⓐ撤銷之適用對象及於所有法律行為；解除之適用對象唯限於契約。

---

❺❾❶　公法行為之撤銷，請參照，行政程序法 §117、§118、§120、§121、§127、§149。以民法為例，監護宣告之撤銷 (§14 II)、法人許可之撤銷 (§34)，即是公法行為得為撤銷之實例。

❺❾❷　其常見者尚有撤銷監護宣告 (§14 II)、輔助宣告（§15 之 1 II）及撤銷死亡宣告（民事訴訟法 §635 以下）等。

❺❾❸　參照，最高法院五六年臺上字第一九號判例：「民法第二百四十四條所規定之撤銷權，則必須聲請法院撤銷之，因此在學說上稱之為撤銷訴權。」（同旨最高法院同年臺上字第三四七號判例）

❺❾❹　參照，最高法院五四年臺上字第九七五號判例：「民法第二百四十四條之撤銷權，即學說所稱之撤銷訴權，須以訴之形式向法院請求為撤銷其行為之形成判決，始能發生撤銷之效果。」（同旨最高法院五六年臺上字第一九號判例）

❺❾❺　晚近學理頗有以為，解除僅生清算終結當事人間權利義務之效果，尚無使契約自始無效之可言。依此見解，則解除與撤銷之相似性，將大為降低。

　　　　ⓑ撤銷之主要原因為意思表示瑕疵；解除之主要原因為（債務人）
　　　　債務不履行❺❾❻。

　②無效行為之撤銷

　　無效、撤銷就邏輯上來說，二者似難併存，理論上似不發生撤銷無效
法律行為之問題；實務立場似亦同❺❾❼。

　　不過，如同一案例事實，同時具備無效及得撤銷之競合情況，是否仍
須恪守「無效即無撤銷」之思維，恐亦不無問題。例如，脅迫年滿十九歲
未成年人成立贈與，嗣為法定代理人拒絕承認而自始無效，但該限制行為
能力本於意思表示瑕疵之撤銷權 (§92)，是否予以剝奪，不無討論空間。晚
近學理以為，無效行為之撤銷，不僅概念上有其可能，於撤銷權之保護亦
有實益❺❾❽，其見解頗值贊同。同理，於得撤銷與不生效力之競合，亦得作
相同解釋。

　4.承　認

　　承認之重點如下：

承認 {
意義 { 語意多歧 / 意義確定 }
方法 { 權利性質 / 行使方法 }
效力 { 承認之效力：自始確定有效 / 拒絕承認之效力：自始確定無效 }
鄰右 { 第三人同意 / 拒絕（同意）}
}

---

❺❾❻　解除之主要事由有三，一為給付遲延 (§254、§255)，二為給付不能 (§256)，三
　　為不完全給付 (§227 I)，斯三者即是債務不履行之三大類型。

❺❾❼　參照，最高法院五〇年臺上字第五四七號判例：「虛偽買賣乃雙方通謀而為虛偽
　　意思表示……當然無效，與得撤銷之法律行為經撤銷始視為自始無效者有別，
　　故虛偽買賣雖屬意圖避免強制執行，但非民法第二百四十四條所謂債權人得聲
　　請法院撤銷之債務人行為。」（同旨最高法院五二年臺上字第七二二號判例）

❺❾❽　參照，王著，第五三四頁～第五四五頁。

⑴承認之意義

①承認語意的多歧性

a.綜合說明

承認者，一般解為：於不生效力之法律行為，法律所定得為同意權人事後所為之同意是也❺❾❾。不過，民法各編所稱承認，事例尚多，意義尚非盡如上述。為凸顯其在語意上的多歧事實，本書爰予獨立列段說明。

承認，除前舉之外，尚有拋棄撤銷權意義之承認、單純認知事實之承認等。即使於固有意義的承認，亦可區分為第三人事後同意及本人自己事後同意。基此歸納其重要事例如下：

承認
固有意義之承認
(§115、§81)
第三人事後同意：§79、§81、§118、§170、§301、§302
本人（自己）事後同意：§81

特殊意義之承認
撤銷權之拋棄：§116 I
相對人之認可：§356 II、§384、§386、§387
認知事實之承認：§129 I ②、§144 ②

固有意義之承認，另段解說，爰先就特殊意義之承認，略作說明。

b.特殊意義的承認

民法第一一六條之承認，學理雖多認與撤銷權拋棄有關，但其立場之不同尚可區分為二：

承認 (§116 I)
狹義說：撤銷權之拋棄❻⓿⓿
廣義說：撤銷權之拋棄＋不生效力法律行為之事後同意❻⓿❶

狹義說，在邏輯一致性上，固是較為明確。然而，採此論點，對於固

---

❺❾❾　參照，民法第一一五條立法理由：「同意於事前事後均得為之，事後之同意，即所謂承認。」

❻⓿⓿　參照，王著，第五三〇頁；李著，第三四四頁；洪著，第五三五頁～第五三六頁；胡著，第三八二頁；施著，第三二三頁；梅著，第一一〇頁。

❻⓿❶　參照，王伯琦著，第二〇五頁；史著，第五三七頁～第五三八頁；李模著，第二九八頁；黃著，第三四九頁。

有意義之承認如何行使，法律上恐無直接答案，制度漏洞之填補顯得相當困難；反之，如採廣義論點，其制度上漏洞可以避免，當較可採。

相對人認可之承認，主要適用對象為試驗買賣 (§384～§387)**⑥⑫**，性質上為意思通知 (觀念通知)。認知事實之承認，主要適用對象為消滅時效利益之喪失 (§129 I ②、§144 ②)，其性質亦為意思通知。性質上均為準法律行為，類推適用意思表示之相關規定。

②承認之意義確定

相對人認可之承認及認知事實之承認，非民法本節所定之承認。因之，承認意義之論定應可歸納如下表：

$$
承認 ⑥⑬ \begin{cases} §115(§118): 固有之承認＝對於不生效力法律行為之事後同意 ⑥⑭ \\ §116: 廣義之承認＝固有之承認＋撤銷權之拋棄 \end{cases}
$$

民法第一一五條之承認，應指狹義承認，為部分學理及本書所肯定，實務立場亦然**⑥⑮**，但學理上持廣義見解者，亦頗為有力 **⑥⑯**。狹義之承認，依其權利主體之不同，固可分為第三人之事後同意及本人自己之事後同意，但以第三人之同意為常見。

⑵承認之方法

---

⑥⑫ 以買受人承認標的物始生效力 (停止條件) 之買賣，是為試驗買賣 (§384)，蓋以買受人之承認，通常須就標的物而為試驗之故也 (§385)。

⑥⑬ 最廣泛意義的承認概念如下表：

$$
承認 \begin{cases} 廣義＝意思表示之承認 \begin{cases} (狹義) 承認＝不生效力行為之事後同意 (§115) \\ (廣義) 承認＝狹義承認＋撤銷權拋棄 (§116) \end{cases} \\ 最廣義＝廣義承認＋意思通知之承認 (§129 I ②，§144 ②；§356，§384～§387) \end{cases}
$$

⑥⑭ 一般以為承認之對象，限於法律行為 (準法律行為類推適用)，事實行為尚無承認之適用 (參照，最高法院五一年臺上字第二二六八號判決)。

⑥⑮ 參照，同上註判決。

⑥⑯ 學理立場得表解並舉例如下：

①狹義承認之權利性質

　a.承認權之性質

　對於不生效力之法律行為，得以承認而使其生效之權利，是為承認權。承認權於何種情境存在？乃至何人得有承認權可以行使？係依法律個別規定而定；其情形有如撤銷。

　民法第一一五條規定：「經承認之法律行為，如無特別訂定，溯及為法律行為時發生效力。」足見，承認權之行使，使本來效果似有似無的法律行為，確定發生當事人原所預期的法律上效力；而且，溯及自法律行為成立時發生效力。似有似無也者，在當事人間之權利義務關係處於游移不定的不安定狀態，對於交易安全、特別是對於第三人利益的維護，是個重大窒礙。承認也者，使之自始確定生效，脫離原來非有非無的窘境，權利義務關係為之變動、並告確定，故承認權亦有如撤銷權而為形成權。惟撤銷係由有變無，承認則由似無變有；二者方向，恰恰相反。

　承認權之行使，與承認權人有不可分離之關係，惟其仍得由代理人代為行使，其債權人亦得代位行使承認權。凡此，其情形與撤銷權雷同，爰不重述。

　b.承認權之消滅

　承認權，因承認權人行使（承認）而消滅，其情形有如撤銷權之因撤銷而消滅者同。蓋以，承認權一經行使，原來不生效力之法律行為確定生效，承認權存在之目的即已實現，於法自無許其繼續存在之理。

　拒絕承認亦為承認權之消滅事由。關於其行使方法及生效時點，原則上與承認同。拒絕承認，解釋上包括於民法第一一七條所稱拒絕之概念，如當事人之一方為多數人者，仍有不可分原則之適用，須向或由全體為之，

承認 (§115) 狹義說（固有之承認）：王伯琦著，第二〇五頁；李著，第三四五頁；洪著，第五三五頁、第五三九頁；本書見解。

廣義說（固有承認＋撤銷權拋棄）：王著，第五三〇頁；李模著，第二九八頁～第二九九頁；施著，第三二三頁～第三二四頁。

始生拒絕承認之效力。

②承認之方法

a.承認權之行使

承認權之行使，亦即承認之方法，乃承認權發生效力之機制。依民法第一一六條第一項規定，承認（無論其究為不生效力法律行為之承認，抑或為撤銷權拋棄之承認），係以意思表示為之，亦僅以意思表示為之為已足，無論書面或言詞、無論明示或默示、亦無論其係以訴訟為之或於訴訟外為之，於法均無不可，並於相對人了解或到達相對人隨始生效力（§116 II，§94、§95）。

b.承認之相對人

承認之相對人為誰？須審視其究為撤銷權拋棄或法律行為事後同意，分別判定。

就撤銷權拋棄之承認而言，其相對人即為撤銷之相對人（撤銷之相對人為誰？於撤銷乙段已有敘明，爰不重複）。

於狹義之承認，承認之相對人為誰？仍須分別承認權為行為人自己或第三人而定。其承認權為第三人者，承認之相對人係指訂立不生效力法律行為之當事人及基於該法律行為而直接受有利益之人；所謂當事人，如為契約者，則包括雙方當事人；如為共同行為者，則該等多方當事人均屬之。至於承認權為行為人自己者，所謂相對人係指為法律行為之相對人或基於該法律行為直接受有利益之人。

第三人為事後同意之承認，其相對人為該不生效力法律行為之雙方當事人或多方當事人者，為事所常有。民法第一一七條規定：「法律行為須得第三人之同意始生效力者，其同意或拒絕，得向當事人之一方為之。」不無便利第三人之用意❻⁰⁷。蓋以承認之結果仍是契合相對人為該法律行為之本來預期，無損其彼此間之權利保護，無須要求必向當事人之雙方或多方為之始生效力也。

---

❻⁰⁷　參照，民法第一一七條立法理由：「同意或拒絕，以應向雙方表示為原則，而為便利第三人起見，向當事人之一方表示者，亦為法所許可。」

c.承認權行使不可分原則

承認權人為多數人，或承認權相對人之一方為多數人者，關於承認權之行使，亦有不可分原則之適用，除法律另有規定外，應由或向多數承認權人全體為之。例如，未成年人 A 出售 X 車於 B1、B2、B3（即 B1、B2、B3 同為買受人而共同買車），A 之法定代理人事後為承認者，其生效與否如下：

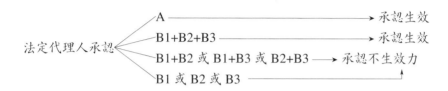

(3)承認之效力

民法第一一五條規定：「經承認之法律行為，如無特別訂定，溯及為法律行為時發生效力。」足見承認生效之時，原不生效力之法律行為，因承認而使其自法律行為成立之時確定生效。例如，於前述 AB 所為 X 車買賣之例，如 A 之法定代理人為承認者，該買賣自買賣成立之時發生效力。通常，承認到達之時承認生效，承認權為之消滅，但為承認對象之法律行為確定自始生效，四者瞬間同時發生，理解上似可目為四者一體❻❶❽。

依民法第一一五條規定，承認之具有溯及效力者，僅係法律原則，如其法律另有規定其不自始生效者，例外依其規定。不過，此之例外規定何在？一時似是不易發現。再者，拒絕承認（包括視為拒絕承認）之效果，與承認恰似相反，係溯及於行為時自始（確定）無效。民法於此付之闕如，立法是否己盡周延，不無可議❻❶❾。

❻❶❽　所謂四位一體，殆可表解如下：

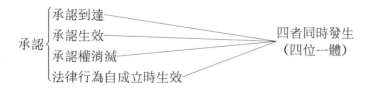

❻❶❾　歸納承認相關效力之要點如下表：

(4)承認之鄰右

承認之鄰右有二：①為第三人同意，②為拒絕。

①第三人同意

同意與承認之關係得簡表如下：

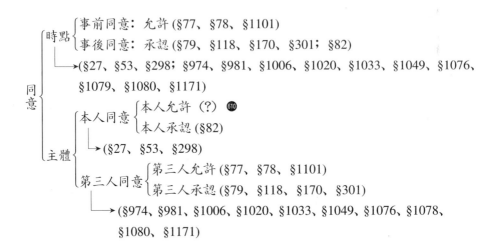

第三人同意乙詞，係衍生自同意之下位概念；其意涵則包含第三人允許及第三人承認二者。不過，從民法用語觀之，同意也者，殆多意指第三人同意而言；而且，高度集中於親屬編之身分法律行為。反之，於財產法上，則大多分別視情形而使用允許或承認之字眼。

依民法第一一七條規定，法律行為須得第三人之同意，始生效者，其同意得向當事人之一方為之。此稱同意，含意上包括允許（事前同意）及承認（事後同意）二者。因此，舉凡民法各條中有關法律行為生效須經第三人允許、承認或同意之條項，均有適用 ❺❶❶。即其未經同意者、無效者（如

承認 (§115)｛意義：對不生效力之法律行為事後予以同意
　　　　　　效力：為承認對象之法律行為自始確定有效

拒絕承認｛意義：對不生效力之法律行為事後不予同意
　　　　　效力：為拒絕對象之法律行為自始確定無效

❻❶❶ 制度上，是否確有本人允許之存在，顯有疑義，爰以問號括弧註明之。

§78）或僅得撤銷者（§981、§990、§1074、§1079、§1979 之 2）。於行為前而為同意（允許）者，仍有民法本條之適用餘地。

②拒絕

民法本條所稱拒絕也者，應是拒絕同意之簡稱；語意上包含拒絕允許及拒絕承認二者。同意也者（包括允許及承認），屬性上為意思表示（單獨行為）。拒絕也者，一般以為係意思通知（準法律行為）；關於其生效，類推適用意思表示之規定。拒絕之表示，應向相對人為之；其由第三人為拒絕者，僅須向當事人一方為之，即為已足 (§117)。視為拒絕同意（多數情形為視為拒絕承認）之規定 (§81Ⅱ、§82Ⅱ、§170Ⅱ、§386)，亦與拒絕生同一效力。

拒絕，有如同意（允許或承認），原則上有溯及既往之效力，亦即溯及於當事人成立法律行為時無效。惟拒絕如何行使？有無溯及效力？法律上宜如承認之設有明文，就立法政策而言，應以考慮增訂為妥。

㈢無權處分

無權處分是個橫跨債編與物權編的法律課題，同時也是法律上動的安全與靜的安全彼此牽纏競合的法律制度。茲先臚陳其要點如下表：

無權處分
- 前提作業
  - 案例舉隅
  - 選定依據
- 概念意義
  - 定義說明
  - 成立要件
- 法律效果
  - 基本效果：不生效力
  - 後續補正：承認生效等
  - 未竟課題：撤回權有無？
  - 處分競合：初次處分優位
- 周邊課題
  - 制度尅星：善意保護（動的安全）優先
  - 規範鄰右：無權代理
  - 利益保護：侵權行為（靜的安全維護）

---

⑪　代表文獻參照，王著，第五三六頁；史著，第五四四頁；洪著，第五四〇頁；施著，第三二五頁。

1.前提作業

(1)案例舉隅

甲將其所有 A 屋一棟，委請乙代為保管，並借用乙之名義登記為 A 屋所有人。數月後，乙竟將 A 屋出售於知悉上情之丙，且將 A 屋所有權移轉登記於丙。乙丙間之售屋移權行為，其法律上效力如何？反之，如丙不知其情，結果有無不同？

(2)選定依據

無權處分本是物權法層面的課題，但因其原因行為多為債權行為，規定於民法本節，正可彰顯其同時涉及債權物權二個層面。再者，無權處分於法不生效力 (§118 I)，規定於民法本節，其與承認之間，恰可互相接續衝結，並印證承認之具體適用❷。

在無權處分的案例，其交易的對象大多是不知其情（善意）的第三人；法律上為維護第三人的利益，以確保交易安全，難免要抑制原權利人的物上請求權，使民法總則上不生效力的規定，實質上為之大打折扣。因之，研讀無權處分，如果僅從民法本節規定而作正面了解，其答案即使不會失焦或失真，恐怕也會流於只知其一的誤解。尤有進者，在交易安全（動的安全）優位的考量下，就無權處分與善意保護併同觀察，才能完整顯現交易活動上的正確答案。

善意保護，因其交易標的之為動產或不動產，尚可分為善意受讓（核心條文為 §801）及信賴登記（核心條文為土地 §759 之 1 II）二者。不動產之物權行為，不僅交易上更為重要，其制度內容亦較複雜；以其作為研究素材，更能深入而精確描述其間涉及之多重法律問題，爰以其作為案例舉隅之依據。

2.概念意義

(1)定義說明

---

❷　參照，民法第一一七條立法理由（前段）：「謹按法律行為，有須經第三人之同意始生效力者，例如……無權利人之處分行為，須經權利人之承認而生效力是。」

無權處分，係無權處分行為之簡稱，更是無權處分法律行為之略稱。

無權處分云者，無處分權能之人，以自己名義處分他人權利標的物，使他人權利直接移轉、變更或消滅之法律行為也。所謂處分權能，文獻上或以處分權稱之❻；其法律行為是為處分行為。足見，無處分權人，以自己名義處分他人權利標的物之處分行為，是為無權處分❻。例如，前例之乙，雖因借用名義登記為 A 屋所有人，但實則非為所有權人，甲僅是交付 A 屋於乙保管，並未授與乙處分權（能）；不料，乙竟自任為所有人（權利人、處分權人），以自己（所有）名義，將 A 屋所有權移轉登記於丙（處分行為），這個移轉權利的行為，即是無權處分。

⑵成立要件

無權處分的重要內涵如下：

①法律行為

無權處分為處分行為，處分行為係相對於負擔行為之法律行為。因此，從比較上位而概括的角度來說，無權處分乃係法律行為。

無權處分為法律行為，從其規範所據之民法第一一八條各項均有處分之字眼，足以表徵。處分云者，原有法律上處分及事實上處分之分，事實上處分如毀損標的物即是（民法第七六五條所稱處分，意即兼括二者）。法律上處分則為法律行為，故民法本條所稱處分，並不涵括事實上處分❻。

②無權處分權人所為之處分行為

處分行為，以一定物權的發生（主要為設定）、變更（包括移轉）或消滅為目的之法律行為；因其結果，使一定內容的物權（包括特別法上之物

---

❻　實務代表性案例，請參照，最高法院一八年上字第一四二〇號判例：「凡物權之移轉設定，非有完全處分權之人為法律上有效之意思表示，不生物權法上之效力。」（同旨最高法院三九年臺上字第一〇五號判例）

❻　參照，最高法院三九年臺上字第一〇五號判例：「與被上訴人訂立之買賣契約為有效，上訴人仍負使被上訴人取得該房屋所有權之義務，自不得藉口某氏無權處分，請求確認該房屋所有權仍屬於己，並命上訴人回復原狀。」

❻　參照，最高法院九〇年臺上字第四一一號判決。

權）為之變動，爰亦稱之物權行為，包括設定或塗銷物上負擔（例如前例之乙如就 A 屋設定抵押權於丙，亦有民法本條適用）**⑯**。

民法第七六五條規定：「所有人，於法令限制之範圍內，得自由使用、收益、處分其所有物，並排除他人之干涉。」足見，處分權（能）源自所有權，為最為重要的所有權權能。所有（權）人雖非處分權人之唯一衡量標準；但在法律未限制所有人之處分權（能）、所有人亦未授與處分權予他人時，唯所有人為處分權人。所有權以外之物權人，就其定限物權係為權利人，並有處分權（能）而為處分權人。解讀民法本條之「權利」或「無權利人」也者，其核心意義為「物權」或「非物權人」，從權能之層面來看，應解讀為無處分權（能）之人**⑰**。而且，其適用範圍尚及於準物權（無體財產權——包括債權移轉）**⑱**。

權利人允許（事前同意）他人，得以自己（權利人）名義處分其權利標的物者，是為授權處分，本於法律行為自由原則，應予肯定**⑲**。語其法律上性質如下：

　a.授權處分為有相對人之單獨行為，須由權利人以意思表示向被授權人為之，並於意思表示到達或經了解而生效。

　b.授權處分無庸一定方式，亦無待交付，因意思表示而直接生效。

　c.授權處分，以授權人之權利（物權）為內容；被授權人並因此而取得處分權（能）。

　d.被授權人所為之處分行為，非為無權處分，而是等同權利人自己所

---

⑯　參照，史著，第五四五頁；李模著，第三〇四頁。

⑰　參照，民法第一一八條立法理由（首段）：「處分權利，須有為其處分之權能，故無權利人，就其權利而為之處分，當然不生效力。」

⑱　參照，司法院七五年廳民㈠字第一一三九號函：「民法第一百十八條所謂處分行為係指直接使權利移轉、變更、增加負擔及消滅之行為而言，以物權行為及準物權行為為限。」

⑲　參照，德國民法第一八五條第一項：「無權利人經權利人之允許，就標的物所為之處分有效。」

為之處分，並直接對權利人生效❻。

非為權利人，亦未經權利人授與處分權（能），如就該權利標的物逕為處分行為，其行為即是無權處分。權利人因法律規定而喪失處分權（能）者，如其就權利標的物為處分行為者，亦為無處分權人。例如，限制行為能力人或無行為能力人無處分權、破產人對於屬於破產財團之財產無處分權(破產法 §75)、債務清理之債務人對於應屬清算財團之財產無處分權(消費者債務清理條例 §94 I ）均是。

③處分他人權利標的物之行為

無權處分所處分之標的，須為他人之權利；因之，無處分權之權利人，就其權利為處分者，尚非民法本條所稱之無權處分，僅得類推適用民法本條之規定❻。而且，如法律另有規定者，依其規定。例如，限制行為能力人所為之拋棄 (§764)，於法無效（§78：拋棄為單獨行為）❻。此外，為保護債權人計，宜認為破產法第七五條為強行規定，破產人苟有違反，其處分行為違反強行規定而無效（§71 本文）❻，但債務清理上，債務人於裁定開始清算程序後之處分行為尚非無效❻。

---

❻ 參照，最高法院三〇年臺上字第三四四號判例：「無權利人……得權利人之同意後，就權利標的物所為之處分，應認為有效，自不待言。」

❻ 無處分權之權利人所為之處分，究係直接適用民法第一一八條?抑或類推適用? 法學方法上可待討論。參酌民法本條立法理由中段，關於其後取得權利者處分自始有效，僅舉買賣或繼承為例而不及於能力（處分權能本身）之回復，認其得以直接適用，恐較牽強，本書爰採類推適用立場。

❻ 買賣非為處分行為（參照，最高法院七一年臺上字第五〇五一號判例），惟實務亦曾出現肯定論點（最高法院六九年臺上字第三〇二七號判決），而頗受質疑。

❻ 參照，最高法院五一年臺上字第一九八五號判例：「在破產宣告後，則破產人對於應屬破產財產之財產已喪失其管理及處分權，其所為之無償或有償行為自始無效。」

❻ 參照，消費者債務清理條例第九四條第二項規定：「法院裁定開始清算程序後，債務人就應屬清算財團之財產所為之法律行為，非經管理人之承認，不生效力。」

處分（行為）宜採廣義，包括通稱的準處分行為或準物權行為（例如債權讓與、債務承擔是）❻❷❺。

④須無處分權人以自己之名義為之

無處分權人所為之處分行為，須以其自己之名義為之，始構成無權處分。如無權利人以權利人之名義，而自居於代理人之地位為處分行為者，係成立無權代理 (§170)，尚無無權處分之適用。例如，前例之乙，如以甲之名義移轉 A 屋所有權於丙，乙對甲而言，應適用無權代理 (§170) 而非無權處分❻❷❻。

3.法律效果

⑴基本效果：不生效力

無權處分須經權利人承認，於法始生效力 (§118 I)。足見，無權處分係不生效力之法律行為。前此有關不生效力之說明，於此亦得援用，爰不重複。

⑵後續補正：承認生效等

①承認生效

於無權處分，猶如一般之不生效力法律行為，因權利人之承認而生效

---

❻❷❺ 無權處分之基本構成如下表：

$$
\text{無權處分}\ (\S118) \begin{cases} 標的物 \begin{cases} 有體物＝不動產\ (\S66)＋動產\ (\S67)：物權 \\ ＋ \\ 無體物＝無體財產權（包括債權）：準物權 \end{cases} \\ \begin{matrix}處分（行為）\\（廣義）\end{matrix} \begin{cases} 物權行為：（狹義）處分行為（例：所有權移轉：758、§761) \\ ＋ \\ 準物權行為：準處分行為（例：債權讓與：§294) \end{cases} \end{cases}
$$

❻❷❻ 參照，最高法院八七年臺上字第一○四九號判決：「無權代理，係行為人未經本人授與代理權而以本人名義所為之代理行為，或雖經本人授與代理權而逾越代理權限所為之代理行為。而無權處分，乃無權利人而以自己名義就他人權利標的物所為之處分。原判決先則認定……係屬無權代理行為；繼則謂……無權處分行為，自有判決所持理由自相矛盾之違法。」

力；民法本節關於承認之規定（§115～§117），自有適用，實務見解亦然 ❻。因之，無權處分，如其後經承認者，仍是發生溯及於法律行為時自始生效的效力 ❻。惟學理或有以為，民法本條係民法第一一五條關於承認效力之特別規定，理應認其承認並無溯及效力，而是僅自承認開始生效 ❻。

　　無權處分與無權代理，雖均被歸類於不生效力之法律行為，但其效力範圍卻有不同。無權代理，無論其為負擔行為或後續之處分行為，均是不生效力；反之，於無權處分，則僅處分行為不生效力，但於負擔行為，尚無適用。例如，於前述乙出售 A 屋於丙之例。乙丙間之買賣（契約、負擔行為）仍為有效，僅移轉 A 屋所有權之行為（處分行為）為無權處分而不生效力，所有人甲其後如為承認，其承認之對象僅為移權之物權行為，而且，溯及於 A 屋移轉登記完畢之時生效（A 屋為不動產，依民法第七五八條規定，不動產所有權之移轉，須經登記始生效力；買賣行為非為無權處分，於法有效 ❻）。

　　②取得權利生效

　　民法本條第二項規定：「無權利人就權利標的物為處分後，取得其權利者，其處分自始有效。但原權利人或第三人已取得之利益，不因此而受影響。」例如，前述之丙，如其後自甲買得 A 屋而成為 A 屋所有權人，則其

----

❻　參照，最高法院三三年臺上字第六九五〇號判例：「所謂有權利人之承認，無須踐行一定之方式，如有權利人就此有明示或默示之意思表示，雖未以書面為之，亦無妨於承認效力之發生。」

❻　參照，最高法院四一年臺上字第八三五號判決：「縱屬無權利人所為之行為，如果已經……（權利人）承認，依民法第一百十五條規定，亦應溯及訂約時發生效力。」（通說採此見解）

❻　參照，黃著，第三五五頁。

❻　其間之互涉關係如下表：

A 屋買賣 （乙丙之間）	買賣：有效 ————————（與 §118 無關）	負擔行為
	移權：無權處分：不生效力 (§118)	處分行為

先前所為移轉 A 屋於丙之無權處分，亦因之自動補正而為有效。

　　無權處分因無處分權人取得標的物之權利而滌除，係本於該項事實之發生即為已足，無待取得權利人之承認，亦無待其為通知。此之生效，亦溯及於法律行為（無權處分行為）成立之日自始有效，與第一項承認生效之時點並無不同❸。但其事實應發生於承認或拒絕承認生效之前。蓋以無權處分既經承認，於法業已生效，自無待取得權利之補正；反之，如無權處分經權利人拒絕承認者，處分行為自始無效，自亦不再發生因補正而生效之情事。

　　無權處分人取得權利之前，原權利人或第三人於其標的物為使用收益而獲有利益者，事所常有，為免妨害渠等之法律上利益，民法爰於本條項但書規定，原權利人於補正事實發生時點前所已取得之利益，不受影響❸。誠然，純就本條項適用來說，此之但書，固無不妥。不過，相似情形，於承認亦非無之，凸顯其僅於本條項始有適用，無異等於肯定，權利人一旦承認無權處分，其權利人或第三人已取得之利益，將因承認有溯及效力而自始喪失受有利益之權源（須依不當得利返還於無權處分人）。足見，本條項但書增訂，於相關疑義之釐清，並未完全正本清源。因之，但書苟有明文必要，理應涵蓋承認及取得權利二者，其更恰當之制度形式應是，將本條項但書文句獨立列項，以資概括適用❸。

---

❸　參照，最高法院三一年上字第二八九八號判例：「被上訴人甲於丙生前，將丙之田產讓與於被上訴人乙為業，縱令當時係無權處分，但其後甲已因繼承丙之遺產，而取得此項田產之所有權，依民法第一百十八條第二項之規定，其處分即屬自始有效。」

❸　參照，民法第一一八條修正理由：「無權利人就權利標的物為處分後，迄其取得其權利之期間內，原權利人對該項標的物……倘仍使用收益，則承認無權利人之處分為自始有效，即顯然足以妨害原權利人及第三人在該期間內使用收益之權能，殊不相宜，故增設第二項但書，以資補救。」

❸　更周延的文句，應是將本條第二項但書移列為第四項，並調整如下：
第一一八條：「無權利人就權利標的物所為之處分，經有權利人之承認始生效力。無權利人就權利標的物為處分後，取得其權利者，其處分自始有效。前項

(3)未竟課題：撤回權有無？

待承認的法律行為，於生效前，民法多有賦與相對人以催告權 (§80、§170 I) 及撤回權 (§82、§171) 之機制，以資確定不安定狀態及平衡相對人之保護；但於無權處分，並無相應規定。

論者或以為：無權處分大多侵害權利人權利，其無權處分人亦多同時成立侵權行為（另段後述）、甚或成立犯罪，於交易相對人而言，如其為惡意者，法律已無特別保護必要，如其為善意者，法律已有善意保護制度，使其原始取得權利。因之，民法本條無催告權及撤回權之規定，係立法政策妥為考量後之有意省略，係無庸規定而非法律漏洞，不生類推適用以為補充之問題❸❸。不過，相對人有此二項權利，不僅對相關當事人之利益保護無礙，對權利人亦多可以促醒其保護自己利益，得以早日發現無權處分，盡早採取相關救濟途徑。肯定其相對人以催告權及撤回權，應是仍具實益，至其法學方法，則以回歸法律原則為妥（以民法第八〇條～第八二條及第一七〇條、第一七一條規定係法律原則而作為適用依據）❸❸。

權利人繼承無權處分人者，實務以為，應類推適用無權處分 (§118 II) 之規定❸❸；學理多數見解亦同❸❸。不過，繼承業已改採限定繼承原則 (§1148 II)，此之見解，應於下列情事，始得類推適用：

①權利人（繼承人）因特別情事仍應負無限責任者 (§1163)。

②繼承人其他債權人之利益不受影響。

(4)處分競合：初次處分優位

情形，若數處分相牴觸時，以其最初之處分為有效。第一、二項之原權利人或第三人已取得之利益，不因承認或取得權利而受影響。」

❸❸　參照，李模著，第三〇六頁（史著，第五四五頁似亦採同一立場）。

❸❸　參照，王伯琦著，第二〇八頁；洪著，第二九五頁（類推適用：§170、§171）。

❸❸　參照，最高法院二九年上字第一四〇五號判例：「無權利人就權利標的物為處分後……權利人繼承無權利人者，其處分是否有效，雖無明文規定，然……類推解釋，認其處分為有效。」

❸❸　參照，王著，第五四三頁；史著，第五四七頁～第五四八頁；李模著，第三〇七頁～第三〇八頁；洪著，第二九六頁；黃立著，第四二五頁。

民法本條第三項規定:「前項情形,若數處分相牴觸時,以其最初之處分為有效。」於重複處分之情形,依承認而決定那一個無權處分為之有效,固無疑義,但於取得權利之情形,何者得為有效,恐是妾身難明,為免爭議難解,民法本條第三項爰明定,於無權利人嗣後取得權利之案例,以最初之處分為有效❸❸。

無權處分之權利標的物,或為動產或不動產。動產之處分,原則上須經現實交付標的物 (§761Ⅰ);不動產之處分,須經辦理權利移轉登記 (§758),交易上一經交付或辦理登記,要再重複(無權)處分,實是甚為困難。衡以現實交易實情,其動產之處分而無庸交付者實是少見,其不動產之處分因法令之不備而不能辦理登記者,亦是鳳毛麟角。換言之,民法本條項之規定,於民法初定之時,或仍偶有適用機會,但處於法治觀念已臻成熟、登記制度亦趨完善之今日,除準物權之處分外,其可能適用機會恐是不多。

4.周邊課題

無權處分之周邊,擬依次說明(1)善意保護優先,(2)與無權代理之比較,(3)與侵權行為之關係三者。

⑴制度剋星:善意保護優先

①名詞由來

無權處分之交易行為相對人為善意之時,如仍維持民法本條不生效力之法律效果,不只相對人利益之維護顯有不足,對交易安全亦是重大窒礙。本於交易安全(動的安全)優先,民法爰從相對人利益保護之角度,另行定有善意保護制度。此之另一角度,或在民法物權編,甚或出自土地法,其全面了解,對一個民法初學者而言,無寧是深奧難解。

善意保護制度存在之結果,無權處分之交易相對人,依法而原始取得其權利;反之,原來之權利人卻無從對相對人主張權利,甚而於法喪失該

---

❸❸　參照,民法第一一八條立法理由(後段):「無權利人所為之處分,經有權利人之承認,或就權利標的物取得其權利者,其以前之處分,故屬有效,若有數個處分,而又互相抵觸時,則不可不有明白之規定,使免無謂之爭議。」

等權利。足見，在交易安全優先的考量下，無權處分之法不生效力，因善意保護而流於有名無實，爰以無權處分之制度剋星名之。

②制度形態

善意保護 ❽，因其權利標的物為動產或不動產而異其規定，且又各分畛域，爰亦分別說明 ❾：

a.善意受讓

無權處分之權利標的物為動產者，如其交易之相對人於受讓時為善意者，依法原始取得其原所預期取得之動產所有權 (§801) 或動產質權 (§886)，通稱之為善意受讓。

b.信賴登記

不動產物權因法律行為而變動者，須經登記 (§758)。基此，不動產之善意保護爰藉登記機制以為表徵，如其相對人本於善意而信賴土地上之登記者，原始取得其原所預期取得之不動產物權 (土地法 §759 之 1 II；常見權利類型為所有權、抵押權及地上權)。例如前述 A 屋移轉所有權登記之案件，如丙不知乙為借名 (善意)，信賴土地登記簿上所有人為乙之登記，則乙之行為雖仍難免於無權處分，但丙卻依規定而 (原始) 取得 A 屋所有權。足見，信賴登記之適用，實質上仍以相對人之善意為要件，視之為善意保

---

❽　善意保護之源頭為民法第九四八條 (參照，最高法院三一年上字第一九〇四號判例)。

❾　善意受讓分為二個部分，其一為善意保護 (§948)；其二為受讓權利 (§801、§886 及土地法 §43) (§801、§886 所謂受占有規定保護，即是 §948)。其構成如下表：

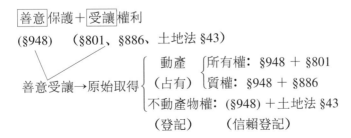

護之制度類型，應無疑義。

(2)規範鄰右：無權代理

此之無權代理，係意指狹義無權代理而言，合先敘明。

①無權處分與無權代理之相類

　a.二者均為法律行為。

　b.二者均係未經授權而影響權利人之權益。

　c.二者均為不生效力之法律行為，並均因經權利人承認而生效力。

②無權處分與無權代理之相異處

　a.無權代理以本人（權利人）名義為之；無權處分以自己（處分人）名義為之。

　b.無權代理於處理（包括處分）所得利益，代理人具有將其歸屬於本人之意思，故無權代理阻卻違法，一般尚不成立侵權行為可言；無權處分所得利益直接歸屬處分人，故無權處分無違法阻卻可言，處分人通常成立侵權行為。

　c.無權代理，於負擔行為及處分行為，均有適用（不生效力），但以負擔行為為主。反之，無權處分之適用對象，僅限於處分行為；如其間亦有負擔行為者，此之負擔行為與無權處分無涉。

　d.無權代理尚無善意保護制度配合；反之，無權處分對於相對人則有善意保護制度配合，且其終極結局讓權利人為之失權。

　e.於無權代理，對於相對人有催告權及撤回權之明定（§170、§171）；反之，於無權處分無之。

(3)利益保護：侵權行為

無權處分雖是不生效力，但相對人因善意保護而取得權利時，權利人之權利為之喪失，無權處分人相對即是侵害權利人之權利，並因而成立侵權行為，對於權利人因此所受損害，無權處分人應負損害賠償之責任（§184 I 前）。在此角度上，侵權行為與善意保護，猶如無權處分之左右鄰居，前者維護權利人利益，後者以相對人利益保護之考量為優先。其出於權利人之承認者，仍無礙於無權處分人之成立侵權行為[641]。

　　即使相對人未受善意保護，權利人亦未承認無權處分，但權利人為回復原有狀態，亦難免多所勞費而致生損害。此一部分之損害，即係源自無權處分本身，且為處分人認識（預見）所及（故意），法律評價上仍應成立侵權行為，由無權處分對權利人負賠償責任。

5.案例解說

　　(1)無權處分之成立

　　①法律行為之存在狀況

　　a.甲乙間之法律行為

　　甲乙之間，成立下列二個負擔行為（契約）。

　　　　ⓐ關於 A 屋之保管：寄託契約 (§589 I)。

　　　　ⓑ關於 A 屋所有權人之借名：委任契約 (§528) ❻❹❷。

　　b.乙丙間之法律行為

　　　　ⓐ出售 A 屋：買賣契約。

　　　　ⓑ移轉 A 屋所有權之合意：物權行為。

　　出售 A 屋為負擔行為，移轉 A 屋所有權合意為處分行為。後者，因乙未經甲授與處分權，竟自居於所有人之地位（以乙名義）為之，是為無權處分 (§118 I)；但出售 A 屋之買賣契約，尚與無權處分無涉。

　　②法律行為生效之時點

　　a.A 屋之寄託

　　寄託為要物契約，須經交付始告成立並為之生效，故本件 A 屋之寄託，於甲交付 A 屋於乙之時成立生效。

　　b.A 屋借名登記之委任

　　委任於雙方就處理事務合意時成立生效 (§528)，故本件 A 屋所有權借

---

❻❹❶　參照，最高法院二三年上字第二五一〇號判例：「無權利人就權利標的物為處分時，如其行為合於侵權行為成立要件……不得謂有權利人之承認，當然含有免除處分人賠償責任之意思表示。」

❻❹❷　實務認其為性質與委任契約類同，類推適用委任之規定（參照，最高法院九一年臺上字第一八七一號、九四年臺上字第九五三號判決）。

名登記之委任，於甲乙雙方合意時生效。

c.買　賣

於乙丙就 A 屋為買賣合意之時生效 (§345 I)。

d.移轉 A 屋所有權

乙丙間之物權行為，於所有權移轉登記雖已辦妥，但因其為無權處分而尚不生效力，須待甲為之承認或乙取得所有權時始告生效（溯自移轉登記完妥之時）。

⑵相對人（丙）之利益保護

①丙為善意時

A 屋所有權移轉登記，既為無權處分，於法本是不生效力。不過，本件之丙如不知乙之所有權登記出於借名而來，即係善意，基於信賴登記之規定，於移轉登記完成時，丙直接而原始取得 A 屋所有權。惟丙之取得 A 屋所有權，係源自信賴登記之制度，與乙丙間本來之無權處分無涉。

②丙為惡意時

丙為惡意時，於法無從取得 A 屋所有權；惟其結果等於乙給付不能，且可歸責於乙，丙得請求乙賠償因乙給付不能所受損害 (§226)。只是，丙既為惡意，即難脫與有過失 (§217 II) 之評價，乙得依過失相抵之例，主張減免賠償數額 (§217 I)。

⑶權利人（甲）之利益保護

無權處分，對權利人往往同時成立侵權行為。特別是在甲為承認或丙受信賴登記保護致甲喪失 A 屋所有權時，乙即難免侵權行為之成立，對於甲喪失 A 屋所有權所受之損害負賠償責任（§184 I 前）。

第七章　期日及期間

7

期日及期間（以「期日（間）」簡稱之），條文既少，規定亦屬簡約，列為獨立章次，純粹是配合法律體例。鑑於民法本章並無特殊之基本重要概念，爰僅分為意義及制度精義二個節次。

第一節　期日（間）之意義與課題

一、期日（間）之規範上意義

期日（間）之規範上意義有二。一為期日（間）為法律事實類型之一；二為民法本章為補充性一般規範。

(一)期日（間）為法律事實類型之一

1.一般說明

依法律規定，一定期日（間）之經過，於特定當事人間發生權利義務之變動者，事亦常見。出生、死亡、能力有無、遲延與否、時效進行，無不與一定之期日（間）有關，且其影響所至，涉及民法各編，故民法總則以獨立章節呈現。因此，其一定之期日（間），亦為法律事實重要類型之一。相關用語，或以時期稱之❶。

各部門法律，關於期日（間）之規定，事例頗多，民事訴訟法、刑事訴訟法等重要程序法律，即均特別設有期日與期間之專節規定❷；因此，期日（間）亦為相當重要之法律事實類型，民法本章為其一般規定，亦為

---

❶　參照民法 §255、§549。

❷　重要程序法律，設有期日與期間之專節規定者，略可歸納如下：
　　⑴民事訴訟法：§154～§167（第一編第四章第三節）。
　　⑵刑事訴訟法：§63～§70（第一編第七章）。
　　⑶行政程序法：§48～§51（第一章第八節）。
　　⑷訴願法：§14～§17（第一章第三節）。
　　⑸行政訴訟法：§84～§94（第一編第四章第三節）。

其法律適用之共通依據❸。

2.規定舉隅

期日（間）之規定，民法各編均屬有之，茲以民法本編為例，試舉重要事例數者，以為說明依據。

(1)期　間

①死亡宣告（失蹤期間；§8）❹

②消滅時效（權利不行使期間；§125～§127）❺

(2)期　日

①死亡宣告推定之死亡時日 (§9)❻

②時效不完成事由之起算或屆至時日 (§139、§143)

(二)民法本章為補充性一般規範

1.一般規範

期日（間）之規定，可說幾至「春城無處不飛花」般的諸法多有。相對於該等條項章節、乃至該等條項所融成之期日（間）的規範來說，民法本章乃是一般規範。

民法第一一九條規定：「法令、審判或法律行為所定之期日及期間，除有特別訂定外，其計算依本章之規定。」法令者，包括法律及行政命令❼，

---

❸　參照，民法本章立法理由前段：「時間與權利之成立及消滅，有重大之關係，各國皆規定之，如逾一定之時間，則生法律上之效力，或失法律上之效力。又或於一定之期間行使其權利者，則取得其權利，於一定之期間不行使其權利者，則喪失其權利是。」

❹　參照，民法第八條修正理由前段：「目前交通發達，通訊方便，原定失蹤期間，似嫌過長，爰將一般人、老年人及遭遇特別災難人三種失蹤期間，分別比例縮短為七年、三年、一年。」

❺　一般稱之消滅時效期間（§137Ⅲ、§125～§127 立法理由）或時效期間 (§139、§141、§147)。

❻　參照，民法第八條立法理由後段：「失蹤日期之起算尤須自最後接到音信之日起算。」

❼　此稱行政命令，係採廣義，包括法規命令（行政程序法 §150）及行政規則（同

其所定者為法定期日（間）；審判者，包括法院之判決、裁定及其他處分，其所定者為法院指定期日（間）；法律行為者，包括各種單獨行為、契約及共同行為類型，其所定者為當事人所為之約定期日（間）。足見，民法本章非僅得以適用於民法各編、民事特別法乃至公私法令，甚而廣及法院行為乃至私人間之各項法律行為，其為一般規範，應是至為淺顯❽。

2.補充規範

就期日（間）之總體制度來說，民法本章各條項為一般規範，固是言之成理；惟就學理來說，此觀點難謂已臻精準。蓋以所稱之一般規範，因其對於具體制度內容適用之強弱，尚可區分為準則型一般規範及補充型一般規範二大類型。前者意指一般規範本身即是制度本體，其本身具有強度（包括廣度及深度）之適用功能，對於個別存在之制度類型且有高度之統攝作用；反之，後者則意指一般規範僅是制度漏洞之補充，對於個別存在之制度類型，不具高度統攝作用者。例如：民法侵權行為款次（§184～§198）內，規定了二個主要一般規範，其一為一般侵權行為（過失責任一般條款：§184 I 前），另一為一般危險責任（危險責任一般條款：§193 之 3）；此中，前者為準則性一般規範，後者為補充性一般規範❾，堪稱最為典型的對應寫照。

依民法第一一九條規定意旨觀之，足認民法本章所定事項，僅於其他法律並無特別規定時，始有適用。換言之，如民法本章各條所定事項，其他法律別有規定者，即應認為其他法律之規定為特別法，並本諸「特別法

法 §159）二類型。

❽ 參照，最高法院五三年臺上字第一〇八〇號判決：「票據法對於如何計算期間之方法別無規定，仍應適用民法第一百十九條、第一百二十條第二項不算入始日之規定。」（同旨最高法院六六年第五次民事庭會議決議、六九年第一次民事庭會議決議、九三年第八次民事庭會議決議）

❾ 過失責任一般條款（§184），為侵權行為適用上之法律原則，爰稱之為準則性一般規範。一般危險責任（§191 之 3），理應歸類為補充性一般規範，請參照，拙著《新訂民法債編通則（上）》，第二四〇頁～第二四一頁、第二五〇頁～第二五一頁。

優先於普通法」之法律原則，優先適用其他法律之規定（亦即排除民法本章條項之適用）。鑑於此稱其他法律，範圍廣泛、對象繁多；其中諸多重要法律關於期日（間）之規定，較諸民法本章各條，類多內容豐富，而又具體詳盡得多。以此相對，民法本章各條之規範功能，難免有限得多，以致流於補充規範之角色，立法理由亦然❿。

3.部分規範

(1)民法本章之課題

民法本章章名雖題曰期日及期間，然細繹其規定內容，不過只是期日（間）計算之規定而已。民法本章各條，乃至其他法律有關期日（間）之條項，類多訂明「其計算依本章之規定」的用語，即是最佳佐證⓫。本於名實相符，民法本章所稱「期日及期間」也者，本係「期日及期日之計算」的簡稱。

(2)期日（間）之其他課題

期日（間）之規範事項，除計算外，尚有開始、變更、伸長、縮短及回復等課題，其由法院指定者，復有指定、通知及扣除等。凡此，民法本章均付之闕如，而於民事訴訟法等其他法律（包括民法其他各編甚或民法本編其他章節），始有具體詳細規定。

二、期日（間）之概念說明

㈠期日之意義

1.期日初義

期日者，作為法律事實之時間，不再區分其時際界域之特定時點也。

---

❿ 參照，民法第一一九條立法理由：「期間及期日，有以法令定之者，有以審判定之者，又有以法律行為定之者。此種期日及期間之計算，如無特別訂定時，則依本章之規定為宜。」

⓫ 最具凸顯意義之用語，即是「期間之計算，依民法之規定」的條項（如民事訴訟法 §161，刑事訴訟法 §65，行政訴訟法 §88Ⅲ）。其中，所謂依民法之規定云者，其意義即為民法本章之規定。

嚴格言之，關於期日之用語，並非相當一致，除期日外，其間有稱之日期者，有僅稱之日者，更有並未指明其為期日（或日），但須依解釋認定者。堪稱，雜然並陳、不一而足。茲舉相關事例，以供參考：

(1)期　日

如標會期日（§709 之 3 Ⅰ ⑤、§709 之 9 Ⅰ），約定之期日（§709 之 4 Ⅰ）、到期日（票據法 §2、§3、§22、§65 等）、言詞辯論期日（如民事訴訟法 §268 之 1 Ⅰ、§385）、調解期日（如民事訴訟法 §407）、（判決）宣示期日（如民事訴訟法 §223）、拍賣期日（強制執行法 §63）等是。

(2)日　期

如租金支付日期 (§439)、起會日期（§709 之 3 Ⅰ ④）、施行日期（民法總則施行法 §19，中央法規標準法 §12～§15）等是。

(3)日

期日或僅稱之為日，如公布（之）日（即民法親屬編施行法 §15，民法繼承編施行法 §11，中央法規標準法 §26❷）、施行（之）日（民法總則施行法 §18，民法債編施行法 §3）、出生日（§1062、§1063）、發票日（票據法 §22 Ⅰ、§28Ⅱ、§68）等是。

(4)年月日

期日，或因特別強調曆年而以年、月、日為表現方式者，如許可年月日 (§48 Ⅰ ⑥、§61 Ⅰ ⑤)、訂定年月日（§47 ⑦，公司法 §41 Ⅰ ⑪、§29 ⑥）、記明（作成）年月日（§709 之 3Ⅱ、§1190～§1195）、填發（給）年月日 (§616 Ⅰ ④、§624Ⅱ⑤、§625Ⅱ③)、發票年月日（票據法 §24 Ⅰ ⑦、§120 Ⅰ ⑥、§125 Ⅰ ⑦）等是。

(5)時

與時間因素有關的法律事實，以起點或終點指陳期日者，其法律用語通常以時稱之。例如，關於時效之起算點，以請求權可行使時或行為時起算 (§128)；此之時者，為期日之意義，其計算方法通常亦自該日或翌日起算。此於民法各編，事例幾乎俯首可見、不勝枚舉，堪稱最為常見之期日

❷ 絕大部分的法律施行，均採公布日之用語（其共通語言為，本法自公布日施行）。

用語。換言之，民法本章雖以期日稱之，但於本章以外其他規定，反以時為最常見。其通常之使用方法為「自……『時』起（算）」或「屆滿（至）『時』消滅」（如 §439、§488Ⅰ）二種形態❸。至於直接使用期日也者，卻以程序法之規定為較常見，民法各編之使用，反而較少。

2. 期日的點與線

期日，無論從其用語本身來了解，抑或從其與期間的相互對照，均極易使人聯想為：期日僅是定點；反之，期間則為延線之概念。誠然，期日為不區分始終之時間定點，在法律上固無疑義。不過，就其自然存在、乃至吾人之心理認知來說，期日是否絕無一定長度或絕無延綿之意義，則又值得商榷。訴訟法上有「期日（或審判期日），以朗讀案由為始」之規定（民事訴訟法 §158，刑事訴訟法 §285，行政訴訟法 §87Ⅰ），即是其例。論其點線關連，得分為下列二者說明：

(1)「時」的意義再探

時之作為期日，與期日之互涉關係如下：

$$期日 \risingdotseq 時 \begin{cases} 自……「時」起（算）：時＝始日：自當日或翌日零時起算。 \\ 於……屆滿「時」消滅：時＝終日：至當日深夜十二時截止。 \end{cases}$$

例如，當事人約定於某日上午十時點交車輛同時付款，則該日上午十時為期日，亦唯十時之時點始為期日之定點。也就是說，我們不能以詞害義，認為法律既稱期日，其意即為整日，亦不能認為交車付款之期日為當日整天。法律條項稱之為時而指陳期日者，頗高比例亦係指特定時點，而非整日。例如，出生時 (§6、§1069)、死亡時 (§6、§550、§1147、§1199)、終止時 (§431、§473、§709、§1082、§1083) 之所謂時即是（如民法第六條、第一一四七條等雖只云出生、死亡，但解釋上仍應認為係指出生時、死亡時，並以該等時點為期日之定點所在）。

不過，法律上稱之為時者，並非全部都是具有期日的意義。例如，民

---

❸ 用語上尚有「時」及「之時」二種子型態。其稱「之時」者，如 §623、§1146 是。

法第四條、第五條關於表示不符合時，或民法第八條所稱不能證明死亡之先後時。此等所稱之時，乃是關於情境狀態的敘述，非為關於期日之規定❶。此於民法各編亦頗常見，值得吾人注意及判定❶。

　　(2)期日不可分之法律擬制

　　通常，期日係指某一不可分的特定日期❶。然而，一日有二十四小時、一千四百四十分、八萬六千四百秒；從朝生暮死之原生生物觀之，一日已歷經一生矣！豈可謂非期間？亦豈可謂非長久？退而言之，即使是特定時刻（以時稱之）之期日，雖其已屬瞬間而極其短暫。但瞬間也者，佛學上或謂其實仍有無數剎那，本即難脫延線之意義。只是，就時點之因素而言，在法律上忽略時間之延展，擬制使其成為一定之定點，吾人權利義務之生滅轉化，才有一定的算計準度，是以，期日之時域不可分，終其極亦係出於法律之擬制，非謂自然事實必然如此。

(二)期間之概念說明

　　期間之概念，分為下列三項說明：

$$
期間 \begin{cases} 期間之定義 \\ 期間之用語 \\ 期間與期限 \end{cases}
$$

1.期間之定義

　　期間也者，因一定時段之持續或經過，致形成（發生、變動或消滅）法律關係之一種法律事實。其於民法上已達耳熟能詳者，如時效期間（如§141、§147、§727）、除斥期間（如§90、§93）、受胎期間（如§1062）均

---

❶　其他事例如：§11、§35、§38、§39、§245之1、§265、§695、§824、§1010、§1079之1、§1094、§1141、§1166、§1225均是。

❶　綜觀法律各條項中所稱「時」者，其意義之不同可區分如下：

$$
時 \begin{cases} 指陳期日 \begin{cases} 特定時日之時點：§128、§439、§488、§623、§1146 \\ 特定時刻之時點：§431、§709、§1028、§1029、§1069、§1082、§1083 \end{cases} \\ 與期日無關（非指陳期日）：§11、§38、§245之1、§265、§1166、§1225 \end{cases}
$$

❶　參照，民法本章立法理由前段後半：「期日者，其時點不得區分之特定日。」

是。期間為與期日對應之法律名詞，亦是期日與期日之間的時段。此之時段，既有開始，亦有終止，循一定之動線，自開始持續以至終止，如一九○○年一月一日至同年十二月三十一日是。故期間為動線之概念，亦為持續而可分之時段。不過，期間之概念，是否完全與不可分之觀念無關，其答案恐怕也具相對意義。蓋以，因期間而發生權利義務之變動者，該期間在法律規範上，即是具有封閉意義的時間單位，而且以該時間單位形成法律關係；在此角度上，期間恐亦具有某程度的不可分之意味。

2.期間之用語

(1)期間用語之歸納

深入觀察民法本章以外個別法律條項之用法，仍可發現期間用語仍非一致，並得歸納為下列五類：

$$
\text{期間}
\begin{cases}
\text{期間 ($\S139$、$\S210$)} \\
\text{期限 ($\S80$、$\S170$)} \\
\text{間 ($\S125$~$\S127$)} \\
\text{時期 ($\S48\ \text{I}\ ⑨$、$\S255$)} ❼ \\
\text{內（或以內）($\S56$、$\S305$)}
\end{cases}
$$

（民法本章用語）	（其他法律用語）

(2)期間用語之使用狀況

於民法本章以外，期間之用語相對普遍得多。以民法來說，除前舉時效期間等三者外，主要尚有消滅時效期間（$\S137$）、一定期間（$\S165$之1）、行使期間（$\S210$）、相當期間（$\S236$、$\S586$）、保管期間（$\S616\ \text{I}\ ⑤$、$\S619$）、存續期間（$\S684$、$\S686$）、預告期間（$\S54$）、生存期間（$\S732$）、提示期間（$\S726$）等。訴訟法上復有在途期間、就審期間、不變期間、履行期間、上訴期間、

---

❼ 其他與指陳期間之用語有關者，尚可舉下列二者為例：

　(1)經過（一定期間）：如$\S90$、$\S93$、$\S245$、$\S563$、$\S611$、$\S727$等是。

　(2)逾（一定期間）：如$\S197$、$\S422$、$\S449$、$\S756$、$\S990$、$\S991$、$\S1030$之1、$\S1053$、$\S1079$之2、$\S1146$等是。

抗告期間及陳報期間等 ❸，足證期間使用之普遍。不過，以期限指陳期間者，在民法上出現之條項，似更頻繁得多，即使是時期，事例也是不少 ❹。

　　特別值得一提者為，在時效（包括取得時效）期間及除斥期間方面，民法各編殆多以「間」之用語指陳期間，民法第一二五條～第一二七條不過其較為淺顯之事例而已 ❹。對照期日多以「時」稱之，期間也有偏愛「間」之稱法的傾向，總則規定與個別條文之間，用語歧異至此，稱得上是個奇特的制度設計；尤其，二者合而成為時間，不免也算難得的巧合 ❹。

　　然則，「間」之作為法律用語，尚非均得作為期間來解釋，其情形亦有如期日上之「時」。換言之，法典上稱曰間者，如非用以指陳時間因素者，其意義即與期間無關。例如，民法第一三八條規定：「時效中斷，以當事人、繼承人、受讓人之間為限，始有效力。」此之所稱「間」者，即顯與期間無關。

　3.期間與期限

　⑴期間與期限的對立

　　暫時離開民法本章，可以發現期間與期限二者，同為指陳廣義期間之法律用語，而且彼此似是各有所偏。然則，廣義之期間，何者稱之期限？

---

❸　以民事訴訟法為例，其相關條項如下：

　　在途期間 (§162)，就審期間 (§251、§429)，履行期間 (§396)，上訴期間 (§398、§442)，抗告期間 (§490)，陳報期間 (§629)，不變期間 (§163、§164、§189、§440、§487、§500、§514、§518、§611)。

❹　以時期指陳期間之民法其他重要條項，如 §61 I ⑧、§157、§159、§161、§162、§250、§255、§470、§502、§549 等均是。

❹　民法其他重要條項如：§197、§245、§245 之 1、§247、§365、§417、§456、§473、§514、§514 之 12、§601 之 2、§611、§623、§666、§717、§756 之 8（物權編以下，暫不具引）。

❹　此中之思考模式，略可圖解如下：

　　　　期日（民法本章）≒時（民法本章以外篇章）╲
　　　　　　　　　　　　　　　　　　　　　　　　　　＞時間
　　　　期間（民法本章）≒間（民法本章以外篇章）╱

又何種情形稱之（狹義的）期間，揣摩法律相關規定，其區別準則略為：其出於法定之客觀情事者，殆多稱之期間；其因人為指定或約定者，則多以期限稱之。茲舉下列二者佐證：

①法律章節

民法本章第四節，就當事人以約定限制法律行為效力生滅之時段者，稱之期限。復於該節立法理由陳明，期限為當事人隨意限定之附隨條款❷。

②法律條項

民法諸條中，明確分就法定或約定，意識區分其用語為期間或期限者，事實上相當普遍。最具典型意義之條文可推民法第二五七條之如下規定：「解除權之行使，未定有期間者，他方當事人得定相當期限，催告解除權人於期限內確答是否解除；如逾期未受解除之通知，解除權即消滅。」

上述條文中所稱未定有期間者，係指法律未定有期間而言；此之所稱，恰可以當事人所定期限或相當期限相對，形成法定期間與意定期限之顯然對比。定「相當期限」之用語，於民法出現頻率極高，衡其情形，殆均指約定或指定而言❸。

上述區分判準，於實體法上固是稱得上言之成理，但於程序法上卻又不然。蓋以，於程序法上，法律所定之客觀時段，固以期間稱之，且有所謂之法定期間（如民事訴訟法 §162）；不過，即使於法院所指定之時段，通常仍以期間稱之，如裁定期間、指定期間即是（如民事訴訟法 §160、§163）❹。足見，所謂期間法定、期限意定，如兼括實體及程序法併同綜

---

❷　參照，民法本章第四節（條件與期限）立法理由（後段）：「期限者，當事人隨意將法律行為效力之發生或消滅，使繫諸確定的未來事實屆至之附隨條款是也。」

❸　以民法重要規定為證，即有 §170、§210、§214、§254、§302、§361、§430、§478、§490、§507、§621、§712、§753 等。

❹　程序法上，以期限指陳一定時段者，略有管收期限（強制執行法 §22 之 4 ④、§24）、申報債權之規定期限（破產法 §65 Ⅰ ⑤）等〔破產法上亦是同時出現管收期間（同法 §71）、申報債權期間（同法 §64、§65 Ⅰ ③）之用法〕。

觀，其答案恐是頗為相對 **㉕**。

(2)期間與期限的涵容與混用

民法本章所稱期限，係持廣義，意義兼括（狹義）期間、期限、時期等不一而足。在此角度內，足認期限僅為（廣義）期間之用語形態之一而已，二者在概念範疇的互涉關係上，略有如下：

$$\text{期間（廣義）} \atop \text{（民法本章）} = \text{期間（狹義）} + \text{期限} + \text{其他用語}$$

期限與（狹義）期間之間，原則上固可略以期限意定、期間法定來區隔及了解；不過，在民法本章以外，二者存有頗多混用之事例，茲舉三者以供參考：

①將約定之時段稱為期間而非期限（如 §632） **㉖**。

②關於合夥之存續，不同條文之間，有時以定有存續期間稱之（如 §684、§686），有時卻又以定有存續期限稱之（§692 ①、§693）**㉗**。

③民法第七五三條:「保證未定期間者，保證人於主債務清償期屆滿後，得定一個月以上之相當期限，催告債權人於其期限內，向主債務人為審判上之請求。債權人不於前項期限內向主債務人為審判上之請求者，保證人免其責任。」**㉘**（約定之時段，期間期限二者同時混用）

於個別具體條項，出現期間與期限之如此混用，當然令人困惑；不過，

㉕ 刑法用語殆以期間稱之，如 §79～§92 均是，與民法似頗有迥異。

㉖ 期間與期限之混用，尚得舉民法第七五二條及其立法理由作為事例。

㉗ 期限、期間的混用，尚可從民法第六九三條下列的立法理由得到更為充分的佐證：「合夥因存續期限屆滿而消滅，然有時存續期限雖已屆滿，而合夥人全體仍默示同意繼續其事務者，此不外一種未定存續期間之新合夥，故視為以不定期限繼續合夥契約。」

㉘ 參照民法本條立法理由：「主債務定有期限，而保證未定期限者，保證人得於主債務清償期屆滿後，定一個月以上之相當期限，催告債權人於其期限內，向主債務人為審判上之請求。若債權人不於其期限內，向主債務人為審判上之請求，應使保證人得免除保證責任，以保護保證人之利益。」

這是法典用語的存在事實，除了謹慎以對，似乎只有期待法律修正以力求統一。

期間用語的多樣分歧，期間與期限之間對立、雜陳及混用。初次研讀，也許令人眼花撩亂，頭昏目眩。不過，就民法上法律概念使用的現實而言，期間恐怕是趨近並深刻研析法律用語、分析法律名詞、解構及建構法律概念的活素材，而且可說是個絕佳的活題材，值得仔細吟味。因為，法律用語或有廣狹二分乃或三分，或有對立且又混用者，期間、期限並非唯一。作者所以特別投下精力時間（有期日、也有期間），致力搜羅，前後不下十度走遍民法全部條文，意圖從其間取精用萃、分門別類，整理歸納、並又體系解析，意在完整而活生生地呈現期日、期間之概念現實，並試為其概念分析作一註腳，藉以表達法學研習方法所必要的一個層面。

第二節　制度精義

制度精義，分為下述二項說明：

$$制度精義 \begin{cases} 期日的決定 \\ 期間的算定 \end{cases}$$

一、期日的決定

有關期日的決定，分為期日的一定、延定及出生日的算定三點說明：
㈠期日的一定
1.期日之確定及其相對性
期日，通常固以一日為單位，但亦得為更短暫之不可分時點，甚而「幾」時「幾」分或瞬間。出生時取得權利能力（§6）、死亡時繼承人即時繼承（§1148），即是瞬間為期日的法定著例，其出於約定者亦無不可。例如，買

賣（契約、法律行為）雙方當事人約定於某月之某日正午十二時交車付款者，當日正午十二時之瞬間，亦是期日。

　　期日，法律上亦同時保有始點及終點之概念。例如，以一日為時點者，自該日凌晨零時至深夜十二時止均為期日；理論上，當事人得選擇當日之任何時段或時點而為意思表示或給付，不因其是否為日出前後或日沒前後而異其效力；蓋以，該日全天為全部不可分割也 ❷。不過，從事交易或營業，通常均有一定作息時間（如所謂朝九晚五）。於期日為意思表示或給付者，理應遵守作息通例。於作息以外時間、特別是於凌晨或深夜為給付或意思表示者，可能會因違反誠實信用原則 (§148 II)，以致不生法律上應有之效力（其為意思表示者，可能意思表示無效；其為給付者，可能不生履行債務之效力）。

　　期日是否遵守，最終仍須依據法律規定意旨及誠實信用原則作為判準，並因而具有相對性。例如，法院之審判，通常定有一定之時分（例如，某日上午九時三十分），但法院卻拖延四十分才開始朗讀案由進行程序。在社會觀感上，即認此為審判遲延，為法學研究、乃至司法改革的重要課題；不過，由於法律明定期日以朗讀案由開始（民事訴訟法 §158），因之，尚不生遲誤期日之問題 ❸。再者，如前述交車付款之例，當事人延誤十數分始抵現場者，本於誠實信用原則，亦難謂其遲誤期日 ❸。

　2.不確定期日

　　期日，攸關法律行為效力、乃至權利義務本身之發生消滅，法律上自

---

❷　參照，最高法院五四年臺抗字第一二八號判例。

❸　參照，民事訴訟法第一五八條立法理由：「日期，應定其開始之方法。事件點呼者，即審判衙門書記或庭丁，向訴訟關係人告知日期之開始也……然事件之點呼，不必定於指定之時，或審判衙門執務時間開始之時為之也。審判長得從事件之繁簡，於指定時經過後，或於執務時間開始時之經過後，使為事件之點呼。」

❸　參照，最高法院二六年滬上字第六九號判例（交付遲誤三十分鐘，不生遲誤之問題）。

須得為確定。因之，期日不確定者，尚不發生期日之效果。例如，買賣雙方，關於交付標的物及支付價金之日，約定由出賣人指定者，等於未有清償期日之約定（未定有清償期日）。法院通知開庭，竟未載明其審判期日者，則不生通知到庭之效力 ❸❷。惟法律另有規定者，依其規定 ❸❸。

關於期日，無論法定或意定，其依法得為確定者，亦非不可。例如，出租人與承租人約定於每月月初、月中或月底支付租金者，關於租金之交付期日，仍得認為已符確定期日之要求。蓋以一般以為，僅載月初、月中、月底者，謂月之一日、十五日、末日，得認為業已確定 ❸❹。

㈡期日的延定

1.基本規定

期日，應該符合社會一般的作息時間，以免當事人或利害關係人失之交臂，難措手足。因之，民法第一二二條規定，於一定期日，應為意思表示或給付者，如其期日為星期日、紀念日或其他休息日時，以其休息日之次日代之。例如，前例應支付租金之月初（一日）、月中（十五日）或月底（末日）恰為星期日者，則其支付期日順延至次日之該月初二、十五或次月初一。如其休息日相連者，則順延至休息日完畢之次日。例如，應支付租金之末日恰為星期六，次週一為農曆除夕放假，接著為農曆春節連續放假至週五。如是，支付租金之期日，順延至假滿後之次週一，於假滿次日之支付，仍為如期給付，並無遲延可言。

延定者，僅就該特定期日而為計算，並僅以該次期日為有效而已。因而，於當事人之間係繼續性的法律關係，次期之期日決定，仍不受前期期日延定之影響。例如，於前例之租金支付，其次月之租金支付仍為次月末

---

❸❷ 審判期日僅載日期，即為已足，無庸指定一定時刻，並以法院執務開始時刻（通常為上午九時）為指定始點，只要於該始點以後朗讀案由即可，而且該期日亦以此之朗讀案由為始（參照，❸❸立法理由）。

❸❸ 例如，票據未載到期日者，並不影響票據之生效，僅是該票據成為見票即付之即期票據（票據法 §24 II、§120 II）。

❸❹ 參照，票據法第六八條第三項（票據法本條項得視為法律原則之規定）。

日。惟休息期間竟橫跨二個期日者，則應解釋二個期日一起以休息完畢之次日代之。例如，按週於每週末給付❸，如春節年假連續九天，二個週末均遇放假，該二個支付期日，即均順延至假後的次週一。

2.相關概念

(1)延定事由

延定之事由有三，即星期日、紀念日及其他休息日三者是。星期日，為每週日之例假，事極淺顯，無庸說明。

①紀念日

紀念日，指國定放假之節日，如雙十國慶、元旦、春節、端午節、中秋節等均是。

②其他休息日

其他休息日，指上述二者以外，經政府明定之特殊性休息日。例如，颱風過境或強烈地震，政府發布停止上班之日即是❸。政府，除中央政府外，尚包括直轄市政府及縣市政府。

民法制定當時，例假日只有星期日。目前週休二日，星期六亦為例假日，因其非為星期日一詞所得概括；因之，星期六亦應解釋其為其他休息日。

(2)適用事宜

休息日，通常亦以一日計算。因之，所謂以次日代之者，一般亦係以自凌晨零時至深夜十二時之整日算之。不過，如因特殊情形，休息日為半日者（例如，颱風假僅為某日上午或某日下午），則其期日延定之結果，係延至休息截止日之次日上午十二時，而非次日之整日❸。期日，較一日為

---

❸　週休二日之所謂週末，應解釋為週五；蓋以週六也者，目前已係休息日。因此，改制前判解之研讀，於此須相應調整。

❸　參照，最高法院七二年臺抗字第一〇二號裁定。

❸　參照，最高法院五九年臺上字第四六九號判例：「於一定期間內，應為意思表示者，其期間之末日為星期日、紀念日或其他休息日時，以其休息日之次日代之。」（最高法院五九年臺抗字第二三〇號判例見解亦同）

短暫者，其延定究應如何計算？民法規定未盡明確。本諸體系解釋，似得認為，以次日之同一時段或同一時刻為延定之期日；如其約定為半日，或休息日本為半日（上午或下午）者，則以延至次日上午十二時之觀點較為適當。

3.規範性質

(1)任意規定

民法本條為任意規定，得因法律規定或當事人約定而排除適用。

①法律規定

因法律規定，得以星期日、紀念日或其他休息日為期日者，如其期日為休息日，即不生以次日代之之問題。例如，依民事訴訟法第一五五條規定，有不得已事由者，得以休息日為期日❸。因之，如於個別訴訟事件，法院指定休息日為期日者，則該期日自得進行訴訟程序，並無延定之適用❸。

②當事人約定

休息日，為政府機關及人民休息之時段，為避免造成當事人之無所適從，爰有期日延定之規定。反之，如當事人自願放棄休息，相約而訂定休息日為期日者，於法尚無不可。例如，出租人與承租人約定，於每月第一個或最後一個週日支付租金，該週日即為租金支付日期，無民法本條延定之適用。同理，按年支付租金，約定於元旦、端午或國慶日當支付者，其

---

❸ 民事訴訟法第一五五條與民法本條用語之參差略有如下：

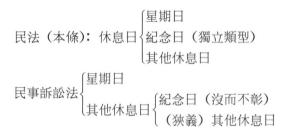

❸ 參照，民事訴訟法第一五五條立法理由：「日期之指定，委諸審判長之職權，……，若指定此等休息日為日期，應以出於不得已者為限。」

結論亦同。

　⑵延定利益之拋棄

　　期日之延定，固為當事人之利益。如當事人故意拋棄此一利益者，本於民法本條為任意規定之性質，仍應解釋其不為延定。例如，約定月之末日支付租金，某月末日為星期六，承租人仍於該日如期支付，事後即不得請求先行返還以待延定之日再行支付；同理，出租人於受領後，亦不得以週六給錢，不便存放為由，主張先行返還以待延定之日再行支付。實務亦採同一立場❹。此稱利益拋棄，只要無異議而於休息日受領意思表示或給付者，即為已足；而且，於意思通知等準法律行為，亦有準用。

㈢出生日的算定

　1.年齡之計算

　　⑴始日計算法

　　年齡，係按年計算，如始日不列入年齡之計算，不僅與出生當日業已確實生存之事實不符，更使權利能力始於出生之規範理念無所依據，故年齡自出生之日起算 (§124 I)，俾吻合權利能力之制度保護，符應吾人生活觀念❹。故年齡之計算，並不適用翌日起算之規定 (§120 II)。

　　⑵周年計算法

　　年齡計算之妥適，除自出生日起算外，尚須配合採取周年計算法。例如，一周歲者，自出生之日起算至次年同月之前一日深夜十二時是。依此計算方法，足歲也者，可能為三百六十四日，亦可能為三百六十六日，亦可能尚有不滿一日之零頭者，但不適用每年為三百六十五日之規定 (§123 II)❹。蓋以年齡既自出生之日起算，則其第一年之周歲，必因出生之日

---

❹　參照，最高法院五四年臺抗字第一二八號判例：「法院書記官未經審判長或受命推事、受託推事之許可，於星期日或其他休息日或日出前、日沒後為送達，而應受送達人不拒絕領收者，仍生送達之效力。」

❹　參照，民法第一二四條第一項立法理由：「計算年齡，其出生之日，應否算入，古來學說聚訟，各國立法例亦不一致。然出生之日，亦行算入，實合於人類生活上之觀念。」

通常非為完整之整日，致有未滿三百六十五日之情事（三百六十四日有餘，三百六十五日不足；如其遇有閏年情事者，為三百六十五日有餘、三百六十六日不滿）。

依國人習慣，年齡之計算，常有採取農曆計算者。於此情形，周歲者何？其日數將因閏月有無而變化更大，以致三百六十五日並無精準意義。不過，此之計算方法僅是民俗慣例而已，於法律上並無意義。

2. 出生日的推定

出生之日為何？並非任何人均能明確知之。苟有其事，法律上宜設有算定之方法，以維當事人及關係人之權益。生日之不知，有知其月而不知其日者，有竟月日均不知者。知其月而不知其日者，推定為該月十五日出生；如月日均非所知者，推定為七月一日出生（§124 II）。蓋以十五日，月之中間也，七月一日，年之中間也，以為推定，可以持平中庸斟酌其間之損益 ❸。既稱推定，自得以反證推翻。例如，不知月之何日出生，但於十日之時發現其業已出生者，即得視其出生日為該月十日。同理，不知何月何日出生，但於四月一日發現其業已出生者，即得以四月一日為出生日。

出生於何年？並不清楚者，事非絕無。於此情形，唯得依醫學鑑定或其他方法確定之，尚無從以推定定之。出生之年不確定者，通常情形，其月日亦多不知悉。如是，於出生之年確定後，再依民法本條項推定其出生之日。關於出生日推定之規定，於失蹤之日不能確知者，得以類推適用。年齡如何，攸關公共利益既廣且大，年齡之推定，不宜因當事人意思而變動。因之，民法本條宜解釋為強制規定 ❹。

二、期間的算定

---

❷ 年齡採周年計算法，宜認為係衍自民法本條第一項自明之理，故無待法律規定。

❸ 參照，民法第一二四條第二項立法理由：「按出生之月日，無從確定時，……本法特折衷於其間，推定為七月一日出生，其知出生之月而不知出生之日者，推定為該月十五日出生。」

❹ 參照，史著，第五五七頁；洪著，第五五〇頁（註一）。

期間的計算，分為下列三點說明：

$$期間\begin{cases}期間的計算方法 \\ 期間的始點與終點 \\ 期間的延定與逆算\end{cases}$$

(一)期間的計算方法

1.綜合說明

期間之計算方法有二，一為曆法計算法，另一為自然計算法。有關於此，民法第一二○條立法理由有非常貼切的如下說明：「計算期間，分曆法計算法及自然計算法之二種。前者以曆日之一日為單位，而計算期間之方法也。所稱一日，指自午前零時起至午後十二時而言，此外之小時在所不計。後者將曆日之一日細分之，自起算期間之時刻或自事件屆至之時刻計算期之方法也。所稱一日，自起算期間或事件屆至之時刻起算，經過二十四時間也。本法採多數之立法例，原則上認曆法計算法。」

自然計算法與曆法計算法何者為優？是個利弊互見的相對答案。一般來說，自然計算法較為煩瑣，卻甚精密；反之，後者甚為簡便，卻不夠完密，考諸各國立法，大都是原則上採曆法計算法，但於以時定期間者，則採自然計算法；我國立法亦然❹。

2.具體計算方法

(1)自然計算法

自然計算法所以精確，係因其即時起算且按實際時間計算之故。依此之期間計算略為：一時為六十分；一日為二十四小時；一月為三十日；一年為三百六十五日。

依自然計算法，期間係即時起算而計滿其所須時段。至於年月部分則是：月不分大小，均以三十日計算；年不分平閏，均以三百六十五日計算。例如，某甲與某乙於某日中午十二時成立買賣（契約、法律所為），同時約定：依自然計算法於訂約後五日交物付款，則其期間為一百二十小時，並

---

❹　參照，民法本章立法理由後段。

自該日中午時起算,於計足一百二十小時,亦即五日後之中午十二時,為期間屆滿之時。

(2)曆法計算法

曆法計算法者,意指以國曆(洋曆或陽曆)之實際內容為期間計算之方法❹。依此,期間之計算,略有如下:

$$
期間
\begin{cases}
時:(?)\ ❹ \\
日:次日凌晨零時起算 \\
月:自月初(一日)計至月之末日
\end{cases}
$$

依曆法計算法,期間始點與實際時間之不符,略有如下:

①期間為日:於實際時間(每日按二十四時計算所得時間),增計始日之不完整時間(即 X 日＋始日時間)。

②期間為週:於實際時間,增計始日之不完整時間(即 X 週＋始日時間)。

③期間為月:與實際時間之參差有二,一為增計始日之不完整時間(即 X 月＋始日時間),二為月因大小平閏之不同,其期間竟有三十日、三十一日或二十八日、二十九日之互異。例如,其期間為二月份或跨越二月份者,如其為平年,該月或一個月之期間為二十八日(二十八日＋始日時間);反之,如期間為三月份或跨越三月份者,其期間為三十一日(三十一日＋始日時間)。其為數月者,實際計得時間調整為「X 月(按月之大小及是否平閏實際累加)＋始日時間」。

④期間為年:與實際時間之參差有二,一為增計始日之不完整時間(即 X 年＋始日時間),二為年因是否平閏而有三百六十五日或三百六十

---

❹ 農曆(或稱月曆或陰曆),雖非民法上所稱之曆法,但期間計算之規定為任意法;因之,於交易法苟有約定依農曆計算期間(如月租按農曆計算,於每一農曆之月初交付租金)者,其約定仍屬有效。

❹ 以時定期間者,僅得採自然計算法(即時起算,到期屆至),故於曆法計算法部分,以疑問號(?)作為標示。

六日之差。如其為數年者，實際計得之時間為「X 年（三百六十五日或三百六十六日）＋始日時間」❹。

3.立法原則

自然計算法，期間即時起算。用以計時、計日或計算星期，固是更符精準真確之要求，惟何時屆期，卻極分歧而繁瑣，與一般作息時間，亦頗難配合。反之，曆法計算法，扣去始日時間，再以凌晨至深夜之每一完整日作為計算，雖難免失真，但其屆期較為一致而簡便，與一般作息時間亦較易配合。足見，於期間為時者，自然計算法有其必須採取之理由，但於期間為日者，採曆法計算法似較簡明可行。

然則，於期間為年月者，自然計算法以每月三十日，每年三百六十五日計算，雖是簡單明確，但卻難免失真（不符實情），亦與吾人生活上之觀念不符。反之，依曆法計算法，以各該年月相當起算日之前一日為屆期，卻反而較符實情，認定上亦較明確便利。故民法第一二三條第一項規定，稱月或年者，依曆計算❹。但期間為月或年，且其計算非為連續者，事理上根本無從依曆計算，故民法明定為每月按三十日計算，每年按三百六十五日計算❺。他如，按週計資之臨時工，須於累計滿七日時支付週薪。

關於期間之計算，民法原則上係採曆法計算法，其用語不僅見諸法律條文 (§123 Ⅰ)，為立法理由多所強調（本章立法理由、§120、§121、§123 各條立法理由），亦為學理見解所肯認❺。不過，曆法計算法之立法原則以外，

---

❹　如期間有年月者（如期間為二年六月），則分別按年計算後再按月計算，然後再將二者總和之。

❹　參照，民法第一二三條立法理由前段：「謹按以月或年定期間者，一月之日數不等，一年之日數亦不等，如何計算，亟應規定明確，以免滋生疑義。故本條定為依曆計算於交易上實為便利。」

❺　參照，同上條立法理由後段：「月或年非連續計算者，如工作之期間，時作時輟，而工資則係按……」（臨時工約定按年計付，於累計滿三百六十五日時支付，對勞工而言，毋寧是極其沉重而難以負荷，有無違反誠實信用原則，不無審究餘地）。

❺　學理或認為短期間或不繼續期間之計算，採自然計算法，於長時間之計算則採

酌採自然計算法之特例，亦是為數不少❷。注意之處，尤其是諸如追訴及行刑時效、上訴及抗告等不變期間之計算，偶一不慎，被告權益受害極大。誠然，期間之計算，並無深奧理論，但一日之差，決定其得否上訴或抗告？能否免於起訴或牢獄？對於期間究採曆法計算或自然計算，豈能不深致其意❸。

㈡期間的始點與終點

期間為延線之概念，必有始點與終點以銜結其間之時段。

期間之始點與終點之計算，民法本章雖原則採取曆法計算，但為配合權利保護或方便計算，有時亦酌採自然計算法。二者參酌援用，固為制度特點，但因之顯得凌亂，以致滋生混淆困惑，也是事實。

1.期間之始點

(1)時之期間

以時定期間者，即時起算 (§120 I)。蓋因既以時定期間，即時起算最符當事人觀念及交易需要❹；反之，如不以時計算，不但其他標準不易尋

曆法計算法（參照，史著，第五五一頁；洪著，第五四四頁）。

❷ 雖然，民法本章以外其他法律，其未規定適用自然計算法者，乃回歸適用民法本章規定（民事訴訟法 §161，刑事訴訟法 §65，行政訴訟法 §88 I；最高法院二一年上字第二三四號判例、五九年臺上字第四六九號判例參照）。因之，曆法計算之法律原則仍有一定存在餘地。

❸ 關於期間計算之立法，得歸納如下表：

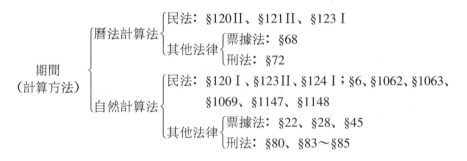

❹ 參照，民法第一二〇條立法理由中段。

覓，而且極易發生期間尚未起算，但其原約定時間卻已超過之窘境。

期間以時計算，於日常瑣細事件，或常有之。例如，上午九時託付幼兒，約定托養四小時，其期間即自九時起算，並於下午一時屆滿。

(2)時以外之期間

時以外之期間，主要有日、星期、月及年四者，民法於此，就四者合併規定為：以日、星期、月或年定期間者，其始日不算 (§120 I)。蓋以未滿一日之時間，如予以計為一日，就權利之保護來說，恐有不當之故❺❺。例如，於二〇〇七年一月一日訂立買賣（契約、法律行為），約定三個月交付。則此三個月期間，係自一月二日起算，而非一月一日。

始日不算，或有不利於當事人者，或於交易有所不便者。為此，法律或有始日予以計算之規定。例如，刑之執行，如始日不予計算者，對受刑人實是極其不利，追訴時效之計算亦然，故刑法分別規定，刑期自確定之日或自拘禁之日起算（刑法 §45）❺❻，追訴權自犯罪成立之日或行為終了之日起算（刑法 §80）。同理，票據到期之日，如不計算利息，將有礙票據之流通，故票據法規定，票據之利息自發票日或提示日起算（票據法 §28 III本文、§124、§133）。此外，法定利息之計付規定自支出時（支出始日）起算之民法規定 (§176、§213 II、§542、§546)，情形亦同。

(3)任意規定

民法本條亦為任意規定，因之，如當事人另有約定者，從其約定。例如，期間以時計定，而當事人約定其不即時起算者，該約定有效，並排除民法本條第一項即時起算之規定。同理，其按年以定期間，而當事人約定自始日起算者，亦從其約定而將始日算入。

---

❺❺　參照，最高法院九三年第八次民事庭決議：「保險法對於如何計算期間之方法別無規定……時效期間之起算，仍應適用民法第一百十九條、第一百二十條第二項始日不算入之規定。」

❺❻　參照，司法院二六年院字第一六一〇號解釋：「某甲先後犯子、丑二罪……當丑罪執行時，應自丑罪羈押開始之日起，至該案確定時為止，計抵丑案之刑期，在丑罪以前，因子罪羈押之日數，仍應於子罪執行時計抵。」

2.期間之終點

(1)期間終點之算定

期間終止之時點，是為期間之終點，民法第一二一條規定：「以日、星期、月或年定期間者，以期間末日之終止，為期間之終止。期間不以星期、月或年之始日起算者，以最後之星期、月或年與起算日相當日之前一日，為期間之末日。但以月或年定期間，於最後之月，無相當日者，以其月之末日，為期間之末日。」是以，期間之終點得分述如下：

①時之期間

期間以時計算者，終點為何？民法並無明文。解釋其於該等時數經過完了之時為期間屆滿，無寧為當然之理。

②時以外之期間

時以外之期間，其終點為期間末日終止之時刻。末日之終止（時刻）者，意指終止日之午後（深夜）十二時而言，蓋以最終之日，亦須全日也❺❼。然則，何為期間之末日，尚須綜觀期間之計算是否連續？始日是否期初？再行分別為如下酌定：

a.期間為不連續者

期間為不連續者，期間終點為計滿期間所須日數之末日終止之時。例如，週給臨時工，工作時有時無，但約定實際作滿一星期付資者，其期間終點亦為實滿七日之當日工時完了之時❺❽。

b.期間連續而始日為期初者

期間連續計算，其始日恰為星期之週日、月之初一或年之元旦者，則期間之末日，即為當星期、當月或當年末日（星期六、每月月末之日、每

---

❺❼ 參照，民法第一二一條立法理由前段：「本法既採多數立法例定曆法計算法，則以日、星期、月、或年定期間者，應否以期間末日之開始，為期間之終止，抑以其末日之終止，為期間之終止，法律須明定之。」

❺❽ 參照，民法第一二三條立法理由中段：「如工作之期間，時作時輟，而工資則係按月計算，則此際之工作日期，既非連續，即無從依曆計算，故應就其日數報以一月為三十日……計算之。」

年十二月三十一日）⑤。終點也者，原則為各該當日深夜十二時⑥。

　c.期間連續而始日非為期初者

期間連續計算，而其始日非為期初（非為星期日、月之一日或元旦）者，期間之末日，原則上以相當日算定之，無相當日者，則以最後月之末日定之。較為具體之描述如下：

　ⓐ星期之期間

　　以星期定期間，其始日非為星期日者，於計滿星期數後，以起算日相當日之前一日為期間之末日。例如，約定期間為三星期而其起算始日為星期二時，相當日為三星期後之星期二，相當日之前一日為三星期後之星期一，故期間之末日即為三星期後之星期一。餘類推之。

　ⓑ每月之期間

　　以月或年定期間，而其始日非為年、月之始日者，原則上亦以起算日相當日之前一日，作為期間末日之計算依據。例如，期間為三年，其始日為二〇〇三年二月一日時，其期間之末日即為：計滿三年為二〇〇六年，起算日（始日）之相當日為二〇〇六年二月一日，相當日之前一日為二〇〇六年一月三十一日，因之期間末日為二〇〇六年一月三十一日，期間終點即為當日深夜十二時。餘類推之。

　　然則，依上計算，於小月或二月難免發生期間末日並無相當日之窘境。為濟其窮，民法本條第二項後段規定，以該月之末日為期

---

⑤　參照，同上條立法理由中段：「本法以期間末日之終止，為期間之終止，蓋謂最終之日，須閱全日，此第一項所由設也。期間以星期、月、或年之開始起算者，則以星期、月、或年之終止為終止，自屬當然之事。」

⑥　依此計算之期間終點如下表：

　　　　期間終點　　星期：當星期之星期六深夜十二時
　　　（連續計算）　月：當月末日深夜十二時
　　　（始日期初）　年：當年十二月三十一日深夜十二時

間末日。察考其意，不無權宜考量而略捨精確之堅持。例如，約定自十二月三十一日起算六個月返還借款者，其最後月之六月，並無相當日之三十一日，即應以六月之末日（三十日）為期間的末日❻。於期間之最後月為二月者，無三十日或三十一日，無從依相當日前一日算定，應以該月之末日算定之（二十八日或二十九日）❻。

(2)期間終點之未竟課題

期間終點之未竟課題有三：一為日之終點為何？二為終點規定之性質為何？三為其他期間之終點為何？

①日為期間之終點

以日定期間者，如為一日，則起算日既為期間始日，同時亦為期間末日，期間終點為當日深夜十二時。如為數日、旬日、數十日或數百日者，則為算滿該等時日之末日為期間之末日，尚不因其始日是否為月或年之一日（初日）而異，亦無最後月相當日之問題。例如，承攬建築大樓，約定工作期間為自一月一日起算五百個工作日，仍應以算得之實際工作日數達五百日之末日為期間之末日 (§121 I)，不生一年按三百六十五日計算之問題 (§123 II)，亦無相當日前一日 (§121 II) 之適用。

②終點規定為任意規定

期間之始點，自始日凌晨零時起算，期間之終點為末日深夜十二時，理論上固稱周延。不過，工作自凌晨以迄深夜，誠非人力所能，亦非人心所願，有時更是人性所不能堪。例如，刑期屆滿終點如為深夜十二時，不僅監獄作業不勝其煩，受刑人及其家屬亦極為不便。修正前監獄行刑法爰

---

❻　於此類（小月）案例，其適用結果，或與相當日前一日之計算法則無異。不過，此係適用民法第一二一條第二項但書，而非同條項之本文。

❻　參照，民法第一二一條立法理由後段：「其期間不從星期、月、或年之開始起算者，必以特別之明文，定期間之末日，然後期間之終止，可得而知。以有相當日者，即以其相當日為期間之末日，無相當日者，以其月相當日為期間之末日，無相當日者，以其月之末日為期間之末日。」

將刑期期滿之終點定為刑期終了之次日午前釋放之規定（修正前同法
§83 I）。然而，如此之規定，無形中剝奪了受刑人數小時的自由，與人權
保障未盡契合，故為司法院大法官解釋其為違憲❻❸，並帶動該法之修正。

　　期間終點之規定為任意法。因之，如當事人約定之期間終點，非為末
日之深夜者（如為下午六時），則其約定亦為有效。又法律另有規定者（如
羈押之接見時間至午後四時為止❻❹），依其規定。

　　③其他期間終點之適用

　　於期間之種類來說，民法本章亦具有例示規定之性質。因為，除民法
本章所定之時、日、星期、月及年五者之外，其他法律尚有以分或季而定
期間之規定。茲各舉一例於下：

　　a.分之期間

　　羈押法第二五條規定：「接見被告每次不得逾三十分鐘，但有不得已事
由，經看守所長官准許者，得延長之。」

　　b.季之期間

　　民法第七三二條第一項規定：「終身定期金，除契約另有訂定外，應按
季預行支付。」季者，謂春夏秋冬也，分割而論，實為每季三個月；在此角
度上，足認季之也者，形式上雖為獨立於月以外之概念，但實際上則為月
之特殊形態，得適用民法本章中關於月之規定。反之，分之為期間者，最
接近亦最類似於時，宜類推適用有關於時之規定。

(三)期間的延定與逆算

　　1.期間之延定

　　期間之延定者，意指期間末日之延定。

---

❻❸　參照，司法院大法官釋字第六七七號解釋：「監獄行刑法第八十三條第一項關
　　於執行期滿者，應於其刑期終了之次日午前釋放之規定部分……侵害其人身自
　　由，有違正當法律程序，且所採取限制受刑人身體自由之手段亦非必要，牴觸
　　憲法第八條及第二十三條之規定……相關規定修正前，受刑人應於其刑期終了
　　當日之午前釋放。」

❻❹　參照，羈押法第二六條本文：「接見時間自午前九時起至午後四時止。」

期間末日，亦如期日之或為休息日者，以致需有延定機制以為救濟。民法本章於此將此二者合併規定。因之，前此有關期日延定之說明，於期間末日之延定亦可援用。再者，期間之延定，僅於末日為休息日者有之，如其期初或期中為休息日者，並無適用，亦不扣除❻。

2.期間之逆算

(1)期間逆算的適用

期間，特別是以日定為期間者，如其採取「自一定起算日溯及往前而定」的計算方式，是為期間之逆算。

期間之算定，通常採順算之方式，逆算乃是特例。民法第五一條第四項前段規定：「總會之召集，除章程另有規定外，應於三十日前對各社員發出通知。」係其適例。現實觀念上，也是以法律所定之日為期間末日，並以所定期間算得之前時段日期為始日。例如，上例所稱「三十日前發出通知」，則開會之日為末日，其前之三十日為始日，以其滿三十日之日為通知期間末日。換言之，逆算也者，仍應適用民法本章之相關規定，而非準用或類推適用❻。例如，於本例，係以日而定期間，適用民法本章有關「日為期間」之規定，實務見解亦然❻。

---

❻　參照，最高法院三〇年抗字第二八七號判例：「期間之末日為星期日、紀念日或其他休息日時，以其休息日之次日代之……休息日在期間中而非期間之末日者，自不得予以扣除。」

❻　學理通說採準用觀點（參照，王著，第五五〇頁；史著，第五五六頁；洪著，第五四五頁；施著，第三三八頁）。實則，準用須有法律明文規定者為限，究其真意應指類推適用而言。

❻　參照，最高法院八二年臺上字第七五七號判決：「公司於七十九年七月一日召開股東常會，係於同年六月十一日寄發開會通知書，為原審所確定之事實，依『民法』第一百二十條第二項、及第一百二十一條第一項規定逆算，開會日為始日，不算入，以其前1日（七十九年六月三十日）為起算日，逆算至二十日期間末日（七十九年六月十一日）午前零時為期間之終止，則開會通知書至遲應於七十九年六月十日寄發，始符應於『二十日前』通知之旨。」（相類事例之解釋，參照，司法院大法官四二年釋字第二一號解釋。）

(2)期間逆算的運用

期間之逆算，於股份有限公司股東會（公司法第一七○條以下）的召集最為普遍，亦為法院實務多所關注，爰舉如下事例以為說明：

A 股份有限公司，預定於五月三十一日召開股東常會，在相關作業完成後，於五月十一日發出股東會召集通知給各股東（設該等通知於五月十二日到達各股東）。嗣後，A 之股東甲等，以該股東會決議之未於二十日前到達，其召集程序違反法令，訴請撤銷決議。

①股東會召集之通知，為召集程序重大事項之一；如其通知之期間不足法律所定之期間者，即係召集程序違反法令（以下簡稱違法），合先說明。

②股份有限公司（以下簡稱公司）股東常會之召集應於二十日前通知各股東，公司法第一七二條第一項前段定有明文，如有違反者，其召集程序違法。

③此之通知係事實通知，為準法律行為類型之一，其生效類推適用意思表示之規定，本應待通知到達時始生效力（§95 I）。惟依上述公司法規定，係採發信主義通知，於發出時即生效力，無待通知到達（社團總會召集之通知亦同）。故本件股東會召集通知，於五月十一日當日即告同時生效。

④本件以日定為期間，關於其始日如何起算，公司法上並無另有明文，應適用民法本章始日不予計算之規定（§120 II）。因之，本件通知期間之起算日為五月十二日，計算二十日之期間為五月三十一日深夜十二時，須逾此時點，亦即六月一日以後召集會議者，始符滿二十日之要求。反之，採逆算方式計算，以始日之五月三十一日不予算入，自三十日往前計算二十日為十一日，其終點為五月十一日凌晨零時，故計滿二十日以前，即其通知之發出須於五月十日以前，始稱合法。本件通知係始發於五月十一日，即未符二十日前之要求，甲股東等以決議程序違法訴請撤銷，即屬於法有據（公司法 §189）。

第八章　消滅時效

第一節 消滅時效的意義與課題

一、消滅時效的意義

消滅時效的意義，分為下列四項說明：

$$
消滅時效（意義）\begin{cases} 概念解析 \\ 制度緣由 \\ 適用客體 \\ 制度鄰右 \end{cases}
$$

(一)概念解析

1.定義說明

消滅時效者，請求權因一定期間之不行使，致其義務人（法典用語稱為債務人）得拒絕給付（法典用語或稱請求權消滅）的法律事實。茲就其重點說明如下：

(1)以時間為因素之法律事實

消滅時效，因一定期間之經過，致當事人間之權利義務關係發生變動（近於消滅），故為以時間為要素之法律事實形態之一。

消滅時效所須之一定期間，長短不一，落差甚大，而且不以民法本章所規定者為限，但得統稱之消滅時效期間 (§137III)❶。依民法本章規定，計有十五年 (§125)、五年 (§126) 及二年 (§127) 三類：

(2)請求權（近於）消滅之法律事實

消滅時效所發生之法律效果為何？民法於界定消滅時效成立時，稱曰「請求權消滅」(§125〜§127)❷；反之，於說明消滅時效之效力時，稱之「債

---

❶ 消滅時效期間，法典上或簡稱其為時效期間 (§141、§147)，實務立場亦然（參照，最高法院二○年抗字第二七八號、五三年臺上字第一三九一號判例）。

務人得拒絕給付」(§144 I)，二者尚不一致。

在我國，消滅時效完成，請求權並不（當然或直接）消滅；但其一經義務人主張拒絕給付者，該相對之請求權形同消滅。通常，遇此事由，其義務人不主張拒絕給付者，可說甚少。從這樣的現實來看，消滅時效一經完成，其請求權不因拒絕給付而消滅者，堪稱幾希，本書爰以近於消滅稱之，以期舒緩法典用語之前後不一及概念之對立矛盾。

消滅時效所得適用者，並不以債之關係為限，民法第一四四條以債務人得拒絕給付稱之，容易使人發生誤會。為免爭議，爰迴避「債務人」之用語，並代之以更為廣泛、一般、亦更符總則意義之「義務人」用語，稱之「義務人得拒絕給付」。

(3)以繼續一定期間不行使權利（請求權）為要件

消滅時效之完成，須請求權人不為行使之事實狀態，於若干歲月無所間斷。若干歲月者，法律是謂一定期間；無所間斷者，狀態持續存在之謂也。有此情形，法律即不問真實之權利關係為何，斷然以時間作為法律關係變異之判準；這樣的法律機制，或許武斷而不問實情，但卻也直接明確。

2.概念澄清

(1)顧名思義與添油減料

①顧名思義

從字面說，消滅時效是個比較不能展現語意核心的用語，當然也是較不明晰的法律名詞。因此，精確了解消滅時效的意義，必須顧名思義與添油減料，二者一起併用。

時效者，依時間因素而變動（發生、變更或消滅）法律效力之謂。如果採取顧名思義的態度，消滅時效云者，其意涵豈非等於取消時效作用的法律事實。如是，不僅其意義奇特而難解，亦與消滅時效的意義，絕不相符。足見，要釐清消滅時效之概念，尚非簡要直接的顧名思義方式，即能垂手可得。

---

❷　請求權消滅，似為法律用語之常態（參照 §197 I、§245 之 1 II、§247 II、§563 II、§611、§717、§963、§1146；票據法 §22）。

②添油與加工

如果將消滅時效的消滅，作為形容詞來看待，上述的意義困境，當可解決大半。因為，消滅如果是形容詞，消滅時效也者，即是消滅性的時效。換言之，時效有不同性質，或為消滅性時效、或為發生性時效。其中，消滅時效，即是因時間因素而消滅法律效力之時效類型。所以，消滅時效之消滅對象係法律效力（消滅時效＝消滅法律效力之時效），然此並非字面之直接反映，而是體認時效（包括消滅時效）制度之深層性質（本質）而得，爰以添油加工稱之。

法律效力，其實就是權利或義務，消滅法律效力，也等於說就是消滅權利或義務。亦即從權利的角度講，係消滅權利；從義務的角度言，係消滅義務。因時間上因素而消滅權利或義務，須不行使權利之狀態繼續達一定之期間（最通常者為十五年：§125）。基此，消滅時效云者，殆可界定為：因一定期間不行使權利，致權利人之權利趨於消滅之法律事實；立法理由之說明亦同❸。

③減料與裁剪

從結論來說，可以斷言：消滅時效完成，請求權尚不消滅，充其量僅是義務人得拒絕給付而已。從這個結論出發，可以認定，所謂請求權消滅（§125～§127），就規範內容而言，並非正確；反之，民法第一四四條所稱之得拒絕給付，才是正確的制度陳述。得拒絕給付也者，通稱之抗辯權；抗辯權須經當事人（抗辯權人）主張，在法律上才真正發生拒絕給付之效果。足見，精確言之，消滅時效也者，不過抗辯權為之發生而已，與請求權消滅尚有一定距離。為精準描述制度實情，我國學理爰多以抗辯權發生主義稱之；實務立場亦然❹。其中，用語最見明確者，首推最高法院七一年臺

❸ 參照，民法本章立法理由：「時效者，因一定之時間……而生權利得失之法律事實之謂也，分取得時效，即消滅時效之二種。……消滅時效者，消滅其權利之時效也。關於消滅時效之結果，……依德國民法之規定，僅喪失其權利之請求權，依日本民法之規定，並權利之本身而喪失之，本法從德國制。」

❹ 參照，最高法院二九年上字第一一九五號判例：「消滅時效完成之效力，不過

上字第八三三號判決❺。

消滅時效時效完成，如經義務人行使拒絕給付之抗辯權時，權利人之請求權為之消滅，性質上為滅卻（權利）的抗辯。基此角度觀之，顯然可以認為：「請求權，因 X 年間不行使、且經義務人拒絕給付者，消滅」。換言之，於相關條文（如 §125～§127），在理解上如果略作如上的要件限縮，則該等條文之形式，仍非絕對不可維持。

為了解消滅時效的意義，從權利退到請求權，再從請求權消滅退到請求權不消滅，並於結合拒絕給付抗辯權後，最終提出請求權近於消滅之觀點，其間之加減抽剝過程，實已幾近矯揉造作。了解法律概念，須要歷經如此波折，應是不可恭維。不過，制度實情果是如此，這樣羊腸小徑中的曲折穿梭，恐怕也是情非得已。

㈡制度緣由

1.立法理由

法諺有云：「法律不保護在權利上睡眠之人」。請求權人持續相當長之時間不行使其權利，有如在權利上長眠，法律使其請求權之行使因而受有障礙，無寧為維持現有秩序、確保交易安全所必要，爰不得已而讓權利維護之懈怠者犧牲利益（參照民法本章立法理由後段）。

2.學理見解

關於時效制度緣由，學理大都肯定立法理由所持觀點，並進而歸納其具體理由如下❻：

　　發生拒絕給付之抗辯權，並非使請求權當然消滅，債務人若不行使其抗辯權，法院自不得以消滅時效業已完成，即認請求權已歸消滅。」（同旨司法院三一年院字第二四三七號解釋、最高法院八五年臺上字第三八九號判例）

❺ 參照，最高法院七一年臺上字第八三三號判決：「消滅時效之效力，我國民法係採抗辯權發生主義，認為請求權之消滅時效完成後，債務人僅有拒絕給付之抗辯權，並非使請求權當然消滅。」

❻ 參照，王著，第五五三頁；王伯琦著，第二一五頁；洪著，第五五二頁；施著，第三四〇頁；鄭著，第三五八頁；劉著，第四二四頁。

(1)避免時日久遠，舉證困難，以維義務人權益。

(2)尊重現有秩序，維持社會平和。

(3)在權利上睡眠之人，不值保護。

(4)簡化法律關係，降低社會成本。

　　保持社會生活現狀，維護現在生活秩序之平和與安寧，不僅為法律之艱鉅任務，亦其主要規範目的。現存之法律秩序，若已客觀維持相當期間，勢必為社會一般大眾所信賴，而且基此信賴而發生一定程度之法律關係，如果因本有正當權源之人猝然出而主張，法律即據以顛覆現存秩序，社會共同生活之平和及安寧必然為之動盪，既是影響交易安全，間亦妨害社會之進步及發展。況者，法律上之事實，掩藏年深日久，證據難免湮滅散佚，強要維持長期懈怠權利行使者之利益，事實上亦甚不易。正因此等事由層層相因，消滅時效制度，源自古羅馬法後，雖因時移勢遷、國情互殊而有增損出入，但其制度本體，卻能綿延迄今，流傳各國。

㈢適用客體

　　消滅時效適用之客體，分為下列三項說明：

$$\text{消滅時效（適用客體）}\begin{cases}\text{一般事項}\\\text{適用範圍}\\\text{重大課題見解之轉向}\end{cases}$$

1.一般事項

　　在我國，消滅時效所適用之客體為請求權，不及於支配權、形成權及抗辯權等，更不及於標的權利之本身。於此爰舉下列三者以為補充說明：

(1)強調權利非為消滅時效之客體

　　從我國民法規定，認定消滅時效之客體為請求權，而非產生請求權源頭之權利本體，雖是一目瞭然。不過，法制史上或比較法上，以權利本身為適用對象所在之消滅時效制度，不僅曾經出現、而且目前仍是陣營堅強[7]。強調我國民法消滅時效之客體僅止於請求權，而且並不及於權利本

---

　　[7]　基本上，法國民法、日本民法，乃至英美法上之消滅時效，法律規範意義上，

體，至少對初學者而言，仍有正面功能。最高法院判決，直到晚近仍時有指明，亦富有一定程度之宣示意義❽。

(2)隱喻消滅時效之客體不及於所有請求權

請求權之發生，源自各種標的之權利，或為人身權（包括人格權及身分權）、或為財產權（包括債權及物權），民法本章各條及其立法理由，均只泛稱請求權消滅等語，本諸文義解釋，應認為包括所有之請求權。果真其結論確是如此，研習上即無須再闢請求權適用範圍之研討戰場。因此，消滅時效之適用並不及於所有之請求權之結論，也才是研究消滅時效客體之精萃所在。

(3)寓有非請求權即非消滅時效客體之意義

從權利之作用來說，除請求權之外，尚有形成權、支配權及抗辯權等。茲於法律既已明定請求權為消滅時效對象，其規定寓有限定只此一家，別無分號的排他意義❾。

2.適用範圍

(1)請求權之種類

從權利本體觀察，請求權之種類及其衍生之重要類型如下：

具有權利本身消滅之實質。

❽ 參照，最高法院九五年臺上字第一○八七號判決：「按時效完成後，債務人僅取得拒絕給付之抗辯權，債權人之債權並不因而消滅……是否行使時效抗辯權，乃為債務人之權利，得由債務人自由處分。」

❾ 參照，司法院三二年院字第二六二七號解釋：「民法關於消滅時效之規定，僅為請求權而設，典物回贖權為形成權之一種……並非消滅時效，不適用時效停止之規定……其回贖權仍於期間屆滿時消滅。」

$$
請求權
\begin{cases}
債權請求權
\begin{cases}
（各種類型）契約之給付請求權（§345～§756之9）\\
不當得利之利益返還請求權（§179）\\
侵權行為之損害賠償請求權（§184）
\end{cases}\\
物權請求權
\begin{cases}
所有權請求權（§767）\\
定限物權請求權\\
占有請求權（§962）
\end{cases}\\
人格權請求權
\begin{cases}
純粹人格請求權（§18 I ）\\
人格衍生之財產性請求權（§18 II ）
\end{cases}\\
身分請求權
\begin{cases}
純粹身分請求權（如同居請求權：§1001）\\
身分財產請求權（如贍養費給付請求權：§1057）
\end{cases}
\end{cases}
$$

(2)早期見解

消滅時效為關於財產法律關係之制度，因此，法律解釋方法上，即應本於此一制度意旨而作體系限縮，非謂所有請求權均有適用。其結論得歸納為：

①債權請求權：全面適用❿。

②物權請求權：原則可全面適用⓫。

③人格請求權：純粹之人格上請求權，與財產法律關係無關，非消滅時效之客體，並無消滅時效之適用；反之，人格衍生之財產性請求權，本質上為財產法律關係，故仍有消滅時效之適用⓬。

④身分請求權：結論同上⓭。

---

❿　參照，民法第一二五條立法理由前段：「通常債權之請求權消滅時效……本法定其期間為十五年。」

⓫　參照，司法院二八年院字第一八三三號解釋：「土地所有權回復之請求權……自應受民法第一百二十五條時效之拘束。」（同旨司法院三〇年院字第二一四五號解釋、最高法院二八年上字第二三一〇號判例）。

⓬　參照，王著，第五七〇頁；李模著，第三三七頁～第三三八頁。法律規定上之適例，如著作人格權之侵害排除請求權（同法§84），並無適用消滅時效之規定；反之，侵害著作權（包括著作人格權）所生之損害賠償請求權（同法§85、88），則有短期消滅時效之適用（同法§89之1）。

(3)重要實例

對於何種請求權有否消滅時效的適用？法院常樂於表示意見，不僅使請求權適用範圍的主題，成為消滅時效的顯學，連帶也使消滅時效法學顯得生氣蓬勃。重要實務見解得歸納回顧如下：

①債權請求權

債權請求權為消滅時效客體的重鎮，不僅為立法之意旨所在 ⓮，法律上之個別規定，亦以債權請求權為最常見 ⓯。實務之重要事例如下：

a.不當得利返還請求權（最高法院二九年上字第一六一五號判例、四一年臺上字第八七一號判例）。

b.委任人之利益返還請求權（最高法院五二年臺上字第一八八號判例）。

c.違約金請求權（最高法院七二年臺上字第一二二一號判例）。

d.對無權代理人之損害賠償請求權（最高法院五六年臺上字第三○五

⓭　參照，最高法院四八年臺上字第一○五○號判例：「請求權因十五年間不行使而消滅，固為民法第一百二十五條所明定，然其請求權若著重於身分關係者，即無該條之適用（例如因夫妻關係而生之同居請求權）。履行婚約請求權，純係身分關係之請求權，自無時效消滅之可言。」

⓮　參照，民法第一二五條立法理由（前段）：「通常債權之請求權消滅時效……經過十五年而不行使者，則其請求權消滅。」

民法第一二六條立法理由（前段）：「定期給付債權，其各期給付之請求權，逾五年而不行使者，則其請求權消滅。」

⓯　主要之民法上事例如下：

⑴侵權行為損害賠償請求權 (§197)；

⑵締約過失損害賠償請求權 (§245 之 1 I、§247 II)；

⑶對於承租人之賠償請求權等 (§458)；

⑷對於承攬人之請求權 (§514)、對於旅遊營業人之請求權 (§514 之 12)；

⑸對於運送人之損害賠償請求權 (§666)；

⑹指示證券請求權 (§717)；

⑺對於人事保證人之請求權 (§756 之 8)。

號判例） ❻ 。

e.租賃物返還請求權（最高法院四五年臺上字第一三七八號判例）。

②物權請求權

a.所有物返還請求權（最高法院二○年上字第二三一○號判例、四○
年臺上字第二五八號判例）。

b.地上權設定登記請求權(最高法院六二年臺上字第三○一二號判例、
六八年臺上字第一六二七號判例)。

c.典物返還請求權（司法院三二年院字第二五六二號解釋）。

d.借用他人名義登記後之應有部分返還請求權（最高法院四○年臺上
字第七七九號判例） ❼ 。

至於共有物分割請求權及典物回贖權，實務認其為形成權，非為消滅
時效之客體，無消滅時效之適用 ❽ ，遺產分割請求權之無消滅時效適用，
其立論亦同 ❾ 。

③人身請求權

關於人身請求權有無消滅時效適用，因其請求權屬性之不同而結論殊

---

❻ 本判例論析其無侵權短期時效適用，頗具意義（「無權代理人責任……是項請
求權之消滅時效，在民法既無特別規定，則以民法第一百二十五條第一項所定
十五年期間內應得行使，要無民法第一百九十七條第一項短期時效之適用。」）。

❼ 相類案例，尚有履行協議分割請求權（最高法院六七年臺上字第二六四七號判
例：「司法院大法官會議釋字第一○七號解釋係就物上回復請求權而言，與登
記請求權無涉。共有人成立不動產協議分割契約後，其分得部分所有權移轉請
求權……有民法第一百二十五條消滅時效規定之適用。」）

❽ 參照，司法院三二年院字第二六二七號解釋（典物回贖權；同❾）。
最高法院二九年上字第一五二九號判例：「共有物分割請求權為分割共有物之
權利……性質為形成權之一種並非請求權，民法第一百二十五條所謂請求權，
自不包含共有物分割請求權在內。」

❾ 參照，最高法院七一年臺上字第一二四八號判決：「遺產之分割……乃遺產分
割契約直接所形成，非待登記或經他繼承人為移轉所有權之意思表示後始發
生，不發生請求權消滅時效之問題。」

異，但著墨於身分請求權之部分：

　　a.純粹身分請求權

　　純粹身分之請求權著重身分關係，如同居請求權、履行婚約請求權均無消滅時效適用是（最高法院四八年臺上字第一〇五〇號判例）❷⓪。

　　b.身分財產請求權

　　身分財產請求權著重財產關係，如扶養費請求權（最高法院九一年臺上字第九九四號判決）、繼承登記請求權（最高法院六五年臺上字第二一九一號判決）、親屬關係受侵害的損害賠償請求權❷①，仍有消滅時效之適用。

　3.重大課題之見解轉向

　　以上，與我國民法學理通說，可說大致相採❷②，得視之為早期定論❷③。然而，進入民國五〇年代以後，由於司法院大法官見解之變更，不動產物權請求權是否為消滅時效之客體，在民法學上浮出檯面，其結果與上述定論不盡吻合。為凸顯此一史實，爰以重大課題之轉向稱之，並期精確描繪消滅時效客體的現貌。

　⑴問題由來

　①司法院大法官五四年釋字第一〇七號解釋

---

❷⓪　請求認領，於民法上訂有一定期間（§1067）；此之期間，實務見解認係消滅時效期間（參照，司法院二三年院字第一一二五號解釋），學理通說亦然。如是，則為特別例外，值得注意。

❷①　身分財產請求權之消滅時效適用，其主要條項如§1109、§1146，晚近親屬法之修正，似有增列趨勢，主要條項如§979之2、§1030之1、§1030之3。

❷②　五〇年代以前初版之文獻，主要如：王伯琦著，第二一七頁；李著，第三六五頁；何著，第四一八頁；洪著，第五六五頁；胡著，第四〇四頁；黃著，第五四九頁。

❷③　早期定論似可表解如下：

a.解釋文

「已登記不動產所有人之回復請求權，無民法第一百二十五條消滅時效規定之適用。」

b.理由書（要旨）

「已登記之不動產，不適用關於取得時效之規定，為適應此項規定，其回復請求權，應無民法第一百二十五條消滅時效之適用。……若許已登記之不動產所有人回復請求權，得罹於時效而消滅，將使登記制度，失其效用。……所有權人復……將仍永久負擔義務，顯失情法之平。本院院字第一八三三號解釋，係對未登記不動產所有人之回復請求權而發。至已登記不動產所有人回復請求權，無民法第一百二十五條消滅時效規定之適用，應予補充解釋。」

②司法院大法官六九年釋字第一六四號解釋

a.解釋文

「已登記不動產所有人之除去妨害請求權，不在本院釋字第一〇七號解釋範圍之內，但依其性質，亦無民法第一百二十五條消滅時效規定之適用。」

b.理由書（要旨）

「所有人對於無權占有或侵奪其所有物者之返還請求權，對於妨害其所有權者之除去請求權及對於有妨害其所有權之虞者之防止請求權，均以維護所有權之圓滿行使為目的，其性質相同，故各該請求權是否適用消滅時效之規定，彼此之間，當不容有何軒輊。……已登記不動產所有人之除去妨害請求權，有如對於登記具有無效原因之登記名義人所發生之塗銷登記請求權，若適用民法消滅時效之規定，則因十五年不行使，致罹於時效而消滅，難免發生權利上名實不符之現象，真正所有人將無法確實支配其所有物，自難貫徹首開規定之意旨……亦無民法第一百二十五條消滅時效規定之適用。」

(2)最高法院立場之調整

①最高法院五九年臺再字第三九號判例：「不動產所有權之回復請求

權，……釋字第一〇七號補充解釋，謂已登記不動產所有人之回復請求權，無民法第一百二十五條消滅時效規定之適用，此項補充解釋，當然自解釋之翌日起生效。」

②最高法院六九年臺上字第二八二六號判決：「被上訴人……權利義務，自不因光復後之錯誤登記……而影響其為所有權人之地位……此項塗銷登記請求權，並無消滅時效規定之適用。」❷❹

(3)學理之轉向

物權請求權與物權本身之回復息息相關，肯定物權請求權有消滅時效之適用，其結果會使物權之回復或侵害排除、乃至物權為支配權之屬性陷於有名無實。因此，司法院大法官解釋出現之後，學理紛紛援引解釋作為論析依據，形成學理隨同轉向之現象，並在實務立場之基礎上作體系性之擴張，基於物權請求權而為整體考量，認為整體物權（請求權）均有適用，而非僅止於所有權（請求權）❷❺。學理的體系擴張工程，使實務具體類型考量偏向之思維，趨於完整周延❷❻。

---

❷❹　以晚近最高法院判決為例，有：八五年臺上字第二五三號、第六五〇號、第一二〇五號及八六年臺上字第三七五七號。

❷❺　參照，王著，第五六二頁；李模著，第三三三頁～第三三五頁；施著，第三四六頁；黃立著，第四四〇頁～第四四一頁；劉著，第二九九頁。

❷❻　調整後之現行運作中的消滅時效客體，得歸納如下：

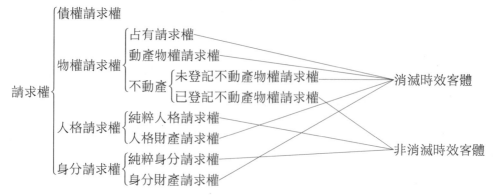

㈣制度鄰右

1.取得時效

(1)取得時效之意義

取得時效係消滅時效之相對名詞，且與消滅時效並列為時效的二大支柱。不過，以我國民法體例來說，消滅時效規定於民法本章(§125～§147)；取得時效則規定於民法物權編所有權章(§768～§772)。

取得時效，係意指於一定期間內，繼續行使權利，致生權利變動（取得）之法律事實。以我國民法規定來說，取得時效惟於繼續占有動產或不動產者，始有適用❷；而且，關於其法律效果，於不動產之部分，僅係取得「得請求登記為所有人」之法律上地位(§768～§772)，並未因而直接取得權利❷；其得適用之客體，於不動產，僅以未登記者為限(§769、§770)，並不及於他人以登記之動產。因此，如果以嚴謹的角度而言，則所謂取得時效也者，另可為之定義如下：

「取得時效者，謂於一定期間繼續占有他人動產者取得其物權，占有他人未登記之不動產者得（對原所有人）請求登記為其物權人之法律事實。」❷

---

❷　參照，民法第七六八條修正理由前段：「動產所有權取得時效，雖未明白規定須以『繼續占有』為要件，惟從取得時效之性質言，宜採肯定說解釋。況民法關於不動產所有權之取得時效，亦以『繼續占有』為要件，爰增列『繼續占有』為動產所有權取得時效之要件。」

❷　參照，民法第七六九條立法理由：「對於不動產物權，係採登記要件主義，故雖以所有之意思，於二十年間和平繼續占有他人未登記之不動產，仍非請求登記，不能有效也。」（同旨參照，最高法院六〇年臺上字第一六七七號判例）。

❷　取得時效之法律效果，得歸納如下：

取得時效 $\begin{cases} 以所有之意思占有動產：取得所有權 (§768) \\ 以所有之意思占有不動產：得請求登記為所有權人 (§769、§770) \\ 以其他物權之意思占有動產：取得他該物權 (§771) \\ 以其他物權之意思占有不動產：得請求登記為他物權人 (§771) \end{cases}$

(2)消滅時效與取得時效之比較

①二者之同

a.同為時效制度之類型。

b.均以一定期間的（權利行使與否）外觀持續狀態作為法律事實之因素。

c.在我國之制度現狀，已登記之不動產均無時效之適用。

②二者之異

a.消滅時效規定於民法總則編，性質上為共通規範；取得時效規定於民法物權編，性質上為物權法規範。

b.消滅時效以繼續不行使權利為成立要素；取得時效以繼續行使權利（繼續占有）為成立要素。

c.消滅時效之客體為請求權本身，並不及於權利本體；取得時效之客體為權利本體，非為請求權。

d.消滅時效之適用範圍不限於物權請求權，甚至廣及公法領域而不限於私權請求權❸；反之，取得時效不僅限於私權，而且僅以物權為限。

e.消滅時效之法律效果為義務人取得拒絕給付抗辯權 (§144)；取得時效之法律效果係取得物權或得請求登記為物權人 (§768～§771)。

f.消滅時效有中斷及不完成事由之規定 (§129～§143)；取得時效無之。

g.消滅時效利益為強制性規範，於法律上明定 (§147)；取得時效無之。

---

❸ 消滅時效得適用公法上請求權之重要事例，如下：

(1)法律特別規定：公法上損害賠償（國家賠償法 §8），租稅起徵期間（稅捐稽徵法 §23）。

(2)提存人之提存物返還請求權（司法院大法官釋字第一三二號解釋）。

(3)審計上所生之損害賠償（最高法院六六年第四次民庭會議決議）。

(4)依罰鍰所發之債權憑證（司法院六一臺令民字第五八八七號函）。

(5)公法上金錢請求權（法務部七七法律字第二一六〇號、七九法律字第一三七一四號、八三法律字第二一一七八號等函）。

2.除斥期間

(1)除斥期間之意義

①問題由來

因繼續一定時間不行使權利，以致權利義務趨向消滅之法律事實，除消滅時效外，主要尚有所謂之除斥期間。二者雖均指向權利消滅而互為犄角，但其制度形式及內容，仍係截然不同。爰以消滅時效鄰右稱之。

消滅時效與除斥期間之互涉，除同異之呈現外，在邊緣地區尚有彼此交纏之疑義。例如，民法第一九七條第一項後段及第一一四六條第二項後段所稱之十年，其制度定位究為消滅時效或除斥期間，學理上立場即有歧異。

②定義說明

除者，除去之意；斥者，意指斥逐而言。足見，除斥期間，意即除去或消滅權利之期間；學理或稱存續期間或預定期間❸，實務立場亦然❷。不過，此稱權利，如具體指明其限於形成權，當更嚴謹。

(2)消滅時效與除斥期間

消滅時效與除斥期間之同異得表解如下：

---

❸　例如：王著，第五五五頁；史著，第五六二頁；施著，第三四三頁；黃立著，第四七八頁。

❷　參照，最高法院二二年上字第七一六號判例：「民法所定之消滅時效，僅以請求權為其客體，故就形成權所定之存續期間，並無時效之性質。契約解除權為形成權之一種……解除權存續期間，自屬無時效性質之法定期間。」

		消　滅　時　效	除　斥　期　間
	同	①二者同為限制權利行使時間的制度 ②二者同為以一定期間不繼續行使權利為因素的法律事實 ③二者均以指向權利（能）消滅為目的	
異	制度形式	①法定名詞 ②民法有一般規定（§125～§147）	非法定名詞（但解釋判例有之）❸❸ 民法無一般規定
	適用客體	③請求權（以債權請求權為主）	形成權（以撤銷權為主）
	起算時點	④自請求權可行使時起算（§128）	自形成權成立時起算
	法律效果	⑤請求權減弱、抗辯權發生（§144） ⑥抗辯權須經當事人援用，法院不能依職權逕行適用	形成權當然消滅 法院應依職權適用，無待當事人主張
	規範性質	⑦強行規範，利益拋棄無效（§147）	權利當然消滅，無利益拋棄可言
	完成障礙	⑧中斷事由發生，時效重行起算（§129～§138） ⑨不完成事由發生，時效延期完成（§139～§143）	無中斷情事 無不完成事項❸❹
	期間長短	⑩一般來講，時間較長，且其最長者為十五年（§125）	⑪一般來講，時間較短，且其最長者為十年❸❺

(3)除斥期間之認定

①虛有其名的請求權

除斥期間以形成權為對象，何為形成權？法律並無直接定義，解釋上應依該權利有無變動法律關係之功能，作為認定依據。因而，就法律所規

---

❸❸　主要實務案例略有如下：

(1)司法院三二年院字第二六二七號解釋。

(2)最高法院三三年上字第四八八六號、五〇年臺上字第四一二號、五三年臺上字第一三九一號、七一年臺上字第二九九六號判例。

❸❹　參照，最高法院五〇年臺上字第四一二號判例：「民法第二百四十五條所定撤銷權得行使之期間，自係法定除斥期間，其時間經過時權利即告消滅，非如消滅時效得因中斷或不完成之事由而延長。」

❸❺　除斥期間為十年之條項，如§93後段、§245後段是。

定之期間，論及是否為除斥期間，亦應視該權利實質上是否為形成權而個別認定之。

撤銷權、解除權、終止權等為形成權，法律關於該等權利所規定之存續期間，即係除斥期間。不過，形成權也者，並非僅以此等類型為限；其中，較易引起困惑者，即為請求權與形成權混用之事例。蓋以民法（廣義）條項中所稱之請求權者，有時卻是實為形成權；如是，其所定之存續期間，應依其實質認定其為除斥期間。前所提及之共有物分割請求權、遺產分割請求權，均是著例；他如減少價金請求權 (§359)、減少報酬請求權 (§494)❸ 及離婚請求權 ❸ 亦是。

②名如其實的請求權

法律因考量請求權之特性，就消滅時效或有另為特別規定。此類特別規定中，或因起算時點不同而分別後有短期及長期消滅時效；其中，尤具特色者，即為自行為時起算之長期時效。例如，侵權行為損害賠償請求權、繼承回復請求權，自行為或繼承開始起，逾十年間不行使者，請求權為之消滅（§197Ⅰ後段、§1146Ⅱ後段）之規定，即是著例。此之十年，實務固是肯定其為消滅時效 ❸；學理有力見解亦然 ❸。但亦有認為係具有除斥期間性質之消滅時效、或認其為即為除斥期間，自無消滅時效之適用者。

淺見以為，此之十年，其客體既為請求權，且其時日之久延，尚較一

---

❸　參照，最高法院七一年臺上字第二九九六號判例：「定作人之減少報酬請求權，一經行使，即生減少報酬之效果，應屬形成權之性質，該條項就定作人減少報酬請求權所定之一年期間為除斥期間。」

❸　參照，最高法院三三年上字第四八八六號判例：「民法第一千零五十三條及第一千零五十四條所定之期間，為離婚請求權之除斥期間，與消滅時效性質不同，關於消滅時效中斷及不完成之規定，無可準用。」

❸　參照，最高法院三二年上字第三一四三號判例：「民法第一千一百四十六條第二項後段之規定，惟繼承權被侵害人，於繼承開始後十年內，不知悉被侵害，或雖知悉，而同項前段所定二年之時效期間，於繼承開始後十年內未屆滿者，乃適用之。」（同旨同院二九年上字第八六七號判例）

❸　參照，王著，第五六六頁；施著，第三五一頁。

般長期時效期間之十五年為短，足徵以期間較長而否定其為消滅時效，理由並不堅強。因之，單純消滅時效說之立場當較穩妥。作者以前見解認其具有除斥期間之性質❹，應有調整必要。

二、消滅時效課題之歸納

消滅時效課題之重點略為：1. 適用客體 2. 期間類型 3. 起算時點 4. 時效中斷 5. 時效不完成 6. 效力內容六者。其中，適用客體前已說明，茲不重複。

㈠期間類型

民法本章之消滅時效期間，因請求權類型之不同而分為十五年 (§125)、五年 (§126) 及二年 (§127) 三群。

關於消滅時效之期間，除民法本章之外，散見於民法其他各編、乃至民事特別法上，幾至繁多而雜亂❹。上世紀德國民法修正研議伊始，將消滅時效期間統合，列為重要課題之一，即可見其端倪❹，二〇〇二年的德國民法修正，也在這個基本構想下獲得相當成果❹。因此，兼及特別規定，

---

❹　拙著，《新訂民法債編通則（上）》，第二九六頁。

❹　參照，李模著，第三二三頁；洪著，第五七二頁；施著，第三五一頁～第三五二頁；曾著，第二四六頁～第二四七頁；黃立著，第四八一頁；劉著，第三三四頁。

❹　依據德國民法學者統計，出現於民事特別法之消滅時效條項，有百個以上。國內文獻請參照拙譯〈西德民法債編全面修正之基本構想〉，以下簡稱〈基本構想〉，收於前揭拙著，《民法研究（一）》（增訂版），第四七三頁以下（本註見第四七七頁、第四八五頁）。

❹　總括來說，以消滅時效的革命性更新名之，應非過甚其辭。其最重要突破，可數以下二者：
　⑴縮短長期時效：一般長期消滅時效由三十年（即我國民法之十五年）縮短為三年（新德國民法 §195）。
　⑵減少期間之雜亂：期間之類型縮減為六月、二年、三年、五年、十年及三十年六者（新德國民法 §195～§199）。

得歸納如下表：

$$
消滅時效
\begin{cases}
一般時效期間 \\
（民法本章）
\begin{cases}
長期時效（十五年）：一般請求權 \\
中期時效（五年）：定期給付各期請求權 \\
短期時效（二年）：商事債權請求權
\end{cases} \\
特別時效期間：個別規定：長者十年，短則一、二月 ❹
\end{cases}
$$

㈡起算時點

1.一般消滅時效期間之對象請求權：原則自請求權得行使時起算(§128前段)。但因不行為而生之請求權，自行為時起算（§128後段）。

2.特別消滅時效期間之對象請求權：原則依各該特別規定（如上述之§197Ⅰ、§1146Ⅱ）。但關於其起算點未規定者，回歸適用民法本章之規定（§128）。

㈢時效中斷

消滅時效期間進行中，因請求、承認或起訴(§129Ⅰ)事由發生，致其消滅時效既往不計重新起算者，是為時效中斷(§137Ⅰ、Ⅱ)。

㈣時效不完成

消滅時效期間即將完成之際，因特定事由發生，致其消滅時效期間暫時停止一定時間（期限）者，是為時效不完成。此之特定事由，主要如不可避免事變發生(§139)、法定代理人欠缺(§141)、婚姻關係存在(§143)即是。

㈤效力內容

消滅時效之效力內容，主要為抗辯權發生主義(§144)、擔保物權之繼續取償(§145)及強行規定(§147)三項。

---

❹ 本書以民法總則編規定為論述範圍，關於特別消滅時效期間，於此掠影之後，盡量不再浪擲篇幅。

第二節　關鍵概念

本章之關鍵概念，選定請求及拒絕給付二者說明。

一、請　求

請求概念之釋析，分為下列事項：

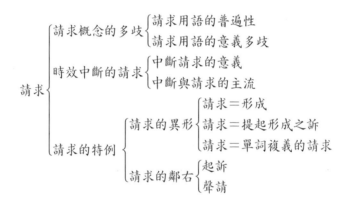

㈠請求概念的多歧

　　1.請求用語的普遍性

　　⑴選定依據

　　①選定理由

　　消滅時效以請求權為對象，請求又為消滅時效中斷事由之一 (§129Ⅰ①、§130)。足見，請求不僅與消滅時效制度息息相關，甚至是影響消滅時效最為重要的法律概念；藉研習消滅時效之時機，徹底了解民法學上之請求，實是饒具意義。

　　請求，除其攸關消滅時效之進行及完成與否外，其更為重要者，無寧在於它是權利行使的化身、也是權利實現的鑰匙，並在此基礎上成為民法上最為重要、亦是使用最為普遍的基本法律概念之一，其地位之重要、用

語之普遍，幾乎可以與權利並駕齊驅。研習民法總則，釐清請求之概念，乃至探求其使用情況，應該是個不可迴避且必要的法學工程。

　　誠然，早在民法本章之前，民法相關條項業已迭次出現請求之用語❹。不過，制度內容藉請求以為呈現者，實以民法本章為最顯眼，更以中斷時效之請求顯得特別有其意義。爰利用這個特殊機緣，研析其意義，進而綜合法律所規定之各項請求用語，以完整把握請求概念之全貌，並儼然區隔其間各種不同群落之分際。

　　②觀察角度

　　請求者，行使請求權之行為也。然而，請求權之實現，因交易實況之不同，其呈現不免各有參差。只要權利人登門造訪，義務人隨即任意清償者，固是有之；然而，權利人可能於嘗盡波折，取得法院勝訴確定判決、憑以聲請強制執行後，仍是一無所得者。就請求權之實現而言，前者固屬所謂之請求；後者，其由請求、起訴、以迄聲請強制執行，亦為法律所定（廣義）請求之概念所涵括。以請求為關鍵概念，進行深度之研析，將其間不同層次之體察，列為重點工作，自是有其特殊意義。

　　向法院之請求，法院用語或有稱之起訴、或有稱之聲請。此等鄰右概念，仍有一探必要。此外，名為請求，而實為形成權之行使者，亦是時而有之，有待研習上特別注意，爰亦一併列為研討對象。

　　⑵用語舉隅

　　限於篇幅，本段於其概念搜尋，爰僅舉民法本編及債編通則乙章之重要條項以對：

　　①民法本編

　　民法本編各條之有請求用語者，略有 §18、§19、§36、§51、§56、§129 Ⅰ ①、§130 等。

　　②民法債編通則

　　民法債編通則各條之有請求用語者，略有 §176、§194、§195、§196、§199、§214、§218 之 1、§225、§226、§227、§231、§232、§233、§240、

---

❹　重要條項略有如下：§18、§19、§36、§51、§56。

§249、§250、§267、§269、§273、§281、§283、§293、§308、§315、§324。

再者，如認為聲請亦是涵蓋於請求概念之內，則以民法本編為例，其 §8Ⅰ、§14Ⅰ、§38、§58、§62、§63、§64、§129Ⅱ、§132、§133、§134、 §136、§188Ⅱ、§152 等條項之聲請，亦得納入搜尋範圍。

2.請求用語的意義多歧

(1)一般說明

請求概念的重要、基本而普遍，並非僅表徵於民法本身，而是及於私法（實質民法）整體、甚而奄及公法領域❹。研議請求一語，貼近其多樣多變的實況，分別酌定其不同類群之意義，始是概念多歧突圍之道。基此，爰分為以下二個角度說明（舉例對象，亦暫以民法本編及債編通則之規定為範圍）：

$$請求（意義）\begin{cases} 同詞多義（概念的多義性）\\ 單詞複義（概念的流動性）\end{cases}$$

(2)同詞多義

請求於不同條文間意義之不同，可舉下列規定明其大略：

①請求 (§51)＝訴訟外請求

民法第五一條第二、三項規定：「如有全體社員十分一以上之請求，表明會議目的及召集理由，請求召集時，董事應召集之。董事受前項之請求後，一個月內不為召集者，得由請求之社員，經法院之許可召集之。」

此之請求，其意義並不包含向法院請求之起訴❹，概念上與起訴，實係各自獨立、且又相互對立。蓋以起訴乃是訴訟上之請求；此之請求，係僅指私人間所為之訴訟外請求。

---

❹ 請求用語在公法上之普遍性，得舉最具典型意義之二者以為例證：

　　(1)行政程序法：§19、§53、§145、§147、§172。

　　(2)刑事訴訟法：§33、§44、§92、§128 之 2、§194、§209、§243。

❹ 向法院而為請求，通常固然須經起訴 (§244)，但簡易事件、簡要程式或程序事項，以聲請為之即可，故起訴只是通例而已，並非向法院為請求即是起訴。

②請求 (§56 I)＝訴訟上請求

民法第五六條第一項規定:「總會之召集程序或決議方法,違反法令或章程時,社員得於決議後三個月內請求法院撤銷其決議。但出席社員,對召集程序或決議方法,未當場表示異議者,不在此限。」

此之請求,須向法院以訴訟為之 (本書上冊,第三六一頁);而且,一經法院判決確定,效力即告塵埃落定,無待聲請法院為強制執行。足見,此稱請求,意即起訴。

③請求 (§18 I)＝訴訟上請求＋執行上請求 (聲請強制執行)

民法第一八條第一項規定:「人格權受侵害時,得請求法院除去其侵害;有受侵害之虞時,得請求防止之。」

此之請求,既須向法院為之,意義上等於訴訟上請求,固無疑義。不過,人格侵害之排除,如不聲請法院強制執行 (強制排除侵害),被害人之受害實際上常是無法排除。足見,從權利實現、乃至權利保護之落實而言,本條項所稱請求,其意涵應延及聲請強制執行 (得稱之執行上請求)。

④請求 (§18II)＝訴訟外請求＋訴訟上請求＋執行上請求

民法第一八條第二項:「前項情形,以法律有特別規定者為限,得請求損害賠償或慰撫金。」

第一八條第二項,係承上述人格權受侵害之同條第一項規定而來,其意義涵蓋上述所舉二種層次之請求,應無疑義。不過,第一八條第二項僅是泛稱請求,非若前項之限定請求法院。考量在權利之行使、實現上,私人間之訴訟外請求,不僅為法所不禁,也是法律上之正當權利行為,也才是常態;損害賠償之請求,自無例外,是以,第一八條第二項之請求,其意義亦包含訴訟外請求在內。

(3)單詞複義

請求概念上的意義多歧,有時也會出現在同一條文、甚而是單一的請求用語之上。後者,不僅是請求用語的奇觀,也是魔術用法的極致。

①姓名權受害之請求救濟

民法第一九條規定:「姓名權受侵害者,得請求法院除去其侵害,並得

請求損害賠償。」分就排除侵害及損害賠償而個別規定。其中，前者明定請求法院；後者，卻僅泛稱請求。二者之參差如下：

$$
請求 (§19)
\begin{cases}
請求（法院）除去侵害＝訴訟上請求＋執行上請求（§19 前）\\
請求損害賠償＝訴訟外請求＋訴訟上請求＋執行上請求（§19 後）
\end{cases}
$$

②代償請求權之行使

民法第二二五條規定：「因不可歸責於債務人之事由，致給付不能者，債務人免給付義務。債務人因前項給付不能之事由，對第三人有損害賠償請求權者，債權人得向債務人請求讓與其損害賠償請求權，或交付其所受領之賠償物。」基此，請求之客體有下列二者：

$$
\begin{matrix}
請求（客體）\\
(§225\text{II})
\end{matrix}
\begin{cases}
請求讓與（債務人對於第三人之損害賠償）請求權\\
請求交付（債務人受領之）賠償物
\end{cases}
$$

a.請求「讓與請求權」

以上二種態樣，如債權人係請求債務人讓與其對於他人之損害賠償請求權（簡稱讓與請求權❹）者，只要一向債務人為請求，該損害賠償請求權即由債務人移轉至債權人，無庸向法院為請求。足見，此稱請求，係指訴訟外請求。

雖然，此之請求，在形式上雖與前段①（民法第五一條）之請求，同屬訴訟外請求，惟其意義卻是迥然有別。蓋以前段①所稱之請求，為其請求標的之權利，並不因請求而直接發生變動；反之，此之當事人間關於請求標的之權利，卻因請求而直接變動，屬性上為形成權意義之請求。

b.請求交付受領物

債權人依第二二五條規定，請求債務人交付其受領之賠償物者，關於該物之權利（通常為所有權），並不因請求而發生變動，亦不因之而移轉於為請求之債權人。債權人如欲其實現代償請求權，仍須於訴訟外請求之後，

❹ 此稱讓與請求權，係從廣義觀點，純為考量本段行文方便而創用，與學理上狹義之讓與請求權（§218 之 1），意義尚屬有別，爰特別提出說明，以免混淆。

繼之以訴訟上請求及執行上請求。足見，債權人請求交付受領之賠償物者，其途徑仍與前段④之請求同其意義（本書第三六五頁），並得試予圖解為：

§225 II：請求交付＝訴訟外請求＋訴訟上請求＋執行上請求

請求，並非單一而確定之概念，而是依其適用客體作適時調整，實是令人疑惑。幸好，其適用事例不多，否則，研習上勢必時感困頓。

(二)時效中斷的請求

1.中斷請求的意義

(1)體系解釋與概念界定

請求，既因條文不同而意義互殊，則概念界定上，實在很難單靠用語本身來確定其意義。要突破這個語言使用的魔咒，立法意旨之探尋，乃至體系解釋之運用，誠有必要，且以體系解釋更具重要地位。

①立法意旨

中斷之請求，其涵義究屬如何，民法本條立法理由並未具體說明。不過，從條文本身及其理由中敘及「時效因請求、承認、起訴而中斷，所以保護債權之利益」等語觀之，仍可論定其殆取狹義，並不涵蓋訴訟上請求，亦不涵括執行上請求。

②體系解釋

民法本條既將起訴與請求並列，又將聲請發支付命令、聲請調解及提付仲裁等略式訴訟程序，認其與起訴同生中斷之效力。由此等條項而相互對照印證，足認此之請求，概念上並不包括訴訟上請求。同理，聲請強制執行，民法本條亦將其納入起訴之概念範圍，認其與起訴同生中斷之效力（§129 II⑤），是中斷之請求，亦與執行上請求無關。因之，中斷所稱之請求，意義上係專指訴訟外請求，應無疑義，實務立場亦同❹。

(2)中斷請求的定義說明

---

❹ 參照，最高法院七一年臺上字第一七八八號判例：「民法第一百二十九條將請求與起訴併列為消滅時效之事由，可見涵義有所不同，前者係於訴訟外行使其權利之意思表示，後者則為提起民事訴訟以行使權利之行為。」

①定義說明

中斷所稱的請求，其意義為：權利人對於義務人所為實現權利內容之意思通知；其最常見之態樣為請求債務人支付價金、貨款等履行行為。

請求之為意思通知，性質上為準法律行為，關於其生效等類推適用意思表示之規定。惟其通知無須一定之方式或交付，縱使履行行為須完成一定方式或交付者亦然，但須其內容、亦只要其內容足以表達實現權利之意旨，即生中斷消滅時效之效果，不以請求人具有中斷時效之效果意思為要件❺。

②重要事例

a.有價證券之提示

支票之提示，視為執票人行使請求權之意思通知，具有中斷消滅時效之效力（最高法院五六年臺上字第二四七四號判例）。本諸回歸法律原則之立場，於其他票據或有價證券，均同有適用❺。

b.撤回起訴但經送達等

起訴後經撤回或因不合法經法院裁定駁回（民事訴訟法§249Ⅰ）而確定者，於撤回或駁回之前，如訴狀已送達於義務人者，因其已表達實現權利之意思，仍因請求而生中斷之效力❺。

c.聲（申）請狀之送達

實務以為，聲請調解狀之送達，即因其為請求而生中斷消滅時效之效力❺。基於回歸法律原則之立場，足認民法本條第二項各種與起訴有同一

---

❺　參照，最高法院二六年鄂上字第三二號判例：「為民法第一百二十九條第一項第一款所稱之請求，雖無需何種之方式，要必債權人對於債務人發表請求履行債務之意思，方能認為請求。」

❺　參照，最高法院九三年臺上字第二三二九號判決：「本票執票人聲請裁定本票強制執行之行為，……屬民法第一百二十九條第一項第一款之『請求』而發生中斷時效之效果。」

❺　參照，最高法院五一年臺上字第三五○○號判例：「訴之撤回……仍不妨認請求權人於提出訴狀於法院，並經送達之時，對義務人已為履行之請求……而保持中斷時效之效力。」

效力事項之聲請，均是同有適用。再者，法律關於人民表達行使權利之意思，其用語稱之申請者，如其申請狀具有行使債權之意思，並經主管機關送達債務人者亦同。

請求之為中斷事由，尚有下列二點值得注意：

ⓐ二種消滅時效中斷事由同具者，如事後其中一者因不中斷事由發生而不中斷，並不影響其他事由之中斷效力。

ⓑ請求，須權利人有實現權利之意思；否則，亦不生中斷消滅時效之效果。例如，僅請求延長時效之期間者，因其並非意在實現權利，尚不生中斷時效之效果❺❹。

2.中斷與請求之主流

綜上所述，可知民法本條所稱之請求，與前述 2. 之(2)之① （本書第三六四頁） 的請求，同其意義，也是各類型中最為狹隘意義的請求。

(1)請求之主流

請求為權利行使意思的表達，也是權利實現的手段。實現權利，依靠訴訟外請求無法達成者，終須借助訴訟上請求以確定權利，再借助執行上請求以實現權利。民法上所稱的請求，基本上即是循此構想而為設計，也正是民法請求規定的大本營，本書爰以請求之主流或主流請求稱之，並基此提出下列四項觀點：

①一般所稱的請求，意義顯較民法本條廣泛得多，其相互關係如下：

請求（主流）＝（最狹義）請求 (§129 I ①)
　　　　　　＋（廣義）起訴 (§129 I ③＋ §129 II①、②、③、④)
　　　　　　＋聲請強制執行 (§129 II⑤)

---

❺❸　參照，最高法院五一年臺上字第四九〇號判例：「債權人為實現債權，對債務人聲請調解之聲請狀，如已送達於債務人，要難謂非發表請求之意思。」

❺❹　參照，最高法院七三年臺上字第三六〇九號判決：「『……要求索賠權益日期追加延長六個月』，又不過請求延長賠償請求權之時效期間，並非對被上訴人表示請求履行債務之意思，即難謂為民法第一百二十九條第一項第一款所稱之『請求』行為。上訴人主張其請求權時效，業因請求而中斷云云，要非可採。」

②（最狹義）請求者，訴訟外之請求也。起訴者，訴訟上請求之主要模式也。聲請強制執行者，執行上之請求也。是以，其圖解得調整為：

$$請求（主流）＝訴訟外請求＋訴訟上請求＋執行上請求$$

③正因民法本條為最狹義之請求，在制度設計上，才須將起訴及聲請強制執行，列為請求之對立概念，而且同時並列規定。

④民法本條的最狹義請求，在民法上殆屬邊緣，亦係特例，相關事例亦少。因為，除前提之社員總會召集之請求及此之請求（§51、§129Ⅰ①）二者外，似不多見。請求限於訴訟上請求或執行上請求者亦然[55]。

(2)（主流）請求之事例

①事例繁多

涵括訴訟外、訴訟上及執行上請求的廣義（主流）請求，以民法本編及債編通則為範圍，其重要條項略有如下：§18Ⅱ、§19 後段、§176、§194、§195、§196、§199、§214、§226、§227、§231、§232、§233、§249、§250、§267、§269、§273、§280、§281、§283、§285、§293、§315、§324。

②角色吃重

主流之請求，並非僅是事例繁多，其更為重要者，無寧在於該等條文常是權利實現的基本表徵，以致其適用極為普遍而廣泛，顯得角色特別吃重，功能亦特別顯著。茲舉數個典型，以為證明。

a.人格權確保的基本名詞 (§18)

人格權確保，因民法第一八條而於實證法上擁有堅實堡壘，惟規範意義之重要性，前已論敘（本書上冊第二四四頁以下），茲不重複。

b.債權實現的基本名詞

民法第一九九條第一項規定:「債權人基於債之關係，得向債務人請求

---

[55] 請求＝訴訟上請求之主要條項略為：§56Ⅰ；請求＝訴訟上請求＋執行上請求，其主要條項為：§18Ⅰ、§19 前段。

給付。」本條項在體例上雖出現於債之標的的節次,但其實質上之規範意義,卻是債之效力的基本規定，也是債之定義的由來，債權為請求權的規範依據即是出自本條項。其他如民法第二二六條、第二二七條、第二三一條至第二三三條關於不履行損害賠償之請求，其規範意義及規範功能，與此亦大致相埒❺❻。

c.物權回復的基本名詞

民法第七六七條規定:「所有人對於無權占有或侵奪其所有物者,得請求返還之。對於妨害其所有權者,得請求除去之。有妨害其所有權之虞者,得請求防止之。」本條解釋上於各種物權均有適用,一般稱之物上請求權;物權為支配權 (§765) 所以獲得確保，其依恃即為第七六七條。

d.繼承權回復的基本名詞

民法第一一四六條第一項規定:「繼承權被侵害者,被害人或其法定代理人得請求回復之。」是為繼承權回復之規定。較諸非主流意義的請求各條,其適用之機率及規範功能，仍具普遍而重要之意義。

⑶（主流）請求的意義

①（主流）請求的現實展現

從抽象意義來說,主流請求雖涵括訴訟外、訴訟上及執行上三個層次;不過,如就其現實體現來看,主流請求的定義,必須視其現實展現之情況,分別加以酌定。換言之，在現實交易上，義務人或因訴訟外請求即履行義務，或經訴訟上請求才履行義務，或甚而須經強制執行。現實展現既有不同，自須針對個案實況，分別論定其不同層次的定義，絕非凡事都須經過上述三個層次。

②訴訟外之請求

---

❺❻　就規範的整體構成來說，§199 與 §226 等之間，可說是對立但具有如下關連的相輔相成機制:

$$
\text{請求} \begin{cases} \text{§199: 債務本體履行上的請求} \\ \text{§226 等: 債務不履行所生賠償的請求} \end{cases} \longrightarrow \text{債權之實現}
$$

主流請求，僅止於訴訟外之請求者，依訴訟外請求定其意義；如是請求僅為對義務人表達實現權利之意思通知（其意義與中斷所稱之請求同）。

③訴訟上之請求

主流請求，表現為訴訟上之請求者，於該階段，依訴訟上請求定其意義。訴訟上請求者，權利人於法院發動訴訟程序，對義務人表達其須履行義務之意思表示；法律事實之性質為程序法律行為❺❼。訴訟上請求，以起訴為大宗；廣而言之，則包括民法第一二九條第二項第一款至第四款所列與起訴有同一效力的各項行為❺❽。

權利人大都是先經訴訟外請求而無結果時，才繼而為訴訟上之請求者，因此，通常均有二個意義不盡相同的請求先後存在。

④執行上之請求

主流請求，表現為執行上之請求者，於該階段，依執行上之請求決定其意義。執行上請求者，權利人發動執行程序，向執行法院表達對義務人強制實現權利之意思表示；法律事實之性質，亦為程序法律行為。

權利人也大都是先經訴訟上請求而無效果時，才繼之以執行上請求，因之，通常會有三個意義不盡相同的請求在不同時段先後出現。不過，特殊情形，如權利人得不經訴訟外請求及訴訟上請求，而逕行聲請強制執行，則發生「請求＝執行上請求」之特殊現象❺❾。

㈢請求的特例

1.請求的異形

法典用語雖亦名為請求，但其意義非為請求權之請求者，本書特以請求的異形稱之。其較為完整的彙整而有助體系思考者，尚可歸納為如次三個下位類型：

---

❺❼ 程序上之行為，以意思表示為要素者，是為程序法律行為，起訴為其中之典型。

❺❽ 強制執行為實現權利的程序，與確定權利程序的起訴等，概念尚有不同，在我國亦分別表現為不同之法律（前者為強制執行法，後者為民事訴訟法）。

❺❾ 公證書所列得逕受強制執行之事項（公證法 §13）或其他法律所定得逕為強制執行名義之事項（強制執行法 §4 I ⑥），即是「請求＝執行上請求」的適例。

(1)形成意義的請求

①意義說明

請求的功能，非在對義務人表達實現權利之意思，而是直接發生變更或消滅權利或義務，以形成一定之法律關係者，即是形成意義的請求。例如，出賣人出賣之 A 屋牆壁磁磚剝落，屋簷有隙縫漏水，買受人向出賣人請求減少價金 (§359)，該房屋之買（賣）價格即按其應貶損之價值減低下來，即是形成意義的請求。因為，價格的減低，只要買受人向出賣人主張（請求）即告直接發生，無待出賣人是否回應，出賣人即使異議，也無法阻止價格減低之法律效果發生。因此，買受人之減價請求權係形成權，而非請求權❻，得視之為披著請求權外衣的形成權。

形成意義的請求，性質上為意思表示；通常且因一方之意思表示而直接引發權義變動，為有相對人之單獨行為。

②重要事例

形成意義的請求，其民法上之重要事例，尚有請求讓與賠償請求權（§218 之 1）、請求減少報酬 (§494)、請求減少費用（§514 之 7）、請求分割共有物 (§823)、請求分割遺產 (§1164) 等。

(2)提起形成之訴的請求

①意義說明

請求的方法，限於向法院發動訴訟程序，並由法院依裁判（通常為判決）直接變動（發生、變更或消滅）法律關係者，是為提起形成之訴的請求。前舉民法第五六條所定之請求法院撤銷社員總會決議，即是重要的典型事例。

廣泛來說，此之請求亦可解為訴訟上請求，且為權利人於法院對義務人表達實現權利之意思表示；性質上亦為程序法律行為類型之一。但其與主流請求所體現的訴訟上請求，意義仍是截然不同。蓋以主流請求所展現

---

❻　參照，八七年臺簡上字第一〇號判例：「買受人依民法第三百五十九條規定所得主張之價金減少請求權，一經買受人以意思表示行使，出賣人所得請求之價金，即於應減少之範圍內縮減之。」

的訴訟上請求，係以強制義務人履行義務為內容，裁判確定之後，通常仍須藉諸強制執行來實現權利；反之，此之請求，係在請求法院形成法律關係，只要法院裁判確定，法律關係直接為之變動，無待強制執行來實現❻。例如，請求義務人交付 A 車（主流請求），法院之判決並無法直接變動權利義務，有待於判決確定以後繼之以強制執行；反之，請求撤銷總會決議，只要法院判決撤銷確定，該項總會決議即為之消滅，無待乎強制執行。

②重要事例

提起形成之訴的請求，其民法上之重要事例，尚有請求撤銷結婚（§989～§997）、請求離婚（§1052～§1055）、請求撤銷收養（§1079 之 2）、請求終止收養（§1081）等。

(3)單詞複義的請求

請求的意義不能從概念本身加以釐定，而須從其適用的對象判定其意義者，是為單詞複義的請求。前舉代償請求權的請求 (§225 II)，是為典型。茲再歸納其重點如下表，以為補充：

$$
請求 (§225 II) \begin{cases} 請求讓與賠償請求權＝形成意義之請求（名為請求，實為形成：變 \\ \qquad 動權利之意思表示） \\ 請求交付受領物＝主流之請求（典型意義的請求：以實現權利之意 \\ \qquad 思通知為始） \end{cases}
$$

民法第二二五條第二項的請求，潛在二種意義而供選擇，其一為形成意義的請求，另一為主流意義的請求。性質截然不同的內涵，竟以單一用語之請求加以指陳，語言簡約，堪稱絕妙而臻化境，但其本身晦暗難解，恐亦事實❻。

---

❻ 用語區隔略可簡表如下：

$$
訴訟上請求 \begin{cases} 主流意義 (§199、§226、§227、§184)：給付之訴→給付判決 \\ 形成意義 (§56、§989、§1052)：形成之訴→形成判決 \end{cases}
$$

❻ 民法第五六三條所定之請求（介入權行使），淺見認係同具形成（因請求而利

2.請求的鄰右

請求概念的鄰右，主要有起訴及聲請二者。

(1)起　訴

從民法本條項規定，起訴為請求的鄰右概念，更為訴訟上請求之典型。詳言之，主流意義的請求可能展現為訴訟上之請求，起訴則是訴訟上之請求最常見亦最重要的一種形態，也是訴訟上請求的重鎮。

(2)聲　請

聲請所以成為請求的鄰右概念，原因在於訴訟上之請求，民法或稱聲請之故。兩個概念，也只在此毗鄰而居。因此，更精確一點來說，所謂請求之鄰右者，係指訴訟上請求之鄰右，非謂所有之請求用語，均與聲請互為鄰居❻❸。

聲請既為訴訟上之請求用語，自須以意思表示向法院為之，並得認為其性質上亦為程序法律行為，凡此與起訴等並無不同。論其具體而微，尚有下列之類型區分：

$$聲請＝訴訟上請求\begin{cases} 非訟程序的聲請：§331、§873 \\ 訴訟程序的聲請\begin{cases} 給付之訴的聲請：§447（？）、§824（？）❻❹ \\ 形成之訴的聲請：（聲請的）主流用語 \\ 形成或（及）給付之訴的聲請：§244 ❻❺ \end{cases} \end{cases}$$

益歸屬商號）及給付請求（請求返還利益於商號）二種性質（詳參照，拙著，《新訂債法各論（中）》，第三〇七頁～第三一〇頁），是其意義亦有類此（證券交易法上之歸入權——同法§157所稱之請求，意義亦同）。

❻❸　以聲請指陳訴訟上請求者，民法事例甚多，舉其要者如下：

$$聲請＝訴訟上請求\begin{cases} 民法總則編：§8、§14、§35、§38、§58、§62、§63、§74、§152 \\ 民法債編：§193、§227之2、§244、§331、§442、§447、§733 \\ 民法物權編：§824、§859、§873、§876 \\ 民法親屬編：§1002、§1011、§1020之1、§1079、§1080、§1094、§1132 \\ 民法繼承編：§1156、§1178、§1178之1、§1197、§1211、§1218 \end{cases}$$

❻❹　依此二條文而提起之訴訟，是否確為給付屬性？抑或仍為形成屬性？似非甚為

(3)附帶說明——代本項結語

①回　顧

　　請求為民法一個很重要的基本概念，但沒想到它的類型那麼複雜，意義那麼多歧而又流動，不但面紗重重、容貌變化多端而難解其意；而且，不同類型之間，幾至無法歸納其共同通性。因此，認為請求不是一個可以直接明確定義的概念，似非過甚其詞，其多元複義的交纏難分，亦非類型化的工程所可完全克服。一個基本法律名詞，其內涵不一，外延模糊，竟至於此，恐是令人不可思議❻。

②建　議

　　請求的用語，如何盡量趨於明確而單一，以符應語言使用的嚴謹，是項艱鉅的法學工程，以下三點建議，或可有助初步的概念釐清：

　　a.請求的用語，限於與給付（請求義務人履行義務）有關的意義指陳；至於形成意義的概念，則盡量改以其他用語稱之。

　　b.給付之訴意義的用語，原則上維持現行民法之使用方法，其結論為：

　　　　ⓐ主流意義的請求、訴訟外請求稱之「請求」。

　　　　ⓑ提起給付之訴稱之「請求法院」。

　　c.形成意義的用語，調整現行民法之使用方法，其結論為：

　　　　ⓐ形成權行使（即形成意義的請求）易以主張。如民法第二一八條之一、第三五九條、第四九四條、第五一四條之七等條項之請求，均代之以主張❻。民法第二二五條第二項之用語，則調整如下：

明確，爰以問號附註，以示保留再探索空間。

❻　民法第二四四條所定的聲請（撤銷權行使），淺見認亦有如第五六三條之為綜合形態，但有時僅表現為其中之一，爰以「或（及）」併稱之（參照，拙著，《新訂民法債編通則（下）》，第四九五頁～第四五七頁、第五〇五頁～第五〇七頁）。

❻　請求相關用語之不一致，從民法第一一三七條使用極為特殊的聲訴字眼，而迴避請求或聲請，更可佐證。

❻　用語建議調整為：「關於物或權利之喪失或損害，負賠償責任之人，得向損害賠償請求權人，主張讓與基於其物之所有權或其他權利對於第三人之請求權。」

代償請求權 $\begin{cases} \text{主張讓與賠償請求權（形成意義的請求）} \\ \text{請求交付受領物（主流意義的請求）} ⑱ \end{cases}$

ⓑ提起形成之訴，一律稱之聲請。如民法第五六條、第九八九條至第九九七條等相關條項之請求，易以聲請⑲。

二、拒絕給付

拒絕給付概念之釋析，分為下列事項：

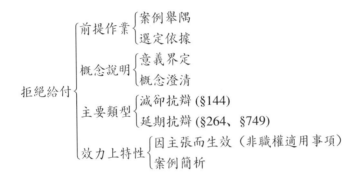

拒絕給付 $\begin{cases} \text{前提作業} \begin{cases} \text{案例舉隅} \\ \text{選定依據} \end{cases} \\ \text{概念說明} \begin{cases} \text{意義界定} \\ \text{概念澄清} \end{cases} \\ \text{主要類型} \begin{cases} \text{減卻抗辯 (§144)} \\ \text{延期抗辯 (§264、§749)} \end{cases} \\ \text{效力上特性} \begin{cases} \text{因主張而生效（非職權適用事項）} \\ \text{案例簡析} \end{cases} \end{cases}$

(一)前提作業

1.案例舉隅

甲因其祭祀公業之派下權資格遭受質疑，於二〇〇二年一月一日，委請乙律師向法院訴請確認派下員身分存在之訴。雙方約定：甲於訴訟程序終結時支付乙報酬新臺幣三十萬元。二〇〇三年十二月三十一日，法院判決甲勝訴確定；不料，乙疏而忘記向甲請求。二〇〇六年十月某日，乙與甲巧遇，憶起報酬尚未請求，爰向甲口頭請求，甲支吾其詞，乙迫不得已，

（§218之1 I）

⑱　用語建議調整為：「債務人因前項給付不能之事由，對第三人有損害賠償請求權者，債權人得向債務人主張讓與其損害賠償請求權或請求交付其所受領之賠償物。」(§225 II)

⑲　用語建議調整為：「總會之召集程序或決議方法，違反法令或章程時，社員得於決議後三個月內聲請法院撤銷其決議。」(§56 I 本文)(其餘相關條文類推之)

於二○○六年十二月三十一日，向法院訴請甲支付。受訴法院接獲乙之訴狀後，以乙之本件請求已因消滅時效期間屆滿而消滅，其請求於法無據而判決駁回乙之請求；乙於接到法院判決後，以該判決違背法令提起上訴。

　　2.選定依據

　　　拒絕給付，不僅是消滅時效制度上的基本概念之一，更是消滅時效效力的核心。以其作為關鍵概念，試予較為深度的釋析，於精確體認消滅時效制度內容及立法意旨，確是相當重要。

　　　拒絕給付的用語，並非僅於民法本章有之，即是在民法債編亦屢有所見（如 §264、§265、§368、§759）。此等條項之拒絕給付，是一個與權利行使有關的重要概念，跳脫民法本章的藩籬，從廣角度的觀點釐清拒絕給付的意義，進而整體把握拒絕給付的面向，確是饒具意義。

　　　從權利行使的觀點來看，拒絕給付即是抗辯權的內容，亦其主要作用；因而拒絕給付概念的探討，即是等同抗辯權意義的省察。現階段的民法研究，對於抗辯權之探討，相對稀少而薄弱許多。尤其，拒絕給付之主要功能，旨在抑止請求權之實現，足認其與請求權之間，乃是相互對立的概念，拒絕給付的研討，對於請求權的體認，既能相得益彰，亦可彼此印證。本段以消滅時效為主軸，於請求概念釋析以後，繼之以拒絕給付，對於體系整合權利的概念及類型，亦有相當實益。

㈡概念說明

　　1.意義界定

　　　拒絕給付者，對抗或阻止權利人行使權利之意思通知也。析其內容如下：

　　　⑴阻止權利行使

　　　對抗或阻止權利人行使權利之權利（能），是為抗辯權。因此，拒絕給付既是抗辯權之權利內容，更是其權利行使的表徵，通常所說的主張或發動抗辯權，其作用或行動即是拒絕給付。

　　　⑵窒礙請求權實現

　　　拒絕給付，以窒礙請求權之實現為目的。權利人行使權利，一般係表

現為請求權之請求（通常為主流請求）；足見，所謂對抗或阻止權利人行使權利，無異於等同對抗或阻止請求權人行使或實現請求權。因此，抗辯權與請求權頗為對立相剋；拒絕給付與請求，得以對立性的思考方法對待之❼⓿。

(3)拒卻（自己）義務之履行

拒絕給付，旨在表達拒卻履行（自己）義務之意思。權利人行使或實現權利，其相對的意義，即係請求義務人履行義務。因而，義（債）務人對權利人所為履行義（債）務之請求，表達拒絕履行（自己）義務之意思，是為拒絕給付。易言之，債務人履行義務之行為，是為給付❼①。相對的，其拒絕履行義務之行為，是為所謂之拒絕給付。

(4)性質上為意思通知

拒絕給付，須有抗衡請求，拒卻義務履行之意思；單純之沉默或否定權利存在之主張等，尚不構成拒絕給付。不過，其法律效果之發生，諸如遲延之滌除（延期抗辯）或請求權消滅（滅卻抗辯）等，並非源自行為人之（效果）意思，而係基於法律之規定。因之，拒絕給付，係意思通知而非意思表示，亦不成立法律行為；而且，得於訴訟外或訴訟上為之，惟其於訴訟上主張者，限於事實審言詞辯論終結前始得為之❼②。

2.概念澄清

拒絕給付為抗辯權的內容，亦為廣義抗辯的一環。彼此的相互關係如下：

(1)個別概念界定

①抗辯權

抗辯權所得對抗的權利，得廣及支配權及形成權等，並不以請求權為

---

❼⓿ 參照，王著，第五八四頁；黃立著，第六一頁。

❼① 參照，民法第一九九條立法理由前段：「債權者，即得向債務人請求作為或不作為之相對權，其作為或不作為，實為債之標的，故總稱為給付。」

❼② 事實審也者，係指第一審（地方法院）及第二審（通常為高等法院）之準備程序及審理程序而言。

限。不過，對於抗辯權所為之抗辯，一般另以再抗辯稱之❼。對抗權利人行使權利，意即義務人宣示自己之拒絕履行。基此，抗辯權即是拒絕履行義務的權利，得簡稱為拒絕履行權。

②抗　辯

抗辯之用語，在民法（學）上具有雙重意義。一為作為與抗辯權（及拒絕給付）區隔之抗辯概念；另一為作為包括抗辯權（及拒絕給付）在內之概念。

　a.與抗辯權區隔之抗辯

與抗辯權區隔之抗辯，或稱否認權，係意指否認權利人行使權利之行為（通常為請求）所為之異議，或稱其為廣義之抗辯或否定性抗辯權❼。一般區分其為下列兩種類型：

抗辯 {　權利障礙抗辯：主張權利未曾發生。例如，主張買賣因通謀虛偽意思表抗
　　　　　　　　辯示無效 (§87 I)。
　　　　權利消滅抗辯：主張權利業已歸於消滅。例如，主張買賣因錯誤撤銷而無
　　　　　　　　效 (§88 I、§114 I)。

　b.包括抗辯權之抗辯

包括抗辯權在內之抗辯，是為最廣義的抗辯，意指包括抗辯及抗辯權所生之抗辯（或稱權利排除的抗辯❼）。民法上所稱之抗辯，殆指廣義 (§270)；有時或以對抗稱之 (§299 I、§303)❼。其概念類型構成如下表：

---

❼　參照，史著，第二二頁；洪著，第五七頁；施著，第三二頁。

❼　廣義之抗辯，參照，施著，第三二頁；否定性抗辯權，參照，黃立著，第六二頁。

❼　參照，王澤鑑，《民法實例研習叢書II：民法總則》，自刊，一九八三，第五五頁～第五六頁。

❼　抗辯用語之例：民法第二七〇條：「前條債務人，得以由契約所生之一切抗辯，對抗受益之第三人。」

　　對抗用語之例：民法第三〇三條：「債務人因其法律關係所得對抗債權人之事由，承擔人亦得以之對抗債權人。但不得以屬於債務人之債權為抵銷。承擔人

抗辯
（最廣義 §270、§303）
　抗辯權援用：權利排除的抗辯：拒絕給付 (§144、§264、§745)
　＋
　抗辯　權利障礙抗辯：主張法律行為無效 (§71)
　　　　權利消滅抗辯：主張債務已經清償而消滅 (§309)

(2)概念關係說明

　　拒絕給付也者，限於指陳抗辯權的援用；抗辯也者，用以指稱主張權利消滅或權利障礙之存在，有時也稱為對抗。二者之差異，尚可補充如下：

①拒絕給付（抗辯權），以承認對造權利有效存在為前提，性質上為反對權；反之，抗辯以否認對造權利有效存在為目的，性質上為否認權。

②抗辯權，須經行使（主張或發動）始發生（拒絕給付）的效力；抗辯，只須客觀存在即有適用，無待義務人主張。

③抗辯權，於訴訟上，法院不能依職權而為適用；抗辯，於訴訟上，如法院未依職權而為適用，為判決違背法令，係當然上訴（特別是第三審上訴）之理由（民事訴訟法 §467、§468）。

(三)主要類型

1.共通事項

(1)類型區分

　　拒絕給付，因其作用之參差而呈現類型存在，並可歸納如下表：

拒絕給付
　滌除遲延（延期抗辯）：同時履行抗辯 (§264)、先訴抗辯 (§745)
　排除請求（滅卻抗辯）：消滅時效抗辯 (§144)

(2)共通效力

　　拒絕給付之確定發生延期或滅卻之效力，以訴訟上主張為必要。義務人縱使於訴訟外曾主張拒絕給付，於嗣後之訴訟仍應主張已曾為拒絕給付之事實，非法院得依職權而為適用[77]。

　　因其承擔債務之法律關係所得對抗債務人之事由，不得以之對抗債權人。」

[77]　參照，司法院三一年院字第二四二四號解釋：「消滅時效完成後……僅認債務

2.類型說明

(1)消滅時效之滅卻抗辯

　　權利人之權利罹於消滅時效時，如債務人拒絕給付，不僅永久排除權利人之請求權，同時宣示請求權為之消滅。學理爰以滅卻抗辯稱之，實務見解亦然**❼❽**。至其思考層次如下：

　　①消滅時效完成：抗辯權發生＝義務人得對（權利人）請求主張拒絕給付 (§144 I)。

　　②消滅時效完成＋義務人主張拒絕給付（發動抗辯權）＝請求權消滅 (§125～§127)。

　　從①之角度來說，消滅時效期間屆滿，僅是賦予義務人以拒絕給付之抗辯權而已，民法第一二五條至第一二七條直截了當以請求權消滅稱之，確是言過其實。

　　從②之角度來說，罹於消滅時效之義務，如其義務人主張拒絕給付者，權利人之請求權為之消滅**❼❾**，猶如以義務人主張拒絕給付（發動抗辯權）為停止條件之請求權消滅（請求權因○○年間不行使，經義務人拒絕給付而消滅）。不過，請求權根源之權利本體，並不因拒絕給付而消滅，其義務人其後如為任意給付者，債權人仍得受領，不生非債清償之問題，亦無不當得利發生之可言。為描述此類請求權減弱或消滅之債權，學理上爰以自然債權稱之；其相對用語，是為自然債務**❽⓿**。

　　　　人有拒絕給付之抗辯權，非使請求權當然消滅，若債務人未以消滅時效之完成為拒絕給付之抗辯，法院自不得據此即認請求權已消滅。」（同旨最高法院二九年上字第八六七號、第一一九五號判例）

❼❽　參照，最高法院九二年臺上字第一七五一號判決：「消滅時效完成後……債務人得拒絕給付……如債務人行使此項抗辯權，表示拒絕給付，債權人之請求權利因而確定歸於消滅，債務人即無給付之義務。」

❼❾　少數見解或以為，消滅時效僅使債務人取得永久抗辯權而已，尚不強調請求權本身之消滅（參照，李著，第三六二頁～第三六三頁）。

❽⓿　消滅時效完成後，義務人於其後行使抗辯權以致請求權消滅者，該債權債務仍屬自然債權或自然債務。在此角度上，自然債權（務）寓有類型化之意味。

(2)滌除遲延之延期抗辯

義務人之義務（特別是債務），屆期即應履行；如有違反，即是給付遲延 (§229)。對此，如義務人得拒絕給付而免於給付遲延者，其拒絕給付即是延期抗辯；因其結果，為免於給付遲延，爰以滌除遲延稱之。制度上尚可分為下列二類：

延期抗辯 { 同時履行抗辯權：於未為對待給付前，得免為給付 (§264、§265、§368) **❽❶**
先索（訴）抗辯權 **❽❷**：於主債務人執行無效果前，保證人得拒絕清償 (§745)

四　效力上之特色

1.理論上說明

(1)效力發生上之特色

拒絕給付之效力上特性有二。其一為，須經義務人（主張或）援用，徒有抗辯之權，仍不發生對抗或妨礙權利人行使請求權之作用。其二為，須由義務人（主張或）援用；否則，即使確有抗辯權存在，於訴訟上，法院仍不能依職權而為適用，亦不能就是否援用抗辯權，對當事人為曉諭或闡明。於訴訟上援用抗辯權（主張拒絕給付）者，必須於事實審言詞辯論終結為之，於第三審（通常為最高法院），則非得行使抗辯權 **❽❸**。

(2)援用之涵義

主張拒絕給付，無庸一定方式，口頭或書面均無不可，亦不限於嚴謹

---

❽❶　參照，民法第二六四條立法理由：「就雙務契約言之，各當事人之債務，互相關聯，故一方不履行其債務，而對於他方請求債務之履行，則為保護他方之利益起見，應使其得拒絕自己債務之履行（同時履行抗辯）。」（實務案例參照，最高法院二〇年上字第一二七七號判例、五〇年臺上字第一五五〇號判例）

❽❷　通稱其為先訴抗辯權（或檢索抗辯權）。因其難以妥允說明該抗辯權之真意，淺見爰提出先索抗辯權之用語以為取代（詳請參照，拙著，《新訂債法各論（下）》，第五四四頁～第五五五頁）。

❽❸　參照，最高法院四〇年臺上字第一九五七號判決：「上訴人在原第二審及第一審對於被上訴人請求……，並未以該請求權消滅時效業已完成為抗辯，則原審自無從據以裁判，何得執為聲明不服之論據。」

使用拒絕給付乙詞；但須足以表達拒絕給付之意思 ❽。足以表明拒絕給付與否，一般從寬認定；例如，於權利人為請求時，表明時間業已久遠，已不得再為請求或義務人不願為給付者，即足認其有拒絕給付之意思，發生滅卻抗辯之效力 ❽。不過，其義務人主張雙方契約並不生效而權利人之請求並不存在，或主張業已清償而債務消滅者（權利障礙或消滅之抗辯），雖是援用（廣義）抗辯，但因其不具拒絕給付（非主張抗辯權）之意思，仍不生拒絕給付之效力。

2.案例簡析

(1)主要爭點

本件甲應支付於乙之三十萬元，係律師執行委任事務之報酬，依民法第一二七條第五款規定，其消滅時效之期間為二年。乙之請求甲支付報酬，如已逾二年者，甲即取得消滅時效抗辯權，得拒絕給付於乙。

(2)律師報酬

甲之派下員確認訴訟，本為甲之事務；茲甲委由乙辦理，即係委由乙處理事務，乙同意接辦，甲乙之間，係成立民法第五二八條之委任（契約、法律行為）；甲委任乙進行訴訟，同時授與乙以甲之名義為訴訟行為，就該受任之訴訟事（案）件 ❽，乙既為受任人，同時亦為代理人（§167、§103）；在訴訟法上則為訴訟代理人（民事訴訟法 §68 以下，行政訴訟法 §49 以下）。

委任得為有償，律師承辦業務，通常亦多收受報酬；因之，甲乙之間成立有償委任，其報酬請求權於二○○二年一月一日委任生效時為之發生。

---

❽ 參照，司法院三一年院字第二四三七號解釋：「債務人行使拒給付之抗辯權，非單純之拒絕給付所能濟事，必其主張足以明其為如何之抗辯權而後可。」

❽ 同上註解釋：「債務人拒絕給付，而未以消滅時效完成為理由者，不得謂已有此項抗辯權之行使。惟……不必用消滅時效完成之字樣，亦不必引用規定消滅時效之法條，其拒絕給付係以請求權因時之經過而不得再為行使為理由者，即屬……之。」

❽ 委託處理事件，在訴訟法上，用語略有不同。民事訴訟法及非訟事件法稱之事件；刑事訴訟法稱之案件。本案例屬民事糾紛，爰以事件稱之。

本件甲乙就派下員確認之訴，約定收受報酬，於法並無不合；派下員確認之訴，於訴訟程序終結收費三十萬元，亦無過高情事，足認甲乙之委任尚無法律行為生效障礙事項存在。而且，乙之報酬，須待訴訟程序終結始得請求，亦符報酬後付原則之規定 (§548 I)。

(3)時效消滅

依民法第一二八條規定，請求權自得請求時起，其消滅時效期間開始進行。本件依甲乙約定，乙自訴訟程序終結時，始得行使報酬請求權。訴訟事（案）件，經法院判決確定者，即是訴訟程序終結。本件既於二〇〇三年十二月三十一日，經法院判決勝訴確定，該時點即是訴訟程序終結。從而，乙之債權（報酬請求權）於同日到期，並得請求甲支付，該項請求權之消滅時效期間於焉開始進行。

按期間以年為計算方式者，其始日不算入 (§120 II)；律師報酬請求權時效期間之二年，其始日之二〇〇三年十二月三十一日，自亦不予算入。因之，本件消滅時效期間之起算日，係二〇〇四年一月一日，而且不因其為休息日（紀念日）而受影響（§122 反對解釋）。至其期間之末日，則為二〇〇五年十二月三十一日 (§121 I)，本件之乙如於該時日之後而為律師報酬之請求，甲即得以消滅時效期間完成拒絕給付 (§144 I)。

(4)拒絕給付

乙於二〇〇六年十月間，始對甲而為請求，其請求權顯已罹於時效，甲依法本得拒絕給付。拒絕給付須有時效抗辯意思之表達，本件甲於乙為請求時，僅支吾其詞，難謂已有時效抗辯之意思，消滅時效之法律效果，僅是拒絕給付抗辯權之發生，如其義務人未援用該抗辯權而主張拒絕給付者，權利人之權利並不因時效期間屆滿而消滅或自動停止作用。因此，乙嗣後之訴請法院判令甲為給付，於法並無不合。

消滅時效期間屆滿之拒絕給付，須由當事人主張之，於訴訟程序上，法院不得依職權而為適用，否則，即是法院適用法則不當，其判決為當然違背法令（民事訴訟法 §468）。本件受訴法院，僅憑訴狀所述，依職權認定乙之請求權罹於消滅時效，以其請求於法無據而判決駁回乙之請求，顯

有上述之當然違背法令，乙據以上訴，自是於法有據。

第三節　制度精義

本節分為下列三項說明：

$$
\left.
\begin{array}{l}
消滅時效之期間與起算 \\
消滅時效之障礙（中斷與不完成）\\
消滅時效之效力（具體事項）
\end{array}
\right\}
$$
消滅時效
（制度精義）

一、消滅時效之期間與起算

㈠消滅時效之期間

消滅時效之期間，分為規定形式及期間型態二點說明：

1. 規定形式

依民法本章規定，消滅時效之期間，分別有十五年 (§125)、五年 (§126) 及二年 (§127) 三種形態。

民法本章之外，消滅時效所以有逾百條項❽，多係由於期間長短不同所致。因期間長短而須費如此多數條項，不僅制度上甚是奇特而複雜零散。法律上正義之實現，繫乎時間長短，是否如此重要，以致必須維持如此複雜零散之規定，不無檢討餘地。前述德國民法修正就消滅時效期間所為之統合工程，值得借鏡。

2. 期間形態

消滅時效期間之規定，於民法本章，係一般時效期間，民法本章以外之規定，是為特別消滅時效期間。本章旨在研析民法本章之制度內容，理應集中心力於此。因之，特別消滅時效期間，僅是點到為止。

---

❽　民法債編，因消滅時效期間長短而為特別之規定者，約有 §197Ⅰ、§245 之 1Ⅱ、§247Ⅲ、§473 等二十條項左右。

一般消滅時效期間之十五年、五年及二年 (§125～§127)，得依序稱之長期消滅時效期間（十五年：§125）、中期消滅時效期間（五年：§126）及短期消滅時效期間（二年：§127）。

(1)長期消滅時效期間

①規範定位

民法第一二五條規定之十五年，係最長期之消滅時效期間，其他法律規定者均較此為短。因之，民法本條但書，爰有其他法律所定期間較短者之用語，相互對照，民法第一二六條之中期消滅時效期間、第一二七條之短期消滅時效期間，亦是民法本條但書涵攝範疇之一部分。

民法本條（長期消滅時效期間）之規定，在法律適用順序上必須採取下列態度：

a.首先查看該客體請求權，於消滅時效期間是否有特別規定，如其答案為肯定，即應適用各該特別規定❸。

b.上述查看結果，如其答案為否定者，查核其有無民法第一二七條短期消滅時效期間之適用；如其答案為肯定者，即適用該條規定。律師報酬請求之例，即是事證。

c.上述二段查核結果，其答案為否定者，進而查核其是否為民法第一二六條中期消滅時效期間之適用客體；如其答案為肯定者，即適用中期消滅時效期間規定。

d.經上述各項查核之後，其答案仍為否定者，始得適用民法本條之長期消滅時效期間。

②重要事例

消滅時效期間之法律適用，民法本條固居於後位順序。不過，在規範功能上，民法本條仍是一般規範。除前述之無權代理人責任、乃至物權回

---

❸ 例如，A 打傷 B，B 請求 A 損害賠償，其間之法律關係為侵權行為，A 請求賠償之法律依據為民法第一八四條（第一項前段）。關於侵權行為損害賠償請求權消滅時效之期間，民法第一九七條第一項另有特別規定，法律上即應適用該條項，並無回歸適用民法本章相關規定 (§125～§127) 之餘地。

復請求權之有適用外，尚可舉下列五者以對：

　　a.不當得利返還請求權 **❽⑨** 。

　　b.協同設定地上權登記請求權 **❾⓪** 。

　　c.因票據關係而生之利益償還請求權 **❾①** 。

　　d.因僱傭關係而生之殘廢津貼請求權 **❾②** 。

　　e.因委任關係而生之請求權 **❾③** 。

　③德國民法的變動

　　長期消滅時效期間十五年，在比較法上，原來尚稱中庸，學理上亦多認其長短適中。不過，現代社會變動快速，時隔十五年，是否仍屬適中，不無思考餘地。長期消滅時效期間為三十年之德國民法 **❾④** ，於二〇〇二年修正為三年 **❾⑤** ，其作法給人許多想像空間。

　(2)中期消滅時效期間

　①基本規定

---

❽⑨　參照，最高法院二九年上字第一六一五號判例：「不當得利返還請求權，依同法第一百二十五條之規定，因十五年間不行使而消滅。」

❾⓪　參照，最高法院六二年臺上字第三〇一二號判例：「依土地法第一百零二條之規定，請求上訴人協同為地上權設定登記……仍有民法第一百二十五條消滅時效規定之適用。」（同旨最高法院六八年臺上字第一六二七號判例）

❾①　參照，最高法院三七年上字第八一五四號判決：「票據上之權利，對支票發票人雖因一年間不行使而消滅，但執票人對於發票人於其所受利益之限度，仍得請求償還，為票據法第十九條第四項所明定。被上訴人即執票人對於上訴人即發票人，於其所受利益之限度之償還請求權，並未經過民法第一百二十五條所定十五年之期間，固仍得合法行使。」

❾②　參照，司法院五四年臺函民字第五九〇八號函：「殘廢津貼請求權時效，在工廠法既無明文規定，自應依民法……第一百二十五條之規定，自該事件發生之日起十五年內不行使而消滅。」

❾③　參照，最高法院五二年臺上字第一八八號判例：「基於委任契約所生之……請求權，顯未逾民法第一百二十五條之時效期間。」

❾④　參照，修正前德國民法第一九五條：「一般消滅時效期間為三十年。」

❾⑤　參照，德國民法（二〇〇二）第一九五條：「一般消滅時效期間為三年」。

　　民法第一二六條規定一年或不及一年之定期給付債權，其各期給付請求權，因五年間不行使而消滅。此之五年，較前條之十五年為短，但較次條之二年為長，爰以中期消滅時效期間稱之。所以定為五年，旨在促使債權人從速行使債權；不過，立法理由認以定五年為最適宜，說法恐頗相對 **❾❻**。

　　②適用對象

　　民法第一二六條，雖例示租金、紅利等債權類型；不過，此等例示，並非立法意旨核心所在，也不宜望詞生義，直截認為利息、租金等債權之請求權即為適用對象。緣以體系觀察民法第一二六條規定，應認為其核心意旨在於各期（已生之）給付請求權，其次則為一年以內之定期給付債權。故其精確意義應是：一年以內定期給付債權所生之各期給付請求權；租息、租金等例示債權類型，亦同受此一核心概念之規範。因此，如約定贍養費、退職金等一定總額給付，或利息於本金到期或租金於租期屆滿一次給付者，並無中期消滅時效期間之適用。其約定給付期限逾一年者（如約定二年算付一次），亦應作同一解釋 **❾❼**。

　　此之定期給付債權，係指基於一定法律關係，於一定期間內反覆繼續發生各自獨立之債權，且其各次發生之經過期間，均為一年以內者而言，適用與否，無待當事人約定 **❾❽**。因之，下列債權無其適用：

　　a.一個債權而分為多期給付者（亦即通稱之分期給付債權） **❾❾**。

---

❾❻　參照，民法第一二六條立法理由：「按利息、紅利、租金、贍養費、退職金，及其他一年或不及一年之定期給付債權，其各期給付之請求權……債權人本可從速請求債務人履行，故其消滅時效之期間，以定五年為最適宜。」

❾❼　反對見解以為：關於例示之利息、紅利、租金、贍養費及退職金，不問是否一年以內，均有適用；其他定期給付債權之各期給付請求權，始以一年為限（參照，洪著，第五七三頁）。

❾❽　參照，最高法院五〇年臺上字第一九六〇號判例：「一年或不及一年之定期給付債權，其各期請求權因五年間不行使而消滅，為民法第一百二十六條所明定，凡屬上項定期給付債權，即有該條之適用，無庸當事人就此有所約定，且不得預先拋棄時效之利益。」

❾❾　參照，司法院二四年院字第一二二七號解釋：「民法第一二六條所載其他一年

　　b.清償期在一年以內，但為一時發生且一次給付之債權❿。

　　c.給付遲延後應給付之法定利息或遲延利息⓫。

　　d.無權占有或給付遲延後之（相當於租金）之損害賠償⓬。

　　e.合會金債權⓭。

　　f.工程費之徵收⓮。

　　最高法院主流見解認為：無權占有他人之物所生損害賠償，實質上仍為使用土地之代價，性質上與租金無異，仍應適用中期消滅時效期間⓯。然而，租賃契約終止或本無租賃契約者，其無權使用物品（交易上最常見之類型為土地或土地上之建築物）所生之賠償或不當得利，難認其係使用

　　或不及一年之定期給付債權，係指與利息等同一性質之債權而言。至普通債權之定有給付期間，或以一債權而分作數期給付者，不包括在內。」

❿　參照，最高法院二八年上字第六〇五號判例：「民法第一百二十六條所謂一年或不及一年之定期給付債權，係指基於一定法律關係，因每次一年以下期間之經過順次發生之債權而言，其清償期在一年以內之債權，係一時發生且因一次之給付即消滅者，不包含在內。」

⓫　同說參照，最高法院二三年上字第二三〇三號、六〇年臺上字第四〇二號判決；洪著，第五七八頁。

⓬　同說參照，王著，第五六四頁。

⓭　參照，最高法院八一年臺上字第三〇〇四號判決：「合會金債權，本質上為一次給付之債權，特別約定其給付方法為分期給付而已（如有一次遲延償還，即喪失分期償還之權利），與……定期給付債權不同。」

⓮　參照，最高法院六七年第七次民庭庭推會議決議：「依農田水利會組織通則第二十六條之規定，關於工程費之徵收，係就工程費總額分年攤收，並非定期給付債權，應適用民法第一百二十五條所定十五年之普通消滅時效。至於請求給付會費，則係定期給付債權，依民法第一百二十六條規定，其各期給付請求權，因五年間不行使而消滅。」

⓯　參照，最高法院四九年臺上字第一七三〇號判例：「租金之請求權因五年間不行使而消滅，既為民法第一百二十六條所明定，至於終止租約後之賠償與其他無租賃契約關係之賠償，名稱雖與租金異，然實質上仍為使用土地之代價，債權人應同樣按時收取，不因其契約終止或未成立而謂其時效之計算應有不同。」

土地代價之本身，亦與定期給付債權無涉，學理對此頗有指摘❿，誠值贊同。同理，實務認為遲延利息❿、勞工保險費請求權❿，均有中期消滅時效期間之適用，其見解恐亦同有可議❿。再者，適用短期消滅時效期間之債權所生之利息等各期給付請求權，無民法第一二六條之適用。蓋以本金債權既僅適用短期消滅時效，則其衍生之附屬債權，不宜反有更長消滅期間之適用❿。

(3)短期消滅時效期間

①基本規定

依民法第一二七條規定，消滅時效期間之適用對象債權計下列八項：

　a.旅店、飲食店及娛樂場之住宿費、飲食費、座費、消費物之代價及其墊款。

　b.運送費及運送人所墊之款。

　c.以租賃動產為營業者之租價。

　d.醫生、藥師、看護生之診費、藥費，報酬及其墊款。

　e.律師、會計師、公證人之報酬及其墊款。

　f.律師、會計師、公證人所收當事人物件之交還。

---

❿　參照，王著，第五六四～五六五頁；王著，《不當得利》(增訂版)，第一八頁。

❿　參照，最高法院六六年第七次民庭庭推會議決議：「遲延利息亦為利息，縱解釋遲延利息係賠償債務給付遲延所生相當利息之損害,亦應有民法第一百二十六條所定短期消滅時效之適用。」

❿　參照，最高法院六〇年第一次民刑庭總會決議：「按勞工保險局……請求要保人繳納保費，為定期給付債權，有民法第一百二十六條所定短期時效適用。」

❿　實務見解，恐係陷於「相當於租金」，過度擴張定期給付概念之虞之迷思。其實，此稱相當於利息或租金云者，應係僅指請求之範圍，非謂其性質上非損害賠償而為利息或租金，難謂仍有定期給付之適用，更不宜因而否認其同時具有不當得利之性質。

❿　此稱短期宜採廣義，包括法律所定消滅時效期間較五年為短者，均有適用(本金債權期間為三年者，利息債權同為三年；其為一年者，利息債權同為一年；餘類推之)。

g.技師、承攬人之報酬及其墊款。

h.商人、製造人、手工業人所供給之商品及產物之代價。

以上八者，所以定為短期消滅時效期間，以其多以營業（商業）有關，債權人宜從速請求履行之故 ❶。

②重點敘述

上述各項，涉及甚為具體而繁多，例如，運送費係基於運送契約 (§622)，醫護、律會及技師等報酬墊款，係基於委任 (§528)。詳予說明，篇幅勢必臃腫不堪，爰僅舉其要點以對：

a.第一款之場所，宜認為於浴堂、美容院、理髮院、按摩院、健身房、療養院、坐月子中心等供客人一時停留利用之其他相類場所，均應類推適用 ❷。

b.第二款之運送費及運送人，限於運送營業人 (§622) 所成立運送契約的運送費，非謂只要有運送之事實即有適用。例如，計程車搭載乘客，一般並非成立運送，其車資請求權不適用民法本款 ❸。運送費採實質認定，只要實質上仍為運送之代價者，從其名稱非為運費，仍有本款適用 ❹。

---

❶ 參照，民法第一二七條立法理由：「本條臚舉請求權，宜速履行，亦有速行履行之性質。故消滅時效期間，定為二年。」
最高法院三九年臺上字第一一五五號判例：「民法第一百二十七條第八款所定……債權多發生於日常頻繁之交易，故賦與較短之時效期間以促從速確定。」

❷ 參照，民法第六〇七條修正理由：「因時代變遷，目前社會除飲食店、浴堂外，尚有許多相類場所，提供客人為一時停留及利用，例如理髮店、健身房等……現行條文規定已難因應實際需要，爰增列『或其他相類場所』，以期周延並符實際。」

❸ 計程車搭載，通常是為承攬 (§490)，其所收費用（報酬）係適用同條第七款。

❹ 參照，最高法院四九年臺上字第二六二〇號判例：「運送費及運送人所墊之款之請求權，因二年間不行使而消滅，法律所以對於此項時效特別短促，係以從速解決為宜。至於所謂延滯費，……實質上仍為運送之對價……自應解為包括於民法第一百二十七條第二款所定短期時效之內，而不應適用一般之長期時效

c.第四款之醫生、藥師、看護生，以實際從事醫藥及護理業務即為已足，不問其名稱為何，亦無須具有執業資格或依規定方式為醫藥看護。因此，不僅中醫師、法醫師、接骨師有其適用，即諸如現代社會生活需要所生之心理諮商師、心理治療師、醫事檢驗師（生）等，亦均同有適用，並以醫生論之為妥；其以醫院形態經營管理，而由醫院出具費用收付單據者亦同。至於所謂墊款，只要其與醫藥看護等業務執行有關之一切墊款，解釋上均有適用；醫護單位或其個人，供給病患及其醫護家屬之伙食費，即是著例❶❺。但醫師間、或醫院合夥人間、或醫院與醫師間之分配請求權，非關診療關係所生，尚無本款之適用❶❻。

d.第五、六款之律師、會計師及公證人，須以具有資格，並登記執業者為限。公證人云者，應限於民間公證人；蓋以法院公證處之公證人為公務人員，非為執業而收受報酬。非為律師、會計師或公證人，而代為撰狀、出庭或辦理財會業務者，無本條款之適用。現代社會，執行業務而非為商人之專門職業技術人員，名稱類別增加甚多，如其非以醫藥看護為內容，亦非工程上之技師所可涵括者，應類推適用本款規定，例如，證券分析師、證券業務人員、保險代理人、經紀人或其他業務人員、理財專業顧問或師士、投資信託業務人員、信託專業或顧問人員、土地代理人、不動產經紀人、地政士、記帳士等執業之報酬墊款均是。

規定。」（五一年臺上字第一九四〇號判例同旨）

❶❺ 參照，司法院八一廳民㈠字第一八五七號函：「民法第一百二十七條第四款所稱之醫生墊款，應泛指診費、藥費以外與醫生執行醫療業務相關，而通常由醫院代為墊付之一切款項而言……醫院供給病患及看護家屬伙食之支出費用，係醫院日常醫療業務相關而墊付之款項，與上開醫生墊款之規定，核屬相符。」

❶❻ 參照，最高法院九三年臺上字第二三八六號判決：「醫生之診費、藥費及報酬，應指日常生活中，醫病間頻繁之診療關係所生之診療費用或報酬而言……系爭合約自始非以醫生與病人直接因診療關係所生之診療關係視之，其有關係收入分配請求權，自仍屬一般契約關係所生之請求權，消滅時效應為十五年。」

e.第七款所稱之技師，宜採廣義，包括與自然科學或各項工程背景有關之專門職業技術人員，不以名為技師者為限，更無庸限於依技師法領得技師執照；他如執業之建築師、食品營養師、驗船師、美容（髮）師等，概念上亦應包括於本款而適用❶；承攬人也者，其適用範圍以民法第四九○條定之承攬契約為限；不動產製造物供給契約，實務以為，除其意在工作物完成者，得認其性質為承攬而有本款適用外❶，尚無短期消滅時效之適用❶。

f.第八款所稱商人採廣義，舉凡販賣商品而以之為業之人均是，不問其為獨資、合夥、非法人團體、法人或政府機關或機構，亦無須具備任何身分、資格或條件❶，更不以營利事業為限❶。至於製造人

---

❶ 淺見以為，本條第四款至第七款規定，於其相關之專門職業及技術人員（以下稱專技人員）均有適用，而且不以國家考試及格者為限（國考專技人員之範圍，參照專門職業及技術人員考試法施行細則第二條）。其初步分類如下：

⑴本條第四款，於醫護專技人員，均有適用，包括（但不限於）醫師、中醫師、牙醫師、法醫師、藥師、醫事檢驗師、臨床心理師、諮商心理師、護理師、助產師（士）、醫事放射師、物理治療師（生）、職能治療師（生）、護士、獸醫師（佐）等。

⑵本條第五、六款，於行政類專技人員均有適用，包括（但不限於）律師、會計師、公證人、社會工作師、不動產估價師、不動產經紀人、記帳士、保險代理人、保險經紀人、保險公證人、證券分析師、證券業務人員、各類信託專業人員、各類理財顧問專業人員等。

⑶本條第七款，於工程類專技人員均有適用，包括（但不限於）（各類）技師（依專門職業及技術人員、高等考試技師考試規則第二條規定，計有土木工程技師等三十餘類）、建築師、驗船師、消防設備師（士）等。

❶ 參照，最高法院八九年臺上字第八三一號判決：「工作物材料由承攬人供給之工作物供給契約，如當事人之意思重在工作物之完成時，不失為承攬契約之一種，承攬人之報酬及其墊款請求權，因二年間不行使而消滅。」

❶ 參照，最高法院八八年臺上字第一五六號判決：「具有承攬與買賣混合契約性質之『不動產買賣承攬』（即不動產製造物供給契約）……此類不動產買賣承攬之價金或報酬請求權，應無上開條款二年短期消滅時效期間規定適用。」

者，包括為商品加工之人。其適用上之值得注意者尚有如下：

ⓐ適用對象之請求權，限於商人等所提供標的之代價請求權，不包括相對人之標的物交付請求權 ⓬。

ⓑ商品、產物也者，以動產為限，其為不動產者，不在適用之列 ⓭；實務甚或以為，其標的為生財器具者，亦無適用餘地 ⓮。

ⓒ行為態樣，限於商品等之直接銷售（買賣）。委託他人出售商品產物者，其對於受託販售者之請求權，並無本條款適用 ⓯。

ⓓ代價也者，以商品或原物本身之價金 (§345) 為限，商人因墊付貨款所生之償還請求權，尚無本條款之適用 ⓰。

⓬⓪ 參照，最高法院六三年第一次民庭庭推會議決議：「商品或產物供給之人，法律並未限定其須具備何種身分或資格，商人出賣商品於一般顧客，其商品代價之請求權，應適用民法第一百二十七條第八款所定二年之短期消滅時效。」

⓬① 參照，司法院七六廳民㈡字第二三五六號函：「從事商業行為者即為商人，依本題意所示，農會出售予農會會員飼料，……該飼料款之請求權，應有民法第一百二十七條第八款短期時效之適用。」

⓬② 參照，最高法院三一年上字第一二〇五號判例：「民法第一百二十七條第八款之請求權，僅指商人、製造人、手工業人所供給之商品及產物之代價請求權而言，不包含交付出賣標的物之請求權在內，關於交付出賣標的物請求權之消滅時效，仍應適用同法第一百二十五條之規定。」（同旨三九年臺上字第一一五五號判例、四一年臺上字第五五九號判例）

⓬③ 參照，最高法院七八年第九次民庭會議決議：「所謂商人所供給之商品，係指動產而言，不包括不動產在內。」

⓬④ 參照，最高法院八〇年臺上字第二三六號判決：「所謂商人所供給之商品代價，係指商人所供給其所從事營業項目之商品代價而言。若商人所出售者係其生財器具，則無該條款之適用，而應適用同法第一百二十五條規定之十五年時效。」（反對見解七八年臺上字第一二五二號判決）

⓬⑤ 參照，最高法院五一年臺上字第二九四號判例：「上訴人係將其發行之報紙，委託被上訴人代為分銷，分銷所得之價款按期繳納，此項基於委任關係所生之債……不能謂有民法第一百二十七條第八款之適用。」

⓬⑥ 參照，最高法院六二年臺上字第一三八一號判例：「商品代價請求權，係指商

ⓔ提供服務以為商品經營者，亦是本條款所稱商品，至少亦應認為
　得以類推適用 ⓻。

ⓕ債權讓與者 (§294)，對於受讓人亦有適用 ⓼。

③補充說明

民法本條適用之有待補充者，尚有下列二點：

a.外國人而在我國從事相關業務、事務、工作或活動所生之請求權，
　亦均同有適用 ⓽。

b.隨著時勢變遷，社會生活及交易活動態樣丕變，列舉規定，顯然無
　從符應社會需求，立法政策上宜盡速改採例示體制。修法之前，在
　解釋上適度放寬而酌採擴張解釋、類推適用甚或回歸法律原則，恐
　是趨近正義理念及體現消滅時效立法意旨所難避免 ⓾。

㈡消滅時效之起算

　　消滅時效期間進行之起算。爰分為下列段落說明：

人自己供給商品之代價之請求權而言。上訴人因清償被上訴人墊付之貨款所簽
付之支票，既未能兌現，被上訴人遂仍請求上訴人償還伊所墊付之貨款，即與
商人請求其自己供給商品之代價不同，被上訴人之請求權自應適用民法第一百
二十五條所規定之長期時效。」

⓻　所稱之商品，一般並不包括服務，可從消費者保護法之相關規定（同法 §2 ①～
　④、§3 Ⅰ①～⑥、⑧、§4、§7～§10、§19 之 1、§24、§25、§28 ①②、§29、
　§31、§33、§36、§37 等），獲得實證。因此，最佳途徑應是從立法上正本清源。

⓼　參照，最高法院二六年渝上字第一二一九號判例：「因債權之性質所定之短期
　消滅時效，在債權之受讓人亦當受其適用。本件被上訴人向某甲受讓之債權，
　既為商人供給商品之代價請求權，則民法第一百二十七條第八款之規定，當然
　在適用之列。」

⓽　參照，最高法院八七年臺上字第二三○九號判決：「律師之報酬及其墊款請求
　權，因二年不行使而消滅……外國律師，其在該外國本於律師之身分執行職務
　而取得之報酬及墊款請求權，亦係提供其專門知識之對價，同具從速履行，儘
　快解決之性質，仍應認有此規定之適用。」（本於回歸法律原則之意義解釋方法，
　宜認為本判決論述於本條各款之業務主體上均應同有適用。）

⓾　參照，曾著，第二四八頁～第二五○頁。

$$消滅時效\ (起算)\begin{cases}制度原則：自請求權可行使時起算（§128 前）\\特例情事\begin{cases}不作為請求權：自行為時起算（§128 後）\\特別規定：依個別規定定之（如 §197 I、§666、§1046II）\end{cases}\end{cases}$$

1.制度原則

⑴一般說明

一般情形，消滅時效係自請求權可行使時起算（§128 前）。可行使時也者，意指請求權之得行使，在法律上並無障礙而言[131]，不問權利人主觀上是否認知[132]，亦不問其個人於事實上能否請求[133]；同理，義務人實際上能否為給付，是否有所爭執亦非所問[134]，即使債務人因避債而遠走他鄉或不知所之[135]或請求之標的物經查封者，其結論亦同[136]。實務且以為，因戰亂而不能行使請求權者，於戰亂終止前，其消滅時效尚不進行[137]。此外，晚近實務見解以為，消滅時效期間之計算，應自權利人知悉之時始得起算，

---

[131] 參照，最高法院六三年臺上字第一八八五號判例：「消滅時效自請求權可行使時起算，所謂請求權可行使時，乃指權利人得行使請求權之狀態而言。至於義務人實際上能否為給付，則非所問。」

[132] 參照，最高法院六九年臺上字第三四八號判決：「所謂請求權自可行使時起算，指法律上之障礙已不存在之情形而言，至被上訴人何時知悉登記錯誤，乃屬於其主觀之事由，與時效之起算無關。」

[133] 參照，最高法院八四年臺上字第二五四二號判決：「請求權人因疾病、權利人不在、權利存在之不知或其他事實上障礙，不能行使請求權者，時效之進行，不因此而受影響。」

[134] 參照，最高法院九三年臺上字第一九四四號判決：「債務人對於債權人之請求有所爭執，尚難認債權人之請求權不得行使。」

[135] 參照，司法院二八年院字第一八七五號解釋：「債權人之請求權，並不因債務人之逃避而不得行使……不得以此為時效中斷或妨礙中斷之事由。」（於消滅時效之起算，宜作同一解釋，爰予具引。）

[136] 參照，司法院，《民事法律問題研究彙編》（第三輯），第一四頁。

[137] 參照，法務部七八法律字第一〇三五八號函：「權利人如因戰亂客觀上無從行使請求權時，則消滅時效期間似不得起算。」

其發展固值注意❶❸❽，惟其論點則不無商榷❶❸❾。

定有期限之債權外，其債權自成立時起，債權人即得隨時行使其請求權 (§315)。因此，消滅時效起算之思考模式，得歸納如下表：

$$
消滅時效
\begin{cases}
附有停止條件或始期：自條件成就或始其屆至時起算 ❶❹⓪ \\
是否定有期限
\begin{cases}
定有清償期：自期限屆滿時起算 ❶❹❶ \\
未定有清償期：自權利成立時起算（一般情形）❶❹❷
\end{cases}
\end{cases}
$$

(2)重要事例

消滅時效究自何時起算？實務於下列案例類型著有具體詮釋：

①和解（包括訴訟上和解）之債，自和解成立時起算，與和解書或和解筆錄有無送達無關❶❹❸。

②債務不履行之損害賠償請求權，自不履行時起算❶❹❹。

---

❶❸❽ 參照，最高法院九一年臺上字第一三一二號判決：「消滅時效自請求權可行使時起算……須權利人知悉其得行使權利之狀態，時效期間始能起算。蓋權利人不知已可行使權利，如仍責令其蒙受時效之不利益，自非時效制度之本旨。」

❶❸❾ 學理或以為，最高法院此一立場頗具啟示意義，惜欠缺方法論上的完整論述（參照，王澤鑑，〈民法總則在實務上的最新發展（四）〉，《台灣本土法學雜誌》，第五六期，第八九頁～第九四頁）。

❶❹⓪ 參照，民法第一二八條立法理由中段：「附停止條件權利或期限權利，從其條件成就或期限屆至時起算之。」

❶❹❶ 參照，最高法院二九年上字第一四八九號判例：「請求權定有清償期者，自期限屆滿時起即可行使，……其消滅時效應自期限屆滿時起算。」

❶❹❷ 參照，最高法院二八年上字第一七六〇號判例：「債權未定清償期者，債權人得隨時請求清償，……是此項請求權自債權成立時即可行使，……其消滅時效應自債權成立時起算。」

❶❹❸ 參照，最高法院六九年臺上字第七八〇號判決：「按訴訟上和解，……自和解成立之日起，……其消滅時效十五年之期間應即開始進行，並非有待於和解筆錄之送達。」

❶❹❹ 參照，最高法院五五年臺上字第一一八八號判例：「損害賠償請求權，自債務不履行時起即可行使，其消滅時效，亦自該請求權可行使時起算。」

③代償請求權，自其請求權成立時起算 ❶⁴⁵ 。

④租賃物返還請求權，自租賃關係消滅時起算 ❶⁴⁶ 。

⑤所有物返還請求權，自所有物被無權占有時起算 ❶⁴⁷ 。

⑥信託物返還請求權，自信託關係消滅時起算 ❶⁴⁸ 。

⑦協同辦理地上權設定之登記請求權，自基地租賃契約成立生效時起算 ❶⁴⁹ 。

⑧土地繼承人出賣應繼分之所有權登記請求權，自買賣生效時起算 ❶⁵⁰ 。

⑨土地登記錯誤衍生之損害賠償請求權，自信賴登記成立時起算 ❶⁵¹ 。

消滅時效之期間，以年或月或年月計算，其始日不予計算 (§120 II)。所謂成立時或消滅時等，其精確意義，係自其翌日零時起算。

---

❶⁴⁵　參照，最高法院八二年臺上字第一一六一號判決：「民法第二百二十五條第二項所規定之代償請求權，通說係認其為新發生之權利，故消滅時效應從新起算。」

❶⁴⁶　參照，最高法院三三年上字第三五四一號判例：「出租人對於承租人返還租賃物之請求權，其消滅時效應自租賃關係消滅時起算。」（同旨四五年臺上字第一三七八號判例）

❶⁴⁷　參照，最高法院三七年臺上字第七三六七號判例：「所有物返還請求權之消滅時效，應自該所有物經相對人實行占有之時起算。」

❶⁴⁸　參照，最高法院六七年臺上字第五〇七號判例：「信託財產之返還請求權消滅時效，應自信託關係消滅時起算。」

❶⁴⁹　參照，最高法院六八年臺上字第一六二七號判例：「請求協同辦理地上權設定登記之請求權，……其請求權時效應自基地租賃契約成立時起算。」

❶⁵⁰　參照，最高法院九〇年臺上字第一一五二號判決：「消滅時效自請求權可行使時開始起算，所謂請求權可行使時，係指權利人得行使請求權之狀態而言……繼承人出賣其應繼分……應認為買受人本於買賣所得行使之請求權於買賣後即可行使。」

❶⁵¹　參照，最高法院九四年臺上字第九五號判決：「按消滅時效，自請求權可行使時起算……土地登記錯誤，不能據以除斥真正之權利，在第三人信賴登記而取得土地權利之前，尚難認真正權利人已因此受有土地權利喪失之損害，而得請求地政機關賠償。」

2.特例情事

(1)不作為請求權

不作為亦得為給付 (§199III)，惟權利人何時得為不作為之請求，常非明顯確定，民法爰於第一二八條後段明定，以不行為為目的之請求權，自行為時起算。自行為時起者，意指義務人因違反義務而為行為之時 ❶❺❷。例如，甲對乙承諾，不在乙之經營地區為同種營業（通稱競業禁止），自甲之給付形態言是為不作為，自乙之權利言，即是以不作為為目的之請求權。甲乙約定之後，如甲竟在同一地區經營同種營業；此之營業活動，即是民法第一二八條後段所稱之行為。從而，乙請求甲停止該營業行為之消滅時效，自甲為營業行為之時（翌日）起算。

義務人負不作為義務，竟有相反之行為時，即為違反義務，自債之關係來說即是債務不履行。由於，違反義務（債務不履行）之損害賠償（解釋上包括違約金 ❶❺❸），係自不履行時起算消滅時效。

(2)特別規定

消滅時效之起算，如法律另有規定者，依其規定。茲舉三例以對：

①因侵權行為所生之損害賠償請求權，自知有損害及損害賠償義務人起，二年間不行使而消滅；其未知悉者，自侵權行為時起，逾十年不行使而消滅 (§197 I)。

②對承攬運送人之損害賠償請求權，其消滅時效自運送物交付或應交付時起，一年間不行使而消滅 (§666)。

③繼承權被侵害之回復請求權，自知悉被侵害時起，二年間不行使而

---

❶❺❷　參照，民法第一二八條立法理由後段：「以不行為為目的之請求權，……其期間，應自債務人為違反義務之行為時起，使計算時效。」

❶❺❸　參照，最高法院七〇年臺上字第三五一一號判決：「遲延利息之請求權，因五年間不行使而消滅，金錢債務之債務人給付遲延所應付之違約金，係按一定利率及遲延日數計算者，名稱雖與遲延利息異，然實質上仍為賠償債權人因遲延所受損害，債權人應同樣按時收取，不因其名稱有異而謂其時效之計算應有不同。」

消滅；其未知悉者，自繼承開始時起，逾十年不行使而消滅
（§1146Ⅱ）。

特別規定為自知悉時起算者，如其權利人於受害之時陷於意識不明者，
因其事實上無從知悉損害發生，消滅時效自亦無從進行❶。惟所謂知有損
害，並不包含對於損害額之認識❶。

二、消滅時效之障礙

消滅時效之中斷或不完成，對於消滅時效期間之完成（屆至）來說，
均是一種障礙，爰統合二者以消滅時效之障礙稱之。茲歸納為下列重點說
明：

$$
\text{消滅時效障礙}
\begin{cases}
\text{消滅時效中斷}
\begin{cases}
\text{中斷之意義及事由}\\
\text{中斷之成立及效力}
\end{cases}\\
\text{消滅時效不完成}
\begin{cases}
\text{不完成之意義及事由}\\
\text{不完成之效力}
\end{cases}
\end{cases}
$$

㈠消滅時效中斷

1.消滅時效中斷之意義及事由

⑴消滅時效中斷之意義

消滅時效中斷者，意指消滅時效進行中，因權利行使或其他事由發生，
致其已經過之期間概行消滅，重新更始進行之時效障礙制度。蓋以權利人
既已行使權利，則消滅時效進行之基礎即已喪失，理應推翻其已進行之期
間，以符法理之平，並維權利人權利❶。以我國民法來說，消滅時效中斷

---

❶ 參照，司法院八一廳民㈠字第○二六九六號函：「甲既已被撞傷成無意識能力
人，根本即不知加害者為何人，不可能行使請求權，自不得以車禍發生即損害
發生時起算，應自依民事訴訟法第五十一條第二項選任特別代理人時起算。」

❶ 參照，最高法院四九年臺上字第二六五二號判例：「民法第一百九十七條所謂
知有損害，即知悉受有何項損害而言，至對於損害額則無認識之必要，故以後
損害額變更而於請求權消滅時效之進行並無影響。」

❶ 參照，民法第一二九條立法理由：「謹按時效中斷者，即以前所經過之期限，

之事由有請求、承認及起訴（包括起訴同一效力事項）三者 (§129)。

　　請求、起訴為權利人行使權利之行為；反之承認卻是義務人之行為。民法併予規定，旨在顯示消滅時效中斷，尚不以權利行使行為為限。與起訴有同一效力之事項在消滅時效中斷事由之研析上，雖可涵蓋於起訴的概念內來了解。不過，此等事項既多、涉及亦廣，分別觀察，更盡清晰，爰以如下之敘述順序另行獨立說明：

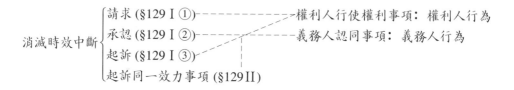

　　(2)消滅時效之中斷事由

　　①請　求

　　請求，前已多有說明，不再重複。

　　②承　認

　　民法於本條款所稱之承認，意義特殊，意指義務人對於權利人之權利行使，具有予以認許之意思而對權利人為表達者而言。至於，為認許之人對於中斷之法律效果是否認知或意識，均非所問。故承認並非意思表示，亦非法律行為，唯其仍須基於認許權利行使之意思而為表達，故為意思通知❼，乃準法律行為類型之一，關於其生效等類推適用意思表示之規定。其由代理人為之或受之者，於法亦生效力❽。

　　　概行消滅，以後仍須更始進行之謂也。時效因請求、承認、起訴而中斷，所以保護權利人之利益。」

❼　參照，最高法院六一年臺上字第六一五號判例：「民法第一百二十九條第一項第二款所稱之承認，乃債務人向請求權人表示認識其請求權存在之觀念通知。」（同旨最高法院五一年臺上字第一二一六號判例）

❽　參照，最高法院八八年臺上字第一二九九號判決：「民法第一百二十九條第一項第二款……之承認乃債務人向請求權人表示認識其請求權存在之觀念通知……觀念通知（或稱觀念表示）之準法律行為，亦在代理人得代理之範疇，

承認，只要足以推知義務人之表示有認許請求權存在之意思，即為已足 ❺，既無待書面，亦不以明示為必要，更無庸權利人同意 ❻。如義務人有支付利息之行為、請求緩期或分期清償者，亦生承認之效力 ❻，其交付物品供債權人出租而以租金抵付所欠利息，固是同有適用 ❻，其主張抵銷或抵償者亦同 ❻。

③起　訴

權利人發動民事訴訟程序，以行使其權利之訴訟法律行為，是為起訴。提起訴願、行政訴訟，或於刑事案件中提出告訴或自訴者，非此所稱之起訴；唯其寓有行使權利之意思，依請求定其效力。

起訴，無論其所提出者為通常程序之訴或小額訴訟，即於刑事訴訟程序提起附帶民事訴訟程序亦是（刑事訴訟法 §487 以下）。訴訟之種類，亦

　　是由本人之代理人向債權人為承認之行為，或本人之代理人由債務人接受承認
　　之通知，均直接對本人生效。」

❺　參照，最高法院七七年臺上字第二二九三號判決：「消滅時效，因承認而中斷，
　　……承認無須一一明示權利之原因、內容及範圍，以有可推知之表示行為為已
　　足。」

❻　參照，最高法院二六年鄂上字第三二號判例：「民法第一百二十九條第一項第
　　二款所稱之承認，為認識他方請求權存在之觀念表示，僅因債務人之一方行為
　　而成立，無須得他方之同意，此與民法第一百四十四條第二項後段所稱之承認。
　　須以契約為之者，其性質迥不相同。」

❻　參照，最高法院五一年臺上字第一二一六號判例：「消滅時效因請求、承認、
　　起訴而中斷。所謂承認，指義務人向請求權人表示是認其請求權存在之觀念通
　　知而言，又承認不以明示為限，默示的承認，如請求緩期清償、支付利息等，
　　亦有承認之效力。」

❻　參照，最高法院三八年臺上字第二三七○號判例：「債務人……將所有之田交
　　債權人收取租金抵償利息，自係對於債權人承認請求權存在之表示，……該請
　　求權之消滅時效即因而中斷。」

❻　參照，最高法院六三年臺上字第一九四八號判例：「上訴人所欠被上訴人貨款
　　六萬元既以所得佣金三千元抵償其一部分，自係對被上訴人為請求權存在之承
　　認，……請求權消滅時效即因而中斷。」

不問其究為給付之訴、確認之訴或形成之訴，亦不以本訴為限，即利用本訴提起反訴者（民事訴訟法 §259）亦同；於訴訟中為訴之變更、追加者，亦是（民事訴訟法 §255）。不過，單純的應訴行為，尚非起訴❿。義務人所提起者為消極確認之訴，縱經判決權利人勝訴，對於權利人而言，有無消滅時效中斷之適用，有力學說多持反對見解❿。

④起訴同一效力事項

如同起訴而中斷消滅時效之事項，計有下列五者：

a.依督促程序，聲請發支付命令

請求權所請求之標的物為代替物者（通常為金錢），債權人得以書面請求法院，不經言詞辯論而以裁定命債務人為給付；此之簡易程序，稱為督促程序，其裁定是為支付命令（民事訴訟法 §508Ⅰ），因此爰有「依督促程序發支付命令」之相關用語。於此情形，債權人所為之聲請有如起訴（民事訴訟法 §519），故列為等同起訴之中斷事由❿。

b.聲請調解或提付仲裁

調解或仲裁，為替代訴訟程序之半自治糾紛解決模式。前者，其較為重要者有法院調解（民事訴訟法 §403、§404）、鄉鎮市調解（鄉鎮市調解條例）、及消費爭議調解（消費者保護法 §44 以下）；後者，依仲裁法而統合。調解之聲請或仲裁之提付，其意義均是有如起訴（民事訴訟法 §404Ⅱ、§416Ⅲ，仲裁法 §18），故亦列為等同起訴之中斷事由❿。

---

❿ 參照，最高法院四六年臺上字第一一七三號判例：「時效因起訴中斷者，係僅指有請求權之人，以訴行使其請求權，其消滅時效因而中斷者而言……被上訴人僅係居於被告之地位，……其返還請求權之消滅時效，自不因此而生中斷之效果。」

❿ 參照，史著，第五九一頁；李著，第三七五頁；洪著，第五九一頁。

❿ 參照，民法第一二九條第二項第一款修正理由：「係參照民事訴訟法第五百十九條第一項之規定，債權人支付命令之聲請，應視為起訴或聲請調解。」

❿ 參照，同上條項第二款修正理由：「第二項第二款，原係根據前民事訴訟條例第四百九十三條規定而設，茲依現行民事訴訟法第四百零五條之規定，修正為『聲請調解』。凡其他法律有得聲請調解之規定而在性質上亦應認其與起訴有

調解之聲請，包括各種法律所定之調解❿。即使法律名詞非為調解，但其規範性質與調解相類者，亦是同有適用。例如，依耕地三七五減租條例規定而聲請調處（同條例 §26）、或依公害糾紛處理法規定而聲請調處（同法 §14 以下）均是❿。

　　c.申報和解債權或破產債權

於破產程序（包括破產和解程序）中，債權人只能就屬於破產財團之財產實現權利，並因申報債權而平均分配受償，其債權人之申報破產和解債權或申報破產債權，其意義亦與起訴相若，故民法亦列其為等同起訴之中斷事由。其依消費者債務清償條例所為之申報債權亦同❿。

　　d.告知訴訟

在訴訟繫屬中，將其訴訟告知於利害關係人者，是為告知訴訟（民事訴訟法 §65）。於此情形，告知人即會表示，如其受有敗訴判決，將向被告行使權利，使之效力等同起訴，於告知人權利之保護更見周妥，爰亦列為

───────

　　同一效力者，均包括在內……又（一）依商務仲裁條例第二十一條之規定：仲裁人之判斷，於當事人間，與法院之確定判決有同一之效力；（二）證券交易法第一百六十六條第一項規定：依本法所為有價證券交易所生之爭議，不論當事人間有無訂立仲裁契約，均應進行仲裁。同條第二項規定……（三）勞資爭議處理法第三十八條第二項之規定，爭議當事人對第三條第二項、第七條第二項所定視同爭議當事人間契約之決定裁決，得由爭議當事人另依民事法規，逕向法院請求強制執行；並參照民法第五百三十四條第六款等規定，則提付仲裁，亦應發生時效中斷之效力。爰增列『或提付仲裁』，以適應日益發達之工商業社會需要。」（按本段敘述中之商務仲裁條例第二一條，因法律之修正，解釋上應調整為仲裁法第三七條）

❿　參照，最高法院四八年臺上字第九三六號判例：「民法第一百二十九條第二項第二款所謂因和解而傳喚……者……，其制度與現行民事訴訟法之調解相當，……凡其他法令有聲請調解之規定者，亦應解為有該條之適用。」

❿　參照，最高法院四八年臺上字第七二二號判例：「耕地三七五減租條例所定之調解調處，與民法第一百二十九條第二項第二款所稱之和解，尚屬相當。」（所稱和解，因民法本條之修正，應調整為聲請調解）

❿　參照，消費者債務清償條例第三四條：「消滅時效，因申報債權而中斷。」

起訴效力等同事項❶。不過，告知人對於被告知人，並未具有請求權關係
者，則告知訴訟尚與中斷之適用無關。

　　e.開始執行行為或聲請強制執行

　　強制執行，係權利人請求法院，以公權力實現權利之行為，為明確而
堅強的權利請求，民法列為等同起訴事項，與前述各款規定之考量，尚無
不同。聲請強制執行云者，並不包括假扣押、假處分裁定本身之聲請❷；
聲請本票為強制執行之裁定者亦同（均只發生請求之效力）❸。

　　於依職權而為強制執行者，執行程序之進行並不以當事人之聲請為必
要，因此民法本條項亦將開始執行行為列入等同起訴事由。不過，民國八
五年強制執行修正，業已刪除法院得以職權強制執行之規定；從而，民法
有關開始強制執行中斷時效之規定（包括第一三六條之視為不中斷的規
定），是否仍有適用，不無探討餘地❹。

　　2.消滅時效中斷之成立及效力

　　⑴消滅時效中斷之成立

　　消滅時效之中斷之成立要件有①消滅時效尚未完成、②消滅時效中斷
事由出現及③消滅時效不中斷事項未存在三者。

　　①消滅時效尚未完成

　　消滅時效中斷，為切斷消滅時效期間進行、阻礙消滅完成之制度。唯
於消滅時效尚未完成者，始有存在空間；因此，消滅時效完成時起，縱使
權利人為請求、起訴等行為，於法並不發生消滅時效中斷之法律效果❺。

---

❶　李模著，第三六六頁以為，其實際適用空間，並不多見。

❷　按假扣押、假處分之強制執行，有聲請法院為裁定（民事訴訟法 §522 以下）
　　及聲請法院為執行（強制執行法 §132 以下）二個階段。此之所稱聲請強制執
　　行，意僅包括後者，為免混淆，爰予特別提醒。

❸　參照，最高法院八九年臺上字第一五八四號判決：「聲請本票裁定強制執行之
　　行為並非起訴，僅能認係行使請求權之通知，被上訴人既未於聲請本票裁定後
　　六個月內起訴或開始執行行為或聲請強制執行……時效應視為不中斷。」

❹　參照，李模著，第三六八頁。

❺　參照，最高法院四九年臺上字第二六二〇號判例：「債務人對於時效完成後所

②消滅時效中斷事由出現

消滅時效中斷事由上段已有具體敘述，爰不重複。

中斷事由的出現，在消滅時效中斷成立上，具有下列三項意義：

a.消滅時效中斷，以民法本條所臚舉之事由為限。

b.消滅時效中斷，須確定個別具體事由而為適用，亦即必須認定其究屬請求、承認、起訴、聲請調解或聲請強制執行等之一者。

c.中斷事由出現，僅係中斷成立之必要要件（核心事項），並非只要中斷事由出現，消滅時效即告中斷。

③消滅時效不中斷事項未存在

a.一般說明

中斷事由雖是一旦成立，但其後發生不中斷情事者，阻絕中斷之成立，其消滅時效仍不中斷，無消滅時效中斷之適用。足見，不中斷事項之不存在，於判斷消滅時效是否中斷，較之中斷事由發生，實更具舉足輕重之地位，亦其最後判準。

但其中之承認，尚無不中斷事項，是為絕對中斷事由（無不中斷事項）**⑯**；反之，請求、起訴等則為相對中斷事由，須不中斷事項未發生，中斷始告確定生效。

b.具體事項

關於不中斷事項，採個別臚列之體例。具體情事如下：

Ⓐ請求後未起訴

時效，因請求而中斷者，若於請求後六個月內不起訴，視為不中斷 (§130)。換言之，消滅時效因請求而中斷者，權利人必須於六個月內起訴；否則，即無中斷之可言。故六個月內僅為重複請求，

為之承認，除……其承認可認為拋棄時效利益之默示意思表示外，本無中斷時效之可言。」（同旨最高法院五〇年臺上字第二八六八號判例）

⑯　參照，最高法院七一年臺上字第三四三三號判例：「消滅時效因承認而中斷，……同法第一百三十條，係就因請求而中斷者為規定，原審於因承認而中斷之情形，亦予適用，自有適用法規不當之違法。」

不發生中斷之效力 **⑰**。又者，起訴須於消滅時效屆滿前提出（訴狀送達相對人），而且未因不合法而被駁回 **⑱**。消滅時效屆滿前之六個月內起訴者，消滅時效溯自請求時起中斷 **⑲**。但消滅時效期間較六個月為短者，其得為起訴之期間，以該消滅時效期間為限 **⑳**。再者，對於已經取得執行名義之債務，於請求後六個月內，須聲請強制執行 **㉑**。

Ⓑ起訴經撤回或遭駁回

時效因起訴而中斷者，若撤回其訴，或因不合法而受駁回之裁判確定，視為不中斷 (§131)。蓋以有此情事，於訴訟上即等於未起訴，自無使其發生中斷之依據 **㉒**。起訴不合法，非限於訴訟要件

---

⑰ 參照，最高法院七一年臺上字第三四三五號判例：「時效因請求而中斷者，請求人苟欲保持中斷之效力，非於請求後六個月內起訴不可。如僅繼續不斷的為請求，而未於請求後六個月內起訴，其中斷之效力，即無由保持。」

⑱ 參照，最高法院六二年臺上字第二二七九號判例：「時效因撤回起訴而視為不中斷者，……應以訴狀送達時，時效尚未完成者為限，否則時效既於訴狀送達前已完成，即無復因請求而中斷之可言。」

⑲ 參照，最高法院八一年臺上字第八五八號判決：「按消滅時效，因請求而中斷者……依其反面解釋，若於請求後六個月內起訴，其時效仍於請求時即告中斷。」

⑳ 參照，最高法院六五年第八次民庭庭推總會決議：「時效期間較之民法第一百三十條規定六個月內起訴之期間為短，該執票人對前手之追索權時效，縱因請求而中斷，但自中斷之事由終止重行起算時效之日起四個月內，若另無中斷時效之事由發生，而未起訴者，其追索權仍因時效完成而消滅，不因民法第一百三十條定有起訴之期間為六個月，而謂追索權尚未消滅。」

㉑ 參照，最高法院六七年臺上字第四三四號判例：「按時效因請求而中斷，若於請求後六個月內不起訴，視為不中斷……對於已取得執行名義之債務，若於請求後六個月內不開始強制執行，或不聲請強制執行，其時效視為不中斷。」

㉒ 參照，民法第一三一條立法理由：「撤回其訴，是當事人拋棄其依訴而生之保障請求權。又以其訴為不合法，而駁回其訴之判決確定時，其訴既為無效，則其因訴之提起而生中斷之效力者，當然亦失其效力。」（理由中所稱判決，業已

之欠缺，其不合於法律上訴權存在要件者，亦包括在內。例如，起訴因當事人不適格而遭駁回之判決，亦有適用 **⑱**。此外，法院以權利人請求權不存在（請求無理由），判決駁回請求者，仍有不中斷之適用 **⑱**。

Ⓒ支付命令經撤回或遭駁回

時效因聲請發支付命令而中斷者，若撤回聲請，或受駁回之裁判，或支付命令失其效力時，視為不中斷 (§132)。蓋以有此情事，即與未曾聲請發支付命令無異，視之不中斷，無寧為當然之理 **⑱**。

Ⓓ調解、仲裁經撤回或遭駁回

時效因聲請調解或提付仲裁而中斷者，若調解之聲請經撤回、被駁回、調解不成立或仲裁之請求經撤回、仲裁不能達成判斷時，視為不中斷 (§133)。蓋以有此情形，法律上與撤回起訴或起訴而經駁回者同，故亦列為不中斷事由 **⑱**。

Ⓔ申報債權經撤回

時效因申報和解債權或破產債權（或清償債權）而中斷者，若債

修正為裁判）

⑱ 參照，最高法院三一年（十一月十九日）民刑事庭會議決議：「撤回其訴或因不合法而受駁回之判決，其判決確定視為不中斷。此所謂不合法，……其不合於法律上之訴權存在要件者亦包含之。故訴因當事人不適格而受駁回之判決，其判決確定者，時效亦視為不中斷。」（同旨最高法院五一年臺上字第三六二四號判例）

⑱ 參照，最高法院七七年臺上字第四三六號判決：「法院如認債權人之請求權不存在，而以判決駁回其訴確定，即不生時效中斷之效力。」

⑱ 參照，民法第一三二條立法理由：「因送達支付命令而發生之訴訟拘束，若既失其效力，則與未發支付命令無異，不……生時效中斷之效力。」

⑱ 參照，民法第一三三條修正理由：「逕以裁定駁回調解之聲請，遇此情形，時效應視為不中斷；又民法總則第一百三十一條、第一百三十四條均規定有撤回之情形，並增列『經撤回』或『請求經撤回』亦視為不中斷。……至調解不成立或仲裁不能達成判斷，應視為時效不中斷，乃屬理所當然。」

權人撤回其申報時，視為不中斷 (§134)。蓋以撤回申報，本與撤回起訴無異 **⑱**。

Ⓕ告知訴訟後不為起訴

時效，因告知訴訟而中斷者，若於訴訟終結後，六個月內不起訴，視為不中斷 (§135)。蓋以有此情事，足認告知人無意貫徹權利之行使，爰亦列為不中斷情事 **⑱**。

Ⓖ經撤回（銷）或遭駁回

時效因開始執行行為而中斷者，若因權利人之聲請或法律上要件之欠缺而撤銷其執行處分時，視為不中斷。時效因聲請強制執行而中斷者，若撤回其聲請，或其聲請被駁回時，視為不中斷 (§136)。其立法考量，當與上述各項同 **⑱**。不過，職權強制執行已不存在；因之，此者是否仍有適用餘地，不無疑義 **⑲**。

(2)消滅時效中斷之效力

消滅時效中斷之效力，分為下列事項說明：

---

⑱ 參照，民法第一三四條立法理由：「債權人雖已為破產債權之報明，至其後撤回其報明時，則與訴之撤回無異，不生時效中斷之效力。」(理由中之報明字眼，已修正為申報)

⑱ 參照，民法第一三五條立法理由：「訴訟終結後六個月內，告知人不提起履行或確認之訴者，是不欲完全行使其權利，亦不使因訴訟告知而生時效中斷之效力。」

⑱ 參照，民法第一三六條立法理由：「強制執行，依承發吏而為者，以執行行為之開始，（扣押）為時效中斷之事由。又依法院而為者，以執行之聲請，為時效中斷之事由。故本條分別規定，並明示執行撤銷，及聲請撤回或被駁回者，不生時效中斷之效力。」

⑲ 公法上罰鍰之請求權，得類推適用消滅時效之規定（參照，法務部八一法律字第八六九四號函、八二法律字第三五三九號函、第一九六一八號函）；如該等公法規定之移送法院強制執行者（如財稅之執行、環保罰鍰之執行），就其移送不解釋為聲請，則解釋上即仍有有關於此之適用。

$$消滅時效中斷\\(效力)\begin{cases}客體效力（時的效力）\begin{cases}時效重行起算 (§137\text{ I }、II)\\短期時效重算為五年 (§137\text{ III})\end{cases}\\主觀效力（人的效力）：當事人及繼受人 (§138)\end{cases}$$

①重行起算（時間上的效力）

於中斷事由終止時起，原已經過之期間失其存在意義[191]，消滅時效重新起算。中斷事由，或為一時性行為、或為繼續性行為，何時重新起算之不同形態如下：

　　a.請求、承認：請求或承認之中斷事由終止時、亦即請求或承認生效（通常為通知到達相對人）之時點 (§137 I)。

　　b.起訴：其經判決者，受勝訴之確定判決時[192]；其於訴訟中成立和解或調解者，於該等程序終結時 (§137 II)[193]。

　　c.起訴同效力事項：於各該程序終結時 (§137 I)。如強制執行所生中斷，於發給債權憑證時為執行程序終結而重行起算[194]。

②短期消滅時效期間之延長

民法第一三七條第三項規定:「經確定判決或其他與確定判決有同一效力之執行名義所確定之請求權，其原有消滅時效期間不滿五年者，因中斷而重行起算之時效期間為五年。」蓋以請求權如經判決確定，其實體法上法

---

[191]　參照，民法第一三七條立法理由前段：「按中斷之時效，應於中斷事由之終止時，使為新時效之計算。其中斷，前已經過之期間，並不算入。」

[192]　參照，八四年臺上字第一六〇九號判決：「因起訴而中斷之時效，……重行起算，係指受勝訴確定判決者而言，如受敗訴判決確定……不生時效重新起算之問題。」

[193]　參照，同[191]立法理由後段：「因起訴而中斷之時效，自受確定判決或因其他方法訴訟終結時，（例如和解）則應重行起算新時效。」

[194]　參照，法務部八二法律字第一九六一八號函：「按消滅時效因開始執行行為或聲請強制執行而時效中斷者，自中斷之事由終止時，重行起算……復按執行法院依強制執行法第二十七條第二項規定發給憑證時，執行行為即為終結，因開始執行而中斷之時效重新起算。」

律關係已再無爭議餘地，自無庸不斷要求債權人動輒為聲請強制執行等中斷消滅時效之行為，故法律明定其重行起算之消滅時效期間為五年；其債權人取得與確定判決有同一效力之執行名義者亦同 ❺，如支付命令確定、仲裁判斷確定、公害糾紛裁決確定 ❻、訴訟上和解成立、調解（處）成立等是。民法本條項增訂前，實務曾有之不同見解判例 ❼，已因法律變更而廢止，研習上應予注意 ❽。再者，如非為確定判決或非與確定判決同一效力事項者，尚無期間延為五年之適用。例如，依公證法作成公證書者（公證法 §13 I，強制法 §4 ④），尚不生消滅時效期間之延長。

③中斷效力及於繼受人

民法第一三八條規定：「時效中斷，以當事人、繼承人、受讓人之間為限，始有效力。」是為中斷及於人的效力之規定，旨在杜防第三人無端受益或受害 ❾。繼承人，須其當事人死亡而確定繼承之人 (§1147)。繼承人、受讓人者，均係繼受權利之人，爰以繼受人合稱之。

當事人者，限於為中斷行為之人，故連帶債務人一人所為之承認，其中斷時效之效力，尚不及於其他債務人 ⓴。同理，主債務人所為之承認，

---

❺ 參照，民法第一三七條修正理由：「按法律規定短期消滅時效，係以避免舉證困難為主要目的，如請求權經法院判決確定，或和解、調解成立者，其實體權利義務關係，業已確定，……爰增訂本條第三項以延長時效期間為五年（參考德國民法第二一八條、日本民法第一七四條之二）。」

❻ 參照，公害糾紛處理法第三○條第一項、第三九條。

❼ 參照，已廢止前最高法院四九年臺上字第一九五六號判例：「短期時效，因受確定判決而中斷後重新起算時，……仍應依權利之性質定其長短。」

❽ 短期消滅時效期間，因裁判確定延為五年，在我國係源自民國六四年間強制執行法之修正（增訂於當時有效之同法第四條第三項），民法本條項增訂之後，強制執行法之該條項，反因配合民法本條修正而刪除。

❾ 參照，民法第一三八條立法理由：「時效之中斷，以當事人、繼承人、受讓人之間為限，始有效力，蓋他人不能無故而受中斷之利益或被損害也。」

⓴ 參照，最高法院五六年臺上字第一一一二號判例：「所謂當事人者，係關於致時效中斷行為之人，故連帶債務人中之一人對債權人承認債務，對該債務人債

其中斷之效力，亦不及於保證人❷。不過，其他法律另有規定者（特別法），本於特別法優先於普通法之法律適用原則，仍應優先適用該等特別規定。茲舉二例以對：

　　a.連帶債權人中之一人，對債務人為給付之請求而中斷消滅時效者，於為他債權人利益之範圍內，其中斷之效力及於其他連帶債權人（§285）；

　　b.債權人向主債務人請求給付或為其他中斷時效之行為（例如聲請強制執行），對於保證人亦生（中斷）效力（§747）。

(二)消滅時效不完成

　　消滅時效之不完成，分為不完成之意義、類型及周邊三項說明：

1.消滅時效不完成之意義

(1)概念說明

　　消滅時效不完成者，意指於消滅時效期間將近屆滿之際，因發生請求權無法或不便行使之法定事由，使消滅時效於事由終止後延續一定（相對短暫）期間之時效障礙制度❷。蓋以消滅時效期間即將屆滿，如突然出現不便或不能權利行使之事由，而法律仍放任消滅時效期間繼續進行，對於權利人將是極不公平，也極不利益。適度肯定消滅時效之不完成，使權利人於該暫緩的期間內行使權利，於兼顧權利保護及法理衡平，均具正面意義。

　　消滅時效之不完成，非源自權利人行使權利或義務人承認權利，但其

　　　權之消滅時效雖因而中斷，但對其他債務人……並不中斷。」

❷　參照，最高法院六八年臺上字第一八一三號判例：「向主債務人請求履行及為其他中斷時效之行為，對於保證人亦生效力者，僅以債權人向主債務人所為請求、起訴或與起訴有同一效力之事項為限，……承認，……非民法第七百四十七條所指債權人向主債務人所為中斷時效之行為，對於保證人自不生效力。」

❷　參照，最高法院八〇年臺上字第二四九七號判例：「時效不完成，乃時效期間行將完成之際，有不能或難於中斷時效之事由，而使時效於該事由終止後一定期間內，暫緩完成，俾請求權人得於此一定期間內行使權利……於該時效不完成之一定期間內，如無時效中斷事由發生，其時效即告完成。」

結果卻是有利權利人之利益而不利義務人之利益，為期法理衡平，消滅時效不完成因同時考量義務人之保護，爰呈現頗為約制謙抑的下列多重限定意義：

①發生時間：消滅時效期間行將屆滿（完成）之際。

②事由：限於法律列舉之特定事項 (§139～§143)。

③延續期間：相對短暫，分別為一個月至一年不等。

由於消滅時效之不完成，就多重限定事項為具體斟酌，不僅條文相對多數，規定也相當具體，以致規範群體龐大。加上消滅時效中斷亦有相類的制度形式特色 (§129～§138)。因此，純就制度形式（條文多寡）而言，消滅時效之障礙（中斷及不完成），顯係消滅時效上最大之規範群落〔本章條文二十有三 (§125～§147)，其中消滅時效障礙之規定，計有條文十五 (§129～§143)，比例已逾六成〕。只是，形體繁多，並非當然意味其為規範重心所在 ❷❸。

(2)規範意義

消滅時效不完成之規範意義，立法理由或據時效中斷以為說明，或藉德國民法上（廣義）時效停止之概念加以闡述 ❷❹，立場尚非一致。不過，民法上之消滅時效不完成，並不重行計算消滅時效期間，也不正面否定原已進行之消滅時效期間的存在意義，並非中斷可以說明；反之，亦非消滅時效期間暫時停止，而是於不完成事由終止後，消滅時效並不恢復進行，其原已進行之期間亦不併入計算，故亦非單純之停止。因此，強以停止或中斷比擬消滅時效不完成，恐怕均有未盡妥適。

消滅時效發生不完成情事者，消滅時效之期間及進行之計算，均為之

---

❷❸ 消滅時效障礙雖是條項繁多，但解釋作業卻是相對貧乏（特別是消滅時效不完成諸條，幾乎處於判解難得一見）；反之，消滅時效期間（包括客體）三條 (§125～§127)，卻是判解極其繁多，且迭有調整增益，足證後者始為適用普遍及爭論紛歧的規範重心。

❷❹ 立法理由關於時效不完成的論證，略可歸納為中斷時效論證法 (§139、§140) 及停止時效論證法 (§141、§143) 二者。

質變。其內容轉為：法定消滅時效期間及前已實際進行之期間，均棄而不論，等同只剩法定猶豫（延續）期間存在，其時效之完成，易以亦僅以另定之延續（猶豫）期間為其依據。是以，下列思考模式，似較能描述其制度之精義❷⁰⁵。

消滅時效期間行將屆滿＋（法定）不能或不便行使權利事由 ────────（成立要件）

消滅時效期間過往不究＋（法定）消滅時效猶豫期間（另行計算）───（效力內容）

消滅時效不完成 ──────────（法律名詞）

2.消滅時效不完成之類型

⑴不可避事變

民法第一三九條規定：「時效之期間終止時，因天災或其他不可避之事變，致不能中斷其時效者，自其妨礙事由消滅時起，一個月內，其時效不完成。」是為不可避事變所生的消滅時效不完成。論其制度要點如下：

①天災者，意指各種自然災變而言，地震、颱風、洪水等乃其典型；其他不可避事變者,意指天災以外其他重大而不能抗拒之意外事故，兵燹、戰亂、暴動或疫癘等為其著例。單純之事變，如權利人因車禍入院或遭人綁架，致不能行使權利者，尚不適用，惟學理見解尚甚分歧❷⁰⁶。

②不可避事變之存在也者，不以事故實際發生為必要，其因事故顯有發生之虞而採取應變措施，以致不能行使中斷時效行為者（如火山行將爆發而撤離住民，或開戰在即，居民均已逃離），亦有適用。

③不可避事變之存在,須客觀上達於各種中斷時效途徑均是無從採取，

---

❷⁰⁵　參照，李模著，第三八〇頁～第三八一頁；洪著，第六一三頁；黃立著，第四七四頁。

❷⁰⁶　相同見解參照，史著,第五二二頁；李著，第三八三頁；李模著，第三八一頁～第三八二頁；胡著，第四五二頁。

反對見解參照，何著，第四三三頁；洪著，第六一四頁；施著，第三六七頁；黃著，第四〇二頁；黃立著，第四七〇頁。

時效不完成始告成立。交通斷絕（包括郵電不通）乃其重要判準❷。是否不能行使中斷時效之行為，依客觀情事，以社會通念判斷之。如其客觀實際情況，未達不能行使請求權之狀態者，尚無適用。例如，交通雖已斷絕、郵電亦全不通，但權利人與義務人居於同棟大樓或同一宅邸者，仍難謂其不能中斷時效；反之，如其客觀情事已達者，則權利人曾否為中斷時效之行為、乃至有無考量或認知，均非所問。

④所謂時效期間終止時，係指期間行將終止（期滿）而言。行將終止也者，不以屆滿前之頃刻或極短暫時點（如數分鐘）為限。蓋以猝遇不可避事變發生，社會秩序隨而動盪不安，個人更是難免流離失所，寢食難安。歷經此種動亂顛沛，所謂中斷時效，雖非絕不可能，但客觀上無異強人所難。因之，行將終止，應依社會一般觀念及誠實信用原則予以論定❷。不過，正本清源之道，仍以明定終止前一定期間之立法模式為妥。德國民法規定為時效終止前六個月，其立法政策可供參考（期間是否須長達六個月，尚有探討空間）❷；部分學理先後表達相類建議，值得肯定❷。

⑤本類型的消滅時效猶豫期間，為一個月，並自妨礙事由消滅時、亦指不可避事實終止之時起另行起算。其實際起算日，則為終止之翌日（§120 II）。

(2)繼　承

屬於繼承財產之權利或對於繼承財產之權利，如其繼承人不能確定或

---

❷　參照，法務部七八法律字第一〇三五八號函：「民法第一百三十九條所謂『……不可避之事變』，係指時效期間已開始起算後，於終止時，因戰亂致交通隔絕致不能中斷其時效等情形而言。」

❷　參照，施著，第三六七頁。

❷　參照德國民法（二〇〇二年修正）第二〇六條：「債權人於消滅時效期間終止前六個月，因不可避之事變而不能行使權利者，其消滅時效停止。」

❷　參照，李模著，第三八三頁；胡著，第四二六頁；黃立著，第四七一頁。

管理人不能選定或受破產之宣告者，於法並無行使或接受中斷時效行為之人，法律爰明定其為時效不完成事由 (§140)，以保護權利人之利益❷。論其制度要點如下：

①繼承人，意指繼承開始時（被繼承人死亡時：§1147）承受遺產之人 (§1148)；所謂管理人，意指遺產管理人 (§1177 以下)；遺產宣告破產也者，依破產法之規定定之（破產法 §57、§59），其另一重心課題，乃是破產管理人之選任（破產法 §64、§83 以下）。繼承財產也者，意指繼承開始時，繼承人限定或概括承受自被繼承人之一切權利義務的總合 (§1148)。

②適用客體，為屬於或對於繼承財產之權利。屬於繼承財產之權利也者，意指繼承人因繼承而成為權利人，因而對於他人得為請求之權利；對於繼承財產之權利，意指繼承人因繼承而成為義務人，他人（權利人）對繼承人得為請求之權利。

③適用之範圍，應及於所有之繼承形態。緣以在世為人，慎終追遠、護喪守制，無寧至為重要，亦人性所難避免。至親謝世，法律上固因繼承，而得出面行使權利及負擔義務；但人情之常，無不哀慟逾恆，盡心籌辦後事，其因而不能行使權利之情境，實有逾於遭逢不可避事故。反之，繼承人之債權人，於此時刻，如出而行使權利，亦是大乖倫常，遭人唾棄，謂其不便於對繼承人行使權利，實亦人道必須考量。因之，儘管立法理由所述似有偏於限定繼承人不明之案例，學理通說亦同❷，但淺見以為，適用範圍及於各種繼承形態

---

❷ 參照，民法第一四〇條立法理由：「屬於繼承財產之權利，或對於繼承財產之權利，其時效應從繼承人之確定，或管理人之選定，或破產管理人之選任時起，六個月內，時效不完成。蓋此時缺為中斷行為人或缺受中斷行為人故也。」

❷ 同說（各種繼承形態均有適用）：李模著，第三八四頁（史著，第六二三頁～第六二四頁似偏於此說，但非甚為明確）。

通說見解（限於繼承人不明始有適用）：洪著，第六一五頁；何著，第四三五頁；何孝元著，第二六二頁；胡著，第四二六頁；施著，第三六八頁；黃著，

之廣義論點，為較妥適。

④不同之繼承形態，其另行起算時點之不一致者如下表：

消滅時效不完成
（繼承）
　　├ 繼承財產宣告破產：破產宣告（破產管理人選任）時
　　└ 繼承財產未宣告破產──
　　　　　├ 法定繼承 ┬ 限定繼承 ┐
　　　　　│　　　　　└ 單純繼承 ┘── 繼承開始（繼承人確定）時
　　　　　├ 全體拋棄繼承：遺產管理人選定時
　　　　　├ 無人繼承：遺產管理人選定時
　　　　　└ 其他繼承人不確定情事：繼承人確定時

⑤猶豫期間為六個月。因之，於繼承開始時，距消滅時效期間屆滿未及六個月者才有、亦即有適用。如剩餘期間仍逾六個月者，尚無本條適用。

⑥於該期間內如有中斷事由發生者，仍生中斷之效力，無時效不完成之適用。

⑶法定代理人欠缺

民法第一四一條規定：「無行為能力人或限制行為能力人之權利，於時效期間終止前六個月內，若無法定代理人者，自其成為行為能力人或其法定代理人就職時起，六個月內，其時效不完成。」蓋以，法定代理人欠缺者，無行為能力人或限制行為能力人難以完妥行使其權利，爰設為消滅時效之不完成事由，以資保護其利益❷⓭。論其制度要點如下：

①本條之適用範圍，以無行為能力人或限制行為能力人所為行為無效或不能獨立生效者為限，如其等所為行為得為獨立有效者（§83～§85），尚無適用。

②本類型既旨在保護行為能力欠缺人；因之，他人對於行為能力欠缺

第四五〇頁；黃立著，第四七四頁。

❷⓭ 參照，民法第一四一條立法理由：「時效之期間終止前，六個月內，無行為能力人或限制行為能力人，尚無法定代理人者，自其成為行為能力人，或其法定代理人就職時起，六個月內，停止時效進行，以保護其利益。」

人的權利、亦即行為能力欠缺人為義務人者，尚無適用。

③法定代理人之欠缺，須發生於消滅時效期間屆滿前六個月內；不過，只要於此時段一旦發生法定代理人欠缺，即有適用，非謂必須全程均處於欠缺狀態。

④猶豫期間為六個月，自法定代理人就職或能力欠缺人成為行為能力人時起算。

⑤如於其間有中斷之行為者，於法仍生中斷之效力，並排除時效不完成之適用。

⑷法定代理關係

民法第一四二條規定：「無行為能力人或限制行為能力人，對於其法定代理人之權利，於代理關係消滅後一年內，其時效不完成。」蓋以法定代理關係存續期間，不惟行為能力欠缺人不便對法定代理人行使請求權，法律上亦是窒礙難行，為保護行為能力欠缺人計，爰設為時效不完成事由，以維行為能力欠缺人權益❹。論其制度要點如下：

①限於行為能力欠缺人對於法定代理人之權利，始有適用。反之，法定代理人對於行為能力欠缺人之權利，並無適用。

②代理關係消滅，意指法定代理關係之消滅。其重要事由如：未成年人成年或結婚，行為能力欠缺人或法定代理人死亡，法定代理人遭解除職務均是。

③代理關係之消滅，須發生於消滅時效期間屆滿前一年內，時效不完成之猶豫期間為一年，自代理關係消滅時另行起算。

④於該期間內如有中斷之行為者，亦生中斷時效之效力，並無消滅時效不完成之適用。

⑸婚姻關係

民法第一四三條規定：「夫對於妻或妻對於夫之權利，於婚姻關係消滅

---

❹　參照，民法第一四二條立法理由：「謹按無行為能力人，或限制行為能力人，對於法定代理人之權利，應於代理關係消滅（如親權喪失或本人已屆成年）後一年內，其時效不完成，以保護此等無能力人或限制行為能力人之利益。」

後一年內，其時效不完成。」蓋以婚姻關係存續中，鶼鰈情深，法律強使雙方斤斤計較，按時行使權利，實恐有乖人性，破壞家庭幸福，爰設時效不完成制度，以為調濟❷⑮。語其制度要點如下：

①夫對於妻或妻對於夫之權利，以財產上的權利為範圍，純粹身分上的請求權，尚非適用之標的。

②夫妻相互間的權利，雖不問其發生原因為何？但須為婚姻關係前或其存續中所生之權利。因之，婚姻關係消滅所生之權利（如離婚後的贍養費請求權），尚無適用。

③婚姻關係消滅，究係出於撤銷結婚、離婚或死亡，均非所問❷⑯；不過，其時點須發生於消滅時效期間屆滿前一年內。

④時效不完成之期間為一年，自婚姻關係消滅時起算。

⑤於該期間內，如有中斷事由發生者，仍生中斷之效力，無時效不完成之適用。

3.消滅時效不完成之周邊

關於消滅時效不完成之周邊，分就中斷、停止二者說明。

⑴不完成與中斷

不完成與中斷二者之異同如下：

---

❷⑮　參照，民法第一四三條立法理由：「夫對於妻之權利，或妻對於夫之權利，在婚姻關係存續中，固應維持家室之和平，即在婚姻關係消滅後，亦應停止時效之進行。故在一年內，時效不完成。」

❷⑯　婚姻無效，尚不發生夫妻關係，無時效不完成之適用；反之，結婚撤銷，並無溯及效力 (§998)，已生之婚姻關係不容否定，自有時效不完成之適用。

		中　　斷	不　完　成
同	性　　質	均為時效完成之障礙制度，均以法定列舉事由為限	
	內　　容	過往時效期間，均是棄之不論	
	目　　的	保護因時效完成而受不利益之當事人（權利人）	
異	原　　因	權利人行使權利 (§128)	權利人不能或不便行使權利 (§139～§143)
	法律事實之性質	當事人行為	當事人行為以外之事實或法律關係
	效　　力	時效原則按原消滅時效期間重行起算，但與延續猶豫之概念無關（重新起算）	時效並非重行起算，而是酌予延續或猶豫一定（但相當短暫）之期間（另行計算）
	成立與否	原則上尚有不中斷之適用（承認為其例外）	原則上無排除時效中斷之適用
	主觀適用範圍	僅於當事人及繼承人之間發生效力 (§138)	具有對世效力
	構成體例	得依權利行使（廣義請求）而為概括說明	個別類型並立，尚無一般概念為之統合

⑵不完成與停止

①關於時效停止的概念

何謂消滅時效停止，本身是個相對而流動的概念。因為，如果從廣義言之，時效不完成，亦可納入時效停止之概念，並列其以為時效停止類型之一。學理採此見解者，頗為普遍[217]；部分學理或認為，時效不完成即是時效停止[218]。實務以為，時效停止僅指單純之時效停止計算的制度，其概念尚與時效不完成有別[219]。就免於概念混淆來說，有其一定積極意義，亦較能確切闡釋民法之立法政策，均是值得肯定。

②（狹義）時效停止的意義

---

[217] 晚近重要文獻，參照，史著，第六二〇頁；李模著，第三八一頁；洪著，第六一三頁；施著，第三六六頁；黃立著，第四七〇頁。

[218] 參照，史著，第六一七頁以下；洪著，第六一三頁以下。

[219] 參照，最高法院八〇年臺上字第二四九七號判例：「我國民法僅有時效不完成制度，未採時效進行停止制度，故時效進行中，不論任何事由，均不因而停止。原審謂時效不完成，即指時效停止進行……所持見解，顯有違誤。」

　　狹義的、亦即固有意義的時效停止，意指消滅時效因特定事由之發生而單純停止進行者而言。其效力內容略為：於停止事由存續中，時效停止進行，俟停止事由消滅（終止）後時效恢復進行，合併其前後期間，以計算時效之完成。因之，係有別於時效中斷及時效不完成之另一消滅時效完成障礙類型。

　　我國民法就時效停止固未為正面規定，惟完全否定時效停止在我國民法適用之可能，其論點恐有不盡完妥。例如，在所謂之舊債新償（§320本文），關於應停止請求履行之舊債，謂其不能適用時效中斷或不完成，固是毫無疑義，但如謂其連時效停止之效力亦不發生，則任何債權人接受新債償舊，勢必陷於因不得請求清償（舊）債權而可能罹於消滅時效之困境，如是不僅有違法理之平，亦有失制定舊債新債之本意。惟因思考民法並無停止時效之正面規定，個人曾以中止稱之❷⓿，惟究其真意，實與停止無異；此外，如當事人於和解積極洽談中，如謂其時效不能停止，於權益之保障恐亦多有窒礙。

三、消滅時效之效力（具體事項）

　　消滅時效之效力事項如下表，其核心之拒絕給付，前已論述，茲僅補充說明其邊緣的具體事項：

$$
消滅時效效力\begin{cases}核心效力：拒絕給付（§144\ I）——前節論述\\具體事項\begin{cases}例外情況：抗辯權失靈（§144\ II、§145）\\效力射程\begin{cases}客觀範圍：及於從權利（§146）\\規範屬性：強行規定（§147）\end{cases}\end{cases}本段說明\end{cases}
$$

(一)例外情況

　　消滅時效完成，債務人得拒絕給付，固是常態；但以下二項特殊情事，抗辯權形同失效，債務人不得拒絕給付，爰以抗辯權失靈稱之。其一為義務人履行給付等，其二為請求權附有擔保物權。

---

❷⓿　參照，拙著，《新訂民法債編通則（下）》，第七二八頁。

1.義務人履行給付等

民法第一四四條第二項規定：「請求權已經時效消滅，債務人仍為履行之給付者，不得以不知時效為理由，請求返還；其以契約承認該債務或提出擔保者亦同。」蓋以義務人有此情事者，即得認係拋棄時效利益，自不得再以時效業已完成而主張拒絕給付❷。而且，義務人於為此行為時，是否知悉時效完成，在所不問❷。

⑴義務人履行給付

所謂履行之給付，只要有其行為即是，不問其係出於權利人之請求，或係義務人主動之償付。給付者，義務人履行義務之行為，其通常為債務人履行債務，民法本條爰以債務稱之。其形式上為給付行為，但無履行義（債）務之意思者，仍不喪失時效消滅完成上利益。例如，出賣人嗣後死亡，其繼承人不知其情，於時效消滅完成後，將買賣標的物借用於買受人者，因其非為履行之給付，自無履行給付之適用（亦即仍得請求返還）。其適用上值得注意者，尚有下列三點：

①民法本條項，係明定其為債務或債務人。不過，鑑於消滅時效適用之權利範圍，債權僅其大宗，而非為全部；時效完成後之履行給付，其不得請求返還者，不以基於債權請求權所生之債務為限。因之，本段爰以權利、義務，權利人、義務人代之，用期周延，並免概念混淆及無謂之誤解。

②消滅時效完成，不過抗辯權為之發生而已，權利人之權利及其所生之請求權，並不為之消滅；因之，義務人於時效完成後為給付者，權利人仍是基於權利而為受領，並非不當得利。

---

❷　參照，最高法院五〇年臺上字第二八六八號判例：「債務人於時效完成後所為之承認，……自屬拋棄時效利益之默示意思表示，且時效完成之利益，一經拋棄，即恢復時效完成前狀態，債務人顯不得再以時效業經完成拒絕給付。」

❷　參照，民法第一四四條立法理由：「消滅時效完成後，債務人固得拒絕請求，但債務人如已為給付之履行，或以契約承認其債務，或提供債務之擔保者，則此際之債務人，不得以不知時效為理由，請求返還。」

③拒絕給付之滅卻對象僅是請求權。因此，拒絕給付抗辯後而為履行之給付者，仍不得請求返還。不過，實務以為，其適用範圍以任意給付為限❷。

(2)義務人以契約承認

①綜合論述

義務人於消滅時效完成後，對權利人以契約承認義務者，亦是拋棄時效利益❷，故民法本條項明定其效力與履行給付亦同。亦同者，準用之意也。蓋以對於義務之承認，尚無給付之行為，於法不生請求返還之問題，爰以亦同表徵時效利益之喪失❷，消滅時效為之重新起算❷。其於訴訟上為承認者，亦應作同一之解釋❷。

此稱承認，與中斷時效 (§129 I ②) 所稱的承認，詞同義異。論其區隔如下：

a.本條項之承認，限於消滅時效完成者，始為適用；中斷之承認，須於消滅時效完成前，始得適用。

---

❷ 參照，最高法院九二年臺上字第一七五一號判決：「如（消滅時效完成）債務人行使此項抗辯權，表示拒絕給付，債權人之請求權利因而確定的歸於消滅，債務人即無給付之義務，嗣後如因法院之強制執行而為給付，因非基於債務人任意為之，……債務人自得依不當得利之規定，請求債權人返還。」

❷ 參照，最高法院六九年臺上字第三四一六號判決：「時效利益拋棄，係指因時效而受利益之人，於時效完成後，向因時效而受不利益之人表示其不欲享受時效利益之意思之行為。」（按此之行為，特別指明其為意思表示者，請參照，最高法院五〇年臺上字第二八六八號判例）

❷ 本條項所稱亦同，應只是效力上準用，亦即僅是效力上之比照而已。

❷ 參照，最高法院六四年臺再字第一六四號判例：「拋棄時效利益之人，不得對於已拋棄之時效利益再行主張。」

❷ 參照，最高法院三〇年上字第四七三號判例：「當事人於言詞辯論時，就他造所為給付之請求為認諾者,即令該請求權之消滅時效已完成，亦應本於其認諾，為該當事人敗訴之判決，不得再以言詞辯論終結前消滅時效之完成，為拒絕給付之理由。」

b.本條項之承認，除認識他方請求權存在外，尚須有拋棄時效利益之意思，且為意思表示；中斷時效之承認，以認識他方請求權存在即為已足，且為意思通知。

c.本條項所稱承認，為法律行為，且須以契約為之；中斷時效上之承認，為準法律行為（意思通知），而且為單方之行為，只要義務人一方為承認之表示即為成立。

d.本條項承認，發生抗辯權失靈之效果；中斷時效之承認，係發生時效中斷之效果。

②補充說明

a.承認，雖應以契約為之，但無庸書面或其他方式，亦即只要雙方意思表示合致，即為已足；而且，無論明示或默示，均無不可。實務以為，時效利益，債務人得自由處分❷❷❽，拋棄時效利益即是處分時效利益之（準）處分行為（默示意思表示）❷❷❾；一人之拋棄，其效力原則上不及於他人❷❸⓿；公同共有人中之一人未經其他公有人全體之同意而為承認，其承認尚不生效力❷❸❶；對於基地為承認者，其效力亦不及於房屋❷❸❷。

---

❷❷❽ 參照，最高法院九五年臺上字第一〇八七號判決：「是否行使（消滅）時效抗辯權，乃債權人之權利，得由債務人自由處分。」

❷❷❾ 參照，最高法院七七年臺上字第二六〇九號判決：「上訴人既知時效完成之事實，而仍為承認行為，自屬拋棄時效利益之默示意思表示，時效完成之利益一經拋棄，即恢復時效完成前之狀態，債務人不得再以時效業經完成，拒絕給付。」

❷❸⓿ 最高法院五二年臺上字第八二三號判例：「時效完成後，如拋棄時效之利益……除有明文規定外，一人拋棄，其影響不及於他人。」

❷❸❶ 參照，最高法院七六年臺上字第二六四四號判決：「按時效利益之拋棄係處分行為之一種，公同共有人中之一人未得全體共有人同意，向他人為拋棄時效利益之意思表示者，依法即非有效。」

❷❸❷ 參照，最高法院六九年臺上字第二七四號判決：「移轉登記請求權罹於消滅時效後，縱使有以上開文書通知〇〇〇繳付訟爭土地地價稅，並收取其所繳該稅等情事，亦僅生拋棄訟爭土地部分之時效利益問題，尚難謂亦已拋棄訟爭房屋

b.承認是否以知悉時效完成為要件，固有實務見解持肯定立場，惟晚近見解大多貼近民法本條項規定，認為無庸已知悉為要件❷❸❸。

c.實務以為，承認無異消滅時效利益之拋棄，法律既無禁止消滅時效完成後利益之拋棄，則其以單獨行為為承認者，亦同有適用❷❸❹，無庸以出於契約者為限❷❸❺，其見解應屬可採。

(3)義務人提供擔保

義務人於消滅時效完成後，為其義務之履行向權利人提供擔保者，雖非為履行之給付，但其行為，足以確保債權之實現，自得認定其已有承認之真意，故亦明定其並列為時效利益拋棄行為。

擔保，不論其為物保或人保均無不可。前者，如設定抵押權 (§860) 或質權 (§884、§900) 是；後者，如覓妥保證人與債權人訂立保證契約 (§739) 是。物保，並不以義務人本身提供者為限；其委由第三人提供擔保物而設定擔保物權於權利人（即通稱之物上保證：§879）亦是。

提供擔保，自提供時起喪失抗辯權及重行起算時效期間，其時效利益之喪失，除不得拒絕給付外，尚生不得撤回（所提供）擔保之效力❷❸❻。

2.請求權附有擔保

民法第一四五條規定第一項:「以抵押權、質權或留置權擔保之請求權，雖經時效消滅，債權人仍得就其抵押物、質物或留置物取償。」足見，附有

部分之時效利益。」

❷❸❸ 參照，最高法院八八年臺上字第二七七五號判決:「債務人……既經以契約承諾其債務，即仍有無因的債務承認之意思，自亦不得以不知時效為由，拒絕履行該契約。」

❷❸❹ 參照，最高法院九二年臺上字第一八五一號判決:「債務人於時效完成後，以單方行為所為之債務承認，應解為係屬拋棄時效利益之默示意思表示，不得再以時效業經完成拒絕給付。」（最高法院二六年渝上字第三五三號判例，似亦同此立場）

❷❸❺ 學理通說認為單獨行為或意思通知之承認，尚無適用（參照，史著，第六四〇頁；洪著，第六二六頁；施著，第三七三頁；黃著，第五九七頁）。

❷❸❻ 參照，史著，第六四〇頁；施著，第三七四頁。

擔保物權之請求權，原則上尚不因消滅時效之完成而影響其就擔保物所得取償之權利；不過，適用中期消滅給付時效的定期給付債權之各期給付請求權，無得為取償之權利，其權利人尚不得自擔保物取償（同條第二項）。

(1)無取償權之請求權

①制度內容

不適用權利人得就擔保物取償之規定 (§145Ⅱ)，其意義可有以下二種不同解釋：

　　a.根據法律文義，認為權利人根本不得主張取償，如有聲請拍賣擔保物者，無待義務人主張拒絕給付，法院依職權逕行駁回。

　　b.本於抗辯權主義發生之意旨，認為權利人仍得實行擔保物權，只是義務人得主張拒絕給付，如其不為主張者，權利人之實行抵押權等行為，於法並無不合，法院不得依職權予以駁回。

消滅時效完成，義務人既僅取得抗辯權，則其請求權附有擔保物權而不得取償者，充其量僅係權利人利益回歸消滅時效完成之狀態，非謂義務人可以獲得較拒絕給付更大之法律上地位，因此後說為可採。

②適用範圍

民法本條項關於無取償權適用之請求權，雖僅舉中期消滅時效期間以對。惟觀諸民法本條立法理由載明，定期給付之各項請求權，於消滅時效完成後所以不適用就擔保物取償之規定，係考量其須從速履行之故 ❷❸❼。如是，短期消滅期間之請求權（包括 §127 及其他特例規定），其須從速履行之必要，更有甚於定期給付之各項請求權，本於體系解釋，宜認為於下列三者，均是有其適用：

　　a.民法本章所定適用短期消滅時效期間之請求權 (§127)。

　　b.民法本章所定重行起算消滅時效期間為五年之請求權 (§137Ⅲ)。

　　c.民法本章以外所定消滅時效期間短於五年之請求權（如 §197Ⅰ前

---

❷❸❼　參照，民法第一四五條立法理由：「對於利息及其他定期給付之各期給付請求權，苟其時效已經消滅，則不得適用在擔保物上行使權利之規定。蓋以此種債權，本可從速請求履行，不應使經久而不確定也。」

段、§245 之 1 II、§247III、§717 等）。

(2)有取償權之請求權

①重要名詞簡義

a.抵押權等

抵押權、質權、留置權云者，其意義依民法物權編各該相關規定定之，其基本條文依序為：抵押權 (§861)、質權 (§884；§900、§901)、留置權 (§928)。

抵押權等三者，統稱之為擔保物權。擔保者，確保權利實現之人保或物保。關於人保，其（主）債務人於時效完成後拋棄拒絕給付抗辯權，保證人仍得援用，債各保證乙節已有明定 (§742)，故民法本章未見重複。

擔保物權云者，宜配合制度發展，涵括各項法律所定之各項擔保物權。舉其要者如下：

  ⓐ抵押權者，包括法定抵押權（如 §513）。

  ⓑ質權者，包括權利質權（§900 以下）及動產擔保交易法所稱之動產抵押等擔保物權 ❷❸❽。

  ⓒ留置權者，包括法定留置權（如 §445、§612、§662）。

  ⓓ其他特別法上之特殊擔保物權，如證券交易法上之有價證券擔保 ❷❸❾，期貨交易法上之保證金 ❷❹⓿。

  ⓔ讓與擔保 ❷❹①。

---

❷❸❽ 包括動產擔保交易法之動產抵押（同法 §15 以下）、附條件（附保留所有權約款）買賣（同法 §26 以下）及信託占有（同法 §32 以下）。

❷❸❾ 在證券市場上，融資買進證券者，其融資即以買進之有價證券作為擔保品（主要規範依據為證券金融事業管理規則 §10，證券商辦理有價證券買賣融資融券管理辦法——簡稱證券商融通管理辦法 §16），此類有價證券亦為擔保物。

❷❹⓿ 從事期貨交易，交易人須按比例繳付交易保證金於期貨商，期貨結算會員須按比例繳付結算保證金於期貨結算機構，作為交易上損失風險之擔保物權，其保證金即為擔保物（主要規範依據為期貨交易法 §67、§50）。

❷❹① 參照，最高法院七○年臺上字第一○四號判例：「債務人為擔保其債務，將擔保物所有權移轉與債權人，而使債權人在不超過擔保之目的範圍內，取得擔保物所有權者，為信託的讓與擔保，債務人如不依約清償債務，債權人得將擔保

b.抵押物等

抵押物者，提供作為抵押權之標的物也；質物、留置物或其他擔保物者，意指提供作為質權、留置權等之標的物或標的權利也。所以特別指明標的權利，蓋以無體權利亦得作為擔保物權之標的。例如，債權得作為質權之標的 (§900) 即是。

c.取　償

取償者，依法律所定程序實行擔保物權，據以實現權利之行為；一般是為聲請法院拍賣 (§873)，如其許由權利人自行拍賣或變賣者（如 §893 I），亦須遵行一定程序（物權編施行法 §19）。不過，法有特別規定者依其規定，例如，因證券、期貨交易之融通而供作擔保之資（保證金）券（擔保證券），於合致法定要件時，債權人得單方處分擔保品（俗稱斷頭）❷❷ 。

d.經消滅時效

經消滅時效也者，為經消滅時效期間屆滿之簡稱，其意義與前條 (§144) 第一項所定之時效完成意義相同❷❷ 。

②適用對象

a.民法本章所定適用長期消滅時效期間之請求權 (§125)。

b.其他特別規定之消滅時效期間逾於五年的請求權（如 §197 I 後段、§1146 II 後段，專利法 §84 IV 後段）。

③規範意義

附有擔保物權之請求權，因得就擔保物取償者，於其權利人行使擔保物變賣或估價，而就該價金受清償。」

❷❷　為融通買賣上市（櫃）有價證券，於證券價格滑落，融通人提供作為擔保之有價證券不足擔保時，融通事業得通知融通人補繳或清結，融通人未依限補繳或清結者，融通事業得處分其擔保品，並以處分所得抵償融資金額。此之處分，證券市場上俗稱斷頭（主要規範依據：證券金融事業管理規則 §13，證券商融通管理辦法 §18）。期貨相關擔保物之處分亦同。

❷❷　民法本章於此，用語似有不盡周延而又分歧，或僅稱時效完成 (§144 I)，或稱經時效消滅 (§144 II、§145)，或稱因時效消滅 (§146)。為免爭議，統一稱之消滅時效完成，或較嚴謹而明確。

物權之限度內，義務人固不得拒絕給付；不過，其範圍亦僅以此為限。除擔保物之取償外，義務人仍得拒絕給付，非抗辯權之全面喪失，而是部分限制或喪失而已。

就擔保物取償云者，僅意指權利人行使擔保物權之權利，不因消滅時效完成而受影響（擔保物權並不消滅❷），非謂時效期間延長❷。不過，權利人得就擔保物取償之時間，如法律另有存續期間之規定者（如抵押權須於消滅時效完成後五年內實行；§880❷），從其規定。

㈡效力射程

1.客觀範圍

民法第一四六條規定：「主權利因時效消滅者，其效力及於從權利。但法律有特別規定者，不在此限。」基此，論析其效力之客觀範圍如下：

⑴法律原則：從權利消滅

消滅時效完成，除法律另有規定外，其主權利消滅者從權利亦隨同消滅（§146 本文）。蓋以從權利原則上須與主權利同其命運故也❷。例如，主債權因時效而消滅者，其保證債權之請求權亦隨同消滅；債權請求權罹於時效而消滅者，其利息請求權亦隨同消滅❷。債權人撤銷權 (§244) 之行

---

❷ 參照，民法第一四五條立法理由：「以抵押權、質權、或留置權擔保之請求權，雖經時效消滅，債權人仍得就其抵押物、質物或留置物取償。蓋對人之請求權，雖已消滅，而對於物上擔保，則仍未消滅，故得行使權利也。」

❷ 參照，最高法院五三年臺上字第一三九一號判例：「民法第一百四十五條第一項，係就請求權罹於時效消滅後，債權人仍得就其抵押物、質物或留置物取償而為規定……非謂有抵押權擔保之請求權，其時效期間較十五年為長。」

❷ 參照，民法第八八〇條規定之五年，一般解為除斥期間。

❷ 參照，民法第一四六條立法理由：「權利有主從之別，……主權利既因時效而消滅，則從權利亦隨之消滅，此蓋以從隨主之原則也。」

❷ 參照，最高法院六九年臺上字第四一六三號判決：「從權利以主權利之存在為前提，原則上與主權利同其命運，故主權利之移轉或消滅，其效力原則上及於從權利。債權請求權如已罹於時效而消滅，則其利息請求權，雖尚未罹於時效，亦應隨同消滅。」

使，亦應作同一之解釋❷⁴⁹。

權利本身並非消滅時效之適用客體，民法於第一四四條使用拒絕給付之語詞，但於後續之本條另稱權利消滅，前後難免矛盾而不盡嚴謹。斟酌消滅時效制度立法意旨，本段文字似應解釋為：主權利因消滅時效完成而得拒絕給付者，其效力及於從權利。立法修正或法院實務，如能朝向此方向調整，於法律概念之明確一致，應有正面意義。

(2)例外規定：從權利不消滅

從權利伴隨主權利而生滅消長，固是原則，但法律另有（特別）規定並不隨同消長生滅者，則脫離主權利而獨立存在；消滅時效完成之效力，情形亦然。擔保物權，具有從屬於所擔保權利之性質，相對於所擔保之權利，即是從權利，民法第一四五條第一項所稱權利人得就擔保物取償也者，亦屬於此所稱之特別規定❷⁵⁰。

2.規範原理

(1)基本規定

關於消滅時效，無論其得為適用之客體為何？抑或其消滅時效期間如何？乃至其效力內容為何？均依法律規定，非當事人得依約定而為相反適用，屬性上為強行規定。本此，爰延伸下列二項明文：

①消滅時效期間，（當事人）不得以法律行為加長或縮短（§147 前）。
②消滅時效期間，（當事人）不得預為拋棄（§147 後）。

(2)相關說明

不得也者，禁止之意；因之，此稱強行規定云者，應是禁止規定，如當事人有為違反之約定者，其法律行為無效（§71 本文）❷⁵¹。例如，於保

---

❷⁴⁹ 參照，最高法院七一年第七次民事庭會議決議：「民法第二百四十四條所定之撤銷權，乃為保全債權之履行而設。甲對乙基於債權之請求權，既因罹於消滅時效而經敗訴確定不能行使，則甲之撤銷權，顯無由成立。」

❷⁵⁰ 較為深入之說明，請參照，最高法院六九年臺上字第三五號判決：「按抵押權之設定，……為從屬於主債權之權利，依主債權而存在，除有民法第一百四十五條第一項規定之情形外，亦於主債權……全部消滅時隨之歸於消滅。」

險契約約定，未於拒絕賠償後三個月內起訴，其請求權消滅，此項約定即因違反禁止規定而無效❷。不過，法律另有規定者，依其規定。例如，保險所生請求權之消滅時效為二年（保險法 §65），如當事人約定為三年者，因其有利於被保險人，亦且符合保險法規定（保險法 §54），其約定為有效❸。

預先拋棄者，意指於消滅時效完成前，預先表示或訂立拋棄時效利益之法律行為，無論其為單獨行為或契約，均有適用。蓋以如果允許預先拋棄，義務人即很可能在權利人之壓力下而不得不同意預為拋棄時效利益，造成不公平之結果，故法律爰予禁止。不過，並不及於消滅時效完成後所為之利益拋棄❹。

---

❷ 參照，民法第一四七條立法理由：「時效以與公益有關，故其所定期限，當事人不得以法律行為加長或縮短之，並不許預先訂立拋棄因時效而可受利益之契約。故凡以法律行為約定，將來時效完成時自願拋棄其因時效完成之利益者，其約定為無效。」

❷ 參照，最高法院二六年鄂上字第三五七號判例：「保險契約訂定，要保人未於拒絕賠償請求後三個月內起訴，其請求權即消滅者，依民法第一百四十七條及第七十一條之規定，自屬無效。」

❸ 參照，最高法院八三年第一次民事庭會議決議：「依保險法第五十四條第一項規定：『本法之強制規定，不得以契約變更之，但有利於被保險人者，不在此限。』之意旨，本件人壽保險公司以特約延長保險金之請求權時效為三年，係有利於被保險人，且不違背公序良俗，應認有效。」

❹ 參照，最高法院八三年臺上字第二九二四號判決：「民法第一百四十七條僅就時效利益之預先拋棄加以禁止，則於時效完成後拋棄時效之利益，顯非法之所禁……時效完成之利益一經拋棄，即回復時效完成前之狀態，因時效受利益之人不得再以時效業經完成拒絕給付。」

第九章 權利之行使

第一節 規範意義及重要課題

一、權利行使之規範意義

權利行使之規範意義，分為下列段落說明：

$$規範意義\ (權利行使) \begin{cases} 權利行使之概念 \\ 權利行使之原則 \\ 民法本章之規範意義 \end{cases}$$

㈠權利行使之概念

1.權利行使之意義

(1)權利行使的用語

權利行使云者，間亦稱之行使權利 (§148 II)。貼近法典用語，則為權利之行使 (本章章名、§148 I)。本章以下，除因引述法條或立法說明外，原則上以權利行使稱之。不過，此之三個用語意義相同，交互使用並無不可，亦是法學文獻上之常態，民法本章立法理由首段之下列敘述，即可佐證。

「凡權利人，均得行使其權利，享受其實益，如有妨害其權利之行使者，各權利人得依法定之方法，完全行使其權利，故設本章之規定，使足以達行使權利之目的，而符保護權利之主旨。」

(2)權利行使之定義

權利行使者，權利人積極實現其權利之權利內容的行為，態樣上須有積極的實現行為；如其僅是消極受領給付而實現其權利者，尚與權利行使無關。至於權利之擔保，非關權利之直接行使，民法本章爰未規定❶。

---

❶ 參照，民法本章立法理由末段：「關於權利之擔保，則以其完全係物權、債權上之問題，總則中似無規定之必要，故從略焉。」

此之權利，不僅泛指一切私權，即使公權之行使，亦得類推適用❷。於私權而言，既是泛指一切私權，則無論其為人身權或財產權（自權利標的觀察），亦無論其為支配權、請求權、形成權或抗辯權（自權利作用觀察），均有適用。

2.權利行使之方法

權利行使上所稱的行為，不以法律行為為限，甚而可說法律行為未必即是主流。論其具體行使方法，或可區隔如下：

$$
權利行使 \begin{cases}
請求權：（主流意義的）請求 \begin{cases}
（狹義）請求：意思通知 \\
起訴 \\
聲請執行
\end{cases} 程序法律行為 \\
支配權：管領（占有、用益、處分、排除干涉等）：事實行為 (§765) \\
形成權 \begin{cases}
意思表示：法律行為 \\
意思通知（等）：準法律行為
\end{cases} \\
抗辯權：意思通知
\end{cases}
$$

3.權利行使之周邊概念

權利行使之周邊，得分為權利主張及義務履行二者說明：

⑴權利主張

在權利理論體系上，主張也是出現頻度相當高的名詞。探討行使與主張的關係，也是個有意義的課題。

權利主張也者，可分為下列二種立場：

$$
權利主張 \begin{cases}
廣義說：維護權利之一切行為（包括實現權利內容之行為） \\
狹義說：非以實現權利內容之權利維護行為（與權利實現無關之行為）
\end{cases}
$$

以上不同立場，何者為妥，答案頗為相對。不過，鑑於如提起權利存在或不存在的確認之訴（民事訴訟法 §247），無人否認其為權利主張，但一般並不認為其係權利行使。反之，舉凡權利行使行為，很難否認其中含

❷ 民法本章於公權之行使得為類推適用，可從行政法院（目前之最高行政法院），以判例肯定誠實信用原則 (§148 II) 於行政法領域有其適用之立場，獲得佐證。

有權利主張之意思存在。因之，主張涵括行使之下列立場，似較妥適：

$$權利主張（廣義）\begin{cases} 權利行使→權利實現 \\ + \\ 其他權利維護行為（提起確認之訴）\end{cases}$$

(2)義務履行

①義務履行之用語

義務履行之概念，尚與民法本章章名無關，民法本章各條，亦無義務履行之用語。不過，民法第一四八條第二項規定所稱之履行義務，其意義內容與此所謂之義務履行本無不同。民法第一四八條修正理由，重複陳稱義務之履行，即可證明❸。足見，於探究權利行使概念的同時，附帶說明義務履行之概念，不僅有其實益，亦是學術研討上之必要義務。

從概念上來說，義務履行、義務之履行及履行義務三者，異詞而同義，因行文之便而三者交互使用者，頗為常見。不過，就貼近法典而言，履行義務是使用較為普遍的用詞。本段稱之義務履行，係考量其得與前述之權利行使用語相互對應一致，非謂此之用語較為適宜或正確。

②義務履行之意義

義務履行也者，權利行使之對應用語；意指義務人實現義務內容之行為。例如，夫妻同住生活，即是履行同居義務之行為；反之，夫妻之一方突然不告而別或遷居他鄉，即是違反履行同居之義務 (§1001)，亦是義務不履行。語其行為態樣，略有如下：

$$義務履行\begin{cases} 財產義務：給付（包括不作為、單純作為及財產給與三種形態）\\ 人身義務：實現一定內容之事實行為（如夫妻同居、子女認領）\end{cases}$$

義務履行，須依法律所定之正當程序為之，而且必須符合義務之本旨。

---

❸　參照，民法第一四八條修正理由後段：「誠信原則，應適用於任何權利之行使及義務之履行，現行法僅就行使債權，履行債務之誠信原則，於債編第二百十九條中規定。似難涵蓋其他權利之行使與義務之履行。」

否則，須負義務不履行之責任（通常為損害賠償）；其情形重大者，甚至會不生履行之效果。例如，債務人應按時為給付 (§199)；如其逾越法律所定期間 (§315、§316) 者，即是給付遲延 (§229)，債務人應賠償損害 (§231、§233)。遲延之給付，對債權人如果已無利益而為債權人拒絕，即不生履行之效果 (§232)❹。

㈡權利行使之原則

權利行使之原則有三，即 1.權利行使自由原則、 2.權利行使社會化原則及 3.自力救濟禁止原則三者是。

1.權利行使自由原則

⑴權利行使自由的意涵

由權利人依其個人意願，自由決定是否及如何行使權利的法律原則，即是通稱的權利行使自由原則，它係權利自由原則之最主要內涵，亦其最具創設意義的積極表徵。為體現尊重人格及確保各個社會成員擁有平等自由發展的契機及無限可能，由權利人依其個人意願自主決定是否及如何參與社會活動，藉以實現權利，無寧為必要而又必然之理。這不但是私法自治原則之首要，更是市民社會得以維繫、市場經濟體制獲有確保的關鍵。

在法制史上，曾被推衍及於極峰，致有所謂絕對自由之稱。然而，無論是社會之組成存立，抑或社會之永續發展，胥賴全體社會成員，在各種不同的層面，從各個不同的角度來分工互補。換言之，既是社會，那必定是除自我之外，尚有他人；個人之於社會或他人，均具相對的意義。這種相對意義的存在，為倫理原則的發軔；也因此法律得以在倫理的基礎上，衍生法律原則，進而設定各種具體而詳的規範命題，促使個人和諧相待，分工合作，互通有無，共存共榮。因此，權利自由或權利行使自由，其概念本身應是蘊含本諸平等對待的本質性約制；而且是自由概念形成過程中不可分割的成分。

---

❹ 參照，民法第二三二條：「遲延後之給付，於債權人無利益者，債權人得拒絕其給付，並得請求賠償因不履行而生之損害。」

對於權利自由（包含權利行使自由——以下同）的本質性約束，固得以權利自由的限制稱之❺，也具有相當高度的正面意義，但這樣的本質，不是對權利自由原則的一種危害或破壞。因之，諸如請求權因一定期間不行使而消滅（義務人得拒絕給付）的消滅時效 (§125～§147)、法律行為因違反強行規定或因行為人無行為能力而無效 (§71、§75)、要式行為須遵循一定方式 (§73、§166、§758、§760、§761)、債權人不得於期前請求清償 (§316)、乃至給付遲延之解除契約須先行定相當期限催告 (§254) 等規定，均非破壞權利自由的限制。蓋以，法律也者，旨在定分止爭。定分，必有分際，也必須多所角度的約束。源自制度設計必有之約束，不是來自權利自由原則界域以外，也非對於權利行使自由的外在縮限或限制。這樣的態度，於詮解帶有深厚義務關連的權利類型時，更是顯得有其必要❻。

⑵權利行使自由原則的例證

民法本編並無權利行使自由原則的直接明定，法無明文，為何反而強調權利行使自由原則呢？

問題的答案，可能在下列二者之中，一為它是法律上自明之理，無待法律為之明文；另一為民法其他編章之規定，業已體現權利行使的自由原則，民法本編及本章自然無庸重複。淺見以為，後者見解似是更為允妥。至其最為重要之例證，即為民法第七六五條規定：「所有人，於法令限制之範圍內，得自由使用、收益、處分其所有物，並排除他人之干涉」之所有權自由原則條款。蓋以此稱自由使用、收益、處分等者，即是所有權行使自由之主要內涵。所有權為日常交易上最重要，亦最頻繁之標的。所有權之行使，既以自由原則為其準則；其他權利之行使，自亦同理可證；如是，權利行使自由原則，自然匯聚成形，沛然而莫之能禦！

---

❺　參照，王著，第五八九頁。

❻　主要事例，可參照，民法第一〇九〇條之如下規定：「父母之一方濫用其對於子女之權利時，法院得依他方、未成年子女、主管機關、社會福利機構或其他利害關係人之請求或依職權，為子女之利益，宣告停止其權利之全部或一部。」

2.權利行使社會化原則

(1)權利行使社會化的意義

認為權利除保障個人權利之外，同時具有社會化與社會性者，其觀點是為權利社會化；從權利行使的角度而言，即是權利行使社會化。以其作為法律原則，是為權利行使社會化原則。

民法為私人生活規範的張本，權利行使自由，仍為現行民法的基本原則。不過，我國民法特別重視個人權利與社會生活秩序的協同融和，也在此基礎上，經常呈現權利行使時公益性與社會性並顧的必要性。這種由權利行使社會化補充行使自由的二元規範原理，於民法第一四八條修正後，表現得更為明確。

(2)權利行使社會化的主要內涵

權利行使社會化原則的重要內涵有三，即公共利益、誠實信用及禁止權利濫用三者是。此之三者，於民法本章 (§148) 均以法律原則的形態呈現，得依次稱之為：①公共利益原則、②誠實信用原則及③禁止權利濫用原則。

3.自力救濟禁止原則

(1)自力救濟的意義

權利受有侵害，須即時而完全排除。任何人面對權利，均負有不得侵害之義務；反之，權利人均有排除侵害之權利，即使是債權之侵害亦然❼。同理，權利因他人侵害而受有損害者，權利人即有損害賠償請求權，侵害之人負有完全填補的責任，即使僅是債務之不履行，其結果亦然 (§226、§227、§231～§233)。此稱排除侵害及損害賠償二者，即是權利救濟上最重要、亦是最普遍適用的形態。

權利人以私人之力，實現侵害排除或損害賠償等權利，或強制義務人履行義務者，是為權利的自力救濟，簡稱為自力救濟。

(2)自力救濟的原則禁止

---

❼ 債權不可侵性，在我國亦是萌芽甚早，先前實務見解，請參照，大理院三年上字第一二〇五號判例：「唆使債務人故意不履行債務，致債權人受有損害者，對於債權人即為侵權行為，自應賠償其損害。」

自力救濟，不僅破壞平和安定的社會秩序，來自私人之強制，對於相對人亦是另一種人格自由及人身安全的侵害（妨害自由及傷害）。尤其，私人運用強制手段，往往失於權衡輕重，甚而殘忍無極，造成人間慘劇。是以，法治國家，為維持社會秩序，確保人民權利（特別是人身的自由安全），原則上禁止自力救濟，以便導引並強要權利人訴諸國家公權力來行使或實現其權利，是為自力救濟禁止原則。因此，自力救濟行為，原則上即是違法行為。例如，圖以逼還貨款毆打或擄禁債務人，債權人不僅於民法上成立侵權行為，對債務人應負損害賠償責任（§184、§195），同時在刑法上也觸犯傷害罪（刑法§277）及私行拘禁罪（刑法§302）。

⑶自力救濟的例外允許

自力救濟，理應禁止，固值肯定。不過，緊急迫切的侵害，國家公權力難免緩不濟急，如仍禁止自力救濟，無異於強迫權利人坐視侵害持續擴大，國家亦是形同放棄其對人民所應肩負的權利保護義務。為免國家自毀立場，人民權利於緊迫時刻仍得獲有確實之保護，法律自應允許權利人例外得為自力救濟。依民法本章規定，其事由有①正當防衛（§149）、②緊急避難（§150）及③自助行為（§151、§152）三者；有此情事之一，阻卻違法，於民法上不成立侵權行為而無損害賠償責任，於刑法上亦不成立犯罪（刑法§23、§24）。

㈢民法本章的規範意義

1.規範意義之核心

民法本章之規範內容，得歸納如下：

$$
\text{權利之行使（規範內容）}
\begin{cases}
\text{權利行使社會化原則}
\begin{cases}
\text{公共利益原則（§148 I 前段）} \\
\text{誠實信用原則（§148 II）} \\
\text{禁止權利濫用原則（§148 I 後段）}
\end{cases} \\[2em]
\text{自力救濟禁止原則之例外類型}
\begin{cases}
\text{正當防衛（§149）} \\
\text{緊急避難（§150）} \\
\text{自助行為（§151、§152）}
\end{cases}
\end{cases}
$$

自力救濟禁止原則之例外類型，其具體規定固在釐清各該類型的制度內容，同時亦是自力救濟禁止原則之表徵。因此，民法本章所稱權利之行使也者，實是「權利之行使的原則」的簡稱，斯亦民法本章規範意義的所在。

2.規範意義之內涵

民法本章的規範意義，雖是權利行使原則的呈現。不過，並非所有有關權利行使之原則，盡在民法本章；也不能說，民法本章以外，尚無自力救濟禁止原則之例外事由。前者，例如權利行使上最為重要的權利自由原則，未直接表徵於民法本章；後者，如無因管理 (§172～§178) 亦是違法阻卻事由。因此，究其終局意義而言，應是權利行使原則重鎮之規定；只是這個重鎮，幾乎已可描繪權利行使原則之全貌而已。

二、權利行使的重要課題

(一)綜合分析

權利行使的課題，以民法本章規定所及的重要事項而言，依次序為：公共利益原則、誠實信用原則、禁止權利濫用原則、正當防衛、緊急避難及自助行為六者是。前三者為權利行使社會化之重要原則，得以權利行使社會化原則概括；後三者為自力救濟禁止原則之主要例外類型，得以自力救濟的特例概括之。

在制度形式上，前三者為抽象法律原則的直接反映，以一個條文囊括窮盡概括空白條款，基本上為不確定法律概念的極致；反之，後三者為個別具體的法律規則 ❽，其性質與其他編章之多數條項，尚無殊異。在民法編章之中，將抽象原則與具體規則併同規定，而且恰可對照輝映者，實稱罕見。在此角度上，民法本章很獨特地凸顯了下列二項絕活：

---

❽　以規則與原則相對，係英美法學的用語。前者意指具體內容（要件及效果）的法律命題。在大陸法系，具有具體內容的法律命題，且通常由一定（一個或數個）法律條文所構成。此等法律條文，除偶以純粹的法律原則出現者外，即是英美法一般所稱的規則。

1.以法律原則的形式君臨法典的意圖特別顯著。法律條文由法律原則構成者，得稱之原則法（原則式法律）❾；在此角度上，民法第一四八條堪稱原則法的匯聚。

2.法律原則與法律規則，在編章之內，互別苗頭，形成原則法與規則法對應的特例景象。考量其體系脈絡，得重新歸納如下表：

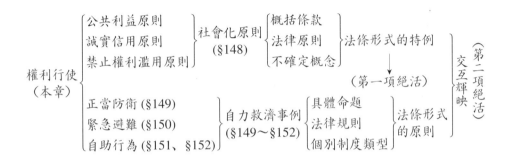

㈡個別要點

本章六項課題的要點如下表：

---

❾　英美法上所稱的原則，及於倫理原則及道德原則，並不以體現於實證法律秩序的法律原則為限，因此，本書所謂原則法（由法律原則構成的法律規範總體），尚與英美法所稱原則（或原則法），仍有不同。

$$
權利之行使
\begin{cases}
公共利益原則 \\ (§148\,I\,前段) & \begin{cases} 公共利益原則的概念、判準 \\ 公共利益與私權行使 \\ 公共利益違反的效果 \end{cases} \\
\\
誠實信用原則 \\ (§148\,II) & \begin{cases} 誠實信用原則的概念、判準 \\ 誠實信用原則的具體化 \\ 誠實信用原則與私權的行使 \\ 誠實信用原則違反的效果 \end{cases} \\
\\
禁止權利濫用原則 \\ (§148\,I\,後段) & \begin{cases} 禁止權利濫用的意義 \\ 禁止權利濫用與私權行使 \\ 禁止權利濫用違反的效果 \end{cases} \\
\\
正當防衛 \\ (§149) & \begin{cases} 正當防衛的意義 \\ 正當防衛的成立 \\ 正當防衛的實例 \end{cases} \\
\\
緊急避難 \\ (§150) & \begin{cases} 緊急避難的意義 \\ 緊急避難的成立 \\ 緊急避難的實例 \end{cases} \\
\\
自助行為 \\ (§151、§152) & \begin{cases} 自助行為的意義 \\ 自助行為的成立 \\ 自助行為的特例 \end{cases}
\end{cases}
$$

第二節　關鍵概念

本節之關鍵概念，擇定公共利益及誠實信用原則二者說明：

一、公共利益（簡稱公益）

關於公共利益之解釋及適用，分為下列重點說明：

公共利益
- 前提作業
  - 案例舉隅
  - 選定依據
- 概念說明
  - (法律) 概念特性之探析
    - 公法性
    - 概括性
    - 多元性
    - 流動性
  - (私法) 意義界定之嘗試
    - 定義說明
    - 存在形態
    - 制度模式
- 規範意義
  - 立法意旨：呼應權利社會化
  - 規範性質
    - 概括條款
    - 法律原則
    - 強行規範
  - 個人觀點補充
    - 概念具體化
    - 適用謙抑性
- 制度構成 (違反公共利益)
  - 成立要件
    - 顯著性
    - 違法性
    - 客觀性
    - 補充性
    - 備位性
  - 法律效果
    - 一般見解：權利行使失格
      - 法律行為：無效
      - 事實行為：不生法律之效果
      - 程序救濟行為：聲請於法無據
    - 本書見解：其他補充途徑
      - 衡量補償 (?)
      - 替代方案 (?)
- 補充說明
  - 案例簡義
  - 小小寄語

㈠前提作業

1.案例舉隅

　　某甲，於臺北縣汐止鎮有狹長未墾植農地一塊，位於山坡邊緣。民國九〇年間建築商在其北側對面大量建築房屋，並設置公園及登山步道，附近居民為之雲集。因甲地南側即是市集，通過甲地至市集，極為便利，登

山民眾及社區居民，紛紛從甲地通過，不久形成羊腸小徑，甲因土地並未利用，未即制止。嗣後，甲從公務單位退休，歸田墾植，爰將土地圈圍，搭建農寮、種植蔬果，該通路亦為甲堵塞，造成對面社區數千居民及登山客極為不便，紛紛向鎮公所抗議，鎮公所於勸導甲無效後，以甲違反公共利益為由，訴請甲拆除通路部分之圍籬，回復為公眾使用通路。

2.選定依據

(1)立法由來

民國七一年，民法本編修正，於第一四八條第一項前段，增訂「權利之行使，不得違反公共利益」之文句。這個法律修正工程，不僅使本為公法基本概念的公共利益，轉進民法領域，成為私權行使的法律原則；同時，也強化我國民法的私法社會化意義。視之為我國民法修正工程上重要而偉大的成就，應非過甚其詞。

然而，何謂公共利益？民法本條項增訂之時，無論條文本身或立法（修正）理由，均是隻字未提；嗣後之著述或實務印證，也多語焉不詳。如何從民法之立場，探尋其可能的具體確定內涵，應是法律解釋無可逃避的任務，選定其為關鍵概念，希望為這個任務略盡棉薄，拋磚引玉。

(2)公共利益濫用的防止

公共利益，本是公法上最難駕馭的不確定法律概念之一，而且又是抽象空白的概括條款，援其進入民法總則，以為私權行使的一般法律原則，如果其適用沒有謙抑，結果勢必有甚出柙野虎、潰堤洪流，使私法自治蕩然無存。一個誠實信用原則，如何尋獲制控閘口，已是傷透腦筋；再加上一個本質上可能更難駕馭的公共利益，法律的解釋適用，如果不能善盡把關職責，則大水沖毀龍王廟的惡例，恐難避免。如何妥適抑制公共利益在私權行使上的過度運用，恐是仍有必要。

回顧國內民法學理及實務，有關於此的法律解釋工程，似是尚在初起階段，其間有待吾人推進者多而且鉅。列其以為關鍵概念，也是希望為私法學上公共利益概念的形塑工程，多做一些揣摩，如是，對其法律概念確定性、乃至法律秩序安定性，應該也有正面意義。

(3)實務的印證

檢視民法本條項增訂以來的實務動向，個人的感受是喜多於憂。蓋從實務援用的態度來看，可說是極度慎重，事例有限，個人所擔心的公共利益濫用，庶無發生可能。而在少有的案例中，私有土地上公用道路的爭議，似是一枝獨秀。爰以之作為案例舉隅之事實，以期有關理論之闡發，可以多與實務相互印證。

(二)概念說明

1.概念特性之探析

在民法學上，公共利益恐是最為難解的法律概念。語其理由主要有二。其一為，它與誠實信用同屬難以捉摸的概括條款式法律原則；其二為，它是一個來自公法的法律概念，從民法的角度來說，無異是外來的異形。基此考量，淺見以為，作為一個法律概念，公共利益至少具有公法性、概括性、多元性及流動性四個與眾不同之特性：

(1)公法性

從粗淺的層面觀之，公共利益係與私人利益相對應的法律概念；並可在這個基礎上，認定公共利益本來即是公法上之核心法律概念。因為，以民法為重鎮的私法，它的存在目的是在保護並實現私人利益，民法上之權利，一般亦以私權稱之。反之，以行政諸法為重鎮而由憲法統領的公法，其存在目的是在確保並體現公共利益，憲法及行政法上的權利，一般亦以公權稱之。

公共利益之為公法概念，最為直接而顯著的表現，即是憲法第二三條，因為該條規定，國家❿因公共利益所需，得以法律⓫限制人民各項基本人權之享有。此外，行政諸法中明定公共利益得為政府行為依循之準據者，亦迭有所見⓬。即民法本編中難得的行政法條項，也同樣出現公益約制私

---

❿　國家，解釋上包括地方自治團體。

⓫　法律，解釋上包括自治條例及法規命令。

⓬　茲舉行政諸法中之公共利益（公益）條項數者，以證其普遍性：

　　(1)行政程序法 §117、§123。

權行使的具體規定 ❸。正因公共利益本是公法上的法律概念，本書爰以公法性名之，並認為以下四點，於理解上均應同時兼顧並視：

　①憲法前言所稱：鞏固國權、保障民權、奠定社會安寧、增進人民福利四者，均屬公共利益之綱目，也是公共利益在不同角度的表徵。

　②憲法第二三條規定，除增進公共利益之外，其餘防止妨礙他人自由、避免緊急危難及維持社會秩序等三者，亦同是公共利益綱目，僅其表徵層面不盡相同而已。

　③整部憲法，即是釐定公共利益範圍，實現並分配公共利益之綱目。

　④行政諸法，旨在服膺公共利益，它既是公共利益具體事項之劃定分工，亦是其具體制度保障之總體；公共利益乃是公法上制度保障之頂端，亦其精華之濃縮及終局的指導原理❹。

(2)概括性

概括條款式的不確定法律概念，同時具有下列兩大特性：

　①概念本身之範圍難以捉摸，很難為其界定明確可行的意義。

　②概念內容，其事項包羅萬象，很難具體描述其詳盡細微。

公共利益既為概括條款式的不確定法律概念，且位居公法概念之頂端；因此，上述兩個特性的表現，亦稱極致而淹及法律全體。其中，應具體描述之重大事項有三：

　①刑事實體法律（包括刑法及刑事特別法），旨在維護社會秩序，確保人民生存權益，其個別條項庶是盡為公共利益。

　②程序諸法（主要包括民事訴訟法、刑事訴訟法及行政訴訟法等）及司法制度本身（主要為法院組織法），為組織利益之具體內容，亦係

---

　　(2)行政訴訟法 §9、§183、§194、§282。

　　(3)證券交易法 §43 之 5、§64、§156、§161、§163。

　　(4)土地法 §208、土地徵收條例 §1。

❸　主要條文為 §33 II、§44 I、§46、§55 I（均採簡稱語法之公益）。

❹　公共利益之於公法，猶如人格自由之於私法。不過，公共利益除為指導原理外，仍以法律命題逕行成為法律條項；非若人格自由之純為指導原理。

本質的公共利益事項。

③私法（包括民法）的各種制度保障（包括債編及物權編所體現的財產權保障），就制度存在的抽象層次而言，也屬公共利益的事項。

法律本身，即是公共利益的呈現；私法，乃至民法本編的存在亦然。因為，即使是民法的存在，國家顯然必須從立法及司法兩個層面，來貫徹並不斷增進家庭制度、親子關係及各種財產權的確保，自然也是公共利益的一種釐定、分配及實現❶。

(3)多元性

①多元之存在狀態

公共利益，必須是屬於公眾、亦即多數人民之利益。不過，公眾或多數也者，是相對而又可以分割的概念，而且非為國家所獨有。本此，公共利益的存在形態，可以說是多元繽紛，並得分為地域等的相對性、公共行政事務的分割性及社群的併立性三個角度說明：

a.相對性

從地域角度來觀察，公共利益是個相對性概念，只要特定地域上相對多眾之利益，即有成為公共利益之可能。特定地域，視具體個案而定，可以是全國、數省或一省，數縣或一縣，數鄉鎮市或一鄉鎮市，也可以是數村里或一村里。其相對者即是省民利益，縣民利益，鄉鎮市民利益或村、里民利益的名詞。不過，行政區域也不是絕對必要的概念。例如，公用地役權的所謂多眾，涉及的可能只是進出同一巷道的人們而已❶。

b.分割性

公共利益可以隨公共事務的屬性分割而個別存在。因之，從政府部門觀察，公共利益可以是產業、環保、生態、交通、能源、教育、文化等個別領域的公共利益。

---

❶　司法院大法官解釋釋字第二九一號〔時效制度，係為公（共利）益而設〕以及釋字第五五二號（婚姻涉及身分關係之變更，攸關公共利益）二者為例。

❶　參照，行政法院四四年判字第一一一號判例指出，私人所有土地既成為公眾通行的道路，則雖為私人所有，也不容私人在道路上起造建築物，妨礙交通。

　　c.併立性

　　面對轉進民法本條項的公共利益概念，不宜純從國家或國家法的角度加以詮解。因為，從個人到國家之間，尚有各式各樣的社群存在；此等社群亦同樣藉由社群集體或協同行動，體現並提供各種形式不同的利益於社群成員。這些利益既非其成員與生俱來，亦非由成員個人以其行動直接所得，自難謂為私人利益。因之，仍應劃歸公共利益之概念範疇。

　　公共利益因社群不同而併立之狀況，尚可分別從橫切面及縱剖面加以觀察。前者如省縣鄉里間之公共利益關係，亦屬垂直（縱剖）併立之形態；不過，各省、縣、鄉、里彼此間的權限劃分或資源分配，則又屬橫切面併立之範疇。

　　②多元之適用準則

　　公共利益既是多樣而相對併存；因之，在認定上，難免發生下列二種情況：

　　a.某種特定公共利益，可以同時劃歸於二者以上，也可能面臨劃歸何者均難適當的窘境。

　　b.抉擇或實現某一特定公共利益時，可能侵害或與另一特定公共利益衝突，經濟發展與環境保護的矛盾，地域開發與生態平衡的對立即是[17]。

　　以上二者之適用準則如下：

　　a.特別原則：法有明定應予特別保護之公共利益優先保護，例如原住民權益應予特別保障是（憲法增修條文 §10 ⑪⑫）。

　　b.權重原則：在垂直併立的狀態的公共利益，一般情形，以位階高者優先適用，如國家利益原則優位於地方利益。

　　c.併存原則：可以同時劃歸於二種以上的特定公共利益時，盡量維持其併存之狀態，以利該項利益之加速或加強體現；劃歸困難者，以其重點所在作為劃歸依據。

---

[17]　參照，憲法增修條文第一〇條第二項：「經濟及科學技術發展，應與環境及生態保護兼籌並顧。」

d.比例原則：公共利益衝突時，本於比例原則，盡量探索可行（效益最大、犧牲最小）的替代方案（由禁止飛機自深夜十二時至凌晨四時起降，更改為禁止飛機自夜間十時至清晨六時起降）；可行替代方案不可得者，本諸兩害相權取其輕，放棄損害較大之公共利益。

(4)流動性

在「普天之下，莫非王土，率土之濱，莫非王臣」的古代專制帝國，可說凡事莫非公共利益；相對的，私人利益不過公共利益面對個人之投影或反射而已。在此意識形態下，私人利益並不獨立凸顯，公共利益則趨於無限擴張。反之，在自由放任主義的近代夜警國家，國之事務、唯祀與戎，除維持秩序及抵禦外侮二者為國家僅存的兩大公益外，其餘盡量劃歸私人利益。在此意識形態下，公共利益趨於高度萎縮。足證公共利益的概念，顯然因個人哲學立場、特別是國家觀的不同，以致兩極殊異。現實國家，則是游移於上述兩者之間，但漸往中間靠攏。因此，公共利益的概念具有流動性，恐是無可否認的制度現實。

2.（私法）意義界定之嘗試

(1)定義說明

①概念初義

公共利益云者，或簡稱之為公益，其簡易定義略為：於特定社群中，直接由社群集體行動或社群成員相互協同才告實現之利益，是為公共利益。

公共利益，通常多與私人利益（或簡稱私益）相應對立。私人利益也者，似可界定為：社群之個人，依其自己之意願（選擇與行動），直接因其本身或由其家庭、或經由市場交換得到之利益，即為該個人之私人利益。其較為具體的內容，得相應說明如下：

$$私人利益\begin{cases}個人自己與生俱來之利益：人格利益 \\ 個人因家庭而直接取得之利益：身分利益（包括繼承利益）\\ 個人經由市場交換取得之利益：財產利益\end{cases}$$

　　　　公共利益＝社群集體或社員協同所實現之利益
　　　　　　　＝個人非經由自己、家庭或市場交換得到之利益
　　　　　　　＝人格、身分、財產利益以外之利益
　　　　　　　＝非私人利益之利益

②概念釐清

　　公共利益，終歸仍是由社群分配與成員個人所享有；不過，其享有之形態多為協同而非排他，以與私人利益之表現為排他而非協同者，顯有不同。在現代組織成熟的社會，個人依賴其努力直接獲得而享有之利益，終究有限；相反的，由社群集體行動所產生而分配與社員個人之利益，則是無處不在，無時不有，而且比例相當巨大。事實上，私人私益的實現及享有，相當程度也必須建立在堅強成熟的公共利益基礎之上；否則，社會秩序混亂，人人救死唯恐不及，私人利益焉能高度體現。因此，正視權利行使不得違反公共利益，本即有其一定的理念上依據。

　　個人之享有公共利益不能排他，而且於社群成員間皆依配份協同而共享，任何個人不得破壞此一屬性，亦不能超越其所能享有之法律上潛在分額。因此，在法律規範的運用上，公共利益經常表徵為公眾均同享有，公共道路通行、交通安全、環境優適、公園或公用圖書館使用，均是著例。由公眾所實現之利益，因其本質無從確定各個成員的具體份額（比例），由公眾在關係協和且不排他的基礎上，均霑利益，共同享有無寧是天下至理。語其重點如下表：

　　　　公共利益＝公眾所實現而彰顯公眾存在意義之利益
　　　　　　　＝公眾所享有本應歸屬且由公眾均霑之利益
　　　　　　　＝公眾所享有之本來即是公眾為公眾所實現之利益

(2)存在形態

①公共利益的形塑

　　無論要促進公眾實現抑或要妥適分配公共利益，使其能在協和均霑的基礎上，達成最為優適的共享關聯，實是錯綜複雜、萬端困難，非賴國家

組織政府繼而以法令條規，形成典章制度，盡心竭力積極持續推動，根本難有成果。因此，強調如下結論，自是重要：

a.國家、政府為公共利益之推手或形成主體。

b.法律制度本身亦即公益化身，憲法為其領航角色。

c.組織利益為本質的公共利益，但社群成員的協同，亦得規劃並實現公共利益。

d.公共利益的推手，及於各種社會性的組織（社群）。一個開放進步的社會，理應高度重視並鼓勵各種社群成員協同團結，強力規劃實現公共利益。荀子所言：「力不若牛、走不若馬，而牛馬為用，何以哉！曰人能群，而彼不能群也。」庶是絕佳寫照。

②公共利益的射程

a.公共利益的推手

現代的公法著述，常會有意無意強調國家即是公共利益的代表；不過，除國家之外，尚有許許多多的社會性組織，不斷從各種不同的角度及層次，規劃設計及實現分配各式各樣的公共利益，社群成員也因此享有更為富饒豐碩的生活內容及生命樂趣，應該也同是公共利益的推手。我國鄉野村落的迎神廟會、西方的教堂禮拜，均可藉社群成員協同而實現許多公共利益，皆是著例。

b.公共利益的整合

以較為宏觀的態度來看待公共利益的推動實現，可以認為，舉凡社會學一般所稱的社會性組織，無論其為法人與否，均是公共利益的推手。其間，可以是三五成群的兄弟檔、姊妹淘，也可以是非法人團體，更可以是營利法人或是公益法人。本書以為，即使不是固有意義的社群，但其利益享有具有分享意味者，公共利益之形式即漸浮現，家屬間之共有狀態、乃至合夥關係，均是其例。因此，儘管身分利益被歸類於私人利益，但家庭已經具有架構私人利益與公共利益的角色，同時也有部分公共利益之發揮。個人於此，無意貶抑或否定國家在公共利益上的巨無霸地位。只是，國家以外的社群，既已存有創造、分配公共利益的事實，自是理應加以肯定。

(3)制度模式

在民法本章增訂公共利益條款，雖是民國七一年民法本編修正之創舉。不過，如就民法整體考量，則民法本條之此一增訂，只是民法本章由具體公共利益走到一般公共利益之呈現而已，難謂是個突如其來的質變式新創。蓋以於民法初定之時，已本於社會化之考量，而有許多實質之公共利益條項，散見於民法各編，只是其用語未直接稱之公共利益而已。也因此，現行民法的公共利益制度模式，可區分為以下二種形態：

①一般公共利益條款：即民法本條項所稱之公共利益，於一切權利之行使均有適用，適用範圍廣及本法各編、乃至整體實質民法。

②具體公共利益條項：即民法其他各編之中，基於公共利益而限制權利行使之規定。因為此等條項僅於各該具體事項，故以具體公共利益稱之。賠償致生計有重大影響者，法院得減輕賠償額 (§218)[18]；耕地之出租人，不得預收租金，非有法定事由不得終止租約（§457 之1 I、§458、§459[19]），均其著例[20]。

(三)規範意義

公共利益條款之規範意義，分為下列三個面向探查：

$$公共利益\ (規範意義) \begin{cases} 立法意旨 \\ 規範性質 \\ 個人觀點補充 \end{cases}$$

---

[18] 相類的條項，尚有民法第四一八條、第一一一八條。

[19] 在租賃上，社會化效度更強之公共利益條項，尚有土地法及耕地三七五減租條例之相關規定。民法上耕地租賃不得預收租金，事實上即是移自土地法及耕租條例（土地法 §112 I 前段，耕租條例 §14）而來；而且，耕地租賃終止之公共利益上限制，土地法及耕租條例之規定，尚較民法為嚴（土地法 §114，耕租條例 §17～§20）。

[20] 民法上較為重要的公共利益條項尚有 §204～§207、§318、§389、§390、§460 之1、§483 之1、§756 之2、§873 之1 II、§893 II等。

1.立法意旨

　　民法本條之立法意旨有二，一為呼應權利社會化（直接意旨），另一為由具體公共利益到一般公共利益（間接意旨）。

　　⑴呼應權利社會化

　　民法本條之增訂，旨在呼應權利社會化，有下列之修正理由為證：

　　「權利人於法律限制內，雖得自由行使其權利，惟不得違反公共利益，乃權利社會化之基本內涵，爰於原第一百四十八條，增列『權利之行使，不得違反公共利益』，俾與我民法立法原則更相吻合。」（§148 修正理由）

　　本段於此，所以迴避類似強化、貫徹等語詞的使用，係希望以中庸謙抑的角度，一方面盡量符合修正理由所稱「與我國民法立法原則更相吻合」之原意，另一方面避免過分強調公共利益，俾權利自由、乃至私法自治本體不致深陷崩盤之危機。

　　⑵由具體公共利益到一般公共利益

　　民法修正之前，各編既已散落具體公共利益條項，則在民法增訂公共利益一般條款之後，制度形式上，顯然出現具體條項與一般條款併存之現象，也顯現「由具體公共利益走向一般公共利益」之傾向。在公共利益一般條款的適用法則未臻成熟的現階段，似還不能過度強化一般條款的積極規範功能，也不宜認為一般條款具有統攝具體條項的規範作用。

　　2.規範性質

　　論及公共利益條款之規範性質，以下三者之探討，應是無可迴避：

$$公共利益一般條款\ (規範性質)\ \begin{cases} 概括條款 \\ 法律原則 \\ 強行規範 \end{cases}$$

　　⑴概括條款

　　公共利益是個概括條款式的不確定法律概念，它可以含納千山萬水，更可以變化成各種不同的具體內容。如上所述，在私權行使上，它可以是減免賠償、可以是不付超額利息，更可以是不得預收租金或不得終止租約。

在法律的解釋適用上，如果沒有一套具體明確的準則以抑制其不確定性，恐怕就會成為一匹脫韁之馬，嚴重破壞法律秩序安定及權利自由。

(2)法律原則

早在民法本條增訂之前,公共利益已是權利行使上的隱藏性法律原則,只是在該等時期,公共利益僅在特定具體條項有其適用, 在例外不得擴張而又禁止類推的法律適用原則下,公共利益原則本身,尚不能作為法律適用之依據。

民法本條項之增訂,不僅使公共利益法律原則由潛藏而顯在、由具體而一般;其更積極意義者,無寧為該法律原則的實證規範化。換言之, 在民法本條項增訂之後,公共利益不再只是例外事項歸納所得之理念性倫理原則,而是一個得為並應為法律適用依據之法律規範;只是這個法律規範,由概括抽象的法律原則直接構成,或得稱之「原則之法」或「原則法」。

(3)強行規範

公共利益作為法律規範,法律用語既以不得違反稱之,即是意在禁止,自應認其是為強行規定中之禁止規定❷。

將一個難以駕馭的法律原則,定位為強行規範,在一個原則之法的具體適用準則尚在起步的國度,是否嚴重衝擊權利自由及私法自治,不免令人擔憂。唇亡齒寒、殷鑑未遠,多少假借公益之名,而行淹沒人格尊嚴及個人生命發展契機的慘痛教訓,仍在不斷發生。在這樣的現實體認之下,或會認為: 權利之行使,苟有不得違反公共利益之必要,訴諸個別具體條項,即為已足,在我國的私法體系裏,本諸公共利益理念的權利社會化條項,其豐富程度絕不亞於任何先進國的私法體制,再加上這麼一個對私權行使具有潛在重大抑制能量的公共利益,作為獨立的強行規定,是否妥當必要,也是令人懷疑❷。

---

❷ 實務代表案例, 參照, 行政院七三年臺字第三一四一號函:「建築物依法所應保留之空地……所有人將其單獨予以拋棄,乃屬違反建築法應保留空地以維護公共利益之規定及意旨。亦即民法第一百四十八條第一項所禁止之行為,其拋棄依法自屬無效。」

　　針對於此，淺見以為，訴諸概念具體化作業的完成及適用謙抑性的闡揚，始是正本之道。蓋以採其觀點，則本於平等原則，民法本條的另外二個法律原則（即禁止權利濫用原則及誠實信用原則），勢非同時貶為訓示規定不可。果真如此，民法本條之精義勢必盡失，民法整體之發展前景，恐亦多有堪虞。

3.個人觀點補充

⑴公共利益概念的具體化

　　廣泛運用概括條款式的不確定法律概念、或是以其為基石的法律原則，係二十世紀末法律發展的一種趨勢，非獨民法本身如此 ❷，甚而可說非僅我國民法如此，日本民法也是早有其例 ❷。既然，一般公共利益條款，不是鳳毛麟角，也非無獨有偶，僅僅對此一條款質疑，不只違反一視同仁、平等對待的法律原則，同時也無法根本解決問題。畢竟只去掉一個公共利益，環繞在其他概括條款式原則法的難題，同樣還是沒有克服。為概括條款式法律原則的適用，探索並逐步建立具體可行的適用準則，係現代法律人無可逃避之責任，也才是法律研習的正途。一個明定為不得違反的條文，僅因立法理由陳述不夠精準，將其中一部分貶為訓示規定，不僅理由不夠充實，面對難題的克服，作法恐也過度消極。

　　誠然，純就民法（典）本身來看，我國民法的社會化條款，較諸德、日民法（典），或稱豐富。不過，如果仔細觀察二十世紀各國私法整體的社會化發展，我們似已不能再如此自詡。因為，在民法上加上公共利益一類之一般條款，我國較日本可能要遲晚半世紀 ❷；在日本，超額利息可以抵

---

❷　參照，黃立著，第四八三頁～第四八四頁。

❷　民國八八年公布施行的行政程序法，於總則明定法治原則、明確原則、平等原則、比例原則、誠實信用原則及信賴保護原則等之適用（同法 §4～§8），表現最稱顯著。

❷　參照，日本民法第一條第一項：「私權應遵守公共福利。」

❷　日本民法導入公共利益條款，係在一九四七年，我國民法本條係民國七一年（一九八二）增訂，二者相距為三十五年。

充原本的實務見解早有定論❷，但我們仍停留在無請求權之階段；此外，日本（廣義）民法對於承租人的保護，在某些領域也是較我國（包括廣義）民法有過之而無不及❷。這些事例，均是源自公共利益條項。足見，公共利益條款之適用如果得法，其出柙脫韁而不可駕馭之疑慮，仍可適宜控制。

(2)公共利益適用的謙抑性

國家，以實現公共利益為目的，因實現公共利益而有絕對存在基礎，其本身即是一個公共利益總體；因之，在憲法或行政法上，公共利益適用謙抑之問題，也許無庸強調❷。然而，私法也者，以確保私權之創成、享有及實現為目的，公共利益或有其需要，但其功能理應僅止於客觀上確有必要之限度，以免公益之過度援用，窒礙或破壞私法自治或權利自由之正常孕育及發展。

面對私法自治及權利自由，公共利益法律原則仍僅是法律社會化之一環，也只是私法自治原則或權利自由原則的補充。這樣的補充定位性格，並不因民法本條項增訂一般公共利益條款而有所改變。本此，法院在適用一般公共利益條款之時，必須謙抑；因為它是尚方寶劍，非萬不得已，絕不輕易出鞘，也絕不輕易傷及無辜！在私法上，對待公共利益一般條款，理應本此認知，力持謙抑，並本此體認來補強私法自治、權利自由之不足。如是，畏懼其成為強行規範之疑慮，當亦可以消弭殆盡。

---

❷ 參照，日本最高法院昭和三九年（一九六四）十一月十八日，昭和四三年（一九六八）十一月十三日（大法廷）判決（按日本利息限制法的法律用語，與我國民法第二〇五條相同，亦是「債權人對於超過部分之利息無請求權。」）。

❷ 早在我國民法誕生前的大正一〇年（民國一〇年），日本即以民事特別立法實現租賃社會化（分別為借地法及借家法）。

❷ 因公共利益限制人民權利（包括公權、私權），憲法 §23 設有如下限制：

(1)事由：限於防止妨害他人自由……增進公共利益四者之一。

(2)程度：客觀上有其必要而且限於必要限度。

(3)手段：須以法律為之（緊守狹義法治主義）。

㈣制度構成

1.違反公共利益之成立要件

民法本條項，僅以簡單而抽象的語詞稱曰：「權利之行使，不得違反公共利益。」不僅要件文章空泛，法律效果如何亦未明言，為其建構成立要件及法律效果，並不容易。依個人所見，權利行使而致違反公共利益者，其成立要件有顯著性、違法性、客觀性、補充性及備位性五者。

(1)顯著性

顯著性者，意指其權利行使，對公共利益造成實質、明顯、重大之妨害或侵害者而言，苟其妨害或侵害，未達於實質、明顯、重大者，則其權利之行使，尚無違反公共利益。妨害與侵害間，其成立要件尚有不同；前者，必須三者具備，後者僅須符合其一即為已足，其區隔如下：

$$權利行使 \begin{cases} 妨害公共利益＋實質、明顯且重大→違反公共利益 \\ 侵害公共利益＋實質或明顯或重大→違反公共利益 \end{cases}$$

何謂實質？明顯？重大？基本上也是不確定法律概念，認定上仍須視個案具體情況，權衡斟酌權利行使所欲實現權益之輕重、受害公共利益之性質、其因而所致損失或損害之程度等關連因素，予以綜合判斷，並應從嚴認定，以免桎梏私權之正當行使[29]。

(2)違法性

在私法體系上，認定權利行使違反公共利益，須其行使行為違法。此稱違法，係指違反一定之法律或法規命令之規定或違反公序良俗者而言。學理或以為,因公共利益而限制私權行使,應由法律加以規範,誠值贊同[30]。

---

[29] 參照最高法院七九年臺上字第二四一九號判決：「設上訴人所辯系爭土地上所建之變電設施，一旦拆除，高雄市都會區居民之生活勢將陷於癱瘓，所有生產工廠均將停頓云云，並非誇大其詞，而事實上復無其他適當土地取代，則被上訴人仍本於所有權請求上訴人拆除土地上變電設施，交還系爭土地，其行使權利顯然違反公共利益……應為法所不許。」

[30] 參照，王著，第五九五頁～第五九六頁。

違反公共利益之適用，法院負有義務具體指明，權利人係因違反哪種法律規定或公共利益，以致妨害或侵害公共利益；如其僅是單純指稱權利人違反公共利益，難免裁判理由不備。

(3)客觀性

公共利益是否違反，須以權利人行使權利之手段、方式，所欲實現之權利內容及其對公共利益造成損害之性質、內容及程度等，客觀加以判斷論定。至於權利人主觀之動機或目的何在？乃至對於違反有無認識，均非所問，是為違反之客觀性。是否業已客觀違反，須具體合理衡量公、私利益上衝突之輕重緩急而定❸。

(4)補充性

公共利益一般條款，既未取代（廢止）個別之具體公共利益條項，法律適用上自應體認具體優先於抽象之法則，優先適用具體公共利益條項。法院於認定權利行使有違公共利益時，理應先行詳細查核適用具體條項，確定並無具體公共利益條項可資適用時，才能考量適用一般條款，是為適用上之補充性。

正因公共利益一般條款僅具補充性，其增訂對於權利社會化之私法定位，或有量之增加，但尚無之質變。權利社會化之於權利自由，仍僅具補充地位。本書並不認為，民法本條之增訂，業已促使權利自由與權利社會化為之對等併立，私人利益與公共利益雙軌並轡的二元性時代，亦未到來。

(5)備位性

在公法上，公共利益儘管雄踞顛峰、俯視群雄，但公共利益在私法上的適用，不僅要退讓在具體公益條項之後，相對於民法上之其他概括條款式法律原則，一般公共利益條款亦不宜先行或併行適用。實務上本於公共利益適用謙抑之考量，常將其與權利濫用禁止原則併行適用，固是實情，

---

❸ 參照，最高法院九二年臺上字第二四一四號判決：「權利之社會化固應強調，但個人權利之保護仍為現行民法之基本原則，為公共利益而限制私權，應力求嚴謹審慎，妥為衡量公益與私權之衝突，就個案予以具體化，使法律之適用趨於合理、客觀。」

但其結果致使公共利益條款失其獨立規範之存在意義❸，是否盡妥，不無
商榷。因之，關於權利行使之違反公共利益，如其尚有違反公序良俗 (§72)、
禁止權利濫用原則（§148 I 後）或其他法律原則可以適用者，仍應先行適
用該等原則。因為公共利益一般條款是僅次於誠實信用原則的備位規範，
必須窮盡搜尋論證，確無具體法律規範（包括其他法律原則）可以約制公
共利益之違反時，民法本條項才可適用。備位的對待，正是防止其濫用，
避免其惡（法）化的最佳藥方。在概念具體化作業、適用具體化準則未臻
完備的現階段，也許這是不得已、但能防免（私法上的）法律適用動輒遁
入公益條款的主要途徑。

　2.違反公共利益之法律效果

　　違反公共利益之法律效果，一般以權利行使失格描述之；惟探討其他
補充途徑以為配合，仍有相當必要。

　⑴權利行使失格

　①一般說明

　　權利行使違反公共利益時，權利人不得主張該等行為及其因而取得之
權利於法受有保障，因其意義等於權利行使行為不受肯定，爰有權利行使
失格之稱。例如，成為公眾通行道路的私人農地，其所有人將已成通路之
自己土地回復耕作或建築農寮，實務認為即是違反公共利益，該等在法律
上本為權利（所有權）行使內涵的耕作或建築，為之失格而變成非為權利
行使之行為❸。

---

❸　參照，最高法院七六年臺上字第一七六一號判決：「系爭土地似自民國七十年
　　起，即已成為供公眾通行之既成道路，而有公用地役關係存在，不容被上訴人
　　收回作為其他用途之使用。倘准拆除該部份道路及排水溝，非但妨害公眾之通
　　行及排水，且有礙市容觀瞻及都市發展，被上訴人自己獲益甚少，而對於公益
　　損害甚大。按權利之行使，不得違反公共利益或以損害他人為主要目的，民法
　　第一百四十八條第一項有明文。原審未注意及此，遽為上訴人敗訴之判決，自
　　欠允洽。」

❸　參照，行政法院四五年判字第八號判例：「本件土地成為道路供公眾通行，既
　　已歷數十年之久，自應認為已因時效完成而有公用地役關係之存在。……原告

土地成為公共道路，其所有人不得本於權利自由原則使用所有物（§765），堪稱我國法制上最常見的公共利益適用事項。也就是說，公眾通行道路事關不特定多數人之通行利益，法律屬性上為公共利益。因此，即使法令沒有明文限制所有人不得為妨礙通行之條項，仍因其違反公共利益而應受有一定限制。此一法律適用，不僅行政法院早年即已迭有判例❹，最高法院之見解，亦是很早時期就採同樣立場❺。足認，以公共利益條款，作為限制權利行使之法律原則，實是源遠流長，正可印證民法本條項之增訂，並無制度創成意義。

②不同形態

一般以為，權利行使違反公共利益者，其行為無效。惟事實行為（如前述的耕作或建屋），並非無效可盡為說明。因之，違反公共利益之效果應依下列形態而作不同之觀察。

a.法律行為

權利行使違反公共利益為法律行為者，該項法律行為無效，其行為人不得主張享有權利或免除義務，法定空地❻拋棄無效是為實務上著例。蓋以法定空地之保留，係為維護公共利益而設，所有人如加以拋棄（單獨行為、法律行為），仍因違反公共利益而無效❼；其利益受害人或公共利益代表主管機關，得為侵害之排除或請求排除侵害，必要時主管機關並得為原

雖仍有其所有權，但其所有權之行使應受限制，不得違反供公眾通行之目的。原告擅自將已成之道路廢止，改闢為田耕作，被告官署糾正原告此項行為，回復原來道路，此項處分，自非違法。」

❹ 早期之行政法院判例，除前引之四四年判字第一一號（⑯）及四五年判字第八號（㉝）外，主要尚有六一年判字第四三五號。

❺ 參照，最高法院五二年臺上字第三二一八號判決：「系爭土地登記為道，係以供通行之用，土地法第十四條第一項第五款規定，公共交通道路不得為私有，依臺北市地圖所載，系爭土地乃三水街公共交通之大道，應在不得為私有之列，縱令上訴人保有所有權狀，而其管理權亦應依照一般習慣受有限制。」

❻ 關於法定空地之基本規定，請參照，建築法第一一條。

❼ 同 ⑳。

狀之回復❸。意思通知等準法律行為，得類推適用之。

b.事實行為

權利行使違反公共利益為事實行為者，該行為固非權利行使，但不生於法無效之問題。例如，前述之種植或建築，土地所有人或為建築之人，仍為植栽或建築物所有權人。但受害人或公共利益代表之主管機關，得為侵害之排除或請求排除侵害。

c.程序救濟行為等

權利之行使違反公共利益為程序救濟行為或聲請政府機關為一定行為者，該等行為，亦不生於法無效之問題，而是其聲請於法為無理由，受聲請機關（包括受訴法院）應駁回其聲請。在變電設施拆除的案例，法院即認為，變電設施之設置，乃基於公共利益，土地所有人請求拆除及交還土地，即係違反民法本條款，應為法所不許❸。

③損害賠償之有無

權利之行使違反公共利益，如因而致生損害於他人者，權利人是否應負損害賠償責任？解釋上應回歸侵權行為之規定，原則上以行為人有故意或過失為成立要件 (§184)，非謂因其違反公共利益而應負無過失責任。再者，民法本條款非為保護他人之法律，無民法第一八四條第二項之適用，不生推定過失侵權行為成立之問題。至於被侵害權利，應以生命、身體、健康、自由或財產之受害為限，交易上所稱之純經濟損失，應非得為賠償之對象。再者，行為人除故意而應負完全賠償責任 (§216) 外，應僅負相當賠償義務；相當與否，由法院裁量個案具體情況酌定之。

(2)其他補充途徑

權利行使違反公共利益，對權利人而言，不僅是權利行使的限制，情況重大者，無寧等於權利之剝奪。國家因公共利益而為徵收，尚且附有補

---

❸　參照，行政院七三年臺字第三一四一號函：「地政機關本於無效之拋棄而將建築物依法應保留之空地登記為國有後，可逕行辦理塗銷，回復為原所有人所有。」(❸ 所引判例見解亦同)

❸　同 ❷、❸、❸ 所引判決。

償義務。本於同一原理，權利因公共利益而不能行使者，對於權利人理應有所補償；再者，本於比例原則，公共利益理當考量權利人損害最小的途徑為之。前者，是為衡量補償請求權；後者是為替代方案。

①衡量補償

由於民法本條的增訂，個人得依公共利益條款逕為相對權利之請求，行政機關亦得逕為處理。然而，片面限制權利人行使權利，但無任何補償，亦是形同掠奪。反之，平等對待與其相互衝突的私人利益，公平權衡其間之損益相償，始符正義理念的基本要求。二十世紀前半葉，於來自附近土地之空氣污染，德國法院開展土地所有人之金錢衡量補償請求權，並因而帶動德國民法之修正，誠具參考意義❹。司法院大法官於此的解釋，更是卓值參採❹。

不同之利益不能併存，以致必須犧牲其中一方而成全他方者，受益之一方對犧牲之他方，負有補償義務，為現行法律制度所肯定，可從相鄰關係上諸多支付償金之規定，獲得證實❷。相鄰關係的利益調整，既已如此；況乎為公益而犧牲私人利益乎。是以，理應作同一之解釋，並以公共利益代表之國家或團體為衡量補償義務人。學理探究及法院實務，如何逐漸累積而形成其具體適用準則，應是值得吾人正視。

②替代方案

私人利益因公共利益而犧牲時，如其尚有較小損害之可能者，得請求

❹ 衡量補償係德國法院創用之利益權衡制度，國內基本介紹文獻，請參照，拙著，《公害法原理》(初版)，輔仁法學叢書，一九八四，第一七四頁～第一七八頁。

❹ 參照，司法院大法官釋字第四○○號解釋：「如因公用或其他公益目的之必要，國家機關雖得依法徵收人民之財產，但應給予相當之補償，方符憲法保障財產權之意旨。既成道路符合一定要件而成立公用地役關係者，其所有權人對土地既已無從自由使用收益，形成因公益而特別犧牲其財產上之利益，國家自應依法律之規定辦理徵收給予補償，……毋庸同時徵收補償，顯與平等原則相違。」(同旨釋字第四二五號、第五一六號解釋)

❷ 在相鄰關係上，受益之一方對於受有犧牲 (損失) 之他方應支付償金者，依我國民法為例，主要條項有：§779、§783、§785～§789、§792、§800 等。

以損害最小之方案為之；如尚有評價相等或相埒之替代方案者，權利人仍得請求以代替方案為之。民法第七八六條及第七八七條關於管線安裝及袋地通行之規定，堪為啟示❸。

公共利益之需求，如其後情事有變更者，應允許權利人請求變更或廢止，不問其變更是否為當事人所可預料，亦無庸以維持原有效果達於顯失公平為要件。例如，成為公共通路之甲地，其後如因鄰近土地開發，一般人已另擇通道而不復使用甲地，即應允許甲地所有人請求廢止公共通路之使用，回復其原有之用途。司法院大法官解釋，立場亦甚明確❹。

(五)補充說明

1.案例簡義

(1)法律構成

本來，甲地為甲所有，依法甲得自行使用 (§765)。茲甲於甲地上圈圍耕作，搭建農寮，為所有權自由使用意涵內之行為（事實行為），係一般權利的行使，於法本無不合；而且，甲之圈圍土地，於維護作物及身心安全，均有正面意義，尚難認為係以損害他人為目的，對於使用通路之人造成不便，亦難認有顯失公平之情事，不能論定甲之權利行使構成權利濫用或違反誠實信用原則。反之，附近社區居民或登山遊客之穿過甲地，本係侵害甲之權利（所有權）的行為，於通過之時即係無權占有，甲本得依法排除 (§767、§960、§962)。

甲地上之羊腸小徑，既已成為附近居民及登山民眾使用之通路，圈圍之結果造成不特定大眾的不便及勞費，足認羊腸小徑的存否，業已涉入公共利益；而且，予以圈圍即會影響公共利益。羊腸小徑之存在，對於耕作利益影響甚為有限，圈圍甲地亦非耕作安全所必要（即使有其必要，甲亦非不得沿小徑兩旁圈圍）；反之，數千大眾的不便及勞費，相對於甲之耕作

---

❸　其法律用語略為：「於必要之範圍內，應擇其損害最少之處所及方法為之」（§779 I 但書、§786 I 但書、§787 II）。

❹　同❸所引解釋文：「因地理環境或人文狀況改變，既成道路喪失其原有功能者，則應隨時檢討並予廢止（徵收）。」

利益，顯然重要也巨大得多。依公用道路即屬公用之物，所有人權利行使應忍受公眾使用之實務見解（四四年判字第一一號、四五年判字第八號、五二年臺上字第三二一八號判例等），甲之圈圍甲地，以致附近社區居民過往及登山用之通路堵塞，得認其違反公共利益。

然而，公用道路之認定，本應從嚴，須其確定供公眾使用且有顯著必要者為要件。本件之通路，如果僅係登山遊客使用，加以堵塞是否得認為已達顯著性而違反公共利益，不無討論餘地。幸好本件之道路，非僅供登山遊客通行之用，其更為重要者無寧在於附近社區居民過往對面市集之事實。因此，本件尚不能因其本為登山小道而否定其為公用道路，亦不能認為其圈圍之違反不符顯著性。

(2)請求權之主體

權利行使違反公共利益者，學理及實務見解，大多以為權利人不得主張排除公共利益之存在。惟對於其因排除行為而受有不利益之人得否主張反排除（例如本案社區居民或登山遊客得否主張拆除圈圍，回復通路），見解尚非甚為明確。淺見以為，其請求權基礎之形態，不宜僅限於不得排除公共利益之消極層面；不過，反排除之行為，應由代表公共利益之國家或行政機關為之；至於私人不得逕行主張。於本件案例，其得主張拆除圈圍之主體，應係汐止鎮公所❹，至於登山遊客或社區居民，則尚乏請求權之基礎。

(3)衡量補償等

甲地上有公用道路貫穿，對於所有權之完整，乃至其利益之維護，均是莫大損失；論其起因，卻是源自登山遊客及附近居民之積非成路。以違反公共利益為理由，否定甲之圈圍，對甲而言，實質上無異於徵收。基於平等原理，對於為公共利益而特別犧牲之甲，理應承認其得請求損失之補償，以符權利保護意旨。至其義務人則為公共利益代表所在之汐止鎮公所。再者，如因地理環境、社會發展情況變動，以致公用道路廢止不用者，即應允許甲劃除通路，回復甲地原狀。

---

❹　社區管理委員會得否成為請求權主體，亦係值得探究之課題。

系爭公用道路，從甲地中間穿過，幾如人體之穿腸剖肚，不僅甲地之妥善利用因而破壞，其所可能產生之開發利益，亦遭折損。私人利益為公共利益而為犧牲，本應擇其損害最少之處所及方法。無論就社會整體經濟利益觀之，抑或就甲之土地使用而言，順沿土地邊緣蜿蜒而行，顯然可以減少損失，並增進公私利益。因此，甲得主張以公用通路沿著路旁蜿蜒繞道通行為替代方案。

2.小小寄語

公共利益，既為權利行使是否符合誠實信用原則的判斷要素之一，也是構成權利濫用的重要判準，早在民法本條修正之前，即是學理有力見解，並為實務多所強調，而且持續迄今。

概括條款的條文設計，最難解答亦最受質疑者，即為該法律體制難符明確性、具體性及客觀性的要求。針對於此，本書分別從規範性質及適用法則切入，企圖賦與公共利益以軀體血肉，藉以顯露一些可以預見、略具確定的內容。個人深知，囿於學養，其成果仍是相當有限。個人也特別期望，其間得失良窳如何？尚能激起些許回應。

二、誠實信用原則

誠實信用原則之解釋及適用，分為下列重點說明：

誠實信用原則
- 前提作業
  - 案例舉隅
  - 選定依據
- 概念解析
  - 制度形式
    - 民法本編修正以前
    - 民法本編修正以後
  - 意義界定
    - 道德誠信？利益衡量？
    - 具體客觀之利益衡量、顯失公平
    - 八六年臺上字第六四號判決
  - 規範性質
    - 原則之法
    - 客觀之法
    - 強行之法
- 規範功能
  - 調整法律規範
    - 補充法律規定不足
    - 創設法律規範
    - 廢止法律規範
  - 變動當事人權義
    - 調整權義內容
    - 限制權利取得及行使
    - 宣告權利失效
    - 創設權利義務
- 適用法則
  - 成立層面
    - 具體明確性（比較論證與類型體察）
    - 客觀權衡性（先例參酌、公開對話與比例原則）
    - 補充備位性（最後適用順位）
    - 流動游移性（個案正義與效果游移）
  - 效力層面
    - 權利行使失格（由增減給付到權利創廢）
    - 衡量補償與替代方案
    - 游移分際的建立
  - 周邊課題
    - 法律行為效力之游移
    - 損害賠償之有無
  - 附帶說明：案例簡義

㈠前提作業

1.案例舉隅

甲因在他鄉謀得職務，舉家他遷，爰將其本來賴以維生所僅有之 A 耕地出租於乙(乙因失業業已陷於不能維持生活之窘境)。租約期限將滿之前，甲因任職之公司裁員，突告失業，生活頓失依據，不得已而舉家返回故園。

甲為避免全家生活陷入絕境，遂對乙主張收回 A 地自耕，乙因生活所依而未予同意。雙方爭議經過調解、調處，均未合意成立，甲請求法院判令乙返還 A 地，俾其救亡圖存。

2.選定依據

誠實信用原則這個概括條款式不確定法律概念，既為學理所特別推崇、更是實務所喜歡援用。如果，法律學上也有「北辰」，那誠實信用原則，就是統帥法律群星，遨遊法律宇宙的北極之星。因為，自十九世紀末葉以降，誠實信用原則為法律帝王條項，幾乎已是諸多德日法學家、法律學人、乃至法律學子，朗朗上口的法律諺語 ❹⑥；我國雖起步較晚，但其情形亦是幾乎如出一轍。一個概括條項，在法律世界可以雄踞主宰地位，而且動輒成為適用的準據，就追求法律安定性、致力法律命題明確性的法律人來講，無異是個很矛盾、也很諷刺的反常現象。一個法律人，對於這麼至關重要的概念，顯然有必要深入理解及深度體認。

法律用語，果有可能，理應褪去其道德意涵，脫離道德世界、倫理世界而成為法律世界中獨立的法律概念。然而，誠實信用，本為道德、倫理誡命，卻直接昂然躍進法律領域，轉為法律用語。如此直接轉進的道德性法律概念，其於法律上意義的詮釋，究應固守其本來意義？抑或另行賦與法律學上的特有意義？雖是一個本可爭議的課題，但本於法律世界需要而進行概念界定作業，觀點自較允妥。

作為一個關鍵而重要的帝王式法律概念，其更具特殊意義者，無寧在於其規範功能之廣闊無邊及光芒四射 ❹⑦。在我國實務的體認上，誠實信用原則不僅可以調整當事人權義關係（特別是給付）的內容，更可創造權義，甚而宣告權利人喪失權利。在諸多案件中，耕地租賃因承租人生活所需，出租人充其量僅能收回一部的實務見解，顯然具有指標性意義，爰舉其以

---

❹⑥　參照，蔡章麟，〈論誠實信用的原則〉、〈私法上誠實信用原則及其運用〉〔收於氏著，《債法各論（下）》（自刊），一九六四，第二一〇頁以下〕。

❹⑦　藉用一九三〇年代德國學者的描述，誠實信用原則乃所有重要裁判依循之魔術杖，下自卑微庶民、上至萬能君王，均應服膺。

為探討誠實信用規範功能之參考。

(二)概念解析

誠實信用之概念解析，分為下列事項說明：

$$
\begin{array}{l}
\text{誠實信用} \\
\text{（概念解析）}
\end{array}
\left\{
\begin{array}{l}
\text{制度形式} \\
\text{意義界定} \\
\text{規範性質}
\end{array}
\right.
$$

1.制度形式

民法本編之誠實信用原則條款 (§148 II)，雖正式始自民國七一年之民法本編修正；惟就民法整體觀之，卻是民法制定伊始，即已存在 (§219)。因之，爰以民法本編修正為分水嶺，劃分為兩個時段說明：

(1)民法本編修正之前

民法本編修正之前，民法於第二一九條規定：「行使債權、履行義務，應依誠實信用之方法。」依該條文所處位置而言，足是認誠實信用原則，本屬債之關係的規範，亦僅為債法重要法律原則；立法理由之說明，甚為明顯❹。

雖然，較早時期實務見解曾經以為，誠實信用原則之適用範圍，僅以民法債編為限❹。不過，誠實信用原則之適用，可以、也應廣及民法其他各編，甚而其他法律領域，卻是下列主流實務多所肯定：

①誠實信用原則得適用於債權債務以外之法律關係❺。

---

❹ 參照，修正前民法第二一九條立法理由：「誠實及信用，為社會生活之基礎，兼為助成交易發達之根本。背於道德上、法律上誠實及信用之舉動，原不可為，故濫用權利者，法律不保護之。」

❹ 參照，最高法院六一年臺上字第四一三號判決：「查行使債權履行債務，應依誠實及信用方法……必以債權債務業已存在為前提，苟無債權債務之存在，即無……適用。」

❺ 參照，最高法院五七年臺上字第三四三三號判決：「房屋……已經大部蓋好，縱其所留道路不足約定之寬度，亦因當時誤認……所致，如因此即須拆屋退後，則於誠信原則及社會經濟利益均有妨礙。」

②誠實信用原則得適用於公法上之法律關係❺1。

在此同時，誠實信用原則得適用於一切之法律關係，且得以帝王條項之雄姿，君臨法律世界，亦為學理多所強調。民法債編修正研討之時，不少修正建議即持此論點，主張廢除民法第二一九條❺2。足見，在我國民法上，早在民法第一四八條第二項（以下稱本條項）增訂之前，誠實信用即已成為一般法律原則。也因此，民法本條項之增訂，在民法秩序上，並無創設意義，充其量僅使誠實信用原則，由潛在之一般法律原則成為顯在之一般法律原則而已。

(2)民法本編修正之後

民法本編修正，於第一四八條第二項增訂：「行使權利、履行義務，應依誠實信用之方法。」其目的在於宣示誠實信用原則為任何權利行使之一般法律原則❺3，修正理由且舉日本民法及瑞士民法相關條項，以為佐證❺4。純就法典形式來說，誠實信用原則因此修正（增訂），正式成為權利行使之共通一般原則，其間尚有下列三項後續立法作業支撐：

①行政程序法（民國八八年制定施行）第八條前段明定誠實信用為行政程序重要法律原則之一❺5。

---

❺1　參照，行政法院五二年判字第三四五號判例：「公法與私法，雖各具特殊性質，但二者亦有其共通之原理，私法規定之表現一般法理者，應亦可適用於公法關係。依本院最近之見解，私法中誠信公平之原則，在公法上應有其類推適用。」

❺2　參照，司法行政部，《民法債編修正意見彙編》，一九七六，第八六頁～第九二頁（幾乎一致認為應移到於民法總則編規定）。

❺3　參照，民法第一四八條修正理由：「誠信原則，應適用於任何權利之行使及義務之履行，現行法僅就行使債權，履行債務之誠信原則，於債編第二百十九條中規定，似難涵蓋其他權利之行使與義務之履行，爰於第一百四十八條增列第二項明示其旨（參考瑞士民法第二條、日本民法第一條。）」。

❺4　參照，日本民法第一條第二項：「權利行使及義務履行，應依信義而誠實為之。」瑞士民法第二條：「各個人行使權利或履行義務，應依誠實信用的方法為之。」

❺5　參照，行政程序法第八條立法理由：「誠實信用原則雖導源於私法關係，在公法上亦有其適用，業經行政院明示，爰予明文規定，以昭遵守。」

②民國八八年間，民法債編修正，刪除民法第二一九條規定。刪除理由即係導因於民法第一四八條第二項誠實信用原則的增訂 ❺❻。此外，於民法第二四五條之一締約過失責任類型之增訂，亦以誠實信用原則作為概括準則 ❺❼。

③民國八三年，消費者保護法制定施行，於其第一二條第一項規定：「定型化契約中之條款違反誠信原則，對消費者顯失公平者，無效。」使誠實信用與顯失公平之聯結，更見緊密。

2.意義界定

誠實信用之意義界定，分為界定角度、定義說明及實務印證三項說明：

(1)界定角度

相關法律條項所謂誠實信用，其意義究係如何？立法理由及早期之法院實務，均僅見用語的直接引用，但乏意義說明。因此，論及誠實信用之意義，勢須透過學理解釋來尋求答案。

①道德誠信論

由於誠實信用本為道德倫理法則，早期國內學理爰多本此角度詮釋誠實信用。茲舉二例為證：

a.「誠實信用原則的正義性、衡平性及倫理性……誠實者，正直也。信用者，相對人得為信賴也。惟其誠實，始具信用而得信賴，其根本思想，乃在體現誠實信用原則的倫理性。」 ❺❽

b.「所謂誠信原則 Treu und Glauben 指每人應對其所為之承諾信守，而形成所有人類關係所不可或缺的信賴基礎。換言之，指『在善良

---

❺❻ 參照，民法第二一九條修正（刪除）理由：「關於誠實信用原則，已於第一百四十八條第二項增訂規定，本條刪除。」

❺❼ 參照，民法第二四五條之一第一項：「契約未成立時，當事人為準備或商議訂立契約而有左列情形之一者，對於非因過失而信契約能成立致受損害之他方當事人，負賠償責任：……三、其他顯然違反誠實及信用方法者。」

❺❽ 參照，王澤鑑，〈民法總則在實務上的最新發展㈤〉，《台灣本土法學雜誌》，第五七期，二○○四，第五九頁。

思考之行為人間，相對人依公平方式所可以期待之行為』。」 **❺❾**

②利益說

從法律規範之意旨，重新探求並確定誠實信用之概念，成為較為晚近學理之主流，其論基即為利益分配立場。依此，誠實信用云者，無非當事人間之利益狀態，於經衡量之後並不顯失公平者而言；因其認定方法為利益之衡量，稱之利益衡量說，或更貼切。茲亦舉二例為證：

a.「所謂誠實信用，即斟酌各該事件之特別情形，較量雙方當事人之彼此利益，務使在交易公平妥當也。」 **❻⓪**

b.「誠實信用也者，不如謂在顧全信用保護之一般利益範圍，就一般及當事人可得而知之特殊情事，以調和其一方對於他方所正當期待之利益，使得一公允之解決。……第一含有信之因素，……一方應顧及他方之利益，而衡量他方之所應期待於此方者為何……。第二含有誠之因素，……包括相對人及第三人之利益……（或公眾之信用利益）。」 **❻❶**

法律所保護之對象，為吾人生活上之各種利益，法律規範之內容，即係此等利益分配之客觀具體命題及重要手段；捨此之外，法律並不積極肩負提升倫理道德或人格上誠實信用實現之職責。蓋以法律概念之意義，如超越利益分配設計手段之本旨，不僅陳義過高，而且客觀具體標準難以獲致。法律要強制每一個人遵守，必須僅以人人所通有而有實現可能性的客觀命題為準據，法律只能要求個人不做壞人，卻不能依恃法律規定要求個人成為完人或聖人。因此，道德理念、倫理法則進入法律世界而成為法律概念之後，理應本於法律目的所在的利益分配，褪去其純道德、純倫理法

---

❺❾　參照，黃立著，第四九〇頁。

❻⓪　參照，戴修瓚，《民法債編總論》（臺一版），三民書局，一九六一，第一一一頁。（同旨：陳瑾昆，《民法通義債編總論》，北平朝陽大學，一九三〇，第二〇三頁；洪文瀾，《民法債編通則釋義》，文光圖書公司，一九五四，第二一七頁）

❻❶　參照，史尚寬，《債法總論》，自刊，一九六一，第三一九頁～第三二〇頁。

則的外衣，成為融和於法律世界的利益分配命題。誠實信用之成為法律概念，自亦不能例外。因此，道德誠信論不盡妥適；反之，利益說顯然較符法律規範之意義，亦較能描述相關立法進程及實務發展過程；淺見爰亦採之❷，並以為定義說明之界定角度。

(2)定義說明

①概念由來

如果機械恪守法律用語之本來形式,則民法是否確有誠實信用之概念，其答案恐是甚為相對。蓋以無論是早期的民法第二一九條或現行之民法本條項，其用語均是「誠實及信用」，並非直接稱之「誠實信用」。不過，本書定義角度既以利益衡量為基礎，其間殊無區分誠實、信用之必要，事實上亦無可能。誠實信用也終能突破用語形式，於經學理加工之後併為單一法律概念、融成單一法律原則，並以之作為法律解釋適用之準據❸。不過，實務大都直接引據「誠實及信用之方法」的法律原來文句，其作法亦是值得注意。

②具體客觀之利益衡量

誠實信用概念之核心，固為利益衡量。惟此之衡量，須依具體個案情況，綜合當事人間之一切利益狀況及條件而定，如稱之具體的利益衡量似更允妥。斟酌衡量云者，具有下列二層規範意義：

a.誠實信用原則為空白概括條款，其具體內容之填補，由立法授權法院於個案而為裁量認定。

b.法院適用誠實信用原則，本身即是一種價值判斷，苟其衡量涉有濫用或不當，仍是判決違背法令而為上訴第三審之理由。不過，關於是否成立誠實信用的認定本身，為事實問題，尚非得為上訴第三審。

法院依利益衡量而適用誠實信用者，須依公平理念，就客觀事實狀況而為分析判斷，法官的個人價值感情或主觀偏見不得滲入；否則，即是適

---

❷　參照，拙著，《新訂民法債編通則（下）》，第六頁。

❸　民法本條項及第二四五條之一增訂理由，直接援用其簡稱用法的誠信原則，足徵，「誠實信用」已漸有取代「誠實及信用」之現象。

用法則不當 ❻ （判決當然違背法令）。在此角度上，應認為誠實信用非僅為具體利益衡量，同時亦為客觀衡量，並得合併稱之為「以公平正義理念為基礎之具體客觀利益衡量」，晚近實務立場亦然 ❻ 。

③顯失公平

誠實信用雖為概括而不確定之法律概念，但亦為法律原則，直接而為法律解釋適用之規範依據。換言之，誠實信用原則係一禁止規範，旨在宣示權利行使於當事人間之利益分配，不得顯失公平。不過，誠實信用原則係極為後位之規範，其解釋適用上之嚴肅謹慎，必須有如公共利益之於尚方寶劍，並不輕易出鞘。因此，違反誠實信用原則之成立，自須以其利益衡量結果，於當事人間違反公平正義已屬相當重大者為要件 ❻ 。因之，其較為嚴謹之定義如下：

「於具體個案，依公平正義理念，綜合斟酌當事人間一切情況之結果，客觀上足認其利益分配狀況顯失公平者，是為違反誠實信用（原則）」。

(3)實務印證

我國實務，以具體客觀利益衡量解釋誠實信用原則，似已漸為定論。於此亦舉二例為證。

①最高法院八二年臺上字第一六五四號判決：

「查誠信原則乃斟酌事件之特別情形，衡量當事人之利益，使其法律關係臻於公平妥當之一種法律原則。」

②最高法院八六年臺再字第六四號判決：

---

❻　上訴第三審須以判決違背法令為要件，固為程序法所共通（民事訴訟法 §467，刑事訴訟法 §378，行政訴訟法 §242）；不過，認定判決違背法令之用語，卻略有不同（民事訴訟法第四六八條：「判決不適用法規或適用不當者，為違背法令。」刑事訴訟法第三七九條：「判決不適用法則或適用不當者，為違背法令。」），本書則採自刑事訴訟法上之用語。

❻　參照，最高法院九一年臺上字第七五四號判決：「所謂誠信原則，係指一切法律關係，應各就其具體的情形，依正義衡平之理念加以調整，而求其妥適正當。」

❻　消費者保護法暨其施行細則中，將違反誠實信用原則與顯失公平並列，宜解釋為係重複出現之同時複詞（實務立場不盡明確，學理見解亦非一致）。

「所謂誠實信用之原則，係在具體的權利義務之關係，依正義公平之方法，確定並實現權利之內容，避免當事人間犧牲他方利益以圖利自己，自應以權利人及義務人雙方利益為衡量依據，並應考察權利義務之社會上作用，於具體事實妥善運用之方法。」

3.規範性質

誠實信用原則的規範性質，分為下列事項說明：

$$
\text{誠實信用原則}\atop(\text{規範性質})
\begin{cases}
\text{原則法}\begin{cases}\text{概括條款}\\\text{原則法的極致}\end{cases}\\
\text{客觀法}\begin{cases}\text{客觀裁量}\\\text{關係規範}\end{cases}\\
\text{強行法}\begin{cases}\text{強行規定}\\\text{一階法源}\end{cases}
\end{cases}
$$

(1)原則之法

在法律規範體系上，誠實信用原則係以法律原則的形態直接轉化為法律規範，故誠實信用原則亦是原則之法或原則法；此之情形有如公共利益原則之相關說明，爰不重複。

誠實信用原則轉進為法律規範後，即應基於法律規範的角色在法律世界安身立命、永續發展。茲基此延伸補充如下：

①概括條款

誠實信用原則為概括條款，其情形有如前述之公序良俗條款 (§72) 及公共利益條款 (§148 I)，本書在此所以重複，主要係導因於該概念之更難駕馭；也就是說，在各種概括條款中，誠實信用原則最為抽象、最稱崇高，且又功能無邊。套用德國民法學的用語，誠實信用原則顯然是最為統括抽象的空白授權規定 (Blankovorschrift; Blankett-verweisung)。它類似無字天書或無形天啟的本質，並不因利益衡量角度的詮釋所盡可弭除。二十世紀初，倡導正法論 (Lehre vom richtigen Recht) 及內容變動之自然法 (Naturrecht mit wec hselndem Inhatt) 的德國著名法學家史丹姆勒 (R.

Stammler)，即認為誠實信用原則係正法之論據，亦係內容變動之自然法❻，正可顯示其為概括條款之典型。

②原則法之極致

直接以簡約抽象的概括條款，君臨法律世界，固是原則法的共通特徵，公序良俗原則（§2、72）、公共利益原則（§148 Ⅰ 前）、禁止權利濫用原則（§148 Ⅰ 後）、情事變更原則（§227 之 2）、損益相抵原則（§216 之 1）等均是。不過，在此等原則法之間，誠實信用原則最為抽象概括，亦係最高法律原則❻；換言之，就私法上法律原則的互涉關係而言，誠實信用原則係最為上位的概念❻，其他法律原則乃其下位法律概念，即使公共利益原則，亦不例外。

由概括條款走向具體條款、由原則之法走到規則之法，係人類法律形式發展的歷程，更是一個基本方向。在這樣的基礎上，原則之法應僅具補充性、備位性；應於窮盡具體條規而不可得之時，才能適用。尤其，越是上位的法律原則，越是需要處於這樣的謙抑後位。誠實信用原則既為最上位的法律原則，其援用態度更應如此。不過，在法院實務上，其運用不僅相當頻繁，而且功能特別宏大，爰以原則法之極致稱之。

(2)客觀之法

誠實信用原則，雖為空白授權條款，其具體規範內容委由法院裁量確定。惟法院裁量，須具體客觀衡量當事人的利益相對關係。客觀裁量的貫徹，係擔保誠實信用原則免於（法官）感情法學的不二法門，爰分為下列二點說明：

①客觀裁量

概括條款是待具體化之法律概念，其具體化的工程端賴司法（法院、法官）裁量。法院適用概括條款，特別是誠實信用原則之時，其心境不僅

---

❻　R. Stammler, Wirtschaft und Recht, 1921, S. 17.

❻　參照，蔡章麟，前揭〈論誠實信用的原則〉，第一頁、第二四頁；施著，第三九○頁；楊仁壽，《法學方法論》，自刊，一九八六，第一七○頁～第一七一頁。

❻　Hedemann, Die Flucht in die General Klauseln, 1933, S. 56～57.

要如同對待具體條規之解釋適用一般，而且要更嚴肅敬謹而審慎去考量是否符合社會一般通念？是否也深具高度的公共接受可能性的水準？也唯如此，誠實信用原則的適用，才有成為客觀規範的可能❼。

②關係規範

缺乏一般共通可循的具體適用標準，係誠實信用原則的最大特徵，也是它最令人擔憂的潛在風險。尋求破解的最重要途徑，即在於其本為相關關係的體認，是否違反誠信原則，必須趨入個案而就雙方利益存在的相互關係，妥為推敲斟酌。捨個案具體利益的相關關係，誠實信用原則即無認定空間，爰以關係規範稱之。

作為誠實信用原則裁量對象的利益，主要係指個案當事人間彼此之(私人)利益，但是否兼及公益與私人利益間的均衡調和，國內學理似偏於肯定說❼。但於民法本編修正之後，肯定說的見解是否仍屬可採，則不無探究餘地，語其理由有四：

a.誠實信用原則既為最上位法律原則，則本於窮盡規範原則，須公共利益原則無其適用，始得適用誠實信用原則。

b.如採肯定見解，則公共利益為獨立法律原則的民法本條修正意義，勢必大打折扣，有失立法本意。

c.面對諸如請求權競合❼、或其廣泛意義的權利競合之案例，法院負有義務選定最妥適的權利基礎，以為適用之依據。面對法律原則競合之情形，法院亦應秉持相類之態度。因為，法律原則的不同位階，意味成層法律評價的井然排序，貿然同時援用多項法律原則，恐有

---

❼ 法律學（其他規範世界亦然）上的結論，至少須符合公共接受可能性（主流意識?）的檢驗，才能算是具有客觀性，為二十世紀八〇年代以降法律學理之主流，概括條款的理解更不例外，爰予援引對應說明，以期得與法學方法之運用相互結合。

❼ 參照，李模著，第二九八頁；姚志明，《誠信原則與附隨義務之研究》，元照出版公司，二〇〇三，第二五頁。

❼ 簡介文獻參照，拙著，《新訂民法債編通則（上）》，第二九七頁以下。

價值混淆及法律體系錯置之虞，也不符法律明確性的要求。

　　d.公共利益原則，本係公法領域之概念，使其同於或高於誠實信用原則，私法獨立存在或私權保護，誠恐面臨嚴苛挑戰，甚而潛存崩盤危機。

　⑶強行之法

　①強行規範

　　誠實信用原則為法院職權適用事項，無待當事人聲請，亦非當事人得依約定限制或排除其適用，故為強行規範。

　　強行規範，本有強制規定與禁止規定之分（§71本文），無論其為具體條規或概括條款，多呈現二者擇一之形態，即或為強制規定或為禁止規定。相對於此，誠實信用原則卻具二者併存之傾向。純就法律規定形式而言，民法本條項固應歸類為強制規定；不過，如果從誠實信用原則的實際適用來看，不少情形卻以違反誠實信用原則效果如何來呈現，致與不得違反之條項相類。修正前誠實信用條款之立法理由，似亦同此立場❼❸。

　②一階法源

　　誠實信用原則因法律明文規定而為法源，此固無庸爭議；於此擬特別強調者，乃其備位性一階法源之特性。一階者，意指其屬性為法律；備位者，意指其適用順位，在於具體條規及下位概念之後。

㈢規範功能

　1.綜合說明

　　誠實信用原則規範功能之積極廣泛，得歸納為下列事項說明：

---

❼❸　參照，修正（廢止）前民法第二一九條立法理由：「誠實及信用，為社會生活之基礎，兼為助成交易發達之根本。背於道德上、法律上誠實及信用之舉動，原不可為，因濫用權利者，法律不保護之。」

2.調整法律規範

(1)補充法律規定不足

法律規定，或因立法之時難以窮羅完盡，或因內容過於具體固著，或因社會生活變遷快速，以致不能網納所有社會事實。在此基礎上，誠實信用原則即在補充法律規定之不足。補充功能，乃誠實信用原則之初步，亦其原初考量，我國實務於此多有闡揚，茲舉數者以對：

①短暫遲誤，非為遲延

最高法院二六年滬上字第六九號判例：「約明……每期付款均應於午十二時前為之……於十二時三十分收款後即以之送入銀行，銀行仍可作為當日所收之款，於甲並無損失，乃甲以乙已遲延三十分鐘拒絕受領，主張乙應償還全部債款，其行使債權，實有背於誠實及信用方法。」

②存款於受託收租人帳戶，並未積欠租金

最高法院四三年臺上字第七六二號判例：「被上訴人竟以存款人非其本人名義，拒絕受領，並……為終止系爭房屋租賃契約之理由，其行使債權，不得謂非違背誠實及信用方法。」

③匯款於第三人處所，不生清償效力

最高法院四八年臺上字第四七一號判決：「將地租寄存於履行地以外之第三人處所，……違背誠實信用之原則，不生清償之效力。」

④遇匪之時而為清償，不生清償效力

司法行政部六七年民司函字第一○二四號函：「遇匪徒行劫之時，明知……還款可能被匪劫去，仍竟為清償，顯然有背於誠實信用，不生清償效

力。」

(2)創設法律規範

二十世紀中葉以降，本來堅守法典中心主義的大陸法系國家（特別是德日兩國）的民法學，大都採取比較開放而容認法官造法的角色及意義，使法院在謙抑而穩健中從事具體而微的法律規範創造工程。我國民法學理或實務，雖是起步較晚，態度亦較保守，但仍略有闡發，實務之積極致力而卓有成果，得舉下列三者佐證：

①情事變更原則的創成

　　a.最高法院三九年臺上字第二六號判決：「法律行為成立後，因不可歸責於當事人之事由，致情事變更，非當時所得預料，而依其原有效果顯失公平者，法院應公平裁量，為增、減給付或變更其原有效果之判決。」❼❹

　　b.最高法院四一年臺上字第四七號判例：「法律行為成立後，因不可歸責於當事人之事由致情事變更，非當時所得預料，而依其原有效果顯失公平者，法院固得裁量增加給付之判決，然若物價略有變動，當事人不無相當受有影響，而斟酌其他情形，尚未達於顯失公平之程度者，仍不得遽准債權人之請求，命債務人增加給付。」❼❺

最高法院上述法律規範的創用，於半世紀後終於引導立法工程之配合，成為現行民法第二二七條之二❼❻。雖然，前引之判例或判決，業已完成階段使命而功成身退，但其於民法史所展現的光芒、乃至樹立司法與立法良

---

❼❹　最高法院早期判決中，認情事變更有誠實信用之適用者，主要尚有四五年臺上字第五一九號、四九年臺上字第一四○七號、五○年臺上字第四九九號、五六年臺上字第二三四號判決。

❼❺　最高法院於情事變更原則，原編成判例尚有四七年臺上字第一一八○號、第一七七一號、五六年臺上字第七八九號、六六年臺上字第二九七五號等。

❼❻　民法第二二七條之二：「契約成立後，情事變更，非當時所得預料，而依其原有效果顯失公平者，當事人得聲請法院增、減其給付或變更其他原有之效果。前項規定，於非因契約所發生之債，準用之。」

性互動的典範，仍值喝采。

②權利失效原則的建立

權利人於相當長之期間內不行使權利，足以使義務人正當信任權利人已無意行使權利者，依誠實信用原則而使義務人取得權利消滅之抗辯權者，是為權利失效原則❼。最高法院於此之代表事例如下：

　　a.最高法院五六年臺上字第一七〇八號判例：「被上訴人未履行出租人之義務達十一年之久，上訴人……坐令被上訴人在系爭土地上建築房屋、種植果樹，耗費甚鉅，始引起訴訟，求命其除去地上物交付土地，核其情形，……係權利之濫用，有違誠信原則。」

　　b.最高法院六一年臺上字第二四〇〇號判決：「被上訴人明知轉租無效，本得請求收回土地，竟長期沉默……仍與承租人換訂租約……顯已引起上訴人之正當信任，以為被上訴人當不欲使其履行義務，而令忽然貫徹其請求權之行使，……有違誠實信用原則。」

③附隨義務的導出

除給付義務外，債務人對於債權人是否負有協力照顧、告（通）知及忠實說明等附隨義務？乃至違反此等附隨義務之法律效果如何？民法原無一般規定，體系脈絡亦不盡明顯。二十世紀的德國民法學理及實務，則本諸誠實信用原則，予以肯定，並逐步完成其具體化工程，使其成為該世紀德國債法秩序的重要光芒所在，亦誠實信用法學的偉大成就之一❼❽。我國民法學理實務，隱約之間，亦多表達「違反附隨義務，本於誠實信用原則，原則上只得請求損害賠償，而不得輕易解除或終止契約」之基本立場❼❾，爰摘錄以下判決，以供參考。

最高法院七〇年臺上字第一三八五號判決：「本件兩造對於買賣價金及

---

❼　參照，王著，第六〇〇頁～第六〇二頁；黃立著，第四九三頁～第四九四頁。

❼❽　參照，姚志明，前揭《誠實信用原則與附隨義務之研究》，第五頁～第六頁、第二二頁。

❼❾　參照，姚志明，前揭書，第四頁、第六一頁～第六四頁；王著，前揭〈民法總則在實務上的最新發展㈤〉，第六一頁～第六二頁。

標的物，均已相互履行交付之義務，並無違約情事。至於……從屬之債務……倘不為履行，上訴人亦僅負……損害賠償責任而已……藉此聲明解除買賣契約，請求交還買賣標的物即土地，……與誠信原則有違。」

(3)廢止法律規範

①現況說明

早在二十世紀伊始，德國學理即已倡議，誠實信用原則得廢止所謂不正之法；因此當時德國學者，曾有認為，誠實信用原則不僅即是自然法的內容之一，更是象徵自然法戰勝了實定法之代表傑作 ❽。德國實務亦多肯定，誠實信用原則得於個案停止或限制法律具體條規的全部或一部適用 ❽。依法律解釋而宣告法律規範廢止，在國內的法律實務上，已非新鮮課題，司法院大法官依解釋宣告第三屆國民大會八十八年之憲法增修條文無效，固是著例 ❽。最高法院創設契約一般效力之觀點，亦無異宣告民法債編修正前之第四〇七條規定為之死亡 ❽，並因而促動民法該條之廢止，亦是絕

---

❽　參照，R. Stammler, Recht der Schuldverhältnisse in seinen allgemeinen Lehren, 1897, S. 36.

❽　國內民法總則文獻，參照，黃異著，第四九一頁（直接指明誠實信用原則旨在限制其他法條）。

❽　參照，司法院大法官釋字第四九九號解釋：「修改憲法乃最直接體現國民主權之行為，應公開透明為之，以滿足理性溝通之條件，方能賦予憲政國家之正當性基礎。……第三屆國民大會……第四次會議第十八次大會以無記名投票方式表決通過憲法增修條文第一條、第四條、第九條暨第十條之修正，其程序違背公開透明原則及當時適用之國民大會議事規則第三十八條第二項規定，其瑕疵已達明顯重大之程度，違反修憲條文發生效力之基本規範；其中第一條第一項至第三項、第四條第三項內容並與憲法中具有本質重要性而為規範秩序賴以存立之基礎，產生規範衝突，為自由民主憲政秩序所不許。」

❽　參照，最高法院四一年臺上字第一七五號判例（已廢止）：「當事人間對於無償給與不動產之約定，如已互相表示意思一致，……其契約即為成立，縱未具備贈與契約特別生效之要件，要難謂其一般契約之效力亦未發生，債務人……負有移轉登記使生贈與效力之義務。」

好之佐證。只是，此之理由，並未正面援用誠實信用原則。

②個人淺見

於個案，依公平正義裁量，限制或停（廢）止特定法律規範一部或全部之適用，為誠實信用原則調整當事人權利義務所必要，理論上亦少有爭議。至於廢止法律規範本身，涉及立法與司法分立之踰越，學理向來固持審慎觀點，爭論亦多。淺見以為：如果特定之法律規範確已顯著而嚴重違反其所屬之整體法律規範秩序，而且於一般情形已處於幾無正義實現可能者，法院得以其法律適用顯然違反誠實信用原則（欠缺法律之正當性基礎），宣告該特定法律規範為之廢止。

3.變動當事人權義

在現行法律規範之基礎上，不創設或廢止法律規範而變動當事人權利義務，為誠實信用原則主要使命，或稱其為誠實信用原則之限制或控制功能。其中，不涉及權義本身之生滅，而僅就權義內容為調整者，為最普遍，是為所謂內容控制之功能。

(1)調整權義內容

依誠實信用原則調整當事人權義之內容，尚可歸納為擴張權義內容（增加給付）、限縮權義內容（減輕給付）及其他權義行使之變更三項：

①擴張權義內容

依誠實信用原則，而擴張權利或義務之內容者，以情事變更原則之案例為主，其形態多為給付之增加。茲舉實例二者為證：

a.通貨膨脹，得以倍增價金給付

最高法院三九年臺上字第二六號判決：「本件所收之押金，……值此社會經濟情況變更急遽之際，若以原額返還，不能謂非顯失公平，因而判令增加五百倍返還，於法洵無違背。」❽

b.價金不足償付增值稅，由買受人支付

最高法院七〇年臺上字第四一八號判決：「系爭地由旱一變為建……誠

---

❽ 最高法院四五年臺上字第五一九號判決，於相類案例，亦具體陳明適用誠實信用原則。

信原則上觀察，其增值稅均應由被上訴人負擔……，衡情是否毫無足取，即尚有待斟酌。」

②限縮權義內容（減輕給付）

依誠實信用原則，而限縮權利或義務之內容者，主要表現為給付之減輕，實務上於此適用甚多。茲舉數者為證：

a.遲誤一天，不能加倍請求返還定金

最高法院六九年臺上字第七一九號判決：「本件買賣並非非於一定時期為給付，不能達其契約之目的，被上訴人既已大部分依契約內容履行，僅其中抵押權人……部分遲誤一天清償，上訴人以此……請求被上訴人加倍返還定金，其行使債權顯然違背誠實信用原則。」

b.承租人賴以生活之耕地，只得一部收回

最高法院四七年臺上字第七三二號判例：「耕地租約期滿時，如出租人有自耕能力，且其所有收益不足維持一家生活者，依法固得主張收回自耕，但承租人倘因地被收回致家庭生活失所依據，亦非兩全之道，故法院為兼顧業佃利益起見，酌情命為一部收回一部續租之判決，仍非法所不許。」❽

c.處理一審事務，不能請求全部酬金

最高法院四九年臺上字第一二八號判例：「上訴人於受任後，雖曾代為撰狀向臺灣臺北地方法院聲請調解，充其量不過辦理第一審事務中小部，……依契約本旨及誠信法則，自祇能請求給付第一審事務之酬金。」

d.工程減縮，保證金應比例減縮並發還

最高法院七九年臺上字第一八一〇號判決：「工程縮減……其減縮額度高達百分之七十弱……上訴人自應按減縮工程款之額度發還保證保證金與承包人，方合乎誠信原則。」

③其他權義行使之變更

在德國，很早之時期，實務即已認為，契約上之航路如因戰爭不能通行，得基於誠實信用原則，以別的運送方法或途徑代替；特殊情形，債務

---

❽　陳明其適用依據為誠實信用原則之代表判決有最高法院四五年臺上字第一〇
　　〇五號、四七年臺上字第一三九號判決。

人以支票代替現金而為給付者，基於誠實信用原則，債權人不得拒絕，是為所謂誠實信用原則之變更權**❽**。國內實務之相類見解如下**❼**：

　　a.協議賠償計算方法違背原約精神，應依誠實信用原則調整

　　最高法院八二年臺上字第一六八一號判決：「兩造……協議變更損害賠償之計算方法……，致使裝載越多，賠償金額亦越多，亦即履行契約程度愈高者賠償責任反而愈重，與原來立約精神背道而馳……，是否與公平誠信原則無違，即有再事斟酌之必要。」

　　b.誤認或微少之越界建築不得請求折屋還地

　　最高法院五三年臺上字第一一八九號判決：「如果上訴人越界建築部份不予拆除，於上訴人並無重大妨礙，儘可酌定相當價額，以求補償。……必欲上訴人拆除建成之樓房交還土地，能否謂與誠信原則無違，不無審酌餘地。」**❽**

　　c.袋地通行權人應基於誠實信用原則避止損害

　　最高法院六九年臺上字第二四一八號判決：「有通行權人，應於通行必要之範圍內，擇其周圍地損害最少之處所及方法為之，此項規定，依誠信原則，對於……不通公路土地之所有人，亦有其適用。」

　　(2)限制權利之取得及行使

　　①案例舉隅

　　依誠實信用原則，於具體案例而限制當事人取得權利者，為數甚多，茲舉數例說明：

---

❽　參照，蔡章麟，前揭〈論誠實信用的原則〉，第三〇頁；同氏，前揭〈私法上誠實信用原則及其運用〉，第二一頁。

❼　情事變更原則，既得增加給付，亦得減輕給付，執其兩端而言之，亦得以變更權義稱之，其主要案例參照，最高法院四七年臺上字第一一八〇號判例：「銀行業戰前存款、放款清償條例第一條第二項……信用合作社，非該條例所稱之銀行業，其在戰前貸放之款項不能依同條例第二條規定而為清償，祇能斟酌戰前戰後一切情形，秉誠實信用法則，以確定其應清償之額數。」

❽　同旨參照，最高法院五七年臺上字第三四三三號判決、七二年臺上字第一九二七號判決。

a.他方給付瑕疵細微者，不得行使同時履行抗辯權

最高法院六八年臺上字第六一六號判決：「合建之房屋……經上訴人點收，並已出售或出租與他人使用，縱房屋有細微之瑕疵，上訴人非不可請求修補……殊不能逕行拒絕自己之給付。」 ❽❾

b.原始建造人對於買賣標的物不得訴請確認所有權或請求返還

最高法院八一年臺上字第六一六號判決：「上訴人縱為該建物之原始建造人，既經以之交付……抵債，如以地上建物不能辦理移轉登記為由，訴請確認對該建物仍有所有權存在，進而本於無權占有之法律關係，請求返還該建物……不惟不足以維交易安全，且與誠實及信用原則有違。」

c.同意承租，不得於短期內以自住為由，主張收回

最高法院八一年臺上字第二三三七號判決：「上訴人於和解時對其子女年齡、就學情形及一樓房屋使用情況，深切了解，乃仍與被上訴人和解，同意其繼續承租，竟於和解後半年……請求收回自住，不但有違誠信，且此項於和解時可預見，又非和解後新發生之事由，其據以請求收回自用，尚有未合。」

d.既已受領提存物，即生清償效力

最高法院四五年臺上字第五九七號判例：「上訴人受領被上訴人在催告期限內提存之租金，縱使被上訴人之提存，有不合法定要件情事，亦於上訴人無甚損害。依……關於行使債權，應依誠實及信用方法之規定，上訴人自不得僅以提存不合法定要件，為主張不生清償效力之論據。」

e.故意排除居間成果，仍應支付報酬

最高法院五八年臺上字第二九二九號判例：「委託人為避免報酬之支付，故意拒絕訂立該媒介就緒之契約，而再由自己與相對人訂立同一內容之契約者，依誠實信用原則，仍應支付報酬。」

f.出租人（債權人）拒絕受領租金，不得終止租約

最高法院四三年臺上字第一一四三號判例：「承租人曾於出租人所定之期限內，依債務本旨提出支付之租金，而因出租人或其他有代為受領權限

---

❽❾　同旨參照，最高法院七六年臺上字第二五〇六號判決。

之人拒絕受領，致未能如期完成時……依……關於行使債權，應依誠實及信用方法之規定，出租人自不得執是（按即租金延遲）為終止契約之理由。」

②補充說明

限制權利取得或行使，係國內實務適用之主要成果所在，本於知識忠誠，理應恰如其實反應，爰列舉較多實務成例以為佐證。鑑於權利自由（特別是意思自由）之濫用，意在破毀相對人權利或冀免自己義務者，所在多有；於此情形，援用誠實信用原則之結果，仍表現為持續維護當事人原定之權利義務關係❾⓿。

(3)宣告權利失效

①權利失效原則再議

依誠實信用原則，宣告當事人權利失效者，是為權利失效原則。語其成立要件有四：

　　a.權利人繼續於相當長的期間不行使權利之後，突然依法行使權利。

　　b.義務人足以信賴權利人已不行使權利。

　　c.義務人因信賴而為相對性之重大耗費。

　　d.義務人提出權利失效之抗辯。

②實務援用之檢驗

權利失效成立之核心，在於權利人之權利行使有違誠實信用原則，鑑於其救濟方法極其特殊，構成要件相當概括空泛，而且破壞現有法律體制及法律秩序，至深且鉅。因之，秉審慎態度而嚴格認定其成立要件，誠有必要。然而，我國實務於權利失效原則之適用，則較寬緩。論其情形，略有如下：

　　a.認為只要長期繼續不行使權利，即有適用之判決

最高法院八〇年臺上字第三四二號判決：「被上訴人或臺中貨運所……如被上訴人或臺中貨運所繼續與上訴人維持租賃關係，竟於延至二十餘年以後始藉前因（按指擅自增建房屋）為終止契約之理由，與誠信原則亦有

---

❾⓿　權利義務的內容，與權利義務關係的存在，係二種不同的概念層次。前者，其調整的結果，於權利義務關係本身的存否不生影響。

違背。」

　　b.認為須以長期繼續不行使權利、且客觀上足以引起相對人正當信任
　　　為要件之判決

　　最高法院八五年臺上字第七八四號判決：「惟被上訴人於催告後，未見
上訴人繳交尾款，即得解除契約，竟長期不為行動，客觀上亦足引起上訴
人之正當信任，以為被上訴人不欲解除契約，忽於經過十三年後，於第一
審法院履勘現場時方表示解除契約，致使上訴人頓時陷於窘境。其行使權
利能否謂無違反誠實信用之原則，即非無疑。」❾❶

　　c.認為須以長期繼續不行使權利，且因情況特殊足以引起相對人正當
　　　信任為要件之判決

　　最高法院八六年臺上字第三七五一號判決:「在相當期間內未行使該權
利，除有特別情事足以引起他人之正當信任，以為其已不欲行使權利外，
尚難僅因其久未行使權利，而指其嗣後行使權利係有違誠信原則。」❾❷

　　d.認為除上述 (c) 所列二者外，並須以義務人抗辯為要件之判決

　　最高法院七二年臺上字第二六七三號判決:「權利者在相當期間內不行
使其權利，並因其行為造成特殊情況，足引起義務人之正當信任，認為權
利人已不欲行使其權利，而權利人再為行使時，應認為有違誠信原則，固
得因義務人之抗辯，使其權利歸於消滅。」❾❸

　　③未竟工程

　　以上立場，以後者 (d) 較為可採；此亦學理多數見解。惟權利人長期未
行使權利，縱已符合 d 之要件，如義務人並未基於信賴而為重大之相對行
為，權利行使之結果對於義務人並未造成重大損失，則利益衡量結果，酌
定相當之猶豫（或履行）期間，似更允妥。較諸誠實信用原則，權利失效
原則雖已相對具體明確，但成立要件中之「相當期間」、「情況特殊」、「耗
費甚鉅」，基本上亦係不確定之法律概念。認定標準何在？尚待學理或實務

---

❾❶　同旨最高法院八五年臺上字第九〇八號判決。

❾❷　同旨最高法院八八年臺上字第二六九四號判決。

❾❸　同旨最高法院八八年臺上字第四九七號判決。

努力建設，應是重要未竟法律工程。

(4)創設權利義務

適用誠實信用原則亦得創設權利義務，舉其重要實例如下：

①抗辯權發生之創設

a.權利失效之抗辯權

權利失效原則之效果有如消滅時效完成之抗辯權發生而已。換言之，符合前述之權利失效原則者，權利本身並不直接消滅，只是相對人（義務人）得為拒絕給付，須待義務人其後發動抗辯權，該標的權利始告失效❾❹，稱之權利失效抗辯原則，似較允妥。

b.同時履行抗辯權

最高法院七二年臺上字第一八七一號判決：「因契約互負債務者，他方提出之對待給付若不完全，既非依債務之本旨為之，除依其情形，拒絕自己之給付，有違背誠實及信用之方法者外，在未補正前，非不得拒絕自己之給付。」❾❺

②請求權之創設

a.一部有效應斟酌誠實信用原則❾❻

最高法院七五年臺上字第一二六一號判例：「民法第一百十一條但書之規定，非謂凡遇給付可分之場合，均有其適用。尚須綜合法律行為全部之旨趣，當事人訂約時之真意、交易之習慣、其他具體情事，並本於誠信原則予以斟酌後，認為使其他部分發生效力，並不違反雙方當事人之目的者，始足當之。」

b.祭祀公業實際管理人常期收租，租賃為之成立生效

最高法院六九年臺上字第四七五號判決：「祭祀公業……由林○○……實際管理，將前開土地出租，其收取之租金復用於前開土地稅捐之繳納，

---

❾❹ 從規範性質來說，權利失效之拒絕給付，亦是滅卻抗辯。

❾❺ 同旨，最高法院七五年臺上字第三五八號、八六年臺上字第一一五一號判決。

❾❻ 法律行為一部有效時，當事人得基於該有效之法律行為為一定之請求，爰列於此說明。

祭祀公業……之派下亦從未為反對表示，……基於誠實信用原則，衡量兩造之利益，應認其租賃契約對於上訴人繼續有效。」

　　③形成權之創設

　　法律關係成立後，因重大事由發生，得依誠實信用原則發生解除權及終止權，甚而撤銷法律行為，學理多以情事變更原則（民事訴訟法 §397）及暴利行為 (§74) 之相關規定予以肯定。不過，其適用順位應在增減給付之後，而非同位考量。

㈣**適用法則**

　　誠實信用原則之適用法則，分為成立要件及法律效果二者說明。不過，其相關論點與公共利益條款雷同之處，敘述盡量從簡。

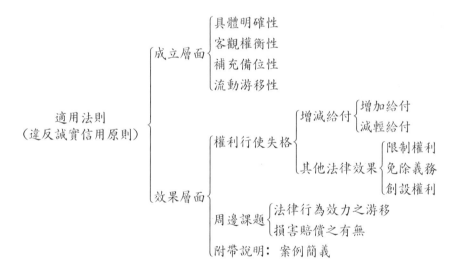

1.違反誠實信用原則之成立

　⑴具體明確性

　　概括條款之適用，應致力於內容具體、範圍明確，亦即通稱的具體明確性之建構，無寧是現代原則法之共通課題；誠實信用原則，位居原則法之頂端，既為最上位之法律概念，亦是最為空泛無實之法律原則，故其有待具體明確之工程者，亦是最為迫切。

①待具體化之概念

誠實信用原則本為待具體化之概念，早為德日學理多所強調；國內學理立場亦然。所謂待具體化者，即其內容須待法院，於個案時予以具體決定，俾該概括抽象之法律原則，符合規範具體而明確的要求，亦唯如此，司法裁量才能算是稱職，立法藉諸概括條款授權法院於個案而為裁量，才不會違反法律具體明確之要求。在行政法上，立法授權主管機關訂定法規命令者，大法官迭次宣示必須符合具體明確原則 **❾**，其於法律層次使用概括條款者，則須其意義尚非難以了解、且為受規範者所得預見，並可經由司法審查確認 **❾**。本於平等原則，司法裁量亦應信守同樣之標準。

誠實信用原則，較諸一般之授權立法事項，顯然更是抽象概括，其對內容具體、範圍明確之渴求，顯然要較一般之概括條款為多且鉅。因之，下列二者於促進具體明確性之探訪，應是頗有助益：

　　a.積極推展諸如情事變更原則、權利失效原則等誠實信用原則下位概念，使具體個案之法律適用，可以以比較具體的原則出現，不必動輒直接訴諸誠實信用原則。

　　b.於個案裁量時，盡量參酌該案例事實所涉及到的相近法律具體條規之制度內容（包括成立要件及法律效果），並盡量在法律評價上之等致性，互為比較及論證。

②類型化工作之加強

類型化探討，係淡化法律概念抽象及不確定性的重要工作，亦其趨向具體明確的必要工程。越是概括抽象的法律條項，其類型化工作越是具有澄清及確定的功能。誠實信用原則，既是最為空泛抽象的概括條款，其類型化探討，於趨向具體明確更是不可或缺。晚近國內有關誠實信用原則的論述，已基於此一體認而強調誠實信用原則類型化工作的需要，並以實務

---

❾　參照，司法院大法官釋字第三一三號、釋字第三四六號解釋。

❾　參照，司法院大法官釋字第四三二號解釋：「不確定概念或概括條款，均須無違明確性之要求。……立法使用抽象概念者，苟其意義非難以理解，且為受規範者所得預見，並可經由司法審查加以確認，即不得謂與前揭原則相違。」

適用之實情，分別歸納各種不同的類型，以期有助具體明確的實現，於促進法律安定性的基本要求，誠屬可喜❽。本書嘗試從不同角度進行類型歸納，也是希望可以在現有基礎上拋磚引玉。

⑵客觀權衡性

①客觀裁量之再敘

適用誠實信用原則，最被質疑、亦最令人擔心者，即是法院裁量之出乎主觀，流於成見，甚而僅是道德上誠實信用的援用❿。

面對於此，淺見以為，下列四項，於趨近客觀妥適而言，誠屬重要：

a.發現個案有適用誠實信用原則可能時，應以更審慎之態度，就當事人利益存在之一切狀況，善盡事實調查，以免衡量失準。

b.決定適用誠實信用原則時，以最嚴肅的心情，杜絕法官的個人感情走私而進入法律之評價工作平臺。

c.進行利益裁量時，應綜合斟酌過去先例的見解，社會的總體價值感情及比較法制的共通成果，並以此作為決定宜否適用誠實信用原則之論證基礎。

d.法院於決定適用前,應給予當事人充分陳述及公開理性對話之機會；尤其，善用言詞辯論程序，由雙方當事人公開詰問攻防，進行誠實信用原則應否適用之適當完全辯論，應是不可或缺的法律程序⓫。

---

❾　基本文獻，請參照，王著，前揭〈民法總則在實務上的最新發展㈤〉，第六〇頁～第六一頁；林誠二，〈再論誠實信用原則與權利濫用之機能〉，《台灣本土法學雜誌》，第二二期，二〇〇一，第五〇頁～第五六頁；孫森焱，〈從判例看誠實信用原則的規範功能〉、〈法治現代化之回顧與前瞻〉(《楊建華七秩華誕祝壽論文集》)，一九九七，第二四三頁以下；馬維麟，《民法債編註釋書㈡》，五南圖書出版公司，一九九六，第二二一頁～第二五五頁。

❿　參照，最高法院九二年臺上字第五五三號判決：「誠信原則為公平正義之象徵，不僅可廣泛適用於權利之行使與義務之履行,且對於法律之倫理性與當事人間之利益均衡性，具有促進及調節之作用。」

⓫　理性對話與公開討(辯)論，為規範課題趨向客觀性的重要法門，係來自法律哲理的啟示,誠實信用原則的客觀化作業，有賴於此,始能符合程序保障利益，

②利益權衡準則

誠實信用原則的論定，不是單純的概念演繹，而是一連串複雜的相關利益調查、比較、調和及修整過程的總和。擔保誠實信用原則得以體現客觀規範之應有性質，對於其利益權衡準則之建立，乃是無可豁免的必要途徑。實務於此建有下列三項頗具啟發意義的準則：

a.微細利益侵害，並不違反誠實信用原則

前引之最高法院二六年滬上字第六九號判例（短暫遲延，非為遲延）。

b.符合比例原則才算依循誠實信用原則

前引之最高法院六九年臺上字第二四一八號判決（袋地通行，須採最小損害方案）。

c.使用權行使應斟酌使用目的

最高法院五〇年臺上字第一二一三號判決：「兩造交換使用之目的，既同意相互建造正式房屋，則依……誠實信用之原則，雙方均不能隨時請求返還。」

最高法院五九年臺上字第二四八〇號判決：「租地建築廠房之契約……兩造所定一年租賃期間，縱屬兩造之真意，能否謂與誠實信用原則無違，仍非無推求之餘地。」[102]

(3)補充備位性

補充備位性也者，涵括補充及備位二項性質。補充性也者，係相對於個別的誠實信用條項及下位而比較具體的誠實信用原則而言。前者，如締約過失責任之規定（§245 之 1）、消費性定型化契約條款無效之規定（消保法 §12）[103]；後者，如情事變更原則（§227 之 2）、權利失效原則是。補充

並避免突擊性裁判。

[102] 早期判例參照，大理院八年上字第一二一號：「訂約續租者，雖未定續租期間，可隨時聲明解約，而自續租日起，究應經相當期間，俾租戶受續租之實益，始與交易上誠實信用原則不違。」

[103] 依消費者保護法第一二條的規定，似得認為平等互惠原則即是誠實信用原則的下位概念，應優先於誠信原則而適用。

者，意指誠實信用原則僅是此等條項或原則之補充規範，法院必待該等條項或原則確無適用餘地者，才能考量適用誠實信用原則。備位性也者，係相對於其他法律規範（包括法律原則）而言，意指誠實信用原則係後位適用之法律規範，必須確無其他法律規範可資適用者，始能援用誠實信用原則。亦即誠實信用原則為最後順位之法律規範，必須確實窮盡法律規範，認定其確無其他法律規範可以適用者，始可破繭而出[104]。

原則的形式，必然抽象概括。然而，原則的適用於個案，仍須具體、客觀而明確，俾與法律一般具體條規（或所謂的規則）的適用無異。因此，論定誠實信用原則的適用，以下二者的秉持自是相當重要。

　　a.避免與其他法律原則混同適用。

　　b.斟酌相近案例類型有關一般具體法律條規所確定的成立要件及法律效果。

(4)流動游移性

誠實信用原則，亦如公共利益，概念上存有流動性，亦具有游移狀態。公共利益條款中有關流動性及游移狀態之說明，於此亦是同可參考，茲僅從誠實信用原則之角度，略作補充。

①流動性之意涵

誠實信用原則所以具有流動性，尚與下列二項重要的制度上因素，息息相關：

　　a.誠實信用原則的非封閉性

誠實信用原則，是個面向社會秩序開放閘口的概念。生活情勢的變遷，社群價值觀念的異動，乃至權利義務在整體社會上作用的位移，均深深影響誠實信用原則成立與否之裁量。所謂誠實信用原則的適用，必須考察權利義務之社會上作用[105]，其原因在此[106]。

---

[104]　參照，拙著，《新訂民法債編通則（下）》，第四〇七頁～第四〇八頁（特別是第四〇八頁的圖表）。

[105]　實務見解，請參照，前引之最高法院八六年臺再字第六四號判決。

[106]　學理見解，請參照，史尚寬，前揭《債法總論》，第三二〇頁；孫森焱，《民法

　　既然，社會秩序會不斷變動，作為補充法律漏洞、調整當事人意思自由濫用的誠實信用原則，會因不同社會或時代而異其顏容，無寧為事所必然。十九世紀的權義意識、類型、意涵，無論是量是質，均與二十世紀所體現者截然不同。現在又如何可能預測，待二十一世紀結束時，權義意識、類型、意涵、乃至權義在社會上之作用，究竟會是如何量變與質變。既然，社會秩序及其價值意識的變動是個常態，很自然的，誠實信用原則就會成為流動性的概念。

　　b.誠實信用原則的個案正義性

　　誠實信用原則，旨在實現個案正義；也就是說，通過對於具體個案所展現利益分配狀況，來體現該具體個案上利益關連的合理重分配。具體個案之利益分配情勢，即使不是迥然殊異，至少亦多千差萬別。同樣情形，具體個案所呈現的法律不足或意思自由濫用，其殊異差別之程度，亦是不亞於利益分配本身。處此現實情況下，誠實信用原則是否違反的認定，難有一致可期的客觀準則，無寧是有其不易克服的先天體質。

　　②游移狀態的方向

　　誠實信用原則，不僅在成立要件上為空白規定，即法律效果層面，亦是付之闕如。前者，衡量因素複雜，衡量準則流動難稽；後者，亦因利益失衡情狀之輕重，隨個案而異其法律效果，本書爰以游移狀態稱之。

　　2.違反誠實信用之法律效果

　　⑴權利行使失格

　　①基本效力

　　權利行使違反誠實信用原則者，其權利行使為之失格，不生該等行為依法所定之效力，義務履行違反誠實信用原則者亦同。前者，如請求給付（意思通知），不生請求（例如中斷時效）之效力；後者，如遇盜時提出給付，不生清償之效力。前述公共利益條款有關權利失格之意義及形態的相關說明，於此仍具參考意義。不過，違反誠實信用原則而致之權利失格，其具體形態顯然複雜許多，爰基此角度，試予補充。

②不同形態：由增減給付到權利創廢

綜合斟酌誠實信用原則的具體條項及下位法律原則之規定，並印證前述引證的法院實務成果，可以肯定違反誠實信用原則的法律效果，態樣似是相當複雜，其為增減給付者有之，其為限制權利行使或否定責任免除者有之，其為權義創廢者亦有之。為描述此一制度現實，爰指明其游移軌跡為：由增減給付到權利創廢。

a.增減給付

增減給付，雖僅明定於情事變更原則之條項中，我國實務的適用成果，似乎亦然。不過，基於以下理由，淺見以為，於誠實信用原則適用增減給付，其必要性並不亞於情事變更原則：

ⓐ誠實信用原則之成立既是相當流動，相對的，其法律效果理應多元而具有呼應流動需要的彈力機制。具體僵化，絕不是對待原則之道，何況其為誠實信用原則！

ⓑ誠實信用原則之內涵，既以利益衡量為重心。不同案件之間，利益失衡之情況，本是差異極大。本於平等原理，其調整方案必須相應而有落差，才有客觀正當可言，較為輕微的利益失衡，濟之以增減給付，應是較為持平，亦更契合正義理念的妥切實現。

ⓒ現代社會變遷快速，交易條件異動不已，面對如此之社會情勢，傳統構想下的情事變更原則，顯已不敷時代需求；反之，藉用誠實信用原則，突破現行情事變更體制之桎梏，增減給付成為重要救濟途徑，勢必無可避免❿。

b.其他法律效果

權利行使違反誠實信用原則時，因其案例類型及利益失衡輕重之不同，尚可發生限制權利、減免義務、廢止權利及創設權利等較增減給付為強的

---

❿　例如，於工程契約（依現行民法歸類於承攬）或長期代理產品銷售契約等，學理及實務，歷經深入研討，業多認其增減給付等法律效果（包括契約再議權）之調整，無須以訂約時不可預料為要件（因其結果，使情事變更原則的適用寬緩許多，故學理上或以情事變更原則的柔軟化名之）。

其他法律效果，從前舉的實務彙整，已有顯著印證，爰不復述。

(2)衡量補償與替代方案

違反誠實信用之法律效果，亦應肯定衡量補償與替代方案之適用機制。至其理由有三：

①違反誠實信用原則的法律效果如何？法無具體限定，從解釋上加以過度限制，既無堅強論據，亦無其必要。

②同為利益衡量條款，理應平等看待。何況誠實信用原則的適用，其利益衡量因素要較公共利益條款的違反更且複雜，其法律效果的多樣周延，顯然更為需要。

③誠實信用原則的適用，應是極為細緻的利益調整機制，單靠增減給付或創廢權義，具體個案的合理適當有時不易實現；以衡量補償(及)或替代方案作為取代或附加機制，足以促進個案合理妥適的效度及確度。

(3)游移分際的建立

從誠實信用原則的規範意義或功能來說，違反誠實信用原則的法律效果，理應異質多樣，俾其足以適應不同個案，實現具體個案正義，固是確有必要。但本於規範具體明確而客觀的基本要求，不同法律效果之間，其適用之分際如何確定，也是同等重要的課題。因此，下列二大工程，仍待未來繼續努力：

①應然論述的缺乏

對於該等案例何以理應發生該當法律效果（例如，於收回自耕妨礙承租人生計之案例，一部收回之客觀妥當數據為何？半數乎？30% 乎？70% 乎？或其他比例？），尚未具體論述。

②分際探查的闕如

關於違反誠實信用原則的不同法律效果，其不同之適用標準何在？仍是任其混沌未開，其間分際的探查似乎完全付之闕如。

在以上二者正確圓滿答案出爐之前，誠實信用原則之規範明確性、客觀性，即使不是徒託空言，亦只能信託法官良心，顯然潛存嚴重的失落危

機。幸而，迄今為止，法院援用誠實信用原則，甚是小心謹慎，嚴重失準的情況，尚不多見，值得大家信賴。不過，這個民法學上艱鉅深邃、尚待啟動的重大法學方法論工程，確是值得重視。

(4)周邊課題

①法律行為效力之游移

誠實信用原則之違反，非盡出自法律行為，其出自法律行為者，亦非盡為無效。此之情形，或與公共利益違反情形相若，但態樣更為複雜，爰再補充說明如下：

　　a.法律行為無效：實務上最常見的事例是為終止而致之無效（參照前引之最高法院五六年臺上字第一七○八號判例等）。

　　b.法律行為得撤銷：違反誠實信用原則，其法律行為得撤銷者，明確見於其下位原則之暴利行為 (§74)。

　　c.法律行為有效，但應增減給付：違反誠實信用原則，僅發生增減給付之效果，明確見於其下位原則之情事變更原則；實務事例亦多。

　　d.法律行為有效，但效力範圍受限：實務上最具代表性的事例，即是耕地的一部收回（參照，前引之最高法院四七年臺上字第七三二號判例等）。

　　e.法律行為失效，義務仍須履行：實務上最具代表性的事例，即是居間終止，仍應支付報酬（參照，前引之最高法院五八年臺上字第二九二九號判例）。

②損害賠償之有無

權利行使而違反誠實信用原則者，就其所生損害，對於相對人並不當然負損害賠償責任。有關於此，與公共利益條款所述者雷同，但作下列二點補充：

　　a.違反誠實信用原則之效力射程，僅止於權利行使本身之失格，並不發生損害賠償之效果。

　　b.因違反誠實信用致生損害於他人者，須本於損害賠償之規定論究其應否及如何負損害賠償責任。其問題核心為：

ⓐ該行為同時成立債務不履行（給付不能、給付遲延、不完全給付）者，依債務不履行規定負損害賠償責任。

ⓑ該行為侵害他人權利者，依侵權行為規定負損害賠償責任。但誠實信用原則之條項 (§148 II)，非為保護他人之法律，無推定過失 (§184 II) 之適用。

(5)附帶說明：案例簡義

①基本態度：捨繁從簡

本案涉及特種租賃的最特殊形態——耕地租賃，問題範圍廣及社會化形態最強之耕地三七五減租條例（以下簡稱耕租條例）。為免紛擾難解，本段僅從誠實信用的角度切入，說明上並盡量捨繁從簡。

②法律規範的缺乏

耕租條例規定，耕地租賃的出租人，於租賃期限屆滿時，因維持生活必要者，得終止租約收回耕地。不過，該條例同時規定，如其耕地為承租人生活所賴者，出租人不得終止租約收回耕地。二者之矛盾究應如何處理？該條例、乃至土地法及民法有關耕地租賃之規定，均付之闕如。

③法律規範的創設

為兼顧出租人及承租人雙方之利益，最高法院針對此類案件，命為部分收回之判決，並著為判例（四七臺上七三二）。按於個案具體斟酌雙方當事人之利益，並以均衡之點作為判決基礎者，其依據即是誠實信用原則；一部收回之法律命題，本為耕租條例等規定所無，最高法院此項法律適用，顯然具有創設法律規範的功能。

④當事人利益的調整

本件承租人請求續租，出租人生活勢將陷於絕境；反之，出租人請求還地，承租人亦將生活無著。渠等權利之自由行使，均使他方利益陷於嚴重失衡，皆是有違誠實信用原則。法院命為一部收回、一部續租，為權利自由不當行使之限制，亦意思自由濫用之調整，於法尚無不妥。

⑤個案的客觀具體衡量

通讀本件判決理由，本件命為一部收回之比例約為「出租人：承租人≒

7:2」，其結論之依據為：雙方所有耕作田地之面積及生產力總和、全年收入總額、資財能量及家口負擔之綜合斟酌及折衷，足認其利益兼顧之裁量，尚屬周延。

⑥美中不足之處

從法學方法的嚴謹要求來看，最高法院判例尚有下列二項美中不足之處。其一為並未明確援用誠實信用原則，以致規範依據不盡明朗；其二為論證說理，仍屬相當簡要。前者，最高法院於其後的類似案例已予補充（敘明依據誠實信用原則），堪認業已亡羊補牢；後者，為實務多年之通病，其充實提升，仍待努力。

第三節　制度精義

本節，分為下列段落說明：

$$制度精義\atop（權利行使）\left\{禁止權利濫用原則\atop 自力救濟的類型\right.$$

一、禁止權利濫用原則

關於禁止權利濫用原則，歸納為意義、轉向、效力及定位四項說明：

㈠禁止權利濫用原則的意義

1.禁止權利濫用的意義

⑴對比與澄清

禁止權利濫用原則，與公共利益原則及誠實信用原則，同為民法本條揭櫫的權利行使三大原則之一；不過，因其意涵較為具體，而且於民法本編修正之前即已存在，爰未列入關鍵概念論析，並認為面對權利濫用原則，下列二者必須先行澄清：

①非法典用語

公共利益、誠實信用，載在民法本條，實稱直接而明確；反之，民法本條卻無權利濫用的用語，當然也無禁止權利濫用（原則）的詞彙。然而，權利濫用或其原則之用語卻廣被使用，其頻度甚且並不亞於公共利益及誠實信用原則二者❿。這樣特殊的普遍用法，既是其來有自❿，探查其中究竟，對於概念的正確把握，仍應饒具意義。

權利濫用等用語，是用來指陳民法本條第一項後段，並得分為下列三個層次敘明：

a.權利濫用＝權利之行使，以損害他人為主要目的。

b.禁止權利濫用＝權利之行使，不得以損害他人為主要目的。

c.禁止權利濫用為重要之法律原則，通稱其為禁止權利濫用原則（或權利濫用禁止原則）。

②源遠流長

回溯民法歷史發展過程，可知禁止權利濫用原則，於民法第一草案（一九一〇年）即已出現於民法總則編，並於一九二九年民法初定之時，即告確定；反之，公共利益原則與誠實信用原則，乃是一九八二年民法本編修正時，始予增訂。其間相差逾半世紀，足見，以與公共利益原則及誠實信用原則對應，權利濫用原則自是源遠流長，下列修正前後之條文對照，恰似絕佳印證：

修正前民法第一四八條（一九二九年制定）：

「權利之行使，不得以損害他人為主要目的。」

現行民法第一四八條（一九八二年修正）：

「權利之行使，不得違反公共利益，或以損害他人為主要目的。

行使權利，履行義務，應依誠實及信用方法。」

---

❿ 法院普遍援用「權利濫用」用語，為時甚早，可舉最高法院四〇年臺上字第一七五四號、四三年臺上字第二八一號、四四年臺上字第一六三四號、四六年臺上字第五四九號等判決為證。

❿ 瑞士、日本民法均有類似權利不得濫用之用語（瑞民 §2 II，日民 §1 III）。

(2)概念的意涵

民法第一四八條第一項後段規定之「權利之行使，……不得以損害他人為主要目的。」其規範意旨即是通稱的禁止權利濫用（原則）。此一文句中的權利行使、不得、損害他人等重要用語，於前述有關章節，均已分別具體論述；因此，權利濫用意義的解析應是中心工作，自然要集中於主要目的環節。

2.權利濫用的構成

(1)權利濫用意義的核心

①權利濫用的意思

權利濫用，以存有損害他人的意思為前提，因此權利人於行使之時須有意思能力，是為主觀要件，亦稱權利濫用的意思。此之意思，無庸對外表達；因之，權利濫用之成立，尚不成為法律行為或準法律行為。

權利人有無權利濫用的意思，應參酌表徵於外部之權利行使行為，依社會通念認定之；因之，權利行使通常會對他人（包括義務人或第三人）造成之不利益結果，尚與權利濫用無關，自無成立權利濫用之可言❿。

②權利濫用的目的

權利濫用，須以損害他人為主要目的；否則，仍不成立權利濫用。此之權利濫用的目的，語其形態，主要有四：

a.專以損害他人為目的

權利之行使，專以損害他人為目的者，當然為有權利濫用目的；但其射程尚不以此為限。早期實務見解，或認為權利濫用目的的成立，以此為限⓫，其見解尚有可議。

---

❿　參照，最高法院四五年臺上字第一〇五號判例：「民法第一百四十八條係規定行使權利，不得以損害他人為主要目的，若當事人行使權利，雖足使他人喪失利益，而苟非以損害他人為主要目的，即不在該條所定範圍之內。」

⓫　參照，最高法院六九年臺上字第一〇七九號判決：「查民法第一百四十八條所稱權利之行使，不得以損害他人為主要目的者，係指行使權利，專以損害他人為目的之情形而言，若為自己之利益而行使……非以損害他人為主要目的，即

b.於己無益，於他人有實質損害

權利行使之結果，於自己並無利益，卻有損他人利者，係權利濫用 ⑫。

c.利己極小，損人甚大

權利行使雖非專以損害他人為目的，但其結果，於自己所得利益極小，卻於他人損害甚大者，仍具權利濫用目的 ⑬。

d.違反經濟用途或社會目的

權利行使雖非專在損害他人，但其行使違反經濟用途或社會目的者，亦有權利濫用的目的 ⑭。例如，已有水源之人，卻於接近鄰近之處挖掘深井蒔花種草，以致鄰地飲水枯竭即是 ⑮。

(2)必要的補充說明

為善盡概念釐清義務，在要件分析上，爰作下列三點補充：

①禁止權利濫用為法律原則

禁止權利濫用，亦係概括條款式的法律概念，其原則亦為法律原則（原則法）。不過，較諸誠實信用原則及公共利益原則二者，其概念意涵，略顯相對具體。

②權利濫用＝違反禁止權利濫用原則(為行文方便,敘述時互為通用)，二者猶如體之兩面，刀之雙刃。

③無正當理由而不行使權利（消極的不作為），如其係以損害他人為主要目的，即不排除於權利濫用之外 ⑯。

無該條之適用。」

⑫ 參照，最高法院五二年臺上字第三二一八號判決：「上訴人遽行請求拆攤還地，不僅於被上訴人等有害，且於上訴人無益，顯係權利之濫用。」

⑬ 參照，最高法院七〇年臺上字第三二八三號判決：「按權利之行使，……所謂以損害他人為主要目的，應包括權利之行使，於自己所得利益極小而於他人損害甚大者或其行使違反經濟用途或社會目的者在內。」

⑭ 同上判決。

⑮ 參照，施著，第三八七頁。

⑯ 早期德國通說雖多認為，此之權利行使行為，尚不包括程序救濟行為（訴訟行為）。惟就我國民法本條而言，尚無特別排除之理。

㈡禁止權利濫用原則的轉向

1.綜合說明

意思與目的，均屬行為人主觀認知之層次，權利濫用的成立，其行為人既須同時兼具濫用意思及濫用目的，足認其本質上為主觀性之規範，與誠實信用原則及公共利益原則之均為客觀規範者，似有截然不同。為示對比，得稱之權利濫用（或違反禁止權利濫用原則）的主觀性。

雖然，禁止權利濫用原則的立法原意，本是主觀性之法律規範（法律原則）。不過，四分之三世紀以來的民法學發展，已使禁止權利濫用原則的規範性質，逐步朝往開闊化、客觀化及利益衡量化之轉向過程：

2.趨向描述

⑴禁止權利濫用原則的開闊化

①立法本意：原則的狹隘性

權利之行使須專以損害他人為目的，始告違反禁止權利濫用原則，也許才是原來立法的意旨。因為，民法本條項參酌所據的德國民法第二二六條，即是規定：「權利之行使，不得專以損害他人為目的。」此一狹隘之立法本意，有下列修正前民法本條之立法說明佐證：

「權利人於法律限制內，雖得自由行使其權利，然其目的，要以保護自己之利益為必要，若專以損害他人利益為目的者，其權利之行使，實為不法行為，自為法所不許。」

將違反禁止權利濫用原則之適用，侷限於專以損害他人為目的之類型，其範圍勢必相當有限，爰稱之禁止權利濫用原則的狹隘性。

②實務適用：原則的開闊化

違反禁止權利濫用原則，限於專以損害他人為目的，但在實務判決群中，此無寧為極為少見的特例。因為，不僅晚近法院一般見解認為只要利己與損人之大小不成對比，且其對比為損人大者，即得認為違反本原則，甚至在民法施行以前，即有如下之類似見解：

最高法院一五年上字第六一〇號判決：「依其情事，可認土地所有人依占有人請求償以相當費用而將房屋收歸己有，實與請求拆去房屋可得全然

同一之利益者，若土地所有人必使占有人拆去房屋，以損其價格，自不得謂非權利之濫用。」

這樣的法律見解，將使違反本原則適用的門戶為之大開，爰以開闊化稱之。不過，如果以實價為相當補償即得排除房屋拆除，則物上請求權的功能勢必嚴重萎縮。權利濫用的成立，如此開闊，是否得當，不無疑問。

(2)禁止權利濫用原則的客觀化

權利濫用原則原來既然為主觀性規範，實務適用時，相對人對於行為人之內部的意識認知及意欲企圖，理應善盡具體舉證義務，法院更應深入勾稽核查，詳細論證辨惑，以盡證明之責任。如今，只要客觀上損人大而利己小者，即認定其為權利濫用，不問濫用意思是否確係存在？濫用目的確否有無？這樣的立場，無異宣告其主觀性的名存實亡，也使權利濫用原則轉成客觀性規範，爰以客觀化稱之❿。實務於下列請求返還土地之案例，表現最為顯眼：

a.基地出租人藉不同意修繕而終止租約，係權利濫用

最高法院五九年臺上字第三九四○號判決：「凡以惡意方法所獲致權利取得之主張，常有權利濫用之存在。……上訴人之修復（殘餘房屋）……倘在客觀上有此必要，而被上訴人故意不為同意，以冀獲得租約終止權，並據以請求上訴人拆屋還地及賠償損害，能否謂非為權利之濫用，殊非無推究之餘地。」

b.出賣人將高價部分之共有地分割與其他共有人，係權利濫用

最高法院六四年臺上字第四六三號判決：「如果其故意不履行……出賣人之義務，且乘自己仍為土地登記簿上共有人之機會，以損害上訴人為主要目的，提起分割共有物之訴，而以顯然不利之條件……成立訴訟和解，似難謂非權利濫用。」

---

❿ 參照，王伯琦著，第二四○頁；史著，第二六九頁；李著，第四○一頁；洪著，第六四八頁～第六四九頁、第六五四頁；黃著，第六○八頁；施著，第三八七頁。

(3)權利濫用原則的利益衡量化

①早期實務見解

實務於甚早期即以下列二項判決，認為利益失衡亦係權利濫用成立要件之一：

　　a.最高法院五五年臺上字第三二三五號判決：「就一般權利應受禁止之原則言，……須在客觀上綜合權利人因權利行使，所能取得之利益與其權利之行使，對他人及整個社會國家可能予以之損失，加以比較衡量。」

　　b.最高法院五六年臺上字第一六二一號判決：「權利濫用原則，於適用時，……在客觀上尚須綜合權利人因權利行使所能取得之利益與其權利之行使對他人及整個社會國家可能予以之損失，加以比較衡量。」

②晚近法院立場

一九八〇年代以降，以利益衡量作為判認權利濫用目的成立的作法，更趨明顯；在此法律思維下，只要其間利益顯有失衡，即得認為具有濫用意思及目的，並因而違反禁止權利濫用原則。最高法院七一年臺上字第七三七號判例所稱：「查權利之行使，是否以損害他人為主要目的，應就權利人因權利行使所能取得之利益，與他人及國家社會因其權利行使所受之損失，比較衡量以定之。倘其權利之行使，自己所得利益極少而他人及國家社會所受之損失甚大者，非不得視為以損害他人為主要目的，此乃權利社會化之基本內涵所必然之解釋。」即是明證。

最高法院於嗣後表明同一見解之判決頗豐❶⑱，足認，以利益衡量取代權利濫用主觀要件，使違反禁止權利濫用原則高度客觀化，應是目前實務主流立場，學理亦少反對。這種哥白尼式的轉向，無異等於法律革命，值得從法學方法去深度探察主觀、客觀的互涉與交流。

---

⑱　參照，最高法院七六年臺上字第三〇三號、七七年臺上字第七五三號、八三年臺上字第二三四八號判決。

(三)違反禁止權利濫用原則的效力

違反禁止權利濫用原則的效力，分為下列事項說明：

$$
權利濫用（效力）\begin{cases} 效力內容\begin{cases} 基本效力：權利行使失格 \\ 其他可行途徑：增減給付等 \end{cases} \\ 周邊課題\begin{cases} 法律行為效力變動 \\ 賠償責任有無 \end{cases} \end{cases}
$$

1.效力內容

違反禁止權利濫用原則，亦即構成權利濫用者，其權利行使效力如何？民法立法政策，與對待公共利益原則及誠實信用原則二者如出一轍，並未直接明定。本於平等對待，其答案應與上述二項法律原則，特別是公共利益原則之違反雷同。論敘上爰以補充說明之方法為主。

(1)基本效力

權利行使違反權利濫用者，基本效力亦為權利之行使為之失格。其結果為，權利行使不受法律之保護（不生該等行為依法所定之效力），甚至可以限制或剝奪該權利之行使。前者如，請求拆屋還地不獲准許之裁判即是；後者如，親權濫用之宣告停止親權是 (§1090)[119]。

(2)必要補充途徑

違反禁止權利濫用原則效力內容的形態如何？法律既無明文，宜認為立法授權司法而為裁量。隨著該原則認定的利益衡量化，其效力內容的形態，亦應與誠實信用原則及公共利益條項作相同解釋。因此，諸如增減給付、衡量補償、替代方案、乃至變更其他法律效果，自均有其適用，亦均為司法裁量的對象。至於裁量分際準則之尚待探求、法院裁量理應善盡論證義務等課題，亦與前述二項法律原則雷同。

---

[119]　參照，民法第一〇九〇條：「父母之一方濫用其對於子女之權利時，法院得依他方、未成年子女、主管機關、社會福利機構或其他利害關係人之請求或依職權，為子女之利益，宣告停止其權利之全部或一部。」

2.周邊課題

(1)法律行為之效力

權利濫用之行為態樣，係出於法律行為（包括準法律行為之類推適用
——本段以下同）者，多數見解認其法律行為屬無效 **⑫**，亦有認為權利濫
用非法律生效障礙事項，法律行為不會因為權利濫用而無效 **⑫**。淺見以為，
禁止權利濫用原則，亦如誠實信用原則、公共利益原則之為補充、備位評
價法則，其對於法律行為之規範作用，不宜使其動輒無效，但於利益嚴重
失衡或權利人主觀惡性重大之情況，仍應使其法律行為無效。至其態樣，
亦如誠實信用原則之相關說明。

(2)損害賠償之有無

權利濫用與損害賠償之關係，其情形亦有如上述二項法律原則：因權
利濫用而致生損害於他人（包括義務人）者，尚不當然負損害賠償責任，
決定損害賠償之有無，仍應視權利人是否成立債務不履行或侵害行為而定。
具體制度內容，亦與前述之公共利益條項及誠實信用原則雷同。

(四)禁止權利濫用原則的定位

禁止權利濫用原則的定位，分為下列三者說明：

$$禁止權利濫用原則的定位\begin{cases}規範上地位\\學理實務的回顧\\民法本條的綜合體察\end{cases}$$

1.規範上地位

(1)規範性質

禁止權利濫用原則為概括條款、原則之法、授權司法裁量之法、客觀
法、強行法及一階法源（法律），凡此均與誠實信用原則相若。因之，是否
違反禁止權利濫用原則，為法院職權調查事項；其適用不當者，亦為上訴

---

⑫　實務見解，參照，最高法院五九年臺上字第三九四〇號、九一年臺上字第七五
四號判決。學理見解參照，洪著，第六五八頁；鄭著，第四三六頁。

⑫　參照，王著，前揭〈民法總則在實務上的最新發展㈤〉，第七一頁～第七二頁。

第三審理由。關於誠實信用原則規範性質之說明，除最上位法律原則、最後備位規範之部分外，於此均得參酌。

(2)定位之說明

在大小法律原則之間，禁止權利濫用原則之地位究屬如何？特別是它與誠實信用原則之互涉關係為何？一直均是學理關心、但有分歧見解的法學課題。淺見以為，相對於誠實信用原則，（違反）禁止權利濫用原則，是個內涵比較具體的下位法律原則，其與誠實信用原則及公共利益原則等之間的相互關係如下表：

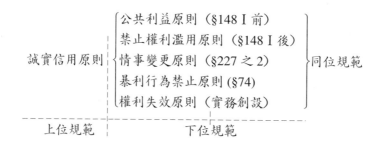

由此可知，民法本條同時出現的三個法律原則，既有同位關係，亦有上下位關係，其構成形態如下表：

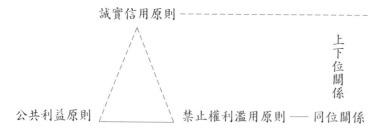

2.學理實務的回顧

明定於法典上的法律原則，亦為法律；對待法律原則，亦應有如對待一般具體條規；在此角度上，每一個法律原則，即係一個實實在在的法律命題、法律規範及請求權基礎。因此，適用法律原則，應如一般具體條規，以個別法律原則為單元。除請求權競合或權利競合之情形外，宜盡量避免

混同援引。分際不明的適用混然，不僅使上述三個法律原則的規範內涵逐漸趨於混然難分，其間之上下位秩序關係亦遭衝擊。

⑴民法本編修正之前

民法本編修正之前，民法本條事實上只宣示禁止權利濫用原則而已。當時，民法本編尚無公共利益原則，為其上位概念的誠實信用原則，又遠在民法債編通則的第二一九條。不過，實務巧妙開闢二個戰場，其一為認定權利濫用的成立要件，納入公共利益的因素；其二為將禁止權利濫用原則與誠實信用聯結。

①權利濫用原則涵括公共利益原則

認定權利濫用，須綜合公共利益之損失，加以比較衡量（前引之最高法院五五年臺上字第三二三五號、五六年臺上字第一六二一號判決）。

②權利濫用原則與誠實信用原則同時併予援用

認定權利濫用者，同時亦為有違誠實信用原則（最高法院六三年臺上字第二六一號判決、前引之五六年臺上字第一七〇八號判例）。

⑵現行民法

民法本編修正後的立法政策轉向，理應帶動學理及實務，讓民法本條的法律解釋及適用，脫胎換骨或煥然一新。不過，迄今為止，這種期待似乎尚在盼望。因為，權利濫用原則或誠實信用原則的成立因素，各均涵括公共利益的學理見解及實務論點，似乎仍甚堅強。茲亦舉晚近實例數則佐證：

①禁止權利濫用＝具體的公私利益衡量；

　權利濫用＝公私利益失衡

最高法院九四年臺上字第六三五號判決[122]：「權利之行使，是否以損害他人為主要目的，應就權利人因權利行使所能取得之利益，與他人及國家社會因其權利行使所受之損失，比較衡量以定之。倘其權利之行使，自己所得利益極少而他人及國家社會所受之損失甚大者，非不得視為以損害他人為主要目的，此乃權利社會化之基本內涵所必然之解釋。」[123]

[122]　本件判決之文字，幾如最高法院七一年臺上字第七三七號判例之翻版。

②違反公共利益成立權利濫用

除上述判例及前引之最高法院七六年臺上字第三〇三號、七七年臺上字第七五三號、八三年臺上字第二三四八號判決外，尚有下列實例：

最高法院八〇年臺上字第二五六七號判決：「系爭土地既已成為供公眾使用之公共交通道路……基於公益上的理由，雖屬被上訴人所有，仍應受公眾使用之限制。如果土地所有人竟主張所有權，排除公共交通道路之設施，請求交還土地，其所有權之行使，是否非違反公共利益，而與……權利濫用之禁止規定有違，非無斟酌餘地。」

③權利濫用與違反誠實信用原則同時成立

除前引之最高法院九一年臺上字第七五四號判決外，尚有同院七二年臺上字第一九二七號判決。

3.民法本條的綜合體察

概括條款式法律原則的適用，至少必須做到下列三點。其一為原則的具體化、明確化及客觀化，其二為原則的明確區隔與單一選定；其三為適用原則依據的論證。然而，印證最高法院多年來的實務操作，距離此一較為理想的言說情境，相距仍遠。原則之法，如果實務不能填補授權所在之空白，其適用的論證未盡詳實，套用民事法的基本用語，其結論恐是有違誠實信用原則、甚而成立債務不履行（不完全給付），於程序法上為判決當然違背法令（理由不備）。也許比喻顯得沉重；不過，正面面對這個沉重比喻，對於新世紀我國民法學的推進，應該是有相當建設性的意義。

二、自力救濟的類型

關於自力救濟的類型，歸納為下列段落說明：

---

❿ 同旨參照，法務部八二年法律字第一六七七五號函。

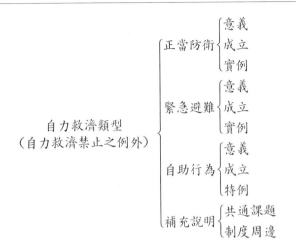

㈠正當防衛

1.正當防衛之意義

　　面對現時不法之侵害，為防衛自己或他人之權利，於必要程度內所為之反擊行為，是為正當防衛 (§149)；或稱之防衛行為❿。例如，婦女因歹徒侵入住宅強制性侵，於掙扎中智取床頭下尖刀，奮力刺傷歹徒或趁其強吻而咬傷歹徒舌頭，均是正當防衛行為❾。

　　正當防衛之行為猶如權利之正當行使，對於其所生之損害，不負賠償責任。例如，前述受性侵之婦女，對其所致歹徒之傷害，無庸為任何之賠償。所謂不負損害賠償責任，意指正當防衛係違法阻卻之事由，於法並不成立侵權行為。

2.正當防衛之成立

　　依民法第一四九條規定，正當防衛之成立要件如下：

---

❿　參照，民法第一四九條立法理由：「防衛行為，為完全保護權利之必要行為，故認各權利人對於現時不法之侵害，有為此種行為之權利，不負損害賠償之責。」

❾　參照，最高法院五二年臺上字第一〇三號判例：「被告因自訴人壓在身上強姦，並以舌頭伸入口中強吻，無法呼救，不得已而咬傷其舌頭，以為抵抗，是被告顯係基於排除現在不法侵害之正當防衛行為，且未超越必要之程度，依法自屬不罰。」

$$正當防衛 \atop (成立要件) \left\{ \begin{array}{l} 現時不法之侵害 \\ 出於防衛權利之行為 \\ 未逾越必要之程度 \end{array} \right.$$

(1)現時不法之侵害

①侵害存在

侵害者，侵害行為之謂也，意指對於他人法益之完整造成不利益之行為也。侵害須出於他人之行為，因此，對於動物之加害行為而予以反擊（例如棒擊追咬兒童之野狗），並非正當防衛；對於自我傷殘或自殺之人，予以施救，亦與正當防衛無關。不過，利用動物為工具而加害他人（例如驅犬傷人）者，仍屬侵害行為，得對之為正當防衛。

單純之義務違反（債務不履行），尚非侵害行為，但其違反足生損害於權利人或他人之固有利益者，仍有可能成立，且其行為態樣不以作為為限。例如，保母於幼童生病高燒時，遲未延醫而致病童陷入絕境，或登山嚮導於旅客深山迷路時離開旅客，仍應認為成立侵害行為❶❷⑥。

侵害並不存在而誤以為存在，因而採取防衛行為者，並不成立正當防衛。例如，警察巡邏盤查可疑駕駛人，駕駛人適因腿癢而手抓褲袋，警察誤以為其係掏槍，竟開槍射擊駕駛即是；學理或稱之誤想防衛或錯覺防衛。此外，對於正當防衛、緊急避難或自助行為，亦再無成立正當防衛可言❶❷⑦。

②不法之侵害

正當防衛，係「正對不正」的法律關係，適法的侵害，例如，政府拆除違章建築、某甲逮捕現行犯❶❷⑧，即難對其主張正當防衛。無正當法律依

---

❶❷⑥ 因詮釋角度不同，或認為際此情形，保母仍有其他作為、嚮導仍有離開旅客之行為，尚非不作為而致侵害。

❶❷⑦ 參照，最高法院二五年上字第三七一三號判例：「上訴人疑某甲父子涉有犯罪嫌疑……自行秘密約人前往搜捕，仍不得謂無侵害他人居住安全及身體自由之不法情形，某甲等出而抵抗，即屬行使其正當防衛權，上訴人對於行使正當防衛權之人加以槍擊殞命，自不能卸其殺人罪責。」

❶❷⑧ 參照，刑事訴訟法第八八條規定：「現行犯，不問何人得逕行逮捕之。」（現行

據而侵害他人之權利者，即是不法侵害。因此，侵害他人而有適法情事者，侵害人對於適法之事由，負有舉證責任。互毆而不能證明他人先行侵害者，即不能主張正當防衛❶。不法，只要不能證明其侵害有正當法律依據，即為已足，無庸侵害人成立犯罪。因此，對於行為之時無識別能力之人所為之侵害，仍得實施正當防衛。對於受監護宣告人或精神病人，於回復常態時所為之侵害行為，亦得主張正當防衛。

③現時之侵害

正當防衛，旨在排除刻將發生或尚在進行之侵害，其適用對象為現時之侵害。侵害尚未發生，並無預為正當防衛之必要，以免反而自陷於加害行為；反之，如其侵害業已過去，急迫狀態已不存在，請求防止侵害或請求損害賠償即為已足，亦再無鼓勵自力救濟之理。

現時侵害也者，意指侵害行為已著手實施且尚未結束之狀態。是否著手實施、是否結束，不能以侵害行為概念本身而作嚴格狹義的限定。例如，侵入住宅性侵，應自侵入住宅之時，即屬實施不法侵害，不以肢體碰觸或性器接合為必要；反之，性侵得逞後，尚在暴力相向或持械威脅者，仍屬侵害尚未結束。因之，其認定須應個案具體情況，依社會通念客觀判斷之，只要在社會通念上，足認其危險接續行為足以發生侵害，則自著手該等危險接續行為開始、以迄該等危險接續行為結束之前，均是現時侵害。

⑵出於防衛權利之行為

防衛權利之行使，須出於防衛權利而加害為侵害之人，其內容有下列二點：

①防衛權利

此稱權利為廣義，不問何種權利，均在保護之列；法律所保護之利益（如占有或使用權能、收益權能）亦然❷。而且，不論私權、公權，均無

犯，意指犯罪在實施中或實施後即時被發覺之犯人：同法 §88Ⅱ）
❶　參照，最高法院七三年臺上字第四〇四五號判例：「正當防衛，係對於現實不法之侵害，為防衛自己或他人之權利所為之行為而言……互毆，既未能證明許某先行侵害，即無主張正當防衛之餘地。」

不可❸，亦不問其為防衛人自己或他人之權利。換言之，於他人受不法侵害時，為防衛該他人之權利，拔刀搭救，亦是正當防衛（或另稱為緊急救助或救助行為）。是以，防衛之行為，得為自己、得為他人，亦得兼為自己及他人。其為他人為防衛者，亦不問是否符合其人之本意。

防衛權利，防衛人只要面對不法侵害而有反侵害之反擊行為即為已足，無庸防衛的主觀意思，亦不以認識必須防衛的客觀狀態為前提。縱是無意識或精神錯亂之人或無行為能力人，亦得為防衛權利而成立正當防衛。

②加害為侵害之人

正當防衛係對於不法侵害的相當反擊，其結果勢必也是侵害他人權利。因此，正當防衛隱含加害他人之概念內容於其中，如其未及加害他人而不法侵害業已消失者，尚無庸強調其間成立正當防衛。例如，竊賊正要翻箱倒櫃，屋主發現持棍趨近竊賊之時，巡邏警車路過，突然鈴聲大振，竊賊聞聲逃竄，持棍驅賊之行為，尚無論其成立正當防衛之必要。

反擊行為，通常固多致生損害於為侵害之人，惟侵害權利與致生損害，是各自獨立的不同概念，侵害權利縱不致生損害（例如，剪人萬千髮絲中一株之小截，雖傷害身體權之完整，但難認其有損害發生），仍無礙於防衛行為之成立。

(3)未逾越必要之程度

正當防衛，旨在保護權利之完整；因之，防衛行為，應以客觀上足以排除侵害實際需要之相當程度為限度，是為「必要的法則」。是否必要，應依個案之具體客觀情事，就侵害事實的輕重與防衛行為的強弱及其緩急情

---

❸ 參照，最高法院二九年上字第二三九七號判例：「占有物被侵奪者，如係動產占有人，得就地或追蹤向加害人取回之……某甲於被告行使取回權之際，加以抗拒，甚至動武鬥毆，即係對於他人權利為一種不法侵害，被告為防衛自己權利起見，以自力排除其侵害行為，不得謂非正當防衛。」

❸ 公權，解釋上應包括公共利益。例如，對於壅塞水路、引發火源等侵害公共利益之行為，得實施正當防衛是。

勢，依比例原則審酌其於社會通念上是否並未顯失平衡；但不必受害法益與反擊行為所致之受損法益為大或相等 ❶❷，亦不以各當事人主觀事由或一方受害情狀，作為判斷依據 ❶❸。例如，於黑夜之中，對於綑綁傷害親人之劫匪，持鏢戳傷，仍屬相當而成立正當防衛 ❶❹；反之，對於單純侵入土地之人，加以拳打腳踢即難謂為相當。但防衛人並無逃避義務；因之，可逃避卻未逃避，且進而為防衛行為者，尚不能即認為防衛過當 ❶❺。

　　防衛而逾越必要程度者，稱之防衛過當或過剩防衛。防衛過當，不成立正當防衛；至於防衛人應否負賠償責任，仍應視其是否成立侵權行為而定。論者或認為，防衛人不論有無過失，均應負賠償責任。惟此見解，恐有失權利保護意旨。尤其，精神錯亂人或無行為能力人所為之過當防衛，令其負擔無過失損害賠償責任，恐亦失之嚴苛而不盡公平。

　　相當賠償額之論定，應斟酌防衛手段必要性、損害輕重及可否避免等客觀情事 ❶❻；而且，不法侵害之人於損害之發生與有過失，亦得適用過失

❶❷　參照，最高法院四八年臺上字第一四七五號判例：「對於現在不法侵害之防衛行為是否過當，須就侵害行為之如何實施，防衛之行為是否超越其必要之程度而定，不專以侵害行為之大小及輕重為判斷之標準。」

❶❸　參照，最高法院六四年臺上字第二四四二號判例：「所謂正當防衛，乃對於現時不法之侵害為防衛自己或他人之權利，於不逾越必要程度範圍內所為之反擊行為。又此反擊行為，……是否過當，又應視具體之客觀情事，及各當事人之主觀事由定之，不能僅憑侵害人一方受害情狀為斷。」

❶❹　參照，最高法院二八年上字第三一一五號判例：「對於現在不法侵害之防衛行為是否過當，須就實施防衛之行為是否超越其必要之程度而定，不能專以侵害行為之大小及輕重為判斷標準。本件被告於某夜被夥匪多人撞門入室搶劫財物，起而抵抗，將盜夥某甲殺傷身死，其殺人行為，自屬排除危害應取之手段，且盜匪於行劫之時，並將被告之父母砍傷綑綁，則當此危機急迫之際，被告持標戳傷某甲致死，亦不得謂逾越防衛必要之程度。」

❶❺　參照，最高法院二九年上字第五三七號判例：「箐林是否另有無人攔阻之出路可逃，與其防衛權之行使，並無關係，原判決以上訴人當時尚有無人攔阻之出路可逃，即謂其防衛行為過當，……自不免於違法。」

❶❻　參照，最高法院九六年臺上字第二三二四號判決：「防衛行為已逾越必要程度

相抵之例減免其金額 (§217) **⑬**。

3.正當防衛之實例

(1)回到原點

防衛是否止於必要程度，本身是個不確定概念，判準上明確界線之尋覓，實稱不易；不法侵害是否確不存在？是否仍為現時？其認定標準難免多隨個案而多有游移。午夜山林僻靜深處，與白晝人潮喧嘩街頭，客觀情況截然不同。足見，影響判斷得否正確之因素，絕實是複雜。

加強理論層面的解析，固是得以盡量減低其間的不確定因素；但實例的觀察，也是頗有助益。爰舉實務重要事例所示法律見解，以為補充。只是這些實例，大都借用刑事判決，幸好制度內涵相同，借用不失真。

(2)實例舉隅

①同時說明成立與否之實例

a.對於無權占有，拆除設備為正當防衛，加以毀損防衛過當 **⑱**。

b.為排除不法而為毆打行為正當防衛，但互毆而無從分別何方為不法侵害者，不成立正當防衛 **⑲**。

者，仍應負相當賠償之責，……如何程度始謂『相當』？非不能就行為人防衛手段之必要性，與造成侵害結果之可否避免及其損害輕重等客觀情狀，為具體之衡量，庶符比例原則之要求，若不問其情狀如何，概命過當防衛之行為人負全然之賠償之責，是否符合法條所謂仍應負『相當』賠償之責之規範意旨？即值推敲。」

⑬ 同上判決：「本件上訴人防衛過當之行為……上訴人援引過失相抵為抗辯，請求減輕賠償金額，是否全無可採？自有詳為查明審認之必要。」

⑱ 參照，最高法院四二年臺上字第九七號判決：「出租人……將第三人所有鍋爐毀損時，當時情形雖屬現時不法之侵害，但防禦行為應以將第三人之裝設拆離其房間與基地為限，乃竟加以毀損，已超過防衛之必要程度，不得謂正當防衛，應構成親權行為。」

⑲ 參照，最高法院三〇年上字第一〇四〇號判例：「正當防衛必須對於現在不法之侵害始得為之，侵害業已過去，即無正當防衛可言。至彼此互毆，又必以一方初無傷人之行為，因排除對方不法之侵害而加以還擊，始得以正當防衛論。

②非不法侵害、不成立正當防衛

a.行姦之際，殺死姦夫❶。

b.見人帶刀勢欲逞兇，即予奪刀，並予殺害❶。

c.因恐遭殺傷開槍斃人❶。

d.故意引起侵害而實施表見之正當防衛行為❶。

③侵害業已過去，不成立正當防衛

a.加害人業已逃避❶。

b.事後而為報復❶。

④防衛過當，不成立正當防衛

對未攜帶凶器而侵入住宅，連續開槍射擊而致其人於死亡❶。

故侵害已過去後之報復行為，與無從分別何方為不法侵害之互毆行為，均不得
主張防衛權。」

❶ 參照，司法院三六年院解字第三四〇六號解釋：「本夫或第三人於姦夫姦婦行
姦之際殺死姦夫，是否可應認為當場激於義憤而殺人，應依實際情形定之，但
不得認為正當防衛。」

❶ 參照，最高法院二七年上字第二八七九號判例：「正當防衛以遇有現在不法之
侵害為前提，如不法侵害尚未發生，即無防衛之可言。本件被告因見被害人身
帶尖刀勢欲逞兇，即用扁擔打去，奪得尖刀將被害人殺斃，是被害人只帶刀在
身，並未持以行兇，即非有不法之侵害，被告遽用扁擔毆打，不得認為排除侵
害之行為。」

❶ 參照，最高法院二八年上字第二三六三號判例：「行使防衛權以對於現在不法
之侵害為條件……被害人於上訴人等搜捕之際，已經逃避，並無何種不法侵害
情形，本不發生防衛問題。」

❶ 參照，洪著，第六六九頁；德國學理參照，黃異著，第五〇一頁。

❶ 參照，最高法院二九年上字第三一七號判例：「正當防衛，以對於現在不法之
侵害為要件……被害人已受傷逃避，則其不法侵害業已過去，上訴人猶復持斧
追往，砍殺多傷，自不成防衛行為。」

❶ 參照，最高法院二九年上字第二六六二號判例：「某甲於被某乙槍傷後，因氣
忿不平，持鐵鍬毆打某乙，仍不外一種報復行為，自不生正當防衛問題。」

❶ 參照，最高法院二四年上字第四七三八號判例：「被害人於某日夜間越牆侵入

⑤防衛未過當，成立正當防衛

a.持斧頭砍傷性侵親人之加害人❿。

b.綑綁阻止強制執行之加害人❿。

c.對於持棍毆打之人，以拳攔格而致其人死亡❿。

d.大樓住戶搗毀私娼館❿。惟學理或認為，如此寬闊認定易啟私力橫
行之虞，誠值贊同❿。

㈡緊急避難

1.緊急避難之意義

因避免自己或他人生命、身體、自由或財產上急迫之危險，所為必要
且並未逾越危險所致損害程度之侵害他人法益的行為，是為緊急避難
(§150)。例如，於鄉間小路行進之時，突為成群惡犬包圍，情況危急之時，
拾路旁鐵條，擊斃趨身之惡犬而嚇退餘犬，其擊斃惡犬之行為，即是緊急
避難。

上訴人住宅，經上訴人連放數槍將其擊斃……上訴人既認明其侵入時並未攜有
兇器……則其防衛行為，顯然逾越必要之程度，依法應負殺人之罪責，自非無
見。」

❿ 參照，最高法院五八年臺上字第二六一六號判決：「乙……因回家撞見甲正向
其妹施暴，情急之下，取用斧頭僅向甲之右手臂砍傷二下，以解其妹之被姦污，
而未對其他要害攻擊，自係對現在不法之侵害而出於防衛他人權利之行為，即
屬正當防衛之必要措施。」

❿ 參照，最高法院二八年上字第二八六二號判例：「上訴人隨同法院執達員前往
執行民事判決，指封財產，即係合法行使其權利，乃債務人之兄某甲，竟對上
訴人等以強暴脅迫妨害其行使權利，並妨害公務員依法執行一定之職務，自屬
現在不法之侵害，上訴人等將其綑送街上，以遏其橫暴，自屬防衛權利之行為。」

❿ 參照，最高法院二五年上字第一八六五號判例：「甲用扁擔毆打，既屬不法之
侵害，則被告用拳攔格，即難謂非防衛權之作用，至當時用拳抵禦，以保護自
己之權利，其行為亦非過當。」

❿ 參照，司法院，《民事法律問題彙編》，第八輯，第九九頁（臺灣高等法院八〇
年度法律座談會審查意見）。

❿ 參照，王著，第六〇六頁～第六〇八頁。

　　緊急避難，亦為違法阻卻事由，行為人對於損害之發生，無成立侵權行為之可言，法律爰亦明定其不負損害賠償責任 (§150 I)。例如，上例之擊斃惡犬，對其飼主（所有人）不負損害賠償責任。不過，此之不負責任者，於避難行為而言，究為權利之行使，抑或僅是法律上之放任行為，學理上尚有爭議，多數採放任行為說❶；不過，權利行使說之觀點❸，或較可採。

　2.緊急避難之成立

　　緊急避難之成立，可歸納為下列三點：

$$\text{緊急避難}\atop\text{（成立要件）}\left\{\begin{array}{l}\text{生命、身體、自由或財產有急迫危險}\\\text{避難行為為必要且未逾越危險程度}\\\text{避難人於行為之發生為無責任}\end{array}\right.$$

　⑴生命、身體、自由或財產有急迫危險

　①須有緊迫危險存在

　　緊急避難，以急迫危險存在為前提；至於急迫危險之意涵如下：

　a.危　　險

　　危險者，足以發生損害之客觀狀態也。不論是出於天然災變（如地震、洪水、颱風或火災等）、動物（如毒蛇猛獸等）、或人力事故（如戰亂、匪禍等），均非所問；易言之，只要是一切足以發生危害災難之危險，不問其存在於避難人或他人，均包括在內。不過，因人力所致之危險，須非屬於不法侵害；否則，即係成立正當防衛而非緊急避難。例如，抗拒盜匪而施以反擊，乃是正當防衛；為逃避盜匪，竊人汽車而駕駛離去，是為緊急避難。

　b.急迫危險

　　急迫危險，意指損害發生之可能，在客觀上已達迫在眼前、刻難容緩

---

❶　參照，王著，第六〇九頁；李著，第四〇七頁、第四〇九頁、第四一一頁；洪著，第六六二頁；施著，第三九九頁。

❸　參照，史著，第六七四頁。

之情事；其意義與正當防衛所稱之現時侵害或刑法第二四條所謂之緊急危難相通❺。因此，危險尚非迫在眉睫，或危險業已過去者，固無緊急避難之適用。急迫危險客觀上並不存在，卻誤以為存在而為避難行為之所謂誤想避難（恰似誤想防衛），亦無成立緊急避難之餘地。

②須為生命身體健康或財產之危險為限

緊急避難所保護之法益，係採限制列舉，僅以生命、身體、自由或財產受有損害危險者為限 (§150 I)，非若正當防衛之廣及各種權利。因此，名譽、自由、信用、貞操、隱私或其他人格法益、乃至身分法益之危險均不在其列。惟立法政策是否盡妥，不無研討餘地。

財產而與生命、身體、健康等重要具體人格權併列時，通常係指支配性權利而言，本於體系限縮，債權（請求權）及純經濟損失須排除於適用範圍之外；不過，支配性的法律上利益（如占有），宜包括在財產概念範圍內。法人（包括國家等公法人），無生命、身體、自由之權，惟其財產受有急迫危險者，仍有緊急避難之適用。

(2)避難行為為必要且未逾越危險程度

①須有避難行為

緊急避難亦隱含侵害他人之概念於其中，真義並非強調單純危險行為的避免。因此，民法第一五〇條規定之「所為之行為」云者，係指所為之侵害他人法益之避難行為，也才是概念內涵之核心；至於行為人主觀上有無責任能力、乃至有無避難之認識，均非所問。古書上所載，幼年司馬光為拯救跌落水缸而生命岌岌可危的幼童，以石塊擊破大水缸，其擊破水缸（侵害水缸所有權人的所有權）以救幼童之行為，即是緊急避難上之避難行為。

避難行為，概念上尚可區分為下列二者：

a.防衛性緊急避難

為避免急迫危險而侵害危險源權益之行為，是為防衛性或防禦性緊急

---

❺　參照，王伯琦著，第二四五頁；李著，第二四五頁；洪著，第六七七頁；施著，第四〇〇頁。

避難。例如，為惡犬追逐而以登山杖予以擊傷，為保有活命唯一希望之救生圈而擊斃奪取救生圈之同是海難淪落人均是。

　　b.攻擊性緊急避難

　　因避免急迫危險而侵害與危險發生無關之他人權益者，是為攻擊性緊急避難。為惡犬追逐，奪人拐杖擊犬，持杖之人因而倒地受傷，即是攻擊性緊急避難；於前述毀缸救童事例，如其水缸為他人所有，結論亦是。

　　避難行為，概念上雖得區分為二種形態，唯其成立要件與法律效果，並無不同。對於緊急避難，雖不能實施正當防衛，但仍得對之為緊急避難。例如於前述奪杖之例，持杖人為避免拐杖被奪，揮拳傷害奪杖之人，仍得主張其為緊急避難。海上遇難互奪救命所賴救生圈，其互相爭奪以致死傷，彼此間均是成立緊急避難。

　　②避難行為須為必要

　　避難行為，亦以足以排除危險所必要者為限；逾越必要之限度者，即不成立緊急避難，是為緊急避難之必要性或必要原則。是否必要，基本上亦如正當防衛，應依個案之具體客觀情事，衡酌危險輕重及避難方式，依比例原則酌定之。

　　就必要是否成立之判定標準來說，正當防衛所要求者為嚴，成立範圍亦較狹隘。因為，避難行為所謂之必要，除依危險情況、避難方法，雙方所受損害以為比例權衡外，尚須已無其他可以取代之更佳方法，如符必要之要求；此即所謂之補充原則❶。例如，為惡犬追吠，如可走避，即應走避；如其不予走避，竟以身懷木棒上前擊殺惡犬，即不得適用緊急避難。又如海上遇難，除救生圈外，尚有足以供人逃生之木板，其搶奪救生圈之行為，亦不能主張緊急避難。

---

❶　關於必要程度認定之不同如下：

$$
\text{行為必要性}
\begin{cases}
\text{正當防衛：相當性＝於比例原則上具有相當性} \\[2mm]
\text{緊急避難}
\begin{cases}
\text{相當性＝於比例原則上具有相當性} \\
\qquad + \\
\text{補充性：在方法上得評價為已屬別無選擇}
\end{cases}
\end{cases}
$$

③避難行為未逾越危險之程度

緊急避難之成立，尚須避難行為所致之法益侵害及其所生之損害，並不逾越（亦即小於或等於）危險所可能發生之侵害及損害。否則，縱使該避難行為有其必要，亦不成立緊急避難。例如，為惡犬追逐，將其腿擊斷即可避難，如其進而擊斃，亦不能適用緊急避難。

是否逾越危險程度，以利益的衡量為考量主軸，一般稱之權衡原則或法益權衡原則。例如，生命權益＞身體權益＞財產權益，即是主要判準；至於同一性質的權益，則以侵害輕重或價值多寡為判準，但與行為人之主觀認知或有無過失無關❶。

(3)避難行為人於行為之發生為無責任

緊急避難，對於避難對象之法益，不僅是法律保護的放棄，更無寧係一種重大犧牲，於其成立理應從嚴認定。為免無辜之第三人遭受突擊性的重大損害，並維平衡保護權益及公平分擔損害的基本原則，民法爰於第一五〇條第二項規定，如行為人於危險之發生有責任者，應負損害賠償責任。所謂應負損害賠償云者，意即不能適用緊急避難而免責，本書爰列其以為緊急避難成立要件之一❶。不過，通說視之為免責要件❶。

於此所稱「有責任者」，意指於危險事實之發生，避難行為人與有原因而言，只要行為人之行為引發危險，即為已足，主觀上有無認識或有無過失，在所不問。例如，因好玩挑逗鄰犬，致其追逐路旁幼童，情急之下持棍擊斃鄰犬，以救無辜幼童。施救幼童之人，因挑逗鄰犬，即是於危險之發生為有責任，不能適用緊急避難，對於鄰犬之飼主，應負損害賠償責任。

民法本條規定所稱之應負責任，仍應配合權利保護的一般法則，以行

---

❶ 參照，最高法院五二年臺上字第一四九八號判決：「因避免他人財產上急迫之危險所為之行為，……是否逾越程度，其價值之比例，乃客觀事實，與有過失與否為截然二事。」

❶ 同說，李模著，第四〇六頁；胡著，第四四六頁；劉著，第三四三頁。

❶ 參照，史著，第六八〇頁；洪著，第六八四頁；施著，第四〇一頁；黃立著，第五〇五頁。

為人成立侵權行為（行為人有過失）作為適用依據。惟學理多數見解以為，民法本條項係一般侵權行為 (§184) 之例外規定，不問行為人有無過失，避難行為人均應負損害賠償責任❺。然而，處於急迫危險之人，情急之下，避難難免失準過當，不問其人有無過失，均要求其負損害賠償責任。其間評價是否確無失衡，不無深思餘地。

3.緊急避難之實例

相對於正當防衛，實務上詮釋緊急避難之案例，較為少見，其參考意義，恐亦較不顯著。

(1)必要性以補充原則為內涵

非侵害他人權益，別無救護途徑為必要性之條件❻。

(2)符合必要性原則而適用緊急避難

①為避免房屋延燒，拋擲油桶而灼傷他人❼。

②因戰亂即將淪陷時逃獄❽。

③為脫免逮捕，背人涉水，因水深流急，不得已棄人於江流之中❾。

(3)逾越必要限度而不適用緊急避難

為救護財產撲火而灼傷他人❿。

---

❺　參照，王著，第六一〇頁。

❻　參照，最高法院二四年上字第二六六九號判例：「緊急避難行為，以自己或他人之生命、身體、自由、財產猝遇危難之際，非侵害他人法益別無救護之途，為必要之條件。」

❼　參照，最高法院四八年臺上字第七三六號判決：「將燃燒之油桶抱出店外，因熱度超過，被迫拋擲，情事危急異常，無考慮選擇餘地，亦屬……因避免自己或他人財產上急迫之危險所為之行為，自不負損害賠償之責任。」

❽　參照，最高法院三三年非字第一七號判例：「雖係依法拘禁之人，於敵軍侵入城內情勢緊急之際，為避免自己之生命危難，而將看守所之械具毀壞，自由行動，核與緊急避難之行為並無不合，其毀壞械具，亦難認為過當。」

❾　參照，最高法院二五年上字第三三七號判例：「上訴人……背負某乙涉江而逃……不意行至中流，水急之地，行將自身溺斃，不得已而將某乙棄置，以自救其生命，核與法定緊急避難之要件，究無不合。」

㈢自助行為

1.自助行為之意義

⑴問題觀察

一般以為，自助行為者，意指為保全自己之權利，對於他人之自由或財產，施以拘束、押收（包括留置）或為毀損之行為 (§151、§152)。不過，如以總體觀之，如此定義，過於簡略且不盡嚴謹。因為，它不足以周詳說明民法第一五一條、第一五二條的一般形態。而且，更難貼切說明其他各編規定的自助行為的特例。因此，從自助行為之總體觀察出發，以為定義說明之依據，疑慮之廓清，才能正本清源。

⑵類型分析

民法上述二條，與其他各編規定之自助行為特例，在成立要件或法律效果上，均有重大差異。視之為內容不同之制度類型而為體察，應更允妥。

①一般自助行為

民法上述二條規定，於一般之權利行使均有適用，爰以一般自助行為稱之。除為保護自己權利之必要外，須具備下列三項要件，始得實施自助行為：

a.不及受機關援助。

b.非及時行之，其請求權難以實行。

c.即時向法院聲請處理而未遭法院駁回。

②特殊自助行為

特殊之自助行為，散見於民法債編各論（§345 以下）及民法物權編（§757 以下），其重要四例如下：

a.出租人逕行阻止承租人取去留置物 (§447)。

b.場所主人逕行留置行李等 (§612)。

c.土地所有人逕行留置土地上之物品或動物 (§791 II)。

---

❽ 參照，最高法院五二年臺上字第一四九八號判決：「被上訴人於忙亂中撲火，……以致灼傷上訴人之身體，兩者相衡，能否謂尚未逾越危險所能致之損害程度，尚不無研求餘地。」

d.占有人之自力防禦、排除及取回權 (§960) ❻。

通觀此等規定，足認特殊自助行為，其成立均以保護權利必要即為已足，但其自助方法僅為留置（近於押收），尚不及於拘束或毀損。

2.一般自助行為之成立

一般自助行為之成立要件如下：

⑴為保全自己之權利

自助行為須因保全自己權利必要，否則即是誤想自助，無自助行為之適用，不問一般自助行為或特殊自助行為均同。因此，非為自己之權利，不得主張實施自助行為。而且，縱使是自己之權利，亦非盡得實施自助行為。例如配偶之一方不履行同居義務者 (§1001)，他方不得對之實施自助行為。

此稱權利，固不以財產權為限，但其權利所生之請求權不適於強制執行者無其適用。請求權已罹於消滅時效者，亦同。自助行為，旨在預防將來權利實現之困難，性質上僅係暫時性之保全權利機制，非謂權利人得藉此直接以自力強制實現權利的內容。因之，儘管民法條文用語稱之保護權利，惟究其實，僅為保全權利。

保全自己之權利，只要客觀上有其需要，即為已足，不以具有主觀認知為前提；因之，限制行為能力人或無行為能力人亦得為自助行為。

⑵行為態樣以拘束、押收或毀損為限

①行為態樣及其相互關係

於一般自助行為，權利人所欲實施之行為態樣，限於下列三者：

a.對於義務人 ❻ 自由的拘束。

b.對於義務人財產的押收。

---

❻　行紀人或運送人有寄存、拍賣、取償及提存權 (§585、§586、§650III、§656)，似為更廣泛意義的（特殊）自助行為類型；因其射程已遠，本書爰另以權利自力實現稱之，並另段獨立說明。

❻　為避免自助行為過於寬緩，以致妨礙第三人權益或破壞社會安定平和秩序，解釋民法第一五一條、第一五二條所稱之他人，宜限於指義務人而言。

c.對於義務人財產的毀損。

自助行為之目的，在阻止義務人逃逸或隱匿其財產。阻止逃匿，非限制其自由，難以奏功，爰有得為拘束自由的例外允許。阻止隱匿財產，留置而歸於權利人占有，恐係不得已中之最佳途徑，故有得為押收財產的例外制度設計；於非破壞義務人財產而無從保全權利之情況下，亦唯許可其毀損財物，故亦有得為毀損財產之特殊例外。例如，債務人業已發動引擎即將駕車逃離，債權人即得破壞輪胎，以阻止駕車逃逸。相對於財產之押收，毀損係補充機制，其得為援用之認定標準，應更嚴格。至於三者在適用上之關係，可分從以下三個方向說明：

a.獨立關係

拘束、押收、毀損三者各自獨立，如其中一者之實施，已足保全權利者，不得再實施其餘二者；否則，即是過剩自助。

b.先後關係

拘束、押收、毀損三者，雖各自獨立，但基於必要程度之考量，如其押收財產已足保全權利者，不得實施毀損；其實施押收或毀損已足保全權利者，不得實施拘束。否則，仍是過剩自助。三者之適用順序為：押收＞毀損＞拘束。拘束自由是為最後補充機制，認定標準亦最嚴格。

c.併存關係

權利人實施押收、毀損或拘束之任何一者，尚不足保全權利者，得因情勢所需而二者、甚或三者併用。

②主要用語之說明

a.押　收

押收者，權利人以實力，自義務人占有中之財產加以強制扣留或驅離義務人而自行占有之謂。押收，無須權利人親自實施，其指示或僱用他人為之者，亦無不可。押收，不以直接扣留標的物全體為必要；例如，將車輛鑰匙取走，即是對於車輛本身之押收。

對於特定標的物權利之保全，押收之原則固以該特定標的物為對象，但為保全金錢請求權（包括因特定標的債務不履行所生之損害賠償請求

權)，則其押收之標的，及於義務人之一般財產。不過，對於不得為查封或強制執行之義務人財產（詳請參照強制執行法 §52、§53），仍非得為押收。

　　b.毀　損

　　毀損者，破壞財物之功能、性質或價值之行為也。於一般自助行為，毀損財產之適用事例，主要為乘坐機具運行設備（特別是輪胎）的破壞（例如將輪胎拆卸或戳破），以使義務人不能因之逃逸。

　　c.拘　束

　　拘束者，權利人以實力限制義務人自由之行為也。拘束，無須權利人親自實施，亦不以直接限制義務人之人身自由為限。例如，將義務人之行照、駕照、身分證件或護照等扣留❻，亦屬此所稱之拘束。

　　(3)須時機急迫且其行為必要又未逾越保全所需程度

　　未有急迫危險，而對他人之自由或財產，施以拘束、押收或毀損者，即係妨害他人自由或侵害他人財產之侵害行為，如有過失，成立侵權行為，應依法負損害賠償責任 (§184)。自助行為則基於例外考量，以阻卻違法事由之形態排除侵權行為之成立。本於例外從嚴認定，並斟酌其破壞平和社會秩序、犧牲他人權益之情況，誠有甚於正當防衛及緊急避難；因之，定其成立，亦應較為嚴格而須符合時機緊迫、行為必要性及行為未逾越保全所需之程度三項判準：

　　①時機緊迫

　　民法第一五一條規定：「為保護自己權利，對於他人之自由或財產施以拘束、押收或毀損者，不負損害賠償之責。但以不及受法院或其他有關機關援助，並非於其時為之，則請求權不得實行或其實行顯有困難者為限。」足見，一般自助行為之成立，須以保全時機急迫為要件，其情形除有如正當防衛之現時侵害或緊急避難之危險緊迫，須瀕於若不及時實施自助則無以保全權利之狀態❻外，尚須符合下列二種具體下位標準：

---

　❻　護照等證件，亦為財產，予以扣留，亦同時合致押收之成立。

　❻　參照，民法第一五一條立法理由：「以自己權力，實行享有權利，因而有害於社會秩序之行為，當然在所不許。然非自由行使，則不得實行享有權利，或其

　　　a.不及受有關機關援助

　權利受害，以聲請公力實施救濟為原則，如權利人得聲請有關公力機關援助者，殊無緊迫可言，自亦不宜許其實施一般自助行為。有關機關者，意指有權阻止逃逸或隱匿財產之下列公力機關：

　　　　ⓐ法院。

　　　　ⓑ其他機關：包括檢察機關、警察局、派出所、分駐所、機場警察、海關港警、海洋巡防機關單位等。

　　　b.非及時實施自助請求權難獲保全

　及時實施，始得保全，為時機急迫之核心要素，亦論定一般自助行為成立與否之最重要界標。是否如此，原則上亦應綜合斟酌個案的一切具體情況判斷之。通常，於餐廳白吃白喝後藉機開溜，原則上即得認為時機急迫，但如適有警察在餐廳內外值勤者，則係尚可請求協助，仍不能遽以實施一般自助行為。

　　②行為必要性

　本於體系解釋，一般自助行為之成立，須以足以保全權利所必要者為限；而且，關於必要之意涵，應解為有如緊急避難，須同時兼具（比例原則上之）相當性及方法上之補充性（除此之外別無選擇之評價）二項因素。學理立場，或採類推適用之見解❿。

　　③行為未逾越保全權利所需之程度

　此一要件，雖法無明文，但學理通說均作肯定。是否逾越保全所需程度，亦應有如緊急避難成立與否之論述，以（法益）權衡原則作為判準。前述有關實施方法獨用、併用或先後位序之論析，於論定是否逾越保全所需，亦有正面參考意義。

　　⑷拘押行為❿須即時向法院聲請處理且有理由

　　　實行顯有困難時，特於例外，許其依自己權力實行權利，以完全保護其利益。」

❿　參照，王著，第六一〇頁。

❿　拘押云者，係作者為統合拘束、押收兩個用語而揣摩之簡稱，旨在便利行文之用，非謂民法編章確有此一法律用語。

①雙軌制度模式

權利人所以得為一般自助行為，係肇因於不及受有關機關援助，而許其為暫時性之保全行為。本此制度意旨，一般自助行為自不宜長期存在，以免有害相對人利益，故民法第一五二條規定：「依前條之規定，拘束他人自由或押收他人財產者，應即時向法院聲請處理。前項聲請被駁回或其聲請遲延者，行為人應負損害賠償之責。」顯然寓有宥限自力救濟之運用空間，藉以回復公力救濟原則之規範意義[171]。毀損也者，狀態已成，既無行為繼續之意涵，亦無補救之可能，故民法本條未予納入。足見，一般自助行為之成立，隱約之間，仍是存在如下之雙軌制度模式：

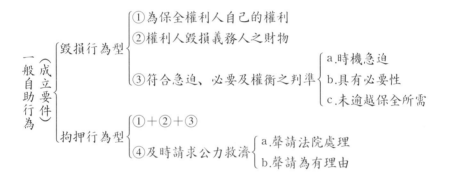

正因雙軌模式之潛存，一般自助行為之構成，較諸正當防衛及緊急避難，顯然複雜而多元。特別是其中之拘押行為類型，乃係須經法院處理之後，才能論定是否成立的程序機制。過程的體察，不僅有其必要，亦有正面意義。學習民法總則，就要面臨這種實體法與程序法結合的過程性法律概念，無寧是特殊而又深奧，值得特別體認。

②主要用語之說明

民法本條用語，仍有即時、聲請法院處理、聲請遲延及駁回四者尚待

---

[171]　參照，民法第一五二條立法理由：「權利人為前條之行為，於既達目的後，須依通常權利保護之方法，即時向官署聲請援助，不能永續為前條之行為……凡不向官署聲請援助，或其聲請遲延，或聲請而被駁斥者，行為人均應負損害賠償之責。」

說明：

　　a.即　時

即時也者，意指及時或適時而言。換言之，只要其聲請處理之時間，在社會通念上為迅速而不遲延者，即為已足；非謂必須限於拘束或押收行為完成之頃刻。至於何種時程為即時，應視個案具體情況，綜合斟酌行為人所需保全權益之大小、行為方法之輕重、雙方所受損害之程度，乃至聲請法院處理所須之時間及程序等一切情況而論定之。

　　b.聲請法院處理

聲請法院處理，意指聲請法院為強制執行而言❷，亦即「聲請法院處理＝聲請法院強制執行」❸，惟此已為強制執行法深度領域的課題，深確了解，有待他日之研讀該法。

沒有執行名義無法聲請法院為強制執行（強制執行法§4）。因此，如何跨越民法與強制執行法之間的鴻溝，並將二者予以接合，不僅事關民法本條適用之是否可行允妥，更是攸關當事人雙方權益保護之是否均衡公平。基此考量，應肯定下列事項為聲請法院處理之重要內涵：

　　ⓐ聲請法院強制執行云者，係意指假扣押、假處分之強制執行（強制執行法§132～§140），其思考模式為：「聲請法院處理＝聲請法院強制執行≒聲請法院為假扣押、假處分之執行」，惟實務見解及學理通說以為，包括（即應先為）假扣押、假處分裁定之聲請（民事訴訟法§522～§538）❹。

❷　參照，民法第一五二條修正理由：「押收他人之財產時，其聲請處理之方法，則惟有依據強制執行法第四條所定之執行名義，聲請法院強制執行。」

❸　參照，司法院三二年院字第二五〇三號解釋：「請求權人依民法第一百五十二條第一項規定，……聲請法院援助時，……請求權人即時聲請假扣押者，法院應即時予以裁定，其命假扣押者，並應即時予以執行，若該義務人有同條所列情形之一者，得管收之。」

❹　學理通說多以為，自助行為人應先聲請假扣押、假處分之裁定，並於裁定後聲請強制執行；實務見解亦然。

ⓑ一般自助行為人，因民法本條規定而得逕行、並且須聲請強制執行之義務。也就是說，民法本條之聲請即是強制執行法第四條第一項第六款所稱「得為強制執行名義者」之其他法律規定。只是，聲請處理與聲請（保全程序❶之）強制執行二者，在語意上相距甚遠，也讓初習者難以理解，其用語如能修正為「聲請法院為假扣押、假處分之強制執行」（以代聲請法院處理），當更明確而易懂，民法本條與強制執行法相關規定的連結，亦可更見清晰。

ⓒ淺見以為，民法本條既是執行名義之規定，故行為人無須再進行取得執行名義之程序，特別是民事訴訟法所定的聲請假扣押、假處分程序（民事訴訟法§522～§538）。無行為能力人或限制行為能力人為一般自助行為者，其聲請法院處理應由法院代理人以行為人名義為之❶。

ⓓ押收財產者，應就標的財產聲請法院執行假扣押、假處分；其為拘束他人自由者，應聲請法院執行管收義務人或為其他限制自由之處分（強制執行法§132之2）❶。不過，如其無須經過法院為上述強制執行程序，則應無聲請處理之必要。例如，因自助行為而帶回親人或自竊賊取回其物者，無庸再行聲請法院處理。

一般自助行為，牽動極為深層的強制執行法運用❶，但在民法本條卻

---

❶ 假扣押、假處分合稱之為保全，民訴法第七編題為保全程序，爰予併例，詳請參照該編之立法說明。

❶ 參照，史著，第二七九頁；洪著，第六九一頁；黃著，第六二七頁。

❶ 配合強制執行法規定，聲請處理之意義如下：

聲請法院處理 ⎰ 拘束：執行管收等（強制執行法§132之2、§22之1～§26）
　　　　　　 ⎱ 押收 ⎰ 保全金錢上之權利：執行假扣押（強制執行法§132之2）
　　　　　　　　　　　 ⎱ 保全非金錢上之權利：執行假處分（強制執行法§132之2）

❶ 下述四點可為佐證：
⑴是否須先經聲請程序，抑或得以直接聲請強制執行；
⑵假扣押、假處分之區別及選定為何？必須聯結民事訴訟法，其答案才能揭曉；

是大而化之，抽象而又模糊地以聲請法院處理的簡單用語，一筆帶過，理解實是不易，對於程序法體驗不夠精湛的學子來說，如何執馭馳騁，實是深度難題。不過，制度實情如此，還是只能寄語莘莘學子，待強制執行法研畢之後，回頭再度重新吟味民法本條，相信其體認應可截然不同，也可對「民法本條為執行名義規定」的淺見，多賜教益，提出批判。

c.聲請遲延

遲延者，應於一定期限為一定行為，卻屆期未及時或適時為之之謂也。以本條而言，未符即時聲請之要件者，即是聲請遲延。

d.駁　回

駁回者，法院對當事人聲請不合法（不符合法定程序要件）或無理由（無實體法上之請求依據）所為拒絕之宣示。駁回，應以書面為之，包括裁定駁回及判決駁回二者（不合法者，通常以裁定為之，無理由者，應以判決為之）❿。至所謂法院，乃是意指執行法院，而非受理訴訟或假扣押、假處分聲請之訴訟法院⓳。

3.自助行為之特例

自助行為，於民法本章之外，尚有不少特例，統稱其為特殊自助行為，其重要規定如下：

　　　　關於押收之執行，尚須深入管收條例（強制執行法 §26）；

　　⑶強制執行法為配合民法本條，特別訂有專條（強制執行法 §132 之 2）；

　　⑷假扣押、假處分之執行，為執行周邊制度，須準用一般執行程序之規定（強制執行法 §136）。

❿　主要依據為民事訴訟法第二四九條（第一項為裁定、第二項為判決）、第二二〇條；判決與裁定之意義及區別，請參照民事訴訟法第一章第六節裁判之立法說明（對照條文：判決 §221～§233；裁定為 §234～§239）。

⓳　依通說及實務見解（包括強制執行法立法意旨），此稱法院尚與本書見解不同，其情形如下：

法院 ｛ 聲請裁定：訴訟法院
　　　　聲請執行：執行法院

①出租人之保全留置物

民法第四四七條規定:「出租人有提出異議權者,得不聲請法院,逕行阻止承租人取去其留置物;如承租人離去租賃之不動產者,並得占有其物。承租人乘出租人之不知或不顧出租人提出異議而取去其物者,出租人得終止契約。」

②場所主人之留置旅客物品

民法第六一二條規定:「主人就住宿、飲食、沐浴或其他服務及墊款所生之債權,於未受清償前,對於客人所攜帶之行李及其他物品,有留置權。第四百四十五條至第四百四十八條之規定,於前項留置權準用之。」

③運送人之留置運送物

民法第六四七條規定:「運送人為保全其運費及其他費用得受清償之必要,按其比例,對於運送物,有留置權。運費及其他費用之數額有爭執時,受貨人得將有爭執之數額提存,請求運送物之交付。」

④承攬運送人之自行運送

民法第六六三條規定:「承攬運送人除契約另有訂定外,得自行運送物品。如自行運送,其權利義務,與運送人同。」

⑤土地所有人之留置進入土地內之物

民法第七九一條規定:「土地所有人,遇他人之物品或動物偶至其地內者,應許該物品或動物之占有人或所有人入其地內,尋查取回。前項情形,土地所有人受有損害者,得請求賠償。於未受賠償前,得留置其物品或動物。」

⑥占有人之自力排除及自力取回

民法第九六〇條規定:「占有人,對於侵奪或妨害其占有之行為,得以己力防禦之。占有物被侵奪者,如係不動產,占有人得於侵奪後,即時排除加害人而取回之;如係動產,占有人得就地或追蹤向加害人取回之。」**[181]**

特殊自助行為之共通特色如下:

(1)成立上之特點

①散落於各編章,非若一般自助行為之設有共通規定。

---

[181]　此稱占有人,意義上涵括輔助占有人 (§962、§942)。

②均未明確而嚴格限制其成立要件。只要有保全權利必要，且未逾越保全所須程度，即為已足；至於時機急迫（不及受有關機關協助及非即時實施其請求權難獲保全）及聲請法院處理二者，並無必要。

③法律效果，多為留置，其意義近於民法第一五一條之押收 ❿。

⑵效力上之特點

①效力內容較為狹隘

原則上僅能留置一定之物，非若一般自助行為之得為毀損物品或拘束義務人自由 ❿。

②效力程度較為強大

對於留置之標的物取得留置權 ❿，得依留置權之規定，接續進行權利實現之行為 (§936)，非若一般自助行為之僅得為消極之保全。

㈣補充說明

1.共通課題

正當防衛、緊急避難及自助行為（以正當防衛等三者合稱之）之共通事項有下列三項：

⑴規範性質

①正當防衛等三者，均為強行規範。當事人苟有為相反之約定者，其約定無效（§71 本文），仍應回歸適用各該條項之規定。

②正當防衛等三者，均依其客觀態樣之行為而成立，無須當事人之主觀認識，亦不以其具有意思能力為前提，故為客觀規範。其限制行為能力人、無行為能力之人、乃至行為人係在無意識或精神錯亂中所為之正當防衛等，於法亦均成立。

⑵行為之屬性

①違法阻卻事由

---

❿　此之押收意義等於：未取得留置權之暫時留置狀態。

❿　占有人之自力救濟 (§960)，對於無權占有人得為排除侵害之強制行為，但仍無拘束自由（剝奪行為自由）之權利。

❿　學理上通稱特殊留置權，以別於民法物權編之一般留置權 (§928 以下)。

在權利救濟體系上，正當防衛等三者均係違法阻卻事由，從而排除侵權行為之成立[185]。

②權利行使行為

正當防衛等三者，特別是緊急避難，因刑法相關立法意旨，強調其為放任行為[186]，民法學理通說亦深受其影響而採放任行為說。不過，民法上所以設立私力救濟之例外，旨在保護權利，此無論其中何者，均無不同。如解釋其為或其中部分為放任行為，顯與權利保護意旨有背，亦與特殊自助行為顯為權利行使之立法設計不符；況者，自助行為（特別是特殊自助行為）所保全者，顯然並不高於緊急避難，如謂緊急避難僅為放任行為，而自助行為卻為權利行使行為，其間價值之權衡為何？恐是難以說明。

(3)救濟過當之法律效果

救濟過當之法律效果為何？國內學理通說幾乎一致以為：自力救濟過當即負損害賠償責任，不問行為人有無過失。不過，這樣的論點，是否完全吻合權利保護意旨，恐是不無疑義。

正當防衛等既為違法阻卻事由，過當救濟等非為自力救濟允許範圍，則論其法律上效果，充其量僅是正當防衛等不成立，阻卻違法之效果為之消失，該等行為因而具有違法性而已，其間與侵權行為之成立，仍有一定距離。淺見以為，從正當防衛等立法意旨所在之權利保護理念或法律評價之均衡公平而言，民法此等條項所謂救濟過當負損害賠償責任也者，仍宜本諸體系解釋、特別是體系限縮之觀點，認其仍應適用過失責任主義為妥。至其理由如下：

①體系解釋之必要

正當防衛等，法律評價上係因基於權利保護需要而成為違法阻卻事由，

---

[185]　在刑法學上，緊急避難究為違法阻卻事由或責任阻卻事由，學理上尚有爭議。

[186]　參照，刑法第二四條立法理由：「本條在學說上謂之放任行為。放任行為者，有責任行為而為法律所保護，不處罰者之謂。人情當緊急時，因欲保護自己之現時危難不得已而牽害他人法益者，亦所不免。……此皆由救己情切，出於不得已，故法律以之為放任行為。」

救濟過當之效力射程，理應僅是相應於此而解消違法阻卻事由，侵權上損害賠償責任成立之過失有無，與違法阻卻為不同層次之課題，本諸體系解釋，實不宜將其效力射程擴及於過失要件之解消。以違法阻卻換違法阻卻之解消，法律評價始係等同，也是體系解釋上必要之內在限縮，解釋民法此等條項為無過失責任，恐有忽略解釋上體系脈絡之聯結。

②法律評價之均衡

自力救濟的允許，限於國家公權行使未及之時，待救之人權利保全瀕於危害緊迫之際。危急勢孤情勢之下，尋求周全，不僅為權利保護所必要，亦維護社會秩序所不可免。對於自力救濟之人，課責無過失賠償責任，恐有失之嚴苛。緊急管理，其管理人僅於故意或重大過失，始負賠償責任（§175），情勢更為危急險峻，成立要件要求更為嚴謹，法律上權利保護意義更強的緊急避難，如謂其為避難之人，卻要負無過失賠償責任，其間法律評價豈無嚴重失衡？於緊急避難與緊急管理競合時，如何定其損害賠償適用之責任標準（過失或無過失）？不免又要困擾萬分。

行為人須有過失者，對於侵害他人所生成之損害，始負賠償責任，是為所謂之過失責任原則（§220、§184）。特殊之自助行為，法律並未設有行為過當，應負無過失賠償責任之規定。同是自力救濟例外的制度設計，如謂關於特殊自助行為適用過失責任，於一般自助行為卻竟適用無過失責任，豈不等於公然承認評價不一。過當之特殊自助行為或自力實現行為，既是適用過失責任，則過當之一般自助行為自無適用無過失責任的理由；同理，緊急避難、正當防衛之過當，自更不應適用無過失責任。

2.制度周邊——自力實現行為

民法本章對於自力救濟之允許雖是頗為謹慎與封閉；但是，民法債編各種之債乙章（§345 以下），散落不少權利人可以自行實現權利之事例，其功能遠遠超過權利保全。爰以自力實現行為稱之，並為簡要描述。

⑴自力實現行為之意涵

權利之實現，除義務人任意給付（清償）外，須依循公力救濟，憑藉執行名義，且經聲請法院准許，並依強制執行法所定程序查封、拍賣或交

付標的物；不過，自力實現權利，並非法所全面禁止。此之特殊情形，仍可列為自力救濟之另一特殊型態，本此，爰得重新歸納如次表：

自力救濟
（廣義）
　原則：自力救濟禁止（廣義）
　例外
　　自力保全行為→自力救濟（狹義）
　　　　一般條款：正當防衛等(§148～§152)
　　　　特別類型：特殊自助行為（§447、§960、§961 等）
　　自力實現行為（類型）：§397 等（次段敘明）

(2)自力實現行為之重要事例

①拍賣人之再拍賣權 (§397)

②行紀人之拍賣取償權 (§585)

③倉庫營業人之拍賣取償權 (§621)

④運送人之拍賣取償權 (§650、§652)

⑤質權人之拍賣取償權 (§893) [187]

(3)補充說明

自力實現行為，於資本市場融資融券之斷頭，表現更是顯著，現實適用亦極廣泛，多少證券投資人常因融通斷頭而賠累不堪。不過，衡以法律規範性質而言，畢竟只是法律制度上偶有之特例。因之，以下二點，顯有補充說明之必要：

a.自力實現行為，係極其特殊之例外體制，而且多表徵於商事法律關係。我國民法所以有此規定，係源自民商合一立法體例；前舉事例，事實上亦均與商事行為具有密切關連。

b.自力實現行為，僅具類型存在之意義，並無共通制度模式或一般條款，亦無從導出法律原則。在法律解釋上，應本諸例外從嚴之態度，固持「例外不得擴張（解釋）、例外禁止類推（適用）」之立場，以免撼動公力救濟原則之嚴密及妥適。

---

[187] 質權，包括動產質權及權利質權。關於權利質權人之拍賣取償權，並請參照，民法第九〇六條之二。

第十章　結論：萬法歸宗

前　序

本章探查民法本編完整融貫的脈絡導向、規範射程及開關閘口，分為下列節次說明：

$$
\text{民法總則}
\begin{cases}
\text{萬法之導航}
\begin{cases}
\text{法律總論的性格} \\
\text{意思領航的轉折}
\end{cases} \\
\text{萬法之新域：締結過失責任} \\
\text{萬法之活源}
\begin{cases}
\text{事實上權義活動主體} \\
\text{法源三論}
\begin{cases}
\text{現實法源} \\
\text{游移性法源} \\
\text{回歸法律原則}
\end{cases}
\end{cases}
\end{cases}
$$

宗者，總也；總者，民法總則之謂。顧名思義，萬法歸宗者，意即一切法律（規範）歸結於民法總則之意。意即民法本編的規範意義，並非僅止於民法各編之總則，在整體法律領域的層面上，也同時是一切法律的總則，所以援為附題，以表達「民法總則不只是民法總則」的執念，並凸顯民法本編為萬法宗源的本意。

第一節　萬法之導航

一切法律之通則者，法律總論也。在這個角度上，民法本編既具有法律總論之性格，同時也發揮萬法導航之功能。

在私法自治獨尊的近代，（當事人）意思為法律秩序形成的關鍵，也在這個基礎上，成為法律規範的無形操盤者，並深深抑阻公共利益在整體私法法律秩序的揮灑空間。只是，隨著私法社會化（或是更為廣闊意義的法

律社會化），意思獨尊業已逐步退位。統合二者，爰分為法律總論的性格及意思領航的轉折說明。

一、法律總論的性格

總的來說，民法本編具有法律總論的性格，應是無可否認。不過，不能認定民法本編所有條項均具法律總論的性格。為進行比較深入的篩選工作，再分為下列二項說明：

$$
民法總則\,(法律總論)\,\begin{cases} 本編性格的剖析 \begin{cases} 規範性格異質並存（?） \\ 非總則偏向的多元成分 \end{cases} \\ 本編意義的核心 \begin{cases} 法律導論的性格 \\ 本書態度的補敘 \end{cases} \end{cases}
$$

㈠本編性格的剖析

1.規範性格異質並存（?）

⑴邏輯的應然

法典，通常係以編章節款作為體例劃分的依據❶，編章等所設定的名詞，本應名實相符，足以顧名思義，並與編章內條項之內容吻合。不過，由於用語簡潔的考量，再加上社會生活變遷的快速，編章名稱與編章內條項之內容不盡一致或周詳者，難免時而有之。這種名實不符的現象，於民法本編是否存在，實是值得一窺究竟。

民法本編，既然題曰民法總則，基於名實相符的道理，凡七章一五二條，應均是不折不扣、貨真價實的民法債編、物權編，親屬編及繼承編四編之總則。是以民法總則也者，即等同於意指該等四編的原則而言（體系構成，請參照本書上冊第二一頁之圖表）。

⑵內容的實然

以上所述，既是理有必然，亦為立法定制的執念，當然更誠摯企盼

---

❶　參照，中央法規標準法第九條：「法規內容繁複或條文較多者，得劃分為第某編、第某章、第某節、第某款、第某目。」

其現實亦是如此。不過，如果深入體察民法本編各章節款目，即可發現其結論恐須調整。例如，法人沒有親屬❷，法人乙節 (§26〜§64)，於民法親屬編即是少有適用可能；又法人沒有繼承權，不得為繼承人❸，也因此，法人乙節，於民法繼承乙編 (§1138〜§1125)，除遺贈 (§1119〜§1208)外，亦少有適用可能❹。因此，難免讓人懷疑，法人乙節僅是形式上列為民法總則而已。本此立場，民法本編各條項的規範性格偏向，即得區分如下：

$$
\begin{array}{l}
\text{規範性格} \\
\text{(民法總則)}
\end{array}
\left\{
\begin{array}{l}
\text{實質意義的民法總則條項} \\
\text{形式偏向的民法總則條項}
\end{array}
\right.
$$

早年，個人分析民法債編通則的規範性格之時，曾經提出「我國民法債總上的非債總成分」的論點❺。秉此解析民法本編，其觀點即為「民法總則上的非民總偏向」。

2.非總則偏向的多元成分

從規範性格觀察，民法本編的非民總成分，尚呈如下的多元併存情況：

⑴財產法總則偏向的民法總則

民法總則之條項，明顯的僅於財產法（債編＋物權編）有其適用，其規範性格是為財產法總則。法人乙節及法律行為乙章為其要例。

純粹身分行為，特別如結婚、認領或收養等，尚非民法本編之法律行為所可涵括，法律行為各節，特別是行為能力 (§75〜§85) 及意思表示 (§86〜§98)，於純粹身分行為並無適用。多數有力見解，特別是身分法之學

---

❷　親屬包括血親及姻親，其範圍請參照民法第九六七條、第九六九條規定。

❸　關於繼承人的範圍，請參照民法第一一三八條。

❹　即使民法繼承編之遺贈乙節，於遺贈生效、執行，設有例外規定，尚不完全適用民法總則，故以少有適用稱之。

❺　參照，拙著，〈論我國民法債總構造上之非債總成分〉，《司法官訓練所三十週年論文集》（收於拙著，《民法研究（一）》，輔仁法學叢書，一九八六，第二五頁以下）。

理，爰經常強調，法律行為僅係財產法的總則。

③消滅時效乙章

消滅時效，於身分請求權並無適用，自也深具財產法總則之色彩。

法律行為乙章，為民法本編之重心及精華所在，質量之重，均非其他各編所可比擬❻。如其規範性格只是財產法總則，以法律行為加上法人及消滅時效二者，因其條文總數已逾總則全編三分之二以上，民法本編之總則性格自然要失色不少。

(2)行政法偏向的民法總則

民法本編為私法的基本規範，謂其含有行政法的性格，無寧是相當奇特。不過，事實上卻是有之。本段所以稱之多元，其主要考量在此。幸好，這類規定，條數非多，得視之為偶有特例。

(3)司法監護❼偏向的民法總則

司法監護條項，除法人乙節外，尚有死亡宣告 (§8)、監護宣告（§15 之 1、之 2）、自助行為 (§152) 等。其更廣義者，尚得包含檢察官之公益作為（向法院為監護之聲請）。

㈡本編意義的核心

1.法律導論的性格

(1)民法本編全文得為民法總則

①純粹意義的民法總則

扣除非總則偏向的部分，而於民法其他四編均得全面適用的民法總則，得稱之純粹意義的民法總則，語其精要略如下表：

---

❻ 法律行為乙章，內容豐富而精深，條文總數占總則全編幾達三分之一。著述上，本章所占分量，通常也是高達篇幅百分之四、五十。

❼ 監護，意涵監督及庇護二者，用語來源取義自非訟事件法第二章（民事非訟事件）第三節之標題（法人之監督及庇護事件），併引於此，以資參考。

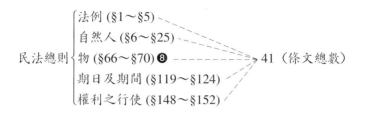

從條文數字來說,純粹之民法總則所占民法本編之比例不及三分之一,而且,除自然人外,其重要性似也不那麼顯著。尤其,如果如部份學理以更為審慎的態度來對待此等條項,實情似乎還要縮小。因為,一般以為,親屬、繼承事件,尚無民法第一條習慣、法理得為法源之適用;物權(種類)因採法定主義 (§757),其得適用者,範圍亦是相對有限。

②限制意義的民法總則

誠然,從個性凸顯來看,固得認為法律行為等僅是財產法總則;不過,其間頗多仍具民法總則之意義;惟其適用範圍,於民法親屬、繼承二編受有相當限制而已,爰以限制意義的民法總則稱之。語其理由如下:

a.法律行為乙章

純粹身分行為,尚非民法上之法律行為可以完全融貫說明,或係事實。但較為寬緩的論點,仍將純粹身分行為納入法律行為的概念範疇。因為,即使將純粹身分行為抽離法律行為之概念範疇,也不能認為法律行為乙章,於民法親屬編並無適用,民法親屬編也並非盡由純粹身分關係所構成。茲舉以下三例為證:

ⓐ夫妻財產契約 (§1004 以下),其法律行為層面之課題,仍有民法本編之適用。

ⓑ法定代理 (包括夫妻間日常家務代理: §1003),仍有民法本編,特別是代理乙節 (§103~§110) 之適用。

ⓒ純粹身分行為之性質為意思通知或事實通知;於最終層面,仍因

❽　於親屬編,身分關係之損害賠償 (如 §977、§979、§999、§1056)、夫妻財產 (§1003~§1048)、子女財產 (§1087、§1088)、監護 (§1091~§1113) 及扶養 (§1114~§1121) 等,物乙章之規定均有適用,爰歸類其為純粹民法總則。

類推適用法律行為之相關規定，而有法律行為之適用。

b.消滅時效

民法親屬編、繼承編，仍有許多財產請求權適用消滅時效。

c.法　人

財團（法人）得依遺囑設立 (§60)，法人亦得為受遺囑人，足證法人乙節於民法繼承編，尚非毫無適用餘地。再者，從民事特別法的角度言之，本編之法人乙節，無疑為各該法律（包括行政諸法）所定各類法人之共通適用法則。也許角度或有不同，但法人乙節確具（實質）民法總則之性格，仍是必須肯定。

③小　結

從其適用範圍來講，法律行為、消滅時效及法人等章節，於財產法得有全面適用，其為財產法總則之屬性，固是特別顯著。惟從其適用對象而言，於民法親屬編、繼承編，仍是部分得有適用，肯定其仍為總則之規範性格，庶無不可。如是，本編的性格，得重新歸納如下：

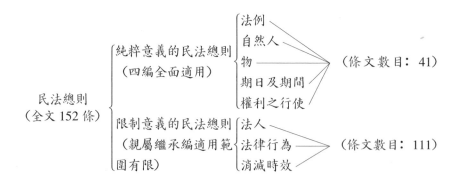

⑵邁向法律導論之路

①實質民法的總則

民法總則的意義，僅以民法（典）本身作為觀察的範圍，難免狹隘而失真。因為，從兼容而完整的角度來說，民法只是民事實體法的基本或一般規範而已；民法（典）之外，尚有領域更為廣泛、觸角更為繁多、內容更為豐富的各科民事特別法。民法總則，絕非僅止於民法典中各編的總則，

其更重要、亦更精確的說法應是民事實體諸法（包括民法）共通的總則。換言之，它也是公司法、消費者保護法、公寓大廈管理條例及證券交易法的總則 ❾；如該等法律之中，列有總則之編章者 ❿，則民法總則是為該等總則中之總則 ⓫。

其實，民法存在之範圍，特別是契約之債，其法律關係尚可跨出法典規定之外，無名契約（無名之債）之即是其例 ⓬。即使民法物權編宣示物權法定主義 (§575)，但在民法物權，類似無名契約之無名物權，仍是偶而存有 ⓭。此等民事法律共通適用的法則，仍為民法本編，也就是說，民法本編也是這些實質民法的總則。

學理為示區隔，於民法意義的廣狹，爰有如下稱法。即：民法五編、亦即民法（典）本身規定所及者，是為形式民法或狹義民法；其涵蓋民事特別法及無名（民事）法律關係的整體民法，是為廣義民法或實質民法。

❾　民事特別法往往具有綜合法之性格，所謂總則，應指限於其中有關民事實體法之規定而言。

❿　所舉各該法律定有總則者如下例：

$$總則\begin{cases}公司法第一章 (§1～§39)\\消費者保護法第一章 (§1～§6)\\證券交易法第一章（§1～§21 之 1）\end{cases}$$

⓫　於此情形，個別法律之總則，為先位適用之總則（第一道總則），民法總則則為後位適用之總則（第二道以次之總則）。所以稱為第二道以次者，殆因其成層秩序關係或為多重，而非止於雙重而已。例如，證券交易法總則之結構應是：證券交易法總則章＋公司法總則章＋（民法債編通則章＋民法物權編通則章）＋民法總則編。

⓬　參照，最高法院六六年臺再字第四二號判決：「按因私法上法律行為而成立之法律關係，非以民法（實質民法）有明文規定者為限，苟法律行為之內容，並不違反公序良俗或強行規定，即應賦予法律上之效力，如當事人本此法律行為成立之法律關係起訴請求保護其權利，法院不得以法無明文規定而拒絕裁判。」

⓭　實務上常見之例，如讓與擔保（最高法院七〇年臺上字第一〇四號判例）及押租金（司法院二八年院字第一九〇九號解釋）均是。

在此，民法總則終須採取廣義，它的適用範圍及於如下表的所有民事法律
關係。

$$
民法總則
\begin{cases}
狹義： 形式民法之總則 \Rightarrow 債、物權、親屬、繼承四編之總則 \\
\\
廣義： 實質民法之總則
\begin{cases}
形式民法之總則 \\
民事（實體）特別法之總則 \\
無名（民事）法律關係之總則
\end{cases}
\end{cases}
$$

②法律總體的總則

民法本編的規定，頗多情形，其適用範圍尚可及於公法領域，基此角
度言之，尚得視民法本編為所有法律的總則。民法第一一九條：「期日及期
間，除有特別訂定外，依本章之規定。」堪稱最為顯著的實例。因為，其他
法律云者，不僅程序諸法有之，刑法及行政程序法亦迭有所見。

期日及期間之外，其要者尚可彙整如下：

a.公法上法律行為之成立、生效、代理、無效及撤銷等，除各該法律
之特別規定者外，仍有民法本編之適用。

b.公法上金錢給付，除別有規定外，亦有民法本編之適用。

c.權利之行使諸條，特別是誠實信用原則，於公法上亦有適用。

為期凸顯其間之脈絡關連，爰再舉刑法及行政程序法規定為例，說明
其適用民法總則之實情：

a.刑　法

　ⓐ刑法各條所稱的人（自然人）、物、動產、不動產等重要概念，適
　　用民法本編有關自然人、物、動產、不動產之規定或其意義。

　ⓑ刑法上之正當防衛（刑法§23）、緊急避難（刑法§24），其意義及
　　成立要件，與民法本編之相應規定 (§149、§150) 屬雷同。

b.行政程序法

　ⓐ誠實信用原則，於行政法亦有適用（行政程序法§8前段）。

　ⓑ行政程序法有關自然人、法人、權利義務、代理、期限、條件等
　　概念（同法§21〜§26、§93），依民法本編相關規定定其意義。他

如無效、撤銷、消滅時效等亦同（同法 §111、§118、§131〜§134）。

ⓒ行政契約之法律行為層面課題，準用民法本編之規定（同法 §149、§141 I）**⓮**。

ⓓ行政法學理普遍承認，公法上債之關係得適用或類推適用民法之規定**⓯**；實務立場亦然**⓰**。如是，其總則亦為民法本編，自是無可否認。公法總以統治高層而遁離、甚或漠視民法；如今有此轉向，於依民法本編探尋法律總則之思維而言，頗具鼓舞意義。

2.總則與非總則的接軌

(1)寫作態度

利用機會，提醒讀者，注意民法本編具有法律總論的性格，為本書特色之一。本書於不少場合，特別是關鍵概念的部分，經常深入民法各編，甚而進窺其他相關法律，固為體系融貫之體察所必要，但摸索民法本編的法律總則意義，亦是考量原因之一。

法律總論的構築，事關法律總體的探索省察，法學工程極其重大而艱鉅，胥賴融貫統合整體法律原理，深入法律各個角落，並窮盡所能條縷解析、綜合歸納其彼此間的體系脈絡、同異辨識及適性關聯，始克期待其條理可以釐清，結論可以正確適當。限於教科書格局，所敘所為，恰似蜻蜓點水、淺嘗輒止。因之，只能止於指出問題所在或其探查方向而已。

⓮ 契約之無效、撤銷及生效，係法律行為之表徵，故行政程序法該等條文所稱之準用民法規定，其主要適用領域即為民法本編之法律行為章（§71〜§118）。

⓯ 參照，李震山，《行政法導論》，三民書局，民國九五年，第三三頁以下；陳敏，《行政法總論》（自刊），民國九六年，第四四頁以下；吳庚，《行政法之理論與實用》（自刊），民國九七年，第三四頁以下。

⓰ 參照，行政法院五二年判字第三四五號判例：「公法與私法，雖各具特殊性質，但二者亦有其共通之原理，私法規定之表現一般法理者，亦應可適用於公法關係。依本院最近之見解，私法中誠信公平之原則，在公法上應有其類推適用。」

(2)總則與非總則的互涉關聯

個性，具體而又確定；通性，一般但常相對模糊。法律上，共通適用法則之於個別條規，情形亦復如此；整部法律的總則，其相對而又模糊的對比，自是更為顯著。爰基此提出下列三點思維方向的說明：

$$民法總則＝法律總論\begin{cases}思維的相對與範圍的游動\\結合的關係與補充的關係\\確定的關係與後位的關係\end{cases}$$

①思維的相對與範圍的游動

總則的條項，相對於個別具體法律命題的條項，絕不是機械式的平均分布關係。任何的法律，它的總（通）則，也不是都可全面適用於非總則編章的所有條文。總則也者，相當多情形只是大數法則之下的相對存在，其適用範圍本來就因法律領域及法律條規之不同，而有隨機調整。雖然，其調整移動之準則甚為難解。但可舉下列三者為證：

a.就財產法篇、身分法篇個別來說，民法本編適用之不同呈現，尚可描述如下表：

$$民法總則\\（適用範圍）\begin{cases}財產法篇\begin{cases}幾近全面適用：民法債編\\非幾近全面適用：民法物權編\end{cases}\\身分法篇\begin{cases}比例較多：民法繼承編\\比例較低：民法親屬編\end{cases}\end{cases}$$

b.同為民法債編，其於民法總則的適用效度及範圍，因債之類型亦有如下重大參差：

$$民法總則\\（適用效度）\begin{cases}法律行為之債：幾近全面適用\\非法律行為之債❼：法律行為無其適用\end{cases}$$

---

❼　主要類型有無因管理 (§172～§178)、不當得利 (§179～§183) 及侵權行為 (§184～§198) 三者。

c.通則或總則條項有無適用，有時尚因法律政策的特別宣示，以致突然轉向。例如，法律行為雖得因錯誤而撤銷 (§88)，但於和解卻因法律政策的特別排除，以至原則上並無撤銷適用 (§738)。

②結合的關係與補充的關係

總（通）則與非總則規範的互涉關係，主要之對應形態有二，一為結合的關係，另一為補充的關係。二者如何論定，必須針對各該條項，分別斟酌其規範性質，予以個別確定。茲舉例說明如下：

a.結合的關係

總則之規定與非總則之規定，彼此間各為完整法律規範之一部，二者相互聯結，整體法律規範於焉完成，是為結合關係。民法本編法律行為乙章有關法律行為成立生效的條項，與其他法律（包括民法其他四編、廣義民法、乃至公法）上的法律行為類型，即是此種關係。茲以買賣（契約、法律行為）為例 (§345Ⅰ)，圖解於下：

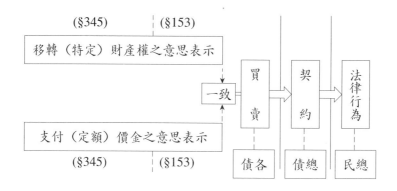

結合關係的總則條項與非總則條項，分割觀察，彼此均是命題的片斷，也都不具完整規範意義的斷簡殘編。例如，法律行為、契約、買賣，即係依次散落於民法本編 (§71～§118)、債編通則（§153～§166之1 ＋ §246～§270）及各種之債 (§345～§397)，不僅形式上分割，講述上法律行為、契約與買賣，經常也是分別於不同的學科領域，在不同時段論述，以致法律思維上，存有法律行為成立、契約成立及買賣成立的不同概念，也有法律行為生效、契約生效及買賣生效的歧異分支。

其實，這種分體現象，只是為因應法典的分割形式，在研習上的便宜思維區隔，非謂法律行為、契約或買賣係分別存在的法律規範。換言之，當移轉（特定）財產權與支付（定額）價金一致時**❸**，其法律上的評價乃是，買賣這種法律行為（或契約）類型為之成立；在生效層面也是，買賣這種法律行為（或契約）類型的生效，非謂買賣以外，尚有另外獨立的契約或法律行為成立或生效。更具體一點來說，必須從規範結合關係的角度，將民法本編、債編上的契約通則及各種之債的個別契約類型三者的相關規定，視為三位一體來判定某個具體的交易類型（如買賣、租賃、保證等），是否成立、生效**❹**；而且，除此之外，並無另有的契約或法律行為成立或生效的事實存在，更不會發生法律行為、契約或買賣等先後成立或先後生效之問題。

b.補充的關係

民法本編的條項，相對於非總則的規定，具有補充法律制度之作用者，是為補充的關係。通常，總則中有關法律適用準則意義的條項，相對於非總則之部分，多為補充的關係。以民法本編為例，法例 (§1～§5) 是為典型，他如期日及期間、消滅時效及權利之行使 (§148～§152) 等亦是。

③確定的關係與後位的關係

a.確定的關係

民法本編的條項，相對於非總則的規定，係在確定相關法律制度之內容者，是為確定的關係。物之乙章 (§66～§70) 即是。通常，總（通）則條項中有關法律名詞之規定，得歸類為確定的關係。其重要事例如下：

ⓐ動產、不動產之定義 (§66、§67)

---

❸ 在法律行為理論體系上，意思表示之內容須具體明確，否則即難論定買賣等契約或法律行為類型之成立，爰以括弧陳明確定之相關用語（特定、定額），藉以敘明制度適用之實情。

❹ 本書於相關敘述，或使用買賣（契約、法律行為），或法律行為（契約、買賣）成立生效之用語，意在敘明此種一體成形之概念；其中之買賣，可以代以租賃、保證等其他法律行為（絕大多數為契約）類型。

　　ⓑ親屬之立法定義 (§967、§969)

　　ⓒ公司之定義（公司法 §1、§3）

　　ⓓ票據之定義（票據法 §1～§4）

　b.後位的關係

　　民法本編的條項，相對於非總則的編章有不同之規定者，其彼此之間，非總則之規定猶如特別法，總則的規定恰似普通法，本於特別法優先於普通法之法律適用原則，總則之條項即無適用，爰以後位關係稱之。民法第一一九條關於期日及期間適用的後位，即是著例。他如關於習慣或法理之法源地位 (§1、§2)、法人相關事項或意思表示之成立或生效，如其他編章或法律，另有規定者，適用各該編章或法律之規定，亦是重要事例。

二、意思領航的轉折

　　基於意思主義優位，藉法律行為的體制，廣泛而大量授權當事人，以意思表示形塑私法法律秩序，是為民事法律制度的基源。意思也者，民法最為重要的規範源頭，亦為民法構成的指標，爰以意思領航稱之，其規範樞紐則為意思表示。

　　意思表示須待解釋，其血肉面貌始能清晰。在此角度上，可以也應該認為，意思表示解釋，正是論定意思規範性的關鍵。於歷史的發展軌跡上，其間頗有波動起伏，爰以轉折稱之；並歸納其要點如下表：

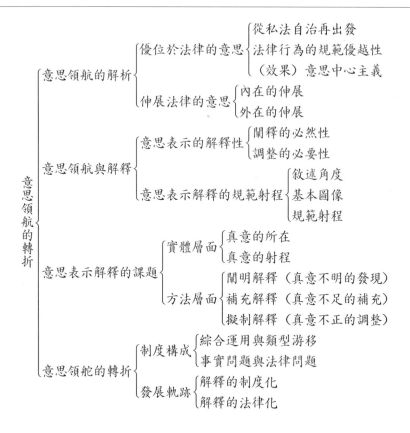

(一)意思領航的解析

1.優位於法律的意思

優位於法律的意思，意圖說明下列三者：

$$優位於法律的意思 \begin{cases} 從私法自治再出發 \\ 法律行為的規範優越性 \\ （效果）意思中心主義 \end{cases}$$

(1)從私法自治再出發

私法所以能別於公法，自成一格，其最顯眼而重大的指標，即是私法自治，其基本規範實體，即是法律行為；其基源（法律行為成立之最關鍵要素）則是意思表示。與此相應的私法自治原則，依序爰有契約自由、法

律行為自由而及於意思自由。認為私法的精華在於私法自治，其主要舞臺為法律行為，比喻似非離譜。

在法律規範原理上，意思也者，效果意思之略稱也。效果意思猶如私法自治之基因，重要性不可言喻，亦無可取代。但單純而未經表示於外部的效果意思，在法律規範上並無功能。因此，所謂意思自由，應是意思表示自由的簡稱。意思表示自由原則，民法本編雖無直接明文，但被詐欺或被脅迫而為意思表示者得為撤銷之規定 (§92)，得為印證❷。

自由也好、自治也好，真諦在於自律的規範性格，而非單純止於自主的意思決定。此之規範性格，即是藉由法律行為加以包裝。於私法法律規範，它不僅適用上最為廣泛適用、最能闡明私法意義、在規範體系上具有優越地位，同時積極伸展活化私法規範的功能。為描述此中特性，爰於前者名之以優位於法律的意思；後者稱之伸展法律的意思。

(2)法律行為的規範優越性

在私法領域上，意思表示化成各種具體類型的法律行為類型，成為法律規範。在同位描述的角度上，法律行為與結婚、出生、認領、繼承、加工、占有、侵權行為、不當得利等法律事實，固無不同。然而，就其所適用的頻率及廣度來說，法律行為誠是一枝獨秀，射程遍及各種形態的民事特別法、乃至交易事實（習慣）孕成的無名法律行為（特別是無名契約），更是其他法律規範類型所難以望其項背。法律行為在私法規範體制上，猶如都城重鎮，而又深入山林原野，最高法院判例表示：「苟其內容不違反公序良俗或強行規定，即得依法律行為成立法律關係，不以法有明文規定為限❷」的見解，可以充分印證。

法律行為或意思表示優先於任意法的命題，民法本編固無正面規定或一般條項，但從下列例證，足認定其立場極為明確、具體而堅強：

❷ 參照，民法第九二條立法理由前段：「意思表示，所以生法律上之效力，應以其意思之自由為限。若表意人受詐欺或受脅迫，而表示其意思，並非出於自由，則其意思表示，使得撤銷之，以保護表意人之利益。」

❷ 參照，最高法院六六年臺再字第四二號判決（前已具引──❷）。

①法律行為之內容（標的），只要不違背公序良俗或強行規定，於法即是得為有效（§72、§71 本文）。由此反面解釋，正是法律行為得排除任意法規。

②法律個別條項特別規定，當事人之約定及習慣，得優先於法律之規定適用。以民法本編及債編通則為範圍，主要事例如下：

　　a.民法本編：§27、§37、§44、§49、§51Ⅳ、§55Ⅰ但書❷、§144後段。

　　b.民法債編：§154Ⅰ但書、§168但書、§193Ⅱ、§195Ⅱ、§200Ⅰ、§202但書、§207、§213Ⅰ、§216Ⅰ、§224但書、§233但書、§249、§250、§253、§259本文、§371、§280、§291、§294Ⅰ②、§311、§314、§315、§317、§334Ⅰ但書。

③當事人約定得優先於法律規定而適用，於民法債編各種之債（第二章），出現事例更為繁多；而且，在法律解釋上，其適用範圍尚不以明文規定者為限，本書所謂隱藏性任意規定的說明（上冊，第五八〇頁），意即在此。

(3)（效果）意思中心主義

法律行為的規範權源，依其原來基本構想，係以表意人效果意思為依歸。用個比較通俗的描述，也許可以稱之：誠於中而形於外，如果空繞唇舌，焉能成立意思表示。考量制度本來構想，爰以（效果）意思中心主義稱之，並歸納為下列二者說明：

①表意人的意思決定法律行為的命運

欠缺效果意思而為表示者，其意思表示或法律行為均是本難成立。而意思決定法律行為之命運，從不生效力法律行為之承認（§79、§81、§118、§170），可為充份佐證。

②要約人意思論定契約的一生

---

❷　當事人約定，因團體法（法人）轉化為總體意思，其最高指導規範為章程，其次為總會決議、董事（會）決議，爰依次引具法人乙節相關規定，以為佐證之依據。

　　契約之成立，理論上雖是要約與承諾一致，但承諾須恪遵要約之意思內容而被動應諾，承諾人不得對要約為擴張、限制或其他任意變更；否則，契約即無成立可能 (§160 II)。反之，依傳統一般見解，契約一旦生效，其效力內容亦完全依乎要約之意思內容，釐定當事人之權利義務，以迄契約消滅為止。此種宿命之論定，於依要約交錯或意思實現 (§161) 而成立生效之契約，情形益然。足見，於契約之成立，雖是強調意思表示一致，但其運作的實情，卻是要約人的（效果）意思掌控了契約的高矮胖瘦、俊俗美醜、肉體靈魂、乃至生死存亡。

　2.伸展法律的意思

　　法律規範，藉意思而為伸展者，尚得分為下列二者觀察：

$$
伸展法律的意思 \begin{cases} 內在伸展：現行法律行為類型內的伸展 \\ 外在伸展：新型法律行為類型的創用 \end{cases}
$$

　⑴內在的伸展

　　從法律規範的構成來講，意思自由也好，法律行為自由也好，均為高度空白的授權規範，只是其授權的對象為當事人。在此立法授權下，當事人不僅得選定其意思，並得因應客觀環境需要，成立各種內容截然不同的法律行為類型。前者，使法律足以隨情勢遷移而靈活輪轉；後者，使法律配合時空需求而靈活伸展。民法，所以與時俱進，適用無缺，其源自意思自由的規範延伸功能者，應是甚多，爰以「伸展法律的意思」稱之。

　　價格不二，童叟無欺，向被懸為交易箴言，同一商品而出售價格不一者，難免不被聯想到，其行為可能不盡誠實、不符信用，甚而有暴利 (§74)、詐欺 (§92) 之虞。然而，在商品交易的實情上，價格不一，反而是交易上不爭的事實，也是經營者救亡圖存、乃至成功發展的必要手段。同樣品味等級的一斤木瓜（或其他任何水果），同一時間，在臺北市頂好商圈的水果行、中央市場的水果行、以迄中南部的街頭小攤或路旁小販，其出售價格不一，人人皆知。同樣一批貨品，出售於代理商、經銷商、零售商、乃至消費者

之價格，也是絕不相同。沿街叫賣水果，早上初市至午後收市，價格也是一直在往下滑落（初市可以是進價的倍數，臨近收市時可能不及進價的一半）。更為顯然而家喻戶曉、甚而是古今中外皆然的典型，即是上市股票的買賣。因為，同是一家發行公司的同一（種類）股票，開盤時可以是漲停板，收盤時可以是跌停板，價格差異高達 14% ❷；在沒有漲停幅限度的國度，個人的億萬財富，（甚而）可能因為一支股票在一個早上的慘跌，以致一晨（夕）化為烏有。然而，價格浮動變化的原因，往往並非出乎交易當事人之本意，而是交易上客觀需要的反應。果無意思自由，以為適時伸展，交易秩序何以形成及維持，實在難以想像。

(2)外在的伸展

藉意思而伸展法律規範，其更具正面建設意義者，無寧在於本為法律明文所無之法律行為新類型的創設。因其形態多為契約類型，學理上爰相應而有無名契約之稱。

①事例舉隅

回顧民法施行以來的廣義民法領域內，法律明文原來所無的重要法律行為類型，略有合會契約、人事保證契約、押租金、旅遊契約、信託、讓與擔保、期貨交易契約、信用卡契約、工程契約、權利金契約、（總）代理契約及勞動契約等。

以上所列，前三者原為我國社會傳統已有之交易類型，業已納入民法；後九者為現代社會新興之交易類型；其中仍有目前仍是處於無名契約（法律行為）類型之狀態 ❷。凡此契約類型，於交易秩序上的重要性，絕不亞於法律明文規定的交易類型，甚而是現代社會運用更為普遍、規範功能更為強大的交易類型。足見，私法也者，因有意思自由（法律行為自由、契約自由），始能、亦終能深入社會生活各個角落，不斷靈活創設規範類型，

❷ 我國現階段股市漲跌幅的限制機制，每一交易市場日各以漲跌 7% 為限，合計為 14%。異日如有調整，其比例亦將隨之變動。

❷ 以上所列，押租金、讓與擔保，屬於物權行為。信託為債權行為（契約類型）或物權行為，學理尚有爭論，故未標明契約之字眼。

並伸展其規範適用領域。

　　②規範形式之輪轉

　　如以現行我國私法體系論述，合會、人事保證、旅遊、信託、期貨交易及勞動契約等，均已先後制定法化而明定於不同之法律編章❷，於此列其以為無名法律行為，旨在回顧過往，爰有原來明文所無等字眼。

　　意思自由規範塑成之外在伸展，具有漸進性及過渡性（兩大特性）。漸進性也者，意指其規範性之成熟，通常須經長久浸淫，由法律行為轉化為習慣，並經判決、判例肯定而逐漸確立其權威規範之地位。過渡性云者，意指意思自由以非制定法之形式而作為規範依據，僅具先行過渡之意義，其試行經相當期間，如立法者確定該項規範已值採認，通常會收回授權，提其升為制定法上的典型。合會、旅遊、信託、期貨交易及勞動契約等，即是經此歷程而輪轉前進為有名（典型）契約。

㈡意思領航與解釋

　1.意思表示的解釋性

　　因為意思（表示）本身具有解釋的必然性，而且意思表示解釋理論的發展，象徵意思領航的轉折軌跡。爰於此列為論述對象，並分為闡釋的必然性及調整的必要性二者說明：

　　⑴闡釋的必然性

　　法典表徵的法律規範，通常都是藉由許多法律菁英，歷經長期審慎研議、公開討論之後，以嚴謹語詞及完整體系來呈現。這樣千錘百鍊的精華創作，尚須運用各種法律解釋方法來闡明其意義，條理其脈絡，進而補充

---

❷　原為無名法律行為納入現行法體系之體現如下：

　　民法債編修正：旅遊（§514 之 1 以下）、合會（§709 之 1 以下）及人事保證（§756 之 1 以下）

　　勞動基準法：勞動契約（同法 §2 ⑥、§9～§20）

　　信託法：信託（同法 §1、§2）

　　期貨交易法：期貨交易契約（同法 §3——法典名稱本為期貨交易，包括期貨契約、選擇權契約、期貨選擇權契約及槓桿保證金契約四者。）

其漏洞，以致仍具有相當程度的解釋性。

意思表示，無論其前端的（效果）意思或表示（行為）言之，抑或後端的法律行為或契約，均是以社會事實的原形，轉化為法律規範。當事人也者，絕大部分均是未具法律素養的社會大眾；以意思表示來作為規範，其間之曖昧不明，紊亂不清，殘缺不全，顯然甚於法律許多；援為規範依據，其有賴於意義闡明或漏洞補充者，自亦甚於法律本體者至多。

(2)調整的必要性

從事交易，等價交換，固是法律之理想；但追求利益，卻是交易的必然，亦為企業經營免於潰滅的不二法門。意思自由（法律行為自由、契約自由），固然賦以交易主體，於交易市場上得以精妙算計、縱橫游走的空間，但同時也難免強凌弱，巧欺直的各種自由濫用，讓等價交換的預設，為之名存實亡。意思自由，曾被目為毒勝蛇蠍，害甚惡魔，而遭強度遏制及排除。迄至二十世紀末期，舉世各國幾乎都於民法之外，另有消費者保護的系列法律（我國為一九九四年，其名稱為消費者保護法），推出定型化契約的特別規定，針對意思自由進行重大調整❷，甚而進行民法消保化的法律工程❷，也是佐證。

以意思作為法律規範重鎮之一，再針對意思自由的濫用進行反向調整，既為法律發展史上之共通現象，亦法律一直在致力改善的共同目標。前章論及之誠實信用原則、公共利益原則及禁止權利濫用原則，亦在在披露意思自由濫用應予調整之信息。

❷ 以我國（廣義）民法而言，定型化契約的法制形式有二，一為於此所述之定型化契約（消費者保護法 §11～§17）；另一為民法第二四七條之一的定型化契約（就調整契約自由濫用、趨向契約正義的實現來說，定型化契約只是其間重鎮之一而已）。

❷ 將散落於特別法的消費者保護規定，大量納入民法（典）內，是為所謂的民法消保化或消保法民法化。二○○二年的德國民法修正，堪稱最具代表意義。主要條文依據為（修正後）德國民法 §305～§310（定型化契約規定）、§312～§312之6（特種買賣）、§355～§359（消費契約的特殊效力）、§491～§507（消費借貸）。

2.意思表示解釋的規範射程

(1)敘述角度

意思表示解釋者，依據當事人意思表示所用之辭句，闡明其未盡明瞭之處，藉以探得當事人真意，進而確定意思表示意義的探究工程。這樣的概念說明，載在民法第九八條，並有該條立法說明以為後盾❷，似是道理極其淺顯，也應無所爭議。不過，何謂解釋？其作業過程為何？怎樣的解釋態度才算正確？乃至解釋的界限如何？卻是法學上極具爭議的難題。

意思表示既然深具解釋的必然性及調整的必要性，則論及意思表示之解釋，兼括二者而為融貫完整之研析，無寧為避免以偏概全所必要。再者，意思表示也者，法律行為之要素也，有關法律行為之解釋，我國民法除借用意思表示解釋以為表徵外，其他再無規定。因此，有關法律行為（契約、買賣）的解釋與意思表示解釋連結之關係，亦有一併探明之必要。

(2)基本圖像

民法第九八條規定：「解釋意思表示，應探求當事人之真意，不得拘泥於所用之辭句。」（以下簡稱民法本條）基此，意思表示的基本圖像得表解如下：

$$（意思表示）解釋\begin{cases}客體：辭句（?）\\方法：探求\\目標：真意（不得拘泥於辭句）\end{cases}$$

①辭　句

依乎民法本條，只要真意已明，意思表示即無解釋必要❷。然而，非法律專業素養的當事人，其竟能以所用辭句完美無缺表明真意者，殆屬少

---

❷　參照，民法第九八條立法理由：「意思表示，其意義往往有欠明瞭者，應將不甚明瞭之處解釋之。但應探求當事人之真意，不得拘泥於所用之辭句，致失真意。」

❷　參照，最高法院一七年上字第一一一八號判例：「契約文字業已表示當事人真意，無須別事探求者，即不得反捨契約文字而更為曲解。」

見。因此，民法本編施行後不久，實務即出現，超越辭句而以一切證據資料判定真意的見解❸。足見，意思表示解釋的依據，並非僅以或全以辭句為限，同時尚有漏洞補充之必要❸。正因如此，上述圖表於辭句一語，爰附以問號，以示其間之尚有可議。

以上論點，為多年來國內學理通說所肯定，亦為實務所奉為圭臬。其間論述最綦詳、亦最兼顧承先啟後的最高法院六五年臺上字第二一三五號判決，即有下列論述：

「解釋契約，應探求當事人立約時之真意，而於文義上及論理上詳為推求，當時之真意如何？又應斟酌訂立契約當時及過去之事實，其經濟目的及交易上之習慣，而本於經驗法則，基於誠實信用原則而為判斷。」

②探　求

解釋云者，發現意義之行為也；探求也者，推敲斟酌、研求判定之謂也，亦即依據意思表示過程的一切歷史資料，發現意思表示真意的行為。

③真　意

真意者，真正之效果意思之簡稱。決定真意的時點，應以意思表示生效之時為準；因之，真意也者，應是意思表示生效時表意人真正的效果意思。

a.效果意思

意思表示也者，基於效果意思而對外（通常為相對人）所為之表示。不具效果意思者，意思表示不成立。是以，解釋意思表示，即是意指探得真正效果意思。

b.生效之時

意思表示解釋，基本上是個從歷史尋找真意的工作❸。相對於此，意

---

❸　參照，最高法院一九年上字第二八號判例：「解釋當事人所立書據之真意，以當時之事實及其他一切證據資料為其判斷之標準，不能拘泥字面或截取書據中一二語，任意推解致失真意。」

❸　補充必要之對象，尚非以證據資料為限，而應包括當時之事實（訂約過程之相關事實）。

思表示的成立生效，大多經相當長期的繁複磋商研議。尤其是現代型的重大法律行為，如國外產品的總代理商契約、大型土地開發的工程契約，情形更是如此。於此等法律行為，當事人的效果意思難免隨著磋商研議而一再變更浮動，非至意思表示確定生效之時，尚難確定真意究竟如何。法律行為締結實務上，約明「本件法律行為正式簽訂前之協議或其他一切文件或資料，其與本法律行為內容不符者，因本件法律行為之成立而失效」之確定文句，亦足認真意之認定時點，應以意思表示生效之時為準。

　　關於契約上真意時點之認定，實務常強調應以立約當時為準❸，立約當時也者，通常情形即是（契約相關）意思表示生效之時。不過，可能仍因當事人有特別約定而略作調整，其主要事例有如下二者：

　　　ⓐ法律行為訂有確定條款者，訂立前之資料或文件等，尚非當然得　　　　為探求真意之依據。

　　　ⓑ關於意思之內容，當事人採取逐項分別確定之方法，且於法律行　　　　為成立時，未訂有確定條款者，真意認定之時點，理應分別為之。

　　④真意領航

　　探求真意，為意思表示解釋之目標。這樣的描述，不僅旨在宣示意思表示解釋的特殊性，也指明其與法律解釋之本質上差異。緣以法律解釋者，重在法律文字客觀意義的探求，其目標為客觀意義恰如其實的顯現；反之，意思表示的解釋，意思表示資料上的文義，僅是探求當事人真意的重要依據之一而已，即使定型化契約亦然❸。正因超越文義而探求真意，才是解

---

❸　參照，最高法院一九年上字第四五三號判例：「契約應以當事人立約當時之真　　意為準，而真意何在，又應以過去事實及其他一切證據資料為斷定之標準，不　　能拘泥文字致失真意。」

❸　參照，最高法院一九年上字第五八號判例：「解釋當事人之契約，應於文義上　　及論理上詳為推求，不得拘泥字面，致失當時立約之真意。」

❸　參照，最高法院七八年臺上字第二五五七號判決：「定型化契約係……就具體　　個案，如有特殊情形，仍應參酌訂約之內容，探求當事人之真意，解釋契約，　　不能專以定型化契約之條款為惟一憑據。」

釋的目的；因此，意思表示的目的性考量，在解釋上具有極為重要之指標意義，爰以真意領航稱之。茲引實例數則以供參考：

　　a.法律行為類型設定

　　解釋意思表示，不得以辭害義，受控於形式上的辭句，實務曾迭以法律行為類型的設定為主軸，提出下列論點：

　　　　ⓐ名為出質或出典，實為抵押者，應解釋其為抵押權設定（最高法院二八年上字第五九八號、三九年臺上字第二〇七號判例）。

　　　　ⓑ名為延滯利息穀，實為違約金者，應解釋其為違約金契約（最高法院四三年臺上字第五七六號判例）。

　　　　ⓒ名為僱工請負契約 ㉟，實為耕地租賃者，應解釋其為耕地租賃契約（最高法院五〇年臺上字第九五一號判決）。

　　　　ⓓ名為買賣預定書，實為買賣契約者，應解釋其為買賣契約（最高法院六四年臺上字第一五六七號判例）。

　　b.超乎辭句

　　　　ⓐ利害關係人清償之性質如何？須探求當事人之真意（最高法院六〇年臺上字第六三四號判決）。

　　　　ⓑ於合約內副署，應負何種責任，應視當事人真意而定（最高法院四三年臺上字第五七七號判例）。

　　　　ⓒ房屋租賃內之租清任住 ㊱，意義如何，應解釋當事人意思定之（司法院三二年院字第二四七九號解釋）。

　　　　ⓓ將典物典與他人，究為轉典或典權讓與，須視當事人真意而定（最高法院三三年上字第二〇六號判例）。

　　c.目的考量

　　　　ⓐ租地意在建屋者，應斟酌其目的，認其租約定有相當期限（最高法院三〇年渝上字第三一一號判決）。

　　　　ⓑ基地租賃，約定不得轉租者，應斟酌其目的，認為地上房屋不得

㉟　請負為日本民法用語，意指承攬（§490 以下）而言。

㊱　租清任住之本意，應指「清償（支付）租金，聽任居住」而言。

轉讓（最高法院五〇年臺上字第一一五八號判決）。

ⓒ契約主要目的為探求真意依據之一（最高法院七九年臺上字第一七七八號判決）。

ⓓ保全契約，未斟酌訂立目的，難謂適當（最高法院八一年臺上字第一五五六號判決）。

d.真意已明

解釋旨在發現真意，故其真意已明者，即無庸反捨契約文字而另作他求。茲舉代表事例於下：

ⓐ早期：最高法院四二年臺上字第七二〇號、五五年臺上字第一八九二號、五六年臺上字第七二二號、五八年臺上字第二八二六號判決。

ⓑ九〇年代：民國八〇年以降的判決甚多，以民國八六年為例，即有最高法院八六年臺上字第八四七號、第一一六八號、第二一一七號、第三〇四二號、第三八七三號等。

ⓒ晚近時期：民國九〇年以降，代表性案例有九一年臺上字第一四四三號、第二一九五號、九三年臺上字第二二三號判決。

(3)規範射程

①綜合說明

意思表示既須解釋，以意思表示為成立要素的法律行為、契約，自然也須經解釋。契約之解釋，其更確切的意義，應是買賣、贈與、租賃、合夥、保證等契約類型的解釋。如是，意思表示解釋與法律行為（類型）解釋，乃至契約（類型）解釋間，即應作體制聯結之思考。

從概念脈絡的關聯來說，意思表示解釋云者，無疑是兼含法律行為解釋、契約解釋及買賣等之解釋。換言之，民法本條所謂意思表示解釋，其適用範圍，應是及於法律行為解釋、契約解釋以及買賣等之解釋。有關法律行為等之解釋，民法除本條之外，不再另有規定。論及法律行為解釋、契約解釋或買賣解釋等課題，以我國民法來說，其規範依據均是回歸而指向民法本條，並得試予表解如下：

民法本條 (§98)：當事人真意 ⇔ 意思表示解釋 ⇔ 契約解釋 ⇔ 買賣等解釋
‖
意　解　⎧ 買賣～人事保證（§345～§756 之 9）
思　釋　⎪ 民法上其他法律行為類型（純粹身分行為類推適用）
表　　　⎨ 民事特別法上法律行為類型
示　　　⎩ 無名法律行為類型

　　從個別具體法律行為言之，得稱之拋棄（單獨行為類型）之解釋，買賣或保險或信託（契約類型）之解釋，乃至設立公司（共同行為類型）之解釋。各種法律行為類型所肩負的經濟目的及社會任務，多有角度差異。因此，就各個具體法律行為類型，探究其解釋上的角度差異，亦有相當意義。

　　②規範落點

　　意思表示解釋的規範落點，主要有下列三種制度模式：

意思表示解釋　⎧ 意思表示中心主義：我國民法
（規範落點）　⎨ 法律行為中心主義：日本民法
　　　　　　　⎩ 契約中心主義：德國民法、義大利民法

　　a.意思表示中心主義

　　在民法上凸顯意思表示解釋的概念，並將其規定於意思表示的章節之內。法律行為或契約解釋之課題，則回歸適用意思表示解釋之規定，我國民法即是。

　　b.法律行為中心主義

　　在民法上凸顯法律行為解釋的概念，並將其規定於法律行為通則之內；日本民法採之（日民 §91、§92）❸❼。

　　c.契約中心主義

　　在民法上特別重視契約的解釋，並將其規定於契約通則之內，德國民

---

❸❼　嚴格言之，日本民法於意思表示（或法律行為或契約）究應如何解釋，並無直接明定。蓋以，即使於該二條文，亦僅申明當事人意思（約定或可認可其有依習慣之意思）優先於任意法之規定，並未正面明定意思表示如何解釋。

法採之。其規定內容略為：契約之解釋，應斟酌交易習慣，並依誠實信用原則為之（德民 §157）❸。尤其是義大利民法，於契約通則設有契約解釋之專節，並以十個條文而作具體規定（義民 §1362～§1371）；不僅卓有特色，亦甚具參考價值❸。

　　由上所列，足見，解釋意思表示可以推崇當事人真意 (§88)，也可以強調誠實信用原則（德民 §157）。前者，以解釋之目標為主要導向；後者，以解釋之方法為考量重點。雖然，其規範模式，可以簡要單純，以簡短詞句一條帶過（§98，德民 §133、§157）；也可以專節多條，針對不同法律行為的實際形態而做詳細的分門別類（義民 §1362～1371）。比較之下，簡要規定模式國度，即須依學理實務而大量填補其制度內容。因為意思表示解釋的課題，豐富而複雜，因此，類似我國或德國民法的規定方式，僅是指出重點所在或基本方向而已，非謂意思表示（法律行為、契約）解釋的議題，竟是如此單純而簡要。

　　③規範範圍

　　a.規範重點

　　法律行為的解釋，民法雖以意思表示作為規範依據，不過，基於以下二點理由，契約仍為主要適用對象：

　　　　ⓐ我國法院之相關判例及判決，絕大部分案例類型，均是契約❹；

---

❸　德國民法關於法律行為之解釋，除契約解釋之規定外，於意思表示乙節（德民 §116～§144），亦另有原則性規定，其內容略為：「解釋意思表示，應探求當事人的真意，不得拘泥所用之詞句。」

❸　規定重點如下：
　⑴當事人真意及其探究 (§1362)
　⑵定型化契約解釋須探究整體意涵及不利條款提出者原則 (§1363、§1370)
　⑶依據誠實信用原則解釋契約 (§1366)
　⑷交易習慣在解釋上的適用準則 (§1368)
　⑸重複表示的取捨依據（依循契約性質與目的之適性：§1369）
　⑹無償契約對債務人從輕酌定，有償契約公平斟酌雙方利益 (§1371)

❹　司法院解釋及最高法院判例，動輒使用解釋契約或其相關意旨之文句；民法第

　　學理之研究，亦多偏向於契約解釋❹。

　　　ⓑ以法律行為作為規範依據之日本，其學理立場，大體是朝著「由法律行為解釋到契約解釋的軌跡前進❷。」

　b.適用範圍

　　法律行為解釋的對象，雖以契約為主，但亦廣及所有法律行為類型。不過，法律另有規定者，依其規定。例如，保險契約或定型化契約，法律均明定，文字或約款如有疑義，原則上應作有利於被保險人或消費者之解釋❸。

　　法律行為，包括身分上之法律行為。即便於純粹身分行為，亦因其本以一定意思之存在為要件，探求當事人真意仍是無可避免。因之，當事人真意之探求，於純粹身分行為仍是同有適用（類推適用）；同理，民法本條規定，於準法律行為亦得類推適用。如是，意思表示解釋上適用範圍之重點，得歸納如下表：

　　九九條彙集的最高法院判決，其絕大部分均屬契約案例。

❹　我國的相關研究，主要集中於定型化契約約款的解釋。相對於此，有關意思表示解釋或契約解釋的研究成果，反而較為弱勢，表現似是相當特殊。

❷　日本早期學理多以「法律行為解釋」的角度切入（例如菅原春二，〈法律行為解釋の目的〉，（京都大學）《法學論叢》，第十卷第五期，一九二三，第四頁以下）；晚近文獻，則關心「契約解釋」的研究，反而更見風行（例如谷口知平，〈契約の解釋〉，收於《注釋民法 (13)》，有斐閣，一九六六，第二〇頁以下；東孝行，〈契約の解釋〉，收於《現代契約法大系 (2)》，有斐閣，一九八四，第六〇頁以下）。

❸　參照，保險法第五四條第二項：「保險契約之解釋，應探求契約當事人之真意，不得拘泥於所用之文字；如有疑義時，以作有利於被保險人之解釋為原則。」消費者保護法第一一條第二項：「定型化契約條款如有疑義時，應為有利於消費者之解釋。」

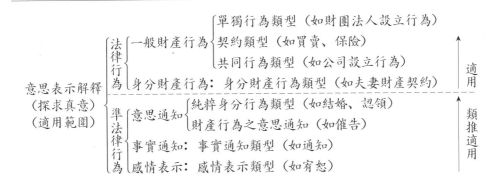

(三)意思表示解釋的課題

　　意思表示解釋的課題，主要有二。一為解釋之客體，二為解釋之方法。意思表示係由特定人對特定人為之，且以實現其（各自）的私法上效果為目的，其課題具有個別主觀性，非若法律之本為客觀規範，且以文字之一般確定意義為解釋之出發點。因此，在解釋客體及方法上，意思表示解釋之呈現與法律仍是頗有不同。

　　1.解釋之客體

　　解釋之客體，或稱解釋之對象，問題層次尚可分之為二，一為核心所在的真意（效果意思），其落點究屬何在？其次為真意涉及之問題射程，究係如何？

　　(1)真意的所在

　　①發展動向

　　民法本條的真意（效果意思），究係落於表意人或相對人，抑或落於內在意思層面或外在表示層面，得分為下列主要三種見解：

$$
\text{真意：效果意思}
\begin{cases}
\text{主觀說：表意人意思說}\\
\text{客觀說：相對人意思說}\\
\text{折衷說：規範上意思說}
\end{cases}
$$

　　a.表意人意思說（主觀說）

　　此說以為，解釋民法本條之真意，應本於私法自治及意思自由原則，

認其即為表意人預定之效果意思。所謂預定之效果意思究何所指，仍有下列二種不同之對立見解：

$$真意＝表意人意思＝表意人預定之效果意思 \begin{cases} 表意人內在之意思 \\ 表意人之表示意思 \end{cases}$$

就貫徹私法自治原則而言，真意也者，似應等同表意人內在之效果意思。不過，意思表示也者，旨在成立法律行為（特別是契約）類型，為兼顧交易秩序之建立及維護，意思表示受領人（相對人）之期待及認知，不能排除於考量之外。表意人內心蘊藏之效果意思，非相對人所能認知及期待；通常，相對人之期待及認知，僅能及於表示行為所表徵之意思，法律自亦不能強求相對人承受過重之負擔。因此，理應兼顧交易秩序及安全之最低基本需要，以表意人表示於外部而得為認知識辨之效果意思為解釋對象，如是，真意即指表示意思而言，斯亦國內長期以來之通說[44]。

b.相對人意思說（客觀說）

此說以為，意思表示旨在藉表示傳達於相對人，藉以成立法律行為，進而形塑交易秩序。關於法律行為（包括意思表示）理論，理應以維護交易安全之考量為重；意思表示之所謂真意，除與相對人利益無關者外，應以受領人客觀上所了解之效果意思，甚或表示行為所表徵之客觀上意思作為認定依據，並得圖解如下：

$$真意＝相對人客觀上認知之效果意思＝表示行為的客觀意思$$

c.規範上意思說（折衷說）

此說以為，意思表示竟與相對人利益無關，或不涉交易秩序及安全者，均是難得一見。意思表示之解釋，寓有衡量當事人彼此利益，並合理分配彼此不同認知之潛在危險等功能。解釋時偏於表意人而強調表意人意思，

---

[44]　參照，史著，第四一五頁；洪著，第三〇八頁；胡著，第三〇二頁；施著，第二三九頁。

固有所偏；同樣情形，過分著重相對人而凸顯受領人之認知，亦是難免疑義。為兼顧表意人與相對人利益之對等及危險承受之合理分配，晚近學說爰多以為：於意思表示，表意人及相對人均同有認知、理解、信賴及期待，其間亦可能互有齟齬及參差，為求公平公允而無所偏倚，真意應以規範上值得信賴、亦即社會一般理性客觀認知所及之效果意思，作為認定依據❹。並得圖示如下：

真意＝規範信賴上的意思
　　＝慎思熟慮之理念上表意人應為之效果意思
　　＝社會一般理性客觀認知之規範上意思

晚近實務，於規範上意思說亦已多所闡發，茲舉晚近判決二則以對：

「所謂探求當事人之真意，如兩造就其真意有爭執時，應從該意思表示所根基之原因事實、經濟目的、一般社會之理性客觀認知、經驗法則及當事人所欲使該意思表示發生之法律效果而為探求，並將誠信原則涵攝在內，藉以檢視其解釋結果對兩造之權利義務是否符合公平正義。」（最高法院九六年臺上字第二八六號判決）

「契約……之……解釋方法……應以客觀上表示價值作為認定意思表示內容的準據（即規範的解釋，闡釋性解釋）。在此種解釋，一方面要求表意人於表示其意思時，應顧及相對人了解可能性；他方面相對人亦須盡必要注意去正確了解表意人之所欲，故在解釋上應特別斟酌相對人明知或可得而知的事實，並就磋商過程、交易目的及利益狀態，依交易慣例及誠實信用原則加以判斷。」（臺灣臺中地方法院九三年簡上字第一四二號判決）

②補充說明

真意認定的理論，大致係循著「表意人意思說→相對人意思說→規範意思說」的軌跡而發展，且以規範意思說為較可採。不過，其效度應僅止於一般說法，非謂規範意思說得以完全排除其他立場的適用可能。因此，

---

❹ 參照，王著，第四三八頁～第四三九頁；拙著，前揭〈契約社會化對契約解釋理論之影響〉，第六三頁。

規範意思說於下列二種情形，仍應容認其他二種立場的適用：

a.真意＝表意人意思（主觀說）＝表意人效果意思

無相對人的意思表示，或雖為有相對人之意思表示，但表意人之意思為相對人所了然知悉者，表意人之主觀性意願，應受高度尊重，並採取主觀說而解為表意人之意思（效果意思）。民法第八六條但書（相對人明知真意保留），即是明證❹。

b.真意＝表示行為的客觀意思（客觀說）

法律特別規定，其意思表示應以外觀解釋為其準據者，真意應採取客觀認定。例如，票據為文義證券，任何人在票據上簽名者，均應依票上所載文義負責，票據法上特別明定（票據法 §5 I）。有關票據上權利義務之內容，原則上即應固守票據文字的客觀上意義，是為所謂客觀解釋原則❹。票據以外之有價證券，亦應作同一之解釋。

(2)真意的射程

①基本課題

意思表示的成立，有主觀層面及客觀層面。前者，為決定成立某種特定法律行為類型之意思；後者，為關於該特定法律行為類型的內容。因此，當事人真意也者，其理應探究下列二者：

a.在主觀層面上，其所欲成立之法律行為究屬何種類型？如其為契約者，究係有名契約或無名契約？如其為有名契約？究屬何種類型之有名契約？均需藉諸解釋，逐步探查認定。

b.在客觀層面上，意思表示之內容攸關法律行為成立之要素、常素及偶素，問題觸角多元而複雜，特別是偶素方面，其課題之豐富蕪雜，

---

❹ 無相對人的意思表示，其真意等同表意人效果意思之案例，得以拋棄（§764）、遺囑（§1186 以下）為例。

❹ 參照，最高法院九三年臺抗字第七三三號裁定：「票據為文義證券，票據上之權利義務，固應遵守票據之文義性，基於『外觀解釋原則』與『客觀解釋原則』，悉依票據記載之文字以為決定，不得以票據以外之具體、個別情事資為判斷資料，加以變更或補充。」

甚至可以廣泛而無邊，但也可以因個案之不同而既單純又簡易。購買一支鉛筆，或僅只論品牌及價格，其他一概不問 (§345 II)；承建國際機場一座，當事人所關心之內容相關事項，可能歷經長年累月之商議，仍難定案。這樣的交易上事實，不僅可以印證意思表示上真意內涵之複雜繁難、機動游移，同時也表徵意思表示解釋繁複考量之必要性與必然性。

②周邊課題

真意射程的周邊課題有二，一為意思表示是否成立、二為意思表示有無附款。

a.意思表示是否成立

當事人所為表示者，如尚不足以決定法律行為之內容，或遇有法律並不以意思作為效力發生之準據時，該等表示即非意思表示。前者，如準備成立法律行為所為之磋商，其表示尚不足決定法律行為內容之要約引誘；後者，如準法律行為。二者既均非屬意思表示，邏輯形式思維上即非為意思表示解釋之客體。不過，在制度運用上，論定是否為意思表示，也是意思表示解釋上無可迴避的先行課題。

b.意思表示有無附款

意思表示得附以一定的附款；而且，除其附加違反強行規定或公序良俗者外，該附款亦成為意思表示的內容而生效。因此，法律行為是否附有附款？果或有之，則該附款為何？如其答案為條件者，則其究為停止條件或解除條件？乃至該等條件是否成就？此等一系列課題的真意如何？自亦相沿而為意思表示解釋的對象。

一幢價金逾億的房屋買賣，當事人約定（意思表示），如一年內買方購買樂透中獎，即得以原價買回該屋（附停止條件及終期）；半年後，買方中得末獎百元，因而主張買回。成立與否，繫乎百元中獎是否亦為停止條件成就；判定是否條件成就，非直逼當事人的真意不可。最高法院於此曾持否定見解（非為停止條件成就而得買回）❹⓼；惟其是否符合當事人真意，

---

❹⓼　參照，最高法院四四年臺上字第一一〇三號判決：「所附上訴人日後中獎得以

卻也留下可為探討的空間。

2.解釋之方法

⑴綜合說明

意思表示之解釋方法為何？得歸納其為下列三種見解：

$$意思表示解釋 \begin{cases} 狹義說：闡明解釋① \\ 廣義說：①＋補充解釋② \\ 最廣義說：①＋②＋擬制解釋③ \end{cases}$$

闡明解釋者，意指當事人所為意思表示之真意不盡明確，依意思表示相關辭句及當時一切書件資料，據以發現其真意之解釋方法；因其特徵在於闡明或發現當事人真意之所在，故或稱之意義發現之解釋。例如，附有支付超額管理費之使用借貸契約，認其真意為租賃而非使用借貸即是。

補充解釋者，意指當事人所為意思表示之真意尚非完備，依習慣及任意法規等加以補充，使其真意完備的解釋方法。由於意思表示之有未完備者，通常係意思表示內容的不完備，評價上猶如法律不完足之漏洞，因之，補充解釋即是意思表示漏洞（內容不備）的補充。由於法律行為之偶素，極其繁蕪，再加上日常交易上，當時人關於履行期、履行地或履行費用等偶素，例多略而未論，以致意思表示內容不備或漏洞時常存在。因此，在真意的探求上，補充解釋的運用極為普遍而廣泛，恐是實情。

擬制解釋者，意指當事人濫用意思表示之真意，致其成立生效之法律行為對他方顯失公平時，法院基於誠信原則之考量，調整意思表示之真意，使其符合合理妥當之規範上應有的意思而言。在交易上，當事人假藉意思表示自由，以為謀取超額利益之意思自由的濫用，時有所見；因之，依誠實信用原則等調整當事人不正之真意，自亦責無旁貸。

時價買回房屋之停止條件，雖未於覺書內載明係中第幾獎，然……係爭房屋在買賣當時既值新臺幣二萬八千餘元，……依據覺書之文義亦應解釋為中獎金額在新臺幣二萬八千元以上時，方合約定之真意，則覺書內所謂中獎即不包括愛國獎券之第八獎在內」。

(2)解釋方法的射程

①通說所在

從當事人所表達的真意來說，似可認為，唯闡明解釋才是信守知識忠誠的解釋方法。因為，於補充解釋，所謂當事人真意，相當程度已具假設意義，擬制解釋更是尤有過之。傳統見解叏多以為，唯闡明解釋，始得稱之解釋；至於其餘二者，或為意思（真意）之補充、或為意思（真意）之調整，均非得而言之為解釋。

將真意限於當事人所表示或根據表示所信賴之意思，則補充解釋或擬制解釋，顯然不符恰如其實的情境。在此角度上，將解釋限於事實發現的闡明，在概念上自是卓有意義。然而，如果從社會一般理性客觀認知之效果意思，作為闡明解釋的立場，所謂當事人真意，本亦客觀評價上之結果，難謂其間並無補充意義。因此，闡明解釋與補充見解並非涇渭分明，而是相互流動。衡以當事人成立法律行為，例多僅是摘其部分重點以為意思表示，其未使用嚴謹法律語言者，亦是極為常見。意思表示上真意之補充，無寧為其常態。因此，意思表示解釋之概念範圍，自無特別侷限於闡明解釋的必要❹。

②個人見解

民法本條固是意思表示解釋的重要、而且形式上似是唯一的一般規範。不過，在交易實情上，當事人的真意，既是多有曖昧或不備，甚或因自我利益而有時不可信賴，是以，真意的探求，非為解釋的終局，恐是無可否認。民法本條從規範核心切入，僅就其間最為重要部分之真意探求而為規

---

❹　參照，最高法院八八年臺上字第一六七一號判決：「意思表示不明確，使之明確，屬意思表示之解釋；意思表示不完備，使之完備，屬意思表示之補充。⋯⋯解釋意思表示端在探求表意人為意思表示之目的性及法律行為之和諧性，解釋契約尤須斟酌交易上之習慣及經濟目的，依誠信原則而為之。關於法律行為之解釋方法，應以當事人所欲達到之目的、習慣、任意法規及誠信原則為標準，合理解釋之，其中應將目的列為最先，習慣次之，任意法規又次之，誠信原則始終介於其間以修正或補足之。」

定，在意思領航的時日，無寧是個契合當時法律思維主流，而且也是可以張元固本（維護私法自治）的作法。基於立法意思所強調的核心意義，將補充解釋及擬制解釋，納入民法本條規範射程範圍之內，固非得宜，但也不宜主張民法本條具有封閉性，認為意思表示的解釋方法，應侷限於狹義的真意探求（真意的闡明解釋）。

隨著私法法律制度的發展，意思表示解釋上開放性的制度設計，已在逐步成形。蓋以關於意思表示之解釋，在民法本條之外，不僅已有其他特別規範可資依循，而且隨著時代的輪轉而在顯著增加。特別是擬制解釋，於晚近更是直接明確出現於不少法律規定之中，甚而民法本身亦然❺⓿。因此，擬制解釋與補充解釋，同是意思表示的重要解釋方法，已是水到渠成，其總體綜合體察有如下附表：

$$
\text{意思表示解釋（方法）}\begin{cases}\text{民法本條探求真意：闡明解釋：核心規範、一般規範}\\ \text{其他條項擬制真意}\begin{cases}\text{補充解釋}\\ \text{擬制解釋}\end{cases}\!\!\!\!\text{周邊規範、個別規範}\end{cases}
$$

㈣（意思表示解釋上）意思領航的轉折

1.制度構成

意思表示解釋的制度構成，分為下列二者說明：

$$
\text{制度構成（意思表示解釋)}\begin{cases}\text{綜合運用與類型游移}\\ \text{事實問題與法律問題}\end{cases}
$$

⑴綜合運用與類型游移

①綜合運用

意思表示之解釋，應綜合其使用之辭句、事實經過、經濟目的、（交易）習慣及誠實信用而詳為論定，既為晚近實務立場❺❶，亦為有力學說所支持。

---

❺⓿　民法上擬制解釋之明定，可舉定型化契約條款之無效（§247 之 1）及人事保證責任之縮減（§756 之 1 以下）二者為例。

❺❶　同❹❾判決。

因其同時運用多種解釋之資料及方法，爰以綜合運用稱之；其解釋之方法，似可稱之綜合解釋。

交易行為，特別是現代型的重大交易活動，如重大經建工程契約、產品代理契約、連鎖店契約、信用卡使用契約等，意思表示涉及的因素，極其複雜，當事人於為意思表示之時，本即難以全面涵括，再加上經濟力雄厚的一方當事人，時而有意無意而濫用意思自由。足見，綜合闡明、補充及擬制三者而同時運用的意思表示解釋方法（綜合解釋），於權益影響較為重大的法律行為，常是無可避免。

②類型併用

綜合解釋，固為晚近實務立場，但無待解釋或只需闡明解釋的實務見解，仍未廢止。兩種甚至多種截然不同的立場為之併存，其間究竟透露什麼玄機？是否前後自我矛盾？自更是值得探索。

深入觀察交易秩序之實情，必須肯定，唯有如此多重不同立場併存的機制，才是融貫完整參透意思表示解釋的途徑。蓋以交易活動上形態之殊異，經常千差萬別。在傳統某市場購買一塊豆腐，與承包跨海隧道工程相較，其意思表示之解釋方法截然迥異，應是不言而明。基此，得歸納其重要併存實態如下：

  a.在傳統市場、便利商店或自助販賣機，就日常生活的簡易用品而從事之零細交易，當事人真意淺顯明確，其結論常是意思已明，無待探求或解釋。

  b.價值尚非鉅大的日常交易，如無意思自由濫用，藉諸闡明解釋，亦多可解決相關問題，自無同時援用補充解釋之必要。

  c.價值鉅大或需待考慮事項繁多的重大交易活動，意思表示難免不明或慮有未及，自須同時援用闡明解釋及補充解釋。現代型的社會交易活動，其當事人之意思表示可以完全免於思慮未及者，殆是絕無僅有。因此，闡明解釋及補充解釋之併用，應是主流。

  d.現代交易活動上，經濟上強者之一方當事人有意思自由的濫用時，擬制解釋必須挺身而出，不問闡明、補充解釋是否同時併用。

e.價值較大或牽涉因素較多的交易活動，其個案的狀況通常是處於多
者並存的情境，亦即其中有些部分真意明確，有些部分思慮未周，
有些部分思慮未及，有些部分濫用意思自由。如是，在解釋方法上
即須全部結合而一併使用，其思考模式如下表：

個案交易行為
（契約）
（法律行為）
（意思表示）
　{
真意已明部分：無庸解釋（真意自明）
真意未明部分：闡明解釋（真意發現）
真意不備部分：補充解釋（真意補充）
真意不正部分：擬制解釋（真意調整）
}
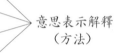
意思表示解釋
（方法）

③類型游移

面對意思表示解釋的整體制度構成，民法本條僅是核心規定，亦是針
對市民社會簡便交易行為的規範。肯定民法本條的開放性，並以其為基礎，
探求意思表示解釋的整體構成，應是面對意思表示解釋的基本態度，德國
民法或義大利民法的規定體例，可供參考。此外，解釋的實際運用，於個
案之間呈現游動狀態，亦是必要的認知，並得歸納其重點如下：

a.意思表示解釋上的探求真意，狹義固指真意發現而言，但廣義則包
括補充及調整；至於其究為發現、補充或調整，或兼及其中二者或
三者併用，須視個案具體情況而酌定。

b.意思表示解釋的方法，由無庸解釋到擬制解釋，其可能存在之情況
組合，實稱複雜多元。如以無庸解釋為①′，闡明解釋為②′，補充解
釋為③′，擬制解釋為④′，其可能組合如下：

意思表示解釋
$= ①′ \lor ②′ \lor ③′ \lor ④′ \lor (①′+②′) \lor (①′+③′) \lor \cdots \lor (①′+②′+③′+④′)$ ❺❷

c.意思表示解釋的客體，亦因其解釋方法之不同而呈現游移選用的狀

---

❺❷ 本表之 ∨，意指「或者」而言（①′∨②′＝①′ 或②′，以下同）。至其實際運作
應是，日常生活簡易物品的零細交易，多表現為①′（無庸解釋）；現代重大多
金而複雜的交易行為，恐怕就非①′＋②′＋③′＋④′ 併用不可。

態。由辭句、歷史資料到誠信原則，其重要趨向如下：

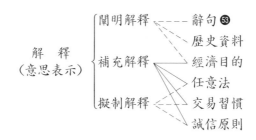

(2)事實問題與法律問題

意思表示解釋究純粹為事實問題，抑或亦同時涉及法律問題，是個尚有爭議的課題。意思表示的解釋，如其涉及者為解釋客體及資料（包括習慣及任意法）存否之認定，係事實問題；反之，如依此事實而為判斷者，該當判斷本身（解釋的本身）應屬法律問題。屬於事實層次之問題，非得據為第三審上訴之理由；反之，法律層次上問題，得上訴第三審。

早期實務見解認為，解釋意思表示為事實審法院之職權，縱其解釋確有不當，仍不得以為第三審上訴理由❺❹。不過，解釋意思表示如有違背法令或經驗法則，因其本質上為價值判斷，並非事實問題可以詮釋；否認其得上訴第三審似非允當。民國八〇年代以降，實務見解逐漸改變，因認解釋上之判斷有背經驗法則等，仍是判決違背法令而得上訴第三審❺❺；其真意之心證上理由，未具體載明者亦同❺❻，學理通說亦然❺❼。

---

❺❸ 重點把握似可認為：闡明解釋以（當事人）經濟目的為主；補充解釋以任意法為主；擬制解釋以誠實信用原則為主。

❺❹ 參照，最高法院六四年臺再字第一四〇號判例：「解釋意思表示原屬事實審法院之職權……事實審法院解釋意思表示，縱有不當，亦不生適用法規顯有錯誤問題。」（同旨同院三三年上字第六〇二八號判例）

❺❺ 參照，最高法院八三年臺上字第二一一八號判例：「解釋契約固屬事實審法院之職權，惟其解釋如違背法令或有悖於論理法則或經驗法則，自非不得以其解釋為不當，援為上訴第三審之理由。」

❺❻ 參照，最高法院八五年臺上字第二五八號判決：「解釋當事人之契約，……不

2.發展軌跡

關於意思表示解釋的發展軌跡，可以分從解釋的制度化與解釋的法律化來加以說明。

⑴解釋的制度化

意思表示解釋的制度化，尚可分為解釋客觀化、解釋統一化及解釋誠信化三個面向分析❺⑧：

①概念簡義

ａ.解釋客觀化

解釋客觀化也者，意指意思表示解釋，應以社會一般理性認知或交易上應有之客觀上意義，作為解釋準據而言，前述的規範意思說堪為說明。

ｂ.解釋統一化

解釋統一化也者，意指意思表示之辭句，應以意義統一的立場以為解釋準據而言。

ｃ.解釋誠信化

解釋之誠信化也者，意指依據誠實信用原則，作為意思表示依據而言。

②適用領域

理論上，意思表示解釋發展上的三個面向，於各種交易行為類型固均有適用，不過，現代社會的交易行為類型，畢竟以契約為大本營；契約之成立方法，則是大量使用定型化契約。其間，定型化契約之擬定者，時常借用約款來遂行其意思自由的濫用，因此，解釋客觀化、解釋統一化及解釋誠信化等發展面向，於定型化契約表現得更為顯眼。其卓具意義者，有

能拘泥字面，致失當時立約之真意。兩造對於契約約定之真意如有爭執，法院自應探求當事人訂約之真意，而為判斷，並將如何斟酌調查證據之結果，形成自由心證之理由載明於判決，否則即有判決不備理由之違法。」

❺⑦ 參照，王著，第四四七頁～第四四八頁；史著，第四二四頁；洪著，第三〇八頁、第三一二頁；施著，第二三八頁。

❺⑧ 參照，拙著，〈契約社會化對契約解釋理論之影響〉（前揭《民法研究（一）》（增訂版）），第七〇頁～第七三頁。

下列三者：

    a.定型化契約上所稱的真意，應以一般消費者的理解作為解釋之依據❺❾。

    b.定型化契約條款有疑義時，應為有利於消費者的解釋（消費者保護法 §11 I）❻⓿。

    c.定型化契約條款違反誠實信用原則者，該條款無效（§247 之 1，消費者保護法 §12 I）❻❶。

(2)解釋的法律化

解釋法律化也者，係意指意思表示解釋與法律解釋趨於模糊，乃至混同之現象而言。例如，一宗買賣（契約、法律行為、意思表示），關於履行期、履行地沒有約定；從解釋意思表示來看，乃係意思表示不足，應依補充解釋為之。補充當事人意思，必須分別適用民法第三一四條（履行地）、第三一五條及第三一六條（履行期）之規定，結果難免同時要涉入該等條項本身的法律解釋。

任意法存在的主要目的，即在供為補充當事人意思，亦即供作補充解釋之用。足見，補充解釋、擬制解釋，與法律適用模糊混同的現象，即難否認。尤其，以誠實信用原則為補充、甚而調整修正當事人真意（擬制解釋），其法律適用、乃至法律解釋的正面意義更為顯然。

法律的適用，因法律文字的抽象多義，經常必須先經解釋；因意思表示而適用任意法或誠實信用原則之時，自亦無可例外。在此角度上，意思

---

❺❾ 國內文獻，參照，劉宗榮，〈定型化契約條款之研究〉，《臺大法學論叢》，第四卷第二期，民國六四年，第三三六頁。

❻⓿ 基本文獻，請參照，劉春堂，〈一般契約條款之解釋〉，《法學叢刊》，第二十三卷，第二期；朱柏松，〈現代契約法解釋問題之研究〉，《法學叢刊》，第二十七卷，第三期；劉宗榮，〈論免責約款之解釋〉，《法學叢刊》，第二十八卷，第二期；徐慧怡，《定型化契約條款解釋之研究》（文化大學七三年度碩士論文）；王秀鳳，《論定型化契約之免責條款》（東吳大學八二年度碩士論文）。

❻❶ 淺見以為，民法第二四七條之一、乃至消費者保護法第一二條所稱之顯失公平，均係意指違反誠實信用原則而言。如是，此二條文，係解釋誠信化的極佳註解。

表示解釋，實際上是循著闡明解釋、補充解釋及擬制解釋之順序，次第為法律解釋所統合。因為，既然適用習慣、任意法及誠實信用原則，則彼等有關之解釋，既有意思表示解釋，亦有法律解釋。意思表示解釋與法律解釋互別苗頭，但又相互依存，乍見之下，或許令人疑惑。不過，如果深切觀察法律規範與意思表示的內在互涉，即可發現這樣的結論，契合法律行為制度原理的結論。緣以意思表示所以得為法律規範的形式之一，基本上無異出於法律本身的授權；法律所以為此授權，本係預設行為人為意思表示之時，備有充分完足的意思能力，將會完全而純正考量意思表示所有相關事項。因之，如其當事人意思並不完足或有不純正者，法律自須收回授權，由法律本尊來補足或修正其意思表示，使法律行為趨於完整妥當，交易秩序得以導正。因此，補充解釋或擬制解釋，同時具有法律解釋的性質，自難否認。亦唯如此，才較能綜觀意思表示全景，亦較能涵結法律與法律行為規範本質上的內在互涉。

第二節　萬法之新域

一、序　說

㈠前　言

締結過失或締結過失責任，不僅於各種法律行為類型，均將同有適用；私法以外之法律行為，特別如行政契約、程序法律行為等，或將逐步接受而類推適用，爰以萬法之新域為題，試予體系觀察，並提出個人觀點，以期有助其規範整體的建立。

有關於此，本書於法律行為各論乙章，已有重點歸納，本節係在其基礎上，再作適度延伸，進行更為廣泛而深度的體察、乃至相關制度的體系涵結，以期可以窺得未來可能的發展趨勢。

前提作業 ─┬─ 案例舉隅：締結單獨行為過失、締結中加害行為
　　　　　├─ 選定依據：凸顯締約過失概念之狹隘性
　　　　　└─ 基本構想：法律行為前責任形態之完整探討

意義探討 ─┬─ 概念澄清：以締結過失換取締約過失
　　　　　├─ 學理爭議：學理立場之彙整與說明
　　　　　└─ 存在類型 ─┬─ 法律行為未成立、法律行為無效、法律行為有效
　　　　　　　　　　　　└─ 單獨行為、契約、共同行為

法源依據 ─┬─ 條款說（§113、§114）
　　　　　├─ 類型說〔（§245之1、§247）＋類推適用〕
　　　　　└─ 條款、類型併存說（本書）

損害賠償（§113）（核心效力）
　├─ 責任成立 ─┬─ 進行法律行為之締結
　│　　　　　　├─ 締結行為之過程有過失
　│　　　　　　└─ 相對人善意而受有損害
　└─ 責任範圍 ─┬─ 信賴利益賠償說（主流見解）
　　　　　　　　└─ 併存說（本文觀點）─┬─ 信賴利益賠償：締結階段未成熟或過失情節非重大（階段過渡＋法院具體裁量）↓
　　　　　　　　　　　　　　　　　　　└─ 履行利益賠償：締結階段成熟或過失情節重大

回復原狀（§113）
　├─ 主流見解：不具規範意義（概念上為損害賠償涵攝）
　└─ 本文觀點 ─┬─ 規範屬性：給付得利（特殊不當得利）之利益返還
　　　　　　　　├─ 責任成立：本於給付（毋庸惡意或可得而知）
　　　　　　　　├─ 責任範圍：類推適用§259
　　　　　　　　└─ 明知或可得而知 ─┬─ 文義解釋：二者同有適用（實務）
　　　　　　　　　　　　　　　　　　└─ 限縮解釋：僅損害賠償適用（本書）

綜合說明 ─┬─ 實務立場的回顧 ─┬─ 近乎文義解釋的基本立場
　　　　　│　　　　　　　　　└─ 給付不當得利的生機保留
　　　　　├─ 立法論的探索（民法本條的再造）─┬─ 回復原狀與損害賠償的分流與區隔
　　　　　│　　　　　　　　　　　　　　　　　├─ 回復原狀規範屬性的導正
　　　　　│　　　　　　　　　　　　　　　　　└─ 締結加害責任類型的增訂
　　　　　└─ 案例解析

締結過失責任

㈡前提作業

1.案例舉隅

①締結單獨行為過失實例

甲積欠乙貸款新臺幣（下同）一百萬元，屆期無力償還，不得已商請摯友丙代為償還，為丙拒絕。惟甲為應付乙之催討，仍自任為指示人，以丙為被指示人，乙為領取人而發行同額即期指示證券一紙，函寄於乙，函中聲稱，渠業已取得丙之同意承擔清償。乙信以為真，持券請求丙承擔；適丙遠行，乙前往丙家多次後幸遇於丙，當即請求丙承擔，但為丙當面拒絕，乙為此支出費用三萬元，爰就此訴請甲賠償。

②締結中之加害行為實例

甲所有之店面出租於乙，供乙經營服飾。某日，準備前往服飾店選購衣服之丙，於擬進入該店門口之時，因地面濕滑而跌倒骨折（經查地面之濕滑，係不知名路過流浪狗排尿所致），經送醫治療，計支出醫療費用新臺幣五萬元，丙爰就此訴請乙賠償。

2.選定依據

關於法律行為無效（包括不成立、拒絕承認及撤銷而無效等——本段以下同）所生之法律責任，於我國民法學，殆多從締約過失之角度加以闡發。相對地，其基於民法總體立場，正面針對法律行為無效之整體，完整探求其規範依據或制度內容者，並不多見。雖然，契約類型是法律行為之大本營，法律行為之適用，絕大多數亦是集中於契約類型，將法律行為無效所生之責任，集中於契約類型來探討，可以把握重點，並凸顯其精華所在。然而，相對地，制度整體所在的締結過失或締結過失責任，為之相形失色，甚至流於視而不見。過度強調締約過失，反而流於以偏概全，窒礙制度整體的正常發展及塑成。

締結過失之形態，因法律行為之類型區分，尚可依次分為締結單獨行為過失、締約過失及締結共同行為過失三者。締約過失一般多已耳熟能詳，締結共同行為過失，性質上較可融入締約過失觀察；相對於此，締結單獨行為過失之事例較見特殊，爰以為首例解說。再者，由於權利證券化的成

熟，當事人於交易上簽發指示證券 ❻，作為支付手段者，已是相當平常，其中無效之事例亦偶有之，選定其為案例事實，不僅可以印證締結過失不以締約過失為限，對於聯結民法總則與民法債編的有機互涉，亦可獲有更為深入之認識。此外，在締結法律行為過程中，當事人之固有利益（特別是身體、健康）受有損害者，得否納為締結過失責任類型，亦是重要課題之一，爰亦舉例，以明問題所在。

3.基本構想

(1)探討目的

以民法第一一三條（以下稱民法本條）作為法律行為前責任的規範基礎，既得完整融貫展現其制度全貌，亦能適度且妥當涵括民法第二四五條之一及第二四七條規定所建構的締約過失責任類型。本節撰寫之目的即在於，以民法本條規定為基礎，論斷締結過失之概念、責任類型，進而統合締約過失責任，並建構法律行為（成立、生效）前責任體制之完整面貌。

(2)敘述事項

本節從締結過失之概念切入，配合第六章第六節的概念作業（本書第二六三頁～第二六八頁），綜合而體系探討下列四個事項：

①概念澄清及責任形態。

②法源依據及法律解釋方法（包括解釋論上之論辯）。

③損害賠償責任及回復原狀義務（責任內容）。

④法制上之因應及興革（包括民法本條珍捨及立法工程之再造）。

二、意義探討

(一)概念澄清

1.以締約過失掩蓋締結過失的時代

關於法律行為不成立或無效時，其當事人是否因之負擔一定責任之課

---

❻　所謂指示證券，係指「指示他人將金錢、有價證券或其他代替物，給付（於）第三人之（有價）證券」（§710 I）。匯票（票據法 §2、§124～§119）、支票（票據法 §4、§125～§144），均得歸類為指示證券。

題，民法債編修正，固然針對締約過失責任類型而為增訂（§245 之 1）及修訂 (§247III)❻❸。不過，長期以來，民法學理幾乎一致認為，無效（包括不成立）法律行為之當事人，除成立侵權行為而應負侵權行為之損害賠償責任外，尚不因無效而負法律責任❻❹。民法本條迄今幾乎一直被認為係贅文且無規範功能，即是這種見解固入民法學理之結果。也因此，民法債編修正之後，民法本條棄而不用的困境，仍未稍有突破。

2. 由締約過失回到締結過失的提議

關於法律行為之不成立或無效而須負一定法律責任之論述，以締約過失作為典型，固可趨近重點，洞徹其風華所現及精華所在。不過，就制度整體而言，難免以偏概全之憾。尤其，在方法論上，是否必須如此迂迴，一方面棄置民法本條，另一方面又假類推適用締約過失之途徑來實現，不無討論餘地。

誠然，民法制定施行之時，締結過失，甚而就是締約過失之概念，尚是未臻成熟。不過，法律行為不成立或無效而有過失之當事人，應負一定損害賠償責任之見解，早在十九世紀中葉以降的法國民法學，即已多有論戰❻❺，二十世紀初期之日本民法學亦見深入論析❻❻。只是，法日民法於侵權行為之成立，相對開放得多，依其侵權責任體制即得尋獲結論，無待借道法律行為責任或契約責任而已。我國民法立法作業較晚，也許正因此一

---

❻❸ 民法此兩條文之規範意義，淺見以為如下：

$$規範意義\begin{cases}§245 之 1：契約不成立的締約過失責任類型 \\ §247：給付不能無效的締約過失責任類型\end{cases}$$

❻❹ 參照，李著，第三三六頁；胡著，第三七三頁、第三七四頁；中期代表文獻，參照，史著，第一〇八頁；洪著，第五二三頁；晚近文獻，參照，李模著，第二八八頁；王著，第五一六頁～第五一七頁。

❻❺ 參照，池田清治，《契約交涉的破棄上的責任》，有斐閣，一九九七，第一五八頁～第一七五頁。

❻❻ 參照，岡松參太郎，《無過失損害賠償責任論》，有斐閣，一九一六，第三七八頁～第四四八頁。

前瞻認知，致有民法本條之創舉。

回顧二十世紀民法發展史實，似乎可以肯定，民法本條所體現的制度內容，與半世紀以來比較法上締結過失責任之發展軌跡，頗見差相符合。面對這樣的法史潮流，是否必要正面否定民法本條之規範意義，應是值得思量。同理，對於具有前瞻而領先意義的先進條文，反而視其為神來之筆而加以剔除，就認真對待法條而言，豈是公平？

(二)學理爭議

1.學理立場之彙整

締結過失之概念上議論，主要學理立場可歸納為下列三者：

(1)法律行為未成立之過失說

宗此說者以為，締結過失責任之適用對象，應侷限於法律行為並未成立之案例類型，其法律行為業已成立而無效者，係另一層次之法律上課題，尚非締結過失概念範圍所及。基此，所謂締結過失，係指於法律行為成立前為有過失，以致法律行為未克成立者而言；因而對他方應負之損害賠償責任，是為締結過失責任。通常出於中斷磋商或其他準備工作，文獻上或以中斷磋商責任稱之❻。

(2)法律行為無效之過失說

宗此說者以為，締結過失責任之適用對象，並不侷限於法律行為並未成立的案例類型，而是包括法律行為不成立及無效之各種型態，並得以廣義之無效涵括之。如是，其所謂締結過失責任也者，係指法律行為當事人之一方，於法律行為之無效（包括不成立）有過失之情事，因而對他方應負之損害賠償責任。依此，締結過失責任之適用範圍不以中斷磋商責任為限；法律行為雖已完成，但因不符法律所定成立要件以致不成立之案件類型，亦有適用。例如，要式行為或要物行為，未經完成方式或交付而法律行為不成立者，雖未曾中斷磋商，如其當事人有過失者，仍有締結過失（責任）之適用❻。

---

❻　參照，陳洸岳，〈中斷交涉與締約上過失責任之緒論研究〉，收於《民法研究(4)》（民法研討會編），學林文化事業公司，二〇〇〇，第一三頁以下。

⑶法律行為締結之過失說

宗此說者以為，只要締結法律行為之過程有過失，致相對人受有額外損害者，即有締結過失責任之適用，殊無限於法律行為無效之必要，更不以法律行為未成立為限❻❾。蓋以締結過程如有過失，縱其法律行為有效，相對人可能仍受有一般交易風險（亦即所謂預期成本）以外的損害。例如，行為人為無權處分行為者，其後權利人雖予以承認而生效 (§118)；不過，相對人為催告權利人承認，難免另有費用支出，此部分並非通常交易風險之損害，無法因法律行為有效而予以彌補；依締結過失責任，由行為人負擔而賠償相對人，自較公平。

2.本書意見

將締結過失之適用範圍，限於磋商中斷之領域，可以明確描述法律行為前責任之本意。因為，法條上規定之無效也者，通常係指最狹義之無效，並不當然涵括不成立在內，法律行為無效應負賠償責任之規定，解釋上理應相同。不過，將締結法律行為過失責任，限於如此狹隘之領域，如下兩難矛盾之現象恐難避免，即一方面限縮締結過失於磋商過失，另一方面卻又藉類推適用擴大其適用範固於其他行為類型。

相較於磋商中斷說，法律行為無效之過失說，顯然周延而廣泛得多。不過，法律行為成立生效前，因當事人一方之過失，致相對人承受一般交易風險以外之負擔者，對相對人而言即是意外之損害，其理應彌補相對人而始符公平正義者，並不因法律行為是否生效而異；否則，法律行為生效豈非反而成為當事人掩飾違反權益保護、乃至公平正義之藉口。有力學說以為，民法第二四五條之一第一項句首之「契約未成立時」僅指「契約尚未成立之時」而已，非謂其適用對象限於契約未成立或不成立，亦即契約業已成立生效，但契約尚未成立之時有過失情事者，仍有該條適用而應負

---

❻❽　本說之締結過失（責任）概念，尚有法律行為不成立之過失（責任）與法律行為無效之過失（責任）二個類型之區分。

❻❾　參照，劉春堂，前揭〈締約上過失之研究〉；同氏，《契約法總論（民法債編通則（一）》，自刊，二〇〇一，第一九一頁（從締約過失角度論析）。

賠償責任，誠屬的論❼。契約之成立生效如此，則其他法律行為自亦無加以排除之理。本書以為，法律行為締結過失說為可採。

㈢存在類型

締結過失責任之觀察，得有下列類型之區分：

1.法律行為類型觀察法

民法本條、第一一四條、乃至本節所稱之法律行為，係意指各種法律行為類型而言，如是，締結過失得有下列類型區分：

$$\text{締結過失}\begin{cases}\text{締結單獨行為過失（案例舉隅①）}\\\text{締約過失}\\\text{締結共同行為過失}\end{cases}$$

⑴於締結單獨行為之過程有過失情事者，是為締結單獨行為過失。因為，發券行為及承擔行為均屬單獨行為❼；如其簽發之後，證券為之無效，而指示人有過失者，即是締結單獨行為過失。

⑵於締結契約之過程有過失情事者，是為締約過失。例如，A、B就不動產買賣之訂立，雙方約定須待簽署書面契約才算成立❼，嗣A、B於經多次談判，終於取得口頭同意，並約定翌日簽訂書面契約；不料，A翌日竟拒不簽約，即是締約過失。

⑶於締結共同行為之過程有過失情事者，是為締結共同行為過失。例

---

❼　參照，王澤鑑，《債法原理（一）》（增訂版），自刊，一九九九，第二六九頁～第二八〇頁、第二八三頁～第二八四頁。

❼　參照，民法指示證券（第二編第二章第二十節）立法理由：「謂指示證券者……以權利授與被指示人，使其得向證券受取人為給付，而後與指示人計算之法律行為也（絕對之法律行為、不要因之法律行為）……此制度之性質，則諸家之學說不同，有謂應為契約者，有謂應為一方行為者，本法則不認其為契約。」

❼　現行民法債編（民國八八年修正）第一六六條之一規定，不動產買賣須經作成公證書或完成登記始生效力，解釋上為嚴格要式行為，但該條規定尚未施行（民法債編施行法§36Ⅱ）。因之，不動產買賣如未特別約定為要式者，仍因雙方口頭同意即告成立生效。

如，答應成立公司，嗣後竟不繳付股款而退出，即是締結共同行為過失。

2.締結過程觀察法

依法律行為締結過程之成熟階段觀察，得區分為下列三個類型：

$$締結過失\begin{cases}法律行為不成立之締結過失\\法律行為無效之締結過失\\法律行為有效之締結過失\end{cases}$$

法律行為不成立之締結過失，尚可分為下列二個子類型：

$$不成立之締結過失\begin{cases}尚待成立而有過失：中斷磋商過失\\不成立而有過失：成立上過失\end{cases}$$

法律行為無效之締結過失，則可分為下列三個子類型：

$$無效之締結過失\begin{cases}（當然）無效之締結過失\\因拒絕承認而無效之締結過失\\因撤銷而無效之締結過失\end{cases}$$

3.責任內容觀察法

⑴存在狀態

依締結過失所生責任之內容觀察，得區分為下列四個類型：

①中斷磋商之締結過失

②法律行為無效（包括不成立）之締結過失

③內容不利他方之締結過失（法律行為本身有效）

④磋商或準備中致生加害行為之締結過失（案例舉隅②）

⑵締結中加害責任類型

於準備或磋商法律行為之時，因當事人一方未盡安全之必要預防，致生損害於他方之固有利益而應負之損害賠償責任，是為締結中加害責任，或稱磋商加害責任。有力學說以為，將其納入締結過失責任類型，於權益保護更稱周妥❼；不過，民法債編修正並未納入。

　　締結中加害責任，究應回歸侵權行為？抑或納入締結過失責任？確有討論空間，其答案亦恐相對。在侵權行為之成立不著眷戀於狹義權利之法國、日本，或是交易安全義務（或稱社會安全義務）理論高度成熟之德國，於締結中加害責任，或從侵權行為或從締結過失，大致均可獲得肯定的結論（前者如法國、日本；後者如德國❼）。反之，我國侵權行為法之理論，一則因受制於德國民法典而深陷狹義權利保護之迷思，再則因交易安全義務之理論未臻完熟，以致債權（請求權）或其他法律上利益，難依侵權行為而獲得周妥之保護❼。

三、法源依據

(一)學理立場之歸納

　　締結過失之法源依據何在？得歸納為條款說及類型論二大陣營❼，並為之分述於下：

　1.條款說

　　條款說者，一般條款說是也。其核心理論厥為，締結過失責任，於民法上有其概括適用之法律規定。因見解之不同，尚可分為下列三種立場：

　　(1)法律行為無效責任規定說

　　本說肯定民法本條之規範意義，並認其有關法律行為無效責任之規定，

---

❼　參照，王澤鑑，前揭〈締約上過失〉，第八八頁～第八九頁；劉春堂，前揭〈締約上過失之研究〉，第一八七頁～第一八八頁；拙著，《新訂民法債編通則(上)》，第一二八頁～第一二九頁。

❼　在法國民法及日本民法，締結過失等僅是概念上的工具，其適用的法律規範則是侵權行為。

❼　關於社會安全義務或交易安全義務之國內文獻，請參照，林美惠，《德國侵權行為法上之交易安全義務》，國立臺灣大學博士論文，二〇〇〇（早期文獻，請參照，拙著，《從侵權行為歸責原理之變動論危險責任之構成》，國立臺灣大學博士論文，一九八二，第九八頁～第一〇一頁）。

❼　民法債編修正前之類型化初步，參照，拙著，前揭《新訂民法債編通則（下）》，第一三一頁註21。

即是締結過失之法源依據，本書採之。

(2)締約不成立責任規定說

本說認為民法第二四五條之一關於締約不成立責任之規定，係締結法律行為過失之法源依據❼❼。

(3)標的不能締約無效責任規定說

本說認為民法第二四七條關於標的不能締約無效過失責任之規定，係締結過失之法源依據❼❽。

2.類型論

根據民法相關條文，分別賦予不同規範意義及適用依據者，是為類型論，其重要立場如下：

(1)特別類型責任說

本說以為：以現行民法原定立法構想來說，締結過失責任乃是特例，本於例外不得擴張（解釋）及禁止類推（適用）之法律解釋適用原則，其存在範圍應以法律明文規定之下列二者為限：

$$締結過失責任＝締約過失責任\begin{cases}契約不成立責任類型（§245 之 1）\\契約標的不能無效責任類型（§247）\end{cases}$$

特別類型責任說過於狹隘，缺漏亦多，難符權利保護之周妥檢驗，堅持其論點者或已不再多見。不過，本說為民國六〇年代以前締結過失責任、乃至締約過失責任學理之主流，應非誤解❼❾。

(2)一般類型責任說

---

❼❼ 同 ❼❺。

❼❽ 民法債編修正前，王澤鑑教授似偏於此說（參照，王著，前揭《民法研究 (4)》，第七五頁）。

❼❾ 參照，王著，前揭《民法債編總論 (一)》，第一八四頁；史尚寬，《債編總論》，自刊，一九五四，第四五九頁；梅著，第一八四頁；戴修瓚，《民法債編總論 (下)》，三民書局，一九五五，第二一六頁；鄭玉波，《民法債編緒論》，三民書局，一九六二，第三三二頁。

本說以為：民法第二四五條之一、第二四七條之規定，既是締結過失責任之重點，亦其適用最廣之主要類型。不過，基於交易安全及權益保護之周妥考量，締結過失不能僅以上述兩者為限，因之，法律規定未及之其他締結過失責任類型，應係法律漏洞，允宜類推適用之法律解釋方法加以填補，以符制度之周全。如是，其所謂締結過失責任得圖解如下：

締結過失責任＝契約不成立責任（類型——本表以下同）＋類推適用

契約不成立責任＋其他法律行為不成立責任
（§245 之 1）　　　　　（類推適用）
契約標的不能無效責任
其他契約無效責任（類推適用）
其他法律行為無效責任（類推適用）

(3)重要類型責任説

本說以為：民法第二四五條之一、第二四七條之規定，雖是締結過失責任之重要類型，交易現實上之適用亦最廣泛；不過，民法既已有民法第一一三條規定，上述二個條文之適用，應以締約過失責任為限，其他法律行為類型之締約過失責任，仍以適用民法本條為宜[80]，並得圖解如下：

締結過失責任
契約不成立責任（類型——本表以下同）（§245 之 1）
契約標的不能無效責任（§247）
其他締結過失責任（§113）
其他契約無效責任
其他法律行為無效責任
其他法律行為不成立責任

本說似乎具有兼容並蓄之意義，既適度抑止類推適用的無限上綱，亦比較合理說明民法本條與民法第二四五條之一及第二四七條在邏輯上的互涉關係。不過，於以下三點，仍屬美中不足，此即①關於有效行為之締約過失，其構成仍須借助類推適用；②締約過失責任之範圍，仍須受限於信

[80]　參照，陳洸岳，前揭文 [67]，第一○頁～第一二頁、第一五頁、第八六頁；劉春堂，前揭《契約法總論》，第一八六頁～第一八七頁、第一九○頁。

賴利益之損害賠償；③對於同為過失責任型態，何以適用不同之規範，難有合理之說明。

㈡本書淺見（§113 一般條款說）

由於締結過失責任，是個較為晚起之民法學上課題，其完整構成體系如何？目前尚在發展之中，相應於此之民法個別條項，或因時期較早，或因立法政策考量上另有偏好，以致在完整描繪締結過失責任的功能上，難免均有偏而不全的缺點。同理，上述學理，雖其角度或程度容有不同，唯其不足完整表達締結過失責任之制度內容，恐是共同缺陷。

鑑於以下三項事由，本書認為，以法律行為無效責任規定所在之民法本條，作為完整描述締結過失責任之一般條款，其立場較為可採：

1.較能周延表徵締結過失責任之完整面貌。蓋以法律行為前責任，牽動各種法律行為類型，法律構成理應視其為法律行為理論之課題，回歸民法總則，並藉民法本條為根據地，構建締結過失責任之制度體系**❽❶**。

2.足以因應締結過失責任具體個案上機動調整之需要，亦可體現締結過失衍生之給付不當得利課題。

3.回歸並符應（狹義）解釋優先於補充（類推）的法律解釋原則。

四、損害賠償（核心效力）

㈠責任之成立

1.學理立場之分析

締結過失責任之成立要件為何？因學理立場不同而可歸納其見解如下：

⑴法律行為未成立過失說

依法律行為未成立過失說，其責任之成立要件有四。即①當事人締結之法律行為並未成立；②當事人於締結過程有過失；③相對人無過失；④相對人受有損害。

---

❽❶　請參照，拙著，前揭〈正視締結法律行為過失法則〉；拙著，〈締結法律行為過失與法律適用〉，《台灣本土法學雜誌》，第五三期，二〇〇三，第一七六頁以下。

(2)法律行為無效過失說

依法律所為無效過失說，其責任之成立要件相應為下列四者：①當事人締結之法律行為無效（包括不成立——本段以下同）；②當事人於無效之締結過程有過失；③相對人為無過失；④相對人受有損害。

(3)法律行為締結過失說

依法律行為締結過失說，其責任之成立要件為如下三者，即：①當事人進行法律行為之締結（包括締結法律行為及其磋商或準備）；②當事人於締結過程有過失；③相對人善意且因締結過失而受有損害。

2.責任成立要件之說明

針對以上三說，本說採後者見解；因之，以下說明，亦以後者為依據。

(1)當事人進行法律行為之締結

所謂進行法律行為之締結，包括（但不限於）法律行為成立前之準備行為、磋商行為、加害行為，或於磋商行為後拒絕締結法律行為等情事而言。前者，如張貼出租廣告後藉故他去，致人徒勞往返是；後者，如雙方就特定不動產標的之買賣，預先約定應以書面為之，出賣人卻於雙方就價金口頭同意後，拒絕簽訂不動產買賣契約書，以致買賣（契約、法律行為）不能成立即是(§166)❷。準備或磋商之加害行為（締結中加害行為）也者，例如，擬進入餐廳參加朋友所舉行之囍宴，於餐廳門口踏到香蕉皮跌倒受傷即是。只要有此類行為，縱使其後法律行為有效，仍不免於締結過失責任之適用。

依法律行為無效過失說，所謂進行法律行為之締結，尚包括法律行為雖已告成立但卻無效之情事。例如，簽發指示證券(§710)，但被指示人卻拒絕承擔或給付即是❸，本節伊始，所舉之案例①屬之。

(2)當事人於締結過程有過失

---

❷　民法第一六六條規定：「契約當事人約定其契約須用一定方式者，在該方式未完成前，推定其契約不成立。」

❸　依民法第七一一條所示，發行指示證券，不足令被指示人及領取人之間發生法律關係，發行後為被指示人拒絕承擔或拒絕給付者，其指示證券無效。

①過失概念之意義

在民事責任原理上，所謂過失，通常係指行為人怠於為善良管理人之注意，以致違反義務之情事。締結過失，亦應作同一解釋。不過，依傳統之見解，於法律行為生效之前，所謂違反義務者，係指當事人因準備、磋商或進行相關締結行為，依法所生對於相對人或其他利害關係人應盡之忠誠義務、說明義務、告知義務、協力義務、預防損害發生義務或其他照顧義務（合稱照護義務）而言❽❹。由於法律行為前責任理論較為晚起，法典有關於此之規定並不顯著；因之，所稱依法之法者，一般以為，係指誠實信用原則，而非個別明確之法律條文❽❺。

②過失成立之階段游移

締結過失，與一般、亦即債務不履行上之過失，在成立上，有個重大而顯著的差異，此即過失成立之階段化。緣以一般所稱針對給付義務而成立之過失，關於善良管理人注意是否違反，通常並無隨機游移變動之問題。反之，在法律行為締結過程上，從初步接觸到法律行為成立、生效，其間之相對關係，通常係處於逐步成熟之階段，其過程恰如種子萌芽吐莖、散葉開花到瓜熟蒂落。雖然，從兩極觀點來說，得以照護義務由無而有觀之；然而，憑此兩端論證締結過失成立與否，難免因忽略其實際之動態發展過程，以致過於簡化而流於形式。照護義務因締結法律行為之初步接觸而誕生，其強度及廣度，則隨其後雙方接觸之頻繁、磋商之推展，特別是法律行為作業完備之漸趨成熟而逐步提升，並於法律行為生效之時，與給付義務之善良管理人注意標準互為接合。因之，在締結過失責任上，過失成立之標準顯然具有浮動調整之特性。法律行為締結之準備、磋商等情事較為初起者，當事人照護義務較為微弱細小，其違反善良管理人之注意而怠於照護者，不易成立，縱或有之，其責任範圍亦較輕微；反之，法律行為之

---

❽❹　於債之關係上，當事人應盡之忠誠、說明、告知、協力等義務，一般統稱附隨義務。於法律關係發生之前，尚無給付義務，何來附隨，爰另稱之照護義務。

❽❺　參照，民法第二四五條之一第一項第三款。晚近之體系文獻請參照，姚志明，前揭《誠實信用原則與附隨義務之研究》。

締結趨於成熟者，其因怠於照護以致違反善良管理人之注意者，相對容易得多，其責任範圍亦要沉重得多。因之，法律行為締結，已接近成立生效之成熟階段者，縱其後法律行為不成立或無效，當事人仍應準於債務不履行負其責任（責任標準趨於債務不履行之過失，責任範圍趨於債務不履行之履行利益賠償）❽❻。

(3)相對人善意而受有損害

①相對人受有損害

締結過失之責任態樣，通常為損害賠償（§113、§245 之 1、§247）。無損害即無賠償，故以權利人受有實際損害為要件❽❼，相對人之所受損害與締約過失且須有相當因果關係❽❽。損害，原則上指交易利益所生之損害，且以財產上損害為主；依通說論點，應以信賴利益所生之損害為限，履行利益等之損害者，非此所稱損害，不得請求賠償。於締結中加害責任類型（案例舉隅②），則固有利益損害及非財產上損害是否納入，即不無研酌空間。

②相對人須出於善意

於締結過程中，當事人如有過失情事，苟相對人知悉其情事者，自可中止締結活動之進行，以避免損害之發生或擴大；反之，如相對人猶然持續參與法律行為之締結者，其情形無異是自甘冒險，對其因而所受損害，

---

❽❻　依締結成熟度論定締約過失（賠償）責任之游移，似為日本晚近之有力學說，參照，鎌田薰，〈不動產買賣契約の成否〉，《判例タイムズ》，NO 484，一九九三，第二一頁以下；円谷峻，〈契約締約上の過失〉，《判例タイムズ》，NO 499，一九九三，第一〇七頁以下；河上正二，〈契約の成立をめぐて〉，《判例タイムズ》，NO 655，657，第一五頁以下，第一四頁以下；本田純一，《契約規範の成立と範圍》，一粒社，一九九九，第一頁以下。

❽❼　參照，最高法院一九年上字第三六三號判例：「關於侵權行為賠償損害之請求權，以受有實際損害為成立要件，若絕無損害亦即無賠償之可言。」

❽❽　參照，最高法院二三年上字第一〇七號判例：「甲之行為與乙之死亡間，縱有如無甲之行為，乙即不致死亡之關係，而此種行為，按諸一般情形，不適於發生該項結果者，即無相當因果關係，自不得謂乙係被甲侵害致死。」

法律上即毋庸賦與賠償之請求。因此，相對人所受損害須以出於善意（不知他方有過失情事存在）者，始有損害賠償請求權；同理，相對人於損害發生後始知悉當事人有締結過失，自惡意時起新生或繼續擴大之損害，其當事人免負賠償責任。

締結過失責任規定重心之民法本條、第二四五條之一或第二四七條，均未直接明定以相對人善意為要件，民法本條更是缺漏不明。不過，由民法第二四五條之一第一項及第二四七條第一項所稱「信（賴）契約（法律行為）成立（或有效）致受損害」之辭句，足認其係意指「相對人善意」而言。同理，民法本條之缺乏明文，當可本於法理而適用之。

③相對人須未與有過失（？）

相對人對於當事人締結過失之不知為有過失，或對於發生之損害避免或防止為有過失者，是否仍有損害賠償請求權（亦即當事人是否仍負賠償責任）？各國制度不一，學理或實務見解亦屬紛歧。

傳統主流論點，認為締約過失責任之成立，係以相對人對於他方締結過失之不知，並無過失為要件。此之過失，非屬義務違反範疇內之過失，但與權利人或被害人之過失相埒，爰列入與有過失概念 (§217、§634) 之內說明。民法第二四五條之一第一項及第二四七條第一項明定「對於非因過失而信其契約成立致受損害之他方當事人負賠償責任」等語。不過，僅因相對人與有過失即對其剝奪賠償之請求權，應是有失公平，如依過失相抵之例而減免賠償責任範圍 (§217)，當更允妥；是以，上述民法條項之立法政策，恐有重新檢討必要 ❽。

㈡責任之範圍

1.通說論點

⑴信賴利益損害賠償之獨尊

通說以為，締結過失的當事人，係負亦僅負財產上信賴利益損害之賠

---

❽　學理或持中庸論點，認為如法已明定，須以未與有過失為責任成立要件者，自應依其規定；反之，則適用過失相抵之法則（劉春堂，前揭《契約法總論》，第一九四頁）。

償，它無關乎非財產上損害，亦無關乎履行利益之損害。此之論點，與德國民法學早期主流見解不謀而合。蓋其以為，法律行為無效者，無論其為狹義之無效、或不成立、或因拒絕承認而無效、或因撤銷而無效，雖其事由不盡相同，但於當事人並不發生權利義務關係乙點上，則無不同。既然，當事人之間並無法律關係，解釋上即無履行利益存在之可言；從而，亦不生履行利益損害及其賠償之問題。然而，相對人因當事人締結過失而受有信賴利益損害者，因法律行為無效，其損害不能轉嫁為交易成本，自應於法填補其所受損害，以符權利保護，並為維繫交易安全❿。實務立場亦然❶。

　　⑵非財產損害賠償之排除

　　國內通說殆所強調之締約過失，並不承認締結中加害責任類型。因此，固有利益損害（賠償）及非財產損害（賠償）之肯定，於民法債編修正之後，反而捉襟見肘，逐漸為通說所淡忘。民法債編修正之前，將締結中加害類型涵攝於締結過失（實際為締約過失），國內學者已多有倡議。民法債編修正之後，其可能據點反而銷聲匿跡，以致現階段的締結過失責任法學，似較民法債編修正前更見保守。

　2.淺見之說明

　　⑴基本立場

　　關於締結過失責任範圍，個人雖部分支持通說，但有下列四點調整：

　　①信賴利益損害賠償獨尊之緩和

　　淺見以為，於締結過失責任，信賴利益損害賠償固有廣泛適用，但不

---

❿　參照，王澤鑑，前揭〈締約上過失〉，第八九頁；陳洸岳，前揭文，第三九頁；劉春堂，前揭〈締約上過失之研究〉，第一九九頁；前揭《契約法總論（一）》，第一九五頁（筆者以前亦宗此說——前揭《新訂民法債編通則（上）》，第三四七頁；於此表明變更見解）。

❶　參照，最高法院五一年臺上字第二一〇一號判例：「契約因出賣人以不能之給付為標的而歸無效者，買受人所得請求賠償之範圍，依民法第二百四十七條第一項自以因信賴契約有效所受之損害為限，此即所謂消極的契約利益，亦稱之為信賴利益。例如訂約費用、準備履行所需費用或另失訂約機會之損害等是。至於積極的契約利益，即因契約履行所得之利益，尚不在得為請求賠償之列。」

具有排他的獨尊地位。因為，於無效或締結行為已趨成熟之不成立，履行利益損害賠償、甚至是強制履行契約，應有其適用空間。

②非財產損害賠償適用之納入

締結中加害行為，不宜從締結過失責任之概念範疇排除；而且，固有利益損害賠償、乃至非財產損害賠償，亦均有其適用可能。

③類型構成

締結法律行為過失責任之責任範圍，應依不成立、無效、有效之角度，分別切割而賦予如下型態之不同法律效果：

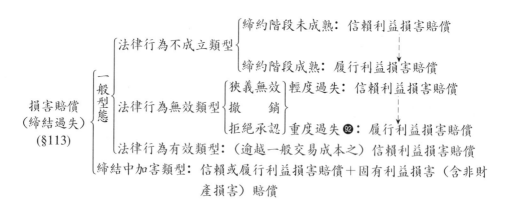

④機動裁量

於締結過失責任，除法律行為有效類型限於信賴利益損害賠償者外，一般情形，應是由信賴利益過渡到履行利益損害賠償之機動體制。至其適用，則由（法律授權）法院於個別具體案例，視法律行為締結成熟度及當事人過失輕重程度裁量之。此外，於締結過程中如有加害行為發生者，則視其具體情況成立或同時成立締結中加害責任類型，並適用固有利益損害（包括非財產損害賠償）之賠償。

(2)補充說明

締結法律行為是個以生效為目標的動態發展、並因之逐步成熟的過程，隨著當事人接觸、磋商的增加，其邁向有效亦漸趨穩固。在此持續不斷的

---

❷　此稱重度過失，包括重大過失及故意二者。

成熟進程當中，當事人彼此信賴得因法律行為有效而享有履行利益之熟度，亦相應逐步強化。完全忽略締結過程的實態，僅因法律行為尚未正式成立或無效，即完全否定履行利益之損害，難免過於拘泥制度形式而身陷概念法學之泥沼，於確保交易安全亦是顯有未足 ❾❸。

　　締結法律行為，既依階段發展，逐漸轉向履行利益之實現，法律制度理應循此實際情況而為設計；亦唯如是，才貼近權利保護意旨。再者，於具體個案，當事人之過失情節，從顯然違背誠信原則、故意、重大過失、具體（輕）過失、到抽象（輕）過失，亦常呈現階段高低之不同存在狀態，因應此種不同過失情節，於損害賠償之範圍應做游移調整。其締結程度已趨成熟，當事人過失情事又告重大者，其責任範圍為履行利益損害賠償；反之則為信賴利益損害賠償。至其適用宜由法院於個案之具體情況酌定之 ❾❹。

---

❾❸　契約法的制度預設，應脫離定點機械考量，並開闊務實邁向過程機動觀察的制度模式發展，日本代表文獻請參照，內田貴，《契約の時代》，岩波書店，二〇〇〇。淺見以為，於法律行為之制度預設，亦應作如是解。

❾❹　綜觀本段要點，得歸納如下表：

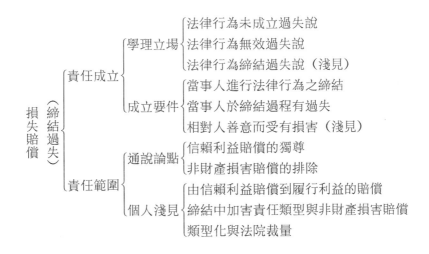

五、回復原狀（給付不當得利）

於締結過失之案例，多數情形其法律行為雖是無效；不過，當事人卻常本於該等表見之法律行為而為給付**⑤**。有此情事，受領給付即為無法律上原因而受利益，給付者因而受有損害，授受之間為之成立（給付）不當得利。給付者，得請求受領給付者返還利益，反之，受領給付者，負有返還利益之責任 (§179)。

法律行為無效衍生之不當得利，其問題領域屬於所謂之給付不當得利類型；淺見以為，給付不當得利之利益返還範圍為回復原狀**⑥**。此一見解，與民法本條所稱之回復原狀，恰相契合，爰以為探查民法本條規範意義之依據。

㈠再從民法本條現場出發

1.通說見解

對於民法本條之回復原狀規定，國內學理大都抱持疑惑的態度，並認其不具規範意義。舉其論點，主要有以下三者：

⑴回復原狀為損害賠償主要方法，亦為損害賠償方法之原則 (§213)。民法本條既已明定損害賠償責任，再規定回復原狀乙詞，不僅無謂重復，邏輯上亦徒生困惑。

⑵基於法律行為無效而為給付者，適用不當得利利益返還之規定，法律上既有一般條款 (§179)，具體制度亦有個別明文（如：§266 II、§419 II），法制既已周詳，民法本條再出現回復原狀所為何來？實在難解。

⑶法律行為無效，其因給付而得請求利益返還者，不以締結過失為要件，其請求權基礎乃係基於給付本身，在法律構成上顯與締結過失無關。

---

⑤ 此之給付，意義與債務人履行行為之給付不同，語其區隔如下：

給付（廣義） { 債務人行為（債務履行之行為）：§199、§225～§227、§230～§233 / 現實給與行為（非債務履行之行為）：§180、給付不當得利

⑥ 參照，拙著，《新訂民法債編通則（上）》，第一二○頁～第一二一頁。

而且民法本條規定其以明知或可得而知為其要件，顯然亦有重大誤解。果真以其作為規範依據，不但法律邏輯體例支離破碎，不當得利法之構成亦將失所依據❼。

2.淺見的要點

民法本條將回復原狀請求權之發生，限於當事人對於無效為明知或可得而知之情況，構成上存有缺憾，個人亦深有同感。不過，民法本條之回復原狀規定，是否真的一無是處，則淺見仍有保留。為期有助妥允答案之探尋，爰就回復原狀在民法上之整體表現，進行整體觀察。

㈡回復原狀的規範意義

1.法律群落類型存在

民法各條所稱之回復原狀用語者，主要可以分為下列三群：

⑴損害賠償之回復原狀

回復原狀者，意指回復損害發生前之原有狀態 (§213 I) 者，是為損害賠償之回復原狀；學理通說及實務立場，幾乎一致強調所謂技術上的狀態修復❽。民法第二一三條、第二一四條、第二一五條及第七八二條之規定屬之。

⑵利益返還之回復原狀

回復原狀者，意指回復利益變動前之利益原有狀態者，是為利益返還之回復原狀。按受有利益而未具備保有該利益之法律上權利（源）時，成立不當得利者，受益人負有返還之義務，受害人有利益返還請求權 (§179)。不當得利，基於受害人本身之給付而生者，是為給付不當得利。給付不當

---

❼　參照，王澤鑑，〈民法第一一三條規範功能之再檢討〉，收於王著，《民法研究（四）》，第五五○頁以下；詹森林，〈民法第一一三條與其他規定的競合關係〉，《台灣本土法學雜誌》，創刊號，一九九九，第四六頁以下；陳自強，《契約之成立與生效》，學林文化，二○○二，第四○三頁～第四○四頁。

❽　參照，最高法院六○年臺上字第三○五一號判決：「損害賠償之方法，以回復為原則，金錢賠償為例外，故損害發生之後，如有回復原狀之可能，受害人⋯⋯應先請求原狀之回復，⋯⋯不得逕行請求金錢賠償。」

得利之返還義務範圍，國內學理及實務見解，多直接了當認為適用不當得利之規定 ❾。其實，這樣的見解恐有不夠周延。例如：甲、乙就 A 屋訂立買賣（契約、法律行為），甲先支付定金一百萬元，事後發現該買賣無效，那麼甲支付定金之行為，於甲乙之間即是成立給付不當得利。於此類案例，其答案如係適用一般不當得利規定之民法第一八二條第一項而無庸計付利息，恐是有失公平；反之，如果類推適用第二五九條（回復原狀）第二款之規定（附加自受領時起之利息返還），其結論將更為妥適公平。

　　契約解除者，契約（法律行為）溯及自始無效 ❿；其基於契約（法律行為）而受領給付者，法律上失其保有利益之依據，於授受之間成立不當得利，學理上爰有回復原狀 (§259) 為不當得利特殊型態之說法。如是，從邏輯關連來說，應該可以獲得以下兩項結論：

①民法各條所稱之回復原狀，或為損害賠償之回復原狀，或為利益返還之回復原狀，理應斟酌制度意旨分別判定之。

②本於原則省察及體系解釋，利益返還之回復原狀，得認為包括民法第二四四條、第二五九條及民法本條為主要例證。

⑶包括物權返還之回復原狀

　　基於表見法律行為而為給付，當事人如已完成物權行為者，尚有所有物返還請求權等物上請求權。例如，林一出售 A 地於王五，林一於受領半數價金後，交付 A 地並移轉所有權登記於王五，王五隨即出租 A 地於陳三（假設王五收得之租金為二十萬元）；一年後，林一發現該買賣（契約、法律行為）無效，則其對於王五請求及其相應之請求權基礎有下列三項：

---

❾　參照，最高法院二三年上字第一五二八號判例：「因履行契約而為給付後，該契約經撤銷者，給付之目的既歸消滅，給付受領人受此利益之法律上原因即已失其存在，依民法第一百七十九條之規定，自應返還其利益。」（同旨最高法院五〇年臺上字第三五一號、六二年臺上字第一八九三號判例）

❿　參照，最高法院二三年上字第三九六八號判例：「契約經解除者，溯及訂約時失其效力，與自始未訂契約同。此與契約之終止，僅使契約嗣後失其效力者迥異。」（同旨最高法院四〇年臺上字第一〇二〇號判例）

①請求王五塗銷 A 地之所有權登記；物權請求權。

②請求王五返還 A 地；物權請求權。

③請求王五交付租金所得二十萬元；不當得利返還請求權。

　　廣義的回復原狀，兼及債權不當得利返還請求權及物權請求權。民法第二四四條所稱之回復原狀，亦復如此❶，語其構成如下表❷：

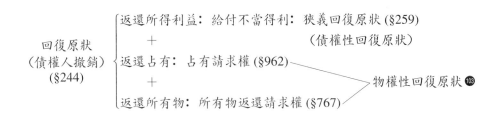

　　回復原狀的用語，既是以類型化的型態出現，自應基於用語多義性之

---

❶　參照，民法第二四四條立法理由：「債權人行使撤銷權，使債務人之行為溯及消滅其效力後，可能發生回復原狀返還給付物等問題。債權人……行使撤銷權，除聲請法院撤銷詐害行為外，如有必要，並得聲請命受益人返還財產權及其他財產狀態之復舊。……轉得人於轉得時知悉債務人與受益人間之行為有撤銷之原因者，債權人撤銷之效果，始……不得令其回復原狀。」

❷　為期有助思考，爰歸納其區隔如下表：

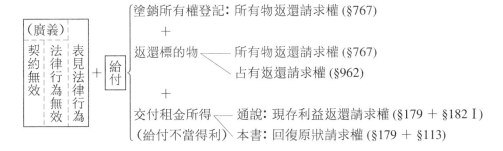

❸　最高法院八八年臺上字第二五九號判決：「民法第二百四十四條之撤銷權，……既可同時訴請撤銷債務人所為債之行為及物權行為，亦可僅訴請撤銷債務人所為債之行為；如果不動產物權契約業經辦理登記，則前者債權人得訴請登記名義人塗銷，後者則得訴請移轉登記。」

現實，探索其定義如下：

「回復原狀者，意指回復損害或權益變動發生前之原有利益狀態；後者（利益變動之回復原狀），通常固為債權性之利益返還，但於特例情形，亦可能包括占有及（或）物權（包括標的物）之返還。」❿

2.本土源流其來有自

(1)民律第二草案

從民法制定的過程來回顧，民法本條絕非突如其來，而是源自民律第二草案第一七七條，其條文內容如下：

「無效法律行為之當事人，於行為當時，知其無效或可得而知者，應回復其未為法律行為前法律上狀態之義務。」❺

上述條文，體例上在總則編法律行為章中無效與撤銷乙節之首條，其法典上定位與民法本條同；二者相互對照，足認民法本條之回復原狀，乃是第二草案：「回復……法律行為前法律上狀態」之簡稱，謂其本為利益型回復原狀，實是明確而淺顯。

(2)大理院早期判例

根據民法立法史料記載，現行民法及其前身的民律第二草案，時有參考大理院判例而著成條項。因此，如果大理院時期，即有「無效＋給付＝回復原狀」的判例，應當就可以認定，民法本條顯然是植基在本土法律文化的源流之上，堪認其來有自。民國四年伊始，大理院判例即已先後正式論定，無效契約之當事人，應負回復原狀之義務❻。在大理院時期，法典

---

❿ 參照，拙著，〈回到民法第一一三條〉，收於《法學論叢》（國立高雄大學），第三卷第一期，二○○八，第七五頁～第七八頁；拙著，〈回復原狀的規範意義〉，收於《民事法學新思維之開展》（劉春堂教授六秩華誕祝壽論文集），元照出版公司，二○○八，第三三五頁～第三三九頁。

❺ 參照，司法行政部，《中華民國民法制定史料彙編》（以下引用簡稱《民法史料彙編》）（下），一九七六，第一二○頁。

❻ 參照，大理院四年上字第五二一號判例：「締結無效契約之當事人，應負回復原狀的義務。」大理院四年上字第三七一號判例：「被撤銷之法律行為，是為從始無效。故一經撤銷者，須各回復其未結契約以前的狀態。」大理院六年上字

式的制定民法，尚未成形，大理院判例即是等同於現行法（律條文）的有效實證法。基此，可以確定，民法本條與大理院判例幾是血脈相連；民法本條的回復原狀，乃是大理院判例的形成轉化，實質上則是民初以來一脈相承的法律原則。

　3.來自比較法（學）的啟示

　⑴晚近日本民法學理的轉向

　　「無效＋給付＝回復原狀」的法律條文，在比較法上固是難得一見，比較民法之主流見解亦多認為，整體適用不當得利之規定，即已適足。民法制定後不久，日本民法巨擘我妻榮教授於所著《中華民國民法總則》，即強烈表達此一論點，並極力主張刪除民法本條❿；即使到極為晚近的日本民法總則教科書，仍多固持法律行為無效而為給付者，其利益返還原則仍為現存利益（日本民法 §103，相當於我國民法 §182 I）❽。

　　不過，在日本民法學上，從契約的角度切入，認為法律行為無效所生的（給付）不當得利，其返還範圍應適用回復原狀者，亦頗有人在❾。由此可以印證，回復原狀在無效的適用，尚非毫無學理論據。

　⑵早年蘇俄民法的成例

　　不當得利之利益返還範圍，以回復原狀為法律原則者，並非絕無存在，

第一一七八號判例：「浪費人之處分行為，經保護人撤銷後，其撤銷之結果，雙方應各負回復原狀之義務，故所受相對人之價金，絕無……不於返還之理。」

❿　參照，我妻榮，《中華民國民法總則》，中華民國法制研究會，一九三一，第一九四頁～第一九八頁。

❽　參照，大村敦志（東京大學教授），《基本民法（I）：總則‧物權總論》，有斐閣，二〇〇五（二版），第八二頁～第八四頁。

❾　參照，村川啟泰，〈契約無效‧取消と不當得利〉，收於《契約法大系（VII）》，有斐閣，一九六五，第一四五頁以下；奧田昌道，〈契約が取消されたり無效の場合の返還請求について〉，《法學教室》，第二卷第七期，一九七五，第四頁以下；富森八四郎，〈契約解除の回復原狀義務は不當利得の返還とどういう關係にたつか〉，收於《現代契約と現代債權の展望 (5)》，日本評論社，一九九〇，第一五一頁以下。

一九二二年以降的蘇俄民法即是一例，而且不問給付得利或非給付得利，其立法意旨均是規定理應返還一切所得利益，而非強調現存利益之返還⓾。其中，法律行為無效所生的回復原狀，前後計有四條⓫。此一立法體例，復於二十世紀末葉，為俄羅斯民法所繼受⓬，只是法典用語並未直接使用回復原狀的簡要用語⓭。

依照民法立法相關史料所載，民律第二草案研議之時，蘇聯民法亦在參考之列。足見，民法本條所稱的回復原狀，受有蘇聯民法前述條項薰陶的看法，應非純是臆測。本土法律文化（判例＋法律草案）加上比較法的浸淫，論定此之回復原狀，本與損害賠償無涉，而是利益返還層面的回復原狀，應是比較貼近法律發展的史實，也應該較為客觀而理性。

(三)附帶說明——「明知或可得而知」的試析

1.可能的立法源流

(1)問題所在

民法本條何以有「明知或可得而知」的用語？其立法意旨為何？有無正面存在意義？由於民法本條立法理由語焉不明，在史料及典籍難徵的情況下，其答案確實難以具體明確。鑑於學理於此，頗有質疑，並執以否定民法本條規範意義的重要論據之一，爰亦抒陳個人不同論點，以為互相攻錯。

(2)法律用語的可能由來

探索民法本條「明知或可得而知」的由來，其可能途徑有二。其一為

⓾ 參照，蘇俄民法（一九二二）第三九五條〔引自，太田書紀生（譯），《路西亞社會主義聯邦ソグエード共和國民法典》，南滿鐵路株式會社，一九二三（以下引用時簡稱《蘇俄民法典》），第八四頁〕。

⓫ 同上蘇俄民法第一四八條、第一四九條第一項、第一五〇條第一項、第一五一條（同上註《蘇俄民法典》，第二九頁）。

⓬ 參照，俄羅斯民法（一九九五）第一一〇二條〔引自，黃道秀、李永軍、鄂一美（合譯），《俄羅斯聯邦民法典》，中國大百科全書出版社，一九九九（以下引用時簡稱《俄羅斯民法典》）〕，第四五七頁。

⓭ 相對於蘇俄民法，俄羅斯民法立法體例，由契約無效轉進為法律行為無效之規定，法典編章亦由契約移列於民法總則編，確立其為法律行為整體適用之課題。

民法第二四七條的立法體例；其二亦為蘇俄民法的啟示❹。

①民法第二四七條的比照

民法第二四七條（第一項）明定契約標的不能無效之損害賠償責任，以當事人於訂約時知或可得而知其情事者為成立要件❺。民法本條既亦同為締結過失責任的條項，則本於平等原則，參照民法該條項而增列知或可得而知之文句，無論邏輯上或現實上均有可能；亦唯如此，締結過失責任才算前後一貫、體例嚴整❻。

②也是蘇俄民法的啟示

民法本條，或有可能也是來自蘇俄民法的啟示；因為，民法制定當時列的蘇俄民法，其不當得利乙節，即有「（明）知或可得而知受領（不當）利益者，應負回復原狀或損害賠償」之類似文句❼。

2.法律解釋的可能突破

透過比較精緻的法律解釋方法來探查，民法本條的規範意義，仍可在不逸離法律文義、不破壞既存法律體系、也不違背正義理念的準據上，獲有三個可供選擇的途徑：

明知或可得而知
（解釋可能）

（體系）限縮解釋：締結過失損害賠償始有適用

（主觀）歷史解釋：給付不當得利（回復原狀）的規範適用

（簡明）文義解釋：損害賠償及回復原狀（締結過失、給付不當得利）均有適用

---

❹ 參照，楊幼炯，《近代中國立法史》（增訂版），商務印書館，一九六六（臺版），第三八〇頁。

❺ 標的不能無效的締結過失責任類型 (§247)，於我國立法史的發展，堪稱源遠流長，不僅民律第二草案有之（同草案 §230），即使於民律第一草案，亦有相類條項 (§515II)。

❻ 民國八八年民法債編修正，民法第二四七條的「（明）知或可得而知」的文句仍舊維持。

❼ 參照，蘇俄民法第四〇〇條前段（蘇俄解體後的俄羅斯民法第一一〇四條第二項前段意旨略同）。

(1)（體系）限縮解釋❶❶❽

法律行為無效衍生的給付得利，不問行為人（受益人）是否明知或可得而知，均負有回復原狀義務；反之，締結過失原則上為過失責任，明知或可得而知為過失成立的詮釋方法之一。二者體系對照，可知民法本條的明知或可得而知云者，方法論上，宜採體系限縮解釋，認其僅於損害賠償始有適用。如是，質疑明知或可得而知的體系破壞，或可大致廓清❶❶❾。

(2)（主觀）歷史解釋❶❷❶

法律解釋，在不背離文義及正義理念的基礎上，著重立法原意，是為所謂的（主觀）歷史解釋。從立法史深入體察，民法本條與大理院判例及蘇俄民法的不當得利法律原則，頗見若合符節，本其立法意旨，應認為民法本條係給付不當得利的一般條款，但與締結過失責任無關，亦即民法本條所稱之損害賠償，其規範特質為民法第一八二條（第二項）之損害賠償，而非民法第一八四條、第二二六條或第二一三條等之損害賠償。它與民法第一八二條對應，相互融整成完美嚴謹的不當得利法。語其要點如下：

①不當得利，在我國民法上有二型，一為非給付不當得利，另一為給付不當得利。前者，主要表徵於民法不當得利乙款 (§179～§183)，特別是民法第一八二條；後者，以民法第一一三條為規範重鎮。

②非給付不當得利的返還範圍，以現存利益為原則 (§182 I)；相應於此的，給付不當得利則以回復原狀為主軸。

③民法本條之回復原狀或損害賠償，規範意義上為請求權競合，而非

❶❶❽ 在法學方法上，限縮解釋的運用有二，一為本於立法目的（意旨）就文義而為縮限（目的限縮）；另一為基於制度體系間的規定脈絡而為一定的縮限（體系限縮）。本段於此的論證意指體系限縮解釋而言。

❶❶❾ 參照，黃茂榮著，第一一〇九頁～第一一一〇頁（結論相近，但未明確援用限縮解釋之方法）。

❶❷❶ 歷史解釋尚有截然對立的二大不同立場，其執著於立法意旨（立法者意思），一般以主觀的歷史解釋稱之；反之，其順應社會客觀情勢變動，以定法律意義者，是為客觀歷史解釋。

選擇之債 **㉑**，其語意應是「無損害者，回復原狀即為已足；其有損
害者，除回復原狀外，並得請求損害賠償」**㉒**。

④民法本條與民法第一八二條互為相通（以「回復原狀」代換「現存
利益」），但又具有下列調整意義：

　　a.限縮回復原狀適用範圍於明知或可得而知之受益人（表見法律行
為人）；反之，其為善意而無過失者，仍回歸一般法則而適用現存
利益。

　　b.於非給付不當得利，其受益人為惡意者，其返還範圍為現存利益
加附利息，此即無異等同回復原狀 (§259)**㉓**，民法本條足以彰顯，
即使在非給付不當得利，本來亦有回復原狀的適用空間。只是給
付不當得利於惡意（明知）之外，尚及於過失（可得而知），似有
呼應過失責任主義的意味 **㉔**。

⑶（簡明）文義解釋

民法本條所稱「明知或可得而知」，為請求權成立要件，既置於句首，
自應謹守文義，認其同時涵攝回復原狀及損害賠償二者。其中，回復原狀
為給付不當得利之法律效果（返還範圍）；損害賠償為締結過失之法律效果。
是以，民法本條之「明知或可得而知」，同時兼涉兩個不同法律領域。

3.本書見解

以上三者，或各言之成理，但亦各有方法論上難以完全克服的難點。
考量現階段民法解釋學成果及立法修正工程，本書基於下述三項具體理由，

㉑　立法體例而可借鏡者，如民法第二一三條「回復原狀或金錢賠償」之請求權競
合關係。較深度之研究，請參照，拙著〈損害賠償方法（解釋）論之檢討〉，
收於《民商法理論之研究》（鄭玉波先生七秩華誕論文集），三民書局，一九八
八，第一一五頁以下。

㉒　蘇俄解體後的俄羅斯民法，似有由「回復原狀或損害賠償」趨向「回復原狀＋
損害賠償」之意味（參照俄羅斯民法第一一○三條）。

㉓　參照，民法第二五九條第二款。

㉔　契約、無因管理及侵權行為，均是服膺契約過失責任原則 (§220、§184)，給付
不當得利與此遙相呼應，恰可解釋整體民事責任原則之貫徹過失責任主義。

暫採限縮解釋（第一說）的論點 ❿。

(1)歷史解釋（第二說），雖可援引蘇聯民法以為佐證。然而，民法本條立法意旨確否如此，並不明顯。而且，本說的法律解釋方法確是艱深，其結果對不當得利法的調理修整，既廣且巨，一時恐難為學理及實務所接受。

(2)文義解釋（第三說），於回復原狀的適用，顯有輕重失據。因為，無過失不適用回復原狀，故意（明知）僅限於請求回復原狀而否定附加賠償，於受害人利益之維護恐有不足 ❾。而且，以同一語句同時指涉二個規範性質截然殊異的核心構成要件，在立法體例上，本是異常奇特。

(3)限縮解釋（第一說），方法論上的艱困情境較為緩和，既較契合締結過失責任二大課題的制度內容，亦與國內多數學理（特別是損害賠償部分）及實務立場較為接近。

六、綜合說明

綜合說明分為下列三者：

$$
綜合說明 \begin{cases} 實務立場的回顧 \\ 立法論的探索（民法本條的再造） \\ 案例解析 \end{cases}
$$

㈠實務立場的回顧

回顧實務關於民法本條的解釋與適用，得歸納為下列三點：

1.近乎文義解釋的基本立場

忠實於法律文字、嚴謹恪守法律之邏輯，為我國民事實務界之傳統。

---

❿ 異日如因法史研究之推進，確認民法本條立法意旨，確係源自蘇俄民法，改採第二說，似是難以避免。

❾ 代表文獻，參照，王澤鑑，〈民法第一一三條規範功能之再檢討〉，收於氏著，《民法研究（四）》，第五五頁以下；詹森林，〈民法第一一三條與其他規定的競合關係〉，《台灣本土法學雜誌》，創刊號，一九九九，第四六頁以下；陳自強，《契約之成立與無效》，學林文化，二○○二，第四○三頁～第四○四頁。

這樣的實務風格，對於民法本條的規範功能如何？回復原狀真義何在？乃致損害賠償之屬性如何？實務並沒正面論述，也沒直接回應學理的闡述或涉入學理立場的爭議或選擇。同樣的，對於「明知或可得而知」，究應採取體系（限縮）解釋？歷史解釋？抑或文義解釋？實務亦少理會，更沒明確選邊站。

不過，實務倒是相當善待民法本條，不僅未見否定民法本條規範功能的判解決議，也沒正面封殺（利益返還意義的）回復原狀之適用空間，表現與主流見解迥異的立場，表現仍是有守有為；尤其，其肯定民法本條規範意義之立場，庶是越來越見積極。晚近已有判決以為：民法本條為締結過失責任之總論，民法本條的回復原狀，於民法第二四七條的締約過失責任類型亦有適用 ❿。

區隔回復原狀與損害賠償，並肯定其同具規範意義，其見解本與前述的文義解釋立場無異。惟其是否即是（給付）不當得利利益返還的回復原狀，實務並未論述，與文義解釋說仍有一紙之隔，爰以近乎文義解釋稱之。

2.可圈可點的突圍成果

(1)可圈可點的事項

相對於主流見解，實務上可圈可點者有如下五項：

①肯定本條的回復原狀，與損害賠償有別 ❿。

②認為本條的回復原狀，與解除契約的回復原狀，可以互存 ❿。

---

❿　參照，最高法院八七年臺上字第一三九六號判決：「民法……第一百十三條所定無效法律行為之當事人責任……既編列於民法總則編而規定，其適用之範圍，自應涵攝所有無效之法律行為在內，而兼及於上開契約因標的不能而無效之情形。是契約因以不能之給付為標的而無效者，……無排除適用同法第一百十三條規定之餘地。」（同旨最高法院八九年臺上字第二一〇二號判決）

❿　參照，最高法院五九年臺上字第二五五六號判例：「上訴人間之設定抵押權及買賣土地行為，如確屬無效，被上訴人原非不得依據民法第二百四十二條及第一百十三條之規定，代位行使上訴人某之回復原狀請求權，以保全其債權。」

❿　參照，最高法院四九年臺上字第一五九七號判例：「契約無效，乃法律上當然且不確定的不生效力，其當事人於行為當時，知其無效或可得而知者，應負回

③認為本條的回復原狀，屬性上為不當得利的利益返還 ⓭。

④敘明本條的立法意旨，在於保護當事人利益，並實踐公平合理 ⓭。

⑤認為物權回復，並有民法本條回復原狀之適用 ⓭。

(2)建構一般條款的可能

實務立場，一方面認為民法第二四七條的損害賠償，與民法本條的損害賠償性質不同，又謂第二四七條仍有民法本條回復原狀或損害賠償的適用。按民法第二四七條明定其為信賴利益賠償，則所謂性質不同，是否意味其為履行利益賠償？又民法本條之回復原狀，從實務長期所示的見解，謂其為（給付不當得利）利益返還型之回復原狀，亦是呼之欲出。二者結合，不正是締結過失責任的一般法律原則而何？因之，依循實務見解的方向，繼之以高度成熟的方法論上詮釋與論證，足以開拓民法本條為締結過失責任的總論（法律原則或一般條款），似非完全不可期待。

3.給付不當得利生機的保留

民法本條回復原狀的規範性質為何？實務所以長期處於欲言又止的窘境，主要原因有三：一為實務長期以為，法律行為無效而其當事人已為給

復原狀或損害賠償責任。至契約解除，乃就現已存在之契約關係而以溯及的除去契約為目的，於契約解除時，當事人雙方均有回復原狀之義務，故契約無效與契約解除，性質上並不相同。」

⓭ 參照，最高法院八三年臺上字第三〇二二號判決：「系爭股份之買賣，違反公司法第一百六十三條第二項之禁止規定，得請求被上訴人回復原狀，返還價金，本質上仍為返還不當得利。」

⓭ 參照，最高法院九三年臺上字第九一〇號判決：「民法第一百十三條規定：無效法律行為之當事人，於行為當時，知其無效或可得而知者，應負回復原狀或損害賠償之責任。其目的在求當事人間之公平合理，以免他方當事人因此受有不利益。」

⓭ 參照，最高法院八八年臺上字第一九三一號判決：「無效之法律行為，衡情上訴人於行為當時可得而知，從而，被上訴人主張此項移轉所有權之行為無效，應負回復原狀之義務，依民法第一百十三條規定，請求上訴人塗銷所有權移轉登記，即非無據，應予准許。」

付者，其請求返還利益應適用不當得利（核心條項為民法第一七九條、第一八二條）；二為給付不當得利的整體面貌（特別是返還範圍）為何？在國內民法學上尚未成熟；三為自民法實施伊始，國內主流見解即多否定民法本條回復原狀的規範意義❸。不過，實務肯定回復原狀有其規範功能，屬性上為不當得利，事實上已為給付不當得利保留強而有力的生機。

(二)立法論的探索（民法本條的再造）

1.立法修正與正本清源

(1)立法修正的必要性

由於史料的佚失，民法本條立法意旨的模糊曖昧，恐是釐清無期。處此情況之下，學理的紛歧，實務的裹足，也恐不易調整。相互牽引拉扯，對於民法本條的正道前進、乃至締結過失責任的正確妥當建構，絕對有害無益。凡此，均非法律解釋論所得完全克服，正本清源之道，訴諸立法（修正與再造），庶是無可避免。

締結加害責任類型的闕如，非法律解釋所得完全廓清，正本清源必須訴諸立法，此亦另一重要理由。因為，民法本條、乃至第二四五條之一及第二四七條，均無涵攝締結加害責任的脈絡或線索。

2.立法修正的基本方向

締結過失責任兩大課題的回復原狀與損害賠償，兩個規範的屬性截然不同（前者屬於不當得利，後者近於契約不履行）。二者置於同一條項，有如雌雄同籠，撲朔迷離。因此，二者明確分流，以不同條項作相當程度的隔離，以防疑義與誤解，應是民法本條再造的基本方向。

締結過失責任的理論體系，尚在發展之中，其涉及細節而微之制度內容，宜暫授權法院裁量，待各種不同類型已趨完熟之日，再進行具體明確的類型規定。現階段的立法修正，宜力求概括簡約，大體維持民法本條原有的抽象條款模式，但基於周延性與可行性考量，增列規範完整上不可或缺的重要條項，似是較為可行的另一基本方向。

---

❸ 早年主流見解（民法本條不具規範意義，允宜廢止的論點），請參照，李著，第三三六頁；胡著，第三七三頁、第三七四頁。

3.立法修正的重點

(1)回復原狀規範屬性的導正

從回復原狀的法制形式表現來說，民法本條規定顯有兩大缺失：一為回復原狀與給付不當得利的體系結合，不夠明顯；二為回復原狀的具體事項及内容，並非明確。於我國民法上，於其制度内容而有明確規定者，是為民法契約解除回復原狀之明文 (§259)，在法律思維上，二者如能體系連結，不僅上述兩個缺點可以彌補，對民法本條回復原狀之意義上疑惑，亦可消弭於無形。因此，於民法本條增訂準用民法第二五九條之文句，乃是適當途徑。如是，則民法本條之文字當可調整如下：

「無效法律行為之當事人，應負回復原狀之義務。

民法第二五九條關於回復原狀義務之規定，於前項情形準用之。

第一項之當事人，於締結過程時，知其無效或可得而知者，負損害賠償之責任。」

(2)締結加害類型的增訂

締結加害類型，於民法債編修正後，仍未顯現於現行民法上。此之曖昧未明，是否為法律漏洞？或法律政策上無其必要？固是尚有爭議空間。惟鑑於我國一般侵權行為法學，仍是一個社會安全義務尚未適度成熟的德國古典式體制，在這樣的法學現實下，締結加害難被肯定為權利侵害，亦因而難以適用侵權行為。因此，將締結加害類型納為締結過失責任類型之一，應是必要的思考模式。在此基礎上，規範屬性頗為相似相通之加害給付規定 (§227 II)❹，可為借行的棧道❺。如是，相應之法律修正方案當可調整如下：

---

❹ 民法第二二七條修正理由：「按不完全給付有瑕疵給付及加害給付兩種。……如為加害給付，除發生原來債務不履行之損害外，更發生超過履行利益之損害，例如出賣人交付病雞致買受人之雞群亦感染而死亡，……傷害買受人之人身或其他財產等是。」

❺ 民法第二二七條第一項為瑕疵給付之規定，制度内容與加害給付無關，於此爰特別標明第二二七條第二項之文句。

「無效法律行為之當事人，應負回復原狀之義務。

民法第二百五十九條關於回復原狀義務之規定，於前項情形準用之。

第一項之當事人，於行為過程時，知其無效或可得而知者，負損害賠償之責任；如其致生損害於相對人之生命、身體、健康或財產者，準用民法第二百二十七條第二項之規定**⓪**。」

㈢**案例解析**

1.締結單獨行為過失責任（案例舉隅①）

⑴基本事項簡義

依民法第七一〇條規定：「稱指示證券者，謂指示他人將金錢、有價證券或其他代替物給付第三人之證券。前項為指示之人，稱為指示人。被指示之他人，稱為被指示人，受給付之第三人，稱為領取人。」本例發行證券之甲是為指示人，收取證券之乙是為領取人，被甲指定（委託）付款一百萬元之丙，是為被指示人，其三人之法律上關係，係以有價證券上之指示文句為基礎，故以指示證券稱之。其法律關係略有如下：

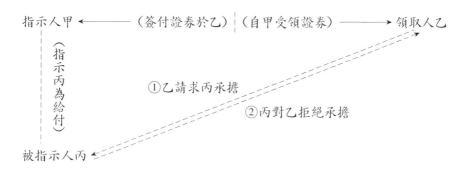

⑵案例之簡析

簽立指示證券而交付於相對人之行為，是為發行（簽立謂之發；交付是謂行），實務及學理，多認其為單獨行為，立法意旨亦然。指示證券雖因發行而成立，須待被指示人為承擔或給付者，指示證券始生效力；反之，

⓪ 參採消費者保護法第七條第二項：「商品或服務具有危害消費者生命、身體、健康、財產之可能者，應於明顯處為警告標示及緊急處理危險之方法。」

如被指示人拒絕承擔者，該指示證券（發行指示證券之單獨行為）無效，領取人對被指示人即不得本於指示證券而為請求或其他權利之主張。

領取人為請求被指示人承擔或給付，難免有費用支出之損失。此之損失，屬於學理所稱之信賴法律行為（指示證券發行）為有效所生之損害，亦即所謂之信賴利益損害。如發券人於締結上有過失者，領取人本於締結（單獨行為）過失之規定請求賠償。依本書之看法，其依據為民法第一一三條。

本例之領取人乙，請求被指示人丙承擔或給付，遭丙拒絕，其指示證券（發行）因而無效，乙為之支出費用二萬元，是謂信賴利益損害。被指示人丙，對於乙無承擔義務，亦無給付義務（§713 前段），如未承擔對乙亦無賠償責任。反之，甲商請丙代償其對乙所負的債務為丙拒絕後，又以丙為指示人而發行指示證券，且向乙表示丙已同意代償，足認甲對於發行指示證券之無效，係明知（至少亦是可得而知），而且已達違反誠實信用之程度。換言之，甲於發行指示證券之無效成立締結過失，依本書見解，應依民法第一一三條規定，對乙所受二萬元之（信賴利益）損害負賠償責任（否定民法本條規範功能之主流見解，其結論或為類推適用民法第二四五條之一或第二四七條）。

(3)補充說明

選定本例所欲凸顯之用意，主要為下列二點：

①闡明法律行為前責任之適用對象，尚非僅以締約過失為限，進而印證建立締結過失概念及責任體系之必要。

②闡明發行證券衍生之締結過失責任，其請求範圍通常只限於信賴利益賠償。因為，其間苟有履行利益之損害及賠償問題，通常係發生在發券緣由的原因債權（如本件甲所積欠於乙之貨款債權），宜本於原因債權之層面而為請求 ❸。

2.締結中加害責任（案例舉隅②）

丙擬進入乙服飾店選購衣服，於門口跌倒，依傳統見解，乙丙之間尚

---

❸ 本例之結論為信賴利益賠償，但為締結過失責任的特例，非謂其為一般原則。為免無謂疑義，爰再重複指明。

無契約關係，是以丙之跌倒受傷，就其所受損害僅能依侵權行為之規定 (§184) 請求賠償。

　　丙依侵權行為請求損害賠償，須證明乙於丙之損害發生為有過失。按本件丙之跌倒受傷，係因不知名流浪狗路過排尿、地面為之濕滑所致，並非出於乙之行為；因此，於此必須確定者，即是乙對於門口之地面，是否有確保乾爽而不濕滑之義務。有關於此，國內學理及實務見解未臻明確，丙依侵權行為請求以賠償其所受損害，極易因法院見解保守而難以成立。依締結過失責任理論，當事人自預備締結法律行為（特別是締結契約）時起，雙方即進入等同依該法律行為生效而成立債權債務關係之情況，並在此基礎上互負協力及照護義務。如其締結法律行為之場所，為公眾得出入者，其提供場所之人，於法負有確保該場所合於安全使用狀態的義務；苟有違反，其締結過失即告成立，並對於出入該場所而受害之相對人負賠償責任。締結過程中之加害行為，既準於法律關係存在，則締結過程中之加害，評價上即等於締結完成後之加害給付，自得類推適用加害給付 (§227II) 之相關規定。只是，民法學理與實務，於法律行為成立前準法律關係之探討，尚未成熟。因之，關於締結中加害行為，正本清源之道，以法律明定為必要。

第三節　萬法之活源

　　面對私法生活秩序的日新月異、社會情事的不斷推陳出新，民法必須保持相對的機動性及前瞻性，才能一方面迎接時代挑戰而因應社會生活需要，另一方面可以無庸鉅細靡遺以待修法而仍得落實權利保護。正因如此，社會價值及倫理道德，得以適時適度持續注入民法法律世界。這種規範活門的考量運用，使民法在法律命題於具體明確、法律秩序安定之餘，還能兼顧並容社會生活事實，展現活水處處而生機蓬勃。民法本編為私法一般規範之所在，亦具萬法導論之雛形，其機動柔軟、活源匯集的現象，更是

顯然。為吟味民法與時轉進的真昧，爰另闢本節，言曰萬法之活源，並設定要點如下表：

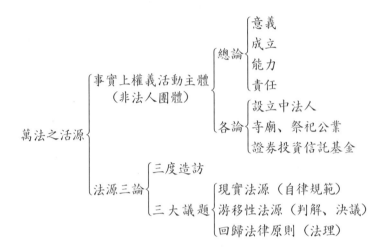

一、事實上權義活動主體

私法體例上，雖將權利主體侷限於自然人及法人二者。不過，在社會交易現實上，非為法人但現實存在的團體，卻也多以團體或機關名義從事權義活動，實際上也宛如法人而為權利歸屬主體，其發揮之社會功能且有凌駕法人之趨勢。為適度呈現其於制度上之實然，並指出可行之應然，爰以事實上權義活動主體名之（學理實務多以非法人團體稱之）。

(一)總　論

關於非法人團體的總論，分為意義、成立、能力及責任四項說明：

1.非法人團體的意義

(1)定義說明

非法人團體也者，意指與法人有同一實質，但無法人資格之團體，未經登記為法人的同業公會、協會、學會、同鄉會、乃至寺廟、教會或神明會等固是。祠堂、研究會、聯誼會或俱樂部亦然。

非法人團體，民法（典）固無直接明文，但程序法上有之❸。足見，

非法人團體仍是法定名詞，惟其並不直接明定於本法而已。

⑵下位概念

對於無法人資格之團體，國內文獻，或師取德國民法規定形式，稱之無權利能力社團❶。不過，沒有權利能力的團體，於我國而言，並不以社團形式者為限，民法立法意旨，亦不否認祠堂、寺廟及養贍祭產等獨立財產之存在，惟不許其登記為法人而已（本編施行法 §9）❶。為期與法定名詞呼應配合，爰採非法人團體之用語。

祭產、寺廟、神社等雖不許其登記為法人，但其團體性格仍在，而且所從事之社會活動及功能，與法人並無稍異；因之，尚難否定其為非法人團體❶，並因其重在獨立財產之管理運用而實質同於財團。從而，非法人團體亦應區分為下列二種類型❶：

非法人團體 ┤組織結合的團體：無權利能力社團：同業公會、協（學）會、同鄉會等
　　　　　　└獨立財產的團體：無權利能力財團：寺廟、神明會、祭祀公業等

❶ 主要條文依據如：民事訴訟法 §40III，行政程序法 §21 ④、§22 ③，訴願法 §18，行政訴訟法 §22、§27。

❶ 參照，王著，第二〇九頁以下；王澤鑑，〈無權利能力社團〉，收於王著，《民法實例研習叢書II：民法總則》，第一四八頁以下；劉得寬，〈論無權利能力之社團〉，《民法諸問題與新展望》，第四五二頁以下；呂太郎，〈無權利能力社團〉，《民法總則爭議問題研究》（楊與齡主編），一九九八，第一五六頁以下。

❶ 參照，民法總則施行法第九條：「第六條至第八條（即關於法人）之規定，於祠堂、寺廟及以養贍家族為目的之獨立財產，不適用之。」

❶ 寺廟、家族祭產為法人或非法人團體，可由民法施行前之相關判例佐證之。
　⑴寺廟：大理院三年上字第三三號判例：「凡寺院產業由施主捐助者，即為公產，該寺院之代表人（住持）對於此種產業僅有管理之權，而不能任意處分（管理寺廟條例第一〇條）」（同旨同年上字第一六一號判決）。
　⑵公用祭產：最高法院二二年上字第六一〇號判例：「民法總則施行前，凡個人以一定目的捐施其財產供公眾之用，而並未保留其所有權或共有權者，該財產即為特定目的之獨立財產，在當時應視為財團法人。」

❶ 參照，史著，第一二九頁～第一三一頁；洪著，第一七頁～第一四二頁。

2.非法人團體的成立

(1)成立要件

團體的成立，亦是根源的當事人的合意，通常型態是為法律行為中的共同行為類型 **❸**。依法律行為而成立團體者，既然須具備一定的要件，非法人團體亦無例外。惟其成立要件為何？學理相當紛歧 **❹**，實務見解，亦非盡為嚴謹 **❺**。依一般說法，非法人團體的成立要件如下：

①有一定的名稱及目的

②有一定的組織及管理方法

③有（實質的）獨立財產

④設有事務所或營業所

⑤設有代表人或管理人

以上五者，係兼括無權利能力社團及財團而言，如就無權利能力社團而言，則一定多數的社員，亦為成立要件。

(2)定位的論述

①論述立場的歸納

---

❸ 成立團體之法律行為，得歸納並舉其例如下表：

$$團體（成立） \begin{cases} 共同行為：社團設立 \\ 契約：合夥成立 \\ 單獨行為：財團設立 \end{cases}$$

❹ 關於非法人團體成立要件的論析，請參照，星野英一，〈わゆる「權利能力なき社團」について〉，收於同氏，《民法論集（Ⅰ）》，有斐閣，一九七九，第二九九頁以下；相本宏，〈權利能力なき社團、財團の財產關係〉，收於《民法の爭點（Ⅰ）》，有斐閣，一九，第二五頁以下；阿久澤利明，〈權利能力なき社團〉，收於《民法講座（Ⅰ）》，有斐閣，一九八三，第二八三頁以下。

❺ 最高法院六四年臺上字第二四六一號判例以為，只要①有一定之名稱與目的，②設有事務所或營業所，③具有（實質的）獨立財產，非法人團體即為成立；最高法院五〇年臺上字第一八九八號判例並以為，未經認許之外國法人，於我國有無事務所或營業所，尚非所問。

　　a.學理見解方面

　　非法人團體，在法律上如何定位?歸納學理立場有合夥說、(非法人之)團體說、內部法人說及準法人說四者。

　　　　ⓐ合夥說者以為：於民法上，非為法人即無所謂團體；因之，非法人團體，無論其組織實體如何明確堅實，管理方法如何完整嚴謹，在法律上仍為合夥 (§667)，並適用合夥之相關規定 [146]。

　　　　ⓑ團體說者以為：非法人團體雖因國家採取法人強制登記主義，而不能成為法人，但仍為團體，並本於團體性而作為法律適用之依據 [147]。

　　　　ⓒ內部法人說者以為：非法人團體，於其內部（類推）適用法人之規定，於其外部（類推）適用合夥之規定 [148]。

　　　　ⓓ準法人說者以為：非法人團體之有一定目的、組織、管理及運作者，實質上與法人並無不同，僅因其未登記而完全否定其法人性，恐有未妥。因之，無論其內部或外部，均（類推）適用法人之規定 [149]。

　　b.實務立場方面

　　實務偏於合夥說，並固持下列二個觀點：

　　　　ⓐ非法人團體無權利能力，不能適用法人之規定，只能認為屬於合夥而適用合夥之相關規定 [150]；

　　　　ⓑ合夥，亦為非法人團體 [151]。

---

[146] 參照，德國民法第五四條：「無權利能力之社團，適用合夥之規定。以該社團名義對等為法律行為者，由行為人自行負責。行為人有數人時，互負連帶責任。」

[147] 參照，梅著，第五三頁。

[148] 參照，史著，第一六二頁；呂太郎，前揭文，第一六三頁；施著，第一一九頁。

[149] 參照，王著，第一二二頁；同氏，前揭〈無權利能力社團〉，第一四九頁；李著，第一一〇頁；洪著，第一三八頁；黃立著，第一二五頁；陳榮宗，《訴訟當事人與民事程序法 (III)》，臺大法學叢書，一九九六，第一二二頁。

[150] 參照，最高法院一九年上字第一四〇三號判例：「公司未經核准登記，即不能認為有獨立之人格，其所負債務，各股東應依合夥之例，擔負償還責任。」

[151] 參照，最高法院四一年臺上字第一〇四〇號判例：「獨資經營事業……與民法上之合夥組織有別……自無當事人能力。原判決列……為當事人，……於法顯

②個人淺見

合夥說為早期學理之通說，實務立場與此幾近雷同，足認合夥說係主流見解。不過，晚近主張準法人說者頗為有力，是否得為明日之主流學說，值得吾人期待。不過，準法人說也者，得細分其為弱度準法人說及強度準法人說二種立場。前者，尚不直接肯定非法人團體有權利能力，亦非得為財產權歸屬之主體；後者，則持肯定見解 ❶❺❷。基於以下四點理由，個人酌採強度準法人說。

a.社會現實上，與法人體態相同、功能相若之團體，極其普遍，因登記之欠缺而否定其人格之存在，不僅完全流於形式，昧於實情，與民眾認知亦有嚴重乖離，而且難符社會生活需要。

b.民法施行以來，政府藉許可 (§46～§59) 及登記 (§30) 而嚴控法人之成立，顯有濫用行政裁量之虞，亦有違立法授權之本意。同時，立法機關長期默許寬容此一現象，復有嚴重懈怠監督。

c.實務肯定公法人或特殊法人，縱未經登記亦同為（私）法人，並未堅守法人強制登記制度，標準顯然不一。

d.於現代財經市場，以未經登記為法人之獨立財產相當普遍，否定其得為法人，顯與現實運作情形不符，既有重大窒礙金融市場、資本市場秩序正常發展，更難妥善保護當事人（投資人）權益。

3.非法人團體的能力

(1)實體法上能力

①一般歸納

實體法上能力主要為權利能力、責任能力及行為能力三者。其間，後二者之存在，係以前者為基礎；因之，無權利能力之團體，亦無責任能力與行為能力。實務及早期之合夥說、其他團體說或內部準用法人說，均認

有未合。」（同旨四二年臺抗字第一二號、四三年臺上字第六〇一號、四四年臺上字第二七一號判例）。

❶❺❷ 參照，曾著，第一〇一頁、第一〇四頁；陳榮宗，前揭書，第一四頁、第二〇頁、第二二頁。

非法人團體並無權利能力，非為財產權之歸屬主體❸，亦無所謂之責任能力及行為能力。不過，依強度的準法人說，則非法人團體得具有一定之權利能力、責任能力及行為能力，並得為該團體之財產歸屬主體。

學理通說及實務見解，雖否認非法人團體有權利能力，但於下列三者，則持較為寬厚之態度：

　　a.以非法人團體名義所為之法律行為，有效❹。

　　b.以非法人團體名義現實登記為財產（特別是不動產）所有人者，現實上有之（特別是祭祀公業及寺廟），亦為學理所默許❺。

　　c.營利性之非法人團體，亦屬營利事業，與法人同為稅賦義務主體❻。

②個人淺見

淺見以為：強度法人屬性的非法人團體，得為亦應為法人；至其是否具強度法人屬性，由法院裁量定之。所以採此見解，係融整考量社會秩序實情、法律制度合憲基礎及民事法源理論。蓋以，基於現實社會秩序的內在層面來觀察，所謂的非法人團體，尚可亦須相應區分其為二種形態。一為弱度法人屬性的非法人團體，另一為強度法人屬性的非法人團體。大凡，契約制度預設、情感聯誼本位或存在意義短暫的非法人團體，宜歸類為前者；反之，其組織管理及社會功能，得與法人同視者，應歸類為強度屬性的非法人團體。前者，如合夥❼、同學會、設立中法人等是；後者，如有嚴謹組

---

❸　學理多認其財產歸全體成員公同共有（參照，洪著，第一三九頁；梅著，第五三頁；黃立著，第一二六頁）。

❹　參照，最高法院七九年度臺上字第一二九三號判決：「非法人之團體雖無權利能力，然日常用其團體之名義為交易者比比皆是……除法律有明文規定或依其性質不得享受權利、負擔義務外，尚難謂與之為法律行為或其為之法律行為一概無效。」

❺　參照，洪著，第一三九頁；呂太郎，前揭文，第一七八頁。

❻　參照，所得稅法第一一條第二項、第四項；加值型及非加值型營業稅法第二條第一款、第六條第一款、第二款。

❼　參照，最高法院五六年臺上字第一六○九號判決：「合夥……雖……不能認係法人，然就不失為非法人之團體，該團體與人涉訟時，自應以該團體為當事人，

織及管理方法之寺廟、祭祀公業及（向大眾募集之）投資信託基金是。

強度法人屬性的非法人團體，如果一味否認其為法人，不僅會昧於社會實情，矮化權利保護，更因過度窒礙結社自由，難符合憲性的檢驗。因之，肯定強度法人屬性的非法人團體為法人者，其論點應較妥適。語其論據，尚有下列三點：

a.習慣法亦為法律

肯定非法人團體亦為法人，法律解釋上最難突破者，恐是直接違背法律政策的問題。蓋以法人無論其為社團或財團，均是非經登記，不得成立(§25、§30)。在如此強悍而封閉的強制登記主義下，依乎法律解釋肯定法人，很容易被認為違反既定法律政策、侵害立法權限。

民法第一條所稱之法律，概念範圍上應包括一般所稱的習慣法，並不以制定法為界限❺；民法第二五條之解釋，亦應同然。如是，法人得依習慣法而成立；而且，依習慣法成立的法人無庸登記。不過，依習慣法而成立法人者，應限於法人屬性強度的非法人團體，以免法人處處，甚而導致合夥亦為法人的法律奇譚。

強力而封閉管制法人的成立及運作，畢竟是十九世紀國家威權主義的高度展現，進入二十一世紀的現代社會，是否仍須墨守威權成規，實在值得深思。囿於篇幅，筆者以將近百年以前的大理院下列見解，作為探索可能最佳答案的參考。

大理院二年上字第二三八號判例：「法人之存在本為社會上自然發生之事實，社會因種種必要而發生特種現象，國家惟有制定法則所以規範之，斷無根本上加以否認之理，故若法律並無認許及限制明文，而在事實上別於個人有應獨立享權利負義務之能力之人類集合體或財產固定體，當然不能不以為法人而認許其存在。」

大理院三年上字第九〇一號判例：「已成立之法人果應認為何種性質，又其內部之權利義務關係如何應，適用何種法則，自應查照法律無明文則

而由其代表商號人或管理人為其法定代理人。」

❺　參照，本書上冊，第六九頁、第九二頁。

依習慣法，則無習慣法則依條理之原則，以為判斷。」

民國二、三年，當時封建威權國家體制強烈，社會生活猶是農林漁牧，大理院仍敢挑戰國家威權，論定法人得超越制定法而存在。百年之後，靠國際經貿存活，而又積極奔向電子資訊、網路交通的國度，其法院反而固守國家威權，極力配合登記神化主義，其間呈現之對比，實值吟味。

b.非經登記得為法人

主流學說及各級法院，雖一方面強調未經完成法人登記，不得成立法人；不過，對於公法人（如農田水利會）或其他法律成立之特殊法（如農會、漁會），卻認其成立無待民法第三〇條之設立。既然，學理及實務並不完全貫徹登記主義，則因社會生活實情，對於法人屬性強的非法人團體，本於習慣法而肯定其為法人，當非不可接受。

c.合憲性因素之考量

集會結社自由，為憲法明文所保障的人民基本權利（憲法 §14），法人之存否，與妨礙他人自由或緊急危難並無直接關連，其限制應僅以維護社會秩序或增進公共利益所必要者為限（憲法 §23）。純採登記形式主義，以為唯一認定標準，是否過度限制法人的成立而難契合比例原則，不無探討餘地。

(2)程序法上能力

程序法上之能力主要有二，一為當事人能力 [159]，一為訴訟能力 [160]。二者於此之相關答案，深涉訴訟諸法，因考量其與民法總則相距甚遠，具體介紹爰予從略。

4.非法人團體的責任

---

[159]　參照，民事訴訟法第四〇條立法理由：「凡有權利能力者，不可無當事人能力，否則保護權利之道，必不能臻於完備，例如人有權利能力，故得與他人訂結契約，人有當事人能力，故得對於不履行契約之人，提起訴訟是也。」

[160]　參照，民事訴訟法第四〇條立法理由：「當事人能力，乃自對於審判衙門要求保護權利之能力，與自為訴訟行為之能力（即訴訟能力）不同……狂人雖有當事人能力，無訴訟能力，可見當事人能力，與訴訟能力之分，猶如民律中權利能力及行為能力之分也。」

非法人團體的責任，歸納為下列課題說明：

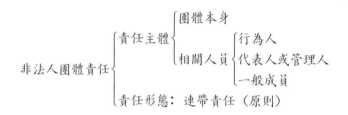

(1)責任主體

①非法人團體本身

一般以為非法人團體有責任能力。換言之，如其代表人或管理人以非法人團體從事交易活動，因而有債務不履行或侵權行為情事者，非法人團體仍應以其獨立財產負擔履行責任**⓯**。

②相關人員

a.行為人

以非法人團體名義，為其執行事務（包括進行交易活動）之人**⓰**，本於自己責任原則，行為人須因其行為而負責任，不過，仍應適用過失責任原則 (§220、§184)。

非法人團體之行為人應負擔責任者，並不以侵權行為為限，即使於契約（法律行為）不履行亦應作同一解釋。法律解釋方法上，以民法總則施行法上未認許外國法人（同法 §15）規定為法律原則，再依本於回歸法律原則（總體類推）之法律解釋方法，認其規定得適用於所有非法人團體。

b.管理人或代表人

管理人或代表人，為非法人團體事務而為行為者，即屬前段所謂之行為人，理應基於行為人負其責任。其非為非法人團體執行事務者，原則上依下列情況而分別定其責任之有無：

⓯ 參照，民法總則施行法第一五條：「未經認許其成立之外國法人，以其名義與他人為法律行為者，其行為人就該法律行為應與該外國法人負連帶責任。」

⓰ 參照，最高法院二六年上字第六二二號判例、七四年臺上字第一二二九號判決。

ⓐ管理人或代表人，於其事項之發生有過失（如監督不周或默認行為人為非法人團體為一定行為）者，與行為人負同一責任。

ⓑ管理人或代表人於其事項之發生並未有過失者，如其為非法人團體之（一般）成員者，以（一般）成員身分定其責任；如其非為團體之成員者，無庸負責。

　c.一般成員

一般成員，係意指非為上述之行為人，亦非具有管理人或代表人身分的非法人團體成員。其應否負責，有下列二種分歧論點：

ⓐ無限責任說

就非法人團體所生債務，應準於合夥（人）之規定，對於債權人負無限責任 (§681)❽。

ⓑ有限責任說

就非法人團體所生債務，準如有限公司或股份有限公司股東，僅以出資額限度內負其責任（公司法 §99、§114 II 後段、§154）❹。

淺見以為，成員之責任究屬如何，須視非法人團體的形態而作如下之分別論定：

$$\text{成員責任}\begin{cases}\text{社團性非法人團體}\begin{cases}\text{營利性非法人團體：無限責任}\\\text{非營利性非法人團體}\end{cases}\\\text{財團性非法人團體}\begin{cases}\text{有成員（如祭祀公業）}\longleftarrow\text{有限責任}\\\text{無成員（如寺廟）：無（成員）責任 ❺}\end{cases}\end{cases}$$

(2)責任形態

①行為人與非法人團體間為連帶責任；如其行為人為多數人者，行為人彼此間亦負連帶責任。

---

❽　參照，陳榮宗，前揭第二頁、第二七頁。

❹　參照，王著，前揭《民法總則（實例演習）》，第一四九頁；史著，第一三〇頁；洪著，第一三九頁。

❺　信徒非寺廟或教堂之成員，尚不生成員責任之問題。

②管理人或代表人與非法人團體之間亦為連帶責任；管理人或代表人為多數人者，彼此間亦均負連帶責任。

③成員之責任形態，依法律之規定。法律無特別規定者，僅營利性非法人團體之成員，類推適用有關於合夥人責任之規定。

㈡各　論

非法人團體的各論，舉設立中法人、寺廟（含祭祀公業）及信託投資基金三者以對。

1.設立中法人

設立中法人，分為意義、權利移屬及費用負擔三項說明：

⑴設立中法人的意義

①意義之說明

處於設立程序中的法人，是為設立中法人。蓋以法人之成立，通常須經主管機關許可，再經辦理登記。於此期間，法人尚未成立，爰以設立中法人稱之。因其以社團之設立者為常見，文獻上爰多稱之設立中社團；其間，設立中公司，尤其常見。實務於此表示下列二種見解：

a.設立中公司，係指自訂立章程以迄登記完成前之公司而言 ❶⑥⑥。

b.設立中公司為非法人團體 ❶⑥⑦。

設立中法人，雖以社團為常見，但同樣有設立中財團的概念存在。本書爰捨設立中社團之用語，代之以設立中法人。

②語意之範圍

設立中法人，通常係指由無到有的歷程時段；反之，由有到無，是為消滅中法人。依民法規定，清算中之法人視為存續 (§40 II)，因此，消滅中法人亦為法人。

實務以為，經撤銷法人登記者已失法人資格，於其清算完結前是為非

---

❶⑥⑥　參照，最高法院八八年臺上字第二六一九號判決：「設立中公司，係指自訂立章程至設立登記完成前尚未取得法人資格之公司。」

❶⑥⑦　參照，最高法院二〇年上字第一九二四號判例：「公司未經登記雖不得認為法人，然仍不失為訴訟當事人之團體。」

法人團體 ❽；再者，日據時代之法人（特別是公司），於臺灣光復後未經辦妥法人登記者，也只是非法人團體（合夥）❾。因之，消滅中法人當亦有設立中法人之形態。未經認許之外國法人，實務將其定性為非法人團體❿，亦是類似設立中法人。

(2)設立中法人的權利移屬

①設立中法人的權利歸屬

　a.設立中社團

一般以為：設立中社團，其財產原則上歸屬於社員全體共有或公同共有，應以全體社員名義登記；其無社員者，歸屬發起人，應以發起人全體名義登記。惟設立中法人既有獨立財產，且有一定目的，以設立中社團名義登記，應更明確，既有助人於法人成立，更可保障交易安全。

　b.設立中財團

財團，依一般論點，認其財產應登記為各該捐助人或捐贈人個別所有。不過，基於同上理由，登記為將來成立之財團，似較適宜。

②法人成立時的權利移屬

設立中法人，係為成立法人而存在；法人成立後，設立中法人之財產自應移屬於該法人。如何移屬，理論上有下列二者之分歧：

　a.讓與移轉說

法人成立時，本來應屬於法人之財產，尚不當然移轉於法人，惟其發起人、會員、捐助人或捐贈人等，應依如下一般權利讓與之方式移轉其權

---

❽　參照，最高法院七九年臺上字第五五五號判決：「依公司法組織登記成立之股份有限公司解散後……經主管機關……撤銷其公司登記後，雖無法人資格；但在未經清算完結前，仍不失為非法人團體。」

❾　參照，最高法院七六年臺上字第三八○號判決：「日據時期之公司組織，於臺灣光復後未依我國公司法改組登記為公司，亦應認係民法上之合夥。」

❿　參照，最高法院五○年臺上字第一八九八號判例：「未經認許其成立之外國法人，……然仍不失為非法人之團體，苟該非法人團體設有代表人或管理人者，依民事訴訟法第四十條第三項規定，自有當事人能力。」

利於法人:

$$
\text{權利讓與}(\text{方式})\begin{cases}\text{無體財產（包括債權）：權利讓與合意} \\ \text{動產：動產讓與合意＋交付 (§761)} \\ \text{不動產：不動產讓與合意＋書面＋登記 (§758、§760)}\end{cases}
$$

b.當然移轉說

設立中法人與其後之法人，二者具有同一性；因之，法人成立時，設立中法人之財產當然移屬於法人，無須另待權利讓與方式之完成。

以上二說，以後者（當然移轉說）較符法人存立之本質，亦較能妥適解決設立期間衍生的權利義務履行，於交易安全更有實益。晚近實務明確肯定後說，誠值贊同 ❶。

(3)設立中法人的費用負擔

設立中法人所生費用，如申請許可、辦理登記及因籌設而必要之交易行為所生費用等（包括因而負擔之債務），應由其實質之獨立財產負擔；而且，於法人成立後，歸由法人承受。

公司法規定，公司不能成立時，發起人就其所需費用應負連帶責任(§150)，即使公司成立，發起人對於公司成立前所負債務，亦負連帶責任(§155 II)。此之規定，得視之為設立中法人責任之法律原則，本於回歸法律原則之法律解釋方法，得認為於其他法人設立事件，均是同有適用 ❷。

2.寺廟、祭祀公業

寺廟、祭祀公業二者均非以營利為目的；而且，民法施行前均是得為法人（習慣法人），民法施行後，其法律地位淪於充其量不過只是非法人團體的窘境，二者之坎坷命運，卻又相若，爰就二者一併觀察。

---

❶ 參照，最高法院八八年臺上字第二六一九號判決：「設立中公司與成立後之公司屬於同一體，因此設立中公司之法律關係即係成立後公司之法律關係。申言之，發起人以設立中公司之執行及代表機關所為有關設立之必要行為，其法律效果，於公司成立時，當然歸屬於公司。」

❷ 參照，王著，第一九八頁；史著，第一四〇頁。

⑴寺　廟

①寺廟非為法人之現實

宗教上建築物而有僧道住持管理者，不論其名稱為何，均屬於法所稱之寺廟（監督寺廟條例——以下稱本條例 §1）；僧道，不及於耶教或回教之神父、牧師等，寺廟自亦不包括教堂[173]。

信眾並非社員，僧道亦非寺廟成員，故寺廟不能成立社團法人。實務以為，除其經登記為財團法人者外，僅為非法人團體[174]。學理多數見解亦然[175]。民法本編強調法人成立登記主義 (§30)，民法施行前成立的法人，須經重新審核及聲請辦理（設立）登記（本編施行法 §6、§7），否則，法人資格即告喪失[176]。於民法施行後，寺廟重新聲請登記而成為法人之途徑，事實上已遭杜絕，因之，學理實務爰多以為，除其另行成立財團法人者外，充其量只是非法人團體。

②寺廟為法人之論證

然而，上述主流見解，是否盡符法制實情及民法本編立法原意，不無疑義。至其論據如下：

a.習慣法法人

寺廟為法人，早在民國初年，即由大理院迭以判例解釋加以認定，足認於民法頒行以前，寺廟即是習慣法之法人。寺廟之此一法人地位，如以民法本編施行法未賦與重新審核及成立登記之機制，即完全加以否定，難免蠻橫而又抹煞社會實情。

---

[173]　參照，司法院二一年院字第八一七號解釋：「耶穌、基督之禮拜堂、浸禮堂，雖亦宗教上之建築物，但非有僧、道住持不合於同條例第一條規定，自未能認為寺廟。」

[174]　參照，法務部七六年法檢字第一三九〇七號函：「民法總則施行後設立之寺廟，雖已依監督寺廟條例及寺廟登記規則等有關規定辦理寺廟登記，惟尚未……經法院登記於法人登記簿等，尚不得認係法人。」

[175]　參照，史著，第九九頁；黃著，第一七四頁。

[176]　參照，司法院四三年臺鳳公參字第四六〇八號函、七二年秘臺處㈠字第一三五九號函。

b.特別法法人

監督寺廟條例，固無寺廟為法人之直接明文。不過，依本條例規定，不僅財產及法物❼為寺廟所有，並由住持管理，而且得興辦公益或慈善事業，並得於目的範圍內處分財產（本條例§6 I、§10、§7～9）。凡此，均在在足認，寺廟乃是不折不扣的權利義務主體。其根據為監督寺廟條例，自為特別法上之法人。

c.民法真意之回歸

民法本編施行法第九條，關於寺廟不適用重新聲請登記之規定，邏輯並不必然導致寺廟非為法人之結論。因為，所謂不適用者，語意上亦得認為，因其既為法人，故無庸重新聲請審核及登記。早期實務見解，似偏於此一立場❽；晚近持此論點之實務立場，亦頗有力❾，見解顯較可採。蓋以早在民法施行以前，寺廟既一直以習慣法人之地位昂然於民法殿堂，民法施行後，復以監督寺廟條例呈現其為（特別法）法人之雄姿，在社會長期意識及特別法律規定的綿密結合下，顯然無從否定其既為及應為法人之堅強依據；民法第三〇條的登記成立主義，即便不願面對習慣法而退讓，但總不能連特別法之規定亦強悍地加以否定❿。

(2)祭祀公業

---

❼ 法物之標的包括宗教上、歷史上及美術上有關之佛像、禮器、樂器、法器、經典、雕刻、繪畫及其他由寺廟保存之一切古物（本條例§2 II）。

❽ 參照，司法院三七年院解字第三七九二號解釋：「民法總則施行前設立之祠堂寺廟，在民法總則施行後無須依新設法人之程序聲請登記。」

❾ 參照，司法院七五年民㈠字第一六七七號函：「寺廟既已脫離其捐助人或信徒而有獨立財產，為達成其一定目的之必要範圍內，為一切法律行為，擔當相當於自然人之一般社會作用，且具有為權利義務主體之社會價值，已具有法人之實質要件。……監督寺廟條例……更承認其有權利能力。……民法總則施行前設立之寺廟，無庸依新設立法人之程序聲請登記，應適用監督寺廟條例，而當然承認其法人人格。」

❿ 寺廟之為法人，仍須本質上已符團體之要件。沒有住持管理、或本就沒有法物及財產、或無興辦事業者，尚不能因空有寺廟之名稱或形式，即認定其為法人。

①原本屬性

以祭祀特定死者為目的而成立的獨立財產，是為祭祀公業。於固有法上，稱業者不動產之謂也；蓋以成立祭祀公業，一般多以土地及其上之祠堂為常見也。特定死者，一般稱之享祀人；公者，意指供為享祀人或設立人之子孫共同祭祀之用而言；有祭祀權之子孫，通稱之為派下（員）。

慎終追遠、撫恤子孫，為東方文化精粹之一。在較早時期，成立祭祀公業（祭田、祠產），以慰先人，並團結子孫者，相當普遍。多數情形，總是擁有大宗土地及其他可觀資產，並以其資產從事交易。祭祀公業之為權利義務主體，與西方社會之法人頗有神似之處；本此體認，即使日據殖民政府，仍尊重我固有文化，肯定祭祀公業為習慣法人。淺見以為，祭祀公業究僅單純為財產的總稱，亦或為一團體，應視其存在形態而個別認定：未設有管理人或代表人者，僅為一定獨立財產；反之，其設有管理人或代表人者，則為團體。

②風華不再

時在今日，祭祀公業也者不過為派下員公同共有祀產的總稱，已是學理及實務之通說❶。不過，仍有少數見解以為祭祀公業通常設有管理人管理公業之財產及事務，為祭祀享祀人而設立之團體，非僅為獨立財產而已❷。不過，自光復初年，實務及學理通說，明確否定祭祀公業之法人地位。核心見解一致認為：祭祀公業僅為後裔公同共有祀產之總稱，非為團體，自無權利能力❸；即晚近的法院主流立場亦是❹。因之，處之今日，

---

❶　參照，最高法院三九年臺上字第三六四號判決：「臺灣關於祭祀公業之制度，雖有……視為法人之習慣，然此種習慣自臺灣光復民法施行後……法人非依民法或其他法律之規定不得成立……自無適用與此相反之習慣，認其祭祀公業為法人之餘地。」（晚近判決如最高法院八五年臺上字第一四九五號、八六年臺上字第一九一七號、八八年臺上字第一四二〇號、九〇年臺上字第四六號等）。

❷　參照，最高法院八五年臺上字第二七一八號、八八年臺上字第一四二〇號判決。

❸　最高法院三九年臺上字第三六四號判決：「臺灣之祭祀公業，……不過為某死亡者後裔公同共有祀產之總稱，尚難認為有多數人組織之團體名義，……縱設有管理人，亦非民事訴訟法第四十條第三項所謂非法人之團體，自無當事人能力。」

論爭其是否得為法人，似已不具重要意義●。只是，本國政府未如殖民政府者，竟有若此，實在令人至感疑惑。

3.證券投資信託基金

(1)前　言

論究證券投資信託基金是否應為法人，具有下列三項意義：

①省察以民法本編論盡法人之法律思維，是否確當。

②啟發面對、甚或迎向現代社會時，在法律思維上所需的調整。

③體驗在民商合一的基本思考模式下，民法本編射程的縱深橫闊，乃至其間的體系脈絡及環節接連。

(2)證券投資信託關係之構成

①證券投資信託之概念

證券投資信託也者，係由證券、投資及信託三個概念融結而成。三者之關係為：法律基礎關係為信託；信託的目的在於投資；投資的標的限於證券。其相應的主要法律依據，依次而為信託法、銀行法及證券交易法。不過，此等法律的基礎規範仍為民法（主要為財產法之編章），並歸總於民法本編。

a.信　託

因一定目的，將一定財產移轉他人管理處分，其因而成立之法律關係，是為信託（信託法 §1）●。其將財產權移轉於他人者，是為委託人（信託

● 參照，最高法院八五年臺上字第一三七一號、九〇年臺上字第四六號、第六七八號判決。

● 依實務所見，祭祀公業係以派下權（包括取得、讓與）及其行使為重。語其要點如下：

　⑴祭祀公業（之獨立財產）為派下全體公同共有；在此基礎上享有派下權義。

　⑵派下原則上由設立人之男系子孫依繼承而取得。

　⑶派下權具有身分權之性質，原則上不得轉讓於非派下之人（最高法院九〇年臺上字第二一〇七號判決）。

● 參照，信託法第一條：「稱信託者，謂委託人將財產權移轉或為其他處分，使受託人依信託本旨，為受益人之利益或為特定之目的，管理或處分信託財產之

人），受託管理處分財產者，是為受託人；受託人因而取得之財產，是為信託財產（信託法§9①）。一定目的，通常情形為經營運用，藉以謀求更高利潤（信託利益）；享有信託利益之人，是為受益人，為信託關係上最重要之利害關係人，也是信託關係之核心主體。

信託財產，名義上雖為受託人所有，但實質上則為受益人之利益而存在。為確保信託目的的實現，保障受益人的權益，信託財產應脫離於信託人、受託人及受益人自有財產之範疇，成為法律的獨立實體。它不屬於受託人遺產、非其破產財團之財產，亦非強制執行之標的（信託法§10～§12）。信託財產在此獨立財產實體之基礎上，進行各種交易活動，成立各項法律關係。此之情形，與財團頗相神似（但目的非必為公益）；也因此，難免引發信託財產是否為法人之聯想。特別是信託業者，以公開募集方式，向不特定多數人（社會大眾）募集資金，並因而成立共同信託基金（信託業法§8、§29、§30），定位其基金為法人，論點似乎更具積極意義。

b.投　資

出資於以營利為目的之事業或持有其事業之一定股份或出資額者，是為投資。在現代社會，從事投資最普遍而通常的行為態樣，即是購買有價證券、特別是政府債券或上市（櫃）公司發行之股票、債券。證券投資信託基金成立的目的、運用的方法及依據，亦僅在於供為投資，並以所生收益按投資份額分歸受益人享有。

c.證　券

證券者，有價證券之簡稱也，但於此具有下列二個特定的意義：

　　ⓐ此稱證券，僅限於證券交易法上所稱之有價證券，亦即政府債券、公開發行公司股票、公司債券及金融監督管理委員會核定之其他有價證券❶⑧⑦。

關係。」

❶⑧⑦　參照，證券交易法第六條：「本法所稱有價證券，指政府債券、公司股票、公司債券及經主管機關核定之其他有價證券。新股認購權利證書、新股權利證書及前項各種有價證券之價款繳納憑證或表明其權利之證書，視為有價證券。前二

　　　　ⓑ證券投資信託基金所得投資標的之證券，法律上有一定的限制，以我國法制現實，原則上以上市、上櫃股票為限❶❽❽。

②證券投資信託基金之意義

　　證券投資信託基金之募集運用者，是為證券投資信託事業；其保管者，是為基金保管機構（證券投信法 §2、§5 ②）。證券投資信託事業，為向大眾募集資金，與基金保管機構訂立之契約，是為證券投資信託契約；其因而募得的特定獨立財產集合，即是證券投資信託基金。在法律設計上，證券投資信託契約，須參照主管機關核定之契約範本，載明法定應記載事項而訂立，並向主管機關金融監督管理委員會申報或經其核准❶❽❾。換言之，投信事業及保管機構為該契約當事人；相對的，應募而投入資金之受益人，僅係證券投資信託關係上的利害關係人（債權人）。其多角關係如下圖：

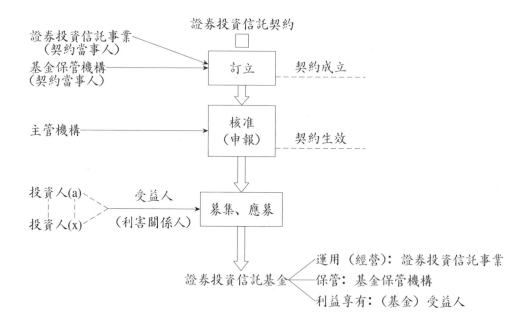

　　　　項規定之有價證券，未印製表示其權利之實體有價證券者，亦視為有價證券。」

❶❽❽　參照，證券投資信託基金管理辦法第一二條第一項第一款（條文旨意略為：運用證券投資信託資金，不得投資於未上市、未上櫃股票）。

❶❽❾　參照，證券投信法第五條第一款、第一二條。

　　依證券投資信託法規定，證券投資信託基金係指證券投資信託契約之信託財產，包括因受益憑證募集或私募所取得之申購價款、所生孳息及以之購入之各項資產等語（同上 §5 ④），惟乃略去經營主體及規範依據（證券投資信託契約）的簡要說明，尚非嚴謹的學術上定義❿。

　　⑶證券投資信託基金之定位

　　①學理彙整

　　證券投資信託基金，不僅財產具有獨立地位，事實上也從事相當頻繁而多量的投資（交易）活動。於其存續期間，謂其尚不亞於任何公司，絕非過甚其詞。這樣具有獨立意義的基金，在法律關係是否具有權利主體之地位，法律規定不明，學理見解紛歧，但得歸納為下列三大立場：

　　a.單純財產集合說

　　基金既未依法登記為法人，充其量僅是單純的財產集合，既非為法人，亦難謂為非法人團體⓫。

　　b.非法人團體說

　　基金固因未依法完成法人設立登記而非為法人；但證券投資信託事業猶如基金之代表人，保管機構形同基金之管理人，而且基金有一定之目的（於公開市場投資證券獲取利益而歸屬於受益人），故基金應為非法人團體⓬。

---

❿　較為周延的定義說明如下：「不特定多數之投資人，應募而認購證券投資信託事業所發行之基金受益憑證，該等投資人因而交付之價款及其衍生之財產的資產集合，於募集完成後成為獨立之信託財產，是為證券投資信託基金；相應於此，投資人為信託財產受益人，依其所有受益憑證表彰之價額，比例享有證券投資信託基金之利益。」

⓫　實務見解，司法院民事廳於投信投顧法審查時之立場（引自，郭土木，〈證券投資信託基金之法律性質〉，《全國律師》，第八卷第十二期，二〇〇四，第四五頁～第四六頁）；臺灣臺北地方法院七五年全字第二八五八號裁定；黃虹霞，〈證券投資信託基金之法律性質與證券投資信託基金受益人之法律定位〉，《萬國法律》第一三九期，二〇〇五，第七頁。

⓬　參照，郭土木，前揭文，第四七頁～第四八頁；曾淑瑛，《證券投資信託基金之法律地位》，輔仁大學碩士論文，二〇〇六，第一六二頁、第一六六頁～第

c.法人說

基金雖未登記為法人，但既為獨立財產，且在目的（投資）範圍內從事交易行為而發生各項權利義務，理應從其實質層面而認定其為法人 **⑲**。

②個人論點

基金既有一定目的（投資及分配信託利益）、一定的組織（證券投資信託事業、基金保管機構及受益人大會），更有龐大的獨立財產（動輒數十億元），復又積極持續廣泛從事法律行為而聚散無數之權利義務；凡此，均是符合法人認定之實質要件。此等實質要件亦均明定於證券相關法令，足可取代民法上之登記主義。因之，淺見支持法人說之學理見解。

二、法源三論

㈠重點歸納

1.語意的釋明

所稱法源三論，寓有雙重意義。一為法源的三度探訪；其次為探討法源的三大課題。蓋本書上冊於法源乙章，已就法理分列不同段落說明。本項是第三階段的探討，爰以三論名之。

法理之課題，其尚有研究必要者，主要有如下三項：①現實法源、②游移性法源及③回歸法律原則。因其課題恰好為三，稱之三論，似亦巧合而又巧妙。

2.要點的說明

配合本書上冊的構想，考量相關事項完整說明之必要，本項配合補充說明習慣、公共秩序與合憲關係。

(1)現實法源

一六七頁（同時認為立法論宜採法人說）。

⑲ 參照，陳春山，《證券投資信託專論》，五南圖書，一九九七，第三二二頁（稱之「不完全之實質法律」主體）；王嘉蘭，《證券投資信託基金法律地位之研究》，東吳大學碩士論文，一九九二，第一八六頁；何佩芬，《證券投資信託法制現代化之研究》，文化大學碩士論文，一九九八，第一一六頁～第一一八頁。

　　本書所稱現實法源，係指是否為民法第一條法律，並非甚為明確，但於法院裁判卻等同法律而援為適用依據之行業規範。法人或非法人團體之章程、行業（公會）之規約、交易所營業章則及法院判例等，均可歸類於此。不過，廣義法院判解的法律規範屬性，容有參差而具有游動性，爰另以游移性法源稱之，並另項說明。基此，現實法源的要點有如下表：

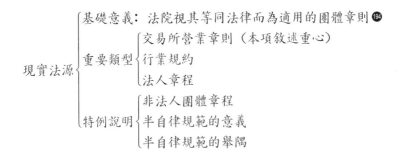

現實法源 — 基礎意義：法院視其等同法律而為適用的團體章則 [194]
重要類型 — 交易所營業章則（本項敘述重心）／行業規約／法人章程
特例說明 — 非法人團體章程／半自律規範的意義／半自律規範的舉隅

　　現實法源，種類繁多，深入了解，篇幅浩大，本項爰僅選擇其中最具特色的交易所營業章則，作為主要敘述例證。

　　(2)游移性法源

　　判例，在我國的法源論上有其特別限定的意義，但國外文獻所稱的判例，其範圍顯然廣泛得多，略可包括我國法制上所稱的（司法院）解釋、最高法院判例、決議及判決、司法院函示及法務部函示等，為期兼括，本書統稱之為司法判解，並其法律適用上之後順序表解如下：

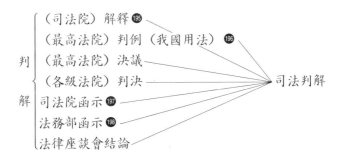

判解 — （司法院）解釋 [195]／（最高法院）判例（我國用法）[196]／（最高法院）決議／（各級法院）判決／司法院函示 [197]／法務部函示 [198]／法律座談會結論 → 司法判解

---

[194]　此等團體，或為法人，或為非法人團體；此等章則，多數情形固稱之章程，但亦有採取法規命令或行政規則之名稱，稱之細則、規準、準則或要點者。

就我國民法法源構成來說，以判例最具代表意義，故本項所述，爰以判例為主。蓋以在司法的造法頗為積極的現代私法體制，判例非僅表現為狹義而單純的法律解釋，相反的卻有相當分量的法律補充、甚而法律創造。如其屬於後者，則判例即應評價為獨立的法律。再者，判例所詮釋之對象，除狹義法律外，尚及於團體章則、習慣、法理，判例的定性隨解釋對象或解釋方法而表現相對彈性之不同意義，爰特稱之游移性法源。

(3)回歸法律原則

①法理與法律原則

本書以為，法理乃指內在於法律秩序之法律原則。基此論點，法理即是法律原則，法律原則即是法理，從法源構成來說，二者實質意涵可以暢然相通。

以法律原則詮釋法理，相對於其他學理立場，不僅其概念範疇比較具體明確，法源射程亦不致流於漫無邊際。尤其，在公序良俗原則 (§2、§72)、公共利益原則（§148 I 前）、禁止權利濫用原則（§148 I 後）及誠實信用原則 (§148 I)，相繼納入明文規定後，內在於民法秩序之法律原則也者，究其語意範圍，與條理、事理或法理之間，恐多互通互成。

②法理與回歸法律原則

法源為法院判決根據之規範，法學方法為法院解釋此等規範之方法。一為本體，一為方法，肯認法理等於法律原則，回歸法律原則也者，無異即是回歸法理。

回歸法律原則，即是總體類推（本書上冊，第四一頁），它是法律補充的後備（後位），亦是廣義法律解釋（包括法律補充意涵的法律解釋）的最

---

⑲ 司法院解釋，以現制而言，意即司法院大法官解釋；如回溯歷史發展，則包括大理院解釋及行憲前的司法院解釋。

⑯ 最高法院判例，係採廣義而包括最高行政法院判例；如回溯歷史，則包括大理院判例及行政訴訟程序改制前的行政法院判例。

⑰ 司法院函示，包括院本部所為函示、司法院秘書處函釋及司法院各廳之函示。

⑱ 回溯歷史發展過程，法務部函示包括司法行政部函示。

後道具。超越於此，即是法外續造的法官造法。因此，回歸法律原則係法律解釋之終局或界限。相應於此，法理為強制法源之最後順位，亦其終局所在。以法律原則詮釋法理，正可恰當而妥適印證，法源論（規範本體論）與法學方法論（規範方法論），在最終流轉源點，本即相互接合，甚而相互融合。

㈡現實法源

現實法源分為下列事項說明：

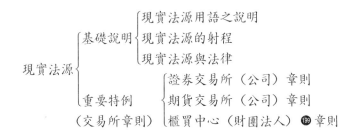

1.基礎說明

⑴現實法源用語之說明

本書所以採用現實法源的用語，其主要理由如下：

①避免泥古非今

現代法律、特別是在財經法律領域，出現許多有否法律授權並不明確的自律規範，但在法源現實上卻是很重要的裁判依據，以現實法源稱之，可以暫時避開是否為法律的爭議，以免泥古而非今。

②反映法系融合

傳統意義的法律，在法源構成上具有幾至獨尊的排他地位，固為二十世紀前半以前德國法學的主流思想。不過，德國法學思維，並非唯一，亦非至尊。二次大戰以後，英美私法學光芒四射，不同法系逐漸融合。美國公司法，證券交易法等金融法令，大舉進入我國。法律解釋方法論及法源

199　在現階段的我國，交易所均採公司制，櫃買中心係財團法人，故附表以公司或財團法人註記之。

論，不能再固守傳統德國思考模式，應是無可避免。因為，即使是德國私法學，亦深受美國法的影響，顯現法系高度融合的現象。

③迎合制度實情

以法律、習慣、法理排除其他法源類型的存在，並獨尊法律在法源體制上的優先地位，基本上僅於制度理想面有其意義。因為，它必須建立於二個前提之上。其一為法治情境完全成熟，絕對沒有命令踰越法律而被適用；其二為法律概念極其開闊，可以廣及契約、決議及章程等。以我國制度現實來說，藉行政規則的形式而完成法律的使命，或利用行政規則的巧裝而掩飾其抵觸法律者，仍是相當普遍，即使是法規命令，亦時有踰越法律授權。如果仍是堅守，法源也者唯法律、習慣及法理三項而已，縱非自欺欺人，亦與現實實況相去甚遠。

(2)現實法源的射程

在法源理論上，現實法源也者，與學理所稱的自治規範或自律規範，頗稱相近。早期文獻，或將地方自治法規視同自治規範類型之一 ❷。然則，時至今日，自治法規、特別是自治條例，已與法律地位等同，因此，現實法源不宜再包括自治法規（本書上冊，第九○頁）。

團體之章程或行業之規約，所以得為法源而適用，主要應係源自法律行為自由原則。在此角度上，法律行為本身，特別是契約法中的定型化契約約款，亦是法源。因為，法律行為內容之有關約定，既有如法律之得亦應成為法源，有時其順位且會先於任意法而優先適用。足見，在法源機制上，法律行為究為法律與否，必須設法從下列的矛盾立場中脫困：

①法源的框架，仍可維持法律、習慣與法理之模式；只是法律，應從廣義而泛指所有裁判依據之規範，其範圍包括自律規範或現實法源 ❷。

---

❷　參照，碧海純一，《新版法哲學概論》（全訂一版），弘文堂，一九七七，第一四四頁。

❷　參照，黃茂榮著，第四頁；蘇永欽，〈民法第一條的規範意義〉，收於前揭《民法總則爭議問題研究》，第一頁以下（本註出處見第二二頁）。

②法律、習慣與法理三者，具有例示意義，並未窮盡列舉而排除其他
　法源之可能存在。現實法源或自律規範，即是其例。

基於以下四點理由，後者（例示意義說）之論點應較可採：

a.杜免概念混淆

於財產權法上，法律的概念，固可不必過於狹隘，但過度擴張，恐易
滋生無限之概念混淆。將自律規範納於法律概念之中，則章程、決議、契
約或其他法律行為亦均為法律之結論，勢必無從否認。

b.迴避授權明確原則

等同法律之規範(特別是行政命令)，必須符合授權上之具體明確原則。
如認章程、決議或其他法律行為為民法第一條之法律，則彼等如何可以通
過授權具體明確原則的檢驗，答案卻是戛戛其難。

c.考量名實相符

除非我們揚棄私法自治原則，否則，自律或半自律規範亦為適用相當
廣泛而頻繁的法源存在事實，似難否認。契約、團體章程、行業規約等的
適用，在某種程度上具有優先於法律（任意法）之地位，視之為獨立之法
源存在形式，應是亦始是較符事實。法國民法的相關規定有一定的啟發意
義❷。

d.忠實立法原意

民法第一條之主要法源有二，其一為民律第一草案第一條，第二為瑞
士民法第一條。按民律第一草案之原文為：民事，本律所未規定者依習慣
法，無習慣法者依條理，足認斯之法律尚不包括自律規範。再者，瑞士民
法第一條所稱之法律 (Gesetz)，係意指制定法，亦為其學理及實務所肯定。
制定法也者，尚難涵蓋自律規範。

⑶現實法源與法律

對於民法第一條，學者曾有相當傳神而貼切的評論：「體例優美而不正
確，就法源之種類言，列舉其三，遺漏其餘❸。」現實法源即係其所遺漏的

---

❷　參照，法國民法第一一三四條第一項：「依法成立之契約，在當事人間等同法
　律之效力。」

重要形態。

　　以上的看法，事實上也可從德國民法（整體）獲得啟發或佐證。誠然，德國民法未如瑞士或我國民法之對法源直接定有明文；不過，德國民法施行法第二條規定：「本法及本施行法所稱法律 (Gesetz)，係指所有法律規範 (Rechtsnorm)；此稱法律規範，依其學理通說及實務見解，其範圍即涵括最狹義的法律、法規命令、自治規章（地方、教會、其他公共設施等自治體所訂規章及團體協約等）、習慣法等❷❹。換言之，為民事裁判依據者，係包括現實法源在內的法律規範總體（最廣義的法律），而非僅為最狹義法律。如是，現實法源之構成有如下表：

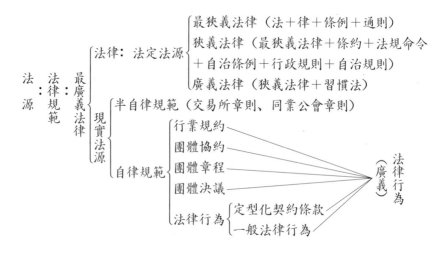

　　2.現實法源之特例

　　(1)半自律規範的意義

　　①敘述重點

　　自律規範亦為法源之理論基礎，厥為意思自由（私法自治），因其種類繁多而散落私法各個角落，具體而詳有待相關部門之法律，爰舉特例簡要說明之。

---

❷❸　參照，曾著，第二五頁。

❷❹　參照，蘇永欽，前揭文，第一一頁。

半自律規範究為法律？抑或為自律規範？是個尚待論定的課題。因為，從其形式上仍有法律間接授權來說，似為法律；反之，如果從授權之不符直接明確及具體等要件來說，將其定位為法律，恐亦多有窒礙。不過，基於下列四點理由，暫時以自律規範之特例作為定性：

a.運作（訂立及執行）主體，均為私法上的團體（公司、公益法人或非法人團體），非如法規命令之由國家機關為之。

b.從歷史的發展過程來觀察，半自律規範無異於僅是行業規約的提升。其通常情形略為：行業規約所屬的行業重要而龐大，對社會影響鉅大，為防止流弊，國家公權事後強力介入監督，因而逐漸成為半自治規範，但其本質上仍以自律為重。

c.國家介入半自律規範，大多循行政監督甚或行政指導之模式，法律上直接授權或規範，多不明顯。

d.國家之直接介入半自律規範，其形態亦有如私法之對待法律行為、章程或規約等，原則上係採近乎完全空白之授權模式。

⑵半自律規範的舉隅

①基本歸納

現實法源之特例，至少尚可分為同業公會章則及交易所章則二類型。限於篇幅，本段介紹爰暫以交易所章則為限，並分為下列三者說明：

$$現實法源特例 ≒ 交易所章則 \begin{cases} 交易所之範圍 \\ 章則之範圍 \\ 章則之共通要點 \end{cases}$$

②交易所之範圍

交易所者，顧名思義，即是供社會不特定大眾交易之場所。在法律意義上，其特色為集中競價，其交易標的以（有價）證券及期貨為主。因之，所謂交易所，分為證券交易所及期貨交易所。以我國現制而言，供給證券或期貨集中交易場所之主體多為公司，相關法律條文爰凸顯交易行為及法人之用語[205]，語其簡稱及全稱有如下表：

$$
交易所 \begin{cases} 證券市場 \begin{cases} 臺灣證券交易所：臺灣證券交易所股份有限公司 \\ 中華民國證券櫃買中心：財團法人中華民國證券櫃檯買賣中心 \end{cases} \\ 期貨市場：臺灣期貨交易所：臺灣期貨交易所股份有限公司 \end{cases}
$$

以交易所為核心的集中市場交易系統，其交易完成尚待結算，而且為了交易的安全及方便，在證券交易方面，往往附有集中保管（簡稱集保）機制。有關集中交易的結算及證券的集保，大體也採取同於交易所章則的半自律規範模式。因此，較為廣義的交易所章則，宜納入集保結算機構（全稱為臺灣集中保管結算所股份有限公司）之各項章則。

③章則之範圍

a.基本規範

交易所之章則，其間亦是種類繁多，篇幅鉅大，其間亦有上位規範及下位規範之區分，絕非本項敘述可以深入，爰僅列其基本規範名稱，以為提示：

ⓐ證券交易所：臺灣證券交易所股份有限公司營業細則

ⓑ證券櫃買中心：財團法人中華民國證券櫃檯買賣中心證券商營業處所買賣有價證券業務規則

ⓒ期貨交易所：臺灣期貨交易所股份有限公司業務規則

ⓓ集保結算所：臺灣集中保管結算股份有限公司業務操作辦法

b.章則之名稱

交易所章則的名稱使用，特別值得提出說明者有下列二者：

ⓐ交易所章則的名稱，與法規命令之規則、細則、辦法相同，堪稱「名為法規命令的非法規命令」。

ⓑ交易所章則名稱之使用，相當便宜而紊亂，除細則、規則外，尚有辦法、準則，甚而亦有要點、程序、事項、簡則、規格等等類似行政規則的用語，難符體系嚴整、秩序井然的要求。

---

❷⁰⁵　參照，證券交易法第一一條：「本法所稱證券交易所，謂依本法之規定，設置場所及設備，以供給有價證券集中交易市場為目的之法人。」

④章則之共通規範要點——以證交所營業細則為例

交易所之營業細則、業務規則或操作辦法等章則，均屬巨簡繁編，內容極稱豐富，一一概觀，實不可能，爰僅以證交所營業細則（以下簡稱本營業細則）作為觀察對象。幸好，各類章則之內容，頗多相似之處，單一對象之觀測，仍足以顯示其共通事項。

本營業細則，凡十二章一四六條（條文之間有略刪增），各章章名依序如下表：

$$
\text{證券交易所營業細則}
\begin{cases}
\text{總則 (§1～§2 之 1)} \\
\text{交易市場 (§3～§12)} \\
\text{證券商 (§13～§40)} \\
\text{證券上市 (§41～§53)} \\
\text{市場交易 (§54～§74 之 1)} \\
\text{證券經銷商受託買賣 (§75～§95)} \\
\text{證券自營商自行買賣 (§96～§100)} \\
\text{結算與交割 (§101～§117)} \\
\text{交割結算基金及手續費 (§118～§121)} \\
\text{仲裁 (§122～§134)} \\
\text{違規處理 (§135～§145 之 1)} \\
\text{附則 (§146)}
\end{cases}
$$

本營業細則雖僅一四六條，惟其事涉具體，半數以上條文，均甚冗長，有時一個條文，要比民法本編數章條文的總合還要繁多，實是巨簡繁編。其中，與民事關係密切之事項如下：

a.上市審查、上市契約訂定及市場秩序違反之相關處分及處置（交易方法之變更、報請停止買賣或終止上市暨其相關回復措施）。

b.市場交易之交易方式、交割方式、成交順位及議價、標購等。

c.證券經銷商受託買賣及證券自營商自行買賣的規範及行為準則。

d.證券交割（交付與權利移轉）、結算（價款支付）及其作業流程。

e.交割結算基金繳存發還、交易手續費收取及其作業流程。

f.交易所對違規之處理、處置及處分權（包括課處過怠金、違約金、定期停止買賣甚或終止使用市場契約等）。

(三)游移性法源

游移性法源，分為下列事項說明：

$$
游移性法源＝司法判解
\begin{cases}
判解的法源歸屬
\begin{cases}
判解與任意法源 \\
判解的法源多樣性
\end{cases} \\
判例的法源定位
\begin{cases}
判例的特殊意義 \\
判例的多層結構
\end{cases}
\end{cases}
$$

1.司法判解的法源歸屬

(1)司法判解與任意法源

本書上冊將司法判解（簡稱判解）列為現實法源類型之一，是考量初學階段，擇其重心敘述的作法，基本上僅具階段性的意義。相對於彼，此之所述，更為深入，亦更能恰如其分顯現判解在法源結構上的複雜情況。

法源，因法院是否有適用義務、亦即對法院是否均有拘束力，相對區分其為強制法源及任意法源。法院有適用義務（對法院有拘束力）者，是為強制法源；反之，則為任意法源。在法律上，法院並沒有適用判解的義務，它對法院不具法律上的拘束力，通說爰以為，判解僅是任意法源。

任意法源的另一著例，即是學說。對於法律的正確詮釋，深入解析、乃至推陳出新，學說經常扮演導正乃至導航的角色，也不斷帶動法律解釋的進步，並促動法律修正的進行。不過，學說無論再如何正確進步，對法院均只具參酌的意義。因此，把學說列為任意法源，庶無疑義。

(2)司法判解的法源多樣性

判解是否均為任意法源，是個可以深入討論的課題。將下級審裁判、司法院函示或法務部函示等，列為任意性法源，於法固無疑義；但將司法院解釋及最高法院判例，列為任意法源，恐非允妥。因為，司法院解釋，等同法律本身，最高法院判例的多數情形亦然；法院裁判不適用解釋或判例者，即是判決違背法令而為上訴第三審之理由[206]。既然，民法本條的法

律，則究其語意範圍而言，至少可以及於法規命令（民、刑事訴訟法等上訴第三審相關規定所稱的法令或法規）**❷⁰⁷**。是以，應肯定解釋及判例為法院於法負有適用義務之強制法源。

對於最高法院判決、乃至最高法院決議，下級審法院事實上同有一定程度的遵循義務；不過，並無必須適用的法律明確依據，認其僅為參考意義較學說、函示為強的任意法源，看法或較妥當**❷⁰⁸**。如是，其結論得歸納如下表：

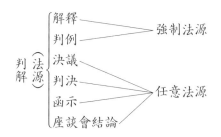

2.判例的法源定位

(1)判例的特殊意義

在比較法（學）上，判例雖是通用名詞，但一般均是泛指判決先例而已；不過，在我國法制上，判例確有非常特殊的意義。因為在我國，判例編成及創造主體的嚴正程度，在比較法上確是極為少見。

①判例的編成

在我國，判例非為單純判決先例的呈現，也不是法院自然援用的結果。相反的，它是最高法院菁英，經過嚴格篩選，並經決議（類似民主程序）審慎萃取的產物，更是經權威編訂而具有統一意義的精粹法律見解。判例

---

❷⁰⁶ 主要條文：民事訴訟法 §467、刑事訴訟法 §379、行政訴訟法 §242。

❷⁰⁷ 參照，最高法院五七年臺上字第一〇九一號判例：「適用法規顯有錯誤，應以確定判決違背法規或現存判例解釋者為限，若在學說上諸說併存尚無法規判解可據者，不得指為用法錯誤。」

❷⁰⁸ 決議或函示等適用順序，究否優先於學說，學理上尚待深度探討（認為適用尚在學說之後者，請參照，曾著，第二九頁～第三〇頁）。

變更或廢止程序之嚴謹亦然。法院組織法第五七條規定:「最高法院之裁判，其所持法律見解，認有編為判例之必要者，應分別經由院長、庭長、法官組成之民事庭會議、刑事庭會議或民、刑事庭總會議決議後，報請司法院備查。最高法院審理案件，關於法律上之見解，認有變更判例之必要時，適用前項規定。」**❷⓪⑨** 可為佐證。

經過萃取而決議後的判例，同時也是一種逐步逼近法律條文模式的蛻化過程，其間既有提升，亦有質變。因為，經過決議而編成的判例，只有要旨，而無事實；它顯然已脫離原來的具體個案（軀殼），並以其精粹的抽象法律見解（精神），君臨法律世界。其更精確而貼切的用語，應為判例要旨；其形態則是近於法律條文，並非一般國家所稱的判例。在法律授權之下，集合全國最為精鍊的法律實務菁英，以嚴謹的內在民主程序議決而編成的判例（意旨），即使不便認其等同法律，但至少亦應視之為形同法規命令。

②判例的多元創造主體

a.廣義判例

以我國體制而言，判例的創造機關，除最高法院之外，尚有最高行政法院。而且，如果回溯歷史，其構成尚有如下:

$$\text{判例（創造機關）}\begin{cases}\text{最高法院、大理院（民、刑事法判例）}\\\text{最高行政法院、行政法院（行政法判例）}\end{cases}$$

國民政府早期的司法體制，大理院及其後的最高法院，同時擁有統一解釋法令之權；嗣後司法院成立，統一解釋法令之權限，由最高法院移至司法院。這樣的體制一直沿襲，並在臺灣落地生根，枝繁葉茂，甚而果實纍纍。不過，解釋機關由司法院本身移至司法院大法官，並在憲法層次取得更高的法源地位；此即通稱的司法院大法官解釋（較早時期稱之司法院大法官會議解釋）**❷①⓪**。

---

❷⓪⑨　相類條文參照，行政法院組織法第一六條第一、二項。

❷①⓪　其時間區隔略為:司法院大法官解釋為民國八二年二月以後，司法院大法官會

b.最廣義判例

從法源的權威性來說，解釋的地位高於判例，應優先於判例而被適用；如判例牴觸解釋，判例即形同廢止而停止其適用 **❷**。不過，如果從法律解釋適用的構成整體來說，解釋與判例仍得定性為同一位階，如是，解釋仍為廣義判例之一環，司法院大法官也是學理意義上的判例創造者，而且是最上位、最廣義的判例創造者 **❷**。從而，判例廣狹視角之不同有如下表：

$$
判例
\begin{cases}
狹義判例：最高法院判例（含大理院判例）\\
廣義判例：狹義判例＋最高行政法院判例（含行政法院判例）\\
最廣義判例：廣義判例＋司法院大法官解釋（含司法院解釋）
\end{cases}
$$

(2)判例的多層構造

①解釋對象的多階性

判例是法律解釋的結晶，在法源位階上，得視其為法律的一部分。不過，此稱法律，不是最狹義的法律，也不是僅含法規命令在內的狹義的法律，而是最為廣義的法律。因為，判例所為解釋的對象，既然包括民法本條所稱的法律、習慣及法理，則所謂判例的法源地位，必然因其解釋對象殊異而結論不同。換言之，其解釋對象為（最狹義）法律者，其屬性是為（最狹義）法律；反之，其解釋對象為法理者，其判例之屬性亦為法理。因此，判例的多元屬性，與法源的多階構造光譜，堪稱若合符節，並得圖解如下：

議解釋為民國八二年二月以前。

❷ 於民事關係上，最具代表性之事例為釋字第三四九號：「最高法院四十八年度臺上字第一〇六五號判例，認為『共有人於與其他共有人訂立共有物分割或分管之特約後，縱將其應有部分讓與第三人，其分割或分管契約，對於受讓人仍繼續存在』，……惟應有部分之受讓人若不知悉有分管契約，亦無可得而知之情形，受讓人仍受讓與人所訂分管契約之拘束，有使善意第三人受不測損害之虞，與憲法保障人民財產權之意旨有違，首開判例在此範圍內，嗣後應不再援用。」（釋字第三七四號，宣告最高法院決議全面停止適用）

❷ 已登記不動產物上請求權不適用消滅時效的大法官解釋，亦是改變民法重要制度內容的重要事例。

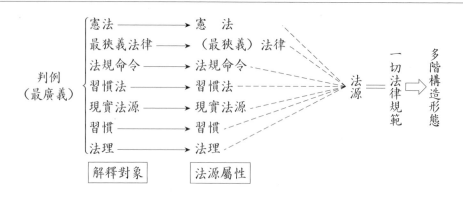

②釋法造法功能的多元性

對法院來說，民法本條的功能，究係釋法（發現法律、解釋法律）的規範？亦係及於造法（創造法律）的規範？學理見解亦不一致。不過，於民法總則的教科書，深入這樣較為深度的議題，並非篇幅所可容許，爰僅依個人觀點，略作說明。

於特殊例外情形，肯定法院得透過判例造法，固是有其必要。不過，造法規範的對象，宜限於狹義法律的層面，非若釋法規範之得及於一切法源；至於造法的依據，非為民法本條所稱之法理，而是法院的法律理性判斷。因此，從狹義法律的角度來說，判例的法源屬性，尚可分為闡釋性的解釋及創造性的解釋。同理，從最廣義判例的角度來說，司法院解釋（包括大法官解釋），亦可分為闡釋性的解釋（釋法）及創造性的解釋（造法）。

㈣回歸法律原則

本項具有總結本書基本立場的意義，並在此基礎上，分為下列二個段落力圖說明本書的完整構想：

$$回歸法律原則\begin{cases}漏洞補充的研討說明\\源頭活水的法源理論\end{cases}$$

1.漏洞補充的研討說明

法源的論述，於本書上冊法例乙章，尚遺留二項待續課題，其一為習慣與公共秩序，其二為法源與憲法的關連。爰予補充說明，以增本書體例

的完整。

⑴習慣與公共秩序

關於習慣與公共秩序的課題，分為下列三段敘述：

$$習慣與公共秩序\begin{cases}敘述角度（公共秩序三訪）\\實務運用的檢視\\適用空間的探討\end{cases}$$

①敘述角度

關於公共秩序，本書於法例乙章（民法第二條：上冊，第一〇三頁～第一〇五頁）及法律行為通則乙節（民法第七二條：上冊，第六〇五頁～第六一〇頁）已有論析；於此屬第三度接觸，爰以三訪附記之。

②實務運用的檢視

從公共秩序來論定習慣得否適用（亦即得否為法源），在實務上立場得歸納如下：

a.習慣違反公共秩序而不得適用

ⓐ親房攔產（賣產先儘親房）的習慣（最高法院一九年上字第一七一〇號判例）❷❸。

ⓑ近鄰先買權的習慣（最高法院三〇年上字第一九一號判例）。

ⓒ短期租賃承租人有先買權的習慣（最高法院二一年上字第五九九號判決）。

ⓓ船長侵權免責的習慣（大理院三年上字第七三三號判決）❷❹。

b.習慣未違反公共秩序而得適用

ⓐ合會依習慣定之（最高法院六三年臺上字第一一五九號判決），其得標先行扣除使用代價之習慣，亦不違背公共秩序（最高法院四九年臺上字第一三六一號判決）❷❺。

---

❷❸　同旨之早年實務見解，尚有大理院四年上字第二八二號判決、最高法院一八年上字第一三四六號判例二者（所以引敘一九年判例，以其用語最為明確）。

❷❹　足認習慣之適用以不得違反公共秩序為準則，早在民法施行前即已建立。

　　　　ⓑ祭祀公業適用當時臺灣之習慣（最高法院六九年臺上字第七〇一號判決），其歸就或歸管的習慣❷⃝，亦不違背公共秩序（最高法院七七年臺上字第一九〇七號判決）。

　　　　ⓒ神明會，不違反公共秩序，其會員間之權利義務，依習慣定之（最高法院六〇年臺上字第二三三九號判決）。

　　　　ⓓ將女抱男的習慣❷⃝，不違反公共秩序，其結婚於法仍為有效（四一年釋字第一二號解釋）❷⃝。

　③適用空間的探討

　a.實務見解的壓縮

　　實務曾以為，習慣必須經由意思表示而成為其內容者，始具法源地位而得被適用❷⃝。此一觀點，添加法律規定所無之限制，是否確當，不無商榷。不過，現代交易活動，由於社會大眾權利意識的提升及法律常識的普及，於成立法律行為之時，常將習慣納入考慮，並進而使其成為意思表示內容，契約以外其他法律行為及各種自律規範，情形亦同。從而，習慣直接成為裁判援用之法源者，有如江河日下；因此，前段所提判例，其出現

---

❷⃝　合會之適用，已因民法債編之增訂（§709之1〜之9）而成為制定法，此之引述僅在凸顯其歷史見證的意義。

❷⃝　歸管或歸就也者，意指祭祀公業之派下員，將其派下權讓與該公業之他派下員之（法律）行為。

❷⃝　所謂將女抱男，係指收養男女，同時將自己婚（親）生女（兒）嫁與該男子之行為而言。在較早時期，民間有此習俗，是為將女抱男習慣。

❷⃝　同旨參照，司法院二五年院字第一四四二號解釋（司法院大法官四三年釋字第三二號解釋認其實為招贅行為）。民法親屬編已廢止招贅婚，將女抱男之舊日習慣，是否仍有適用，不無疑義。

❷⃝　參照，最高法院三七年上字第六八〇九號判例：「縱如原判決所稱該地習慣，嘗產值理，有代表公同共有人全體處分嘗產之權，苟非當事人有以此為其契約內容之意思，得認其公同關係所由規定之契約已另有規定，在民法施行以後殊無適用之餘地。原判決僅以該地有此習慣，即認被上訴人之買受為有效，其法律上之見解實有違誤。」

多屬較早時期。

　　b.遁入立法的實情

　　現代社會，由於立法的綿密與快速，交易習慣、特別是商事方面的交易習慣，很容易被吸納於立法之中。二十世紀後半的融資買賣、期貨交易及信用卡契約，即因立法介入，以致習慣快速遁入立法之中。

　　正因習慣深受立法及意思表示的吸納，在法源論構成上，較諸法律或法理，顯得次要，也較具暫時性及過渡性。

　　⑵法源與憲法的關連

　　法律等法源，與憲法的關係如何？是個相當複雜多角而又涉入頗深的法學課題，於此僅從下列二項憲法的特性，提供初步的脈絡說明：

$$法源與憲法的關連\begin{cases}法源上階的憲法\\法源界限的憲法\end{cases}$$

　　①法源上階的憲法

　　伴隨著基本權保障原則的具體化及憲法解釋的司法化，憲法在介入私法而維護私人間權利義務的層面，在上世紀後半有長足的進步，也使憲法成為人民權利義務保障上不可或缺的一部法律規範。民法第一條所稱之法律，既是可從廣義，認為其範圍涵括法律行為等自律規範，則其形態更為具體、內容更為明確、規範意義亦更為重要、規範功能更為強大的憲法，自亦無從否定其為（民法該條所稱）法律之理。

　　在規範特性上，憲法與法律固有截然不同，其規範階層亦有高低之分。不過，二者均是具有強制拘束力的法律規範，而且彼此相應相融而成法律世界最主要的二個次元，憲法為裁判之依據，更會隨著憲法基本權原則的具體實證，日臻顯著，日益重要，美國憲法學理的發展，更是充分的印證。因此，論定民法第一條所稱的法律，絕難否定或排除憲法之理。況者，憲法乃是一個國家的基本規範，不僅法律或命令抵觸憲法無效（憲法 §171 I、§172），法律所以得為且應為法源，其權威之由來即是憲法。也因此，在法

源構成上，憲法不僅是（廣義）法律的一環，更是高於（狹義）法律層級的上階法源。

②法源界限的憲法

憲法不僅是最高位階的法源，而且還是評價、控制（狹義）法律的法源。憲法既是法源內在體系的一部分，同時也是決定（狹義）法律得否為法源的樞紐。因此，（狹義）法律之為法源，必須通過合憲性的檢驗；在此角度上，（狹義）法律也如半自律規範、自律規範（包括法律行為）、習慣、法理等，也是相對意義的法源，並可分為下列四點說明：

　　a.半自律規範、自律規範、習慣、法理等者，具補充備位意義，須以（狹義）法律未有明文規定者，始得適用。

　　b.半自律規範、自律規範、習慣、法理之得為適用，必須通過公益及公序良俗的雙重檢驗。如其違反公益或公序良俗者（§148 I 前、§72、§2），仍不得以之為法源而援為裁判之依據。

　　c.法律必須亦僅須通過憲法之檢驗，始得亦即得成為法源❷❷。不過，法律終亦不得違反憲法的價值取向（特別是本於基本權保障原則衍生的下位法律原則）。

　　d.法律、命令、半自律規範、自律規範、習慣、法理者，均是不得抵觸憲法。因此，憲法，一切法律規範的評價及控制樞紐。

2.源頭活水的法源理論——代總結

本段以法理為基礎論述：⑴法理與法律原則，⑵法源論與方法論，⑶法官的找法與造法三者，藉以探析法源上封閉體系與開放窗口的互涉與融整，同時分為下列事項說明本書的總結：

---

❷❷　司法院大法官歷年解釋的權威見解顯示，（狹義）法律至少須通過下列檢驗規準，才是堪為法源的適格法律。

　　⑴法律內容實質正當性原則（釋字第三八四號）。

　　⑵法律（內容）明確性原則（釋字第六三八號）。

　　⑶踐行正當法律程序原則（釋字第四九一號）。

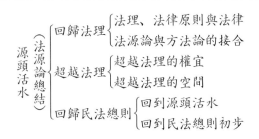

(1)回歸法理

①法理、法律原則與法律

依本書見解，法理＝法律原則；如是，從法源構成的角度來說，回歸法律原則也者，其意義即等於回歸法理（「回歸法律原則＝回歸法理」）。

a.法律實質內容的法理

法律也者，同時具有二種因素或雙重性格，即形式層面的文字及實質層面的規範。規範者，價值世界之應然也；道德原則、倫理原則及法律原則，均其適例。因此，法律規範云者，堪稱以文字為媒介而包裝的法律原則。相應於此，其文字表達具體明確，足以使人執念文字而忘卻價值者，是為（狹義）法律；反之，其文字程度抽象概括，仍然使人抱持價值取向者，是為法律原則或法理。足見，法律與法理之分，本即具有相對性，因法理實本為法律之實質內容。

法律原則，有直接明確規定於法律之中者，是為明示性原則；公序良俗原則（§2、§72）、公共利益原則（§148 I 前）、禁止權利濫用原則（§148 I 後）、誠實信用原則（§148 II）、情事變更原則（§227 之 2）均是。有潛藏於個別條文之中，須經體系整合始能顯現者，是為隱藏性法律原則；如給付不當得利的回復原狀原則、民法債編修正前的損益相抵原則❷❶、有價證券的惡意抗辯原則均是。明示性法律原則，因法律的直接具體規定，自是等於（狹義）法律，並得以法律之法源而被適用。因此，法理之探察，應以隱藏性法律原則為主。

---

❷❶　損益相抵原則，因民法第二一六條之一的增訂，業已提昇為法律，而非僅為法律原則。

　　法理，屬法律規範形態之一，亦是最為廣義的法律，故吾人嘗以原則之法稱之。原則法，亦即法理之法的認定，雖多衍生自一定（單一或複數）的法律條規。不過，法理的認定並不如此狹隘，只要其原則與整體客觀的法律秩序並無矛盾，亦符合憲性之檢驗，即得作為法理，甚而據以衍生具體而微的下位法理，以為法律適用的依據，此即「內在於法律秩序」概念的精義。憲法上的民主法治國原則、基本權保障原則、私法上的人格自由原則、私法自治原則，均其典型。民法上透過契約自由原則（私法自治原則的下位法理），廣泛而大量承認無名契約，不過其中最為顯眼的事例而已。外國法律規定，如其契合我國整體客觀法律秩序者，亦得作為法律原則（法理）而適用之❷❷❷。

　　b.法律終局界限的法理

　　在法律規範世界的構成上，法理並非僅為法律的實質內容。因為，其更為重要的規範意義，無寧在於其同時亦為法律的終局界限之所在，爰以法律終局界限的法理稱之。

　　法理，由於溢滿價值理念，為其媒介包裝的法律文字，如非間接潛在，即是抽象概括，以致實際適用上甚具開闊性及延展性；法律也因法理之內在而深具擴張性及開放性。不過，這種開展，終歸只是體系框架範圍內的伸展，它無法亦不得超越現存法律價值秩序總體張力的總和；超越此一界線，即是造法而非釋法。同理，沒有轉為法律形式的價值原則，固然仍是造法的重要泉源，但它絕對不是法律（原則），也不是法理的內容。足見，相對於（狹義）法律，法理乃是法律規範（最廣義法律）的極限，它具有封閉法律世界，並阻隔（純粹）倫理原則、道德原則成為法律（法理）的意義。例如，不應得為（不應為、不得為之合稱）為重要的人間價值，亦是重要的倫理原則、道德原則，重要法律領域中的逃漏稅捐（租稅法、行

---

❷❷❷　參照，最高法院五九年臺上字第一〇五五號判決：「因上訴人之增加設施，所借用房屋之價值顯然增加，在我民法使用借貸一節內，雖無得請求償還或返還其價值之明文，然……則本於誠實信用之原則，似非不可將外國立法例視為法理而適用。」（未論證外國法於何種情況下，得作為法理而適用，似有說理未盡。）

政法）、犯罪行為（刑法）、侵權行為或契約不履行（民法），均是具體而重大的不應得為類型。但抽象而概括的不應得為之行為，現行法律體制未納其為法律的形式；因此，它不是法理，自然也位於法律規範世界之外❷❷❸。

　　②法源論與方法論的接合

　　本段擬分為下列二個角度，嘗試探索法源論與（法律解釋）方法論的接合，並藉以還原二者體用合一的本性：

$$\text{法源論與方法論的接合}\begin{cases}\text{回到民法解釋論}\\\text{法源與解釋的互涉}\end{cases}$$

　　a.回到民法解釋論

　　於民法解釋論的梗略，本書首章（上冊，第三三頁～第四二頁），亦曾簡介回歸法律原則（同上第四一頁）。茲再提出，寓有重返民法解釋（方法）論，以為首尾呼應的意義。方法論層面的回歸法律原則，即是一般所稱的總體類推。因之，回歸法律原則具有如下的雙重意義：

$$\text{回歸法律原則}\begin{cases}\text{法源論：回歸法理}\\\text{方法論：總體類推}\end{cases}$$

　　b.法源與解釋的互涉

　　法源為解明法律規範實體範圍的課題，解釋為發現法律規範意義的學問；前者為規範本體的認定，後者為對於被認定之本體所為的意義認識，彼此之間本是不同層次。不過，鑑於回歸法律原則，本為廣義法律解釋的最後環節，其運用對象即為法理（法律原則）。因為這個對象的同一，使法律之極，與法律解釋之極，殊途而同歸。現代民法秩序上，藉回歸法律原則而補充民法漏洞之活動，成果已在快速累積，如何確保其恰當援用？如何防制其過度濫用？應是嚴肅而又尚待努力的民法學課題❷❷❹。正視回歸法

---

❷❷❸　在法律與道德混然的古代法上，不應得為（或稱不當得為）亦曾被納為法律條項（我國固有法亦然）。於彼體制，則不應得為因法有正條而為法律規範；惟此已是歷史陳跡，自再無成為法律（原則）或法理之可言。

律原則在法源論及方法論上的雙層極限意義，於避免突破法律的界限，乃至防止假補充之名而行造法之實，均具指標意義。

(2)超越法理

相對於自然法理說等立場，「法理＝法律原則」的思考模式，不僅法理的概念範圍大幅限縮，藉法理而使道德（倫理）原則直接注入法律世界的管道，可加以適度堵塞。同時，亦可防堵藉法律解釋而實現法外續造意義的司法（法院或法官）造法。司法造法雖是不可完全否認，但它乃是超越法理（法律極限）的法律活動，它是解釋論以外的產物，本質上應是特殊權宜，而且運用空間應是極其有限。

①超越法理的權宜

在三權分立而制衡的基本政治原理下，其理想狀態乃是，國會立法、行政執法、法院釋法，三者各專其責，彼此互不侵犯。在此制度預設下，司法如有衝破法理而造法，在理論上不只是突破禁忌，而且是逾越本分，嚴重侵害立法權限。正因這種法律思維的根深蒂固與深植人心，司法造法的闡揚與實證，爰多假藉法律解釋、法律行為、習慣或法理作為保護傘，盡量掩飾而迴避司法造法的聯想。特定債權的實現障礙成為撤銷權的原因 ㉒㉔、信託行為的肯定 ㉒㉖、乃至讓與擔保的承認 ㉒㉗，均是其中著例。

㉒㉔ 參照，拙著，〈回歸法律原則〉，收於《法律哲理與制度：基礎法學》（馬漢寶教授八秩華誕祝壽論文集），元照出版公司，二〇〇六，第二三九頁以下。

㉒㉕ 參照，最高法院四五年臺上字第一三一六號判決：「在特定債權，倘債務人所為之有償行為，於行為時明知有損害於債權人之權利，而受益人於受益時，亦知其情事者，債權人即得行使民法第二百四十四條第二項之撤銷權以保全其債權，並不以債務人因其行為致陷於無資力為限。」（民法債編第二四四條修正，禁止藉撤銷權的行使來實現債權，引證於此，僅具歷史回顧之意義。）

㉒㉖ 高點文化出版事業出版的《民法總則（一九九八）》（第一〇頁～第一八頁），彙整甚多最高法院判決（包括判例）甚多，深具參考意義。

㉒㉗ 參照，最高法院七〇年臺上字第一〇四號判例：「債務人為擔保其債務，將擔保物所有權移轉與債權人，而使債權人在不超過擔保之目的範圍內，取得擔保物所有權者，為信託的讓與擔保，債務人如不依約清償債務，債權人得將擔保

　　然而，社會生活是變動不羈而又不斷創新，即使廣泛適用法理，規範不及的疏離現象仍難完全避免。法院不能拒絕裁判，又不能罔顧正義而冒然裁判；為吻合實情、實現正義，於夾縫之中，超越法理而定分止爭，也是法律感情世界所無從割捨。從而，在私法領域上，於某種必要限度內，肯定司法得以超越法理而權宜造法，恐怕也是無可遁逃的宿命。

　　②超越法理的空間

　　在私法的法律思維上，司法造法是否當然撕裂權力分立的基本構想？是否侵犯立法權限？其答案似乎不是絕對必然。長久以來，英美私法通過司法造法，並以判例塑成私法（特別是民法）的命題、體系及範圍，乃是無可抹煞的史實。既然，英美的司法體制，幾乎可以完全訴諸司法造法而不踰越或破壞權力分立；那麼，相對之下，法典中心主義的國家，於立法嚴重欠缺時，於個別課題許司法權宜造法，是否確不適當？是否亦不嚴重到侵害立法權限？實是可以深入探討。即使是法典中心主義大本營的德國民法實務，司法造法事實上廣泛存在，其主張理應因勢利導並積極支持的學理，也是大有人在❷❷❽。

　　在法源構成上，既然採取法典中心主義，則法院的功能，應與判例中心主義截然不同；因之，大量開放司法造法，似非所宜。淺見所以以為：法理為內在法律原則，法源止於法理，法律解釋止於回歸法律原則，實亦旨在維護法典中心主義。不過，處在法律欠缺極為顯著而重大違反公平正義或恣意立法橫行或嚴重遲緩或怠忽調整的情境時，權宜開放司法造法，恐亦難以否認。權力分立之形式架構，無論如何，不宜成為掩飾立法嚴重恣意或怠忽的簾幕。只是，此之權宜空間理應相當有限，語其具體適用準則，必須符合下列三項要件：

　　a.法律欠缺的結果，對於正義原理的傷害，在社會通念上業已達到顯

　　　物變賣或估價，而就該價金受清償。」

❷❷❽ 德國法學界，主張裁判即是廣泛造法活動者，首推 J. Esser〔簡要中文介紹文獻，參照，陳愛娥（譯），《法學方法論》（原著：K. Larenz），五南圖書公司，一九九六，第一九頁～第二三頁。〕

著嚴重而難以忍受的程度。

b.恣意任情的情緒立法或立法長久消極怠忽幾至立法棄權，為社會大眾所難以忍受。透視國內國會現狀，這點肯定似是更為重要，且也容易通過檢驗。

c.造法訴求的依據，必須契合主流的社會意識與道德原則，並與整體的客觀法律秩序並非不能相容。

(3)回歸民法總則

①回到源頭活水

a.來自朱熹詩句的啟示

舍下客廳字畫乙付，題有朱熹下列詩句：「半畝方塘一鑑開，天光雲影共徘徊，問渠那得清如許，為有源頭活水來。」

這些年來，撰寫民法總則，目光流轉所及，覺得它似可從民法總則，描述法源的構成。蓋在法律世界之中，民法總則猶如方塘半畝，形式篇幅有限，但卻開放而壯闊，是為半畝方塘一鑑開。習慣、自律規範及任意法源者，發乎人間、合乎人心，自如邀遊於法律世界，恰似天光雲影之與民法總則共榮共融。渠者，猶如法律，其清如許，語其意義清晰、體系嚴謹之有如清澈井然的大小渠道。源頭活水者，法理（法律原則）之不斷灌沃及填補狹義法律園地，使其得以生生不息，推陳出新。

朱熹並非法家，更未經歷現代法律文化，引為比喻，或屬牽強附會。然而，越經吟詠，越覺寓有深意，大膽引與讀者共享，但祈賢達俊彥願賜指正❷❷❾。

b.源頭活水的調理

法理猶如源頭活水，在法律規範的內在體系，帶給法律世界欣欣向榮。

---

❷❷❾　回歸朱熹詩句而引義如下表：

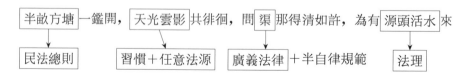

司法造法，則如從外在世界提供另外的活水給予法律世界。但是，在制定法為法源重心的國家，法外世界的活水，不能像滔滔漫流，更不能如滾滾洪流。否則，狹義的法律，恐要流於空有其表。超越法理界限的造法，須經確當調理之後，才讓它進入法律世界。其援用必須契合社會主流的權利意識或道德原則，既與整體的客觀法律秩序相符，並通過諸如法律平等與依法審判等法治國家合憲性的檢驗❷⁰。易言之，司法造法應是戒慎敬謹，本於自我評價，對其結果（是否嚴重侵害立法），應自負其責，其過程應是具體而微，逐步漸進，這也是避免其成為侵蝕立法權限的必要途徑。

學理或以為，民法本條的法理係造法規範，而社會主流意識亦是法理之依據，是為造法規範意義的法理理論❷¹。然而，此之見解，一則恐有正面違反本條立法原意，二則將釋法規範與造法規範混於同一條項，體系脈絡難解，三則混同道德原則與法律原則的截然區隔，也使法律規範的獨立（於倫理道德）的意義折損不少，四則使法律原則在私法整體秩序中的重要特殊意義，為之沒而不彰。反之，依本書的觀點，卻可兼籌並顧法律與道德（倫理）的各自獨立與互通氣息，一方面既可確保法律體系的固定及法律秩序的安定，同時亦得彰顯法律的社會適應與個案正義的實現，並適度維繫法律與變動發展之社會秩序的接合。

②回到民法總則初步

回歸法律原則也好，司法造法也好，已是法學方法論上艱深而複雜的難題；源頭活水也是一個非法律的比喻。民法總則教科書論述至此，戰線拉得夠長。不過，此等重要課題的適度研析，於私法研究方法之奠基，卓有意義。尤有進者，法源構成係規定於民法本編第一條，算是民法本編的第一步，也是涵攝（廣義）民法總體的開端。於最後篇幅，申論法理及其攸關的回歸法律原則及司法造法，也是意味本在回歸民法總則的初步。

本書始於民法第一條（法律），亦止於民法第一條（法理）；研究對象，開始於法源而又歸結於法源。然而，環繞於民法第一條（法源）的問題，

---

❷⁰　參照，蘇永欽，前揭文，第三八頁～第四〇頁。

❷¹　參照，蘇永欽，前揭文，第一七頁～第二四頁。

遠較任何其他法條為繁多、複雜而又特別難以克服。在本書結束之前，作者爰重複歸納民法第一條的下列重要規範意義，以代全書的總結：

a.例示意義的法條

民法本條之規定，宣示性意義大於封閉性、例示性意義大於列舉性，法律、習慣、法理三者，非窮盡事項的列舉。

b.最廣義的法律

民法本條所稱的法律，除法、律、條例、通則及條約外，它還涵括習慣法、司法判解、法規命令、自治法規、半自律規範及自律規範（包括法律行為）。

c.過渡意義的習慣

由於法律知識的普及及立法作業的綿密，民法本條所稱的習慣很容易為自律規範及法律所吸納，習慣的獨立適用，僅具過渡意義。

d.狹義的法理

狹義解釋法理為法律原則，不僅可以維持法律應有的固定性及安定性，也使法律原則作為法源的終極點，同時成為廣義法律解釋（意含法律補充）的最後手段，總結則使法源論及法學方法論，在終極點上為之結合。

e.多階多元的構成體系

法源，廣及現實存在的一切法律規範（最廣義的法律），也包含高階規範的憲法，但其他法律規範的適用，最後終須通過合憲性的檢驗。

f.超越法理的司法造法

民法本條為釋法規範；於法律欠缺致極度違反正義，立法怠忽又陷於長期無奈之時，固得例外允許司法依主流的權利意識，於契合整體法律秩序及合憲性的價值取向的範圍內，權宜造法，法院並應明確宣示其本為造法而非源自法理的釋法，以示自負其責。

主要參考書目

一、教科書

（依姓氏筆劃排列，出版年次以作者現有及本書上冊引註者為參考之版本）

1. 王伯琦	《民法總則》	一九八七	（王伯琦著）
2. 王澤鑑	《民法總則》	二〇〇一	（王著）
3. 史尚寬	《民法總論》（臺初版）	一九七〇	（史著）
4. 李宜琛	《民法總則》	一九五四	（李著）
5. 李　模	《民法總則之理論與實用》（增訂）	一九九八	（李模著）
6. 何培生	《民法總則詳論》	一九五九	（何著）
7. 何孝元	《民法總則》（重印一版）	一九七七	（何孝元）
8. 我妻榮	《中華民國民法總則》	一九三一	（我妻著）
9. 洪遜欣	《中國民法總論》（修訂三版）	一九八一	（洪著）
10. 胡長清	《中國民法總論》（臺一版）	一九六四	（胡著）
11. 胡元義	《民法總則》	一九五六	（胡元義著）
12. 施啟揚	《民法總則》（最新修訂）	二〇〇四	（施著）
13. 姚瑞光	《民法總則論》	二〇〇二	（姚著）
14. 梅仲協	《民法要義》	一九五四	（梅著）
15. 黃右昌	《民法總則銓解》	一九六〇	（黃著）
16. 黃茂榮	《民法總則》	一九八二	（黃茂榮著）
17. 黃　立	《民法總則》（二版二刷）	二〇〇一	（黃立著）
18. 曾世雄	《民法總則之現在與未來》	一九九三	（曾著）
19. 楊與齡（主編）	《民法總則爭議問題研究》	一九九八	
20. 陳瑾昆	《民法通義：總則編》	一九三〇	（陳著）
21. 陳猷龍	《民法總則》（修訂六版）	一九九四	（陳猷龍著）
22. 陳自強	《契約之成立與生效》	二〇〇二	（陳自強著）
23. 鄭玉波	《民法總則》（修訂五版）	一九八七	（鄭著）
24. 劉得寬	《民法總則》（修訂）	一九九六	（劉著）

二、工具書

郭衛　編　　　　　　《大理院解釋例全文》　會文堂新紀書局　　一九三三

郭衛　編　　　　　　《大理院判決例全文》　會文堂新紀書局　　一九三三

戴章甫　編纂　　　　《民事裁判要旨廣編（一）》（增訂三版）　一九九四
　　　　　　　　　　　　　　　　　　自刊

司法院　　　　　　　《司法院解釋彙編》　　　　　　　　　　一九七八

司法院　　　　　　　《司法院大法官解釋彙編》（含續編）　　一九七七（起）

最高法院　　　　　　《最高法院判例要旨》　　　　　　　　　二〇〇三

最高法院書記廳　　　《最高法院民刑庭會議決暨全文彙編》　　二〇〇三

司法院科書處　　　　《民事法律專題研究》　　　　　　　　　一九八二（起）

司法院科書處　　　　《民事法律問題彙編》　　　　　　　　　一九八二（起）

黃宗樂　監修　　　　《民法》（六法全書）　　保成文化事業　　一九九二

高點法學編輯研究室　編　《民法總則》（高點精編六法全書）　一九九八
　　　　　　　　　　　　　　　　　高點文化事業（股）

陳忠五　主編　　　　《新學林分科六法：民法》　　　　（迄）二〇一一
　　　　　　　　　　　　　　　　　新學林出版（股）

解釋索引表

年　度	字	號　　數	本書頁數	年　度	字	號　　數	本書頁數
20	院	578	274	36	院解	3406	519
21	院	817	635	37	院解	3792	636
23	院	1125	352	41	釋	12	658
24	院	1227	389	42	釋	21	338
24	院	1357	144	43	釋	32	658
25	院	1442	658	54	釋	107	352
25	院	1543	27	61	釋	132	356
26	院	1610	333	69	釋	164	353
28	院	1833	349	81	釋	291	449
28	院	1875	397	82	釋	313	492
28	院	1909	549	83	釋	346	492
28	院	1919	272	83	釋	349	655
30	院	2145	349	84	釋	374	655
30	院	2271	237	84	釋	384	660
31	院	2424	381	85	釋	400	464
31	院	2437	346, 384	86	釋	425	464
32	院	2479	566	86	釋	432	492
32	院	2503	532	88	釋	491	660
32	院	2549	277	89	釋	499	483
32	院	2562	351	89	釋	516	464
32	院	2627	348, 351, 358	91	釋	552	449
				97	釋	638	660
34	院解	2936	15, 221	99	釋	677	337

判例（決）索引表　　　*註記者為判決

年　度	字	號　　數	本書頁數	年　度	字	號　　數	本書頁數
2	上	100	270	3	上	901	628
2	上	238	628	3	上	1205	440
3	上	33	623	3	上	1311	284
* 3	上	161	623	* 4	上	282	657
* 3	上	733	658	4	上	371	608

4	上	521	608	22	上	716	357
4	上	935	157	22	上	1130	142, 154
4	上	1218	274	22	上	3212	219
4	上	1739	123	22	上	4229	80
4	上	1809	126	23	上	107	599
4	上	2417	122	23	上	1528	605
5	上	579	172	23	上	1910	188
6	上	1178	608	23	上	1999	188
8	上	121	494	23	上	2303	390
* 15	上	610	505	23	上	2510	307
17	上	1118	563	23	上	2537	188
18	上	371	119	23	上	3888	199
18	上	657	232	23	上	3968	237, 606
* 18	上	1346	657	24	上	2669	525
18	上	1420	297	24	上	4738	519
19	上	28	564	25	上	337	525
19	上	58	565	25	上	1865	520
19	上	363	599	25	上	3713	514
19	上	453	565	26	鄂上	32	368, 403
* 19	上	973	201	26	滬抗	58	71
19	上	1403	625	26	滬上	69	323, 480, 494
19	上	1710	657				
20	上	202	235	26	渝上	353	426
20	上	236	235	26	鄂上	357	432
20	抗	278	343	26	上	622	630
20	上	1277	383	26	渝上	1219	396
20	上	1924	632	27	上	1064	27
20	上	2310	351	27	上	2879	519
21	上	234	332	27	上	3195	82
* 21	上	599	658	28	上	598	566
21	上	2108	48	28	上	605	390
21	上	2161	36	28	上	1532	216
22	上	422	237	28	上	1760	398
22	上	610	623	28	上	2310	349

40	臺上	1682	143	45	判	8	461, 462, 466
* 40	臺上	1754	502				
* 40	臺上	1957	383	45	臺上	105	485, 503
41	臺上	47	481	* 45	臺上	519	481, 484
41	臺上	175	483	45	臺上	597	487
41	臺上	490	75	* 45	臺上	1316	664
41	臺上	559	395	45	臺上	1378	351, 399
* 41	臺上	835	301	* 46	臺上	549	502
41	臺上	871	350	* 46	臺上	656	159
41	臺上	1040	625	46	臺上	1173	404
42	臺抗	12	626	* 47	臺上	139	485
* 42	臺上	97	518	47	臺上	732	485, 499, 500
42	臺上	357	237				
* 42	臺上	720	567	* 47	臺上	917	163
42	臺上	865	107	47	臺上	1180	481, 486
* 43	臺上	281	502	* 47	臺上	1221	257
43	臺上	454	246	* 47	臺上	1265	31
43	臺上	570	91	* 47	臺上	1469	163
43	臺上	576	566	47	臺上	1635	165
43	臺上	577	566	* 47	臺上	1763	31
43	臺上	601	626	47	臺上	1771	481
43	臺上	762	480	48	臺上	29	84
43	臺上	1143	487	48	臺上	228	143
* 44	判	11	449, 462, 466	* 48	臺上	471	480
				48	臺上	661	54
44	臺上	75	121	48	臺上	722	405
* 44	臺上	163	502	* 48	臺上	736	525
44	臺上	271	626	48	臺上	936	405
44	臺上	541	142, 154	48	臺上	1050	350, 352
* 44	臺上	1103	575	48	臺上	1475	517
* 44	臺上	1290	194	49	臺上	128	485
44	臺上	1424	207	49	臺上	1094	209
44	臺上	1428	200	* 49	臺上	1361	658
* 44	臺上	1634	502	* 49	臺上	1407	481

	49	臺上	1597	615	＊	51	臺上	2268	290
	49	臺上	1730	390		51	臺上	2813	232
	49	臺上	1956	412		51	臺上	3311	114
	49	臺上	2620	392		51	臺上	3500	368
	49	臺上	2620	406		52	臺上	6	226
	49	臺上	2652	401		52	臺上	103	513
	50	臺上	351	606		52	臺上	188	350, 388
	50	臺上	412	358	＊	52	臺上	286	150
	50	臺上	421	82		52	判字	345	471, 551
＊	50	臺上	499	481		52	臺上	722	288
	50	臺上	547	288		52	臺上	823	425
	50	臺上	929	272		52	臺上	836	284
＊	50	臺上	951	566		52	臺上	1278	110
＊	50	臺上	1000	203	＊	52	臺上	1498	524, 526
＊	50	臺上	1114	257		52	臺上	1719	205
＊	50	臺上	1158	567	＊	52	臺上	1867	200
＊	50	臺上	1213	494	＊	52	臺上	3124	202
	50	臺上	1550	147, 383	＊	52	臺上	3218	462, 466, 504
	50	臺上	1761	144					
	50	臺上	1898	624, 633	＊	53	臺上	1080	313
	50	臺上	1940	393	＊	53	臺上	1189	486
	50	臺上	1960	389	＊	53	臺上	1343	89
	50	臺上	2675	84		53	臺上	1391	343, 358, 430
	50	臺上	2868	407, 423, 424	＊	53	臺上	3666	173
	51	臺上	215	80		54	臺上	128	323, 327
	51	臺上	223	256		54	臺上	952	66
	51	臺上	294	395		54	臺上	975	287
	51	臺上	490	368	＊	54	臺上	2955	122
	51	臺上	1216	402, 403	＊	55	臺上	214	148
	51	臺上	1940	393	＊	55	臺上	444	160
	51	臺上	1985	299	＊	55	臺上	1016	121
	51	臺上	2101	249, 250, 601		55	臺上	1054	187

	55	臺上	1188	158, 254, 259, 398	*	59	臺上	1055	662
					*	59	臺上	2480	494
*	55	臺上	1892	567	*	59	臺上	3940	506, 509
	55	臺上	2727	158, 251, 254	*	60	臺上	402	390
						60	臺上	584	124
*	55	臺上	3235	507, 511	*	60	臺上	634	566
	56	臺上	19	287		60	臺上	1677	355
*	56	臺上	234	481		60	臺上	2130	204, 205
	56	臺上	305	212, 213, 350	*	60	臺上	2339	658
					*	60	臺上	3051	605
	56	臺上	347	287		60	臺上	4001	155
*	56	臺上	722	567		61	臺再	62	280
	56	臺上	789	481	*	61	臺上	413	470
	56	臺上	1112	412		61	判	435	462
*	56	臺上	1609	627		61	臺上	615	402
*	56	臺上	1621	507, 511	*	61	臺上	2400	482
	56	臺上	1708	482, 499, 511	*	62	臺上	140	107
						62	臺上	316	82
	56	臺上	2156	200, 201		62	臺上	782	197
	56	臺上	2474	368		62	臺上	1381	395
	56	臺上	3380	120		62	臺上	1893	606
	57	臺上	1091	653		62	臺上	2279	408
	57	臺上	2557	82, 85		62	臺上	2806	256
*	57	臺上	3433	470, 486		62	臺上	3012	351, 388
	58	臺上	715	66	*	63	臺上	261	511
	58	臺上	1938	124	*	63	臺上	1159	658
*	58	臺上	2616	520		63	臺上	1885	397
*	58	臺上	2826	567		63	臺上	1948	403
	58	臺上	2929	487, 499		64	臺再	140	581
*	58	臺上	3281	226		64	臺再	164	424
	59	臺再	39	353	*	64	臺上	385	172
	59	臺抗	230	325	*	64	臺上	463	506
	59	臺上	469	325		64	臺上	1567	566
	59	臺上	2556	615		64	臺上	2442	517

*	73	臺上	3609	369		80	臺上	1781	42
*	73	臺上	3858	87	*	80	臺上	2340	187
	73	臺上	4045	515		80	臺上	2497	413, 421
*	74	臺上	272	86	*	80	臺上	2567	512
*	74	臺上	1229	630	*	81	臺上	165	172
*	74	臺上	1354	162	*	81	臺上	322	97
	74	臺上	2014	220	*	81	臺上	616	487
	75	臺上	183	73	*	81	臺上	858	408
*	75	臺上	358	490	*	81	臺上	1556	567
	75	臺上	1261	278, 490	*	81	臺上	2337	487
*	76	臺上	303	507, 512	*	81	臺上	3004	390
*	76	臺上	380	633		82	臺上	272	73
*	76	臺上	1761	461	*	82	臺上	564	284
*	76	臺上	2506	487	*	82	臺上	662	147, 154
*	76	臺上	2644	425	*	82	臺上	672	172
*	77	臺上	436	409	*	82	臺上	757	338
*	77	臺上	753	507, 512	*	82	臺上	1161	399
*	77	臺上	1094	225	*	82	臺上	1654	475
*	77	臺上	1907	659	*	82	臺上	1681	486
*	77	臺上	2207	140	*	82	臺上	1846	87
*	77	臺上	2293	403	*	83	臺上	133	106
*	77	臺上	2609	425	*	83	臺上	545	124
*	78	臺上	1252	395	*	83	臺上	634	119
*	78	臺上	2557	565	*	83	臺上	1740	149
*	79	臺上	555	633		83	臺上	2118	581
*	79	臺上	1292	231	*	83	臺上	2348	507, 512
*	79	臺上	1293	627	*	83	臺上	2383	110
*	79	臺上	1778	567	*	83	臺上	2924	432
*	79	臺上	1810	485	*	83	臺上	2960	97
	79	臺上	2012	197	*	83	臺上	3022	616
*	79	臺上	2419	459	*	84	臺上	253	87
*	80	臺上	236	395	*	84	臺上	482	163
*	80	臺上	342	488		84	臺上	1609	411
*	80	臺上	1270	125	*	84	臺上	2542	397

*	85	臺上	106	231	87	臺簡上	10	373
*	85	臺上	211	84				
*	85	臺上	253	354	* 87	臺上	1049	300
*	85	臺上	258	581	* 87	臺上	1205	169
*	85	臺上	389	346	* 87	臺上	1396	615
*	85	臺上	417	203	* 87	臺上	2173	122
*	85	臺上	650	354	* 87	臺上	2309	396
*	85	臺上	760	204	* 88	臺上	156	394
*	85	臺上	784	489	* 88	臺上	259	607
*	85	臺上	908	489	* 88	臺上	497	489
	85	臺上	963	18, 208	* 88	臺上	1299	188, 402
*	85	臺上	1202	137, 150	* 88	臺上	1420	637
*	85	臺上	1205	354	* 88	臺上	1671	577
*	85	臺上	1263	140	* 88	臺上	1931	616
*	85	臺上	1371	638	* 88	臺上	2224	285
*	85	臺上	1495	637	* 88	臺上	2619	632, 634
	85	臺上	1941	283	* 88	臺上	2694	489
*	85	臺上	2072	213	* 88	臺上	2775	426
*	85	臺上	2718	637	* 89	臺上	222	232
*	85	臺上	3037	209	* 89	臺上	831	394
*	85	臺上	3109	255	* 89	臺上	1584	406
*	85	臺上	3127	208	* 89	臺上	2102	615
*	86	臺再	64	475, 495	* 89	臺上	2501	282
*	86	臺上	847	567	* 90	臺上	4	225
*	86	臺上	1151	490	* 90	臺上	46	637, 638
*	86	臺上	1168	567	* 90	臺上	411	297
*	86	臺上	1782	221	* 90	臺上	678	638
*	86	臺上	1917	637	* 90	臺上	1152	399
*	86	臺上	2117	567	* 90	臺上	1455	230
*	86	臺上	3042	567	* 90	臺上	1779	253
*	86	臺上	3751	489	* 90	臺上	1923	213
*	86	臺上	3757	354	* 90	臺上	2107	638
*	86	臺上	3873	567	* 91	臺上	754	475, 509, 512

*	91	臺上	994	352	*	93	臺上	1944	397
*	91	臺上	1312	398	*	93	臺上	2329	368
*	91	臺上	1443	567	*	93	臺上	2386	393
*	91	臺上	1871	307	*	94	臺上	95	399
*	91	臺上	2195	567	*	94	臺上	526	250
*	92	臺上	553	493	*	94	臺上	635	511
*	92	臺上	1751	382, 424	*	94	臺上	913	254
*	92	臺上	1851	426	*	94	臺上	953	307
*	92	臺上	2414	460	*	95	臺上	1087	348, 425
*	92	臺上	2461	165	*	95	臺上	1481	261
*	93	簡上	142	573	*	95	臺上	2618	205
*	93	臺上	223	567	*	96	臺上	286	573
*	93	臺抗	733	574	*	96	臺上	600	232
*	93	臺上	910	616	*	96	臺上	2324	517
*	93	臺上	1810	123					

民法概要　　劉宗榮／著

　　本書為保持內容的新穎性，乃配合我國民法最近三年關於行為能力、保證、所有權、用益物權、擔保物權、占有、結婚、離婚、夫妻財產制、父母子女、監護、限定繼承及拋棄繼承等修正，內容大幅更新。全書具有下列特色：1.配合最新民法的修正而撰寫，內容完備，資料最新。2.闡釋重要理論，吸納重要裁判，理論與實務兼備。3.附有多幅法律關係圖，增進理解，便利記憶。4.各章附有習題，自修、考試兩相宜。

民法總則　　鄭玉波／著；黃宗樂／修訂

　　民法為私法之基本法，而民法總則又為民法之基本部分，舉凡私法上之原理原則，如私權之主體——人、私法之客體——物、及私權之變動——行為等基本問題，胥在於斯，故習法者必以民總為始，而用法者亦必以民總為重。本書以我國民法總則編為主要之論究對象，除對於上述之基本問題，均分別予以剖述外，並著重於外國法例之比較及特殊問題之探究，以期盡善盡美。

民法概要　　鄭玉波／著；黃宗樂／修訂

　　民法規範人民的財產及身分關係，與生活息息相關，為人民生活之根本大法。惟民法歷史源遠流長，理論體系博大精深，法條文字精潔抽象，初學者每感了解不易。本書乃依民法典編制體例，將民法有關之原理原則、法律概念，做綜合說明及概要敘述，並適時摘註重要之法院裁判、具體事例等實務見解，理論與實務兼籌並顧。此外，於適當處設有案例研析與擬答單元，讓讀者能對抽象之法律條文，知所應用。

民法　　郭振恭／著

　　近來民法修正頻繁，債編、物權編及親屬編均有修正，其中物權編對於用益物權及占有之內容，修正甚多。本書依最新修正公布之民法有關規定修訂，就民法全部內容為總括及系統之解說，析論其爭點，兼顧理論與實務；其實用性較高或較為重要者，並多予詮釋及舉例，使讀者有通盤之了解，把握其重點，且知所應用。

票據法論　林群弼／著

　　本書係以我國現行票據法規作為論述對象，且於書後附有各種票據之樣式。至於有關票據法之爭議問題，本書大多附有各家學說、實務界見解及本人之淺見，並於其中擬設實例演習，詳加解說，以祈初學者得以練習思考，藉此建立票據法基本之概念。

保險法論　林群弼／著

　　本書係作者多年來講授保險法之講義。除現行保險法規之研究外，尚包括各種爭議問題之解析，及各家學說、實務見解之探討。本書之內容，對於初學者之入門頗有助益，對於研究者之思考，亦深具參考之價值。